Bayerisches Staatsministerium für Arbeit und
Sozialordnung, Familie und Frauen
Staatsinstitut für Frühpädagogik München
**Der Bayerische Bildungs- und Erziehungsplan für
Kinder in Tageseinrichtungen bis zur Einschulung**

Bayerisches Staatsministerium für Arbeit und
Sozialordnung, Familie und Frauen

Staatsinstitut für Frühpädagogik München

Der Bayerische Bildungs- und Erziehungsplan für Kinder in Tageseinrichtungen bis zur Einschulung

6. Auflage

Bei Fragen und Anregungen wenden Sie sich bitte an unsere Berater:
Marketing, 14328 Berlin, Cornelsen Service Center,
Servicetelefon 030 / 89 78 58 9 29

Weitere Informationen finden Sie im Internet unter:
www.cornelsen.de/fruehe-kindheit

Herausgeber:
Bayerisches Staatsministerium für Arbeit und Sozialordnung, Familie und Frauen
Winzererstraße 9, 80797 München
www.stmas.bayern.de

Staatsinstitut für Frühpädagogik
Winzererstraße 9 – Eckbau Nord, 80797 München
www.ifp.bayern.de

Projektleitung und Gesamtverantwortung:
Prof. Dr. Dr. Dr. Dr. h. c. mult. Wassilios E. Fthenakis,
ehem. Direktor des Staatsinstituts für Frühpädagogik

Schriftleitung und Gesamtredaktion:
Eva Reichert-Garschhammer, Abteilungsleiterin im Staatsinstitut für Frühpädagogik

Illustration: Katja Wehner, Leipzig (S. 341)
Umschlaggestaltung: Claudia Adam Graphik-Design, Darmstadt
Technische Umsetzung: Markus Schmitz, Büro für typographische Dienstleistungen, Altenberge
Titelfotografien: Jochen Fiebig, München; Barbara Fahle, Frankfurt/Main;
Heidi Velten, Leutkirch-Ausnang
Fotos Innenteil: siehe Abbildungsnachweis (S. 476)

6. Auflage 2013

© 2006 Cornelsen Verlag, Berlin
© 2012 Cornelsen Schulverlage GmbH, Berlin

Das Werk und seine Teile sind urheberrechtlich geschützt. Jede Nutzung in anderen als den gesetzlich zugelassenen Fällen bedarf der vorherigen schriftlichen Einwilligung des Verlages. Hinweis zu den §§ 46, 52a UrhG: Weder das Werk noch seine Teile dürfen ohne eine solche Einwilligung eingescannt und in ein Netzwerk eingestellt oder sonst öffentlich zugänglich gemacht werden.
Dies gilt auch für Intranets von Schulen und sonstigen Bildungseinrichtungen.

Druck: freiburger graphische betriebe
ISBN 978-3-589-24794-3

 Inhalt gedruckt auf säurefreiem Papier
aus nachhaltiger Forstwirtschaft.

Inhalt

Vorworte	IX
Bayerische Leitlinien für die Bildung und Erziehung von Kindern bis zum Ende der Grundschulzeit (Kurzfassung)	XVI

Der Bayerische Bildungs- und Erziehungsplan für Kinder in Tageseinrichtungen bis zur Einschulung

Teil 1: Grundlagen und Einführung		**2**
1	**Notwendigkeit eines Bildungs- und Erziehungsplans für den Elementarbereich**	**4**
1.1	Gesellschaftliche Veränderungen	5
1.2	Neuere wissenschaftliche Erkenntnisse	7
1.3	Neue Entwicklungen im Elementarbereich	7
2	**Menschenbild und Prinzipien, die dem Bildungs- und Erziehungsplan zugrunde liegen**	**10**
2.1	Bild vom Kind	11
2.2	Verständnis von Bildung	12
2.3	Bildung als lebenslanger Prozess – Stellenwert der frühen Bildung	14
2.4	Leitziele von Bildung	14
2.5	Verhältnis von Bildung und Entwicklung, Bildung und Erziehung	16
2.6	Lernen im Kindesalter	16
2.7	Verhältnis von Spielen und Lernen	18
2.8	Umgang mit individuellen Unterschieden und soziokultureller Vielfalt	21
2.9	Prinzip der Entwicklungsangemessenheit	22
2.10	Demokratieprinzip	22
3	**Charakteristika des Bildungs- und Erziehungsplans**	**24**
3.1	Ein Plan für Kindertageseinrichtungen	25
3.2	Der Plan als Orientierungsrahmen – Handlungsanleitung zur AVBayKiBiG	25

3.3	Stärkere Integration von Jugendhilfeangeboten in Kindertageseinrichtungen	27
3.4	Der Plan als Ergebnis breiter Beteiligung und der Erprobung	28
3.5	Der Plan als offen bleibendes Projekt	29

Teil 2: Bildung und Erziehung von Kindern bis zur Einschulung — 32

4	**Aufbau des Bildungs- und Erziehungsplans**	**34**
4.1	Die Teile des Bildungs- und Erziehungsplans	35
4.2	Binnenstruktur der Kapitel	37
4.3	Praxisbeispiele und Literatur	39
4.4	Berücksichtigung von Kindern unter 3 Jahren	40
4.5	Umsetzung des Plans als Prozess	40
5	**Basiskompetenzen des Kindes**	**42**
	Personale Kompetenzen	
5.1	Selbstwahrnehmung	43
5.2	Motivationale Kompetenzen	44
5.3	Kognitive Kompetenzen	46
5.4	Physische Kompetenzen	48
	Kompetenzen zum Handeln im sozialen Kontext	
5.5	Soziale Kompetenzen	49
5.6	Entwicklung von Werten und Orientierungskompetenz	51
5.7	Fähigkeit und Bereitschaft zur Verantwortungsübernahme	52
5.8	Fähigkeit und Bereitschaft zur demokratischen Teilhabe	53
	Lernmethodische Kompetenz	
5.9	Lernmethodische Kompetenz – Lernen, wie man lernt	54
	Kompetenter Umgang mit Veränderungen und Belastungen	
5.10	Widerstandsfähigkeit (Resilienz)	69

6 Themenübergreifende Bildungs- und Erziehungsperspektiven — 84

6.1 Übergänge des Kindes und Konsistenz im Bildungsverlauf (Transitionen) — 85

    6.1.1 Übergang von der Familie in die Tageseinrichtung — 92

    6.1.2 Übergang in die nachfolgende Tageseinrichtung — 102

    6.1.3 Übergang in die Grundschule — 106

6.2 Umgang mit individuellen Unterschieden und soziokultureller Vielfalt — 117

    6.2.1 Kinder verschiedenen Alters — 117

    6.2.2 Mädchen und Jungen – Geschlechtersensible Erziehung — 121

    6.2.3 Kinder mit verschiedenem kulturellem Hintergrund – Interkulturelle Erziehung — 129

    6.2.4 Kinder mit erhöhtem Entwicklungsrisiko und (drohender) Behinderung — 141

    6.2.5 Kinder mit Hochbegabung — 156

7 Themenbezogene Bildungs- und Erziehungsbereiche — 160

Werteorientiert und verantwortungsvoll handelnde Kinder

7.1 Werteorientierung und Religiosität — 161

7.2 Emotionalität, soziale Beziehungen und Konflikte — 174

Sprach- und medienkompetente Kinder

7.3 Sprache und Literacy — 195

7.4 Informations- und Kommunikationstechnik, Medien — 218

Fragende und forschende Kinder

7.5 Mathematik — 239

7.6 Naturwissenschaften und Technik — 260

7.7 Umwelt — 279

Künstlerisch aktive Kinder

7.8 Ästhetik, Kunst und Kultur — 297

7.9 Musik — 323

Starke Kinder

7.10 Bewegung, Rhythmik, Tanz und Sport — 342

7.11 Gesundheit — 360

8 Schlüsselprozesse für Bildungs- und Erziehungsqualität   **388**

8.1 Mitwirkung der Kinder am Bildungs- und Einrichtungsgeschehen (Partizipation)   389

8.2 Moderierung von Bildungs- und Erziehungsprozessen   415

    8.2.1 Bildungsprozesse mit Kindern kooperativ gestalten (Ko-Konstruktion)   415

    8.2.2 Bilden einer lernenden Gemeinschaft   416

    8.2.3 Philosophieren mit Kindern   417

    8.2.4 Kindern zuhören – Kindern Fragen stellen   418

    8.2.5 Kinder in ihrem Verhalten unterstützen (Verstärkung)   421

    8.2.6 Kindern Hilfestellung geben (Scaffolding)   422

    8.2.7 Problemlösendes Verhalten der Kinder stärken   422

    8.2.8 Projekt- und Aufgabenanalyse mit Kindern   423

    8.2.9 Weitere Moderationsmethoden und -techniken   423

8.3 Beteiligung und Kooperation   425

    8.3.1 Bildungs- und Erziehungspartnerschaft mit den Eltern   425

    8.3.2 Gemeinwesenorientierung – Kooperation und Vernetzung mit anderen Stellen   437

    8.3.3 Soziale Netzwerkarbeit bei Gefährdungen des Kindeswohls   443

8.4 Beobachtung, Evaluation und Weiterentwicklung   452

    8.4.1 Beobachtung von Lern- und Entwicklungsprozessen   452

    8.4.2 Innovationsfähigkeit und Bildungsqualität – Qualitätsentwicklung und Qualitätssicherung auf Einrichtungsebene   456

Teil 3: Anhang   458

9. Mitglieder der Fachkommission   460

10. Verzeichnis der Autorinnen, Autoren, Expertinnen und Experten   463

11. Überblick über die Praxisbeispiele aus den Modelleinrichtungen   471

12. Modelleinrichtungen   473

13. Abbildungsnachweis   476

Vorwort von Frau Staatsministerin Christine Haderthauer

Der Grundstein für Lernfreude und die in unserer Wissensgesellschaft unerlässliche Bereitschaft zu lebenslangem Lernen wird in den ersten Lebensjahren gelegt. Erster und einflussreichster Bildungsort ist die Familie. Bildung und Erziehung – egal ob in der Kindertageseinrichtung oder der Schule – baut deshalb immer auf dem auf, was in der Familie grundgelegt wurde. Kindertageseinrichtungen erfüllen ihren Bildungs- und Erziehungsauftrag am besten dann, wenn sich jedes Kind anderen zugehörig, von anderen geliebt und respektiert fühlt, wenn es sich als selbstbestimmt handelnd und als kompetent erlebt, wenn es in guten Bildungsangeboten Aufgaben und Probleme aus eigener Kraft bewältigen kann. In Bayern wurden mit dem Kinderbildungs- und -betreuungsgesetz (BayKiBiG) die Weichen gestellt, das Recht der Kinder auf bestmögliche Bildung von Anfang an zu realisieren. Wie Kindertageseinrichtungen ihren Bildungsauftrag optimal umsetzen, dazu gibt der im Herbst 2005 eingeführte Bayerische Bildungs- und Erziehungsplan (BayBEP) den Trägern und pädagogischen Fachkräften Orientierung. Bewusst belässt der BayBEP einen großen pädagogischen Freiraum. Er stellt das Kind in seiner jeweiligen Entwicklungsphase in den Vordergrund und setzt auf eine ganzheitliche Bildungspraxis, die Kindern viel Mitsprache und Mitgestaltung ermöglicht im Sinne von Partizipation und Ko-Konstruktion und sie dadurch in all ihren Basiskompetenzen zugleich stärkt. Zentrale Ziele sind die Stärkung der Kinder, der kindlichen Autonomie und der sozialen Verantwortung sowie der Fähigkeit, ein Leben lang zu lernen.

Eine Vertiefung und Weiterentwicklung erfuhr der BayBEP in der Folgezeit durch folgende Publikationen:

Pünktlich zum fünften Geburtstag des BayBEP erschien die Handreichung *Bildung, Erziehung und Betreuung von Kindern in den ersten drei Lebensjahren* im Dezember 2010. Sie ist die qualitative Antwort auf den auf Hochtouren laufenden Ausbau von Plätzen für Kinder diesen Alters in Tageseinrichtungen und Tagespflege. Bildungsqualität von Anfang an wirkt sich auf die Zukunft unserer Kinder und deren weitere Bildungs- und Entwicklungschancen nachhaltig aus. Die Bildungsarbeit mit Kindern bis drei Jahren unterscheidet sich deutlich von der Arbeit mit Drei- bis Sechsjährigen – sie ist umso anspruchsvoller, je jünger die Kinder sind. Vor diesem Hintergrund versteht sich die Handreichung als inhaltliche Konkretisierung des BayBEP.

Mit den *Bayerischen Leitlinien für die Bildung und Erziehung von Kindern bis zum Ende der Grundschulzeit*, kurz Bayerische Bildungsleitlinien (BayBL) genannt, liegt nun erstmals ein gemeinsamer, verbindlicher Orientierungsrahmen für Kindertageseinrichtungen, Schulen und alle weiteren außerfamiliären Bildungsorte in Bayern vor, die Verantwortung für Kinder in jenen Jahren tragen. Im Zentrum stehen das Kind als aktiver, kompetenter Mitgestalter seiner Bildung, die Familie als wichtigster und einflussreichster Bildungsort sowie die Kooperation und Vernetzung der verschiedenen Bildungsorte als Partner in ihrer gemeinsamen Verantwortung für das Kind. Die BayBL schaffen die Basis für konstruktiven Austausch und für die Herstellung anschlussfähiger Bildungsprozesse im Bildungsverlauf. Zentrales Anliegen ist die Weiterentwicklung von Kindertageseinrichtungen und Schulen zu inklusiven Bildungseinrichtungen. Die BayBL werden in ihrer Kurzfassung im BayBEP und im neuen Bayerischen Grundschullehrplan verankert und in die Aus-, Fort- und Weiterbildung des pädagogischen Personals integriert und erlangen dadurch Verbindlichkeit.

Für die erfolgreiche Implementierung kommt es entscheidend darauf an, die Praxis gut zu unterstützen und kontinuierlich zu begleiten. Das Staatsinstitut für Frühpädagogik, landesweite Fortbildungskampagnen, die aktuelle Themenschwerpunkte aufgreifen und sich zunehmend an Fach- und Lehrkräfte im Elementar- und Primarbereich zugleich richten, ein vielseitiges Fortbildungsangebot verschiedener Träger, ein Netzwerk von Konsultationseinrichtungen, vertiefende Handreichungen, wissenschaftlich fundierte Beobachtungs- und Evaluationsinstrumente und vieles mehr sichern die Bildungsqualität in bayerischen Kindertageseinrichtungen und stärken deren Kooperation und Vernetzung mit der Familie, der Schule und den weiteren Bildungsorten. Den größten Einfluss auf die Bildungs- und Entwicklungschancen des Kindes hat aber die Familie. Der Weiterentwicklung der Kooperation mit Eltern im Sinne einer Bildungs- und Erziehungspartnerschaft wird daher höchstes Gewicht bereits im BayBEP und vor allem auch in den Bildungsleitlinien beigemessen.

Ich wünsche Ihnen viel Freude bei Ihrer anspruchsvollen Arbeit und danke Ihnen allen sehr herzlich für Ihre konstruktive Mitarbeit.

München, im September 2012

Christine Haderthauer

Bayerische Staatsministerin für
Arbeit und Sozialordnung,
Familie und Frauen

Vorwort von Herrn Prof. Dr. Dr. Dr. Dr. h. c. mult. Wassilios E. Fthenakis

Der Bayerische Bildungs- und Erziehungsplan hat seine Bewährungsprobe erfolgreich bestanden. Seine theoretische und pädagogisch-didaktische Fundierung, seine breite wie erfolgreiche Implementation, die Verankerung seiner Ziele im Bayerischen Kinderbildungs- und -betreuungsgesetz, vor allem aber die breite Anerkennung im frühpädagogischen Feld, bestätigen, dass dieser Bildungsplan in jeder Hinsicht Maßstäbe gesetzt hat und zum Vorbild vergleichbarer Entwicklungen in anderen Bundesländern und über Deutschland hinaus geworden ist.

Mit diesem Plan ist es gelungen, bislang im Elementarbereich vorherrschende selbstgestaltungstheoretische Positionen bei der Fundierung von Bildungsprozessen zugunsten interaktionistischer Ansätze zu verlassen und damit das Bildungsverständnis neu zu konzeptualisieren. Wenn Bildung nunmehr als sozialer Prozess definiert wird, die Interaktion als der Schlüssel für Sinnkonstruktion und für die Generierung von Wissen angesehen wird, so verändert dies nicht nur unser Bildungsverständnis, sondern folgerichtig auch die Bildungsziele, den methodisch-didaktischen Ansatz, die Qualität der Beziehung zwischen Fachkräften und Kindern und die Beziehung der verschiedenen Bildungsorte untereinander.

Ein Bildungsplan kann am besten Orientierung bieten, wenn er eine klare Architektur und eine hohe innere Konsistenz aufweist. Dem Bayerischen Bildungs- und Erziehungsplan ist es vorbildhaft gelungen, eine solche Architektur zu entwerfen: er definiert Visionen, die alle Bildungsorte und Fachkräfte miteinander verbinden und schafft damit die Voraussetzungen dafür, dass alle Beteiligten an derselben kindlichen Entwicklungs- und Bildungsbiographie und auf gleicher bildungsanthropologischer Grundlage ko-konstruieren. Die Taxonomie der Kompetenzen, die im Mittelpunkt bei der Organisation von Bildungsprozessen stehen und die Bildungsziele konkretisieren lassen, bietet nicht nur eine klare und ganzheitliche Grundlage für die Stärkung kindlicher Entwicklung, sie führt zugleich bislang wenig beachtete, ja sogar vernachlässigte Kompetenzen ins Zentrum des Bildungsgeschehens ein: lernmethodische Kompetenzen wie auch die Stärkung kindlicher Widerstandsfähigkeit zählen dazu. Die Bildungsbereiche bilden den thematischen Rahmen für die Gestaltung von Bildungsprozessen und bieten den Rahmen für die Generierung von neuem Wissen und für die Erforschung von Bedeutung. Dies alles geschieht mit Hilfe des didaktisch-pädagogischen Ansatzes der Ko-Konstruktion, der erstmals von einer aktiven Mitgestaltung aller Beteiligten ausgeht, der Kinder wie der Fachkräfte bzw. der Erwachsenen und anderer

Kinder. Die Organisation von sozial und kulturell eingebetteten Bildungsprozessen erfolgt auf der Grundlage gemeinsamer Grundsätze und Prinzipien.

Der Bayerische Bildungs- und Erziehungsplan stellt das Kind mit seinen Stärken in den Mittelpunkt. Er verlässt eine bislang primär institutionell verankerte Perspektive und interessiert sich in erster Linie für die individuelle kindliche Entwicklungs- und Bildungsbiographie und für deren Optimierung. Indem das Kind seine eigene Bildungsbiographie ko-konstruiert, partizipiert das Kind aktiv am Bildungsgeschehen. Der Individualität eines Kindes kann man auf dem Wege der Differenzierung und Individualisierung von Bildungsprozessen am ehesten gerecht werden. Und um individuelle Gerechtigkeit zu erreichen, wird Diversität auf allen Ebenen als die normale Situation betrachtet, die es zu begrüßen und systematisch zu nutzen gilt, um mehr individuellen Fortschritt und gemeinsamen Gewinn zu erzielen.

Wenn Bildung, wie erwähnt, einen sozialen Prozess darstellt, und die soziale Interaktion als der Schlüssel zur Sicherung von Bildungsqualität betrachtet wird, dann ist nachvollziehbar, warum im Bayerischen Bildungs- und Erziehungsplan interaktionale Prozesse und deren Qualität einen zentralen Stellenwert einnehmen sowie Ansätze zu deren Moderierung verankert werden. Diese Interaktionen beschränken sich nicht nur auf den bildungsinstitutionellen Rahmen, sie umfassen, ganz im Sinne eines ökopsychologischen Ansatzes, auch die außerhalb der Bildungsinstitutionen befindlichen Bildungsorte, in erster Linie die Familie, die zur Optimierung der individuellen kindlichen Bildungsbiographie beitragen. Durch die Konzeptualisierung dieser dynamischen Beziehung der Bildungsorte untereinander im Sinne einer Bildungspartnerschaft werden neue Maßstäbe bei der Regelung der Beziehung der Bildungsinstitution zu diesen anderen Bildungsorten eingeführt.

Ein Bildungsplan stellt ein politisch-gesellschaftliches „Instrument" dar, mit dessen Hilfe eine hohe Bildungsqualität in allen Bildungsorten und für alle Kinder gesichert werden soll. Wir sind gut beraten, ihn als ein entwicklungsoffenes Projekt zu begreifen. Aus der heutigen Perspektive kann diese Offenheit genutzt werden, um den Bayerischen Bildungs- und Erziehungsplan weiterzuentwickeln: vertikal im Sinne einer Weiterentwicklung zu einem Institutionen übergreifenden Bildungsplan. Horizontal stellt eine stärkere Berücksichtigung und Einbeziehung der sozialen Räume des Aufwachsens von Kindern eine notwendige konzeptuelle Erweiterung dar. Ferner gilt es, die Philosophie, die Prinzipien und Grundsätze sowie den didaktisch-pädagogischen Ansatz in der Erzieherausbildung zu verankern, um Nachhaltigkeit zu sichern. Und schließlich müssen wir uns stärker einer Perspektive verpflichtet fühlen, Bildung als gesamtgesellschaftliche Aufgabe und Herausforderung anzusehen, um dazu beizutragen, das politische Ziel, die Gemeinde zu einem großen Bildungsort zu entwickeln, verwirklichen zu können.

Wenn frühe Bildung das Fundament des Bildungssystems ist, dann sind die Bedingungen, unter denen heute solche Bildungsprozesse organisiert werden, zu optimieren. Es müssen auch weiterhin Anstrengungen unternommen werden, um die administrativ-politisch definierten Standards von pädagogischer Qualität den Standards von hoher Bildungsqualität anzunähern, die Qualifizierung der Fachkräfte voranzubringen und ein politisches Klima zu entwickeln, das Bildung als die zentrale Ressource des Landes betrachtet, das Kind und sein Wohl, sein unveräußerliches Recht auf beste Bildung von Anfang an, stets als Maß und Orientierung politischen Handelns anerkennt. Die Zukunft eines jeden Landes hängt unmittelbar von der Qualität, die wir heute für die Bildung unserer Kinder bereitstellen, ab.

Allen, die die Implementation und Weiterentwicklung dieses Bildungsplans in den zurückliegenden Jahren unterstützt haben, gilt mein aufrichtiger Dank. Dem Bayerischen Staatsministerium für Arbeit und Sozialordnung, Familie und Frauen, insbesondere der Staatsministerin, Frau Christine Haderthauer, danke ich für ihr großes Engagement für die Bildung unserer Kinder. Mein Dank gilt auch meiner Nachfolgerin im IFP, Frau Prof. Dr. Fabienne Becker-Stoll, für ihr Interesse an der Weiterentwicklung des Bayerischen Bildungs- und Erziehungsplans, das sie nicht zuletzt mit einem Vorwort in dieser Auflage bekundet. Der Abteilungsleiterin, Frau Eva Reichert-Garschhammer, die mit ihrem unermüdlichen Einsatz landesweit das Interesse an diesem Bildungsplan lebendig hält und allen (früheren) Mitarbeitern, die sich nach wie vor für die (damals) gemeinsam definierten Ziele zum Wohle der Kinder dieses Landes einsetzen, ihnen allen gilt mein besonderer Dank und meine hohe Anerkennung.

Möge dieser Plan auch weiterhin die Diskussion um frühkindliche Bildung in Bayern und darüber hinaus bereichern, vielen pädagogischen Fachkräften vor Ort Bestätigung und Orientierung bringen. An dessen Weiterentwicklung aktiv mitzuwirken, ist nach wie vor die Erwartung und eine Hypothek für alle, die Verantwortung für die Kinder dieses Landes tragen. Möge es gelingen.

Prof. Dr. Dr. Dr. Dr. h. c. mult. Wassilios E. Fthenakis

Vorwort von Prof. Dr. Fabienne Becker-Stoll

Seit dem Beginn meiner Arbeit als Institutsleiterin im Januar 2006 ist die Implementierung und Weiterentwicklung des Bayerischen Bildungs- und Erziehungsplans (BayBEP) zentrale Aufgabe des Staatsinstituts für Frühpädagogik. Dabei hat das IFP die Arbeitsschwerpunkte auf die Themen Bildung von Kindern bis drei Jahren, Qualität sprachlicher und gesundheitlicher Bildung sowie Kooperation und Vernetzung der Bildungsorte Familie, Kindertageseinrichtung und Schule unter den Aspekten Bildungspartnerschaft, Übergänge und Anschlussfähigkeit gelegt.

Die Implementierung des BayBEP gehen wir landesweit mit verschiedenen Aktivitäten an. Im Mittelpunkt steht die Unterstützung der Praxis durch vielfältige Qualifizierungsmaßnahmen, deren Planung und Realisierung in enger Kooperation zwischen Ministerien, Fortbildungsträgern und IFP erfolgt. Zu den IFP-Aufgaben zählen die Qualifizierung und Begleitung der eingesetzten Multiplikatorinnen und Multiplikatoren und die Evaluation der Maßnahmen. Auf Wunsch der Praxis wird vermehrt Teamfortbildung und -coaching angeboten, Beispiele sind die Kampagne *Dialog Bildung* und das Projekt *Sprachberatung in Kindertageseinrichtungen*. Durch kollegiale Beratung voneinander lernen und profitieren – unter dieser Prämisse wurden bayernweit 26 Konsultationseinrichtungen ausgewählt und vernetzt, die den BayBEP im Sinn seiner Prinzipen bereits gut umsetzen. Bei den Ko-Kitas können sich Kindertageseinrichtungen durch Hospitation über Wege der Planumsetzung informieren und neue Impulse für ihre Arbeit gewinnen. Neben der Entwicklung von Materialien zu den oben genannten und weiteren Themen (z. B. vertiefende Handreichungen, Beobachtungs- und Evaluationsinstrumente) sind praxisbegleitende Forschungsprojekten ein wichtiger Schritt zur Implementierung und Weiterentwicklung des BayBEP.

Die Weiterentwicklung des BayBEP ist im ministeriellen Auftrag in zwei Schritten erfolgt:
- *Bildung, Erziehung und Betreuung in den ersten drei Lebensjahren*, mit dieser im Dezember 2010 erschienenen Handreichung wurde der BayBEP konkretisiert für Kinder bis drei Jahren. Im Zuge des bundesweiten Ausbaus von Plätzen für unter Dreijährige sind die Bildung und Erziehung der jüngsten Kinder und deren Qualität in den Vordergrund gerückt. Die Handreichung verdeutlicht, welches Potential der BayBEP für diese Altersgruppe bieten kann. Sie gilt nicht nur für Tageseinrichtungen, die Kinder in den ersten drei Lebensjahren aufnehmen, sondern auch auf Kindertagespflege. Sie steht zugleich in engem Zusammenhang mit einer Serie weiterer Veröffentlichungen des IFP, die ebenfalls Kinder bis drei Jahren in den Blick nehmen, sowie mit der Münchner Krippenstudie zur Qualitätsent-

wicklung „Kleine Kinder – großer Anspruch", deren Ergebnisbericht 2012 auf der IFP-Homepage veröffentlicht wurde.
- Die *Bayerischen Leitlinien für die Bildung und Erziehung von Kindern bis zum Ende der Grundschulzeit* hat das IFP zusammen mit dem Staatsinstitut für Schulqualität und Bildungsforschung (ISB) unter Einbeziehung einer Fachkommission erstellt. Die Broschüre mit der Kurz- und Langversion der Bildungsleitlinien steht seit Oktober 2012 auf der Website des Bayerischen Familienministeriums und des Bayerischen Kultusministeriums zum Download bereit. Die Bildungsleitlinien sind im Kontext eines Bündels von Maßnahmen zu sehen, die die Bayerische Staatsregierung zur Intensivierung der Kooperation und Vernetzung von Kindertageseinrichtungen und Schulen seit Vorlage des BayBEP im Jahr 2003 schrittweise ergriffen hat.

Die Bildungsleitlinien im Verbund mit dem BayBEP und dem neuen Grundschullehrplan zu implementieren ist in den nächsten Jahren zentrale Kooperationsaufgabe der beiden Staatsinstitute. Pilotprojekt für deren Verankerung in der Aus-, Fort- und Weiterbildung ist die gemeinsame Fortbildungskampagne zur Bildungs- und Erziehungspartnerschaft mit Eltern. Zur Unterstützung der Praxis sind eine Handreichung mit guten Praxisbeispielen und einer Broschüre zum Thema Inklusion zu erstellen. Auf Wunsch der Fachkommission BayBEP und des Trägerbeirats im IFP wird die Entwicklung von Evaluationsverfahren für Kindertageseinrichtungen zur Qualitätsentwicklung und -sicherung im Kontext der Bildungsleitlinien und des BayBEP angegangen.

Ich wünsche den Leserinnen und Lesern eine anregende Lektüre und viel Freude bei der Arbeit nach den Bildungsleitlinien und dem Bayerischen Bildungs- und Erziehungsplan.

Prof. Dr. Fabienne Becker-Stoll

Bayerische Leitlinien für die Bildung und Erziehung von Kindern bis zum Ende der Grundschulzeit
(Kurzfassung)

1. Notwendigkeit und Geltungsbereich gemeinsamer Leitlinien für Bildung und Erziehung

Zu den Hauptaufgaben verantwortungsvoller Bildungspolitik zählt es, allen Kindern frühzeitig bestmögliche Bildungserfahrungen und -chancen zu bieten. Im Fokus steht das Recht des Kindes auf Bildung von Anfang an. Da Bildungsprozesse auf Anschlusslernen beruhen, kommt der Kooperation aller außerfamiliären Bildungsorte mit der Familie und untereinander eine hohe Bedeutung zu. Zukunftsweisende Bildungssysteme und -konzepte stellen das Kind als aktiven Mitgestalter seiner Bildung in den Mittelpunkt.

Die Leitlinien schaffen sowohl einen verbindlichen Orientierungs- und Bezugsrahmen als auch Grundlagen für den konstruktiven Austausch zwischen den unterschiedlichen Bildungsorten. Sie definieren ein gemeinsames Bildungsverständnis, entwickeln eine gemeinsame Sprache für eine kooperative und anschlussfähige Bildungspraxis und ermöglichen dadurch Kontinuität im Bildungsverlauf. Ihr Geltungsbereich umfasst alle außerfamiliären Bildungsorte, die Verantwortung für Kinder bis zum Ende der Grundschulzeit tragen: Kindertageseinrichtungen nach dem BayKiBiG, Grund- und Förderschulen, Kindertagespflege, Schulvorbereitende Einrichtungen, Heilpädagogische Tagesstätten und sonstige Bildungseinrichtungen sowie Einrichtungen der Aus-, Fort- und Weiterbildung. Auf der Basis der Leitlinien werden der Bayerische Bildungs- und Erziehungsplan (BayBEP) und der Lehrplan für die bayerische Grundschule weiterentwickelt, ebenso die Konzepte für die Aus-, Fort- und Weiterbildung der Pädagoginnen und Pädagogen.

2. Bildungsauftrag von Kindertageseinrichtungen, Kindertagespflege und Schulen

Der Bildungsauftrag ist in internationalen und nationalen grundlegenden Dokumenten festgeschrieben. Auf internationaler Ebene sind dies insbesondere die UN-Konventionen über die Rechte des Kindes und über die Rechte der Menschen mit Behinderungen, denen Deutschland beigetreten ist, sowie der Europäische und der Deutsche Qualifikationsrahmen für lebenslanges Lernen (EQR/DQR), die Bildungssysteme zwischen EU-Staaten vergleichbar machen. In Bayern ist der Bildungsauftrag von Kindertageseinrichtungen, Tagespflege und Schulen in verschiedenen Landesgesetzen verankert (z. B. BayKiBiG, BayEUG), die mit Verabschiedung der Leitlinien eine Verbindung erfahren. Die weitere Öffnung von Bildungsinstitutionen für Kinder mit besonderem

Förderbedarf ist eine wichtige Aufgabe, ebenso wie die Optimierung der Übergänge zwischen den Bildungseinrichtungen und die Sicherung der Bildungsqualität auf einem hohen Niveau für alle Kinder.

3. Menschenbild und Bildungsverständnis

3.1 Bildung von Anfang an – Familie als erster und prägendster Bildungsort

Gelingende Bildungsprozesse hängen maßgeblich von der Qualität der Beziehungs- und Bindungserfahrungen ab. Von zentraler Bedeutung sind die Erfahrungen, die das Kind in den ersten Lebensjahren in der Familie macht; die Qualität der Bindungen in der Familie ist jedoch auch noch im Schulalter bestimmend für den Lernerfolg jedes Kindes. In der Familie als primärem Ort der sozial-emotionalen Entwicklung legen die Eltern den Grundstein für lebenslanges Lernen, aber auch für die emotionale, soziale und physische Kompetenz. Bildung – ob in der Kindertageseinrichtung oder Schule – kann daher nur aufbauend auf die Prägung in der Familie erreicht werden. Daraus ergibt sich die Aufgabe aller außerfamiliären Bildungsorte, Eltern in ihrer Unersetzlichkeit, ihrer Wichtigkeit und ihrer Verantwortung wertzuschätzen und entsprechend in ihrer Aufgabe zu unterstützen.

Bildung vollzieht sich als individueller und sozialer Prozess. Kinder gestalten ihren Bildungsprozess aktiv mit. Sie sind von Geburt an mit grundlegenden Kompetenzen und einem reichhaltigen Lern- und Entwicklungspotenzial ausgestattet. Eine elementare Form des Lernens ist das Spiel, das sich zunehmend zum systematischeren Lernen entwickelt.

Nachhaltige Bildung

Nachhaltige Bildung bedeutet, dass Gelerntes dauerhaft verfügbar und auf neue Situationen übertragbar ist. Mithilfe des Gelernten kann das eigene Lernen reflektiert und neues Wissen erworben werden. Wichtige Faktoren hierfür sind Interesse, Motivation, Selbstbestimmung, Eigenaktivität und Ausdauer des Lernenden. Damit frühe Lernangebote einen positiven Einfluss auf Lern- und Entwicklungsprozesse haben, sind kognitive Herausforderungen auf einem angemessenen Anspruchsniveau notwendig, aber auch eine Atmosphäre der Wertschätzung und der Geborgenheit. Besonders gut gelingt dies, wenn Lernen und die Reflexion der eigenen Lernprozesse im Dialog mit anderen stattfinden. Die lernende Gemeinschaft von Kindern und Erwachsenen hat für nachhaltige Bildung einen besonderen Stellenwert.

3.2 Leitziele von Bildung und Erziehung – ein kompetenzorientierter Blick auf das Kind

Oberstes Bildungs- und Erziehungsziel ist der eigenverantwortliche, beziehungs- und gemeinschaftsfähige, wertorientierte, weltoffene und schöpferische Mensch. Er ist fähig und bereit, in Familie, Staat und Gesellschaft Verantwortung zu übernehmen, und offen für religiöse und weltanschauliche Fragen.

Zentrale Aufgabe an allen Bildungsorten ist es, Kinder über den gesamten Bildungsverlauf hinweg in ihren Kompetenzen zu stärken. Die Akzentsetzung verändert sich entsprechend dem individuellen Entwicklungsverlauf sowie den Bedürfnissen und Ressourcen des Kindes. Von Geburt an bilden personale, kognitive, emotionale und soziale Basiskompetenzen die Grundlage für den weiteren Lern- und Entwicklungsprozess. Sie befähigen Kinder, mit anderen zu kooperieren und zu kommunizieren sowie sich mit der dinglichen Umwelt auseinanderzusetzen. Weiterhin sind sie Voraussetzung für den kompetenten Umgang mit Veränderungen und Belastungen sowie den Erwerb von lernmethodischer Kompetenz.

Kompetenzen bedingen sich gegenseitig. Sie entwickeln sich weiter in Abhängigkeit voneinander und in der Auseinandersetzung mit konkreten Lerninhalten und Anforderungen. Mit fortschreitender Entwicklung und höherem Alter gewinnt Sachkompetenz, die auf bestimmte Inhaltsbereiche bezogen ist, an Bedeutung. Schulische Bildung knüpft an den Kompetenzen an, die in der frühen Bildung grundgelegt und entwickelt wurden. Es erfolgt eine systematische Erweiterung.

3.3 Bildung als individueller und sozialer Prozess

Lernen in Interaktion, Kooperation und Kommunikation ist der Schlüssel für hohe Bildungsqualität. Zukunftsfähige Bildungskonzepte beruhen auf Lernformen, die auf den Erkenntnissen des sozialen Konstruktivismus basieren und das Von- und Miteinanderlernen (Ko-Konstruktion) in den Mittelpunkt stellen.

Im Dialog mit anderen lernen

Lernen ist ein Prozess der Verhaltensänderung und des Wissenserwerbs, bei dem der Mensch von Geburt an – auf der Basis seiner Erfahrungen, Kenntnisse und Kompetenzen – aktiver Konstrukteur seines Wissens ist. Kommunikation ist ein zentrales Element des Wissensaufbaus. Kinder konstruieren ihr Weltverständnis durch den Austausch mit anderen. In dieser Auseinandersetzung und Aushandlung konstruieren sie Bedeutung und Sinn und entwickeln ihr eigenes Weltbild. Mit zunehmendem Alter gewinnen hierfür neben den erwachsenen Bezugspersonen auch Gleichaltrige an Wichtigkeit. Bildung und Lernen finden somit im Rahmen kooperativer und kommunikativer Alltagshandlungen und Bildungsaktivitäten statt, an denen Kinder und Erwachsene gleichermaßen aktiv beteiligt sind. Im Vordergrund steht das gemeinsame Erforschen von Bedeutung, d. h. Sinnzusammenhänge zu entdecken, auszudrücken und mit anderen zu teilen ebenso wie die Sichtweisen und Ideen der anderen anzuerkennen und wertzuschätzen. Die Steuerungsverantwortung für die Bildungsprozesse liegt bei den Erwachsenen.

Partizipation als Kinderrecht

Kinder haben – unabhängig von ihrem Alter – ein Recht auf Partizipation. Alle Bildungsorte stehen in der Verantwortung, der Partizipation der Kinder einen festen Platz einzuräumen und Demokratie mit Kindern zu leben. Partizipation bedeutet die Beteiligung an Entscheidungen, die das eigene Leben und das der Gemeinschaft betreffen, und damit Selbst- und Mitbestimmung, Eigen- und Mitverantwortung und konstruktive Konfliktlösung. Basierend auf dem Bild vom Kind als aktivem Mitgestalter seiner Bildung sind Partizipation und Ko-Konstruktion auf Dialog, Kooperation, Aushandlung und Verständigung gerichtet. Partizipation ist Bestandteil ko-konstruktiver Bildungsprozesse und Voraussetzung für deren Gelingen.

Erwachsene und ihr Umgang miteinander sind stets Vorbild und Anregung für die Kinder. Deshalb erfordert gelingende Partizipation der Kinder immer auch die Partizipation der Eltern und des Teams bzw. Kollegiums. Aus der Kultur des gemeinsamen Lernens und Entscheidens ergibt sich eine neue Rolle und Haltung des pädagogischen Personals.

3.4 Inklusion – Pädagogik der Vielfalt

An Bildungsorten treffen sich Kinder, die sich in vielen Aspekten unterscheiden, z. B. im Hinblick auf Alter, Geschlecht, Stärken und Interessen, Lern- und Entwicklungstempo, spezifischen Lern- und Unterstützungsbedarf sowie ihren kulturellen oder sozioökonomischen Hintergrund. Inklusion als gesellschafts-, sozial- und bildungspolitische Leitidee lehnt Segregation anhand bestimmter Merkmale ab. Sie zielt auf eine Lebenswelt ohne Ausgrenzung und begreift Diversität bzw. Heterogenität als Normalfall, Bereicherung und Bildungschance. Für Kinder mit Behinderungen betont sie das Recht auf gemeinsame Bildung; bei der Entscheidung über den Bildungsort, die in Verantwortung der Eltern liegt, steht das Wohl des Kindes im Vordergrund. Eine an den individuellen Bedürfnissen ausgerichtete Bildungsbegleitung, die sich durch multiprofessionelle Teams und multiprofessionelles Zusammenwirken verschiedener Bildungseinrichtungen realisiert, sichert Bildungsgerechtigkeit. Auch Differenzierungsangebote und der bewusste Wechsel zwischen heterogenen und homogenen Gruppen tragen dazu bei. Partizipation und Ko-Konstruktion bieten einen optimalen Rahmen, in dem sich die Potenziale einer heterogenen Lerngruppe entfalten können.

4. Organisation und Moderierung von Bildungsprozessen

Damit Prozesse der Ko-Konstruktion, Partizipation und Inklusion gelingen, ist die Haltung entscheidend, die dem Handeln der Pädagoginnen und Pädagogen zugrunde liegt. Diese Haltung basiert auf Prinzipien wie Wertschätzung, Kompetenzorientierung, Dialog, Partizipation, Experimentierfreudigkeit, Fehlerfreundlichkeit, Flexibilität und Selbstreflexion.

Zentrale Aufgaben der Pädagoginnen und Pädagogen sind die Planung und Gestaltung optimaler Bedingungen für Bildungsprozesse, die eigenaktives, individuelles und kooperatives Lernen nachhaltig ermöglichen. Dies erfordert eine stete Anpassung der Lernumgebungen, die individuelle Kompetenzentwicklung im Rahmen der heterogenen Lerngruppe zulassen. Im pädagogischen Alltag wird dies anhand einer Methodik umgesetzt, bei der kommunikative Prozesse sowie vielfältige Formen der inneren Differenzierung und Öffnung im Vordergrund stehen. Für die Organisation von Lernumgebungen (äußere Bedingungen, Lernmaterialien und -aufgaben, Sozial- und Arbeitsformen) sind eine konsequente Orientierung an den Kompetenzen der Kinder und deren aktive Beteiligung notwendig. Das Interesse der Kinder ist Ausgangspunkt der Bildungsaktivitäten. Wichtige Prinzipien einer kompetenzorientierten Bildungs- und Unterrichtsgestaltung sind die Vernetzung von Einzelinhalten, ihre Einbettung in größere Zusammenhänge (bereichsübergreifendes bzw. fächerverbindendes Lernen), Anwendungssituationen für erworbene Kompetenzen in verschiedenen Bereichen und die Reflexion des eigenen Lernens.

Um den komplexen Anforderungen bei der Organisation, Planung und Dokumentation adaptiver Lernangebote und -umgebungen gerecht werden zu können, sind sachbezogene, didaktisch-methodische, pädagogische, personal-soziale und reflexive Kompetenz sowie kollegiale Unterstützung und politisch-gesellschaftliche Wertschätzung unabdingbar.

Grundlage für eine stärkenorientierte und prozessbegleitende Rückmeldung an die Lernenden in allen Bildungsinstitutionen sind die systematische Beobachtung und die Dokumentation der kindlichen Lern- und Entwicklungsprozesse. In der Schule haben Lehrerinnen und Lehrer zudem die Aufgabe, Ergebnisse von Lernprozessen zu überprüfen und zu bewerten sowie ihre gesamte Arbeit an Bildungsstandards und festgelegten Kompetenzerwartungen zu orientieren. Notwendig ist der Einsatz verschiedener Verfahren und Instrumente. Viel Einblick in die Interessen, Kenntnisse und Fähigkeiten der Kinder geben Portfolios. Sie dienen den Kindern zur Reflexion ihrer Lernprozesse und den Pädagoginnen und Pädagogen als Grundlage für die weitere Planung sowie den Austausch mit Eltern und anderen Bildungsorten.

5. Die Bildungsbereiche

Kompetenzentwicklung und Wissenserwerb gehen Hand in Hand. Kinder lernen, denken, erleben und erfahren die Welt nicht in Fächern oder Lernprogrammen. Ihre Kompetenzen entwickeln sie nicht isoliert, sondern stets in der Auseinandersetzung mit konkreten Situationen und bedeutsamen Themen und im sozialen Austausch. Kompetenzorientiert und bereichsübergreifend angelegte Bildungsprozesse, die Kinder aktiv mitgestalten, fordern und stärken sie in all ihren Kompetenzen. Dem Bildungsbereich *Sprache und Literacy* kommt für die Persönlichkeitsentwicklung, den Schulerfolg, den kompetenten Medienumgang und die Teilhabe am Gesellschaftsleben zentrale Bedeutung zu.

6. Kooperation und Vernetzung der Bildungsorte

6.1 Pluralität der Bildungsorte

Kinder erwerben Kompetenzen an vielen verschiedenen Bildungsorten. Ihre Bildung beginnt in der Familie und ist im Lebenslauf das Ergebnis eines vielfältigen Zusammenwirkens aller Bildungsorte, deren Kooperation und Vernetzung zentrale Bedeutung zukommt. Wie Bildungsangebote genutzt werden und in welchem Maße Kinder von den Bildungsleistungen dort profitieren, hängt maßgeblich von den Ressourcen der Familien und deren Stärkung ab. Die Familie ist für Kinder der wichtigste und einflussreichste Bildungsort.

6.2 Bildungs- und Erziehungspartnerschaft mit Eltern

Als Mitgestalter der Bildung ihres Kindes und als Experten für ihr Kind sind Eltern die wichtigsten Gesprächspartner – gute Elternkooperation und -beteiligung ist daher ein Kernthema für alle außerfamiliären Bildungsorte und gesetzliche Verpflichtung für Kindertageseinrichtungen, Tagespflege und Schulen. Das Konzept der Bildungs- und Erziehungspartnerschaft entwickelt bestehende Konzepte der Elternarbeit weiter. Es fokussiert die gemeinsame Verantwortung für das Kind und sieht eine veränderte Mitwirkungs- und Kommunikationsqualität vor. Zu den familien- und einrichtungsunterstützenden Zielen zählen die Begleitung von Übergängen, Information und Austausch, Stärkung der Elternkompetenz, Beratung und Fachdienstvermittlung sowie Mitarbeit und Partizipation der Eltern. Zu den Gelingensfaktoren für eine solche Partnerschaft zählen eine wertschätzende Haltung gegenüber den Eltern, die Anerkennung der Vielfalt von Familien, Transparenz sowie Informations- und Unterstützungsangebote.

6.3 Kooperation der Bildungseinrichtungen und Tagespflegepersonen

Die Kooperation von Bildungseinrichtungen und Tagespflegepersonen ist landesgesetzlich verankert und für Kindergarten und Grundschule detailliert geregelt. Das Kooperationsgeschehen ist komplex und umfasst verschiedene Aufgaben und Formen. Dazu zählen gegenseitiges Kennenlernen und Einblickgewähren, Kooperationsabsprachen für gemeinsame Aufgaben, Konzeptentwicklung für die gemeinsame Übergangsbegleitung mit den Eltern, die Herstellung anschlussfähiger Bildungsprozesse, die Planung und Durchführung gemeinsamer Angebote für Kinder, Eltern und Familien sowie der Austausch über einzelne Kinder unter Beachtung des Datenschutzes.

6.4 Öffnung der Bildungseinrichtungen nach außen

Bildungseinrichtungen haben den gesamten Lebensraum der Kinder im Blick, nutzen Beteiligungsmöglichkeiten aktiv und öffnen sich für Impulse aus dem Umfeld. Mögliche Kooperationen mit externen Institutionen und Personen umfassen Angebote für Kinder (z. B. Besuche, Einbeziehung in aktuelle Projekte) wie auch für Eltern und Familien. Es entsteht eine stärkere Verbindung der Bildungseinrichtungen mit dem Gemeindeleben und der Arbeitswelt. Von der Öffnung profitieren nicht nur die Kinder (z. B. durch die Ausweitung ihrer Lernumgebung und die Bereicherung ihrer Bildungserfahrungen), sondern auch Eltern und das pädagogische Personal (z. B. durch neue Informationsquellen und Möglichkeiten des Fachdialogs sowie der Fortbildung).

6.5 Gestaltung der Übergänge im Bildungsverlauf

Im Bildungssystem finden immer wieder Übergänge zwischen den Bildungsorten statt. Von den Kompetenzen, die Kinder bei gelingenden Übergängen erwerben, profitieren sie bei allen weiteren Übergängen. Erfolgreiche Übergänge (auch in weiterführende Schulen) sind ein Prozess, der von allen Beteiligten gemeinsam gestaltet und vom Kind und den Eltern aktiv und im eigenen Tempo bewältigt wird. Die Institutionen bieten vielfältige Informations- und Gesprächsmöglichkeiten an, da Übergänge wie der Schuleintritt auch für Eltern oft mit Herausforderungen und Informationsbedarf verbunden sind. Beim Übertritt in die Grundschule kommt es nicht nur auf den Entwicklungsstand des Kindes, sondern auch darauf an, dass die Schule auf die individuellen Kompetenzen und Lernbedürfnisse der Kinder eingeht, um einen erfolgreichen Anfang zu ermöglichen.

6.6 Soziale Netzwerkarbeit bei Kindeswohlgefährdung

Zu den Aufgaben außerfamiliärer Bildungsorte zählen auch die Sorge um jene Kinder, deren Wohlergehen gefährdet ist, sowie deren Schutz vor weiteren Gefährdungen. Ein gutes Netzwerk der mit Kindeswohlgefährdung befassten Stellen vor Ort trägt zur Prävention, Früherkennung und Unterstützung in konkreten Fällen bei.

6.7 Kommunale Bildungslandschaften

Die Umsetzungschancen der Leitlinien in allen Bildungsorten steigen in dem Maße, in dem es gelingt, Bildungsfragen zum Schwerpunktthema der Kommunalpolitik zu machen. Kommunale Bildungslandschaften bündeln und vernetzen die Bildungsangebote vor Ort und liefern einen Rahmen für deren Weiterentwicklung. Sie verstehen sich als lernende Region. Kommunale Innovationsprozesse werden in gemeinsamer Verantwortung ressort- und institutionenübergreifend geplant und gestaltet, möglichst alle bildungsrelevanten Einrichtungen und Bürger einbezogen und innovative Kooperationsformen und Handlungskonzepte für lebenslanges Lernen und Bildungsgerechtigkeit entwickelt. Positive Kooperationserfahrungen schaffen Netzwerkidentität und sorgen dafür, dass Veränderungsprozesse von allen mitgetragen werden.

7. Qualitätsentwicklung in Bildungseinrichtungen

Die Anforderungen an ein Bildungssystem unterliegen aufgrund der gesellschaftlichen Veränderungen einem fortlaufenden Wandel. Die aktuelle Praxis und neue Entwicklungen werden reflektiert und so eine Balance zwischen Kontinuität und Innovation gefunden. Daraus resultiert das Selbstverständnis von Bildungseinrichtungen als lernende Organisationen.

7.1 Team als lernende Gemeinschaft

Als lernende Organisationen schaffen Bildungseinrichtungen den Transfer von neuem Wissen in die gesamte Organisation und sind daher fähig, auf neue Herausforderungen angemessen zu reagieren und gemeinsam aus ihnen zu lernen. Gelingende Teamarbeit ist maßgeblich für die Qualitätsentwicklung der Prozesse und Ergebnisse in Bildungseinrichtungen. Erforderlich ist die Kompetenz, in Arbeitsgruppen gemeinsam zu planen und zu handeln sowie diese Prozesse zu reflektieren. Teamlernen erfordert Übung und stellt kein punktuelles Vorhaben dar, sondern erfordert den konsequenten Dialog mit Kolleginnen und Kollegen sowie die gemeinsame Verantwortung aller für die gesteckten Ziele und die Festlegung von Strategien und Regeln innerhalb einer zeitlichen und organisatorischen Struktur.

7.2 Schlüsselrolle der Leitung

Leitungskräften in Bildungseinrichtungen kommt eine zentrale Rolle zu. Sie initiieren Lernprozesse, sie etablieren und unterstützen kontinuierliche Reflexion und Rückmeldung und suchen den Dialog mit Mitarbeiterinnen und Mitarbeitern. Zentrale Anliegen sind die Entwicklung eines gemeinsamen Qualitätsverständnisses, die Einbindung des gesamten Teams oder Kollegiums in den Qualitätsentwicklungsprozess und unterstützende Strukturen für den Austausch und die Beratung. Diese Leitungsaufgaben erfordern spezifische Vorbereitung, stete Weiterqualifizierung und Angebote kollegialer Beratung und Supervision.

7.3 Evaluation als qualitätsentwickelnde Maßnahme

Lernende Organisationen nutzen Evaluationsverfahren zur Bestandsaufnahme, Zielbestimmung und Ergebnisüberprüfung. Qualitätsentwicklungsprozesse können angestoßen, geplant und reflektiert werden durch interne und externe Evaluation, die Bildungseinrichtungen Anregung zur Weiterentwicklung und Verbesserung der Prozesse und Ergebnisse gibt.

7.4 Aus-, Fort- und Weiterbildung

Alle beteiligten Institutionen verbindet die Aufgabe, das gemeinsame inklusive, ko-konstruktive und partizipative Bildungsverständnis der Leitlinien als herausragenden Inhalt und zentrales Gestaltungsprinzip in die Aus-, Fort- und Weiterbildung einzubeziehen. Ein professioneller Umgang mit der Heterogenität von Gruppen und der Ausbau Institutionen übergreifender Fort- und Weiterbildungsmaßnahmen tragen zur Realisierung der Leitlinien in der Praxis bei.

8. Bildung als lebenslanger Prozess

In einer Wissengesellschaft ist Bildung von zentraler Bedeutung, Kompetenzentwicklung ein lebenslanger Prozess. Damit dies gelingt, ist es Aufgabe aller Bildungsorte, in allen Lebensphasen und -bereichen individuelles Lernen anzuregen und so zu unterstützen, dass es lebenslang selbstverständlich wird. Die Grundlagen dafür werden in der Kindheit gelegt.

Die Broschüre mit der Kurz- und Langfassung der Bildungsleitlinien ist zu finden unter: www.zukunftsministerium.bayern.de/kinderbetreuung/bep/baybl.php

Der Bayerische Bildungs- und Erziehungsplan für Kinder in Tageseinrichtungen bis zur Einschulung

Grundlagen und Einführung

1. Notwendigkeit eines Bildungs- und Erziehungsplans für den Elementarbereich

2. Menschenbild und Prinzipien, die dem Bildungs- und Erziehungsplan zugrunde liegen

3. Charakteristika des Bildungs- und Erziehungsplans

Teil 1

Seite 4

Seite 10

Seite 24

1.1 Gesellschaftliche Veränderungen 5
1.2 Neuere wissenschaftliche Erkenntnisse 7
1.3 Neue Entwicklungen im Elementarbereich 7

Notwendigkeit eines Bildungs- und Erziehungsplans für den Elementarbereich

Kinder haben ein Recht auf Bildung. Dieses Recht wird nicht erst mit Schuleintritt wirksam, sondern bereits mit Geburt, denn Kinder lernen von Geburt an. Seit Beginn der 1990er Jahre stehen international die Lernprozesse in früher Kindheit und damit die frühe Bildung im Blickpunkt der Bildungspolitik. Gesellschaftliche Veränderungen, neue Forschungsbefunde, nationale und internationale Bildungsstudien (Delphi-Befragungen über Potentiale und Dimensionen der Wissensgesellschaft; internationale Schülerleistungsvergleiche wie PISA, IGLU; OECD-Studien: Starting Strong, Bildung auf einen Blick), die Kinderrechtsbewegung, die seit Verabschieden der UN-Kinderrechtskonvention im Jahr 1989 weltweit Verbreitung findet sowie international herausragende Reformen im Elementarbereich haben Diskussionen auf zwei Ebenen ausgelöst. Auf politischer Ebene geht es um den Stellenwert früher Bildung im Bildungssystem und die Ordnung des Bildungsverlaufs, auf fachlicher Ebene um die (Neu-)Konzeption von Bildungsprozessen bei Erweiterung der Themenschwerpunkte und (Neu-)Konzeption von Übergängen. Bildung von Anfang an ist im Interesse der Kinder, aber auch der Gesellschaft. Bildung ist der Schlüssel zum Lebenserfolg. Von ihr hängen die Zukunftschancen des Landes ab.

1.1 Gesellschaftliche Veränderungen

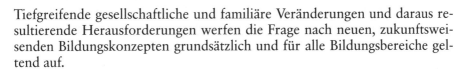

Tiefgreifende gesellschaftliche und familiäre Veränderungen und daraus resultierende Herausforderungen werfen die Frage nach neuen, zukunftsweisenden Bildungskonzepten grundsätzlich und für alle Bildungsbereiche geltend auf.

Gesellschaftlicher Wandel. Die Welt, auf die hin wir unsere Kinder bilden und erziehen, unterliegt einem permanenten Wandel. Dieser ist aktuell weit mehr als nur ein Übergang von der Industrie- zur Wissensgesellschaft. Er betrifft die Art und Weise, wie wir unsere Welt wahrnehmen und interpretieren. Kinder wachsen heute in einer kulturell vielfältigen, sozial komplexen und hoch technisierten Welt auf, die beschleunigten Wandel aufweist.

Demographischer Wandel. Geburtenrückgang und Überalterung der Gesellschaft sind eine fortschreitende Entwicklung in vielen Staaten der westlichen Welt. Sie verändern das Geschlechter- und Generationenverhältnis. Sie fordern auch die Bildungssysteme heraus, die Begegnung, den Dialog und das

Miteinander der Generationen bewusst und gezielt zu gestalten. Bildung hat heute einen zentralen Beitrag zum Zusammenhalt zwischen den Generationen zu leisten.

Überwindung nationaler Curricula. Bisherige Bildungskonzepte und -pläne waren vorrangig auf die engen Grenzen der Nation ausgerichtet. Mit der EU-Erweiterung, der Globalisierung der Wirtschaft und dem Anstieg internationaler Mobilität benötigen Kinder heute zusätzlich zu ihrer sozialen und kulturellen Einbettung auch interkulturelle und Fremdsprachenkompetenz.

Veränderte Anforderungen der Wirtschafts- und Arbeitswelt. Auch Wirtschafts- und Arbeitswelt sind insbesondere durch die Technisierung und den globalen Wettbewerb einem steten Wandel unterworfen, aus dem veränderte Anforderungen an den Einzelnen und an das Bildungssystem resultieren. Anspruchsvoller gewordene Aufgaben verlangen ein hohes Maß an Konzentrationsfähigkeit, logisch-analytischem Denken, Problemlöse- und Orientierungsfähigkeiten in komplexen Zusammenhängen. Eine veränderte dezentrale Arbeitsorganisation bedarf der Teamarbeit und Kommunikationsfähigkeit über rein fachbezogene Angelegenheiten hinaus. Es werden zunehmend Eigeninitiative, Lernbereitschaft, Verantwortungsübernahme, Kreativität und Innovationsfreude erwartet.

Überwindung des Bildungsvorratsmodells. Die weltweite Situation mit globalen wirtschaftlichen Abhängigkeiten und rasanten Veränderungen in der Entwicklung von Technologie und Wissenschaft stellt an die Menschen laufend neue und bislang nicht gekannte Anforderungen. Der Wandel zur Wissensgesellschaft lässt Wissen immer schneller veralten. Es scheint immer weniger möglich, junge Menschen mit einem Grundlagenwissen auszustatten, auf das sie mit Abschluss ihrer Berufsausbildung ein Leben lang zurückgreifen können (Bildungsvorrat). Sie stehen heute vor der Herausforderung, sich ständig weiterzuentwickeln und kontinuierlich neues Wissen zu verarbeiten. Kommunikationsfähigkeit und lebenslange Lernfähigkeit werden immer wichtiger. Vor diesem Hintergrund setzt sich in allen Bildungssystemen zunehmend der Kompetenzansatz gegenüber der herkömmlichen Formulierung eines Wissenskanons durch. Er löst das statische Bildungsvorratsmodell durch ein dynamisches Bildungserneuerungsmodell ab, das auf eine lebenslange Erweiterung von Wissen abzielt und die lernmethodische Kompetenz in den Vordergrund rückt.

Kontext, in dem Kinder aufwachsen. Es erweist sich zunehmend als erforderlich, sensibler als bisher den kulturellen, ethnischen und sozialen Hintergrund der Kinder zu reflektieren. Angemahnt werden Bildungskonzepte, die auch auf soziale Phänomene wie Armut, soziale Ausgrenzung, Migration und Mobilität angemessen eingehen.

Diskontinuitäten in der kindlichen Biografie und familiäre Wandlungsprozesse. Der sich seit einiger Zeit vollziehende Wandel von Familienstrukturen, z. B. Ein-Eltern-Familien sowie die zunehmend diskontinuierlich verlaufenden Familienbiografien, z. B. Trennung, Scheidung, Wiederheirat, von denen immer mehr Kinder betroffen sind, richten neue Erwartungen an das

Bildungssystem, Kindern die Kompetenz zur Bewältigung von Übergängen und Veränderungen zu vermitteln.

1.2 Neuere wissenschaftliche Erkenntnisse

Eine Fülle neuerer Ergebnisse aus unterschiedlichen Wissenschaftsdisziplinen, z. B. Entwicklungspsychologie, Neurowissenschaften, Kindheits- und Bildungsforschung, legt nahe, die Gestaltung von Bildungskonzepten und -plänen grundlegend zu reformieren. Viele dieser Befunde sind bereits seit geraumer Zeit bekannt, aber noch nicht befriedigend umgesetzt worden. Sie betreffen Aspekte wie z. B. die Vorstellungen über das kindliche Entwicklungsgeschehen, das Verhältnis von Bildung und Entwicklung, die Lernfähigkeit der Kinder in frühen Jahren, die Bedingungen, unter denen sich Kinder auch unter schwierigen Lebensumständen positiv entwickeln, die Bedeutung von Übergängen im Bildungsverlauf und deren Begleitung, die pädagogischen Voraussetzungen, unter denen Kinder das Lernen lernen, die Bedeutung von Bindungen, Beziehungen und Interaktionen für die Bildungsqualität. Diese neuen wissenschaftlichen Erkenntnisse sind eingeflossen in die Grundsätze und Prinzipien, die diesem Plan zugrunde liegen. Die Ausführungen im Teil 2 bauen darauf auf und führen sie weiter.

1.3 Neue Entwicklungen im Elementarbereich

Allen Kindern frühzeitig bestmögliche Bildungserfahrungen und -chancen zu bieten, zählt heute zu den Hauptaufgaben verantwortungsvoller Bildungspolitik.

Entwicklung von Bildungsplänen für den Elementarbereich. Angesichts des hohen Stellenwerts der frühen Bildung benötigt der Elementarbereich als erste Stufe im Bildungsverlauf mehr Orientierung und Unterstützung. Bildungspläne, die die Ziele und Inhalte der frühpädagogischen Arbeit darlegen, sind die notwendige Voraussetzung für die Entwicklung und Absicherung der Bildungsqualität in Tageseinrichtungen.

Bildungsverlauf und Anschlussfähigkeit. Auf dem Weg des lebenslangen Lernens sind nach der Familie der Elementarbereich die zweite und die Grundschule die dritte Station. Bildung auch schon im vorschulischen Alter wird heute als Aufgabe gesehen, die Eltern, Staat, Wirtschaft und Gesellschaft gemeinsam fordert und verpflichtet. Forschungsbefunde zeigen auf, dass die Lernprozesse bei Kindern nicht nur früh beginnen, sondern zugleich aufeinander aufbauen und sich gegenseitig beeinflussen. Sie fordern das Herstellen von Anschlussfähigkeit ein. Bisherige Ansätze, diese Anschlussfähigkeit ausschließlich auf struktureller Ebene herzustellen, greifen zu kurz. International zeigen sich jene Bildungssysteme und -konzepte als zukunftsweisend und volkswirtschaftlich ertragreich, die von unten her aufgebaut und im Stufenverlauf miteinander verzahnt und aufeinander abgestimmt sind. Sie verlangen, den im Zuge des Übergangs zur Wissensgesellschaft unausweichlichen Bildungsreformprozess am Elementarbereich anzusetzen und diesen zu einem starken Fundament weiterzuentwickeln.

2

2.1 Bild vom Kind 11
2.2 Verständnis von Bildung 12
2.3 Bildung als lebenslanger Prozess – Stellenwert der frühen Bildung 14
2.4 Leitziele von Bildung 14
2.5 Verhältnis von Bildung und Entwicklung, Bildung und Erziehung 16
2.6 Lernen im Kindesalter 16
2.7 Verhältnis von Spielen und Lernen ... 18
2.8 Umgang mit individuellen Unterschieden und soziokultureller Vielfalt 21
2.9 Prinzip der Entwicklungsangemessenheit 22
2.10 Demokratieprinzip 22

Menschenbild und Prinzipien, die dem Bildungs- und Erziehungsplan zugrunde liegen

2.1 Bild vom Kind

Der neugeborene Mensch kommt als „kompetenter Säugling" zur Welt – dies belegt die entwicklungspsychologische und neurowissenschaftliche Säuglings- und Kleinkindforschung. Bereits unmittelbar nach der Geburt beginnt der Säugling, seine Umwelt zu erkunden und mit ihr in Austausch zu treten.

Kinder gestalten ihre Bildung und Entwicklung von Geburt an aktiv mit und übernehmen dabei entwicklungsangemessen Verantwortung, denn der Mensch ist auf Selbstbestimmung und Selbsttätigkeit hin angelegt. Bereits sehr kleine Kinder sind eher aktive Mitgestalter ihres Verstehens als passive Teilhaber an Umweltereignissen und können ihre Bedürfnisse äußern. Sie wollen von sich aus lernen, ihre Neugierde und ihr Erkundungs- und Forscherdrang sind der Beweis. Sie lernen mit Begeisterung und mit bemerkenswerter Leichtigkeit und Geschwindigkeit. Ihr Lerneifer, ihr Wissensdurst und ihre Lernfähigkeit sind groß. Sie haben viele intelligente Fragen und sind reich an Ideen und Einfällen. Mit zunehmendem Alter und Wissenserwerb werden sie zu „Experten", deren Weltverständnis in Einzelbereichen dem der Erwachsenen ähnelt. In ihrem Tun und Fragenstellen sind Kinder höchst kreative Erfinder, Künstler, Physiker, Mathematiker, Historiker und Philosophen. Sie wollen im Dialog mit anderen an allen Weltvorgängen teilnehmen, um ihr Weltverständnis kontinuierlich zu erweitern. Im Bildungsgeschehen nehmen Kinder eine aktive Gestalterrolle bei ihren Lernprozessen ein, sie sind Akteure mit eigenen Gestaltungsmöglichkeiten.

Jedes Kind unterscheidet sich durch seine Persönlichkeit und Individualität von anderen Kindern. Es bietet ein Spektrum einzigartiger Besonderheiten durch sein Temperament, seine Anlagen, Stärken, Bedingungen des Aufwachsens, seine Eigenaktivitäten und sein Entwicklungstempo. Die Entwicklung des Kindes erweist sich als ein komplexes, individuell verlaufendes Geschehen.

Kinder haben Rechte – universell verankert in der UN-Kinderrechtskonvention. Sie haben insbesondere ein Recht auf bestmögliche Bildung von Anfang an; ihre Persönlichkeit, Begabung und geistig-körperlichen Fähigkeiten voll zur Entfaltung zu bringen, ist oberstes Ziel ihrer Bildung. Sie haben ein Recht auf umfassende Mitsprache und Mitgestaltung bei ihrer Bildung und allen weiteren, sie (mit) betreffenden Entscheidungen.

2.2 Verständnis von Bildung

Bildung im Kindesalter gestaltet sich als sozialer Prozess, an dem sich Kinder und Erwachsene aktiv beteiligen. Nur in gemeinsamer Interaktion, im kommunikativen Austausch und im ko-konstruktiven Prozess findet Bildung, nicht zuletzt als Sinnkonstruktion, statt. So verstanden sind Bildungsprozesse eingebettet in den sozialen und kulturellen Kontext, in dem sie jeweils geschehen.

- Die kindliche Entwicklung folgt damit nicht nur dem biologischen Reifungs- und Wachstumsprozess in den körperlichen und mentalen Strukturen. Auch der Kulturkreis, in den das Kind hineingeboren wird, und die von ihm hervorgebrachten Werkzeuge (z. B. Sprache, Schrift, Zahlen, Medien) und sozialen Praktiken sind von Anfang an in die Entwicklung einbezogen und treiben diese voran. Normen und Werte beeinflussen und gestalten kindliche Entwicklung mit.
- Im Bayerischen Bildungs- und Erziehungsplan wird in hohem Maße berücksichtigt, dass Kinder in einer Umgebung aufwachsen, die durch das abendländische, humanistische und christliche Welt- und Menschenbild geprägt ist. Es wird berücksichtigt, dass sich auch Familien und Kinder mit einem anderen kulturellen und religiösen Hintergrund am Bildungsgeschehen beteiligen. Ihnen wird mit Respekt und Anerkennung begegnet. Solche Unterschiede sind als eine Chance und Bereicherung zu betrachten. Sie werden genutzt, um allen mehr Lernerfahrungen zu bieten und höhere Lerngewinne zu erzielen.
- Bildung als sozialen Prozess eingebettet in den jeweiligen Kontext zu verstehen – dieser Bildungsansatz wirkt sich ebenso wie die neuen gesellschaftlichen Anforderungen an Bildung auf die Bildungsinhalte und deren Vermittlungsformen aus. Er erweitert zugleich die Zielsetzung, die mit einem Bildungsplan verfolgt wird: Neben der Stärkung individueller Autonomie werden auch die Mitgestaltung der sozialen und kulturellen Umgebung und die entwicklungsangemessene Übernahme von Mitverantwortung betont.

In Zielen und Inhalten folgt Bildung heute einem weiten, ganzheitlichen Verständnis.

- **Persönliche Dimension.** Welche Basiskompetenzen des Kindes sind aufzubauen und zu stärken, die ihm eine positive Persönlichkeitsentwicklung garantieren?

- **Interaktionale Dimension.** Welche Basiskompetenzen brauchen Kinder, um ihre Bildungsprozesse in der Interaktion mit anderen Kindern und Erwachsenen mitzugestalten und mitzuverantworten?
- **Kulturelle Dimension.** Welche gesellschaftlichen Werte sollen Kinder als eigene Wertvorstellungen verinnerlichen, um ein produktives Zusammenleben in einer interkulturellen Gemeinschaft zu sichern?
- **Wissensdimension.** Was sollen Kinder wissen, um sich in einer globalen Wissensgesellschaft zurechtzufinden, ihre Lebensaufgaben kompetent und im sozialen Austausch zu bewältigen?
- **Partizipatorische Dimension.** Welche Gelegenheiten brauchen Kinder, um Entscheidungsfähigkeit, Mitgestaltung und Verantwortungsübernahme aufbauen zu können?

Aus diesen Dimensionen ergibt sich ein neues, breites Verständnis von Allgemeinwissen. Es stellt die Entwicklung von Basiskompetenzen und Werthaltungen in den Mittelpunkt und verknüpft diese mit dem Erwerb von inhaltlichem Basiswissen. In einer individualisierten Wissensgesellschaft werden Kompetenzen wichtiger als das sich rasch verändernde Fach- und Spezialwissen. Basiskompetenzen und Werthaltungen geben dem Kind ein „inneres Gerüst" und damit Orientierung. Sie befähigen es zum produktiven Umgang mit Vielfalt und Wandel, zur Selbstorganisation und sozialen Mitgestaltung sowie zur Offenheit für andere Kulturen und Lebensentwürfe. Kompetenzen werden nicht isoliert erworben, sondern stets im Kontext aktueller Situationen, sozialen Austauschs und behandelter Themen und damit anhand bestimmter Bildungs- und Erziehungsbereiche. Kompetenz- und Wissenserwerb gehen damit zusammen. Ein breit gefächertes Basiswissen bietet Orientierung in der Informations- und Wissensfülle und ermöglicht es, über Disziplinen hinweg zu kommunizieren und sich jederzeit Fach- und Spezialwissen anzueignen. Die Möglichkeiten der Beteiligung, die Erwachsene Kindern bei ihren Bildungs- und weiteren Entscheidungsprozessen einräumen, werden die Entwicklung positiver Haltungen zum Leben und Lernen nachhaltig beeinflussen.

Kinder erwerben Kompetenzen, Werthaltungen und Wissen an vielen Bildungsorten. Damit sind alle Orte, an denen die Bildung und Erziehung der Kinder geschieht, im Blickfeld. Unterschieden wird zwischen informellen Bildungsorten (z. B. Familie, Gleichaltrigen- bzw. Kindergruppe, Medienwelt), non-formalen Bildungsorten (z. B. Kindertageseinrichtung, aber auch Musik-, Kunstschule) und formalen Bildungsorten (Schulen und Hochschulen). Bildung ist das Produkt eines komplexen Wechselspiels aller vor- und nachgelagerten und sich ergänzenden Bildungsorte, in denen sich das Kind von Geburt an bewegt. Die Bildungsprozesse des Kindes in Tageseinrichtung und Grundschule bauen auf vorgängigen bzw. sie begleitenden Bildungsprozessen in der Familie auf und sind, um erfolgreich zu sein, zugleich auf diese angewiesen und mit ihnen zu verknüpfen. Die einflussreichsten Bildungsorte für Kinder sind, neben Bildungsinstitutionen, die Familie und die Gleichaltrigengruppe.

2.3 Bildung als lebenslanger Prozess – Stellenwert der frühen Bildung

Bildung und Lernen sind in einer Wissensgesellschaft ein offener, lebenslanger Prozess. Allerdings erweisen sich in der menschlichen Entwicklungsbiografie die ersten 6 Lebensjahre und die Grundschuljahre als die lernintensivsten und entwicklungsreichsten Jahre. In diesen Jahren sind die Lernprozesse des Kindes unlösbar verbunden mit der Plastizität des Gehirns, seiner Veränderbarkeit und Formbarkeit; es wird der Grundstein für lebenslanges Lernen gelegt. Je solider und breiter die Basis an Wissen und Können aus jener Zeit ist, desto leichter und erfolgreicher lernt das Kind danach.

2.4 Leitziele von Bildung

Das ganzheitliche Bildungsverständnis lässt sich in seinen Leitzielen wie folgt umreißen:

Stärkung kindlicher Autonomie und sozialer Mitverantwortung

Bildung soll dazu beitragen, dem Kind zu helfen, sich selbst zu organisieren, ein Bild über seine Stärken und Schwächen zu gewinnen und dadurch ein gesundes Selbstwertgefühl zu entwickeln. Jedem Kind sind größtmögliche Freiräume für seine Entwicklung zu bieten. Gleichzeitig sind viele Gelegenheiten zu schaffen, in denen das Kind lernt, in sozialer Verantwortung zu handeln, d. h. die Konsequenzen seines eigenen Handelns für die anderen und sich selbst zu reflektieren. Kinder lernen, sich einzubringen und Entscheidungen für sich und andere zu fällen, wenn ihnen Mitsprache und Wahlmöglichkeiten gegeben werden. Sie lernen Verantwortung für sich und andere zu übernehmen, wenn ihnen Verantwortung übertragen wird.

Stärkung lernmethodischer Kompetenz

Schon früh und vor ihrem Schuleintritt können Kinder lernen, wie man lernt, und somit auf ein Leben vorbereitet werden, in dem lebenslanges Lernen unverzichtbar ist. Durch gezielte Moderation ihrer Lernprozesse erwerben Kinder ein Verständnis für das eigene Lernen, die Fähigkeit, über das eigene Denken nachzudenken (Meta-Kognition), und Strategien, ihr Lernen selbst zu steuern und zu regulieren. Dies erfolgt stets in bestimmten Situationen und anhand bestimmter Inhalte.

Stärkung des kompetenten Umgangs mit Veränderungen und Belastungen

Das Interesse der Human- und Sozialwissenschaften an den Bedingungen für positive Entwicklung und hohe Lebensqualität leitet die Kehrtwende ein, von der Frage „Was macht krank und schwach?" hin zur Frage „Was erhält gesund und macht stark?". Seit einiger Zeit ergründet die Resilienzforschung, warum sich manche Kinder trotz schwieriger Lebensverhältnisse erstaunlich gesund und positiv entwickeln, während andere davon beeinträchtigt werden, und warum manche Erwachsene trotz schwieriger Kindheit, schwerer Schicksalsschläge und belastender Lebensumstände in der Balance bleiben, während andere seelisch und körperlich erkranken. Der Unterschied liegt im Vorhandensein bzw. Fehlen menschlicher Stärken (z. B. positives Denken, Kreativität, Vertrauen, Selbstreflexion, soziale Kompetenzen) und förderlicher Umweltbedingungen (z. B. soziale Beziehungen). Sie wirken als schützende Puffer gegen schädliche Einflüsse auf das seelische Gleichgewicht, sie federn Stressbedingungen ab und machen weniger verletzbar. Sie machen belastbar, erhalten gesund und sichern ein produktives, erfülltes Leben. Diese so genannte Resilienz ist nicht angeboren. Von zentraler Bedeutung für ihren Erwerb ist die Qualität der Bindungen und Beziehungen, die Kinder in ihrer Familie und an anderen Bildungsorten erfahren.

Vor diesem Hintergrund gilt es, jene Kompetenzen zu stärken, die das Kind befähigen, mit Veränderungen und Belastungen konstruktiv umzugehen. Es lernt, darin Herausforderungen zu sehen und seine Kräfte zu mobilisieren bzw. soziale Ressourcen zu nutzen, die ihm eine erfolgreiche Bewältigung ermöglichen. Es lernt, Bewegung sowie Ruhepausen für Erholung und Entspannung gezielt einzusetzen, um seine Gesundheit zu erhalten und bei Stressbelastung zu regenerieren. Gezielter Begleitung bedürfen die Übergänge zwischen den Bildungsorten, bei denen sich Kinder in kurzer Zeit an viele neue Situationen anpassen müssen.

2.5 Verhältnis von Bildung und Entwicklung, Bildung und Erziehung

Bildung kann die kindliche Entwicklung maßgeblich vorantreiben. Es ist nicht mehr abzuwarten, bis Kinder ein bestimmtes Entwicklungsniveau und Alter erreicht haben, um Lernaufgaben zu bewältigen, mit Kulturwerkzeugen sinnvoll umzugehen und Lernerfolge zu erzielen, z. B. Umgang mit Zahlen, Schrift, elektronischen Medien – ausschlaggebend sind ihr Vorwissen und Vorverständnis, an denen sie anknüpfen können. Reichhaltige, vielfältige und anspruchsvolle Lernaufgaben, die an ihrem aktuellen Entwicklungsstand ausgerichtet sind, bringen Kinder in ihrem inhaltlichen Expertentum und damit in ihrer geistigen Entwicklung weiter. Bildung in den Dienst positiver Entwicklung zu stellen heißt, Kindern die bestmöglichen Lern- und Entwicklungschancen zu bieten. Die Leitfrage, was Kinder stärkt, eröffnet die Chance, Bildung vorrangig auf die Stärkung positiver Entwicklung hin auszurichten.

Im Kindesalter gehen Bildung und Erziehung Hand in Hand. Eine klare Abgrenzung ist kaum mehr möglich. Vielmehr sind die herkömmlichen Domänen von Erziehung wie Ausbildung von Werthaltungen, Gestaltung sozialer Beziehungen und Umgang mit Gefühlen heute auch Gegenstand von Bildung. Wird Bildung als sozialer Prozess verstanden, sind diese Aspekte automatisch integriert. „Mut zur Erziehung", d. h. Kindern in einer wertschätzenden Weise Orientierung geben, indem erwachsene Bezugspersonen ihnen gegenüber klare Standpunkte beziehen und Grenzen setzen – dies ist ein Anliegen, das Eltern und pädagogische Fachkräfte in Kindertageseinrichtungen in ihrer gemeinsamen Verantwortung für das Kind gleichermaßen betrifft.

2.6 Lernen im Kindesalter

Kinder lernen von Geburt an, Lernen ist wesentlicher Bestandteil des kindlichen Lebens. Vieles von dem, was Kinder lernen, lernen sie beiläufig.

Bedingungen und Potentiale des kindlichen Lernens. Kleine Kinder können nur in einem Umfeld aktiv lernen und sich positiv entwickeln, in dem sie sich sicher und geborgen fühlen sowie täglich ausreichend Möglichkeiten erhalten, sich zu bewegen. Wenn Kinder lernen, dann lernt immer das „ganze Kind" mit all seinen Sinnen, Emotionen, geistigen Fähigkeiten und Ausdrucksformen. Wenn Lernprozesse an den Quellen des kindlichen Lerneifers (Neugier, Freude am Ausprobieren, Experimentieren und Entdecken) ansetzen, auf die individuell unterschiedlichen Lernbedürfnisse der Kinder (Interessen, Fähigkeiten, Vorwissen, Lernweg, Lerntempo) Rücksicht nehmen und darauf aufbauen und ihnen ihre Mitgestalterrolle zugestehen, dann steht zu vermuten, dass sie große Bildungspotentiale freisetzen. Kinder können und wissen viel mehr, als Erwachsene ihnen in der Regel zutrauen. Sie kommen auf Ideen, auf die Erwachsene nie kommen würden.

Interesse, Atmosphäre und Lernumgebung. Kinder lernen nachhaltig, was sie interessiert und emotional bewegt. Aber es sind nie die reinen Fakten, die Kinder interessieren, sondern Kontext, Geschichten und Zusammenhänge um sie herum. Für Kinder entscheidend ist die emotionale Atmosphäre, in der sie lernen. Emotionen, die Lernaktivitäten begleiten und aus Lernerfahrungen hervorgehen, werden mitgelernt und prägen das weitere Lernverhalten. Kinder lernen am besten und sind am kreativsten, wenn sie sich wohl fühlen und mit Lust, Freude und Spaß lernen. Wenn sie in vorschulischen Lernprozessen spielerisch mit z. B. mathematischen oder naturwissenschaftlichen Inhalten experimentieren können, dann ermöglicht ihnen dies später einen kreativen Umgang mit diesem Wissen. Wenn sie dabei positive Erfahrungen mit Zahlen machen, so kann dieser von Anfang an positive Bezug zur Mathematik sich gewinnbringend auf die späteren Lernschritte in der Schule auswirken. Auch wie Kinder Räume wahrnehmen und welche Anregungen sie ihnen bieten, hat maßgeblichen Einfluss auf ihr Lernen. Lernumgebungen, die liebevoll und anregend gestaltet und an deren Gestaltung die Kinder beteiligt worden sind, steigern Wohlbefinden, Lernmotivation und Effizienz von Lernprozessen.

Kooperatives Lernen, Lernen am Modell (Vorbild). Kinder lernen sich selbst und die Welt in erster Linie durch gemeinsame Lernaktivitäten mit anderen schrittweise kennen und verstehen. Sie konstruieren ihr Weltverständnis vorrangig dadurch, dass sie sich über Dinge mit anderen austauschen und deren Bedeutungen und Sinngebungen verhandeln. Die gemeinsame Aufgaben- und Problemlösung mit Erwachsenen und anderen Kindern und der kommunikative Austausch, der hierbei stattfindet, bieten Kindern ein ideales Lernumfeld. Kinder lernen viel von anderen Kindern. Die Vorbildwirkung der Erwachsenen auf Kinder ist groß. Kinder lernen besonders viel, wenn sie mit Experten als Partnern in ernsthaften Situationen kooperieren und diese ihnen das reale Leben zeigen – sie fühlen sich ernst genommen und gefordert.

Eigenaktives, selbsttätiges Lernen. Von äußeren Lernanreizen profitieren Kinder am meisten, wenn sie am Lernprozess aktiv beteiligt sind und möglichst viel selbst handeln, denken und experimentieren dürfen. Hier kommt der Grundsatz zum Tragen: „Zeige mir und ich erinnere. Lasse es mich selbst tun und ich verstehe". Die Intensität der Beschäftigung mit einem Thema, die Involvierung des Kindes in den Lernprozess entscheiden über Dauer und Ausmaß späterer Erinnerung.

Entdeckendes Lernen, Lernen aus Fehlern. Kinder sind höchst motiviert, kreativ, konzentriert und ausdauernd bei der Sache, wenn sie Aufgaben lösen, die viele Lösungswege zulassen. Solche Aufgaben fordern Kinder heraus, eigenaktiv und in Kooperation mit anderen ihre eigenen Lösungswege zu entwickeln. Sie lernen nachhaltig, wenn ihre selbst gefundenen Lösungen sodann besprochen und gemeinsam reflektiert werden. Kinder lernen auch, wenn sie Fehler machen dürfen und Aufgaben erhalten, die sie zur eigenen Fehlererkennung und -korrektur anregen.

Ganzheitliches Lernen. Je ganzheitlicher und vielfältiger sich Kinder mit einem Thema immer wieder befassen, umso besser lernen sie. In ihrer Kombination regen vielseitige, bereichsübergreifende Zugangsweisen, Verarbeitungsformen mit allen Sinnen, Emotionen und intellektuelle Fähigkeiten sowie variationsreiche Wiederholungen den kindlichen Lernprozess immer wieder aufs Neue an. Je mehr Bezüge zu einem Thema hergestellt werden, je breiter und häufiger ein Thema bearbeitet wird, umso besser gelingen kindliche Lernprozesse. Zugleich ist es wichtig, Themen in ihrer Komplexität, d. h. mit Blick auf das Ganze ebenso wie mit Blick auf das Detail, zu erarbeiten und sie damit in größere Zusammenhänge einzubetten. Kinder können und wollen sich mit der Komplexität der realen Welt auseinander setzen, wenn sie ihnen erfahrbar und begreifbar präsentiert wird. Authentische, d. h. lebensechte und wissenschaftsähnliche Aufgabenstellungen treiben ihr Lernen voran, wenn die Inhalte an ihren Lebenswelten, Fragen und Interessen anknüpfen und an das Niveau ihres aktuellen Wissens und Verstehens angepasst werden. Wenn solche Aufgabenstellungen zugleich bereichsübergreifend und projektbezogen gestaltet sind, lernen Kinder, vernetzt und integrativ zu denken.

2.7 Verhältnis von Spielen und Lernen

Das Spiel ist die ureigenste Ausdrucksform des Kindes. Von Anfang an setzt sich das Kind über das Spiel mit sich und seiner Umwelt auseinander. Das Spiel zeichnet sich insbesondere durch zwei Kriterien aus, nämlich die Zweckfreiheit der Spielhandlung und Veränderung des Realitätsbezugs durch das Spiel. Im Spiel wird eine eigene Realität im Denken und Handeln konstruiert – bis zu den Grenzen der eigenen Fantasie ist alles möglich. In vielen ihrer Spiele spielen Kinder symbolisch und vereinfacht das Leben in Ausschnitten nach, die Erwachsenen- und Medienwelt liefern ihnen hierfür Vorlagen. Im Spiel können sie ihre Alltagseindrücke schöpferisch verarbeiten, sich das Leben mit eigenen Mitteln handhabbarer machen. Spiel- und Lebenswelt sind damit eng verknüpft. Das Spiel hilft Kindern, in die Gesellschaft hineinzuwachsen, Kompetenzen zu erwerben und eine eigene Identität zu entwickeln.

Das Spiel variiert je nach Alter, Entwicklungsstand, Interessen und Bedürfnissen des Kindes. Es ist Ausdruck der inneren Befindlichkeit des Kindes und seines Erlebens. Mit jedem Lebensjahr entwickelt das Kind zunehmend komplexere Spielformen. Die Entwicklung des Spielverhaltens und der Spielfähigkeit der Kinder hängt – ebenso wie die Lernfähigkeit – von vielen Faktoren ab, so insbesondere von den Spielmaterialien und der Unterstützung seitens der Erwachsenen. Sie ist daher individuell zu beobachten.

Verknüpfung von Spielen und Lernen

Spielen und Lernen sind keine Gegensätze, sondern zwei Seiten derselben Medaille, haben mehr Gemeinsamkeiten als Unterschiede – beide stellen eine Beziehung zur Umwelt her und streben nach Einsicht und Sinn. Zugleich sind sie eng miteinander verknüpft. Freie Spielprozesse sind immer auch Lernprozesse, denn Kinder lernen zumindest beiläufig durch Spielen. Das Spiel ist die elementare Form des Lernens. Und es ist Auslöser und integraler Bestandteil geplanter und moderierter Lernaktivitäten mit Kindern. So gehen z. B. viele Projekte aus Spielaktivitäten hervor, zugleich durchdringen sich Spiel- und Projekttätigkeit.

Im Elementarbereich verwischen die Grenzen zwischen der herkömmlichen Trennung von Freispiel und geplanten Lernaktivitäten zunehmend. Im Rahmen der Projektarbeit können Freispielphasen enthalten sein, in denen sich die Kinder weiterhin mit dem Projektthema allein oder mit anderen Kindern auseinander setzen. Die Qualität der Freispielprozesse lässt sich durch gezielte Unterstützungsmaßnahmen verbessern.

Überwindung des Gegensatzes von spiel- und instruktionsorientierten Lernansätzen

Die neuen Sichtweisen von Bildung und Lernen eröffnen neue Perspektiven auf die Gestaltung von Bildungsprozessen für alle Orte, in denen Lernen und Bildung geschieht. Moderne Lerntheorien und -ansätze verwerfen die herkömmlichen Vorstellungen eines Wissenstransfers von Lehrenden zu Lernenden und von Bildung als primärem Selbstbildungsprozess. Sie zielen darauf ab, Lernprozesse mit dem Vorwissen und Vorverständnis sowie mit den Interessen, Zielen und Absichten des lernenden Kindes in Verbindung zu bringen. Sie lenken ihr Augenmerk darauf, was das Kind unternimmt, um bestimmte Bildungsziele zu erreichen. Aus dieser Sicht erweisen sich Lehren und Lernen als eine Form, Überzeugungen, Bildungsziele und Lerninteressen sozial zu teilen bzw. nach Wegen zu suchen, zu einer Übereinstimmung zu gelangen. Sie sind damit Teil einer gemeinsamen Kultur des Lernens, bei der Erwachsene und Kinder ihre unterschiedlichen Vorstellungen miteinander vereinbaren. Die aktive Einbindung und das kooperative Zusammenwirken aller Beteiligten bringen neue Methoden zur Moderierung von Bildungsprozessen hervor; durch dieses Vorgehen lassen sich Bildungsbereiche erschließen, die herkömmliche Ansätze nicht erreichen.

Der in Schweden entwickelte ko-konstruktive Lernansatz, auf dem dieser Plan aufbaut, beschreitet neue Wege. Er hebt das Bildungsgeschehen zugleich auf eine meta-kogntive Ebene, auf der es um das Nachdenken über das eigene Denken geht. Er zielt darauf ab, dass Kinder ein Verständnis für die Phänomene ihrer Umwelt entwickeln und zugleich bewusst lernen. Lernprozesse werden nicht mehr als bloße Wissensaneignung verstanden, sondern als aktive und kooperative Formen der Wissenskonstruktion und des Kompetenzerwerbs. Soziale und individuelle Formen des Lernens gehen Hand in Hand. Die Unterstützung der Kinder bei ihren Lernprozessen erfordert sozialen Austausch auch dann, wenn Lernbegleiter wie Medien und Bücher Einsatz finden, z. B. bei der dialogorientierten Bilderbuchbetrachtung.

Entscheidend ist die Qualität dieses Interaktionsgeschehens, für dessen Steuerung und Moderation die Erwachsenen verantwortlich sind. Wichtig ist, das Interesse am Thema mit den Kindern zu teilen, herauszufinden, wie sie Dinge erleben und verstehen, mit ihnen gemeinsame Aktivitäten durchzuführen, sich mit ihnen im steten Dialog zu befinden und das Lerngeschehen immer wieder für Kinder zu visualisieren, z. B. durch Fotos und Aufzeichnungen. Wenn Kinder und Erwachsene eine „lernende Gemeinschaft" bilden, kann sich jeder mit seinen Stärken und seinem Wissen einbringen. Die Grenzen zwischen Lehren und Lernen verwischen; Kinder werden zu Mitgestaltern ihrer Lernprozesse und zu aktiven Ko-Konstrukteuren ihres Wissens und Verstehens.

In den Jahren bis zur Einschulung herrschen informelle und non-formale spielerische Lernformen vor. Grundlagen elementarer Bildungsprozesse bleiben sinnliche Wahrnehmung, Bewegung, Spiel und kommunikativer Austausch. Aber zugleich will kein Kind nur spielen, es will auch mit realem Leben und ernsthaftem Tun befasst sein. Die Höhergewichtung des elementaren Bildungsauftrags hat zur Konsequenz, dass sich das beiläufige Lernen der Kinder bei ihrem Spiel zum spielerischen Lernen hin entwickelt, dem mehr systematische Begleitung und didaktische Aufbereitung zuteil wird und das durch weitere Bildungsansätze wie Projekte und Workshops ergänzt wird. Freispiel ist wichtig, sollte jedoch unterstützt werden und muss in einem angemessenen Verhältnis zu Lernaktivitäten stehen, die die Erwachsenen planen und initiieren. Das tägliche Erleben strukturierter Situationen als Lernmodell ist wesentlich. Die stimulierende und herausfordernde Funktion geplanter und gemeinsamer Lernaktivitäten in der Gruppe bringt Kinder in ihrer sozialen und kognitiven Entwicklung weiter. Um täglich ausreichend geplante Lernsituationen anbieten zu können, muss es möglich sein, über längere Zeit hinweg mit allen Kindern ungestört pädagogisch zu arbeiten (angemessene Kernzeit).

2.8 Umgang mit individuellen Unterschieden und soziokultureller Vielfalt

Unterschiede zwischen den Kindern, z. B. in Geschlecht, Herkunft, Kultur, Religion, Entwicklungstempo, sind anzuerkennen. Sie bedürfen einer besonderen Aufmerksamkeit und Wertschätzung. Unterschiede können eine bereichernde Lernsituation bieten und zu mehr gemeinsamem Lerngewinn führen. Sie sind in organisatorischer und pädagogischer Hinsicht zu berücksichtigen.

Soziale Integration. Bildungseinrichtungen stehen in der Verantwortung, sozialer Ausgrenzung angemessen zu begegnen und allen Kindern faire, gleiche und gemeinsame Lern- und Entwicklungschancen zu bieten. Das Konzept der integrativen Bildung und Erziehung hat sich international durchgesetzt. Es sieht vor, dass alle Kinder, d. h. deutsche Kinder, Kinder mit Migrationshintergrund, Kinder mit Behinderung, Kinder mit erhöhten Entwicklungsrisiken und Kinder mit besonderen Begabungen, nach Möglichkeit dieselbe Bildungseinrichtung besuchen und gemeinsames Leben und Lernen erfahren.

Individuelle Begleitung. Auf die individuellen Unterschiede der Kinder einzugehen und jedes einzelne Kind bestmöglich zu begleiten, das ermöglicht das Prinzip der inneren Differenzierung. Es bedeutet ein differenziertes Bildungsangebot und eine individuelle Lernbegleitung auch bei gemeinsamen Lernaktivitäten. Jedes Kind hat andere Lernpotentiale und -bedürfnisse, hat seine eigenen Lernwege und sein eigenes Lerntempo. Diese lassen sich nur durch systematische Beobachtung seiner Lern- und Entwicklungsprozesse erkennen.

Kulturelle Offenheit. Zwei- und Mehrsprachigkeit sowie interkulturelle Kompetenz helfen Kindern, sich zu weltoffenen Persönlichkeiten zu entwickeln. Gemeinsame Lernaktivitäten, bei denen sich Kinder mit verschiedenem kulturellen Hintergrund begegnen, sind geeignet, interkulturelle Kompetenz einzuüben. Die Kinder werden neugierig auf andere Kulturen und lernen Andersartigkeit zu achten, auch wenn sie sie nicht vollständig verstehen.

2.9 Prinzip der Entwicklungsangemessenheit

Bildungsangebote sind so zu gestalten, dass sie der sozialen, kognitiven, emotionalen und körperlichen Entwicklung des Kindes entsprechen. Überforderung des Kindes ist ebenso fehl am Platz wie Unterforderung. Es gilt, dieses Prinzip nicht nur bei der Gestaltung der einzelnen Lern- und Bildungsaktivitäten zu beachten, sondern insbesondere auch bei der Gestaltung der Räume, der Lernumgebung und des Tagesgeschehens.

2.10 Demokratieprinzip

Das Demokratieprinzip prägt das gesamte Bildungsgeschehen und trägt die Idee von „gelebter Alltagsdemokratie" in sich. Es basiert auf einer Kultur der Begegnung, die demokratischen Grundsätzen folgt, und damit auf Partnerschaft und Kooperation. Wenn das Bildungsgeschehen eine soziale und kooperative Ausrichtung erfährt, vereint sich diese Kultur der Begegnung mit einer Kultur des Lernens, die auf das Wohlbefinden und die Engagiertheit aller Akteure setzt. Partnerschaft gründet auf Gegenseitigkeit, Gleichberechtigung und Wertschätzung. Sie bedeutet, sich respektvoll zu begegnen und als Partner zusammenzuwirken, denn jeder hat besondere Stärken und kann etwas einbringen. Partnerschaft erfordert angemessene Beteiligung an Entscheidungsprozessen in gemeinsamen Angelegenheiten, mit dem Ziel ko-konstruktiver Aushandlung und Mitbestimmung. Beschwerde- und Streitkultur sowie eine Kultur der Konfliktlösung sind weitere Aspekte von Demokratie. In Bildungseinrichtungen sind alle Personen Partner: die Kinder, Eltern, Pädagogen, Träger und weitere Beteiligte.

Das Erwachsenen-Kind-Verhältnis

Bildung und Erziehung sind ein auf Dialog ausgerichtetes Geschehen, in dem sich Kinder und Erwachsene als Partner respektvoll begegnen. Erwachsene bringen dem Kind bedingungslose Wertschätzung entgegen und nehmen es in seinen Äußerungen und Gestaltungsmöglichkeiten ernst. Ihre Verantwortung zeichnet sich durch feinfühlige und liebevolle Zuwendung, klare Erwartungen, anregende Impulse, angemessene Unterstützung und reflektierende Beobachtung des Kindes aus. Sie ist getragen von einer kompetenzorientierten Grundhaltung, die danach fragt, was Kinder schon alles können, wissen und verstehen. Ein emotional warmer und zugleich verantwortungsvoller Interaktionsstil wirkt sich positiv auf die Entwicklung des Kindes aus. Um Bildungsprozesse der Kinder konstruktiv zu begleiten, stehen Erwachsene in der Verantwortung, nicht nur anregende Lernumgebungen zu schaffen und die Interaktionen mit den Kindern im Dialog zu gestalten, sondern auch ihre eigenen Haltungen und Wertvorstellungen zu klären und die Glaubwürdigkeit (Authentizität) ihres Verhaltens laufend zu überprüfen (Selbstreflexion).

Trotz Vorsprung und Erziehungsverantwortung nehmen Erwachsene nicht mehr die alleinige Expertenrolle ein. Kommunikations- und Lernprozesse werden gemeinsam getragen. In Lerngemeinschaften mit anderen erkennen Kinder, dass sie mehr erreichen als jeder Einzelne von ihnen allein. Nicht Konflikte und fehlende Übereinstimmung treiben die Bildung und Entwicklung von Kindern voran, sondern Einigung bei Meinungsunterschieden, geteilte Verantwortung und demokratischer Diskussionsstil, der Kooperation und gegenseitigen Respekt ausdrückt. Nur durch geteiltes Engagement kann es Erwachsenen gelingen, mit Kindern die Ziele und Werte der Gesellschaft zu reflektieren. Damit Kinder die Bedeutung eines Lebens in demokratischer Gemeinschaft verstehen, sind sie zu ermutigen nachzufragen und darüber nachzudenken, ob Dinge besser werden können, wenn man sie anders macht.

Das Verhältnis der Bildungsorte

Ihre wechselseitigen Beziehungen zum Kind machen Elternhaus und Kindertageseinrichtung zu Partnern in gemeinsamer Verantwortung; bei Übergängen treten andere Kindertageseinrichtungen und die Grundschule hinzu. Optimal ist ein regelmäßiger Austausch über das Kind mit dem Ziel, häusliche und institutionelle Bildungsprozesse stärker aufeinander zu beziehen und aufeinander abzustimmen. Eltern und pädagogisches Personal können gemeinsam beraten, wie sie Anforderungen besser gerecht werden sowie Schwierigkeiten besser begegnen können, und sich gegenseitig Einblicke gewähren und Anstöße geben. Auch hier kommt der Grundsatz zum Tragen: Jeder der Bildungsorte hat seine Stärken und seine Grenzen. Wenn sie sich bei der Begleitung des Kindes auf seinem Bildungsweg in ihren verschiedenen Stärken zusammentun, dann bewirken sie mehr als jeder Einzelne allein. Sie werden auf diese Weise zu Ko-Konstrukteuren der Bildung des Kindes. Bildungsverträge, in denen sich Eltern und Kindertageseinrichtung von Anbeginn auf partnerschaftliche Kooperation in Bezug auf das Kind verständigen, legen einen guten Grundstein. Eine gute Zusammenarbeit wirkt sich positiv auf die Entwicklung des Kindes aus.

3

3.1 Ein Plan für Kindertageseinrichtungen . 25
3.2 Der Plan als Orientierungsrahmen – Handlungsanleitung zur BayKiBiGV. . . . 25
3.3 Stärkere Integration von Jugendhilfeangeboten in Kindertageseinrichtungen. 27
3.4 Der Plan als Ergebnis breiter Beteiligung und der Erprobung 28
3.5 Der Plan als offen bleibendes Projekt . 29

Charakteristika des Bildungs- und Erziehungsplans

3.1 Ein Plan für Kindertageseinrichtungen

Der Bayerische Bildungs- und Erziehungsplan für Tageseinrichtungen gilt für Kinder bis zur Einschulung, zu denen nach §§ 1, 2 des Bayerischen Kinderbildungs- und Betreuungsgesetzes (BayKiBiG) Kinderkrippen, Kindergärten, Kinderhäuser und integrative Kindertageseinrichtungen zählen. Er gilt nicht für sonderpädagogische Tageseinrichtungen, in denen ausschließlich Kinder mit Behinderung (z. B. schulvorbereitende Einrichtungen) oder Kinder mit Entwicklungsrisiken (z. B. heilpädagogische Tageseinrichtungen für Kinder bis zur Einschulung) Aufnahme finden. Der Plan geht davon aus, dass Kindertageseinrichtungen allen Kindern offen stehen. Durch das Prinzip der inneren Differenzierung des pädagogischen Angebots wird eine solche Öffnung der Regeleinrichtungen möglich.

3.2 Der Plan als Orientierungsrahmen – Handlungsanleitung zur AVBayKiBiG

Im Mittelpunkt stehen die Bildungsbedürfnisse, die Kinder bis zur Einschulung für ihre optimale Entwicklung haben. Auf dieser Basis sind in der Ausführungsverordnung zum BayKiBiG (AVBayKiBiG) im ersten Abschnitt Bildungs- und Erziehungsziele formuliert. Ihre Beachtung ist für all jene Kindertageseinrichtungen verbindlich, die eine öffentliche Förderung erhalten. Zielsetzung des Bayerischen Bildungs- und Erziehungsplans ist es, den Trägern und dem pädagogischen Personal einen Orientierungsrahmen und Anregungen an die Hand zu geben, wie sie diese normierten Bildungs- und

Erziehungsziele bestmöglich umsetzen können. Er versucht, Bildungs- und Erziehungsprozesse für Kinder von Geburt an bis zur Einschulung umfassend und systematisch zu beschreiben und so einen klaren Bezugsrahmen für die Arbeit in Kindertageseinrichtungen und die Zusammenarbeit mit den Grundschulen zu schaffen. Er wendet sich gegen fachliche Beliebigkeit und tritt ein für Chancengerechtigkeit und hohe Bildungsqualität für alle Kinder.

Mit diesem Plan wird angestrebt, über die gesamte Altersspanne hinweg und an allen vorschulischen Bildungsorten Kontinuität und Anschlussfähigkeit in den Bildungsprozessen des Kindes sowie behutsame Übergänge im Bildungsverlauf zu sichern. Gestaltung und Organisation der Bildungsprozesse des Kindes haben sich allein am Kind zu orientieren und nicht an den einzelnen Bildungsinstitutionen. Es ist immer dasselbe Kind, das seine Bildungsprozesse in der Familie, in der Kindertageseinrichtung und später in der Grundschule aktiv mitgestaltet. Wenn Bildung auf die kindliche Entwicklung und nicht mehr allein auf eine Bildungseinrichtung hin entworfen werden soll, dann ist es unerlässlich, Linien aufzuzeigen, entlang deren die vorschulische Bildungsarbeit Institutionen übergreifend geleistet werden soll. Vor dem Hintergrund heutiger Gesellschaftsbedingungen und Wissenschaftserkenntnisse definiert der Plan deshalb im Teil 1 Prinzipien, die die Grundlage für Kinderkrippen, Kindergärten und andere vorschulische Kindertageseinrichtungen bilden. Sie basieren auf einem ganzheitlichen Bildungsverständnis, das sich auf die Entwicklung und das Wohlbefinden des Kindes in allen Bereichen orientiert. Die herausragende Bedeutung der prozessualen Bildungsaspekte soll alle motivieren, ihre Bildungsarbeit danach zu gestalten.

Kindern wird in den Bildungsjahren bis zur Einschulung ermöglicht, all jene Kompetenzen zu erwerben, die sie brauchen, um auch auf die Schule gut vorbereitet zu sein. Dies gilt in besonderem Maße für die sprachliche Bildung. Für Kinder, die in die Schule kommen, ist es grundlegend, (neben der Muttersprache) die deutsche Alltagssprache gut zu beherrschen. Sie ist Voraussetzung für das Erlernen von Lesen und Schreiben und damit für weitere Bildungserfolge. Der Elementarbereich kann wesentlich dazu beitragen, dass jedem Kind, ungeachtet seiner sozialen Herkunft, gute Startchancen für seine schulische Bildungsbiografie zuteil werden.

Der Gestaltungsspielraum bei der Umsetzung der Bildungs- und Erziehungsziele ist groß. Dieser Plan gibt nur Orientierung und schränkt Kreativität vor Ort nicht ein; er befürwortet pädagogische Vielfalt und methodische Freiheit. Die im Teil 2 aufgeführten Anregungen und Beispiele vermitteln Vorstellungen von der Umsetzung im Sinne guter Bildungspraxis; sie veranschaulichen die theoretischen Ausführungen und verstehen sich als Inspiration. Die Lernbedürfnisse der Kinder und die Bedingungen vor Ort entscheiden darüber, ob und inwieweit sich einzelne Beispiele realisieren lassen. Dieser Plan fordert die pädagogischen Fachkräfte heraus, Brücken zwischen den Absichten der Gesellschaft und der Welt der Kinder zu bauen. Sie stehen vor der Frage, wie man die Lerninteressen der Kinder, die sich im Alltag bietenden Lerngelegenheiten und die Bildungs- und Erziehungsziele miteinander in Einklang bringen kann.

Als Orientierungsrahmen bedarf der Plan der Konkretisierung auf Einrichtungsebene unter Berücksichtigung der lokalen Bedingungen sowie der Bedürfnisse der Kinder und Eltern. Die Übertragung dieses Rahmenplans zur Einrichtungskonzeption erfolgt unter Mitwirkung der Eltern, des Einrichtungsteams und des Trägers, die hierbei nach dem Prinzip der Ko-Konstruktion als Bildungs- und Erziehungspartner zusammenwirken. Die Federführung obliegt der Einrichtungsleitung zusammen mit dem Träger. Die Einrichtungskonzeption schafft die eigentliche Grundlage für die pädagogische Arbeit. Erst diese Konzeption stützt und sichert die Bildungs- und Erziehungsarbeit in der Einrichtung ab. Wichtig ist, die Konzeption für alle transparent zu machen, sie regelmäßig, nach Möglichkeit jährlich, zu evaluieren und bei Bedarf weiterzuentwickeln. Der Bayerische Bildungs- und Erziehungsplan ist somit Orientierungshilfe, Bezugsrahmen und Verständigungsgrundlage für die Konzeptionsentwicklung und zugleich Richtschnur für die Selbstevaluation.

3.3 Stärkere Integration von Jugendhilfeangeboten in Kindertageseinrichtungen

Das Leistungsangebot der Jugendhilfe verstärkt in Kindertageseinrichtungen zu integrieren, wird zunehmend wichtig (Widerstandsfähigkeit [Resilienz]: Ansatz zu deren Stärkung ➔ Kap. 5.10). So setzt die Begleitung von Kindern mit besonderen Bedürfnissen eine regelmäßige und enge Kooperation mit anderen Bildungseinrichtungen und psychosozialen Fachdiensten voraus. Zudem sind Bildungseinrichtungen aufgerufen, auf den wachsenden Bedarf an Elternberatung und Familienbildung zu reagieren. Dass Familien mehr denn je Unterstützung von außen brauchen, um den neuen Herausforderungen einer gelingenden Eltern- und Partnerschaft gewachsen zu sein, legen die Befunde der Familienforschung nahe. Ein modernes „Coaching für Familien" in dem Sinne, dass Kindertageseinrichtungen auch ein vielfältiges Angebot zur Stärkung von Eltern offensiv vorhalten und anbieten (z. B. Deutschkurse für Eltern, deren Muttersprache nicht Deutsch ist), lässt sie zu lokalen „Kompetenzzentren für Kinder und Familien" werden. Mit gutem Beispiel voran gehen die international viel beachteten „Early Excellence Centres" in England.

3.4 Der Plan als Ergebnis breiter Beteiligung und der Erprobung

Unter der Federführung und Koordination des Staatsinstituts für Frühpädagogik (IFP) wurde der Bayerische Bildungs- und Erziehungsplan entwickelt. Diese Arbeiten wurden von einer Fachkommission begleitet, der folgende Institutionen angehörten (Mitglieder der Fachkommission ➤ Kap. 9):

- Staatsministerium für Arbeit und Sozialordnung, Familie und Frauen
- Staatsministerium für Unterricht und Kultus
- Staatsinstitut für Schulpädagogik und Bildungsforschung (ISB)
- Spitzenverbände der freien Wohlfahrtspflege
- Kommunale Spitzenverbände
- Fachberatung
- Fachkräfte aus Kinderkrippe, Kindergarten und Schule
- Elternverbände
- Fachakademien für Sozialpädagogik
- Vereinigung der Bayerischen Wirtschaft
- Einzelpersonen aus Wissenschaft und Forschung.

Die Entwicklung des Plans erfolgte in drei Phasen, um seine fachliche Fundierung laufend zu verbessern und zu erweitern.

Entwicklungsphase. Der interne Erstentwurf vom März 2003 wurde in der Fachkommission ausführlich diskutiert und einer Expertenanhörung unterzogen, an der sich 27 Experten beteiligten. In dieser Phase wurde der Plan mit der Kommission, die den neuen Ausbildungsplan für die Fachakademien für Sozialpädagogik in Bayern verantwortet und mit dem neuen Grundschul-Lehrplan abgestimmt. Sie endete mit dem Entwurf für die Erprobung, der im Oktober 2003 erschien.

Erprobungs- und Reflexionsphase. Der Entwurf für die Erprobung wurde im Kindergartenjahr 2003/04 bayernweit in 104 Modelleinrichtungen unter der wissenschaftlichen Begleitung des IFP implementiert (Modelleinrichtungen ➤ Kap. 12). Der Planentwurf wurde zur breiten Diskussion gestellt. Insbesondere die Modelleinrichtungen waren eingeladen, sich zur Verständlichkeit und weiteren Optimierung des Plans aus Sicht der Praxis zu äußern und an der weiteren Planentwicklung aktiv mitzuwirken. Weiteres Ziel dieser Modellphase war, erste Erfahrungen mit der Umsetzung und Implementierung des Plans zu sammeln. Für die Steuerung der Erprobungsphase wurde eine Implementationskommission eingerichtet, in der neben dem IFP das

Staatsministerium für Arbeit und Sozialordnung, Familie und Frauen, die Spitzenverbände der freien Wohlfahrtspflege und die kommunalen Spitzenverbände vertreten waren.

Auswertungs- und Fortschreibungsphase. Die Ergebnisse der Erprobungsphase sind eingeflossen in die vorliegende Planfassung. Die von der Praxis eingebrachten Anregungen fanden weitgehend Berücksichtigung, um den Plan praxisgerechter und umsetzungsfreundlicher zu gestalten. Durch das Einarbeiten der vielen Anregungen und neueren Entwicklungen hat sich der Plan ein weiteres Mal sehr verändert.

Der Bayerische Bildungs- und Erziehungsplan ist somit das Ergebnis dialogisch gestalteter Verständigungsprozesse über die bestmögliche Konzeption vorschulischer Bildung und Erziehung zwischen allen, die hierfür Verantwortung tragen. Es ist das erste Mal, dass bei der Entwicklung eines Bildungsplans so viele Institutionen und Experten beteiligt und so viele unterschiedliche Perspektiven berücksichtigt worden sind. Neben aktuellen Forschungsbefunden fanden auch Modelle guter Bildungspraxis sowie internationale Entwicklungen Eingang. Der Plan bündelt somit die fachlichen Wissensbestände, die national und international zur frühen Bildung vorhanden sind.

3.5 Der Plan als offen bleibendes Projekt

Auch nach der landesweiten Einführung bleibt der Plan offen für Anregung und Veränderung. Es gilt, ihn in regelmäßigen Abständen zu evaluieren und bei Bedarf an neue Entwicklungen anzupassen. Vor diesem Hintergrund wird das IFP seine Implementierung in der Praxis durch vertiefende Forschungsprojekte weiterhin begleiten. Seine erfolgreiche Umsetzung kann jedoch nur mit aktiver Unterstützung aller, die an der Bildung und Erziehung von Kindern in Tageseinrichtungen beteiligt sind, gelingen. Das pädagogische Personal wie auch Träger werden durch Qualifizierungsmaßnahmen und die Entwicklung vertiefender Materialien weitere Unterstützung erfahren. Hinzuweisen ist auf den Online-Infodienst des IFP zum Bildungsplan, der ergänzende und vertiefende Beiträge enthält und kontinuierlich ausgebaut wird (www.ifp-bayern.de), die vom Sozialministerium herausgebrachte Elternbroschüre und die zahlreichen Fortbildungsangebote, die auf den Bildungs- und Erziehungsplan Bezug nehmen.

Verwendete Literatur

- Baer, U. (2003). Das Spiel des Kindes (1). Grundannahmen und Bedeutung. Kindergarten heute (5), 16–20.
- Baer, U. (2003). Das Spiel des Kindes (2). Spielentwicklung und Spielformen. Kindergarten heute (6–7), 26–31.
- Bundesministerium für Bildung und Forschung (Hrsg.). (2004). Konzeptionelle Grundlagen für einen nationalen Bildungsbericht – Non-formale und informelle Bildung im Kindes- und Jugendalter. Bildungsreform Band 6. Bezug: www.bmbf.de
- Bundesministerium für Bildung und Forschung (1998). Delphi-Befragung 1996/1998. Abschlussbericht zum „Bildungs-Delphi" – Potentiale und Dimensionen der Wissensgesellschaft – Auswirkungen auf Bildungsprozesse und Bildungsstrukturen. www.bmbf.de/pub.delphi-befragung_1996_1998.pdf
- Dornes, M. (2000). Der kompetente Säugling. Frankfurt/M.: Fischer.
- Elschenbroich, D. (2001). Weltwissen der Siebenjährigen. Wie Kinder die Welt entdecken. München: Kunstmann.
- Fthenakis, W. E. (Hrsg.). (2003). Elementarpädagogik nach PISA. Wie aus Kindertagesstätten Bildungseinrichtungen werden können. Freiburg: Herder.
- Fthenakis, W. E. & Oberhuemer, P. (Hrsg.). (2004). Frühpädagogik international. Bildungsqualität im Blickpunkt. Wiesbaden: VS Verlag für Sozialwissenschaften.
- Gisbert, K. (2004). Lernen lernen. Lernmethodische Kompetenzen von Kindern in Tageseinrichtungen fördern. Weinheim: Beltz.
- Kasten, H. (2005). 0–3 Jahre. Entwicklungspsychologische Grundlagen. Weinheim: Beltz.
- Kasten, H. (2005). 4–6 Jahre. Entwicklungspsychologische Grundlagen. Weinheim: Beltz.

Bildung und Erziehung von Kindern bis zur Einschulung

4. Aufbau des Bildungs- und Erziehungsplans

5. Basiskompetenzen des Kindes

6. Themenübergreifende Bildungs- und Erziehungsperspektiven

7. Themenbezogene Bildungs- und Erziehungsbereiche

8. Schlüsselprozesse für Bildungs- und Erziehungsqualität

Teil 2

Seite 34

Seite 42

Seite 84

Seite 160

Seite 388

4.1 Die Teile des Bildungs- und Erziehungsplans 35
4.2 Binnenstruktur der Kapitel 37
4.3 Praxisbeispiele und Literatur......... 39
4.4 Berücksichtigung von Kindern unter 3 Jahren 40
4.5 Umsetzung des Plans als Prozess 40

4 Aufbau des Bildungs- und Erziehungsplans

4.1 Die Teile des Bildungs- und Erziehungsplans

Teil 1 Grundlagen und Einführung

Teil 1 ist das Fundament und enthält die bildungsphilosophische Grundlage des Plans. Hier werden die Bedeutung und die Charakteristika des Plans dargelegt sowie das Menschenbild und die Prinzipien beschrieben, auf denen er beruht (➤ Kap. 2). Dieser Plan und insbesondere der Teil 2 erschließt sich in seiner Gesamtheit nicht ohne die Lektüre von Teil 1.

Teil 2 Bildung und Erziehung von Kindern bis zur Einschulung

Teil 2 gliedert sich in fünf Abschnitte, die das Menschenbild und die Prinzipien von Teil 1 aufgreifen und weiterführen. **Abschnitt 1** (➤ Kap. 4) gibt Hinweise zur Handhabung des Plans. Die **Abschnitte 2 bis 4** (➤ Kap. 5–7) spiegeln das breite Verständnis von Allgemeinwissen wider, d. h. Basiskompetenzen, Werthaltungen und inhaltliches Basiswissen.

Kapitel 5 widmet sich den Basiskompetenzen des Kindes.
- Der Erwerb und die Stärkung von Basiskompetenzen sind die grundlegende Zielsetzung und oberste Richtschnur jedweder Bildungs- und Erziehungsarbeit im Elementarbereich.
- Die aufgeführten 10 Kompetenzbereiche des Kindes, die auch die Entwicklung von Werten und Orientierungskompetenz enthalten, sind der Versuch, die bisher im Elementarbereich geläufigen Begrifflichkeiten „Ichkompetenzen", „Sozialkompetenzen" und „Sachkompetenzen" konkreter zu fassen.
- Kompetenzen werden nicht isoliert erworben, sondern stets im Kontext aktueller Situationen, sozialen Austauschs und behandelter Themen und damit anhand der dargelegten Bildungs- und Erziehungsbereiche. Zu den einzelnen Kompetenzbereichen werden jeweils jene Bildungs- und Erziehungsbereiche genannt, die in einem besonders engen Zusammenhang zueinander stehen.

In den Kapiteln 6 und 7 werden die Bildungs- und Erziehungsperspektiven und -bereiche im Einzelnen ausgeführt.

- In diesen Kapiteln finden sich weitere Bildungs- und Erziehungsziele. Sie verstehen sich als eine bereichsspezifische Ausdifferenzierung der Basiskompetenzen. So haben z. B. sprachliche Kompetenzen ihren Ausgangspunkt in der Basiskompetenz „Kommunikationsfähigkeit". Die bereichsspezifischen Bildungs- und Erziehungsziele verdeutlichen die enge Verknüpfung und das Durchdringen der Kompetenz- und Bildungsbereiche. Ein breit gefächertes Interesse der Kinder an vielen Themen- und Lebensbereichen ist eine gute Grundlage, lernmethodische, aber auch alle anderen Kompetenzen im Rahmen vielfältiger Bildungsprozesse auszubilden und weiterzuentwickeln. Bei der Planung von Projekten und Lernangeboten ist stets zu klären, welche Bildungs- und Erziehungsziele bzw. Kompetenzbereiche erreicht werden sollen. Diese Zielorientierung ist ein zentrales Planungskriterium der pädagogischen Angebote. Die Inhalte bzw. Themenvorschläge, die zuerst da sind, und die daraus resultierenden einzelnen Aktivitäten sind an den zu setzenden Zielen auszurichten.
- Die themenübergreifenden Bildungs- und Erziehungsperspektiven (➙ Kap. 6) sind Querschnittsaufgaben. Sie sind bei allen themenbezogenen Bildungs- und Erziehungsprozessen (➙ Kap. 7) und deren Moderierung (➙ Kap. 8) mit zu bedenken. Bildungsprozesse haben nicht nur die ganzheitliche Persönlichkeitsentwicklung des Kindes im Blick, sondern auch die Unterstützung und Vorbereitung des Kindes bei seinen Übergängen im Bildungssystem. Die Berücksichtigung der individuellen Unterschiede der Kinder wird in den Kapiteln 6.2.1 bis 6.2.6 ausgeführt; diese Unterschiede werden in den themenbezogenen Bildungsbereichen immer wieder aufgegriffen und weiter ausgeführt.
- Die themenbezogenen Bildungs- und Erziehungsbereiche (➙ Kap. 7) überschneiden und durchdringen sich, d. h. jeder Bereich steht in vielen Querverbindungen zu anderen Bereichen. Im Rahmen von Projekten und anderen Lernangeboten lassen sich stets viele Kompetenz- und Bildungsbereiche gleichzeitig ansprechen und anzielen.

Abschnitt 5 (➙ Kap. 8) konzentriert sich auf das Bild des kompetenten Kindes als Mitgestalter seiner Bildung und Entwicklung und auf das Verständnis von Bildung als sozialem Prozess, an dem Kinder und Erwachsene sich aktiv beteiligen. Er zeigt die Schlüsselprozesse für die Bildungs- und Erziehungsqualität auf, die mit der Umsetzung dieser Prinzipien verbunden sind.

- Bei allen Kapiteln dieses Abschnitts steht das Demokratieprinzip, das den partnerschaftlichen Umgang zwischen allen am Bildungsgeschehen Beteiligten prägt, im Mittelpunkt. Dieses Demokratieprinzip und das heutige Bildungsverständnis lenken das Augenmerk auf die Prozesse.
- An erster Stelle steht die Mitwirkung der Kinder am Bildungs- und Einrichtungsgeschehen. Partizipation bzw. Beteiligung der Kinder erweist sich als das Kernelement einer zukunftsweisenden Bildungspraxis. Sie hat das kompetente Kind als Mitgestalter seiner Bildung vor Augen. Beteiligung und Kooperation setzen sich fort in der Bildungs- und Erziehungspartnerschaft mit den Eltern, in der Kooperation mit anderen Institutionen und in der kollegialen Teamarbeit.
- In der Moderierung von Bildungs- und Erziehungsprozessen kommen die Planungs- und Steuerungsverantwortung des pädagogischen Personals in

der Bildungspartnerschaft mit Kindern und damit ihre hohe Professionalität zum Ausdruck. Das Verständnis von Bildung als sozialem Prozess korrespondiert mit einem Unterstützungssystem für Kinder, das sich durch einen reflektierten und angemessenen Einsatz verschiedener Moderationsmethoden auszeichnet. Dieses findet seine Ergänzung in der Beobachtung der Lern- und Entwicklungsprozesse der Kinder sowie in der Qualitätsentwicklung und -sicherung auf Einrichtungsebene. Für die gelingende Umsetzung dieses Plans tragen der Träger, die Einrichtungsleitung und das pädagogische Team die gemeinsame Verantwortung.

Teil 3 Anhang

Teil 3 listet alle an der Erstellung und Erprobung des Plans beteiligten Fachleute und Modelleinrichtungen auf und gibt einen Überblick über die im Plan beschriebenen Praxisbeispiele aus den Modelleinrichtungen.

4.2 Binnenstruktur der Kapitel

Für die themenbezogenen Bildungs- und Erziehungsbereiche, die das Kernstück des Plans bilden (➤ Kap. 7), wurde ein einheitliches Binnenraster entwickelt, das sich auch in den Kapiteln 6 und 8 wiederfindet. Es ist der Versuch, Querverbindungen zu allen Planteilen herzustellen, um die vielfältigen Verknüpfungsmechanismen der ineinander greifenden und sich gegenseitig durchdringenden Kompetenzbereiche, Bildungsbereiche und Schlüsselprozesse im komplexen Bildungsgeschehen und damit das vernetzte Vorgehen sichtbar zu machen.

Grundraster

Die Kapitel 6–8 sind folgendermaßen gegliedert:
- **Leitgedanken.** Hier wird der jeweilige Bereich in seinen Kernelementen erläutert. Im Mittelpunkt steht das Kind mit seinen Bildungs- und Entwicklungsbedürfnissen im jeweiligen Bereich.
- **Bildungs- und Erziehungsziele.** Die Basiskompetenzen (➤ Kap. 5) werden bereichsspezifisch ausdifferenziert, d.h. jeder Zieldimension lässt sich eine Basiskompetenz zuordnen, und mit inhaltlichem Basiswissen verknüpft.

- **Anregungen und Beispiele zur Umsetzung.** Innerhalb eines im Folgenden beschriebenen Feinrasters werden alle Ausführungen zur Umsetzung gebündelt.
- **Verwendete Literatur.**

Feinraster für die „Anregungen und Beispiele zur Umsetzung"

„Anregungen und Beispiele zur Umsetzung" werden wie folgt differenziert:

- **Grundlagen.** Hierzu gehören die Aspekte
  - Bedeutung des Bereichs im pädagogischen Alltag
  - Querverbindungen zu anderen Bereichen, vor allem zu den Kapiteln 6 und 7, aber auch 4 und 8
  - Pädagogische Leitlinien bzw. Beobachtung der Lernprozesse, deren Darstellung je nach Bereich variiert
  - Geeignete Lernumgebung
  - Die Atmosphäre
  - Enge Zusammenarbeit mit den Familien
  - Gemeinwesenorientierung – Kooperation mit fachkundigen Stellen.

Die Querverbindungen zum Kapitel 8 stellen die bereichsspezifische Ausgestaltung der Bildungs- und Erziehungspartnerschaft mit Eltern, der Gemeinwesenorientierung und der Beobachtung der Lern- und Entwicklungsprozesse der Kinder dar. Das Kapitel 8 stellt sodann die Zusammenschau her und beschreibt die Grundlagen dieser Aufgaben.

- **Aktivitäten** bzw. **Ansätze.** Hier werden die Aktivitäten strukturiert nach Themenbereichen beschrieben (z. B. Sprache, Gesundheit, Umwelt) bzw. die Ansätze herausgestellt, die verschiedene Zugangsweisen zum jeweiligen Bildungsbereich eröffnen (z. B. Mathematik, Bewegung). Die Ausführungen gestalten sich für jeden Bildungsbereich anders.

- **Praxisbeispiele** veranschaulichen die Anregungen. Ausführliche Projektbeschreibungen finden sich im Abschnitt „Praxisbeispiel", weniger umfangreiche sind in den Abschnitt „Aktivitäten/Ansätze" integriert.

Das Zusammenfassen aller für einen Bildungsbereich bedeutsamen Aspekte versteht sich als eine zeitsparende Hilfestellung im Arbeitsalltag. Man hat alle wichtigen Informationen zur Hand und kann sie schnell nachlesen. Jeder Bildungsbereich stellt eine in sich geschlossene Kurzhandreichung dar, zugleich werden die Querverbindungen zu allen Kapiteln des Plans hergestellt.

Die themenbezogenen Bildungsbereiche enthalten noch eine weitere Besonderheit, die im Inhaltsverzeichnis in Form von Zwischenüberschriften deutlich wird. Sie stellen die Kinder und ihre Kompetenzen in den Mittelpunkt. Die Kategorien beziehen sich dabei nicht ausschließlich auf die zugeordneten Bereiche. So gibt es beispielsweise fragende Kinder nicht nur in Bereichen Mathematik und Naturwissenschaften, sondern ebenso in Bereichen wie Werteorientierung und Religiosität oder Musik. Das Voranstellen der Kinder setzt das Signal für den Perspektivenwandel von einer defizitorientierten hin zu einer kompetenzorientierten Sicht auf Kinder, die diesem Plan als zentrale Perspektive zugrunde liegt.

4.3 Praxisbeispiele und Literatur

Zur umstrittenen Frage, ob der Bildungsplan **Praxisbeispiele** enthalten soll oder nicht, hat die Planerprobung klare Entscheidungen hervorgebracht.

- Die Mehrheit der Praxis sprach sich für den Erhalt und zugleich für eine Ausweitung der Praxisbeispiele aus. Beispiele erweisen sich als wichtige Verständnishilfe für die eher abstrakten theoretischen Ausführungen, sie machen komplexere Zusammenhänge und den Perspektivenwandel sichtbar und sind anregend. Die Beispiele geben Denkanstöße für die Entwicklungen im Team, die Arbeit mit den Kindern und die Zusammenarbeit mit Eltern. Zu betonen ist, dass sich kein Beispiel eins zu eins in die pädagogische Praxis vor Ort übertragen lässt.
- Entsprochen wurde dem Wunsch, Beispiele vorrangig aus der Praxis der Modelleinrichtungen zu rekrutieren (vgl. Überblickstabelle im Anhang → Kap. 11). Ausgewählt wurden überwiegend bereichsübergreifend konzipierte Projektbeispiele. Sie veranschaulichen die vielfältigen Verknüpfungsmöglichkeiten zwischen den Kompetenz- und Bildungsbereichen, zwischen Zielsetzungen und Inhalten. Sie werden damit dem Anspruch nach ganzheitlichem Lernen gerecht. Zugleich stellen sie die Beteiligung der Kinder, die Kooperation mit Eltern und anderen Stellen sowie die Dokumentation und Reflexion heraus. Die enge und fruchtbare Zusammenarbeit zwischen Wissenschaft und Praxis kommt in diesen Beispielen zur vollen Entfaltung. Zugleich sind in den Plan weit mehr Anregungen aus den Modelleinrichtungen eingeflossen, als ausdrücklich ausgewiesen sind.

Um eine enge Verknüpfung von Theorie und Praxis herzustellen, gibt es für die Praxisbeispiele keinen eigenen Praxisteil (Feinraster für die „Anregungen und Beispiele zur Umsetzung → Kap. 4.2). Im Rahmen der Planerprobung wurde deutlich, dass Projekte immer einen thematischen Aufhänger und Schwerpunkt in einem bestimmten Bildungsbereich haben und darin viele andere Bildungs- und Erziehungsbereiche integriert bzw. eingebettet sind. Um dies sichtbar zu machen, wurden sieben Beispiele dementsprechend aufbereitet. Nicht jedes Beispiel wurde nach dem gleichen Schema dargestellt. Aber alle Praxisbeispiele veranschaulichen, wie sich das Ineinandergreifen der Kompetenz- und Bildungsbereiche und der Prozesse realisieren lässt.

In diesem Plan angegeben ist nur die unmittelbar verwendete **Literatur**. Vertiefende und weiterführende Literaturangaben (Fach- und Kinderbücher), die auch Videofilme, Musikmedien, CD-ROMs, Internet-Adressen umfassen, sind abrufbar über das Internet: www.ifp-bayern.de/Bildungsplan; www.stmas.bayern.de; www.beltz.de

4.4 Berücksichtigung von Kindern unter 3 Jahren

Kinder unter 3 Jahren mehr berücksichtigen – dies war eines der Hauptanliegen der Fortschreibung.
- Die an der Erprobungsphase beteiligten Krippen sprachen sich einhellig dafür aus, den Plan in seinen Ausführungen nicht in Altersgruppen aufzuteilen und die Bildungs- und Erziehungsziele für Kinder von 0 bis 6 Jahren ohne Altersangaben darzulegen. Aus Sicht der Krippen wird so eine flexible Erreichbarkeit von Zielen gewährleistet.
- Die Leitgedanken wurden in der Weise konzipiert, dass sie die Bildungsbedürfnisse, Lernprozesse und Entwicklungslinien des Kindes ab seiner Geburt in den Blick nehmen.
- Bei den Ausführungen zur Umsetzung wurde darauf geachtet, Anregungen und Beispiele auch für Kinder unter 3 Jahren aufzunehmen, soweit dies gegenwärtig möglich war. Unter den Beispielen der Modelleinrichtungen sind 3 Beispiele aus Kinderkrippen.

4.5 Umsetzung des Plans als Prozess

Die Planumsetzung in der Einrichtung ist ein Prozess der kleinen, aufeinander aufbauenden Schritte sowie ein ständiger Prozess der Weiterentwicklung und Verbesserung. Der Umsetzungsprozess beginnt im Team und bedarf der sorgfältigen Reflexion und Planung sowie der Veränderungsbereitschaft und der

Freude am Experimentieren. Vor den ersten Umsetzungsschritten empfiehlt es sich, sich ausreichend Zeit zu nehmen für die Planlektüre und die gemeinsamen Reflexions- und Planungsprozesse, z. B. Klausurtage, feste Teamtage.

- In den Kapiteln „Innovationsfähigkeit und Bildungsqualität – Qualitätsentwicklung und Qualitätssicherung auf Einrichtungsebene" (➤ Kap. 8.4.2) und „Mitwirkung der Kinder am Bildungs- und Einrichtungsgeschehen (Partizipation)" (➤ Kap. 8.1) werden diese Prozesse näher dargelegt.
- Der Plan enthält eine Beispielserie einer Modelleinrichtung, die einen möglichen Aufbauprozess bei der Planumsetzung und die damit einhergehenden Teamprozesse veranschaulicht. Diese Serie beginnt mit dem Projekt „Gemeinsam geht's besser", das die Partnerschaft mit Eltern und Kindern in den Mittelpunkt stellt (Kinder mit verschiedenem kulturellen Hintergrund – Interkulturelle Erziehung ➤ Kap. 6.2.3). Sie setzt sich fort in dem Beispiel „Einführung von Kinderkonferenzen mit Kindern aus 15 Nationen" (Mitwirkung der Kinder am Bildungs- und Erziehungsgeschehen (Partizipation) ➤ Kap. 8.1). Aus diesen Konferenzen geht das mit Kindern zusammen geplante Projekt „Mein Körper gehört mir" hervor, in dem auf Wunsch der Kinder die Eltern in alle Bildungsprozesse einbezogen wurden (Gesundheit ➤ Kap. 7.11).

In ihrer Kombination scheinen folgende Vorgehensweisen ein guter Weg, diesen Plan angemessen umzusetzen:

- Das Konzept der inneren Öffnung, insbesondere auch das der offenen Kindertageseinrichtung (➤ Kap. 8.1), das mehr gruppenübergreifendes Arbeiten und Kindern mehr Angebotsauswahl eröffnet
- Das Prinzip der inneren Differenzierung des pädagogischen Angebots, das mehr Kleingruppenarbeit und individuelle Unterstützung ermöglicht
- Der Projektansatz, weiterentwickelt im Sinne des lernmethodischen Kompetenzerwerbs (➤ Kap. 5.9), der bereichs- und altersübergreifendes Arbeiten ermöglicht
- Das gezielte Aufgreifen von Alltagssituationen, die sich in vielen Bildungsbereichen für unmittelbare Lernprozesse der Kinder eignen
- Eine hohe Gewichtung der Mitwirkung der Kinder am Bildungs- und Einrichtungsgeschehen sowie der Bildungs- und Erziehungspartnerschaft mit Eltern.

Dieses Vorgehen beinhaltet die Chance, die vorhandenen Ressourcen effizienter einzusetzen und zugleich die Bildungsqualität für die Kinder zu erhöhen. Eine Bildungspraxis, die die Beteiligung der Kinder und die Arbeit in Projekten in den Mittelpunkt stellt, bietet die beste Gewähr, dass sich alle Kompetenz- und Bildungsbereiche anzielen lassen und zugleich ganzheitliches Lernen in exemplarischer Form stattfindet. Ein disziplinorientiertes Vorgehen wie in der Schule bleibt dem Elementarbereich auch weiterhin fremd. Im elementarpädagogischen Alltag überwiegen bereichsübergreifende Projekte und Lernangebote, die das spielerische Lernen betonen. Daneben bleiben bereichsspezifische Aktivitäten mit den Kindern bedeutsam, so insbesondere tägliche Bilderbuchbetrachtungen, gemeinsames Singen und vielfältige Bewegungsmöglichkeiten; diese lassen sich jedoch jederzeit in aktuelle Projekte integrieren.

5

5.1 Selbstwahrnehmung 43
5.2 Motivationale Kompetenzen 44
5.3 Kognitive Kompetenzen 46
5.4 Physische Kompetenzen 48
5.5 Soziale Kompetenzen 49
5.6 Entwicklung von Werten und
     Orientierungskompetenz 51
5.7 Fähigkeit und Bereitschaft zur
     Verantwortungsübernahme 52
5.8 Fähigkeit und Bereitschaft zur
     demokratischen Teilhabe 53
5.9 Lernmethodische Kompetenz –
     Lernen, wie man lernt 54
5.10 Widerstandsfähigkeit (Resilienz) 69

Basiskompetenzen des Kindes

Als Basiskompetenzen werden grundlegende Fertigkeiten und Persönlichkeitscharakteristika bezeichnet, die das Kind befähigen, mit anderen Kindern und Erwachsenen zu interagieren und sich mit den Gegebenheiten in seiner dinglichen Umwelt auseinander zu setzen. Die Basiskompetenzen entstammen verschiedenen Theorie-Ansätzen der Entwicklungspsychologie und der Persönlichkeitspsychologie. Der wichtigste theoretische Zugang in diesem Zusammenhang ist die Selbstbestimmungstheorie. Diese geht davon aus, dass der Mensch drei grundlegende psychologische Bedürfnisse hat, nämlich das Bedürfnis nach sozialer Eingebundenheit, dasjenige nach Autonomieerleben (s. S. 44) und dasjenige nach Kompetenzerleben. Die soziale Eingebundenheit bedeutet, dass man sich anderen zugehörig, geliebt und respektiert fühlt. Autonomie erlebt man, wenn man sich als Verursacher seiner Handlungen erlebt: man handelt nicht fremd- sondern selbstgesteuert. Kompetenz erlebt man, wenn man Aufgaben oder Probleme aus eigener Kraft bewältigt. Die Befriedigung dieser Grundbedürfnisse ist entscheidend für das Wohlbefinden des Menschen und für seine Bereitschaft, sich in vollem Umfang seinen Aufgaben zuzuwenden. Die unter 5.9 und 5.10 beschriebenen Kompetenzen, nämlich lernmethodische Kompetenz und Widerstandsfähigkeit (Resilienz) sind jeweils zusammengesetzte Kompetenzen aus den im Folgenden beschriebenen Basiskompetenzen.

PERSONALE KOMPETENZEN

5.1 Selbstwahrnehmung

Selbstwertgefühl

Unter Selbstwertgefühl versteht man, wie ein Mensch seine Eigenschaften und Fähigkeiten bewertet. Ein hohes Selbstwertgefühl ist die Voraussetzung für die Entwicklung von Selbstvertrauen; es entsteht, wenn sich das Kind in seinem ganzen Wesen angenommen und geliebt fühlt. Die Kindertageseinrichtung trägt in hohem Maße dazu bei, dass sich Kinder für wertvoll halten und mit sich selbst zufrieden sind. Das Selbstwertgefühl ist insbesondere durch die nicht an Bedingungen geknüpfte Wertschätzung und Bestätigung seitens der erwachsenen Bezugspersonen sowie durch das respektvolle und freundliche Verhalten der anderen Kinder zu stärken. Den Kindern sind hinreichend Gelegenheiten anzubieten, die es ihnen ermöglichen, stolz auf ihre eigenen Leistungen und Fähigkeiten, ihre Kultur und Herkunft zu sein.

Positive Selbstkonzepte

Das Selbstkonzept ist das Wissen über sich selbst. Dieses Wissen bezieht sich auf verschiedene Bereiche, nämlich auf die Leistungsfähigkeit in unterschiedlichen Lernbereichen (akademische Selbstkonzepte), auf die Fähigkeit, mit anderen Personen zurechtzukommen (soziales Selbstkonzept), darauf, welche Gefühle man in bestimmten Situationen erlebt (emotionales Selbstkonzept) und darauf, wie fit man ist und wie man aussieht (körperliches Selbstkonzept). Die pädagogischen Fachkräfte tragen dazu bei, dass das Kind positive Selbstkonzepte entwickelt, indem sie differenzierte, positive Rückmeldungen für Leistungen geben, aktiv zuhören und die Gefühle des Kindes verbalisieren, dem Kind ermöglichen, seine körperliche Leistungsfähigkeit zu verbessern, und indem sie darauf achten, dass das Kind gepflegt aussieht.

5.2 Motivationale Kompetenzen

Autonomieerleben

Menschen haben ein psychologisches Grundbedürfnis, sich als Verursacher ihrer eigenen Handlungen zu erleben. Sie wollen selbst bestimmen, was sie tun und wie sie es tun. Sie wollen nicht fremdgesteuert (heteronom), sondern selbstgesteuert (autonom) handeln. Aufgrund der Tatsache, dass die Kinder nicht nur selbstbestimmt handeln wollen, sondern sich auch als kompetent erleben und ihre Beziehungen zu wichtigen Bezugspersonen befriedigend gestalten wollen, folgen sie nicht nur ihren (momentanen) Bedürfnissen; sie sind auch bereit, von außen an sie herangetragene Handlungsziele anzustreben. Kinder erhalten in der Kindertageseinrichtung möglichst oft Gelegenheit, selbst zu entscheiden, was sie tun und wie sie es tun wollen. Das Autonomieerleben wird unterstützt, indem die pädagogischen Fachkräfte den Kindern häufig Wahlmöglichkeiten zugestehen. Auf diese Weise lernen Kinder, ihr Handeln an ihren Werten auszurichten und sich zu verhalten, wie es ihrem Selbst entspricht.

Kompetenzerleben

Menschen haben das Grundbedürfnis zu erfahren, dass sie etwas können. Deshalb suchen Kinder Herausforderungen, die optimal für ihre Fähigkeiten sind. Dies wird durch ein Verhalten der pädagogischen Fachkräfte unterstützt, welches jedes Kind mit Aufgaben konfrontiert, die seinem Leistungsniveau entsprechen oder geringfügig darüber liegen.

Selbstwirksamkeit

Unter Selbstwirksamkeit versteht man die Überzeugung, schwierige Aufgaben oder Lebensprobleme aufgrund eigener Kompetenzen bewältigen zu können. Ein selbstwirksames Kind ist zuversichtlich und voller Selbstvertrauen. Es ist der Überzeugung, dass es das schaffen wird, was es sich vorgenommen hat, auch wenn es schwierig erscheint. Da sich die Selbstwirksamkeit am besten aufgrund von Erfahrung ausbildet, ist in der Kindertageseinrichtung darauf zu achten, dass Aufgaben in ihrer Schwierigkeit individuell an die Kinder angepasst werden. Kinder können auch anhand der Beobachtung anderer Kinder, die mit Selbstvertrauen an neue Situationen, Aufgaben oder Probleme herangehen, Selbstwirksamkeit entwickeln. Deshalb ist es vorteilhaft, wenn in heterogenen Gruppen gearbeitet wird. Auch die pädagogischen Fachkräfte können Modelle für Selbstwirksamkeit sein, indem sie in Situationen, die für sie selbst neu oder schwierig sind, Selbstvertrauen zeigen und dieses Neue oder Schwierige verbalisieren. Selbstwirksamkeit können Kinder dann am besten entwickeln, wenn auf bestimmte Verhaltensweisen vorhersehbare Konsequenzen folgen. Die pädagogischen Fachkräfte achten deshalb darauf, dass die Regeln in der Kindertageseinrichtung bekannt sind und eingehalten werden. Wenn die Regeln nicht eingehalten werden, folgen vorhersehbare Konsequenzen (z. B. auch Reflexion mit den Kindern).

Selbstregulation

Unter Selbstregulation versteht man, dass das Kind sein Verhalten selbst beobachtet, es selbst bewertet und abschließend sich belohnt oder bestraft, je nachdem, ob es nach seinem eigenen Gütemaßstab erfolgreich oder nicht erfolgreich war. Erfolg führt in der Regel dazu, dass das Kind seinen Gütemaßstab heraufsetzt. Nach Misserfolg setzt das Kind seinen Gütemaßstab niedriger an. Selbstregulatives Verhalten wird z. B. unterstützt, indem die pädagogischen Fachkräfte Handlungsabläufe oder Problemlösungsprozesse kommentieren (eigene oder diejenigen des Kindes) und so dem Kind zeigen, wie es sein Verhalten planen, beobachten und steuern kann. Die Selbstbeobachtung kann durch „lautes Denken" gefördert werden. Die pädagogischen Fachkräfte können weiterhin darauf achten, dass das Kind sich angemessene Gütemaßstäbe setzt. Die Selbstbelohnung kann durch Modell vermittelt werden („Das habe ich gut gemacht", „Das hat noch nicht so gut geklappt").

Neugier und individuelle Interessen

Das Kind ist Neuem gegenüber aufgeschlossen. Es lernt, Vorlieben beim Spielen und bei anderen Beschäftigungen zu entwickeln und zu realisieren, sofern dies nicht seine Entwicklung beeinträchtigt.

Selbstwahrnehmung und motivationale Kompetenzen kommen in allen Bildungs- und Erziehungsbereichen zum Tragen und in besonders hohem Maße in folgenden Bereichen:
- Emotionalität, soziale Beziehungen und Konflikte (➙ Kap. 7.2)
- Sprache und Literacy (➙ Kap. 7.3)
- Informations- und Kommunikationstechnik, Medien (➙ Kap. 7.4)
- Mathematik (➙ Kap. 7.5)
- Naturwissenschaften und Technik (➙ Kap. 7.6)
- Mitwirkung der Kinder am Bildungs- und Einrichtungsgeschehen (Partizipation) (➙ Kap. 8.1).

5.3 Kognitive Kompetenzen

Differenzierte Wahrnehmung

Die Wahrnehmung durch Sehen, Hören, Tasten, Schmecken und Riechen ist grundlegend für Erkennens-, Gedächtnis- und Denkprozesse. Die Kindertageseinrichtung trägt dazu bei, dass sich diese Fähigkeiten entwickeln. Die Kinder üben, Tonhöhen und verschiedene Phoneme zu erkennen. Sie lernen, Gegenstände z. B. nach folgenden Merkmalen zu unterscheiden und sie danach zu ordnen: Größe, Gewicht, Temperatur, Farbe, Helligkeit von Grautönen. Die pädagogischen Fachkräfte können die Entwicklung dieser Kompetenzen bei Kindern unterstützen, indem sie die Kinder auffordern, zu beschreiben, was sie beobachtet, befühlt oder ertastet haben.

Denkfähigkeit

Im Krippen- und Kindergartenalter befindet sich das Denken in der voroperatorischen, anschaulichen Phase. Diese ist gekennzeichnet durch unangemessene Verallgemeinerungen, durch Egozentrismus (die eigene Sichtweise wird als die einzig mögliche und richtige angesehen) und durch Zentrierung auf einen oder wenige Aspekte. Das Denken des Kindes führt häufig zu Widersprüchen, die dem Kind nicht bewusst sind. Die pädagogischen Fachkräfte passen die Denkaufgaben, die sie den Kindern stellen, dem Entwicklungsstand jedes einzelnen Kindes an. Sie unterstützen die Begriffsbildung, indem Konzepte anhand konkreter Ereignisse, im Rahmen von Experimenten oder in Diskussionen präsentiert und geklärt werden. Wichtig ist, die Kinder anzuregen, Vermutungen über das (voraussichtliche) Verhalten von Dingen oder Personen zu äußern, um so z. B. das Bilden von Hypothesen zu lernen. Weiterhin werden die Kinder unterstützt beim Bilden von Oberbegriffen, Unterscheidungen, Mengenvergleichen und Relationen.

Gedächtnis

Kinder im Vorschulalter verfügen über eine gute Wiedererkennungsfähigkeit und auch über ein recht gutes Ortsgedächtnis, d. h. sie können versteckte Gegenstände wiederfinden. Dagegen befindet sich die Reproduktionsfähigkeit noch in einem frühen Entwicklungsstadium. Das liegt einerseits daran, dass die sprachlichen Fähigkeiten nur teilweise ausreichen, um Sachverhalte angemessen auszudrücken, und andererseits daran, dass die Suchstrategien, d. h. die gezielte Suche danach, in welchem Wissensbestand sich der gefragte Sachverhalt befindet, erst entwickelt werden müssen. Kinder erhalten in der Kindertageseinrichtung Gelegenheit, ihr Gedächtnis zu schulen, indem sie z. B. Geschichten nacherzählen, über den Tagesablauf berichten, kleine Gedichte lernen oder die Inhalte des Gelernten wiederholen. Das Gedächtnis kann auch mit geeigneten Spielen (z. B. Memory) geübt werden. Darüber hinaus erhalten Kinder vielfältige Gelegenheit, sich altersgemäße Kenntnisse anzueignen, z. B. Zahlen, wichtige Begriffe, Farben, für sie bedeutsame Symbole und Piktogramme wie z. B. Verkehrszeichen.

Problemlösefähigkeit

Die Kinder lernen, Probleme unterschiedlicher Art (z. B. soziale Konflikte, Denkaufgaben, Fragestellungen im Rahmen von Experimenten, Situationen im Straßenverkehr) zu analysieren, Problemlösungsalternativen zu entwickeln, diese abzuwägen, sich für eine von ihnen zu entscheiden, diese angemessen umzusetzen und den Erfolg zu prüfen. Die pädagogischen Fachkräfte unterstützen die Kinder dabei, indem sie ihnen Probleme nicht abnehmen, sondern die Kinder ermuntern, selbst nach Lösungen zu suchen. Zum Problemlösen gehört auch das Lernen aus Fehlern. Dafür ist in der Kindertageseinrichtung eine „Fehlerkultur" zu etablieren, die darin besteht, Fehler als wichtige Schritte bei der Problemlösung zu betrachten und nicht als Zeichen von Inkompetenz oder mangelnder Sorgfalt.

Fantasie und Kreativität

Kreativität zeigt sich durch originellen Ausdruck im motorischen, sprachlichen, musikalischen und gestalterischen Bereich. Die pädagogischen Fachkräfte ermuntern das Kind, Reime zu erfinden, phantasievolle Geschichten zu erzählen, nach eigenen Vorstellungen zu malen, selbst erfundene Melodien zu singen, auf einem Musikinstrument zu spielen oder sich rhythmisch zu Musik zu bewegen.

Die kognitiven Kompetenzen kommen in allen Bildungs- und Erziehungsbereichen zum Tragen, in besonders hohem Maße in folgenden Bereichen:
- Emotionalität, soziale Beziehungen und Konflikte (➤ Kap. 7.2)
- Sprache und Literacy (➤ Kap. 7.3)
- Informations- und Kommunikationstechnik, Medien (➤ Kap. 7.4)
- Mathematik (➤ Kap. 7.5)
- Naturwissenschaften und Technik (➤ Kap. 7.6)
- Umwelt (➤ Kap. 7.7)
- Ästhetik, Kunst und Kultur (➤ Kap. 7.8)
- Musik (➤ Kap. 7.9)
- Bewegung, Rhythmik, Tanz und Sport (➤ Kap. 7.10).

5.4 Physische Kompetenzen

Übernahme von Verantwortung für Gesundheit und körperliches Wohlbefinden

Das Kind lernt in der Tageseinrichtung, grundlegende Hygienemaßnahmen selbstständig auszuführen. Ferner wird es über den gesundheitlichen Wert einzelner Lebensmittel informiert und entwickelt eine positive Einstellung gesunder und ausgewogener Ernährung gegenüber.

Grob- und feinmotorische Kompetenzen

Das Kind erhält genügend Gelegenheit, seine Grob- und Feinmotorik zu üben. Es kann seinen Bewegungsdrang ausleben, körperliche Fitness ausbilden, den Körper beherrschen lernen und Geschicklichkeit entwickeln.

Fähigkeit zur Regulierung von körperlicher Anspannung

Das Kind lernt in der Tageseinrichtung, dass es wichtig und notwendig ist, sich für bestimmte Aufgaben körperlich und geistig anzustrengen und sich danach aber wieder zu entspannen (z. B. durch ruhige Tätigkeiten wie Bilderbuch anschauen, durch Entspannungstechniken). Entspannung ist auch eine wichtige Komponente bei der Stressbewältigung.

Bildungs- und Erziehungsbereiche, in denen die Kompetenzen dieses Abschnitts besonders zum Tragen kommen, sind:
- Bewegung, Rhythmik, Tanz und Sport (➤ Kap. 7.10)
- Gesundheit (➤ Kap. 7.11).

KOMPETENZEN ZUM HANDELN IM SOZIALEN KONTEXT

5.5 Soziale Kompetenzen

Gute Beziehungen zu Erwachsenen und Kindern

In der Tageseinrichtung haben die Kinder die Gelegenheit, Beziehungen aufzubauen, die durch Sympathie und gegenseitigen Respekt gekennzeichnet sind. Die pädagogischen Fachkräfte helfen den Kindern dabei, indem sie sich offen und wertschätzend verhalten, neuen Gruppenmitgliedern bei der Kontaktaufnahme helfen und mit den Kindern über soziales Verhalten sprechen.

Empathie und Perspektivenübernahme

In der Tageseinrichtung lernen die Kinder, die Fähigkeit zu entwickeln, sich in andere Personen hineinzuversetzen, sich ein Bild von ihren Motiven und Gefühlen zu machen und ihr Handeln zu verstehen. Zugleich lernen die Kinder, ihre Eindrücke im Gespräch mit ihrem Gegenüber zu überprüfen. Konflikte bieten beispielsweise Anlässe zum Erlernen von Empathie – insbesondere, wenn nicht am Konflikt beteiligte Kinder nach ihrer Meinung über die Ursachen, die Beweggründe der Konfliktbeteiligten und deren aktuelles Erleben befragt werden.

Kommunikationsfähigkeit

Kinder lernen in der Tageseinrichtung, sich angemessen auszudrücken, also die richtigen Begriffe sowie eine angemessene Gestik und Mimik zu verwenden. Sie lernen auch, andere Kinder ausreden zu lassen, ihnen zuzuhören und bei Unklarheiten nachzufragen. Da Kommunikationsfähigkeit eine der wichtigsten Kompetenzen für ein erfolgreiches Leben in unserer Gesellschaft ist, werden den Kindern viele Gelegenheiten für Gespräche geboten (z. B. Stuhlkreis, Bilderbuchbetrachtung, Besprechen von Experimenten, Kinderkonferenz).

Kooperationsfähigkeit

Kinder lernen in der Tageseinrichtung, mit anderen Kindern und Erwachsenen bei gemeinsamen Aktivitäten – vom Tischdecken über Spiele bis hin zu Projekten – zusammenzuarbeiten. Dabei lernen sie z. B., sich mit anderen abzusprechen, gemeinsam etwas zu planen, dieses abgestimmt durchzuführen und danach über ihre Erfahrungen zu sprechen. Das pädagogische Personal eröffnet den Kindern Kooperationsmöglichkeiten (z. B. bei der Gestaltung der Räume, der Essensplanung, bei Vorbereitungen von Festen und bei der Planung täglicher Aktivitäten).

Konfliktmanagement

Zwischenmenschliche Konflikte treten im Kleinkindalter gehäuft auf. Deshalb ist dies eine für das Erlernen von Konfliktlösetechniken besonders gut geeignete Zeit. In der Tageseinrichtung lernen Kinder, wie sie die Verschärfung von Konflikten verhindern und wie sie sich von durch andere hervorgerufenen Gefühlen distanzieren und Kompromisse finden können. Wichtig ist für sie auch zu erfahren, wie sie als „Mediator" in Konflikte anderer Kinder vermittelnd eingreifen können.

Kompetenzen zum Handeln im sozialen Kontext kommen in allen Bildungs- und Erziehungsbereichen zum Tragen, in besonders hohem Maße in folgenden Bereichen:
- Übergänge der Kinder und Konsistenz im Bildungsverlauf (➔ Kap. 6.1)
- Emotionalität, soziale Beziehungen und Konflikte (➔ Kap. 7.2)
- Sprache und Literacy (➔ Kap. 7.3)
- Musik (➔ Kap. 7.9)
- Mitwirkung der Kinder am Bildungs- und Einrichtungsgeschehen (Partizipation) (➔ Kap. 8.1)

5.6 Entwicklung von Werten und Orientierungskompetenz

Werthaltungen

Durch das grundlegende Bedürfnis des Kindes nach sozialer Zugehörigkeit übernimmt es die Werte der Bezugsgruppe und macht diese Werte zu seinen eigenen. Die pädagogischen Fachkräfte leben den Kindern christliche und andere verfassungskonforme Werte vor und setzen sich mit ihnen darüber auseinander, welche Bedeutung diese Werte für das eigene Verhalten haben.

Moralische Urteilsbildung

Kinder lernen in der Tageseinrichtung in der Auseinandersetzung mit anderen Kindern und den pädagogischen Fachkräften, ethische Streitfragen zu erkennen, zu reflektieren und dazu Stellung zu beziehen. Die pädagogischen Fachkräfte unterstützen die Kinder dabei, indem sie passende Geschichten vorlesen oder erzählen und die Kinder ermuntern, ihre Gedanken dazu zu äußern. Die Fachkräfte greifen Interessengegensätze auf, um grundlegende ethische Fragen mit den Kindern zu besprechen.

Unvoreingenommenheit

In einer welt- und wertoffenen Gesellschaft ist es unabdingbar, dass Kinder Personen mit anderen Werten, Einstellungen und Sitten gegenüber unvoreingenommen sind. Die Kinder erhalten in der Tageseinrichtung Gelegenheit, sich für Menschen aus anderen Kulturkreisen zu interessieren und ihnen Wertschätzung entgegenzubringen. Zugleich ist es wichtig, dass sie sich der eigenen Kultur zugehörig fühlen. Die Kindertageseinrichtung ermöglicht Kindern, sich Kenntnisse über die Symbole ihrer eigenen Kultur und anderer Kulturen anzueignen.

Sensibilität für und Achtung von Andersartigkeit und Anderssein

Jedes Kind ist ein einzigartiges Individuum. Es hat ein Recht darauf, als solches anerkannt zu werden – unabhängig davon, ob es z. B. behindert oder nicht behindert, schwarz oder weiß, männlich oder weiblich ist. In der Tageseinrichtung lernen Kinder, dieses Recht für sich zu beanspruchen und anderen zu gewähren.

Solidarität

In der Tageseinrichtung lernen Kinder, in der Gruppe zusammenzuhalten und sich füreinander einzusetzen. Das bedeutet auch, dass die pädagogischen Fachkräfte und andere Erwachsene Verständnis haben, wenn Kinder ihre eigenen Bedürfnisse und Wünsche ihnen gegenüber zum Ausdruck bringen – schließlich sind Kinder in der Regel die Schwächeren.

Bildungs- und Erziehungsbereiche, in denen die Kompetenzen dieses Abschnitts besonders zum Tragen kommen, sind:
- Umgang mit individuellen Unterschieden und sozialer Vielfalt (➔ Kap. 6.2)
- Werteorientierung und Religiosität (➔ Kap. 7.1)
- Emotionalität, soziale Beziehungen und Konflikte (➔ Kap. 7.2)
- Umwelt (➔ Kap. 7.7)
- Mitwirkung der Kinder am Bildungs- und Einrichtungsgeschehen (Partizipation) (➔ Kap. 8.1).

5.7 Fähigkeit und Bereitschaft zur Verantwortungsübernahme

Verantwortung für das eigene Handeln

Kinder lernen, dass sie selbst für ihr Verhalten und Erleben verantwortlich sind und dass sie ihr Verhalten anderen gegenüber kontrollieren können.

Verantwortung anderen Menschen gegenüber

Kinder lernen in der Tageseinrichtung, sich für Schwächere, Benachteiligte, Unterdrückte einzusetzen – egal, ob es andere Kinder in ihrer Gruppe, andere ihnen bekannte Menschen oder Fremde sind.

Verantwortung für Umwelt und Natur

Schon in den ersten 6 Lebensjahren begegnen Kinder der zunehmenden Umweltverschmutzung. Es ist wichtig, dass Kinder Sensibilität für alle Lebewesen und die natürlichen Lebensgrundlagen entwickeln und dabei lernen, ihr eigenes Verhalten zu überprüfen, inwieweit sie selbst etwas zum Schutz der Umwelt und zum schonenden Umgang mit ihren Ressourcen beitragen können.

Bildungs- und Erziehungsbereiche, in denen die Kompetenzen dieses Abschnitts besonders zum Tragen kommen, sind:
- Umgang mit individuellen Unterschieden und sozialer Vielfalt (➔ Kap. 6.2)
- Werteorientierung und Religiosität (➔ Kap. 7.1)
- Emotionalität, soziale Beziehungen und Konflikte (➔ Kap. 7.2)
- Umwelt (➔ Kap. 7.7)
- Mitwirkung der Kinder am Bildungs- und Einrichtungsgeschehen (Partizipation) (➔ Kap. 8.1).

5.8 Fähigkeit und Bereitschaft zur demokratischen Teilhabe

Akzeptieren und Einhalten von Gesprächs- und Abstimmungsregeln

Die Tageseinrichtung steht in der besonderen Verantwortung, Kinder auf das Leben in einer demokratischen Gesellschaft vorzubereiten. Das bedeutet, dass Kinder z. B. Entscheidungsfindung und Konfliktlösung auf demokratischem Weg lernen – im Gespräch, durch Konsensfindung und durch Abstimmungen, nicht aber durch Gewalt und Machtausübung. Kinder entwickeln diese Fähigkeiten, wenn ihnen regelmäßig Mitsprache und Mitgestaltung beim Bildungs- und Einrichtungsgeschehen zugestanden und ermöglicht werden.

Einbringen und Überdenken des eigenen Standpunkts

Teilhabe an Demokratie bedeutet auch, dass Kinder in der Lage sind, eine eigene Position zu beziehen und nach außen zu vertreten, dass sie andere Meinungen akzeptieren und Kompromisse aushandeln. Kinder entwickeln diese

Kompetenzen z. B. in Beteiligungsgremien, die in der Tageseinrichtung eingerichtet werden.

Bildungs- und Erziehungsbereiche, in denen die Kompetenzen dieses Abschnitts besonders zum Tragen kommen, sind:
- Emotionalität, soziale Beziehungen und Konflikte (➤ Kap. 7.2)
- Mitwirkung der Kinder am Bildungs- und Einrichtungsgeschehen (Partizipation) (➤ Kap. 8.1).

LERNMETHODISCHE KOMPETENZ

5.9 Lernmethodische Kompetenz – Lernen, wie man lernt

Lernmethodische Kompetenz ist die Grundlage für einen bewussten Wissens- und Kompetenzerwerb und der Grundstein für schulisches und lebenslanges, selbst gesteuertes Lernen. Gepaart mit Vorwissen ermöglicht sie, Wissen und Kompetenzen kontinuierlich zu erweitern und zu aktualisieren sowie Unwichtiges und Überflüssiges auszufiltern. Wissen kompetent nutzen zu können hängt nicht nur von den erworbenen Wissensinhalten ab, sondern vor allem von der Art und Weise, wie man Wissen erworben hat. Soll Wissen eine Grundlage für Problemlösung in Alltagssituationen bereitstellen, so ist mitzulernen, in welchen Kontexten und Situationen erworbenes Wissen anwendbar ist – andernfalls bleibt das Wissen „träge" und für Transfer und Anwendung wenig brauchbar, seine Bedeutung erschließt sich nicht. Lernmethodische Kompetenz baut auf vielen der bisher genannten Basiskompetenzen wie z. B. Denkfähigkeit, Gedächtnis, Kreativität, Werthaltungen, moralische Urteilsbildung, Verantwortungsübernahme, Kommunikationsfähigkeit auf und bündelt und verknüpft sie zu Kompetenzbereichen.

Kompetenzen, neues Wissen bewusst, selbst gesteuert und reflektiert zu erwerben
- Neue Informationen gezielt beschaffen und verarbeiten
- Neues Wissen verstehen und begreifen, sich dessen Bedeutung erschließen
- Neues Wissen aufbereiten und organisieren

- Kompetenter und kritischer Umgang mit Medien (Informations- und Kommunikationstechnik, Medien → Kap. 7.4).

Kompetenzen, erworbenes Wissen anzuwenden und zu übertragen
- Wissen auf unterschiedliche Situationen übertragen
- Wissen in unterschiedlichen Situationen flexibel nutzen
- Wissen zur Problemlösung sachgerecht, kreativ und sozial verantwortlich einsetzen.

Kompetenzen, die eigenen Lernprozesse wahrzunehmen, zu steuern und zu regulieren (meta-kognitive Kompetenzen)
- Über das eigene Lernen nachdenken, sich das eigene Denken bewusst machen
- Verschiedene Lernwege kennen und ausprobieren
- Sich bewusst machen, wie man eine vorgegebene Lernaufgabe angeht
- Sich bewusst machen, wie man einen Text oder eine Geschichte versteht und wie man dieses Verständnis erworben hat
- Eigene Fehler selbst entdecken und eigenständig korrigieren
- Die eigenen Leistungen zutreffend einschätzen und würdigen können
- Das eigene Lernverhalten planen und sich die eigenen Planungsschritte bewusst machen.

Vorschulische Lernprozesse sind so zu organisieren, dass Kinder bewusst erleben und mit anderen reflektieren, dass sie lernen, was sie lernen, und wie sie es gelernt haben. Wenn Kinder ein tiefer gehendes Verständnis für die jeweils behandelten Phänomene ihrer Umwelt entwickeln und zugleich bewusst lernen, dann erwerben sie zunehmend meta-kognitive Kompetenzen. Auf diesem Weg wird lernmethodische Kompetenz ebenso erworben wie auch andere Basiskompetenzen. Ihre Fähigkeit, die eigenen Lernprozesse wahrzunehmen und selbst zu steuern, wird zunehmend gestärkt. Lernprozesse sind so aufzubereiten, dass bereits Kinder bis zur Einschulung folgende Lernziele erreichen können:
- Kinder können Bezüge zwischen den Lernsituationen in der Tageseinrichtung, in denen sie Wissen und Kompetenzen erwerben, und anderen Situationen, in denen sie das Gelernte (Wissen, Kompetenzen) abrufen, einsetzen und anwenden. Damit Kindern dieser Wissens- und Kompetenztransfer später gelingt, sind Lernprozesse mit ihrer Lebenswelt außerhalb der Tageseinrichtung in Verbindung zu bringen und an ihrem Vorwissen und ihren bisherigen Lernerfahrungen anzuknüpfen.
- Kinder erkennen die Struktur von Lerninhalten, indem sich Teilaspekte zu einem Ganzen zusammenfügen – z. B. erkennen sie, dass verschiedene Aktivitäten das gleiche Projektthema betreffen. Wenn für Kinder diese Struktur nicht erkennbar wird, dann bleiben die einzelnen Teilaspekte für sie unverbunden und es erschließt sich für sie der Sinn der einzelnen Dinge und ihre Zusammenhänge nicht.
- Kinder erkennen, dass Lernen nicht nur Handlung, sondern auch den Erwerb von Wissen bedeutet. Damit Kinder ein Bewusstsein für Lernsituationen und deren Bedeutung entwickeln, ist ihre Aufmerksamkeit darauf

zu lenken, dass sie beim Lernen Wissen erwerben. Nur auf dieser Grundlage wird es für Kinder verständlich, dass es möglich und nötig ist, auf das eigene Lernen Einfluss zu nehmen und es zu steuern. Solange Kinder meinen, Lernen sei gleichbedeutend mit „etwas tun", meinen sie häufig auch, Lernen stelle sich zufällig und beiläufig als Nebenprodukt bestimmter Erfahrungen oder automatisch mit dem Älterwerden ein. Der Lernprozess als solcher gerät für sie nicht in den Blick. Den Sinn und Zweck von Lernübungen können sie erst dann nachvollziehen, wenn sie um ihren Einfluss auf die eigenen Leistungen bzw. Lernfortschritte wissen (z. B. eine Telefonnummer wiederholen, um sie im Gedächtnis zu behalten).

Ansatz zum Erwerb der lernmethodischen Kompetenz

Der Erwerb lernmethodischer Kompetenz erfolgt durch die Auseinandersetzung mit Inhalten. Themenzentrierte Ansätze und Methoden haben im Elementarbereich Tradition (z. B. Projektansatz; Jahresthema). Der meta-kognitive Ansatz, der diesem Plan zugrunde liegt, ist ein Ansatz, bei dem die Kinder für sie interessante Inhalte effektiver und nachhaltiger und mit mehr Bewusstsein und Verständnis für ihre Lernprozesse lernen, und der zugleich die Stärkung aller Basiskompetenzen ermöglicht. Er stellt Methoden zur Planung und Gestaltung von Lernprozessen bereit, die auf den im Elementarbereich üblichen Ansätzen und Methoden aufbauen und diese weiterentwickeln. Er kombiniert kooperative, eigenaktive und ganzheitliche Lernformen. Er kommt primär bei geplanten Aktivitäten zum Tragen, aber auch bei der gezielten Unterstützung des Freispiels. Er lässt sich optimal realisieren auf der Grundlage des weiterentwickelten Projektansatzes. Projekte sind ein wesentlicher Bestandteil der vorschulischen Bildungsarbeit, aber nicht der einzige Bildungsansatz; neuere Ansätze setzen z. B. auch auf Workshops oder Arbeitsgemeinschaften mit Kindern.

Tipp

Anregungen zur Unterstützung des Freispiels (nach Gisbert)

Die Gegenwart eines anderen Kindes als Spielkamerad erhöht die Spielqualität. Die Zweierkonstellation fordert Kinder heraus, Regeln und Vorgehensweisen ihres Spiels gemeinsam auszuhandeln, über ihr Vorgehen zu sprechen und es miteinander zu reflektieren.

Anregende Lernumgebungen, die Kindern kombinationsreiches Spiel und strukturiertes Erforschen ermöglichen, sind insbesondere Miniaturversionen alltäglicher und außeralltäglicher Handlungsfelder, z. B. Puppenküchen, Ritterburgen, Puzzles, Bauklötze, Funktionsräume.

Die Gegenwart eines Erwachsenen, der sich nicht in das Spiel einmischt, aber die Spielsequenz stabilisiert, z. B. die Kinder zum Weitermachen animiert, Impulse und Zuspruch gibt, wirkt sich positiv auf die Spielqualität aus.

In seiner Umsetzung verlangt der meta-kognitive Ansatz die gezielte Planung von Lernangeboten und zugleich Offenheit für die Interessen, Kompetenzen und Bedürfnisse der Kinder (Mitwirkung der Kinder am Bildungs- und Einrichtungsgeschehen ➙ Kap. 8.1). Er berücksichtigt, wie Kinder Aspekte in ihrer Lebenswelt wahrnehmen, verarbeiten und verstehen und welches Vorverständnis und Vorwissen sie haben. Er bemüht sich um lebensnahe, aber zugleich komplexe Aufgabenstellungen. Er beruht auf fünf Leitprinzipien, die eine effektive Gestaltung von Lernprozessen mit jüngeren Kindern gewährleisten:

- **In den Lernprozessen werden die Inhalte wie auch das Lernen selbst betont.** Neu an diesem Ansatz ist, dass sich Kinder über den behandelten Inhalt hinaus auch mit der Struktur des Inhalts und den Lernprozessen befassen. Die Inhalte sind in der Regel im Rahmen bereichsübergreifender Themensetzungen relativ frei gestaltbar, und nicht wie in der Schule in geschlossenen, fächerorientierten Lehrplänen festgelegt. Ausgangspunkt und Ziel des pädagogischen Handelns sind, die Aufmerksamkeit der Kinder darauf zu richten, wie sie über die behandelten Inhalte und ihre eigenen Lernprozesse denken und nachdenken. Bei jeder Lernaktivität werden inhalts- und lernbezogene Aspekte gemeinsam berücksichtigt, d. h., mit den Kindern thematisiert und reflektiert; auf diese Weise entwickeln sie zunehmend ein Bewusstsein, dass sie lernen, was sie lernen und wie sie es lernen.
- **Der Schwerpunkt des Lernens richtet sich auf jene Lebensweltaspekte, die die Kinder als selbstverständlich betrachten.** Kinder lernen nur dann etwas über ihre Umwelt, wenn sie sich der einzelnen Phänomene bewusst werden und deren Sinn begreifen. Sie nehmen manche Alltagsphänomene erst dann wahr, wenn Erwachsene ihre Aufmerksamkeit darauf lenken. So haben Kinder im Kindergartenalter bereits Zahlenkonzepte im Kopf, doch ist ihnen meist noch nicht bewusst, was Zählen konkret bedeutet und wofür es von Nutzen ist. Oder sie kennen zwar schon einzelne Buchstaben, wissen aber nicht, warum es wichtig ist, lesen und schreiben zu können. Genau solche Funktionen und Bedeutungen gilt es den Kindern bewusst zu machen, indem sie zu der Einsicht geführt werden, dass man z. B. mit der Schriftsprache Sachverhalte symbolisch darstellen und Botschaften austauschen kann. Zudem sind die Lernprozesse der Kinder selbst Gegenstand des Bewusstwerdungsprozesses. So sprechen Kinder häufig von sich aus über die Dinge, die sie gelernt haben, z. B. Rad zu fahren oder den eigenen Namen zu schreiben.
- **Reflexion und Gespräch als Methode.** In der Durchführung ist der meta-kognitive Ansatz dem Projektansatz insoweit vergleichbar, als auch hier bestimmte Themen durch verschiedene, für den Elementarbereich typische Aktivitäten, z. B. Spielen, Malen, Singen, bearbeitet werden. Darüber hinaus aber gibt es Phasen der geistigen Auseinandersetzung durch Gespräche, in denen die Kinder gemeinsam und mit den Erwachsenen ihre Lernprozesse reflektieren. Damit Kinder über das Lernen sprechen, nachdenken und reflektieren, sind sie in moderierte Lernaktivitäten einzubinden, die sie dazu anregen und herausfordern, z. B. Aktivitäten mit didaktischen Materialien und Spielen; Bearbeitung von Aufgaben; Auseinandersetzung mit verschiedenen Situationen, denen die Kinder begeg-

nen; evtl. auch Einsatz von Medien wie die Aktivitäten der Kinder mit einer Digitalkamera festhalten und dann mit ihnen über die Fotos sprechen.
- **Unterschiede in den Gedanken verschiedener Kinder werden bewusst eingesetzt.** Die Aufgabe der pädagogischen Fachkräfte besteht darin, die Art und Weise, in der Kinder über bestimmte Dinge denken, darzulegen und sie zum Gesprächsgegenstand mit Kindern zu machen. Die Tatsache, dass Kinder viel voneinander lernen, ist pädagogisch dergestalt nutzbar zu machen, dass weniger die Gemeinsamkeiten und mehr die Unterschiede in den Gedanken der Kinder herausgestellt werden. Um Kindern die individuellen Unterschiede im Denken bewusst zu machen, können in der Kindergruppe verschiedene Methoden angewandt werden, z. B. kleine Rollenspiele aufführen, Zeichnen und Malen, Spielen, Diskussionen, in der Kindergruppe verschiedene Wege ausprobieren, etwas zu sagen bzw. durch andere Ausdrucksformen darzustellen.
- **Lernen wird als Bestandteil der gesamten Erfahrungswelt des Kindes aufgefasst.** Die Erfahrungswelt und das Vorwissen des Kindes beeinflussen, wie es neue Erfahrungen aufnimmt. Seine bisherigen Erfahrungen können sich förderlich oder hemmend auf neue Lernprozesse auswirken. Wenn Lernen als Bestandteil der gesamten Erfahrungswelt des Kindes aufgefasst und dem Kind dies bewusst gemacht wird, so stehen seinen weiteren Lernprozessen keine Hemmnisse im Wege. Lernen ist nicht etwas Zusätzliches im Leben der Kinder, sondern ein integraler Bestandteil.

Diese Prinzipien repräsentieren eine pädagogische Haltung wie auch Handlungsanleitungen für die Praxis. Auf Seiten des Personals erlangen neben der Kenntnis des Forschungsstandes über das kindliche Denken vor allem Methodenkompetenzen zentrale Bedeutung:
- **Strategisch vorgehen.** Das Augenmerk richtet sich auf die Aspekte Inhalt, Struktur des Themas und Lernprozess. Diese werden mit den Kindern nicht nur praktisch umgesetzt, sondern auch mit ihnen gemeinsam thematisiert und reflektiert. Während bei der Planung jeder Aspekt auch für sich zu beachten ist, sind sie bei der Durchführung ineinander verwoben.
- **Lernanregende Atmosphäre und gemeinsame Lernkultur herstellen.** Ziel ist, die Kinder zu motivieren und anzuregen, ihre Gedanken mit anderen zu teilen, die Ideen anderer Kinder aufzugreifen und als inspirierend zu erleben. Wenn Kinder und Erwachsene eine gemeinsame Sprache finden, entwickeln sich daraus kooperative Lernprozesse. Anregend und hilfreich kann es sein, wenn die Erwachsenen auch im Team das eigene Lernen reflektieren.
- **Bildungsprozesse moderieren** (Moderierung von Bildungs- und Erziehungsprozessen ➤ Kap. 8.2). Die pädagogischen Fachkräfte befinden sich im meta-kognitiven Ansatz im steten Dialog mit den Kindern. Gespräche sind so zu führen, dass sie Aufschluss über das Wissen und Denken der Kinder geben, d. h. Kinder ermuntern, möglichst viel von ihren Denkweisen, ihrem Wissen und den Inhalten ihrer Gedanken und Ideen darzulegen. Die Art der Informationen, die Erwachsene hierbei erhalten, hängt maßgeblich von ihrer Fragetechnik ab.

- **Projekte – Kombination von bereichsübergreifenden Bildungsprozessen und ganzheitlicher Kompetenzentwicklung.** Da Projekte relativ lange dauern und ganz unterschiedliche Methoden zum Einsatz kommen, bieten sie einen idealen Rahmen dafür, alle Basiskompetenzen zugleich in den Blick zu nehmen und ihre Entwicklung durch bereichsübergreifende Bildungsprozesse zu unterstützen. Der fortwährende Wechsel von Methoden wie z. B. Diskussion, Besichtigung, Experiment, Rollenspiel, Malen und Zeichnen im Projektverlauf führt zu einem immer tieferen Eindringen in das Thema und dessen Struktur. Je nach verwendeten Methoden lernen Kinder andere Aspekte bzw. Bezüge zum Thema kennen. Beobachten, Erforschen, Experimentieren, Erfahren, Austausch, gemeinsame Reflexion, Bewegung, Gesang und bildnerischer Ausdruck bauen aufeinander auf und treiben den Wissens- und Kompetenzerwerb voran. Lernen in Projekten ist exemplarisches Lernen. Kinder erwerben Wissen und Kompetenzen, die sie auf andere Situationen im Alltag immer wieder übertragen können. In diesem Plan finden sich viele Beispiele für Projekte aus der Praxis.

Strategisches Vorgehen

Grundlagen

Themenauswahl und Zielsetzung

- **Themenauswahl – Prinzip der Gegenseitigkeit.** Der Anstoß, sich mit neuen Themen zu befassen, kann von den Kindern wie auch von den pädagogischen Fachkräften kommen. Wichtig ist, dass Vorschläge im Austausch konkretisiert werden: Wer immer ein Thema vorgeschlagen hat, es wird erst dann zu einem gemeinsamen Thema, wenn es die Sichtweisen der Kinder aufgreift und daran anknüpft – diese sind Bezugspunkt für jedes Thema. Wenn Erwachsene neue Themen einführen wollen, dann gilt es, einfühlsam auf die Kinder zu reagieren. Kriterien, dass ein Thema nach dem Gegenseitigkeitsprinzip ausgewählt wurde, sind: Die Kinder nehmen das Thema mit Interesse auf, sie stellen viele Fragen und bringen Ideen ein, sie vertiefen sich in die Arbeit und haben Freude daran, sie sind auch dann noch mit Konzentration bei der Sache, wenn es Zeit zum Abbrechen wird. Neue Impulse sind zu setzen, wenn ihre Aufmerksamkeit nachlässt. Ein vielen Kindern vertrautes Thema sollte nicht weiterverfolgt werden.
- **Zielsetzung und Themeneingrenzung.** Bei neuen Themen sind die Lernangebote sorgfältig zu planen: Welche Ziele werden angestrebt? Welche Inhalte sind hierfür bedeutsam? Beide Fragen sind gleichzeitig zu klären, da sie sich aufeinander beziehen. Damit die Kinder im Projektverlauf etwas Neues lernen und verstehen können, sind ausgewählte Themen einzugrenzen: Worauf ist die Aufmerksamkeit der Kinder zu lenken? Welche Verstehensprozesse werden dadurch angestoßen? Erste Anhaltspunkte hierfür bieten entwicklungspsychologische Erkenntnisse. Ein Beispiel *(nach Gisbert):* Beim Thema „Weltraum" können kleinere Kinder noch nicht die Komplexität des Universums erfassen, aber das Verhältnis der Erde zur Sonne und zu anderen Planeten verstehen. Die endgültige Themeneingren-

zung lässt sich erst in der praktischen Arbeit und im Austausch mit den Kindern erreichen, denn die Ziele bestimmen sich nach deren Sichtweisen.
- **Der Plan als Orientierungsrahmen.** Anknüpfungspunkte für die Themenauswahl sind die Bildungs- und Erziehungsbereiche (➤ Kap. 6 und 7); bei ihrer Umsetzung ist stets mit zu überlegen, inwieweit auch lernmethodische Kompetenzen gestärkt werden können. Es lässt sich nahezu jedes Thema mit Kindern bearbeiten, wenn es an ihren Perspektiven ansetzt.

Struktur des Themas

Die Struktur des Themas ist fester Bestandteil des gesamten Lernprozesses, sie bettet das Thema in größere Zusammenhänge ein. Sie ist den Kindern als Arbeits- und Reflexionsgrundlage sichtbar zu machen, so insbesondere durch die Methoden der Projektdokumentation. Einzelne Elemente eines größeren Zusammenhangs werden wie beim Puzzlespiel zusammengesetzt, um z. B. soziale Verknüpfungen oder auch kausale Prinzipien Kindern begreifbar zu machen. Erst das Sichtbarmachen ermöglicht Kindern, größere Systeme zu erkennen, und damit ein vertieftes Verständnis des behandelten Themas. Die Struktur ist anhand der Zielsetzungen zu entwerfen und mit weiteren inhaltlich-methodischen Entscheidungen verbunden. Mögliche Vorgehensweisen sind z. B.:

- Naturphänomene in ihren natürlichen Kreislauf einbetten (➤ Praxisbeispiel Wetterprojekt in diesem Kapitel)
- Vielfältige, bereichsübergreifende Zugänge zu einem Thema herstellen (z. B. Projekt „Geschichte der Malerei" bei Sprache und Literacy ➤ Kap. 7.3)
- Gesellschaftliche Phänomene aus verschiedenen Perspektiven betrachten, die in ihrer Zusammenschau ein System ergeben. Perspektiven werden isoliert behandelt, um ein System als Ganzes zu veranschaulichen, wie z. B.: Bei Projekten über komplexe soziale Konstrukte besuchen die Kinder ein Theater oder ein Geschäft bzw. begleiten die Müllabfuhr bei der Arbeit. Soziale Konstrukte lassen sich aus verschiedenen Perspektiven darstellen, so z. B. das Geschäft aus der Perspektive des Ladenbesitzers, des Verkäufers, des Lieferanten und des Kunden. Vor oder nach dem Besuch im wirklichen Geschäft könnten die Kinder ein Kindergarten-Geschäft eröffnen und solche Positionen einnehmen. Sie erhalten damit Einblicke in das Gesamtsystem, aus dem sie dann Einzelphänomene bedeutungshaltig ableiten können. Eine typische Frage von Kindern ist, was mit dem Geld in der Kasse geschieht. Wenn die Kinder neben der ihnen bekannten Perspektive des Einkäufers auch die des Ladeninhabers und des Lieferanten kennen lernen, wird ihnen der Verwendungszweck des Geldes verständlich. Bei Projekten über Berufe besuchen die Kinder mit der Erzieherin vielleicht Mütter und Väter an deren Arbeitsplatz. Eine Perspektive könnte sich auf Gemeinsamkeiten und Unterschiede zwischen einzelnen Berufen richten. Eine weitere Perspektive könnte sein, die Bedeutung und Funktion verschiedener Berufe für die Gesellschaft zu verstehen. Einzelne Berufe lassen sich auch unter bestimmten Aspekten vertieft behandeln. Welche Perspektiven und Aspekte herausgegriffen weden, entscheidet die Erzieherin mit den Kindern gemeinsam. Stets wichtig ist, die einzelnen Aspekte in ein

Ganzes einzuordnen, so dass sich ihre Bedeutung aus dem Ganzen ableiten lässt und sie nicht isoliert nebeneinander stehen.
- Wenn Betrachtungen von Prinzipien oder Regeln mit Beispielen und Geschichten kombiniert werden und die Kinder die Gelegenheit erhalten, mit eigenen Worten zu erklären und zu begründen, warum ein Beispiel eine Regel veranschaulicht, dann bilden sich mentale Vorstellungen, d. h. Analogien, die die Kinder auf ähnliche Situationen anwenden können.

Reflexion

Die Reflexionsphase ist die für den Erwerb lernmethodischer Kompetenz entscheidende Phase. Mit den Kindern betrachtet und reflektiert werden Inhalt, Struktur und der gesamte Lernprozess, damit den Kindern bewusst werden kann, was sie tun, was und auf welchem Wege sie dabei etwas gelernt haben. Dies erfolgt auf einer übergeordneten Ebene (Meta-Ebene), insbesondere in Form von Gesprächen und Dokumentationen. Reflexion ist integraler Bestandteil der praktischen Arbeit am Thema. Indem Kinder viele Gelegenheiten erhalten, darüber nachzudenken, wie man etwas herausfinden kann, was man noch nicht weiß, thematisieren sie die Steuerung ihrer Lernprozesse. Reflexionsphasen sind am Ende einzelner Teilprojekte und des Gesamtprojekts vorzusehen, um es den Kindern zu ermöglichen, die durchlaufenen Lernprozesse erneut zu wiederholen und sich diese bewusst zu machen. Eine besonders effektive Möglichkeit, den Lernprozess innerhalb eines thematischen Projektrahmens umfassend zu reflektieren, ist die Methode der Projektdokumentation.

 ## Praxisbeispiele

Nachstehende Beispiele verdeutlichen das strategische Vorgehen und stellen jeweils unterschiedliche Aspekte in den Vordergrund. Im Beispiel „Regenwurm-Projekt" sind dies die vorstrukturierenden Planungsprozesse, im Beispiel „Wetter-Projekt" die Moderations- und Fragetechniken und im Beispiel „Warum sind eigentlich Kerne in den Mandarinen" das Zusammenspiel von professioneller Planung und offenem Dialog mit den Kindern bei der Gestaltung von Lernprozessen. Alle Projekte sind praxiserprobt, das Regenwurm- und das Mandarinenkerne-Projekt im Ev. Kindertagesheim Grambke in Bremen (Schabel-Becker, C., Meyhöfer, C., Wittmann, A., Wollschläger, U.).

Regenwurm-Projekt

Inhalt

Die Kinder finden im Garten der Einrichtung Regenwürmer und beginnen, diese zu sammeln. Aufgrund der Neugier und des wachsenden Interesses der Kinder nutzen die pädagogischen Fachkräfte die Gelegenheit und starten ein „Regenwurm-Projekt". Unter Beachtung der drei Aspekte Inhalt, Struktur und Lernprozess werden zunächst der Themenbereich eingegrenzt und konkrete Zielsetzungen formuliert. Maßgeblich ist dabei der Lern- und Verste-

hensaspekt: Was sollen die Kinder durch die Projektarbeit lernen? In einer Teambesprechung wird das Thema auf den Bereich „Regenwürmer und ihr Lebensraum" festgelegt und folgende Ziele formuliert:
- Die Kinder erwerben Wissen darüber, warum Regenwürmer für das Ökosystem so wichtig sind: Regenwürmer lockern die Erde auf und produzieren Humus, sodass die Erde für uns Menschen fruchtbar wird, z. B. um ein Gemüsebeet anzulegen.
- Die Kinder erfahren, was Regenwürmer zum Leben brauchen: z. B. Nahrung, Sauerstoff.

Zur Erreichung dieser Ziele werden unter Einbeziehung und in Abstimmung mit den Kindern sodann unterschiedliche Teilprojekte durchgeführt:
- Einige Kinder informieren sich – mit Unterstützung ihrer Eltern – mittels Büchern oder Internet über den Nutzen von Regenwürmern.
- Einige Kinder besuchen eine Gärtnerei und erfahren durch Expertenbefragungen, warum Regenwürmer für den Anbau von Gemüse wichtig sind.
- Einige Kinder sammeln Regenwürmer, beobachten sie in einem Terrarium und geben ihnen verschiedene Nahrungsmittel.
- Einige Kinder setzen Regenwürmer an verschiedenen Stellen, wie z. B. Gras, Komposthaufen, Sand oder Erde aus und verfolgen das Geschehen.

Nach einiger Zeit finden sich die einzelnen Arbeitsgruppen zum gemeinsamen Treffen zusammen und tauschen ihre Erkenntnisse aus. Dabei erfahren alle Kinder z. B.:
- Regenwürmer sind kleine Ackerbauern, die metertief den Boden durchgraben.
- Regenwürmer stopfen ihr ganzes Leben lang organische Abfälle in sich hinein und scheiden sie am anderen Ende wieder aus, wodurch ein fruchtbarer Humusboden entsteht, der für den Gemüseanbau besonders geeignet ist.
- Die Ausscheidungen von Regenwürmern enthalten besondere Nährstoffe.
- Regenwürmer sorgen für eine gute Durchlüftung des Bodens, und durch den Bau ihrer Gänge kann sich das Regenwasser besser verteilen.
- Die Tiere heißen deswegen Regenwürmer, weil sie bei starken Regengüssen an die Erdoberfläche geschwemmt werden.
- Die Regenwürmer benötigen zum Leben Sauerstoff und ernähren sich von Erde, abgefallenen Blättern, abgestoßenen Wurzelstückchen und ähnlichen Stoffen. Feuchte Wärme mögen sie besonders, Sonneneinstrahlung hingegen kann für sie tödlich sein.

Struktur des Themas

Im Weiteren wird den Kindern nun die Struktur des Themas verdeutlicht, damit sie ein Verständnis für größere Zusammenhänge erwerben können. Im Rahmen der weiteren Projektplanung verständigt sich das Team, den Kindern anzubieten, sich mit folgenden Fragen zu befassen:
- Wie ist der Regenwurm in das gesamte Ökosystem eingebunden?
- Welche Rolle hat das Tier in der ökologischen Kette?
- Wie verläuft die Entwicklung eines Regenwurms?
- Welche Lebewesen leben in derselben Umgebung wie der Regenwurm?

Durch die Auseinandersetzung mit diesen Fragen erhalten die Kinder am Projektende ein Gesamtbild über Regenwürmer und können den Zusammenhang zu ihrer eigenen Lebenswelt sowie diesen Teilaspekt des Ökosystems verstehen. Aufgrund des anhaltenden Interesses der Kinder an diesen Fragen bespricht das pädagogische Personal mit ihnen, wie die Regenwürmer in das Ökosystem eingebunden sind. Dabei verknüpft es die einzelnen Informationen zu einem umfassenden Wissen. Der bildhafte Vergleich eines Puzzlespiels ermöglicht den Kindern den Einstieg, die größeren Zusammenhänge zu erfahren: Auf ein Plakat malt eine pädagogische Fachkraft die thematischen Einzelaspekte und verbindet diese – entsprechend ihrer Zusammenhänge – mit Linien, sodass eine Art Netzwerk entsteht. Diese Veranschaulichung des komplexen Systems regt die Kinder an, viele Fragen zu stellen, die auch Querverbindungen zu anderen Themen ermöglichen oder Folgeprojekte auslösen können. Die Kinder lernen dadurch z. B. folgende komplexe Zusammenhänge kennen:

- Regenwürmer sind ein unersetzliches Glied im Ökosystem Erde, da sie den Garten gesund halten. Werden sie z. B. durch Giftspritzungen vertrieben, stellt das auch einen Einschnitt in den gesamten Lebensraum dar.
- Regenwürmer produzieren Humus, der nützlich für das Pflanzenwachstum ist. Wie wird der Humus produziert? Wie verläuft der Kreislauf von Nahrungsaufnahme und -ausscheiden? Was benötigen Pflanzen und Gemüse darüber hinaus, um zu gedeihen?
- In einem Hektar Gartenboden leben 80 000–130 000 Regenwürmer. Unter der Erde leben weitere unzählige „Helfer", der Regenwurm stellt den größten unter ihnen dar.
- Neben den Regenwürmern gibt es als natürliche „Helfer" im Garten auch Pflanzen, die z. B. Schädlinge abwehren können. Wie heißen diese? Wie sehen sie aus? Wie müssen sie eingepflanzt werden?
- Junge Regenwürmer schlüpfen aus Eiern, die unter der Erde abgelegt werden.
- Es gibt verschiedene Arten von Regenwürmern. In unseren Breitengraden sind vor allem zwei Gruppen bedeutend: die Kompostwürmer und die Ackerwürmer.

Lernprozess

Das Projekt wird durch eine Reflexionsphase beendet, damit den Kindern bewusst wird, was sie gelernt und auf welche Weise sie dieses Wissen erworben haben. Neben Gesprächen lässt sich der Lernprozess insbesondere durch eine Dokumentation festhalten. Sie ermöglicht den Kindern, ihre Erfahrungen zu fixieren, regt die pädagogischen Fachkräfte an, über ihre Projektarbeit nachzudenken, und gewährt den Eltern Einblicke in den Projektverlauf. Im Regenwurm-Projekt fanden sich die pädagogischen Fachkräfte mit den Kindern zu einem Stuhlkreis ein und fragten sie, was sie in diesem Projekt Neues gelernt und erfahren haben. Nachdem sich die Kinder austauschen konnten, wurden die verschiedenen Zusammenhänge nochmals deutlich hervorgehoben und die vorab festgelegten Ziele wiederholt. Durch die Dokumentation des Projekts werden Lernprozess und Ergebnisse sichtbar:

- Auf einer Zeittafel wird der Projektverlauf aufgezeigt: Was wurde wann auf welche Weise gelernt? Welche Ergebnisse kamen dabei heraus?
- In einer Fotoausstellung präsentieren die Kinder die Ergebnisse ihrer verschiedenen Untersuchungsstadien.
- In Zeichnungen halten sie ihre Experimente und Erfahrungen fest.
- Die pädagogischen Fachkräfte beschriften gemeinsam mit den Kindern Plakate zum Projekt, z. B. werden das Ökosystem Erde und der biologische Kreislauf dadurch erklärt.
- Das Terrarium mit den Regenwürmern und deren Nahrungsmitteln werden ausgestellt.

Die Beendigung des Projekts kann auch durch ein Ritual markiert werden: So wäre z. B. ein „Regenwurm-Abschlussfest" eine gute Gelegenheit, um die Dokumentation in Form einer Ausstellung Eltern, Verwandten, Freunden usw. zu präsentieren.

Wetter-Projekt

Inhalt

Jedes Kind erhält ein Blatt Papier mit der Aufgabe, es in der Mitte zu falten und dann auf der einen Seite gutes und auf der anderen Seite schlechtes Wetter zu zeichnen. Beim Vergleich ihrer Zeichnungen machen sie die Erfahrung, dass „gutes" und „schlechtes" Wetter relative Begriffe sind. So freut sich das eine Kind, wenn es regnet, weil es in den Pfützen plantschen kann, während sich ein Erwachsener vielleicht ärgert, weil er nass wird; ein anderes Kind freut sich über Schnee, weil es einen Schneemann bauen kann, während ein weiteres Kind lieber Rad fahren möchte und den Schnee als störend empfindet. Bei einem solchen Vorgehen reflektieren die Kinder nicht nur den Inhalt „Wetter"; es wird ihnen zugleich bewusst, wie unterschiedlich der Einzelne darüber denkt. Das Gespräch über den Inhalt, welches das Denken und die Ausdrucksfähigkeit der Kinder anregt, und die Befassung mit den verschiedenen Meinungen der Kinder sind Kernstück des metakognitiven Ansatzes.

Struktur des Themas

Beim Thema „Wetter" kann mit Kindern z. B. der gesamte Zyklus von Sonne, Verdunsten bis Regen und wiederholtes Verdunsten erschlossen werden. Die pädagogische Fachkraft fragt: „Wenn ihr daran denkt, wie wir im Herbst den Regen bekommen haben, was denkt ihr dann, wie bekommen wir im Winter den Schnee?" Ein Kind antwortet: „Die Wassertropfen gehen zusammen und werden zu Eiskristallen", ein anderes Kind sagt: „Das ist genauso wie beim Regen". Die pädagogische Fachkraft kann an dieser Aussage anknüpfen und hinzufügen, dass es im Winter nur kälter ist und der Regen als Schnee fällt. Die Kinder betrachten sodann ein Wandbild über den Regenzyklus, das sie erstellt haben. Nun wird ihnen die Struktur des Themas deutlich: Der Regenzyklus repräsentiert ein Ganzes, aus dem die Kinder nun die Einzelphänomene sinnvoll ableiten können. Die pädagogische Fachkraft fragt die Kinder, wie Schnee und Regen zustande kommen. Sie sollen die Aufgabe in Kleingruppen lösen. Beim Vergleich der erzielten Lösungen hebt die pädagogische Fachkraft die Diskussion wiederum auf ein Niveau, auf dem die Kinder über die verschiedenen Strukturen, die sie aufgezeichnet haben, nachdenken.

Lernprozess

Ein Weg, die Kinder zum Nachdenken über ihre Lernprozesse anzuregen, könnte so aussehen: Die Kinder führen Experimente mit Wasserdampf durch. Sie werden angeregt, nachzudenken, warum sie diese Experimente machen und welche anderen Wege es gibt, um etwas über Wasser und Regen herauszubekommen. Ein anderer Weg wäre: Die pädagogische Fachkraft bittet die Kinder um Wetter-Vorhersagen für den nächsten Tag. Nach Abgabe ihrer Schätzungen erhalten sie die Aufgabe, mögliche Wege zu suchen, das Wetter zuverlässig vorherzusagen. Am Tag darauf geben die Kinder ihre Erklärungen ab, aus welchen Anzeichen in der Natur sich das Wetter vorhersagen lässt. Sodann fragt die pädagogische Fachkraft die Kinder, wie sie das herausgefunden haben. Die Kinder nennen verschiedene Quellen (z. B. Fernsehen, Tageszeitung, Eltern, Nachbar), vielleicht sagt ein Kind auch, es habe es selbst herausgefunden. Die pädagogische Fachkraft macht den Kindern die vielen Wege deutlich, sich über das Wetter zu informieren, und regt sie an, über weitere Möglichkeiten nachzudenken.

Zusammenspiel der Aspekte

Die Kinder präsentieren ihre Ideen und Gedanken über das Thema und machen hierbei kleine Experimente. Die pädagogische Fachkraft hilft ihnen dabei, ihre unterschiedlichen Sichtweisen deutlich zu machen, indem sie z. B. mit den Kindern darüber spricht oder sie vorab Zeichnungen anfertigen lässt. Sodann wird die Aufmerksamkeit der Kinder auf die Struktur des Themas in Form des Zyklus gelenkt, über den die Kinder ebenfalls nachdenken. Zuletzt wird reflektiert, wie und warum die Kinder ihre Experimente durchgeführt haben, was sie darüber denken, und ob es weitere Wege gibt, etwas über ein Thema zu erfahren. Hier wird die Aufmerksamkeit der Kinder nun auf ihre Lernprozesse gelenkt.

„Warum sind eigentlich Kerne in den Mandarinen?"

Inhalt

Beim Nachtischessen in der Kindergruppe ergibt sich die Frage eines Kindes: „Warum sind eigentlich Kerne in den Mandarinen, die essen wir doch gar nicht und spucken sie aus?" Die pädagogische Fachkraft greift diese Frage auf und fragt die Kinder nach ihren Vermutungen. Die Kinder haben schon die Erfahrung beim Aussäen von Kresse und anderen Kräutern gesammelt, die sie für das selbst zubereitete Frühstück gepflanzt hatten. Trotzdem können die Kinder zunächst noch keinen Zusammenhang feststellen. Vielleicht fällt es ihnen schwer, weil die Kräutersamen in Tüten schon gebrauchsfertig zur Verfügung stehen. Sie erkennen den Kern nicht als Samen einer Mandarinenpflanze. Im Weiteren fragt daher die Erzieherin die Kinder: „Was könnten wir mit den Kernen tun?", um im Dialog mit ihnen Lernstrategien zu finden.

Die Kinder schlagen folgende Strategien vor: Viele Kerne sammeln und eine Kette daraus machen, ein Bild kleben und malen, Weitspucken üben und Einpflanzen. Die verschiedenen Ideen werden diskutiert und ausprobiert. Je ein Beispiel (eine Kette und ein Bild) werden an die Pinnwand in der Gruppe zur Dokumentation aufgehängt. Außerdem gibt es ein weiteres Mandarinenessen mit einem lustigen „Kern-Weitspucken-Wettbewerb". Die Liste der Weitspuckergebnisse wird ebenfalls an der Pinnwand angebracht. Auf diese Art wird jede Idee der Kinder gewürdigt und auch für die spätere Reflexion dokumentiert.

Deutlich wird: Die pädagogische Fachkraft begegnet der Frage eines Kindes zum Thema „Mandarinenkerne" in einer konstruktiven Art und Weise. Sie liefert nicht einfach Antworten, sondern motiviert die Kinder, selbst zu forschen und nach Lösungen zu suchen. Dies erfolgt in einem dialogischen Verfahren, sodass die Kinder Vorschläge zur Informationsbeschaffung machen können. Es wird experimentiert, geforscht und es werden Experten befragt. Durch die Dokumentation des Projektverlaufs wird die Reflexion über den Projektinhalt unterstützt. Zugleich hat die pädagogische Fachkraft – auf Anregung der Kinder – ein konkretes Thema formuliert: „Warum sind eigentlich Kerne in den Mandarinen?" Überdies hätte sie weitere Subthemen bilden können, die die Kinder in Teilprojekten bearbeiten, z. B. „Wie sehen die Kerne anderer Früchte aus?", „Wo wachsen Mandarinenbäume?". Um die einzelnen Lernaspekte in dem Projekt hervorzuheben, ist eine klare Zielsetzung wichtig, wie z. B. „Die Kinder lernen zu verstehen, dass aus Kernen eine Pflanze entsteht". Dieses Ziel wurde in dem Projekt erreicht.

Struktur des Themas

Mehrere Mandarinenkerne werden nun eingepflanzt, nachdem die Kinder gefragt wurden, was Pflanzen zum Wachsen benötigen. Die Kinder schöpfen aus den Erfahrungen, die sie beim Aussäen der Kräuter bereits gesammelt haben. Da das Keimen der Mandarinenpflanze ca. 2 Monate dauert, werden die Kinder ungeduldig. Sie fragen sich, wie der Keimling wohl aussehen wird. Die pädagogische Fachkraft diskutiert mit den Kindern Ideen, die es ermöglichen, sich schon vorab zu informieren. Die Ungeduld hat neue Interessen wachgerufen, und die Kinder sammeln verschiedene Möglichkeiten der Informationsbeschaffung: Besuch einer Gärtnerei, Internet, Bibliothek, Buchhandlung und Video. Auch diesmal werden die Ergebnisse der Recherche dokumentiert. Die Mandarinenpflanze wird in verschiedenen Wachstumsphasen gezeigt. In der Gärtnerei fotografieren die Kinder verschiedene Pflanzen, auch Zitronen- und Apfelsinenbäumchen. Im Verlauf dieser Untersuchung werden die Kinder immer wieder dazu angeregt zu reflektieren, was sie bisher beobachtet und ausgekundschaftet haben, um das erworbene Wissen zu festigen. In einem weiteren Schritt werden die Kinder angeregt, die Mandarinenpflanze zu malen. Fragen fordern die Kinder heraus, sich vorzustellen, wie sich die Mandarinenpflanze entwickelt hat, was sich die Pflanze vorstellt, als sie noch in der Erde ist, wovon sie träumt. Die Kinder werden so angeregt, sich ein Abenteuer oder eine Geschichte vom Mandarinenkern und seiner langen Reise auszudenken. Die erfundenen Geschichten werden gemalt oder gespielt; die Kinder erfinden Mandarinenfiguren.

Deutlich wird: Die Struktur des Inhalts ist in der oben genannten Zielsetzung bereits insoweit enthalten, als der Entstehungsprozess von Pflanzen einen übergeordneten Zusammenhang darstellt. Auf diese Weise gelingt auch der Transfer zu der bereits ausgesäten Kresse. Darüber hinaus könnte der „Wachstumsprozess in der Natur" als globale Struktur herangezogen und den Kindern z. B. wie folgt dargestellt werden: Aus der Blüte eines Baums entsteht eine Frucht, die Frucht fällt zu Boden, der darin enthaltene Kern kann – unter gewissen Bedingungen – zu einem neuen Baum heranwachsen.

Lernprozess

Zum Abschluss des Projekts bekommt jedes Kind seine Mandarinenpflanze und eine Mappe mit einer Kopie der Geschichten, den Aktivitäten und den Fotos vom Entwicklungsprozess der Mandarinenpflanze. Damit wird den Kindern die Möglichkeit gegeben, auch später auf die differenzierten Ergebnisse zurückzugreifen.

Deutlich wird: Die Kinder werden im Projektverlauf zwar immer wieder zur Reflexion angeregt. Dennoch ist auch hier eine zusammenfassende Betrachtung des Lernprozesses, vor allem der Lernstrategien, grundlegend. Wichtig ist, die einzelnen Ergebnisse dabei zu einem Gesamtwissen zusammenzutragen.

Methode der Projektaufzeichnung

Diese erweist sich als wesentlicher Bestandteil des Projektlernens. Eine qualitativ hochwertige Aufzeichnung unterstützt die Kinder bei ihren Reflexionsphasen. Sie können erkennen, was und wie sie gelernt haben und sind somit in der Lage, ihren eigenen Lernprozess nachzuvollziehen. Dies ist besonders wichtig hinsichtlich eines Transfers ihrer Lernstrategien für spätere Projekte und Aufgaben. Die Kinder werden in ihrem Selbstwertgefühl sowie in ihren Selbstwirksamkeitserwartungen gestärkt, da sie durch die Dokumentation ihr eigenes Wissen und Können präsentieren. Die Projektaufzeichnung (Verlauf und Ergebnisse) lässt das neu erworbene Wissen der Kinder auch für Eltern sichtbar werden. Das pädagogische Team erhält dadurch ein Rahmenmodell zur Beobachtung und Aufzeichnung individueller Entwicklungsprozesse und Interessensbildungen von Kindern. Es wird in die Lage versetzt, komplexe Lernzusammenhänge zu strukturieren. Es kann erkennen, welche Kenntnisse und Fähigkeiten bestimmte Kinder haben und in welchen Bereichen sie Unterstützung brauchen. Es erhält Einblicke in die komplexen Lernerfahrungen von Kindern aus ihrer eigenen Perspektive. Lernprozesse werden als interaktive Prozesse erfahrbar. Die Vorteile des Einsatzes spezifischer Methoden, Aktivitäten und Materialien werden offensichtlich gemacht. Es lassen sich Lern- und Entwicklungsfortschritte ermitteln und verbessern. Durch eine Projektaufzeichnung lässt sich überprüfen ob, wie und inwieweit Zielsetzungen erreicht wurden. Das Team hat zugleich Gelegenheit, seine eigenen

Moderationsmethoden zu reflektieren und weiterzuentwickeln. Es gibt viele Möglichkeiten der Projektaufzeichnung:

- **Protokollieren und reflektieren.** Für pädagogische Fachkräfte empfehlen sich Aufzeichnungen ihrer Beobachtungen unter verschiedenen Blickwinkeln, z. B. Projektverlauf, eingesetzte Moderationsmethoden, Lern- und Entwicklungsprozess der Kindergruppe oder einzelner Kinder. Sich am Ende eines Projekttages durch eine kurze Reflexion einen Überblick zu verschaffen, ist hilfreich, um z. B. Problempunkte erkennen und für den weiteren Verlauf verändern zu können.
- **Foto-, video- und audiografieren.** Fotos sind eine gute Möglichkeit, Kinder bei ihrer Projekttätigkeit bildlich festzuhalten. So können z. B. Fotoserien konstruktive Problemlösungsprozesse und die Entstehungsgeschichte des Endprodukts auf einfache Art und Weise festhalten. Videokamera oder Kassettenrekorder eignen sich besonders gut, um Lernprozesse sowie Projektereignisse aufzuzeichnen. Zudem unterstützen sie die pädagogischen Fachkräfte wie auch die Kinder bei ihrer Selbstreflexion, denn so können sie die verschiedenen Stadien ihres Entwicklungsprozesses nachvollziehen.
- **Vernetzen.** Während des Projekts werden Informationen, die z. B. in Teilprojekten gesammelt und auf Pinnkarten notiert wurden, gebündelt, auf einer Pinnwand festgehalten und miteinander vernetzt. Um den Lernprozess nachvollziehbar zu machen, kann der Informationsstand schriftlich festgehalten, für alle Kinder fotokopiert und laufend ergänzt werden. Am Ende ergibt sich ein Gesamtbild zum Thema, das auch das Wissen der Kinder widerspiegelt.
- **„Journaling".** Die pädagogische Fachkraft reflektiert den Projektverlauf und schreibt ihre Erkenntnisse hierzu in ein Tagebuch (Journal). Der Fokus richtet sich dabei auf die Kindergruppe, ein einzelnes Kind, das Projekt selbst oder – im Sinne einer Selbstreflexion – auf die pädagogische Kraft.
- **Ausstellen.** Im Rahmen von kleineren Ausstellungen, die bereits während des Projektverlaufs stattfinden können, erhalten die Kinder die Möglichkeit zu zeigen, was und wie sie bis zu diesem Zeitpunkt gelernt haben. Um einen Projektabschluss zu ritualisieren, kann zudem eine größere Ausstellung mit offiziellen Einladungen für Eltern und Freunde erfolgen.
- **Abschlusswerke über ein Projekt.** Angefertigte Fotoalben bzw. Bildbände, Wandzeitungen, Bilderbücher oder Videoaufnahmen führen den Kindern den ganzen Projektablauf und die Lernprozesse nochmals vor Augen, sie können ihre Lernschritte und -inhalte immer wieder wiederholen. Sie sind stolz auf ihre Leistungen, der Gruppenzusammenhalt festigt sich. Sofern jedes Kind einen Beitrag geleistet hat, wird die Identität der Kinder gestärkt und ihr Gefühl für Arbeitsteilung gefördert. Die Erstellung eines solchen gemeinsamen Werkes ist eine kulturschaffende Leistung, die wie ein Kunstwerk oder eine wissenschaftliche Leistung einen eigenständigen Stellenwert und eine autonome Existenz erhält.

KOMPETENTER UMGANG MIT VERÄNDERUNGEN UND BELASTUNGEN

5.10 Widerstandsfähigkeit (Resilienz)

Resilienz ist die Grundlage für positive Entwicklung, Gesundheit, Wohlbefinden und hohe Lebensqualität sowie der Grundstein für einen kompetenten Umgang mit individuellen, familiären und gesellschaftlichen Veränderungen und Belastungen. Das Gegenstück von Resilienz ist Vulnerabilität, d. h. die persönliche Verwundbarkeit, Verletzbarkeit oder Empfindlichkeit gegenüber schwierigen Lebensumständen, die Entwicklungsrisiken bergen, und damit eine erhöhte Bereitschaft, psychische Störungen und Erkrankungen wie antisoziales und aggressives Verhalten, Ängste, Depressionen oder psychosomatische Störungen zu entwickeln. Die positive Entwicklung eines Kindes ist noch kein Ausdruck von Resilienz. Diese ist mehr als die Abwesenheit psychischer Störungen, sie schließt den Erwerb und Erhalt altersangemessener Kompetenzen zur konstruktiven Lebensbewältigung ein. Resilienz zeigt sich erst dann, wenn riskante Lebensumstände vorliegen und es dem Kind gelingt, diesen zu trotzen, besondere Bewältigungs- und Anpassungsleistungen zu erbringen und sie erfolgreich zu meistern. Erscheinungsformen von Resilienz sind insbesondere:

- Positive, gesunde Entwicklung trotz andauernd hohem Risikostatus (z. B. Armut, psychische Erkrankung eines Elternteils, eigene chronische Erkrankung oder Behinderung)
- Beständige Kompetenz auch unter akuten Stressbedingungen, die kritische Lebensereignisse (z. B. elterliche Trennung und Scheidung, Wiederheirat eines Elternteils) oder Lebensphasen erhöhter Vulnerabilität (vor allem Übergänge im Bildungsverlauf) auslösen
- Positive bzw. schnelle Erholung von traumatischen Erlebnissen (z. B. Tod eines Elternteils, sexueller Missbrauch, Kriegserlebnisse).

Resilienz ist ein hochkomplexes, dynamisches Phänomen. An dessen Entstehung sind risikoerhöhende Bedingungen (Belastungen, Stressoren, Risikofaktoren) und risikomildernde Bedingungen (Ressourcen, Schutzfaktoren) beteiligt. Risikomildernden Bedingungen kommt im Bewältigungsprozess riskanter Lebensumstände eine Schlüsselfunktion zu, sie können deren positive Bewältigung begünstigen sowie den Eintritt und die Verfestigung von Störungen erschweren. Risikomildernde Bedingungen sind personale Ressourcen, d. h. positive Eigenschaften des Kindes, Stärken, ein positives Selbstkonzept, und soziale Ressourcen, d. h. Schutzfaktoren in der Familie und Lebensumwelt des Kindes.

Resiliente Kinder, die sich trotz riskanter Lebensumstände zu einer kompetenten, leistungsfähigen, stabilen und selbstbewussten Persönlichkeit entwickeln, zeichnen sich insbesondere durch folgende personale Ressourcen aus:
- Hohe Problemlösefähigkeit, Kreativität, Lernbegeisterung
- Positive Selbsteinschätzung, Selbstvertrauen, hohes Selbstwertgefühl
- Selbstwirksamkeits- und Kontrollüberzeugung, Selbstregulationsfähigkeit, realistische Ursachenzuschreibung
- Sicheres Bindungsverhalten, hohe Sozialkompetenz (vor allem Empathie und Perspektivenübernahme), Verantwortungsübernahme und Humor
- Aktives, flexibles und kompetentes Bewältigungsverhalten (z. B. hohes Maß an Eigenaktivität, Fähigkeit, eigene Ressourcen und soziale Unterstützung zu mobilisieren)
- Positives Denken, optimistische Lebenseinstellung
- Talente, Interessen und Hobbys, Spiritualität und religiöser Glaube sowie körperliche Gesundheitsressourcen.

Die sozialen Ressourcen entscheiden maßgeblich, inwieweit es Kindern gelingt, sich zu resilienten Persönlichkeiten zu entwickeln, so insbesondere:
- Sichere Bindungen und positive Beziehungen zu seinen erwachsenen Bezugspersonen
- Positive Rollenmodelle
- Offenes, wertschätzendes Klima sowie demokratischer Umgangs- und Erziehungsstil (emotional positiv, feinfühlig, unterstützend, strukturierend, verantwortlich)
- Positive Peer-Kontakte und Freundschaftsbeziehungen
- Positive Lernerfahrungen in Kindertageseinrichtungen
- Konstruktive Zusammenarbeit zwischen Elternhaus, Kindertageseinrichtung und Schule.

Resilienz bündelt jene personalen und sozialen Ressourcen, die das Kind in die Lage versetzen, seine Entwicklungsaufgaben auch unter riskanten Lebensumständen in positiver Weise zu bewältigen. Resilienz wird im Entwicklungsverlauf erworben und kann über Zeit und Situationen hinweg variieren und sich verändern, je nachdem, welche Veränderungen und Belastungen das Kind zu bewältigen hat und wie ihm deren Bewältigung gelingt.

Frühe Bildung unterstützt Kinder, die für Resilienz bedeutsamen Kompetenzen zu erwerben. Sie führt Kinder auch an gesunde Lebensweisen und effiziente Bewältigungsstrategien im Umgang mit Veränderungen und Belastungen heran. Positives Bewältigungshandeln ist mit Lernprozessen verknüpft, bewirkt einen Zugewinn an Kompetenz, Wissen und Haltungen:
- Wahrnehmen von Bedingungen und Situationen, die einen belasten oder überfordern

- Erkennen der eigenen Gefühle und Reaktionen im Umgang mit solchen Situationen
- Kennenlernen und Einüben günstiger Bewältigungsstrategien
- Bewusstsein für ungünstiges Bewältigungsverhalten
- Einschätzen der subjektiven Belastung und der eigenen Bewältigungs- und Kontrollmöglichkeiten bei Auftreten kritischer Ereignisse
- Überzeugung, Ereignisse kontrollieren und beeinflussen zu können
- Begreifen von Belastung und Veränderung als Herausforderung und Chance für persönliche Weiterentwicklung
- Planung, Steuerung und Reflexion der eigenen Gefühle und Reaktionen in Bewältigungsprozessen (Selbstmanagement)
- Fähigkeit, gefährdende Umwelteinflüsse zu erkennen und sich zu schützen.

Kinder sind fähig und kompetent, ihre Entwicklungsaufgaben auch unter erhöhten Anforderungen mitzugestalten und aktiv zu lösen, sie verfügen über erstaunliche Widerstands- und Selbsthilfekräfte. Dies gelingt ihnen umso besser, wenn sie in ihrem Bewältigungsprozess und in der Entwicklung der dazu nötigen Kompetenzen unterstützt und bestärkt werden. Eigenaktivität und Verantwortungsübernahme stehen daher im Mittelpunkt. Kinder, die den Umgang mit Belastungen und Veränderungen meistern, gehen aus dieser Erfahrung gestärkt hervor und schaffen günstige Voraussetzungen, auch künftige Anforderungen gut zu bestehen. Je mehr Entwicklungsaufgaben ihnen gelingen, umso mehr stabilisiert sich ihre Persönlichkeit. Sie lernen mit steter Veränderung und Belastung in ihrem Leben kompetent umzugehen und diese als Herausforderung und nicht als Belastung zu begreifen.

Ansatz zur Entwicklung von Widerstandsfähigkeit

Die Resilienzforschung und das wachsende Interesse an einer positiven, gesunden Entwicklung von Kindern führen zu einer Ausweitung der Perspektiven und Neuausrichtung pädagogischer Ansätze. Die herkömmlich vorherrschende Perspektive der Risikofaktoren, die Kinder in ihrer Entwicklung gefährden können, tritt zurück hinter die Perspektive der Schutzfaktoren, die Kinder befähigen und darin unterstützen, sich auch bei ungünstigen Lebensumständen und unter Risikobedingungen gesund zu entwickeln. Die Frage, was Kinder in diesem Sinne stärkt, richtet den Blick auf die vorhandenen Stärken, Ressourcen und Potentiale des Kindes, ohne dabei Risiken und Probleme zu ignorieren und zu unterschätzen. Dieser Blickwinkel eröffnet die Chance, die herkömmlich defizitorientierten Ansätze, die primär an den Defiziten (Was kann das Kind noch nicht?), Risiken und Problemen des Kindes ansetzen und auf Förderung und Ausgleich, Bewahrung und Behebung („Reparatur") abzielen, in ihrer Dominanz zu überwinden und ressourcen- bzw. kompetenzorientierte Ansätze in den Vordergrund zu rücken. Sie stellen das Kind als kompetenten und aktiven Bewältiger seiner Entwicklungsaufgaben in den Mittelpunkt und zielen auf die Stärkung seiner personalen und sozialen Ressourcen und damit auf die Stärkung positiver Entwicklung ab (Empowerment). Ressourcenorientierte Ansätze gehen Hand in Hand mit dem meta-kognitiven Ansatz. In ihrem Selbstverständnis als „Hilfe zur Selbsthilfe" zielen sie darauf ab, das Bewusstsein für Kompetenzerwerb, gesunde Lebensführung und effektives Bewältigungshandeln zu schärfen. Sie leisten damit auch Gewalt-, Stress- und Suchtprävention sowie Gesundheitsförderung und erfordern in ihrer Umsetzung eine stärkere Betonung von Primärprävention.

Leitprinzipien für erfolgreiche und nachhaltige Präventionsansätze

Beginn, Dauer und Intensität der Prävention

Ansätze, die frühzeitig beginnen und langfristig angelegt sind, erzielen mehr und stärkere Positiveffekte als Ansätze, die später beginnen und kurzfristig angelegt sind. Kindzentrierte Ansätze sind effektiver als ausschließlich elternzentrierte Ansätze. Präventionsansätze, die beide Ebenen berücksichtigen, weisen die stärksten Positiveffekte auf. Ansätze, die umfassend und breit angelegt sind, sind mit stärkeren Positiveffekten verbunden, z. B. mit der gleichzeitigen Stärkung sozialer, kognitiver und gesundheitlicher Kompetenzen. Stabile, fortwährende Unterstützungssysteme gewährleisten und verstärken positive Entwicklungsverläufe. Je früher und systematischer professionell begleitete Bildungsprozesse beginnen, desto erfolgreicher und nachhaltiger können Bildungs- und Lebensbiografien gelingen.

Drei Ebenen der Prävention

Unmittelbare Maßnahmen, die direkt das Kind betreffen, bedürfen einer Ergänzung durch mittelbare Maßnahmen, die indirekt über die Bildungs- und Erziehungsqualität in der Kindertageseinrichtung wie in der Familie wirken.

- **Individuelle Ebene.** Die direkte Stärkung des Kindes geschieht durch Ansätze, dem Kind zu helfen, jene grundlegenden Kompetenzen und Strategien zu entwickeln, die es ihm ermöglichen, mit Veränderungen und Belastungen konstruktiv umzugehen.
- **Interaktionale Ebene.** Die positive Entwicklung von Kindern hängt maßgeblich von der Qualität der Bindungen, Beziehungen, Interaktionen und sozialen Unterstützung ab. Zu stärken sind Eltern in ihrer Erziehungskompetenz und die pädagogischen Fachkräfte in ihrer Professionalität. Starke Eltern haben starke Kinder. Hohe Qualifikation und hohes Engagement des pädagogischen Personalteams erhöhen die Lern- und Entwicklungschancen der Kinder.
- **Kontextuelle Ebene.** In Kindertageseinrichtungen sind positive Lern- und Entwicklungsanreize zu setzen – auch bezogen auf Wohlbefinden und Gesundheit. Je besser die Bedingungen sind, umso mehr positive Anreize lassen sich realisieren, umso einfühlsamer und sensibler können pädagogische Fachkräfte auf jedes Kind eingehen. Dazu zählen nicht nur die Rahmenbedingungen, sondern auch das Einräumen von Freiräumen für die Kinder (z. B. innere Öffnung) sowie die Kooperation und Vernetzung mit anderen Stellen (z. B. Aufbau eines lokalen Netzwerkes; Integration von Jugendhilfeleistungen in das Einrichtungsgeschehen).

Orientierung an drei Schlüsselstrategien

- **Ressourcenzentrierte Strategien** zielen darauf ab, die Wirksamkeit vorhandener personaler und sozialer Ressourcen des Kindes zu erhöhen. Sie umfassen Bildungsangebote für Kinder, bei denen sie die für Resilienz bedeutsamen Kompetenzen erwerben können, Beratungs- und Bildungsangebote für Eltern zur Stärkung ihrer Erziehungskompetenz und Qualifizierungsangebote für das pädagogische Personalteam, z. B. zur Verbesserung der Interaktionsqualität.
- **Prozesszentrierte Strategien** zielen darauf ab, die für die kindliche Kompetenzentwicklung grundlegenden Systeme in die Lern- und Entwicklungsprozesse der Kinder positiv einzubinden bzw. für sie verfügbar zu machen. Dazu zählen insbesondere Bindungs- und Familiensysteme, Systeme der Selbstregulation, Motivationssysteme, Herausforderungen zu bewältigen, kommunale Organisationssysteme sowie spirituelle und religiöse Systeme. Beispiele sind die Unterstützung der Eltern beim Aufbau und bei der Sicherung einer positiven Eltern-Kind-Bindung, die Unterstützung der Kinder bei der Entwicklung von Stressbewältigungskompetenzen, die Integration von Jugendhilfeangeboten in Kindertageseinrichtungen.
- **Risikozentrierte Strategien** zielen darauf ab, das Ausmaß an gefährdenden Einflüssen und risikoerhöhenden Bedingungen zu reduzieren bzw. deren Auftreten zu verhindern. Präventive Angebote können sich z. B. an alle Kinder richten, indem sie lernen, sich vor gefährdenden Einflüssen selbst zu schützen (z. B. kompetenter Umgang mit Medieneinflüssen), und speziell an Kinder, die für ihre positive Entwicklungsbiografie mehr Unterstützung brauchen (z. B. intensivere Sprachförderung für nicht deutsch sprechende Migrantenkinder und sozial benachteiligte Kinder; frühzeitige Erkennung und Prävention von Entwicklungsrisiken bei Kindern; lokale Netzwerkarbeit bei Gefährdungen des Kindeswohls).

In ihrer Umsetzung weisen diese Prinzipien den Weg, in Kindertageseinrichtungen ein umfassendes Präventionskonzept für Kinder und Familien anzusiedeln und systematisch zu etablieren. Dies bietet enorme Chancen:

- Die Unterstützung der Kinder, sich zu resilienten Persönlichkeiten zu entwickeln, zählt heute zu den Kernaufgaben vorschulischer Bildung im Sinne des Leitprinzips „So früh wie möglich". Tageseinrichtungen können frühzeitig – bevor Probleme auftreten – sowie lang andauernd, intensiv und umfassend Kinder für die konstruktive Bewältigung ihrer Entwicklungsaufgaben stärken. Frühe Präventionsarbeit kann verhindern, dass unangemessene Bewältigungswege beschritten und stabilisiert werden, die den Umgang mit Veränderung und Belastung im späteren Leben erschweren; sie können erlernter Hilflosigkeit vorbeugen. Kindertageseinrichtungen können sowohl im Sinn primärer Prävention fast alle Kinder als auch im Sinn sekundärer Prävention die Kinder mit erhöhtem Entwicklungsrisiko erreichen. Sie verfügen somit über einen direkteren und systematischeren Zugang zu einer großen Zahl von Kindern als irgendeine andere Institution. Sie schaffen einen Rahmen, in dem Kinder positive Beziehungen zu anderen Kindern und unterstützende Beziehungen zu Erwachsenen außerhalb der Familie aufbauen können. Für sozial benachteiligte Kinder sind

sie ein wichtiger Ort der persönlichen Zuwendung, sozialen Einbindung, Bestätigung eigener Fähig- und Wertigkeiten, für Struktur, Stabilität und vielfältige Anregung.
- Der Zugang von Tageseinrichtungen zu Kindern und Eltern ermöglicht auf eine natürliche und selbstverständliche Weise eine Kombination kind- und familienorientierter Präventionsansätze. Kindertageseinrichtungen können als Schnittstelle für die gezielte Stärkung kindlicher Basiskompetenzen und elterlicher Erziehungskompetenzen fungieren. Sie sind idealer Stützpunkt für niederschwellige Präventionsangebote für Kinder und Familien, für die direkte Einbettung von Fachdiensten sowie Angebote der Familienbildung und Elternberatung. Anstrebenswert ist, Kindertageseinrichtungen zu Kompetenzzentren für Kinder und Familien und damit zu „Knotenpunkten" im kommunalen Jugendhilfesystem auszubauen.

Leitfragen

Leitfragen für die praktische Arbeit mit Kindern und Eltern
(nach Wustmann)

- Welche Belastungen (Stressoren, Risikofaktoren) hat das Kind zu bewältigen? Sind Folgebelastungen zu erwarten und falls ja, welche? Wie wird die Situation vom Kind und von seinen Eltern wahrgenommen und bewertet?
- Welche Bezugspersonen hat das Kind in seinem familiären Umfeld? Hat es weitere Personen (z. B. Verwandte, Nachbarn), zu denen es eine sehr gute Beziehung pflegt? Wie können auch solche sozialen Ressourcen mobilisiert werden?
- Welche Stärken hat das Kind? Woran hat es am meisten Freude? Hat es ein Hobby? Welche Stärken haben die Eltern? Ist sich das Kind bzw. sind sich die Eltern seiner bzw. ihrer Qualitäten bewusst? Wie können diese Stärken dem Kind in der aktuellen Situation helfen? Wie können sie stimuliert und ausgebaut werden? Welche Kompetenzen sind aktuell besonders gefordert? Gibt es Dinge, die das Kind bzw. die Eltern lernen sollten? Wie lässt sich das in der Zusammenarbeit mit dem Kind bzw. den Eltern umsetzen?
- Welche Informationen braucht das Kind, brauchen die Eltern? Welche Angebote können wir dem Kind bzw. den Eltern unterbreiten, die eine Erweiterung und Veränderung seiner bzw. ihrer Perspektive beinhalten und bewirken?
- Wie steht es mit meiner eigenen Resilienz? Wie sehen meine eigenen Erfahrungen mit eigenen und sozialen Ressourcen (Schutzfaktoren) aus? Was hat mir am meisten geholfen, mich gestärkt oder ermutigt? Was hätte ich ggf. mehr gebraucht?

Handeln auf individueller Ebene

Mitwirkung der Kinder am Bildungsgeschehen – kooperatives Lernen

Eine im Sinne von Resilienz umfassende Stärkung der Kinder lässt sich erreichen, wenn kooperatives und selbsttätiges Lernen sowie Partizipation das Bildungsgeschehen in der Einrichtung prägen (Lernmethodische Kompetenz → Kap. 5.9); Mitwirkung der Kinder am Bildungs- und Einrichtungsgeschehen (Partizipation → Kap. 8.1). Kooperative Lernprozesse stärken Kinder in ihren problemlösenden und sozialen Kompetenzen und regen sie zugleich an, sich Ziele zu setzen, eigenverantwortlich zu planen und nach kreativen Lösungen zu suchen. Sie können ein Zusammengehörigkeitsgefühl und die Überzeugung entwickeln, dass ihr Leben einen Sinn hat und es sich lohnt, für eine Sache einzusetzen. Sie können lernen, dass Fehler keine Misserfolge, sondern als Lernchance und Herausforderung zu betrachten sind.

Heranführen der Kinder an gesunde Lebensweisen

Zu schärfen ist das Bewusstsein der Kinder, warum viel Bewegung, gesunde Ernährung oder das Einlegen von Entspannungs- und Ruhephasen so wichtig sind (Gesundheit → Kap. 7.11).

Heranführen der Kinder an effektive Bewältigungsstrategien

„Bewältigung" ist die Summe aller Anstrengungen, die ein Kind unternimmt, um mit einer Situation fertig zu werden, die mit neuen Anforderungen verbunden ist. Kinder an effektives Bewältigungshandeln heranzuführen, dafür bieten sich in Kindertageseinrichtungen viele Anknüpfungspunkte. Zentrale Themen sind insbesondere:

- Übergangsphasen im Bildungsverlauf (Übergänge der Kinder und Konsistenz im Bildungsverlauf → Kap. 6.1)
- Konfliktsituationen, Verlusterfahrungen (Emotionalität, soziale Beziehungen und Konflikte → Kap. 7.2)
- Stresserleben, sexuelle Missbrauchsgefahr (Gesundheit → Kap. 7.11)
- Begegnung mit Sterben und Tod (Werteorientierung und Religiosität → Kap. 7.1)
- Umgang mit Risiken beim Medienkonsum (Informations- und Kommunikationstechnik, Medien → Kap. 7.4).

Die Unterstützung von Kindern, die sie zu einem konstruktiven Umgang mit diesen Situationen befähigt, besteht darin, ihnen effektive Bewältigungsstrategien an die Hand zu geben.

Das Spektrum an Bewältigungsstrategien ist breit. Nicht jede Bewältigungsstrategie erweist sich als erfolgreich. Ungünstige Strategien sind das Vermeiden schwieriger Situationen, das Verleugnen von Problemen, Gewaltanwendung, Suchtverhalten. Günstige Strategien sind das Beschaffen von Informationen, um die Situation einzuschätzen und die Bewältigungsstrategie auszuwählen, und Versuche, die Situation durch sinnvolle Aktionen in den Griff zu bekommen. Problemlösende Strategien zielen auf das Lösen herausfordernder bzw. das Verändern belastender Situationen. Veränderung kann sich beziehen auf die Umwelt (z. B. Lösen sozialer Konflikte, Aufarbeiten belastender Medienerfahrungen, Verändern des Tagesablaufs, Raumgestaltung), das eigene Verhalten (z. B. neue Kompetenzen erwerben, Gewohnheiten ändern, soziale Unterstützung suchen und sich der Hilfe anderer bedienen) oder subjektive Bewertungsprozesse (z. B. Konflikte als Chance auslegen). Emotionsregulierende Strategien zielen auf die Kontrolle und Regulation der eigenen Gefühle und Reaktionen (z. B. distanzieren, reflektieren, sich entspannen, seinen Ärger zum Ausdruck bringen). In gut kontrollierbaren Situationen sind eher problemlösende, in wenig kontrollierbaren Situationen eher emotionsregulierende Strategien wirksamer. Jüngere Kinder neigen eher zu den konkreten, problemlösenden Strategien; emotionsregulierende, lösende Strategien bilden sich erst im Entwicklungsverlauf aus, ihre Bedeutung wächst mit zunehmendem Alter. Es gibt keine Strategie, die in jeder Situation effektiv ist. Erfolgreiches Bewältigungshandeln setzt daher voraus, dass dem Kind mit der Zeit ein Repertoire an effektiven Bewältigungsstrategien zur Verfügung steht, das es je nach Situation flexibel einsetzen kann.

Lernprozesse, in denen Kinder verschiedene Strategien kennen und anzuwenden lernen, lassen sich optimal realisieren in aktuell bedeutsamen Situationen. Ein geplatzter Luftballon, Konfliktsituationen unter Kindern, ein totes Tier, das die Kinder im Wald gefunden haben, der Weggang einer pädagogischen Fachkraft, die die Kinder schmerzlich vermissen werden – solche Erlebnisse im pädagogischen Alltag bieten hierfür optimale Gelegenheiten. Außerhalb solcher Situationen bieten wissenschaftlich ausgearbeitete und evaluierte Programme, die sich vor allem der Methode des Rollenspiels bedienen, Anregungen und Impulse. Bisher entwickelte Programme zielen insbesondere auf Gewalt-, Stress- und Suchtprävention ab (Hinweise zum Einsatz von Programmen: Mitwirkung der Kinder am Bildungs- und Einrichtungsgeschehen (Partizipation) → Kap. 8.1). Jenseits von Programmen gibt es z. B. die Möglichkeit, bereits mit sehr kleinen Kindern Entspannungstechniken einzuüben. Für die Präventionsarbeit gegen sexuellen Missbrauch mit Kindern gibt es Konzepte.

Einsatz von Märchen und Geschichten

Eine weitere Möglichkeit, die Entwicklung von Resilienz auf natürliche Weise in den pädagogischen Alltag einzuflechten, ist der gezielte Einsatz von Märchen und Geschichten. Sie erfüllen neben einer inhaltlich-unterhaltsamen auch eine moralische Funktion (Werteorientierung und Religiosität → Kap. 7.1). Sie eignen sich sehr gut, resiliente, aber auch antiresiliente Verhaltensweisen zu veranschaulichen und sie auf eigene Situationen zu übertragen. Sie ermöglichen, verschiedene Perspektiven einzunehmen und Problemlösungen nachzuvollziehen. Sie können Kindern wichtige Verhaltensmodelle an die Hand geben sowie ablenkend und entlastend wirken im Sinne einer „Auszeit von Sorgen und Problemen". Bei Märchen kommt im Unterschied zu Geschichten eine besondere Faszination durch den Eintritt in eine Welt der Träume und Unwirklichkeit hinzu. Geschichten aus einem anderen Land oder einer anderen Zeit entführen das Kind aus dem Alltag und lassen es die momentanen Sorgen vergessen. Für scheinbar unlösbare Schwierigkeiten gibt es in der Zauberwelt eine reiche Auswahl an Lösungsmöglichkeiten. Aktuelle Märchengeschichten verknüpfen die Kraft der klassischen Märchengeschichten mit modernen Verhaltensweisen. Resilienzfördernde Märchen und Geschichten weisen folgende Merkmale auf, die für alle Materialien, die als „Geschichtenträger" fungieren (Bücher, Hörspiele, Filme), gelten:

- Im Mittelpunkt der Geschichte steht die Lösung bzw. Bewältigung eines Problems.
- Die Problemlösung geschieht durch den Protagonisten selbst, nicht durch äußere Umstände oder andere Personen. Er wird von sich aus aktiv und ändert selbst die Situation (Eigenaktivität).
- Der Protagonist übernimmt Verantwortung für das, was in seinem Leben geschieht.
- Der Protagonist hat den Glauben an die eigene Fähigkeit, die Anforderungen der Umwelt zu bewältigen (Selbstwirksamkeitsüberzeugung).
- Der Protagonist lässt sich von Rückschlägen nicht entmutigen, sondern hat eine optimistische und zuversichtliche Lebenseinstellung. Schwierige Situationen werden so umbewertet, dass ein Nutzen aus ihnen gezogen wird.
- Der Protagonist verfügt über ein positives Selbstbild und ist sich seiner Stärken bewusst (Selbstwertgefühl). Sein positives Selbstbild verhilft ihm dazu, konstruktive soziale Beziehungen aufzubauen und Unterstützung durch andere zu mobilisieren.
- Der Protagonist fühlt sich für andere Menschen verantwortlich (Hilfsbereitschaft, Verpflichtungsgefühl).
- Klassische Rollenbilder werden aufgegeben. Mädchen und Jungen werden als gleich aktiv, kompetent und kreativ dargestellt.

Praxisbeispiele

Aschenputtel versus Cinderella

In der Ursprungsversion der Gebrüder Grimm ist es Aschenputtel selbst, welche die Initiative ergreift, um ihre aussichtslose Situation zu ändern. Als ihr die böse Stiefmutter die unlösbare Aufgabe stellt, innerhalb kurzer Zeit Linsen auszulesen, weiß sie sich zu helfen und mobilisiert ihre Freunde, die Vögel. Die Stiefmutter will sie trotzdem nicht mit auf den Ball nehmen, aber Aschenputtel lässt sich wiederum nicht entmutigen. Mithilfe des Haselnussbaumes und eines Vogels kleidet sie sich festlich ein und geht auf den Ball.

In der amerikanischen Version des Aschenputtels dagegen bleibt Cinderella relativ passiv und lässt ihre Probleme durch die Patin lösen. Die Patin weist Cinderella an, verschiedene Dinge zu sammeln. Diese werden von der Patin in eine Kutsche mit Kutscher und Pferden verwandelt, damit Cinderella doch noch den Ball besuchen kann. Die Botschaft, die bei Cinderella übermittelt wird, lautet: warte auf jemand Stärkeren, der dir deine Probleme lösen wird. Diese Aussage hat wenig mit resilientem Verhalten zu tun, das Eigeninitiative und Verantwortungsübernahme beinhaltet.

Swimmy (Leo Lionni)

Dieser Bilderbuch-Klassiker ist reich an resilienzfördernden Inhalten. Der Protagonist ist einer belastenden Lebenssituation ausgesetzt, er erlebt, wie seine Freunde gefressen werden. Swimmy verharrt nicht apathisch in der Situation, sondern macht sich alleine auf den Weg in den großen Ozean. Daran wird seine Eigeninitiative wie auch seine Neugier sichtbar. Als Swimmy darüber nachdenkt, wie er die anderen Fische überreden könnte, mit ihm zu schwimmen, verfolgt er zwei Ziele: zum einen will er nicht mehr alleine sein, zum anderen möchte er, dass die anderen Fische ebenfalls mutiger werden und die Schönheiten des Meeres kennen lernen. Er fühlt sich den anderen gegenüber verpflichtet. Die Lösung kommt nicht von außen; Swimmy fühlt sich kompetent genug, selbst nachzudenken und eine Lösung zu finden. Hierfür bedient er sich seiner sozialen Ressourcen, nämlich der anderen Fische. Gemeinsam formieren sie sich zum Riesenfisch. Mit dieser Lösung beweist Swimmy zugleich Kreativität. In der Formation des Riesenfisches spielt er die Rolle des wachsamen Auges und übernimmt damit Verantwortung. Die Begegnung mit dem großen Fisch, der die Freunde verschlungen hat, wird von Swimmy als nützliche Erfahrung umgedeutet, indem er das Wissen um die Macht eines Riesenfisches nutzt. Er sieht positive Aspekte der schwierigen Situation. Im Projekt „Licht und Schatten" wird das Bilderbuch als Schattentheater umgesetzt (Naturwissenschaften und Technik ➙ Kap. 7.6).

Tipp

Nach dem Vorlesen empfiehlt sich, mit gezielten Fragen die Persönlichkeit des Protagonisten und dessen Art der Problemlösung mit den Kindern herauszuarbeiten. Ein guter Einstieg ist die Frage: Was hat dir am Märchen bzw. an der Geschichte am besten gefallen? Weitere Fragen, die geeignet sind, eigene Problemlösefähigkeiten zu bestärken bzw. kreative Lösungsalternativen zu entwickeln, könnten sein:
- Was könnte der Held der Geschichte jetzt tun? Wer kann ihm helfen?
- Welche anderen Lösungswege wären möglich gewesen? Wie hättest du dich verhalten?
- Hast Du so etwas auch schon einmal erlebt? Gibt es Gemeinsamkeiten zwischen Dir und dem Helden?

Geschichten, in denen es um das Bewältigen schwieriger Alltagssituationen geht, lassen sich auch gemeinsam mit Kindern entwickeln. Je ähnlicher der Held dem Kind ist, umso mehr kann es sich mit ihm identifizieren. Beim Erzählen können verschiedene Rollen eingenommen und diese gewechselt werden. Das Kind lernt auf diese Weise, verschiedene Perspektiven einzunehmen und sich auf den bzw. die anderen einzustellen.

Leitfragen

Leitfragen für Auswahl und Einsatz von Märchen und Geschichten

- Welche Inhalte werden vermittelt?
- Welche Figur kann gezielt als Rollenmodell eingesetzt werden?
- Welche Verhaltens- und Einstellungsmuster werden beim Helden sichtbar?
- Können Kinder die Problemstellung klar erkennen?
- Sind Lösungen vorhanden und erkennbar? Nach welchen Lösungen und Hilfen könnte man mit den Kindern suchen?

Handeln auf interaktionaler Ebene

Bindungs-, Beziehungs- und Interaktionsqualität im pädagogischen Alltag

Ein Gefühl der Handlungskompetenz und effiziente Handlungsstrategien entwickeln Kinder nur in der Interaktion mit anderen. Die pädagogischen Fachkräfte stehen vor der Frage, wie sie Kindern durch gezielte Interaktionen helfen können, resilientes Verhalten zu entwickeln. Diese werden in der Tab. 5.1 beispielhaft (nach Wustmann) aufgezeigt.

Unterstützende Interaktionen der Erwachsenen	Stärkung der Resilienz bei Kindern
Das Kind bedingungslos wertschätzen und akzeptieren	Selbstwertgefühl, Geborgenheit
Dem Kind fürsorglich, unterstützend und einfühlsam begegnen	Geborgenheit, Selbstsicherheit, Selbstvertrauen
Dem Kind Aufmerksamkeit schenken (aktives Interesse an seinen Aktivitäten, sich für das Kind Zeit nehmen, ihm zuhören)	Selbstwertgefühl, Selbstsicherheit
Dem Kind helfen, positive soziale Beziehungen aufzubauen	Soziale Perspektivenübernahme, Kontakt- und Kooperationsfähigkeit
Dem Kind eine anregungsreiche Umgebung anbieten und Situationen bereitstellen, in denen das Kind selbst aktiv werden kann	Explorationsverhalten, Selbstwirksamkeitsüberzeugungen
Routine und damit Vorhersehbarkeit in den Lebensalltag des Kindes bringen	Selbstmanagement, Selbstsicherheit

Unterstützende Interaktionen der Erwachsenen	Stärkung der Resilienz bei Kindern
An das Kind realistische, angemessene Erwartungen stellen, mit Anforderungen konfrontieren, die es fordern, aber nicht überfordern	Selbstwirksamkeits- und Kontrollüberzeugung
Das Kind nicht vor Anforderungssituationen bewahren	Problemlösefähigkeit, Mobilisierung sozialer Unterstützung
Dem Kind Verantwortung übertragen	Selbstwirksamkeitsüberzeugungen, Selbstvertrauen und Selbstmanagement
Das Kind in Entscheidungsprozesse einbeziehen	Selbstwirksamkeits- und Kontrollüberzeugung
Dem Kind helfen, erreichbare Ziele zu setzen	Kompetenzerleben, Kontrollüberzeugung, Zielorientierung, Durchhaltevermögen
Dem Kind keine vorgefertigten Lösungen geben, und vorschnelle Hilfen vermeiden	Problemlösefähigkeit, Verantwortungsübernahme, Selbstwirksamkeitsüberzeugungen
Dem Kind zu Erfolgserlebnissen verhelfen	Selbstwirksamkeitsüberzeugungen, Selbstvertrauen, Kontrollüberzeugung
Das Kind ermutigen, seine Gefühle zu benennen und auszudrücken	Gefühlsregulation, Impulskontrolle
Dem Kind helfen, Interessen und Hobbys zu entwickeln	Selbstwertgefühl
Dem Kind konstruktiv Feedback geben (Lob, Kritik)	Positive Selbsteinschätzung, Selbstwertgefühl
Dem Kind dabei helfen, eigene Stärken und Schwächen zu erkennen	Positive Selbsteinschätzung, Selbstvertrauen
Angemessenes Verhalten des Kindes positiv verstärken	Positive Selbsteinschätzung
Das Kind ermutigen, positiv und konstruktiv zu denken, auch in schwierigen Situationen primär die Herausforderung und nicht die Belastung sehen	Optimismus, Zuversicht
Dem Kind Zukunftsglauben vermitteln	Optimismus, Zuversicht
Ein „resilientes" Vorbild für das Kind sein und dabei authentisch bleiben	Effektive Bewältigungsstrategien

Tab. 5.1: Stärkung der Resilienz bei Kindern und unterstützende Interaktionen der Erwachsenen

Stärkung der Elternkompetenz

Grundlegend hierfür ist der Aufbau einer Bildungs- und Erziehungspartnerschaft (Bildungs- und Erziehungspartnerschaft mit den Eltern ➔ Kap. 8.3.1).

Handeln auf kontextueller Ebene – Die Einrichtung als positiver Entwicklungsrahmen

In Kindertageseinrichtungen sind geeignete resilienzfördernde Bedingungen zu schaffen. Interne Möglichkeiten, vorhandene Ressourcen effizient einzusetzen, sind insbesondere:

Individualisierung und innere Differenzierung des pädagogischen Angebots

Es bietet ausreichend Freiraum für individuelle und moderierte Lernprozesse. Dies ist notwendig, um der breiten Altersspanne der Kinder, der teilweise erheblichen Unterschiede im Entwicklungsstand in Bezug auf die Leistungsfähigkeit und die Aufmerksamkeitsspanne, den Unterschieden in den Stärken und Schwächen, Interessen und Neigungen der Kinder sowie der Bandbreite der Bildungs- und Erziehungsziele dieses Plans zugleich Rechnung zu tragen. Bei allen pädagogischen Maßnahmen wird durch innere Differenzierung die Voraussetzung dafür geschaffen, dass Kinder sich entsprechend ihrem Entwicklungsstand in vielfältige Lernprozesse einbringen können. Dieses Konzept schließt keineswegs aus, bestimmte Angebote für alle Kinder gemeinsam zu machen (z. B. Morgenkreis) bzw. themenbezogene Projekte und andere Lernangebote altersgemischt zu gestalten, sodass alle Kinder einer Gruppe daran teilnehmen können. Für das Lernen und die Entwicklung des Kindes von großer Bedeutung sind intensive Fachkraft-Kind-Interaktionen in Kleingruppen. Dabei gilt es, Situationen zu schaffen, in denen Fachkräfte und Kinder gemeinsam über etwas nachdenken, ihre Gedanken austauschen und diesen Prozess in einem entwicklungsangemessenen Zeitraum aufrecht erhalten.

Geeignete Lernumgebung

Das Konzept der inneren Differenzierung ist gekoppelt an ein geeignetes und durchdachtes Raumkonzept, das den Kindern ausreichend Platz für Bewegung, vielfältige individuelle Lernprozesse, Rückzug und Geborgenheit zugleich bietet. Hierbei sind zwei Gestaltungsmöglichkeiten von Interesse, die sich auch miteinander kombinieren lassen. Ein Raumkonzept, das offen und flexibel ist, bietet die Möglichkeit zur Veränderung. Unter Beteiligung der Kinder lassen sich die Räume und deren Ausstattung immer wieder umgestalten und neu arrangieren – vergleichbar der Bühne im Theater. Solche Szenen- und Kulissenwechsel machen die Lernangebote für die Kinder attraktiv, lebendig und spannungsreich, denn sie gestalten mit. Offene pädagogische Arrangements eröffnen einen Freiraum, der die Phantasie der Kinder anregt, beflügelt und immer wieder neue Dinge entstehen lässt. Er lässt sich mit allen Inhalten dieses Plans füllen. Soweit Möglichkeiten bestehen, sollten Großraumsituationen zugunsten einer kleinteiligeren räumlichen Gliederung mit spezifischen Erfahrungs- und Lernangeboten (z. B. Funktionsräume) reduziert werden. Dies eröffnet den Kindern die Möglichkeit, auch über längere Zeiträume ungestört ihren individuellen Interessen und Neigungen nachzugehen. Entscheidend ist, die Kinder an der Raumgestaltung zu beteiligen. Die „Lernumgebung" wird im Plan angesprochen:

- Mädchen und Jungen – Geschlechtersensible Erziehung (➙ Kap. 6.2.2)
- Themenbezogene Bildungs- und Erziehungsbereiche (➙ Kap. 7)
- Mitwirkung der Kinder am Bildungs- und Einrichtungsgeschehen (Partizipation) (➙ Kap. 8.1).

Gruppenbildung

Das Leben in größeren Gruppen wirkt – abhängig u. a. vom Alter und von bestimmten Verhaltensmerkmalen – für manche Kinder als Belastungsfaktor. Dies ist bei der Zusammenstellung von Gruppen zu berücksichtigen: Um sozialen Ausgrenzungsprozessen zwischen den Kindern vorzubeugen, sollen Gruppen so zusammengestellt werden, dass die Kinder nach Wesen und Entwicklungsstand möglichst gut zueinander passen und Problemballungen vermieden werden. Für Kinder optimal ist es, sie bei der Gruppenzuordnung zu beteiligen (Emotionalität, soziale Beziehungen und Konflikte ➙ Kap. 7.2). Stammgruppen verlieren an Bedeutung, wenn mit den Kindern überwiegend offen gearbeitet wird. Im Sinne der Resilienz gehen von der offenen Arbeit viele positive Lern- und Entwicklungsimpulse aus wie z. B. Selbstbestimmung, Verantwortungsübernahme, Kleingruppenarbeit (Mitwirkung der Kinder am Bildungs- und Einrichtungsgeschehen (Partizipation) ➙ Kap. 8.1).

Verwendete Literatur

Basiskompetenzen allgemein
- Bischof-Köhler, D. (1998). Zusammenhänge zwischen kognitiver, motivationaler und emotionaler Entwicklung in der frühen Kindheit und im Vorschulalter. In H. Keller (Hrsg.), Lehrbuch Entwicklungspsychologie (S. 319–376). Bern: Huber.
- Brunstein, J. C. & Spörer, N. (2001). Selbstgesteuertes Lernen. In D. H. Rost (Hrsg.), Handwörterbuch Pädagogische Psychologie (S. 622–635). Weinheim: Beltz.
- Kasten, H. & Krapp, A. (1986). Das Interessengenese-Projekt – eine Pilotstudie. Zeitschrift für Pädagogik, 32, 175–188.
- Köller, O. & Schiefele, U. (1998). Zielorientierung. In D. H. Rost (Hrsg.), Handwörterbuch Pädagogische Psychologie (S. 585–588). Weinheim: Beltz.
- Krapp, A. & Ryan, R. M. (2002). Selbstwirksamkeit und Lernmotivation. Eine kritische Betrachtung der Theorie von Bandura aus der Sicht der Selbstbestimmungstheorie und der pädagogisch-psychologischen Interessenstheorie. Zeitschrift für Pädagogik, 44. Beiheft, 48, 54–82.
- Krapp, A. & Weidenmann, B. (Hrsg.). (2001). Pädagogische Psychologie. Weinheim: Beltz.
- Neber, H. (2001). Kooperatives Lernen. In D. H. Rost (Hrsg.), Handwörterbuch Pädagogische Psychologie (S. 361–366). Weinheim: Beltz.
- Prenzel, M., Lankes, E.-M. & Minsel, B. (2000). Interessenentwicklung in Kindergarten und Grundschule: Die ersten Jahre. In U. Schiefele & K.-P. Wild (Hrsg.), Interesse und Lernmotivation. Untersuchungen zu Entwicklung, Förderung und Wirkung (S. 11–30). Münster: Waxmann.

- Rost, D. H. (2001). Handwörterbuch Pädagogische Psychologie. Weinheim: Beltz.
- Ryan, R. M. (1995). Psychological needs and the facilitation of integrative processes. Journal of Personality, 63, 397–427. www.psych.rochester.edu/SDT/publications/pub_need.
- Ryan, R. M. & Deci, E. L. (2000). Intrinsic and extrinsic motivations: Classic definitions and new directions. Contemporary Educational Psychology, 25, 54–67. www.psych.rochester.edu/SDT/publications/pub_edu
- Schneider, W. (2001). Gedächtnisentwicklung. In D. H. Rost (Hrsg.), Handwörterbuch Pädagogische Psychologie (S. 194–200). Weinheim: Beltz.
- Schwarzer, R. & Jerusalem, M. (2002). Das Konzept der Selbstwirksamkeit. Zeitschrift für Pädagogik, 44. Beiheft, 48, 28–53.

Lernmethodische Kompetenz
- Gisbert, K. (2004). Lernen lernen. Lernmethodische Kompetenzen von Kindern in Tageseinrichtungen fördern. Weinheim: Beltz.
- Textor, M. (2004). Projektarbeit – Kombination von Bildungsbereichen und ganzheitlicher Kompetenzentwicklung. www.ifp-bayern.de/Bildungsplan

Resilienz
- Lionni, L. (2004). Swimmy. Weinheim: Beltz & Gelberg.
- Wustmann, C. (2004). Resilienz. Widerstandsfähigkeit von Kindern in Tageseinrichtungen fördern. Weinheim: Beltz.

6

6.1 Übergänge des Kindes und Konsistenz im Bildungsverlauf (Transitionen) 85
6.2 Umgang mit individuellen Unterschieden und soziokultureller Vielfalt 117

Themenübergreifende Bildungs- und Erziehungsperspektiven

6.1 Übergänge des Kindes und Konsistenz im Bildungsverlauf (Transitionen)

Leitgedanken

Kinder wachsen heute in einer Gesellschaft auf, in der stete Veränderung sowohl auf gesellschaftlicher wie individueller Ebene zur Normalität gehört. Bereits das Leben der Kinder und das ihrer Familien sind von Erfahrungen mit Veränderungen und Brüchen geprägt. Nicht jede Veränderung im Leben ist zugleich ein Übergang.

Übergänge sind zeitlich begrenzte Lebensabschnitte, in denen markante Veränderungen geschehen, und Phasen beschleunigten Lernens. Auslöser sind Ereignisse, die der Einzelne als einschneidend erlebt, weil sie für ihn erstmals oder nur einmal in seinem Leben vorkommen. Sie treten auf in der Familie (z. B. Heirat, Geburt eines Kindes, Trennung und Scheidung, Tod), bei der eigenen Person (z. B. Pubertät/Adoleszenz, schwere Krankheit), im Verlauf der Bildungsbiografie (z. B. Eintritt in die Kindertageseinrichtung, Übertritt in die Schule) und späteren Berufsbiografie (z. B. Eintritt ins Erwerbsleben, in den Ruhestand, Arbeitslosigkeit). Es sind kritische Lebensereignisse, deren Bewältigung die persönliche Entwicklung voranbringen, aber auch erschweren kann, die Freude und Neugier auf das Neue ebenso hervorbringen kann wie Verunsicherung oder Angst.

Ein Ansatz zur Beschreibung und Bewältigung von Übergängen stammt aus der Familienentwicklungspsychologie. Er ersetzt den alltagssprachlichen Begriff „Übergänge" durch den theoretisch fundierten Fachbegriff „Transitionen". Dies sind komplexe Veränderungsprozesse, die der Einzelne in der Auseinandersetzung mit seiner sozialen Umwelt durchläuft. Es sind Lebensphasen, die von hohen Anforderungen, Veränderungen der Lebensumwelten und einer Änderung der Identität geprägt sind und mit einer Häufung von Belastungsfaktoren einhergehen. Die Anpassung an die neue Situation muss in relativ kurzer Zeit in konzentrierten Lernprozessen geleistet und bewältigt werden. Der Transitionsansatz rückt die Herausforderung und damit die motivierende Seite von Anforderungen in den Blick, anstatt den Schwerpunkt auf Belastungen und Überforderungen zu setzen. Statt um Belastungsreaktionen geht es um Lernprozesse und Kompetenzgewinn. Statt der Anpassung an Strukturen und Bedingungen steht die Entwicklung über die Lebensspanne hinweg im Vordergrund – bei Kindern ebenso wie bei Erwachsenen.

Das gestufte Bildungssystem konfrontiert Kinder im Bildungsverlauf mit mehreren Übergängen. Die altersmäßige Zuordnung der Kinder zu Bildungseinrichtungen – Kinder bis zu 3 Jahren in die Krippe, Kinder zwischen 3–6 Jahren in den Kindergarten, Kinder ab dem schulpflichtigen Alter in Schule und Hort – gerät zunehmend in Bewegung. Dies ist vorrangig durch die Öffnung von Kindergartengruppen für Kinder unter 3 Jahren und durch eine veränderte, flexiblere Schuleingangsstufe bedingt. Aufgrund der erweiterten Altersmischung in Kindertageseinrichtungen (Kinder verschiedenen Alters → Kap. 6.2.1) kann man heute im Bildungsverlauf nicht mehr von standardisierten Übergangssituationen ausgehen. Vielmehr sind sie individuell nach der Situation des Kindes und den Bedingungen der beteiligten Einrichtungen (z. B. Altersmischung) zu betrachten.

Jedes Kind bewältigt Übergänge in seinem Tempo. Es bekommt die Zeit für seine Eingewöhnung, die es braucht. Das Übergangserleben ist ab der Aufnahme ein prozesshaftes Geschehen, das Orientierung in den ersten Tagen, Eingliederungsbemühungen in den ersten Wochen und Eingewöhnung in den ersten Monaten umfasst. Je nach Temperament, verfügbaren Ressourcen und bisherigen Erfahrungen erlebt das Kind die erste Zeit als mehr oder weniger stressreich und belastend; starke Gefühle sind immer dabei. In der Folgezeit erprobt es neue Verhaltensweisen, um sich in die neue Situation einzufinden, sich und sein Leben neu zu organisieren. Es versucht, sein inneres Gleichgewicht wieder zu finden, seine Alltagsroutinen wieder herzustellen. Übergänge sind als gelungen anzusehen, wenn länger anhaltende Probleme ausbleiben, Kinder ihr Wohlbefinden zum Ausdruck bringen, sozialen Anschluss gefunden haben und die Bildungsanregungen der neuen Umgebung aktiv für sich nutzen.

Die meisten Kinder bewältigen Übergänge erfolgreich. Für sie sind die darin enthaltenen Chancen für mehr Lernerfolg und aktive Bewältigung zu nutzen, um auch jene Kompetenzen zu erwerben, die sie brauchen, um ihre veränderte Lebenssituation neu zu organisieren. Für eine Minderheit der Kinder (etwa 20 %) bereiten Übergänge Probleme, die sie alleine nicht bewältigen können. Anforderung und Belastung übersteigen ihre Bewältigungsmöglichkeiten. Diese Kinder zeigen auch noch mehrere Monate nach der Aufnahme Verhaltensweisen, die im Zusammenhang mit der Eingewöhnung stehen können. Wichtig ist, diese Kinder möglichst früh zu identifizieren, z. B. dann, wenn zeitgleich das Bewältigen eines Übergangs auch in der Familie ansteht oder wenn ein erhöhtes Entwicklungsrisiko schon vorher bestand, und eine intensive Kooperation mit den Eltern zu suchen. Diese Kinder brauchen gezielte Angebote, die sie dabei unterstützen, Kompetenzen für die Übergangsbewältigung zu erwerben. Die Eltern sind gegebenenfalls auf weitere Unterstützungsangebote hinzuweisen.

Nicht nur das Kind muss bereit für die jeweilige Einrichtung sein, sondern vor allem muss die Einrichtung bereit für dieses Kind sein. Heute geht es vorrangig nicht mehr um die Frage „Was muss ein Kind können, um aufgenommen zu werden?", sondern um die Frage „Was muss eine Bildungseinrichtung an pädagogischer Flexibilität bieten, damit jedes Kind hier seinen Platz finden kann?". Die Anforderungen, die der Eintritt in eine Bildungseinrichtung an ein Kind stellen, kommen in seinem Erfahrungsschatz noch nicht vor. Die speziellen Kompetenzen eines Kinderkrippen-, Kindergarten- oder Schulkindes kann es erst im Lauf der Zeit in diesen Einrichtungen erwerben. Die Vorstellung, dass Kinder je älter desto reifer für Übergänge sind, verkennt, dass die für gelingende Übergänge benötigte Zeit nicht allein vom Alter der Kinder abhängt, sondern maßgeblich von seiner individuellen Begleitung und Unterstützung. Pädagogische Konzepte von Bildungseinrichtungen müssen daher so flexibel sein, dass sich Kinder problemlos einfinden und integrieren können.

Die Kompetenzen für gelingenden Übergang sind nicht nur Merkmale des Kindes, sondern kennzeichnen alle beteiligten sozialen Systeme. Hierfür bedeutsame Ziele sind daher für das Kind, die Eltern und die beteiligten Bildungseinrichtungen zu formulieren. Bei Kindern tragen die Erwachsenen die Verantwortung für das Gelingen ihrer Übergänge. Zwischen den Beteiligten gibt es jedoch markante Unterschiede: Kinder und Eltern (soweit es für sie das erstgeborene Kind ist) stehen vor der Aufgabe, den jeweiligen Übergang in seinen komplexen Anforderungen zu bewältigen. Die pädagogischen Fachkräfte und Lehrkräfte haben die Übergangsbewältigung der Kinder und Eltern zu begleiten und zu moderieren, bewältigen selbst aber keinen Übergang. Eltern sind zweifach gefordert, nämlich ihren eigenen Übergang zu bewältigen und ihr Kind dabei zu unterstützen. Die für die Eltern formulierten Ziele betreffen ihre eigene Übergangsbewältigung.

Erfolgreiche Übergangsbewältigung ist ein Prozess, der von allen Beteiligten gemeinsam zu gestalten ist. Die Ziele der einzelnen Akteure lassen sich nicht durch Aufgabenteilung umsetzen. Vielmehr ist eine Verständigung darüber notwendig, was der Übergang für das Kind und seine Familie sowie die beteiligten Fach- und Lehrkräfte bedeutet, wer welchen Beitrag zur Bewältigung leisten kann. Je besser dieser Austausch funktioniert, desto eher wird es dem Kind gelingen, von der neuen Einrichtung zu profitieren, und die Eltern in die Lage versetzen, ihren Übergang zu bewältigen und den ihres Kindes zu unterstützen. Wenn durch Kommunikation und Beteiligung aller erziehungsverantwortlichen Personen und des Kindes Übereinstimmung über die Bedeutung der einzelnen Schritte hergestellt wird, sind die besten Voraussetzungen für eine erfolgreiche Übergangsbewältigung gegeben. Die Beteiligung richtet sich nach der rechtlichen und fachlichen Verantwortung von Eltern, Fach- und Lehrkräften in ihrem jeweiligen Wirkungskreis. Die vor Ort entwickelte Kooperationskultur schafft den Rahmen für die Ko-Konstruktion.

Professionelle Unterstützung zielt auf die Stärkung der Kinder und Eltern ab, ihre Übergänge selbstbestimmt und eigenaktiv zu bewältigen. Frühzeitig und umfassend informierte Eltern sind weniger gestresst und können ihren Kindern bessere Unterstützung bieten. Wenn sich Kinder und Eltern als aktive Übergänger und Mitgestalter ihres Lebenslaufs erleben, dann sind die

Erfolgschancen groß – selbst unter schwierigen Bedingungen. Erfolgreiche Übergangsbewältigung stärkt das Kind und bereichert seine Identität. Es eignet sich hierbei jene Kompetenzen an, die es im Umgang mit Veränderung in seinem Leben braucht, nämlich sich auf neue Situationen einzulassen, sich mit diesen auseinander zu setzen und sich zu verändern. Es erfährt, dass Übergänge eine Herausforderung sind und keine Belastung. Es erlangt Selbstvertrauen, Flexibilität und Gelassenheit mit Blick auf weitere Übergänge.

Ziele erfolgreicher Übergangsbewältigung

Das Kind sowie dessen Eltern bewältigen im Zuge der verschiedenen Übergänge eine Reihe von Anforderungen, die sich als Entwicklungsaufgaben verstehen lassen. Sie sind auf drei Ebenen angesiedelt, welche insbesondere folgende Ziele umfassen:

Auf individueller Ebene

- Starke Emotionen bewältigen können
- Neue Kompetenzen erwerben
- Identität durch neuen Status verändern.

Auf interaktionaler Ebene

- Veränderung bzw. Verlust bestehender Beziehungen verarbeiten
- Neue Beziehungen aufnehmen
- Rollen verändern können.

Auf kontextueller Ebene

- Vertraute und neue Lebensumwelten, zwischen denen sie pendeln, in Einklang bringen
- Sich mit den Unterschieden der Lebensräume auseinander setzen
- Ggf. weitere Übergänge zugleich bewältigen können (z. B. Trennung der Eltern, Wiedereintritt der Mutter in das Erwerbsleben, Geburt eines Geschwisters).

Ziel aller am Übergang beteiligten Personen ist es, ein Transitionsprogramm zu entwickeln und einzuführen, an dem alle mitwirken. Dies ermöglicht es, Probleme, Ängste und Vorbehalte anzusprechen, die Bereitschaft zur Mitarbeit abzuklären, Vorteile der Zusammenarbeit herauszuarbeiten, für die Arbeit zu sensibilisieren und Strategien zu entwickeln. Insbesondere beinhaltet dies:

- Festlegung von Zielen
- Verständigung über Herausforderungen, Bewältigungs- und Anpassungsprozesse

- Schriftliche Planung
- Strategieentwicklung
- Evaluierung (z. B. über Zielerreichung, Aufdecken von Mängeln).

Grundsätzliche Anregungen zur Umsetzung der Übergangsbegleitung

„Übergänge im Bildungssystem" bedürfen – alters- und institutionenunabhängig – der besonderen pädagogischen Aufmerksamkeit, Planung und Begleitung.

Angemessene Zeitspanne der Übergangsbegleitung

Die Vorbereitung der Kinder und Eltern auf bevorstehende Übergangsereignisse ist frühzeitig zu beginnen. Als Vorbereitungszeit sind etwa 6 bis 12 Monate vor dem Ereignis, beim Übertritt in die Schule sind regelmäßig 12 Monate zu veranschlagen. Mit frühzeitigem Beginn der Übergangsphase nehmen bereits die pädagogischen Fachkräfte bzw. Lehrkräfte der aufnehmenden Stelle an den Kommunikationsprozessen der am Übergang Beteiligten in der abgebenden Stelle teil. Nach dem Übertrittsereignis kann die Übergangsbegleitung bis zu einem Jahr andauern. Mit fortschreitender Übergangsbewältigung ziehen sich die pädagogischen Fachkräfte der vorherigen Einrichtung zurück; es ist jedoch wichtig, dass sie noch für gewisse Zeit über die weitere Entwicklung ihrer ehemaligen Kinder im Bilde bleiben, z. B. durch Hospitationen in der Folgeeinrichtung oder Einladung der ehemaligen Kinder.

Leitlinien für Bildungseinrichtungen als aufnehmende und abgebende Stellen

Gelingt es, Kinder in ihrer Persönlichkeitsentwicklung ganzheitlich zu stärken, dann werden Übergänge in nachfolgende Bildungseinrichtungen keine größeren Probleme bereiten – mit den bisher erworbenen Kompetenzen können Kinder diese gut meistern. Dies setzt jedoch auf Seiten der aufnehmenden Stellen Flexibilität im pädagogischen Handeln und Denken voraus, die auf den Kompetenzen der Kinder aufbaut und ihnen hilft, diese weiterzuwickeln.

Einrichtungskonzeption und Aufnahmeverfahren

Über das Alter der Kinder hinaus gibt es keine Aufnahmekriterien, die die Kinder betreffen. Jede Bildungseinrichtung entwickelt ein umfassendes Konzept für die Gestaltung der Übergangs-, Eingewöhnungs- und Abschiedsphasen in der Einrichtung. Dies geschieht in Kooperation mit den Partnereinrichtungen, z. B. Kindergarten in Kooperation mit der Krippe, der Grundschule und dem Kinderhort. Dieses Übergangskonzept ist Bestandteil der Einrichtungskonzeption und Eltern gegenüber transparent zu machen. Die individuellen Unterschiede bei der Bewältigung und Begleitung des Kindes erfordern gezielte Abfragen (z. B. nach den Vorerfahrungen des Kindes oder nach weiteren Übergängen in der Familie) und Absprachen (z. B. zur Elternbegleitung des Kindes) mit den Eltern bei der Aufnahme des Kindes.

Erleichterung und Unterstützung – Dialog mit den Eltern von Anfang an

Übergangsbegleitung heißt, Bewältigungsprozesse zu unterstützen und Belastungen abzumildern. Unterstützung der Kinder und Eltern heißt, sie über den Übergang umfassend zu informieren und im Weiteren bei ihrem Bewältigungsprozess durch dessen gemeinsame Gestaltung zu begleiten. Die Information versetzt Kind und Eltern in die Lage, den eigenen Bewältigungsprozess und dessen Begleitung aktiv mitzugestalten und zu kontrollieren. Entlastend wirkt ein Angebot vielfältiger Einstiegs- und Eingewöhnungshilfen, das den Kindern ermöglicht, den neuen Lebensbereich schon vor dem Eintritt kennen zu lernen und nach dem Eintritt leichter Fuß zu fassen. Entlastend wirkt eine Haltung der Fachkräfte, die einfühlend, partnerschaftlich und wertschätzend ist, die den Kindern und auch Eltern Gefühlsreaktionen zugesteht und nicht sogleich problematisiert. All dies ist zugleich ein wichtiger Beitrag zur Unfallprävention, da Kinder in Übergangsphasen nachweislich häufiger Unfälle erleiden.

Schwerpunkte der Kooperation – Einwilligung der Eltern in Fachgespräche über das Kind

Im Vordergrund steht die Planung und Durchführung gemeinsamer Informations- und Unterstützungsangebote für Kinder und Familien, um sie in die Lage zu versetzen, ihre Übergänge eigenaktiv zu bewältigen. Die aufnehmende Stelle hat Informationen, die sie über das Kind und seine Familie braucht, primär bei den Eltern zu erheben. Bei Übergängen zwischen Bildungseinrichtungen kann auch die abgebende Stelle eine wichtige Informationsquelle über das Kind für die aufnehmende Stelle sein. Dieser Austausch ist nur mit Einwilligung der Eltern gestattet; überdies bedarf jedes Gespräch der Abstimmung mit den Eltern.

Eigenständigkeit – strukturelle Unterschiede als Herausforderung

Strukturelle Unterschiede zwischen den Lebensräumen bzw. Bildungseinrichtungen sind wichtig. Die Unterschiede werden bewusst wahrgenommen und durchaus betont. Kindern ist nicht gedient, wenn die Unterschiede zwischen ihren Lebensräumen verwischt werden, z. B. durch die Überbetonung familien- bzw. kindergartenähnlicher Strukturen und Momente in Kindertageseinrichtungen bzw. Grundschulen. Die Schaffung einzelner Elemente, die Kontinuität erkennen lassen, kann zwar als Maßnahme im Rahmen der Übergangsbegleitung eingesetzt werden. Diskontinuitäten sind aber unvermeidlich und als positiver Entwicklungsimpuls zu sehen. Daher sind Ansätze, die allein auf die Kontinuität der Strukturen in den Lebensräumen zielen, durch ein Konzept zu erweitern, das die Lernforderungen, die sich aus der Bewältigung von Veränderungen für das Kind ergeben, pädagogisch nutzbar macht. Es setzt auf klare Unterschiede, um Kinder herauszufordern und anzuspornen, sich den Anforderungen zu stellen, sie zu meistern und die Kinder so in ihrer Entwicklung anzuregen.

Entwicklung einer lokalen Kooperationskultur und eines Transitionsprogramms

An den Nahtstellen zwischen Elternhaus, Kinderkrippe, Kindergarten, Schule und Hort werden alle zu Partnern. Alle Bildungseinrichtungen stehen als professionelle Begleiter von Übergangsprozessen in der Verantwortung, sich für Kinder und Familien sowie füreinander zu öffnen, damit Klarheit, Austausch und Bedeutungsfindung in der Zusammenarbeit entstehen können. So wird es anhand der jeweiligen Bildungs- bzw. Lehrpläne möglich, Anschlussfähigkeit der Bildungseinrichtungen und Übergangsbegleitung als gemeinsame Aufgabe zu verstehen. Kooperationsbereitschaft der Bildungseinrichtungen ist eine zwingende Voraussetzung für gelingende Übergänge. Der große Einfluss der Eltern auf die Übergangsbewältigung und den späteren Schulerfolg ihres Kindes erfordert es, eine enge Partnerschaft mit Eltern und den Dialog von Anfang an offensiv zu suchen. Damit Kinder und Eltern bei Übergängen zwischen Bildungsorten von jeder Seite rechtzeitig die nötige Unterstützung für gelingende Übergangsbewältigung erhalten, sind pädagogische Konzepte aufeinander abzustimmen und gemeinsame Kooperationsvorhaben zu entwickeln. Die Grundlage hierfür ist ein lokales Transitionsprogramm, das alle Beteiligten einbezieht. Es empfiehlt sich, folgende Verständigungen herbeizuführen:

Programmziele

- Gemeinsame Vorstellung, was gelungene Übergänge auszeichnet
- Schnelle Anpassung von Kindern und Eltern an die neue Situation
- Angebot zur Stärkung der Selbststädigkeit und Selbstwirksamkeit der Kinder
- Unterstützungsangebote für die Familien während der Übergangsphase
- Anregung und Ermutigung zur aktiven Beteiligung am Übergangsprozess
- Förderung der Zusammenarbeit.
- Anforderungen an die Kinder im 1. Jahr in der neuen Einrichtung
- Austausch über Anforderungen (z. B. Belastungs- und Stressfaktoren für Kinder identifizieren)

Strategieentwicklung zur Erleichterung und Begleitung der Übergangsprozesse

- Pädagogisches Handeln in abgebender Stelle, um Kinder in ihren Lern- und Entwicklungsprozessen positiv zu unterstützen

- Gemeinsame Angebote für Kinder, um die neue Einrichtung kennen zu lernen (z. B. Schnuppertage, Einrichtungsbesuche)
- Frühzeitige und umfassende Informationsangebote für Eltern (z. B. Elternabende, offenes Elterncafé)
- Formen konstruktiver Kommunikation und Kooperation der Partnereinrichtungen (z. B. Kooperationsbeauftragte)
- Kontinuität während der Eingewöhnungsphase in der aufnehmenden Stelle durch bekannte pädagogische Elemente der Vorgängereinrichtung (z. B. Spiele, Rituale, Feste).

Schriftliche Planaufstellung – Kooperationskalender

- Arbeitsplan für die Zusammenarbeit, der gemeinsam von den Partnereinrichtungen erstellt wird und die vereinbarten Termine und Vorhaben für das kommende Jahr enthält.

Evaluation

- Auswertung des Transitionsprozesses: Wurden die Ziele erreicht? Waren die Strategien ausreichend? Wie gut war die Zusammenarbeit? Was könnten wir künftig besser bzw. anders machen?
- Rückmeldungen an die Beteiligten z. B. durch Fragebögen und Interviews, die gegen Ende des 1. oder zu Beginn des 2. Jahres in der neuen Einrichtung eingeholt werden
- Arbeiten mit Kriterien für erfolgreiche Übergangsbewältigung (z. B. „Transitions-Checkliste" für Familien erstellen).

Verwendete Literatur

- Griebel, W. & Niesel, R. (2004). Transitionen. Fähigkeiten von Kindern in Tageseinrichtungen fördern, Veränderungen erfolgreich zu bewältigen. Weinheim: Beltz.

6.1.1 Übergang von der Familie in die Tageseinrichtung

Leitgedanken

Übergangsbewältigung auch als „Kompetenz der sozialen Systeme" des Kindes – dies kommt beim ersten Übergang im Bildungsverlauf und besonders bei Kindern unter drei Jahren deutlich zum Tragen.

Häufig ist es das erste Mal, dass sich das Kind jeden Tag für einige Stunden von seiner Familie löst und eigene Wege in einer neuen Umgebung geht. Für

Eltern, deren erstes Kind in die Tageseinrichtung kommt, kann es eine neue Erfahrung sein, dass nun eine weitere Person an der Erziehung ihres Kindes beteiligt ist. Diese gemeinsame Verantwortung erfordert nicht nur Akzeptanz, sondern auch ein Verhalten, das auf gegenseitige Offenheit und Abstimmung hin ausgerichtet ist. Ängste, die Zuneigung ihres Kindes an eine der Fachkräfte zu verlieren, weil sie mehr professionelle Nähe zum Kind aufbauen kann, kommen vor. Für Kinder und Eltern ist die erste Zeit in der Kindertageseinrichtung oft mit starken Gefühlen, nicht selten auch mit Stress verbunden.

Aus heutiger Sicht der Bindungsforschung spricht nichts gegen eine frühe außerfamiliäre Betreuung des Kindes. Nach wie vor gilt: Die ersten drei Jahre sind wichtig für die Entwicklung einer sicheren Bindung. Entscheidend ist, dass feinfühlig auf das Bindungsbedürfnis des Kindes reagiert wird. Das Kind kann von Geburt an zu mehreren Personen Bindungen aufbauen, z. B. auch zu den Großeltern, der Tagesmutter, der Erzieherin. Diese Beziehungen sind unabhängig voneinander. In der Kindertageseinrichtung sind eine harmonische Gruppenatmosphäre und die Einfühlsamkeit der pädagogischen Fachkraft entscheidend. Eine sichere Mutter-Kind-Bindung bedeutet nicht automatisch eine sichere Erzieherin-Kind-Bindung. Diese muss aufgebaut werden. Zu den unterschiedlichen Personen in der Tageseinrichtung (pädagogisches Personal, Kinder) entwickeln sich unterschiedliche Beziehungen (Emotionalität, soziale Beziehungen und Konflikte ➔ Kap. 7.2). Ältere Kinder können für das „neue" Kind wichtige Unterstützer in der Eingewöhnungsphase sein (Mitwirkung der Kinder am Bildungs- und Einrichtungsgeschehen (Partizipation) ➔ Kap. 8.1). Eine sichere Bindung zu einer Erzieherin bietet dem Kind eine sichere Basis, von wo aus es beginnt, seine neue Umgebung zu erforschen und Beziehungen zu anderen Kindern und Erwachsenen in der Einrichtung zu knüpfen. Eine sichere Bindungsbeziehung fördert somit die Spielbeziehungen und führt zu erfolgreichen sozialen Interaktionen. Die Eltern-Kind-Beziehung wird bei hoher Qualität der Fremdbetreuung nicht beeinträchtigt.

Ziele erfolgreicher Übergangsbewältigung

Das Kind sowie seine Eltern erfahren, dass Übergänge eine Herausforderung sein können und keine Belastung sein müssen. Durch deren erfolgreiche Bewältigung erwirbt das Kind Kompetenzen im Umgang mit immer neuen Situationen im Leben und ist in der Lage, Angebote der Bildungseinrichtung bestmöglich zu nutzen.

Der Übergang wird vorrangig von folgenden Beteiligten ko-konstruktiv bewältigt: Kinder, Eltern, Erzieherinnen und Erzieher und gegebenenfalls Mitarbeiterinnen und Mitarbeiter helfender Dienste. Im Besonderen ergeben sich dabei folgende Ziele:

Für das Kind

- **Auf individueller Ebene**
  - Bindungen zu Eltern und Geschwistern aufrecht erhalten und altersgemäß weiterentwickeln, und als Basis für den Aufbau neuer Beziehungen zu Fachkräften und anderen Kindern nutzen
  - Starke Gefühle (z. B. Trennungsängste) bewältigen und Spannung aushalten, indem die noch anwesenden Eltern oder andere Bezugspersonen als sichere Basis genutzt werden
  - Die neue Umgebung von der sicheren Basis ausgehend erkunden
  - Gleichzeitiges Verarbeiten vieler neuer Eindrücke, neue Anpassungsleistungen in relativ kurzer Zeit
  - Sich die Besonderheiten der Einrichtung und der Gruppe (Regeln, Tagesablauf, soziale Situationen, Räume) zu Eigen machen
  - Die Rolle als Kinderkrippen- bzw. Kindergartenkind neu organisieren und darüber die Identität neu definieren.

- **Auf interaktionaler Ebene**
  - Beziehung zu Eltern im Verhältnis zur Beziehung zur pädagogischen Fachkraft klären
  - Beziehung zu Geschwistern im Verhältnis zu Beziehungen mit anderen Kindern klären
  - Eine Bindung und Beziehung zu den zugeordneten Fachkräften aufbauen
  - Kontakte zu einzelnen Kindern knüpfen, ausbauen und vertiefen
  - Sich in bestehende Gruppe eingliedern, eine Position in der Gruppe finden.

- **Auf kontextueller Ebene**
  - Sich auf neuen Tages- Wochen und Jahresablauf einstellen können
  - Sich in eine neue Umgebung einfinden und neue Anforderungen erfüllen können (z. B. Kooperation mit anderen Kindern und Fachkräften)
  - Die Verschiedenheiten der Lebensumwelten Familie und Kindertageseinrichtung als Bestandteile einer Lebensumwelt integrieren.

Für die Eltern

- **Auf individueller Ebene**
  - Positives Selbstbild entwickeln als Eltern eines Kindes, das eine Tageseinrichtung besucht („Ich bin Mutter und mein Kind besucht eine Kindertageseinrichtung, was seiner Entwicklung förderlich ist.")
  - Abschied nehmen vom Lebensabschnitt, in dem die Eltern-Kind-Beziehung besonders intensiv erlebt wurde (Nest-Gefühl)
  - Unsicherheiten im Umgang mit den neuen Miterziehern bewältigen
  - Ängste überwinden, die Zuneigung des Kindes durch die Beziehung zu einer Fachkraft zu verlieren
  - Sich erstmalig für längere Zeit vom Kind loslösen können
  - Bereitschaft, neue Regeln und andere Kommunikationsstile zu akzeptieren

- Bereitschaft, die Erziehungsarbeit der Einrichtung mitzutragen und dem Kind im Übergangsprozess Unterstützung anbieten.

- **Auf interaktionaler Ebene**
  - Die Bindungsbeziehung zum Kind weiterentwickeln und dieses mit seinen veränderten Bedürfnissen in der Kindertageseinrichtung wahrnehmen
  - Die Freude über Entwicklungsfortschritte und zunehmende Selbstständigkeit des Kindes mit ihm und den anderen Beteiligten teilen
  - Eine vertrauensvolle Beziehung zum pädagogischen Fachpersonal aufbauen und deren Beziehung zum Kind wertschätzen
  - Nicht nur das eigene Kind, sondern auch die Interessen und Bedürfnisse der Gruppe und der Einrichtung beachten
  - Erweiterung der Sozialbeziehungen, z. B. zu anderen Eltern.

- **Auf kontextueller Ebene**
  - Mit den unterschiedlichen Anforderungen von Familie, Kindertageseinrichtung (z. B. pünktliches Bringen und Abholen auch nach der Eingewöhnungsphase) und Beruf zurechtkommen
  - Das pädagogische Fachpersonal der Tageseinrichtung und andere Eltern als Ressource für die Übergangsbewältigung nutzen (z. B. Austausch von Erfahrungen, Ratgeber in Erziehungsfragen)
  - Sich mit kritischen Stimmen und Vorurteilen im sozialen Umfeld auseinander setzen.

Für die Erzieherinnen

- Die eigene und die gesellschaftliche Einstellung zur Betreuung von Kindern unter 3 Jahren individuell und im Team reflektieren
- Fachwissen erwerben bzw. vertiefen und konzeptionell umsetzen
- Bereitschaft, sich auf neue Kinder einzustellen und auf deren individuelle Fähigkeiten, Fertigkeiten und Charaktere eingehen
- Familienprobebesuche anbieten
- Kinder bei der Trennung von den Eltern unterstützen und dabei behilflich sein, sich in neuer Umgebung einzugewöhnen
- Eltern über Einrichtung und den Verlauf der Eingewöhnung umfassend informieren
- Eltern beim Aufbau von Eltern-Netzwerken unterstützen.

Anregungen und Beispiele zur Umsetzung

Konzeption der Übergangsbegleitung und Eingewöhnungsphase

Probebesuche vor Eintritt („Schnuppertage") helfen dem Kind, die neue Umgebung kennen zu lernen, erstes Vertrauen zu fassen und erste Kontakte zu knüpfen. Nach Eintritt steht der Bindungsaufbau des Kindes zur Fachkraft als neuer Bezugsperson im Vordergrund, die es vorab schon kennen gelernt haben sollte. Durch eine zeitlich gestaffelte Aufnahme und Kleingruppenarbeit können Fachkräfte neuen Kindern mehr Aufmerksamkeit widmen.

Ein auf Kinder unter drei Jahren abgestimmtes Eingewöhnungsmodell lässt sich folgendermaßen untergliedern: Die Vorbereitung der Eingewöhnung, die gemeinsame Zeit von Kind und einer primären Bezugsperson (Elternteil) in der Kindertageseinrichtung, Beginn des Aufbaus von Beziehungen zwischen dem Kind, den Erzieherinnen und Kindern in der Einrichtung, die Phase von der ersten kurzen Trennung zur allmählichen Ausdehnung auf die gewünschte Zeit, die das Kind selbstständig in der Tageseinrichtung verbringt und der Abschluss der Eingewöhnung, wenn sich das Kind in Stresssituationen von einer Fachkraft beruhigen lässt und die Lernangebote der neuen Umgebung exploriert und für sich nutzt. Dieses Modell wird am Ende dieses Kapitels anhand einer Möglichkeit seiner praktischen Umsetzung näher ausgeführt.

Dieses Eingewöhnungsmodell findet auch für Kinder ab drei Jahren insofern Beachtung, als in Kindergärten versucht wird, jedem Kind und seiner Familie jene Unterstützung im Übergangsprozess zu gewähren, die sie individuell benötigen. Hierbei sind nicht nur das Alter, sondern auch individuelle Faktoren zu berücksichtigen, z. B. Entwicklungsstand, Familienstruktur, bisherige Erfahrungen mit Fremdbetreuung.

Die Eingewöhnungsmodelle im Rahmen der „Konzeption der offenen Kindereinrichtung" (Mitwirkung der Kinder am Bildungs- und Einrichtungsgeschehen (Partizipation) → Kap. 8.1) halten verschiedene Möglichkeiten bereit wie z. B. die intensivere Begleitung der neuen Kinder durch die Bezugserzieherin der Stammgruppe und ggf. durch Patenkinder, wobei die offene Arbeit mit allen Kindern normal weiterläuft. Mit wachsender Vertrautheit löst sich das Kind und beginnt, die Einrichtung selbstständig zu erschließen. Dabei ist es für die Kinder auch möglich, sich „ihre" Wunscherzieherin für eine stabile emotionale Beziehung selbst auszusuchen, was sich nach Praxiserfahrungen als sehr wichtig erweist für Kinder aus extrem belasteten Familienverhältnissen. Eine andere Variante besteht darin, während der ersten drei Monate überwiegend in den Stammgruppen zu arbeiten, damit Eingewöhnungs- und Gruppenbildungsprozesse gelingen. Erst danach geschieht die Öffnung hin zur gesamten Einrichtung.

Enge Zusammenarbeit mit den Familien

Erzieherinnen und Eltern sind aufgerufen, sich darüber zu verständigen, was der Eintritt in die Bildungseinrichtung für das Kind und die Familie bedeutet, und wie der Übergang am besten durch alle Beteiligten zu bewältigen ist. Eltern erhalten ausführliche Informationen zum Übergang. Entlastend ist der Hinweis, dass anfängliche Eingewöhnungsprobleme des Kindes und heftigere emotionale Reaktionen normal sind. Eltern sind darauf vorzubereiten, wie sie ihr Kind am besten unterstützen können.

Dialog mit den Eltern von Anfang an

Die Familie ist und bleibt der wichtigste Entwicklungskontext für das Kind. Ein offener und intensiver Dialog mit den Eltern ist Türöffner und Wegbereiter für eine gelingende Partnerschaft. Er sichert die Anschlussfähigkeit zwischen Einrichtung und Familie. Er senkt die Hemmschwelle für die Eltern, Eingewöhnungsprobleme ihres Kindes und ihrer selbst zur Sprache zu bringen. Auch für die Fachkraft ist das Gespräch leichter – so entsteht Zugang auch zu Eltern, die zurückhaltend sind. Zurückhaltende Eltern sind meist nicht desinteressiert, sondern unsicher oder gar ängstlich. Sie brauchen Unterstützung, um Krippen- bzw. Kindergarteneltern zu werden.

Gespräche im Aufnahmeverfahren

Ausführliche Gespräche, etwa 1–2 Stunden, und möglichst mit der gesamten Familie, empfehlen sich. Wichtig ist, das Kind mit einzubeziehen, denn viele Themen betreffen auch das Kind, ob ihm z. B. die Einrichtung gefällt, ob es sich dort wohl fühlen kann. Im Vordergrund steht der wechselseitige Informations- und Erfahrungsaustausch mit Eltern und die Planung, wie Aufnahme und Eingewöhnung für das Kind zu gestalten sind. Eine durchdachte Erhebung, d. h. so wenig wie möglich, so viel wie nötig von Informationen über das Kind und seinen familiären Hintergrund schafft Klarheit über die Anforderungen, die Kind und Eltern in der Übergangsphase erwarten. Wichtige Fragen sind:

- Hat Ihr Kind Vorerfahrungen mit Betreuungsformen außerhalb seiner Familie?
- Hat es in Ihrer Familie im letzten Jahr wichtige Ereignisse gegeben, von denen wir wissen sollten, um Ihr Kind in der Übergangsphase besser zu verstehen?
- Nehmen Sie mit dem Einrichtungsbesuch des Kindes wieder Ihre Berufstätigkeit auf?
- Hat Ihr Kind aktuell weitere besondere Ereignisse in der Familie zu bewältigen (z. B. Geburt eines Geschwisters)?
- Hat Ihr Kind bereits die Trennung seiner Eltern erfahren? Wann war dies?

Eltern sollten schriftliches Info-Material über den Übergang erhalten. Hier empfiehlt sich die Aushändigung des Faltblatts „Etwas Neues beginnt. Kinder und Eltern kommen in den Kindergarten", herausgegeben vom Staatsinstitut für Frühpädagogik.

Einführungselternabende

Es empfiehlt sich, Einführungselternabende vor dem Eintritt der Kinder abzuhalten, sie von einrichtungsbezogenen Informationen zu entlasten (z. B. durch das Überreichen der Konzeption im Aufnahmegespräch) und in den Mittelpunkt das Thema „Bewältigung von Übergängen" zu stellen. Zu bedenken ist: Die Eltern wissen noch nicht, wie es ihrem Kind und wie es ihnen selbst ergehen wird. Informationen in Bezug auf ihre eigene Familiensituation können sie noch nicht gewichten, sodass wertvolle Informationen vielleicht untergehen. Diese Elternabende ersetzen nicht das Gespräch über die individuelle Situation. Durch die Begegnung mit bereits erfahrenen Kinderkrippen- bzw. Kindergarteneltern lassen sich Erfahrungen aus erster Hand vermitteln und Gelegenheiten schaffen, erste Kontakte zu knüpfen.

Kontaktaufbau zu anderen Eltern

Neue Eltern sind beim Aufbau von Kontakten zu anderen Eltern zu unterstützen, z. B. Elternkontaktlisten. Miteltern sind eine wichtige Bezugsgruppe, gerade auch zu Beginn. Sie gibt Sicherheit, regt zur Familienselbsthilfe an, fördert Kompetenzen, z. B. durch die Gelegenheit, den eigenen Familienstil im Gespräch mit anderen zu reflektieren, etwa zu Fragen der Erziehung oder des Engagements in der Tageseinrichtung. Eine in der Praxis bewährte Möglichkeit der Kontaktherstellung ist das „offene Eltern-Café". Im Frühjahr während der Einschreibung richtet der Elternbeirat für 4 Wochen dieses Café ein, zu dem die neuen Eltern eingeladen werden.

Unterstützung des Kindes bei der Übergangs- und Eingewöhnungsphase

In der Beziehung zum Kind verhalten sich Fachkräfte und Eltern unterstützend. Sie helfen dem Kind, Neues selbst herauszufinden und selbst zu tun. Das Kind kann sich bei seinem Übergang weitgehend als selbstbestimmt und aktiv mitgestaltend erleben, wenn es altersangemessene Informationen über die neue Umgebung, seine neue Rolle und die daran geknüpften Erwartungen erhält. Bereits bei Probebesuchen ist ihm sein Identitätswandel erlebbar zu machen, z. B. durch Rituale und Aufnahmespiele, die ihm auch eine spielerische Bewältigung der komplexen Situation und den Beziehungsaufbau zu den anderen Kindern ermöglichen. Temperamentsunterschiede erfordern ein differenziertes Eingehen auf das Kind. Bei der Bewältigung starker Gefühle erfährt es einfühlsame Unterstützung, seine Signale finden Beachtung und Reaktion. Beim Beziehungsaufbau wahren die Fachkräfte den Unterschied zur Eltern-Kind-Beziehung und treten nicht in Konkurrenz zu den Eltern durch eine Haltung, die bessere Mutter bzw. der bessere Vater für das Kind sein zu wollen.

Rituale bei Probebesuchen

Beim Gestalten von Ritualen können Fachkräfte ihrer Einrichtung eine persönliche Note verleihen. Die Rituale werden vermittelt durch den Einsatz von „Übergangsobjekten" wie z. B.:
- Neue Kinder erhalten gebastelte Geschenke der Kinder, die schon länger in der Einrichtung sind
- Neue Kinder dürfen sich ein Spielzeug aussuchen und ausleihen, welches sie am Aufnahmetag wieder mitbringen und zurückgeben
- Ein Gruppensymbol wird dem Kind schon bei der Anmeldung mitgegeben als Zeichen für die Zugehörigkeit zu einer bestimmten Gruppe, in die es kommen wird
- Von den neuen Kindern werden die Hand-, Fuß- oder Körperumrisse auf einem Karton nachgezeichnet, farbig ausgefüllt, mit Namen versehen, ausgeschnitten und im Gruppenraum sichtbar angebracht, sodass das Kind am ersten Tag eine Spur von sich wieder findet.

„Patenkinder" zur Erleichterung des sozialen Anschlusses

In der Kindergartenpraxis ist der Einsatz von Patenkindern bereits weit verbreitet, die Erfahrungen sind durchweg positiv (Mitwirkung der Kinder am Bildungs- und Einrichtungsgeschehen (Partizipation) ➔ Kap. 8.1).

Beobachtung der Bewältigungsprozesse während der Eingewöhnungsphase

Gezielte Beobachtungen von Kind und Eltern während der Probebesuche und der elternbegleiteten Eingewöhnungszeit liefern wichtige Informationen für die weitere Unterstützung:
- Wie geht das Kind mit der neuen Situation um?
- Was benötigt es, um sich für das Erkunden der neuen Umgebung öffnen zu können?
- Was leistet es von sich, welche Unterstützung können ihm Eltern und Fachkräfte geben?

Die weitere Beobachtung des Kindes und deren Reflexion mit den Eltern finden statt; dies gilt besonders für Kinder, die mehrere Übergänge gleichzeitig zu bewältigen haben.

Kinder, deren Eingewöhnung als gelungen und damit als abgeschlossen anzusehen ist, zeichnen sich insbesondere durch folgende Kompetenzen aus:
- Dem Kind gelingen die Wechsel zwischen Familie und Kindergarten in den Abhol- und Bringsituationen, es nimmt leicht Abschied von der Mutter oder dem Vater, kann sich lösen und ist entspannt, wenn es wieder abgeholt wird.
- Es kennt die Regeln, die für den Tagesablauf und das soziale Miteinander gelten, und hält sie ein.

- Es nimmt am Gruppengeschehen teil und hat eine Position in der Gruppe gefunden, d. h. es ist sozial integriert.
- Es entwickelt ein „Wir-Gefühl" für seine Kindergruppe und Vertrauen zu seiner Fachkraft.
- Es sucht zu vielen Kindern Kontakt, mit einigen Kindern hat es schon engere Freundschaften geschlossen.
- Es nutzt die neuen Beziehungen zu Kindern und der Fachkraft für seine Entwicklung.
- Es zeigt eine positive emotionale Befindlichkeit und ein ausgeprägtes Erkundungs- und Spielverhalten, und es geht gern in die Kindertageseinrichtung.
- Es entfaltet sich in der Auseinandersetzung mit den Lernangeboten, es zeigt Eigeninitiative und Selbststädigkeit.
- Es hat seine neue Rolle angenommen, es fühlt sich „größer" und „älter" und verhält sich selbstbewusst als „kompetentes Kinderkrippen- oder Kindergartenkind".

Verläuft die Eingewöhnung problematisch, sind gemeinsam mit den Eltern weitergehende, intensivere Begleithilfen für das Kind zu suchen (Kinder mit erhöhtem Entwicklungsrisiko und (drohender) Behinderung → Kap. 6.2.4). Ein Zurückstellen vom Einrichtungsbesuch oder ein Einrichtungswechsel stellen in der Regel keine angemessene Lösung für das Kind dar.

PRAXISBEISPIEL

Die Eingewöhnung in der Kinderkrippe. Eine besonders wichtige Phase für die Kinder, Eltern und Erzieherinnen

(In Anlehnung an die Konzeption der Landeshauptstadt München, Sozialreferat)

Vorbereitung der Eingewöhnung

Direkt nach der Zusage für einen Platz werden die Eltern über die Bedeutung der Eingewöhnungsgestaltung informiert. Die Erzieherin, die während der Eingewöhnung die wichtigste Bezugsperson für Kind und Eltern sein wird, lädt zu ersten Gesprächen ein, in denen die Eltern über Vorlieben und Stärken des Kindes sowie über die eigenen pädagogischen Vorstellungen berichten, die gewünschten Informationen einholen, aber auch ihre Sorgen und Ängste äußern können. Für die Eingewöhnungszeit werden klare Absprachen getroffen.

Mutter oder Vater begleiten das Kind in die Kinderkrippe

Für die erste Zeit in der Gruppe wird ein relativ ruhiger Zeitraum ausgesucht. Den Erwachsenen werden Empfehlungen ausgesprochen, wie sie dem Kind die Eingewöhnung erleichtern können. Das Kind kann sich nach eigenem Wunsch im Raum bewegen und jederzeit zur Mutter bzw. zum Vater zurückkehren, diese können jederzeit Blickkontakt mit dem Kind aufnehmen. Das Wickeln und Füttern übernimmt die Mutter. Auf diese Weise kann die Erzieherin die Gewohnheiten und Vorlieben des Kindes kennen lernen. Die Erzieherin bietet dem Kind Kontakte an, wobei das Kind entscheidet, wie viel Nähe bzw. Distanz es möchte. Für den Zeitraum der Anwesenheit der Mutter oder des Vaters in der Gruppe gibt es keine feste Regel, fünf Tage sollten aber nicht unterschritten werden.

Die erste Trennung

Die erste Trennung von Mutter oder Vater dauert nicht länger als 10 bis 30 Minuten und erfolgt erst dann, wenn es dem Kind gut geht, es Kontakt zu anderen Kindern aufgenommen hat und sich bei Beunruhigung oder Schmerz von der Erzieherin trösten lässt. Auch die Eltern müssen dafür bereit sein. Mutter oder Vater verabschieden sich bewusst und deutlich. Sie halten sich in der Nähe auf, sodass sie jederzeit zurückkehren können, wenn das Kind weint und sich noch nicht trösten lässt. Die Eltern erhalten Gelegenheit darüber zu sprechen, wie sie den Tag erlebt haben.

Hineinwachsen in den Krippenalltag

Das Kind hat inzwischen erfahren, dass es in der Krippe willkommen ist, dass es Spielgefährten hat, und es hat zu mindestens einer erwachsenen Person eine Beziehung aufgebaut. Die Zeiten, die das Kind ohne Eltern in der Krippe verbringt, werden allmählich ausgedehnt. Genau vereinbarte Bring- und Abholzeiten, kleine Rituale im Alltag und evtl. ein Übergangsobjekt wie ein Kuscheltier oder ein Tuch helfen dabei. Wichtig ist, dass das Kind beim Bringen und Abholen erlebt, dass sich auch zwischen seinen Eltern und seiner Erzieherin eine vertrauensvolle Beziehung entwickelt hat. In der folgenden Zeit werden sich Eltern und Erzieherin immer wieder darüber austauschen, wie es dem Kind in der Einrichtung und zu Hause geht. Die Kinder erleben nun ihren Krippenalltag, der durchaus von Stimmungsschwankungen begleitet sein kann.

Verwendete Literatur

- Niesel, R. & Griebel, W. (2000). Start in den Kindergarten. Grundlagen und Hilfen zum Übergang von der Familie in die Kindertagesstätte. München: Don Bosco.
- Landeshauptstadt München. Sozialreferat Stadtjugendamt. Abt. Kindertagesbetreuung (2002). Die pädagogische Rahmenkonzeption für Kinderkrippen der Landeshauptstadt München. Langfassung (2. überarb. Aufl.). Bezug: Sankt Martin-Str. 34a, 81541 München, Tel./Fax: 089/233–20100/–20191
- Staatsinstitut für Frühpädagogik (Hrsg.) (2002). Etwas Neues beginnt. Kinder und Eltern kommen in den Kindergarten (2. überarb. Aufl.). Bezug: IFP. www.ifp-bayern.de

6.1.2 Übergang in die nachfolgende Tageseinrichtung

Leitgedanken

Beim Übergang von einer Einrichtung in die nachfolgende, z. B. von der Kinderkrippe in den Kindergarten, erwarten Fachkräfte häufig, dass Kinder und Eltern diesen Übergang weitgehend problemlos bewältigen, da sie ja bereits über Erfahrungen mit Kinder- und Elterngruppen sowie mit pädagogischen Fachkräften verfügen.

Für den Alltag der Kinder ist der Wechsel der Tageseinrichtung mit zahlreichen Veränderungen und Anforderungen verbunden, z. B. müssen sie von der Umgebung, die sie verlassen, Abschied nehmen. Aber sie verlieren nicht nur ihre vertrauten Betreuungspersonen und Spielpartner, sondern sie sind zugleich herausgefordert, sich auf neue Räumlichkeiten, Regeln und Bezugspersonen einzustellen. Allerdings können sie auf ihre gemachten Erfahrungen und erworbenen Kompetenzen zurückgreifen.

Krippenkinder bringen Gruppen- und Einrichtungserfahrung mit, wenn sie in den Kindergarten kommen. In der internationalen Forschung ist vielfach belegt, dass Kinder mit der Erfahrung früher Gruppensozialisation über eine höhere soziale Kompetenz verfügen als Kinder ohne diese Erfahrung. Gleiches gilt für ihre Selbststädigkeit.

Betroffene Eltern äußern nicht selten starke Sorgen und Befürchtungen, die nicht überhört werden sollten. Einer vertrauten und übersichtlichen Welt in der Kinderkrippe mit engen Beziehungen zwischen Kindern, Eltern und Fachkräften gegenüber erscheint der Kindergarten als eine neue Lebensumwelt mit unklaren Anforderungen und Beziehungsstrukturen. Häufig besteht bei Eltern die Sorge, dass die Kompetenzen der Krippenkinder in der neuen Umgebung nicht wertgeschätzt und sie gewissermaßen als Neulinge zurückgestuft werden. Eltern, die aus pädagogischen Gründen in der Kinderkrippe sehr eng eingebunden waren, befürchten, nicht in gleicher Weise im Kindergarten beteiligt zu werden. Eine neue Anforderung an sie ist, sich in die neue Elterngruppe, die nicht mehr nur aus Kinderkrippeneltern besteht, zu integrieren. Ihre „Elterngeschichte" unterscheidet sich von der der Eltern, die neue Kindergarteneltern sind, aber auch von der der meisten Eltern, die bereits erfahrene Kindergarteneltern sind. Alte Sorgen werden wieder belebt. Möglicherweise spielt auch die Angst vor sozialer Diskriminierung („Rabenmütter") eine Rolle.

Auch beim Übergang von der Kinderkrippe in den Kindergarten gilt es daher zwischen allen Beteiligten, auch zwischen den Fachkräften von Kinderkrippe und Kindergarten, Klarheit über die jeweiligen Erwartungen und die Übergangsgestaltung herzustellen.

Ziele erfolgreicher Übergangsbewältigung

Das Kind und dessen Eltern lernen, mit den spezifischen Anforderungen, die sich beim Übergang von einer außerfamiliären Betreuung in den Kindergarten ergeben, umzugehen.

Der Übergang wird vorrangig von folgenden Beteiligten in kooperativer Weise bewältigt: Kinder, Eltern, Erzieher und Erzieherinnen der abgebenden und aufnehmenden Kindertageseinrichtung und gegebenenfalls Mitarbeiterinnen und Mitarbeiter helfender Dienste.

Für die Kinder

- **Auf individueller Ebene**
  - Status- und Kompetenzunterschiede (die „Großen" der Kinderkrippengruppe sind die „Kleinen" in der Kindergartengruppe) akzeptieren lernen
  - Bereits erworbene Kompetenzen für die Weiterentwicklung zum Kindergartenkind nutzen
  - Ambivalente Gefühle bewältigen können (nicht nur Stolz und Vorfreude treten auf, sondern auch Gefühle des Abschieds und des Verlustes).

- **Auf interaktionaler Ebene**
  - Die Kindergruppe der Kinderkrippe verlassen und Beziehungen dort verändern bzw. beenden, d. h. Verluste verarbeiten
  - Bereits erworbene soziale Kompetenzen zum Aufbau neuer Beziehungen zu Kindern und Erwachsenen in zumeist größeren und komplexeren Zusammenhängen nutzen.

- **Auf kontextueller Ebene**
  - Zunächst unklar erscheinende Anforderungen und Beziehungsstrukturen der neuen Lebensumwelt und eines evtl. neuen Tagesrhythmus klären und bewältigen
  - Sich auf neue Bildungsangebote einstellen.

Für die Eltern

- **Auf individueller Ebene**
  - Abschiedsreaktionen, die sich aus den besonders intensiv gepflegten Beziehungen zwischen pädagogischen Fachkräften, Eltern und Kindern ergeben, bewältigen
  - Akzeptieren, dass seitens des Kindergartens wahrscheinlich ein vergleichsweise weniger individuelles kind- und familienzentriertes Eingewöhnungsverfahren praktiziert wird
  - Den Übergang auch als Herausforderung sehen können im Sinne einer pädagogisch nutzbaren Diskontinuität
  - Identitätswandel vom Selbstbild als Eltern eines Krippenkindes zum Selbstbild als Eltern eines Kindergartenkindes.

- **Auf interaktionaler Ebene**
  - Sich auf die neuen Fachkräfte des Kindergartens einstellen und Vertrauen zu ihnen aufbauen
  - In der Beziehung zum Kind das Vertrauen in seine Kompetenzen und Selbststädigkeit deutlich werden lassen
  - Sich in die Gruppe der Kindergarteneltern integrieren und mit möglichen Vorurteilen gegen eine außerfamiliäre Betreuung von Kindern unter drei Jahren umgehen.
- **Auf kontextueller Ebene**
  - Sich mit den Unterschieden zwischen Kinderkrippe und dem Kindergarten auseinander setzen (z. B. Gruppengröße, Geräuschpegel, Hygienevorschriften, Mobilität, andere Sprache, auch „schlimme" Wörter).

Für die Erzieherinnen der abgebenden Einrichtung

- Sich über Angebote in der Kinderkrippe bzw. im Kindergarten austauschen
- Informationen über Konzeption der Kinderkrippe bzw. des Kindergartens weitergeben
- Eltern bei der Wahl eines geeigneten Kindergartens behilflich sein
- Das Abschiednehmen der Kinder feierlich begehen und die Kinder auf die neue Einrichtung vorbereiten.

Für die Erzieherinnen der aufnehmenden Einrichtung

- Bereitschaft, sich auf neue Kinder einzustellen und auf deren individuelle Fähigkeiten, Fertigkeiten und Charaktere einzugehen
- Familien Probebesuche anbieten
- Kinder bei der Trennung von den Eltern unterstützen und dabei behilflich sein, sich in neuer Umgebung einzugewöhnen
- Eltern über die Einrichtung und den Verlauf der Eingewöhnung umfassend informieren
- Eltern beim Aufbau von Eltern-Netzwerken unterstützen
- Unterschiede zwischen Krippen- und Familienkindern und deren Eltern wahrnehmen und darauf entsprechend eingehen.

Anregungen und Beispiele zur Umsetzung

Wechsel in den Alltagsroutinen als Übungsfeld zur Bewältigung von Übergängen

Der Alltag in Kindertageseinrichtungen zeichnet sich durch viele „kleine Übergänge" aus. Dazu zählen die Bring- und Abholsituationen ebenso wie die Wechsel von geplanten und moderierten Lernangeboten zu freiem Spiel, von Spiel- zu Essenssituationen. Auch sie verdienen besondere Aufmerksamkeit. Die Lernerfahrungen und Kompetenzen, die für Kinder aus diesen Alltagsübergängen hervorgehen, z. B. Flexibilität, Beziehungslernen, sind für die Bewältigung von Übergängen von Bedeutung.

Lokale Kooperationskultur zwischen Kinderkrippen und Kindergärten

Zu einer gelingenden Kooperation zwischen Kinderkrippe und Kindergarten tragen ein regelmäßiger Austausch und Abstimmungen über die Ziele und Inhalte der jeweiligen Bildungs- und Erziehungsarbeit sowie die gemeinsame Gestaltung der Übergangsphasen von Kindern und Eltern maßgeblich bei. Umfassende Vorinformation der Kinder und Eltern über den Übergang seitens der abgebenden und aufnehmenden Tageseinrichtung, liebevolles Abschiednehmen, ausreichende Eingewöhnungszeiten und der Dialog mit den Eltern von Anfang an sind Eckpfeiler, die auch diesen Übergang kennzeichnen. Neben Kindergartenbesuchen der Krippenkinder kann es auch einen Elternabend geben, den Kinderkrippe und Kindergarten gemeinsam veranstalten, um Eltern über die Gemeinsamkeiten und Unterschiede in den Bildungszielen zu informieren. Fachdialoge, die die abgebende und die aufnehmende Tageseinrichtung über einzelne Kinder führen, bedürfen der Einwilligung der Eltern.

Abschied von der Kinderkrippe – Willkommen im Kindergarten

Beim Wechsel der Tageseinrichtung ist der Gestaltung von Abschieden besonderes Augenmerk zu schenken, damit die aufgebauten Beziehungen kein abruptes Ende nehmen. Starke Gefühle gehören dazu: Abschied, Verlust, Trauer, aber auch Stolz und Freude auf das Kommende. Wenn Kindergarten und Kinderkrippe räumlich nah beieinander liegen oder sich gar im selben Gebäude befinden, ist es sinnvoll, die gezielte Ablösearbeit früh zu beginnen und den Kindern z. B. einmal im Monat Kindergartenbesuche zu ermöglichen, bei denen das gemeinsame Spielen im Vordergrund steht. Gegenseitige Einladungen zu Festen und Feiern von Kinderkrippe und Kindergarten sowie ein gemeinsames Abschiedsfest sind weitere Möglichkeiten. Generell empfiehlt sich, Abschiede festlich und feierlich zu begehen und spätere Treffen zu arrangieren, bei denen ehemalige Kinder ihre frühere Einrichtung besuchen.

Zusammentreffen von Krippen- und Familienkindern im Kindergarten

Im Kindergarten treffen sowohl Krippen- und Familienkinder als auch Eltern, die sich bisher um ihre Kinder selbst gekümmert haben, und Eltern ehemaliger Krippenkinder zusammen. Dies kann eine gewisse Spannung erzeugen. Zu achten ist auf die Gefahren, Krippenkinder in ihrem Können und Wissen zu unterschätzen sowie die Anforderungen an ehemalige Krippeneltern, sich in der Elterngruppe zu positionieren, zu übersehen. Ehemalige Krippenkinder fordern das pädagogische Personal heraus, ihnen einerseits die angemessene Selbstständigkeit zuzugestehen, aber andererseits ihnen gegenüber auch nicht zu fordernd und damit überfordernd aufzutreten.

6.1.3 Übergang in die Grundschule

Leitgedanken

Kinder sind in der Regel hoch motiviert, sich auf den neuen Lebensraum Schule einzulassen. Dennoch ist der Schuleintritt ein Übergang in ihrem Leben, der mit Unsicherheit einhergeht. Wenn Kinder auf vielfältige Erfahrungen und Kompetenzen aus ihrer Zeit in einer Tageseinrichtung zurückgreifen können, sind die Chancen hoch, dass sie dem neuen Lebensabschnitt mit Stolz, Zuversicht und Gelassenheit entgegensehen. Auch Eltern sind häufig unsicher, wenn die Einschulung ansteht. Sie befürchten, dass ihr Kind für die Schule noch nicht „reif" und den Anforderungen in der Schule noch nicht gewachsen sei oder neigen umgekehrt dazu, die Leistungsfähigkeit ihres Kindes zu überschätzen.

Viele Kinder kommen zugleich in den Kinderhort oder in eine andere Form der außerunterrichtlichen Schülerbetreuung. Sie wechseln damit erneut die Kindertageseinrichtung.

Die notwendigen Voraussetzungen für den Anschluss zwischen den Systemen Tageseinrichtung und Grundschule werden mit dem Begriff „Schulfähigkeit" beschrieben. „Schulfähigkeit" wird heute jedoch als Kompetenz aller beteiligten sozialen Systeme verstanden. Die Schulfähigkeit des Kindes und die „Kindfähigkeit" der Schule gelten als Teilaspekte eines Ganzen. Daher ist der Blick nicht mehr lediglich auf einen bestimmten Entwicklungsstand des Kindes in seinem Sozial- und Leistungsverhalten zu richten, der zum Zeitpunkt der Einschulung vorausgesetzt wird. Der Blick richtet sich nun vielmehr auf den Bewältigungsprozess des Kindes bei seinem Übergang zum Schulkind und dessen professionelle Begleitung. Alles Bemühen ist darauf zu konzentrieren, dass dem Kind der Übergang gut gelingt. Jedes Kind soll in die Schule kommen, wenn es das Eintrittsalter erreicht hat. Es wird in der Schule dort abgeholt, wo es in seiner Entwicklung steht. Eine Zurückstellung von Kindern vom Schulbesuch soll es damit nur noch in wenigen Ausnahmefällen bzw. eng umgrenzten Spezialfällen geben, so etwa, wenn Kinder, deren beide Eltern nicht deutschsprachiger Herkunft sind, bei der Schuleinschreibung über unzureichende Deutschkenntnisse verfügen (Sprache und Literacy ➔ Kap. 7.3). In seiner Umsetzung hat dieser Perspektivenwandel weitreichende Folgen. Er fordert die pädagogischen Fachkräfte in den Tageseinrichtungen und Schulen auf zu einem Überdenken ihres professionellen, kooperativen Handelns bezogen auf das einzelne Kind und seine Familie.

Ziele für die erfolgreiche Übergangsbewältigung

Das Kind erwirbt Kompetenzen, um zusammen mit den Eltern und den anderen Beteiligten die neuen und herausfordernden Aufgaben, die mit dem Wechsel in die Schule verbunden sind, zu bewältigen.

Der Übergang wird vorrangig von folgenden Beteiligten in kooperativer Weise bewältigt: Kinder, Eltern, Erzieherinnen, Lehrkräfte und gegebenenfalls Fachkräfte helfender Dienste und spezieller Förderangebote. Dies beinhaltet insbesondere folgende Ziele, wobei im Sinne der Ko-Konstruktion auch Ziele für die Schule formuliert werden:

Für die Kinder

- **Auf individueller Ebene**
  - Identität mit verändertem Status und Kompetenz als Schulkind entwickeln
  - Basiskompetenzen einsetzen, die für die Bewältigung des Übergangs wichtig sind (z. B. Kommunikationsfertigkeiten, Problemlösefertigkeiten, Strategien der Stressbewältigung, Selbstvertrauen, soziale Kompetenzen, positive Einstellung zum Lernen)
  - Schulnahe Kompetenzen einsetzen (z. B. Sprachentwicklung, Erfahrungen mit Schriftkultur, mathematische Grundkompetenzen).

- **Auf interaktionaler Ebene**
  - Aufbau von Beziehungen zu Lehrkräften und anderen Schulkindern in der Klasse
  - Verändern der Beziehungen in der Familie infolge größerer Selbstständigkeit
  - Sich von Kindern und Fachkräften in der Kindertageseinrichtung verabschieden
  - Sich in Belastungssituationen aktiv Hilfe bei anderen suchen
  - Sich auf die Lehrkraft als neue Bezugsperson einstellen und Bedürfnisse und Interessen, Meinung und Kritik äußern und ertragen
  - Anforderungen an die Rolle als Schulkind erfassen und erfüllen.

- **Auf kontextueller Ebene**
  - Die Rhythmen von Tagesablauf, Wochen- und Jahresablauf in der Familie und in der Schule miteinander in Einklang bringen
  - Sich an der Schulkultur beteiligen und sich auf veränderte Lehrinhalte und -methoden einlassen und neue Lernanforderungen mit Neugier und Motivation aufgreifen
  - Sich mit den Auswirkungen des Übergangs zur Schule auf die Familienkultur auseinander setzen.

Für die Eltern

- **Auf individueller Ebene**
  - Sich mit der neuen Identität als Eltern eines Schulkindes auseinander setzen und die entsprechenden Kompetenzen einsetzen, um sowohl das Kind zu unterstützen als auch den eigenen Übergang zu bewältigen.

- **Auf interaktionaler Ebene**
  - Als Eltern Beziehungen zu Lehrkräften aufbauen, auch zu Mitschülern des Kindes und deren Eltern
  - Von der Kindertageseinrichtung gemeinsam Abschied nehmen (wenn kein weiteres Engagement bestehen bleibt)
  - Auf mögliche Veränderungen der Beziehungen in der Familie, die sich durch den Übergang in die Schule ergeben, vorbereitet sein.

- **Auf kontextueller Ebene**
  - Die elterliche Verantwortung bei der Mitgestaltung des Übergangs zur Grundschule erkennen, sich dabei aktiv einbringen (Partizipation)
  - Die erweiterten Anforderungen aus Familie, Schule und Erwerbsleben miteinander in Einklang bringen
  - Sich in die Elterngruppe der Schulklasse bzw. Elternschaft der Schule einbringen.

Für die Erzieherinnen

- Kinder und Eltern möglichst langfristig und angemessen auf den Übergang in die Grundschule vorbereiten
- Spezielle Fördermaßnamen zum Erwerb der deutschen Sprache mit entsprechenden schulischen Vorkursen bestmöglich abstimmen
- Kinder unterstützen beim Wahrnehmen, Ausdrücken und Regulieren ihrer Gefühle
- Mit den Kindern ihre Vorstellungen von Schule und Schulkind sowie ihre Erwartungen an Lehrkräfte thematisieren, klären und abstimmen
- Informationen über die Konzeption der Schule(n) einholen
- Eltern bei der Wahl einer geeigneten Schule beraten
- Bei den Eltern die Einwilligung in den fachlichen Austausch über ihr Kind mit der Schule einholen, etwaige Gespräche mit der Schule mit den Eltern abstimmen und sie einladen, daran teilzunehmen
- Anschlussfähigkeit gewährleisten, Kommunikation und Austausch mit der Schule suchen und sich Informationen über den Lehrplan einholen
- „Schulfähigkeit" des Kindes gemeinsam mit den Eltern, dem Kind und der Schule erarbeiten
- Austausch mit der Schule über den individuellen Unterstützungsbedarf, die Stärken und Schwächen der Kinder suchen, soweit dies vor Schuleintritt erforderlich ist
- Das Abschiednehmen der Kinder feierlich begehen.

Für die Lehrkräfte

- Mit der Tageseinrichtung kooperieren und auf den dort entwickelten Kompetenzen aufbauen

- Schulische Vorkurse zum Erwerb der deutschen Sprache mit entsprechenden Fördermaßnahmen in der Tageseinrichtung bestmöglich abstimmen
- Informationen über Konzeption, pädagogische Schwerpunkte des Kindergartens und deren Vorbereitung auf die Schule einholen (z. B. Stärkung von Literacy)
- Kindergarten nicht als „Zulieferer", sondern als Partner der Schule verstehen
- Kommunikation und Austausch mit dem Kindergarten suchen
- „Schulfähigkeit" des Kindes gemeinsam mit dem Kindergarten, den Eltern und dem Kind erarbeiten
- Probebesuche einzelner Kinder und Schulbesuche der Kindergartenkinder ermöglichen
- In Abstimmung mit den Eltern den Austausch mit dem Kindergarten über die Bewältigungsprozesse sowie den individuellen Unterstützungsbedarf, die Stärken und Schwächen der Kinder offensiv suchen und gemachte Beobachtungen gemeinsam reflektieren
- Mit Eltern und Kindern über Erwartungen an die Schule sprechen
- Informationen über Bedingungen in der Schule, Ablauf des Unterrichts geben.

Anregungen und Beispiele zur Umsetzung

Für den Übergang in den Kinderhort sind die Ausführungen zum „Übergang in die nachfolgende Tageseinrichtung" weitgehend übertragbar. Kindergärten und Kinderhorte kooperieren dementsprechend und stimmen sich in ihren Bildungs- und Übergangskonzepten ab.

Inhaltliche Anschlussfähigkeit herstellen

Die Kinder für die Schule aufnahmefähig zu machen und die Schule aufnahmefähig zu machen für die Kinder – dies ist ein aufeinander bezogener Prozess und eine gemeinsame Aufgabe. Aufgabe der Tageseinrichtung ist es, die Kinder langfristig und angemessen auf den Übergang vorzubereiten. Sie beginnt am Tag der Aufnahme; sie steht in den ersten Jahren nicht im Vordergrund, schwingt aber im Hintergrund stets mit. Sie bezieht sich auf die Stärkung von Basiskompetenzen und auf die Entwicklung schulnaher Kompetenzen, auf denen die Schule aufbauen kann (z. B. Sprachentwicklung, Begegnung mit der Schriftkultur). Interesse, Vorfreude und damit Bereitschaft zu wecken, ein Schulkind zu werden, sind ein weiteres Ziel. Aufgabe der Schule ist es, Lehrplan und Unterricht so differenziert und flexibel auszugestalten, dass unter Berücksichtigung der individuellen Unterschiede jedem Kind die bestmögliche Unterstützung zuteil werden kann. Die Entwicklungsunterschiede der Kinder, die in diesem Alter zum Teil erheblich sind, bedürfen besonderer Beachtung. Klare Unterschiede zur Tageseinrichtung sind wichtig, um die Kinder in ihrem Lern- und Entwicklungsfortschritt anzuregen.

Entwicklung einer Kooperationskultur

Das Herstellen der konzeptionellen Anschlussfähigkeit durch steten Dialog und gegenseitiges Hospitieren sowie das Planen und Realisieren gemeinsamer Angebote für die Kinder und Eltern sind wegbereitend für eine gelingende Übergangsbewältigung.

Kooperationsbeauftragte. In Bayern wurden die Grundschulen aufgefordert, Kooperationsbeauftragte für die Zusammenarbeit mit den Kindergärten zu bestellen. In den Kindergärten sind für die Kooperation mit der Schule die Leitungen oder besonders benannte Fachkräfte zuständig. Die Existenz von Kooperationsbeauftragten und die Unterstützung ihrer Tätigkeit sind Voraussetzungen, um vor Ort Kooperation flächendeckend zu realisieren.

Kooperationsmultiplikatoren. In allen bayerischen Schulamtsbezirken wurden Grundschullehrkräfte der 1. und 2. Klasse als Multiplikatoren ausgewählt, um die Kooperation voranzutreiben. In den Jugendämtern nimmt diese Aufgabe die Fachberatung für Kindergärten wahr. Ihre Aufgabe ist, gemeinsame Dienstbesprechungen und Fortbildungen für die Kooperationsbeauftragten durchzuführen.

Zustimmungserfordernis der Eltern in die Kooperationspraxis

Die Kooperation Kindertageseinrichtung und Grundschule ist ein komplexes Geschehen, das in weiten Teilen nur mit Zustimmung der Eltern gestattet ist. Beide Kooperationspartner benötigen von den Eltern insbesondere Einwilligungen für die Fachdialoge über die Kinder. Das Verfahren liegt in der Hand der Kindertageseinrichtung. Im Kooperationsgeschehen vor Schuleintritt stehen nicht der Austausch über einzelne Kinder im Vordergrund, sondern die gemeinsamen Angebote für alle Kinder und deren Eltern mit dem Ziel, die Übergangsbewältigung zu erleichtern. Nach Schuleintritt kann die Reflexion der Bewältigungsprozesse des Kindes in der Schule mit der Erzieherin und den Eltern in hohem Maße sinnvoll sein.

Übergangsbegleitung der Kinder – gemeinsame Angebote

Schulvorbereitung im Jahr der Einschulung zu intensivieren ist sinnvoll. Besser als Schulanfängerprogramme und Übungsblätter ist ein Angebot, bei dem sich altersgemischte Lernaktivitäten, in die sich jedes Kind mit seinem Wissen und Können einbringen kann, z. B. Projekte, und spezielle Angebote für Schulkinder wie Schulkinderkonferenzen, Lernwerkstatt, Verkehrserziehung oder Begleitung von Rollenspielen, in denen sich Kinder mit dem neuen Lebensumfeld ‚Schule' auseinander setzen, abwechseln. Wichtig sind Gelegenheiten, den Lebensraum Schule möglichst frühzeitig kennen zu lernen, z. B. Schulbesuche, Kindergartenbesuche von Lehrkräften, die ausführliche Information der Kinder und das Eingehen auf ihre Fragen.

Stressbewältigung. Diese Kompetenz erweist sich für alle Übergänge als hilfreich. Kinder mit hohen Stressbelastungen in jener Zeit brauchen gezielte Hilfe (Gesundheit ➔ Kap. 7.11).

Schulbesuche. Deren Vor- und Nachbereitung mit den Kindern ermöglicht, ihnen viel Wissen über die Schule mitzugeben und ihre Vorfreude auf die Schule zu wecken. Wichtig ist, die Lernziele für den Besuch mit den Kindern festzulegen, ihre Lernprozesse bei den Besuchen zu beobachten und das Geschehen mit ihnen laufend zu reflektieren. Nach dem Schulbesuch werden die Kinder angeregt, über ihre hierbei gemachten Eindrücke, Erfahrungen und Aktivitäten nachzudenken und sie sodann z. B. durch Erzählungen oder Zeichnungen zum Ausdruck zu bringen. Die entstandenen Produkte und die auf Tonband aufgezeichneten Gespräche der Kinder werden gemeinsam betrachtet bzw. angehört und aufeinander bezogen. Verlauf und Ergebnisse des Schulbesuchs werden mit Eltern und Lehrkraft reflektiert. Kinder können so folgende Kompetenzen (weiter)entwickeln: Selbstwirksamkeit, Kommunikationsfähigkeit, Kooperation mit den erwachsenen Übergangsbegleitpersonen, Übergangsbewältigung als gemeinsamer Gestaltungsakt.

Begleitung der Schulanfänger durch Schulkinder der 2. oder 3. Klasse. Die Aufgabe der Schulkinder besteht darin, mit 2–3 Kindern eines Kindergartens Kontakt aufzunehmen und sie einen Monat lang wöchentlich etwa eine Stunde zu begleiten. Sie führen die Kindergartenkinder in Übungen und Spiele ein, die in eine Rahmengeschichte eingebettet sein können. Eingeübt werden hierbei Inhalte, die für sie als angehendes Schulkind nützlich sein können. Die Schulkinder werden im Unterricht auf die mögliche Übernahme dieser Aufgabe durch Ansprechen der eigenen Erfahrungen beim Übergang zum Schulkind eingestimmt und bei Interesse auf ihre Begleitaufgabe vorbereitet. Für die Schulkinder haben diese Kontakte positive Auswirkungen auf das soziale Klima in der Klasse und Schule, indem ihre Mitverantwortung und Mitarbeit gestärkt werden.

Abschied nehmen vom Kindergarten. Neben der feierlichen Verabschiedung der Schulkinder, etwa in Form eines Schultütenfestes, empfehlen sich als Abschiedsgeste besondere Aktivitäten, die sich die Kinder wünschen dürfen, z. B. Ausflug, Übernachten im Kindergarten.

Übergangsbegleitung der Eltern – gemeinsame Angebote

Elterngespräche. Neben Information zum Übergang steht bei jedem Kind das Klären von zwei Fragen an: Gibt es Anhaltspunkte, die Probleme ihres Kindes bei der Bewältigung dieses Übergangs erwarten lassen? Welche Erwartungen sind an die Schule zu richten, damit Ihr Kind die Unterstützung erhält, die es braucht? Die Tageseinrichtung holt in diesem Gespräch bei den Eltern die

Einwilligung für Gespräche über das Kind mit der Schule ein. Im Einschulungsjahr sollten allen Eltern zwei Gesprächstermine angeboten werden.

Einschulungselternabend. Der Einschulungselternabend sollte gemeinsam mit der Schule durchgeführt und im letzten Kindergartenjahr möglichst früh (noch vor Weihnachten) anberaumt werden und Eltern umfassend über den Übergang und das Einwilligungserfordernis informieren. Im Schulsprengel können mehrere Kindergärten diesen Abend gemeinsam veranstalten. Auch kann sich empfehlen, einige erfahrene Eltern aus der Grundschule einzuladen.

Beobachtung des Kindes in der Übergangsphase vor und nach Schuleintritt

Beobachtung in der Tageseinrichtung. Wichtig sind Teambesprechungen über jedes Schulanfängerkind, um fachlich einzuschätzen, ob Übergangsprobleme zu erwarten sind bzw. ob bereits entsprechende Hinweise darauf deuten, welche Unterstützungsangebote dem Kind und seinen Eltern gegeben werden können. Im Gespräch mit den Eltern sind diese Einschätzungen weiterzuentwickeln und Entscheidungen über das weitere Vorgehen zu treffen. Bei Bedarf sind – mit Einwilligung der Eltern – Fachdienste hinzuzuziehen.

Beobachtung in der Schule. Falls einzelne Kinder Probleme haben, sich in die Situation Schule einzufinden, sind Gespräche zwischen Schule, Eltern und Kindergarten wichtig. Der Erfahrungshintergrund, den Erzieherinnen in solchen Gesprächen über das Kind einbringen können, kann allen Beteiligten helfen, etwaige Schwierigkeiten zu interpretieren und das Kind in seinen Belastungsreaktionen besser zu verstehen. Es kann gemeinsam nach Wegen gesucht werden, dem Kind zu helfen. Die Einwilligungserklärung der Eltern aus der Kindergartenzeit erlaubt solche Gespräche bis zum Ende des ersten Schuljahres. Darüber hinaus sind Unterrichtshospitationen für Erzieherinnen eine Möglichkeit zu erfahren, wie gut es ihren ehemaligen Kindern in der Schule geht. Dieses Feedback ist eine wichtige Reflexionsgrundlage für die eigene Arbeit.

KOOPERATIONSKULTUR – EIN PRAXISBEISPIEL

Kooperation Kindertageseinrichtung – Grundschule. Vom Kooperationsprojekt zum Kooperationsmodell für jedermann zu jeder Zeit

Gemeinsam entwickelt und erprobt:
Kindergarten St. Michael (Modelleinrichtung: Brigitte Netta) und Albert-Schweitzer-Grundschule (Marion Weigl) in Amberg

Entstehung

Die Erprobung des Bildungsplans durch den Kindergarten St. Michael und die Ausbildung zur Kooperationsbeauftragten in Dillingen seitens der Grundschule waren Anlass, aus einer bisher eher punktuellen Zusammenarbeit – schwerpunktmäßig in den letzten drei Monaten vor der Einschulung – eine regelmäßige, strukturierte Kooperation, die das einzelne Kind vielfältig zu empfangen versucht, zu entwickeln. Was als Kooperationsprojekt im Kleinen begann, hat mittlerweile den Schulsprengel mit all seinen Kindertageseinrichtungen sowie die gesamte Stadt Amberg und den Landkreis erfasst – es entwickelt zu sich einem Kooperationsmodell.

Zielsetzung

Dieses Kooperationsmodell richtet den Blick auf das Kind mit seinen Interessen und Bedürfnissen bei seinem Übergang vom Kindergarten zur Grundschule. Es ist ein Modell, das sich als durchführbar für alle Einrichtungen erwiesen hat. Es ging und geht in erster Linie nicht um ein leistungsbezogenes Voranschreiten des Kindes in eine neue Institution oder um einen Austausch von Information und Wissen über und um das Kind. Ziel war und ist, das einzelne Kind in dieser sensiblen Phase zu begleiten, ihm Lust auf Neues zu vermitteln, aber auch die Angst davor abzubauen. Hierbei war es wichtig, alle Beteiligten mit ins Boot zu nehmen: das Kind, das seinen Übergang selbstbestimmt und eigenaktiv bewältigt, die Eltern, die das Kind von Geburt an begleiten und mit(er)leben, die Erzieherinnen, die das Kind 2 bis 3 Jahre lang unterstützen und die Lehrkräfte, die das Kind in Empfang nehmen. Nur im gemeinsamen Handeln, im Miteinander, in der Kooperation kann der Übergang gut gelingen. Dabei soll dieses Miteinander ein ganzheitliches Miteinander „auf gleicher Augenhöhe" von Eltern, Erzieherinnen und Lehrkräften sein. Durch die Projekteinheiten – während des gesamten letzten Kindergartenjahres durchgeführt – wurden und werden den künftigen Schulanfängern verschiedene Erfahrungsfelder angeboten. Diese knüpfen an dem Entwicklungsstand und den Kompetenzbereichen der Kinder an (z. B. mathematische, sprachliche, musische, personale und soziale Kompetenzen), aber auch an ihren Entwicklungsrisiken (im Blickfeld vor allem Kinder mit geringem Selbstwertgefühl).

Umsetzung – Kooperationskalender mit vielfältigen Angeboten

Erste Kontaktaufnahme per Post. Nachdem die Kindergartenkinder in einer ihrer Schulkinderkonferenzen die Idee der Kooperation mit der Grundschule aufgegriffen und überdacht hatten, stellten sie per Post eine Anfrage an die Schulkinder. Diese antworteten prompt mit einem Brief. Der erste Kontakt war geknüpft. Es galt nun, einen Kennenlerntermin zu finden.

Erste Schritte durch das Schulhaus – ein Entdeckungsnachmittag. Ziele dabei waren und sind: Vertraut werden mit der künftigen Lernumgebung, Unterstützung der vorhandenen Neugier und Freude, Wissen, was auf mich zukommt – Sicherheit, Abbau von Ängsten. In der Schulkinderkonferenz besprachen wir Erzieherinnen mit den Kindern ihre Vorstellungen über diesen Besuch, ihr Vorwissen von Geschwistern und ihre offenen Fragen zur Schule. Bei einem Rundgang durch das Schulhaus, der uns durch die verschiedenen Gänge, die Pausenhalle, Toiletten, Treppenhäuser bis in ein Klassenzimmer führte, machten die Kinder vielfältige Erfahrungen und entdeckten viele Unterschiede zum Kindergarten: Das Schulhaus riecht anders, es hat viele Zimmer, die Stimmen und Schritte hallen sehr laut, die Gänge sind lang und verwirrend. In der Reflexion stellten wir fest, wie positiv es war, dass wir den Kindern viel Zeit für eigene Entdeckungen gegeben haben. Dabei war es auch sehr wichtig, dass sie ihre Fragen teilweise selbst beantworten konnten.

Gegenseitiges Kennenlernen. Nun war es endlich so weit. Voller Spannung besuchten die Vorschulkinder die Klasse 1a der Grundschule in ihrem Klassenzimmer. Ein paar kannten sich schon aus dem Kindergarten, viele Gesichter aber waren auch ganz neu. Auch für die „Schulprofis" war dies aufregend. Sie freuten sich, die „Großen", die „Verantwortlichen" zu sein, die den „Kleineren" ihre Schule zeigen.

Information der Eltern. Die Eltern beider Gruppen wurden zeitgleich über das Projekt informiert durch Elternbriefe (im Kindergarten regelmäßig durch Beiträge in den Monatsbriefen, teilweise durch eigene Briefe), Elterngespräche, die Präsentation von Fotos, das Einrichten eines „Computer-Foto-Albums" für Kinder und Eltern im Garderobenbereich sowie einen gemeinsamen Elternabend.

Spielnachmittag für die Schulkinder im Kindergarten. Auf Wunsch der Erstklässler besuchten die Schulkinder die Kindertageseinrichtung an einem Nachmittag zum freien Spiel. Ziele hierbei waren und sind: Kontaktaufnahme der „Kooperationspartner" im freien Spiel, die Kinder erleben die Lehrerin als zunehmend vertrauten Menschen und bauen evtl. noch bestehende Hemmungen ab, die ehemaligen Kindergartenkinder wissen, sie sind immer noch willkommen, die Schulkinder erforschen den Kindergarten, die ehemalige Kindergartenkinder knüpfen an frühere Erfahrungen an, Kinder, die andere Vorschuleinrichtungen besucht haben, lernen eine für sie neue Einrichtung kennen sowie Spaß am gemeinsamen Spielen.

Schulhauserkundung. Hier ging es v. a. um das weitere Vertrautwerden mit dem Gebäude. Ausgerüstet mit einem „Lauf-Pass" gingen Kindergartenkinder und Erstklässler in kleinen Teams „auf Spurensuche durchs Schulhaus". Verschiedene Stationen mussten gefunden werden, und die Kinder erhielten dort jeweils einen Stempel. Wichtige Stationen waren das Sekretariat, das Rektorat, das Hausmeisterzimmer, die Turnhalle und die Toilette. Ziele dieser Erkundungseinheit waren: Eigene Erfahrungen sammeln können, Unterschiede zum Kindergartenbistro erkennen, Fertigkeiten erhalten (z. B. im Stehen essen), auf Signale reagieren (Pausengong), Erfahren von zeitlichen Schulabläufen. Vor dem offiziellen Pausengong gingen wir mit unseren Schulanfängern in den Ruhepausenhof der Schule. Nach kurzer Einführung konnten die Kinder in ihrem eigenen Tempo den noch leeren Schulhof mit Heckenlabyrinth, Weidenzelt, Schulgarten erleben und erforschen. Dabei hatten sie den Vorteil, dass sie nicht von den „raustürmenden" Schulkindern überrannt wurden. Sie mussten sich an die dort herrschenden Regeln halten und selbstständig auf ihre mitgebrachten Dinge, z. B. Brotzeitboxen, Taschen, Turnbeutel, achten.

Schrifspracherwerb – Ein Projekttag „Wir entdecken die Anlauttabelle". Für einen Tag fand ein kompletter „Kindertausch" statt. Die Erzieherinnen holten die Schulkinder in ihrem Klassenzimmer ab und brachten die Vorschulkinder mit. Eine Kollegin blieb bei den Schulanfängern in der Schule, die anderen gingen mit den Grundschülern zurück in den Kindergarten. Mit einer Kleingruppe der Grundschulkinder wurden Buchstabenkekse gebacken; der andere Teil der Schulkinder hatte Freispiel in der Lernwerkstatt des Kindergartens. Die Vorschulkinder erlebten in dieser Zeit spielerisch eine Unterrichtsstunde und lernten dabei die Anlauttabelle kennen. Schwerpunkt war das Benennen der Anlautbilder. Neben Such- und Entdeckungsspielen auf der Anlauttabelle gab es Orientierungsübungen, die einzelnen Bilder möglichst oft zu benennen. Anschließend trafen sich alle Kinder wieder in der Schule, und gemeinsam wurden die Buchstabenkekse verspeist. Zur Nachbereitung wurde die Anlauttabelle mit in den Kindergarten genommen und regelmäßig thematisiert. Die Arbeit mit der Anlauttabelle ist auch deshalb wichtig, da diese einige Stolperstellen aufweist (z. B. R für Rabe = Vogel). Um solchen und anderen Unstimmigkeiten vorzubeugen und die Kinder „fit zu machen", arbeiten die Kindergartenkinder immer wieder mit den Anlautbildern in der Lernwerkstatt.

Mathematisches Denken, Verstehen und Lernen – Gemeinsamer „Zahlentag". Am „Zahlentag" stand das weitere Anknüpfen an Kontakte zu ehemaligen Kindergartenkindern im Mittelpunkt. Sowohl die Kindergartengruppe als auch die Schulklasse wurden geteilt. Eine „Mischgruppe" ging in die Schule, die andere Gruppe blieb währenddessen im Kindergarten. Der eine Teil der Kinder besprach im Kindergarten in einem Kreis mit den Erzieherinnen kurz den Ablauf des Vormittags. Die Kindergartenkinder stellten den Schulkindern die Lernwerkstatt mit ihren Regeln vor. In einer anschließenden Freispielphase nutzten die Kinder die vorbereiteten mathematischen Lernspiele und Freiarbeitsmaterialien. Parallel dazu erlebte die andere Gruppe in der Schule eine kurze Mathematikunterrichtseinheit. Sie gestalteten gemeinsam ein Zahlenbuch zum Fühlen und Entdecken. Nach einer Stunde wurden die Gruppen getauscht. Sodann trafen sich alle wieder in der Pausenhalle der Schule zu einer gemeinsamen Brotzeit und zum abschließenden Tanz, dem „Siebenschritt". Im Spielzimmer des Kindergartens richteten einige Kinder daraufhin von sich aus eine kleine Schulecke ein und spielten das Erlebte nach.

„Geometrischer Treff". Auch hier bot es sich an, die Gruppen zu mischen. Austragungsorte der Veranstaltung waren der Kindergarten und die Schule. In jeder Einrichtung wurden Stationen rund um die Flächenformen aufgebaut. Die Kinder sollten Rechtecke, Kreise, Quadrate und Dreiecke erfühlen und zuordnen, Regelhaftigkeiten in der Folge der Formen entdecken, Muster fortsetzen und mit Flächen gestalten können. Innerhalb der drei Stunden wechselten die altersheterogenen Gruppen immer wieder die Angebotstische.

Sport. Das Entdecken und Ausprobieren der verschiedenen Geräte stand im Mittelpunkt einer gemeinsamen Sportstunde. Daneben nahmen wir uns sehr viel Zeit, um die Umkleidekabinen und Waschräume zu erkunden. Zu empfehlen ist auch eine gemeinsame Sportolympiade. Bei einer Winterolympiade z. B. konnten die Kinder ihr Können im Langlaufen auf dünnen Teppichfliesen, Biathlon (Werfen eines Jonglierballes in den Reifen) usw. zeigen.

Kunst – Hundertwasser-Projekt. Getrennt voneinander wurde in Grundschule und Kindergarten der Künstler Hundertwasser und seine Art des Malens vorgestellt. Bei näheren Betrachtungen rückte die Spirale als künstlerisches Element in den Mittelpunkt. Die Lehrerin und die Erzieherinnen besprachen mit den Kindern auch die Wahl der Farben und das Kontrastieren mit „schwarz". Dann ging es daran, einmal selbst zu malen wie Hundertwasser. Jedes Kind gestaltete auf einem DIN A4 Blatt seinen „Hundertwasser-Stein". Alle Blätter wurden später zu einer „Traumschule" zusammengesetzt. Es war zugleich die Vorübung, die 55 Meter lange Mauer zwischen Kindergarten und Grundschule zu gestalten – ein symbolträchtiger Akt, denn diese Mauer verbindet beide Einrichtungen. In Teamarbeit bemalten je ein Erstklässler und ein Kindergartenkind ein „Steinelement". Das farbenfrohe Kunstwerk fand nicht nur Anklang bei den Kindern, sondern auch bei Eltern und Anwohnern. „Schau, das ist mein Stein!", hörte man die Kinder nach Schulschluss rufen.

Kooperationsfest. Als Abschluss des Kooperationsprojekts feierten wir zusammen ein Verbindungsfest an der Mauer. Dabei entstand unser Abschlussfoto, und die Idee eines Tutorensystems, bei dem die künftigen Zweitklässler die Schulanfänger begleiten, wurde geboren.

Rückblick

Neben der fachlichen Unterstützung lernen die Vorschulkinder ihre künftige Lernumgebung und die dazugehörigen Menschen (Lehrkräfte, Schulleitung, Hausmeister) kennen. Ängste werden abgebaut. Schule ist gar nicht „so anders". Auch die Schulkinder gewinnen durch die gemeinsamen Aktionen an Sozialkompetenz und Wissen. Die Pädagoginnen und Pädagogen erhalten Einblick in die jeweils andere Bildungseinrichtung. Das Verständnis und die Wertschätzung füreinander wachsen. Die Eltern erleben, dass Kindergarten und Grundschule „Hand in Hand" arbeiten. Dies fördert einen offenen und intensiven Dialog aller Beteiligten in dieser sensiblen Phase. Kindergarten und Grundschule sowie Erzieherinnen und Lehrkräfte profitieren voneinander. Die größten Gewinner sind bei diesem Kooperationsprojekt aber die Kinder!

Verwendete Literatur

- Griebel, W. & Niesel, R. (2004). Transitionen. Fähigkeiten von Kindern in Tageseinrichtungen fördern, Veränderungen erfolgreich zu bewältigen. Weinheim: Beltz.
- Reichert-Garschhammer, E. (2004). Die elterliche Zustimmung in die Kooperationspraxis von Kindertageseinrichtung und Grundschule. www.ifp-bayern.de/bildungsplan/materialien

6.2 Umgang mit individuellen Unterschieden und soziokultureller Vielfalt

6.2.1 Kinder verschiedenen Alters

Leitgedanken

Die Arbeit mit altersgemischten Gruppen hat in Kindertageseinrichtungen insofern Tradition, als sich in Krippen und Kindergärten die Gruppen schon immer aus Kindern verschiedenen Alters zusammensetzten. Die erweiterte Altersmischung ist eine vielversprechende Form der Gruppenzusammensetzung, die bereits in vielen Kindertageseinrichtungen erprobt und praktiziert wird. Möglichkeiten der erweiterten Altersmischung bieten sich z. B. in Kindergärten durch die Aufnahme von Kindern unter drei Jahren bzw. Schulkindern oder in Häusern für Kinder, deren Angebot sich an Kinder vom Säuglingsalter bis zu zwölf Jahren richten kann.

Die (erweiterte) Altersmischung ist mit einer Reihe von Anforderungen an das pädagogische Personal verbunden, bietet jedoch besondere Möglichkeiten für die Kinder.

Die Heterogenität der Gruppe (die bei erweiterter Altersmischung besonders groß ist) bietet den Kindern ein weites Feld vielseitiger Lern- und Erfahrungsmöglichkeiten. Für die Kinder entstehen vielfältige Möglichkeiten, Beziehungen einzugehen und soziale Kompetenzen zu entwickeln. Mehr als in homogenen Gruppen bietet sich den Kindern eine Auswahl unterschiedlicher Spielpartner/innen, die ihren Interessen und ihrem Entwicklungsstand unabhängig vom Alter entsprechen. Aufgrund der natürlichen Entwicklungsunterschiede werden die Kinder nicht so stark untereinander verglichen oder an „altersgemäßen" Entwicklungsniveaus gemessen. Kinder geraten dadurch weniger unter Konkurrenzdruck. In altersgemischten Gruppen interagieren Kinder eher mit Kindern des anderen Geschlechts als in altershomogenen Gruppen (Mädchen und Jungen – Geschlechtersensible Erziehung ➔ Kap. 6.2.2).

Hervorzuheben sind die sozialen Lernmöglichkeiten. Orientierung ist an Jüngeren und Älteren möglich, Kinder setzen sich hierbei ihre eigenen Entwicklungsschwerpunkte. Kinder lernen vieles leichter von Kindern als von Erwachsenen, da die Entwicklungsunterschiede nicht unüberwindbar groß

erscheinen. Von einer erweiterten Altersmischung profitieren sowohl die jüngeren als auch die älteren Kinder:
- Jüngere Kinder erhalten vielfältige Anregungen durch die älteren. Sie beobachten sehr intensiv und versuchen, deren Fertigkeiten nachzuahmen. Entsprechend ihrem Entwicklungsstand nehmen sie aktiv oder beobachtend am Gruppengeschehen teil. Sie lernen, dass auch die älteren Kinder bestimmte Bedürfnisse und Wünsche haben und es diese zu respektieren gilt.
- Ältere Kinder erhalten vielfältige Anregungen von den Jüngeren. Sie üben und vertiefen ihr Können und Wissen und gewinnen Sicherheit, indem sie die Jüngeren „lehren". Ein Vorbild und Modell für jüngere Kinder zu sein stärkt ihr Selbstbewusstsein. Ihr Verhalten orientiert sich nicht nur an dem der Gleichaltrigen. Selbst Kinder, die unter Gleichaltrigen häufig durch ein „wildes" oder gar aggressives Verhalten auffallen, sind mit Säuglingen und Kleinkindern meist behutsam, liebevoll und fürsorglich.
- Vorbehalte, dass die Säuglinge zu wenig Ruhe finden und die älteren Kinder zu wenig Anregung und Unterstützung (z. B. im Hinblick auf den Übergang zur Schule) erhalten, haben sich nicht bestätigt.
- Die Eingewöhnung neuer Kinder in die Tageseinrichtung wird erleichtert, indem die erfahrenen und in der Gruppe bereits gut eingelebten Kinder die „Neulinge" hierbei unterstützen (Übergang von der Familie in die Tageseinrichtung ➤ Kap. 6.1.1; Mitwirkung der Kinder am Bildungs- und Einrichtungsgeschehen (Partizipation) ➤ Kap. 8.1).

Kindertageseinrichtungen mit erweiterter Altersmischung reduzieren die Anzahl der Übergänge (Übergang in die nachfolgende Tageseinrichtung ➤ Kap. 6.1.2). Dies bringt Vorteile für Kinder und Eltern mit sich. In den Beziehungen der Kinder untereinander, aber auch in den Beziehungen der Eltern untereinander wird eine hohe Kontinuität ermöglicht. Das Verhältnis der Kinder zu den pädagogischen Fachkräften wird intensiver, da eine kontinuierliche Bildung, Erziehung und Betreuung über einen längeren Zeitraum hinweg möglich ist. Die pädagogischen Angebote sind vielfältiger, individuelles Eingehen auf die Kinder wird leichter.

Bildungs- und Erziehungsziele

Das Kind lernt im Austausch mit älteren bzw. jüngeren Kindern das Zusammenleben in einer altersgemischten Gruppe. Durch erfolgreiche Interaktionen mit älteren und jüngeren Kindern erwirbt es vor allem ein erweitertes Spektrum sozialer Kompetenzen:
- Rücksichtnahme, Hilfsbereitschaft und Toleranz
- Angemessenes Durchsetzen eigener Interessen gegenüber Älteren und Jüngeren
- Hilfe von Kindern mit mehr Erfahrung annehmen und weniger erfahrenen Kindern Hilfe anbieten

- Sich selbst als Vorbild begreifen und sein eigenes Verhalten reflektieren
- Sich auf Unterschiede einlassen
- Konfliktfähigkeit sowohl in der Auseinandersetzung mit älteren als auch mit jüngeren Kindern
- Grundverständnis entwickeln, dass unterschiedliche Wünsche und Verhaltensweisen aufeinander abgestimmt werden müssen
- Die Bedürfnisse und Interessen jüngerer bzw. älterer Kinder erkennen und daran Anteil nehmen.

Anregungen und Beispiele zur Umsetzung

Erweiterung der Altersmischung in der Kindertageseinrichtung

Kindertageseinrichtungen, die sich für eine Erweiterung ihrer bestehenden Altersmischung entscheiden, bzw. Träger, die sich für die Inbetriebnahme eines Kinderhauses entscheiden, stehen vor komplexen Reflexions- und Planungsprozessen, denn die erweiterte Altersmischung ist kein „pädagogischer Selbstläufer". Voraussetzung für eine erfolgreiche pädagogische Arbeit mit der erweiterten Altersmischung sind Überlegungen, die sich mit den Chancen und Risiken für die verschiedenen Altersgruppen auseinander setzen, um die pädagogische Herausforderung Heterogenität zu meistern. Von den ersten Überlegungen bis zur schriftlichen Formulierung einer Konzeption sind folgende Schritte sinnvoll:

- Träger, Fachaufsicht und Fachberatung einbeziehen
- Motive für die Altersöffnung benennen, Für und Wider abwägen
- Zielsetzung diskutieren, Klarheit über pädagogische Ansprüche herstellen
- Räume und Ausstattung überprüfen und an die Bedürfnisse der jüngeren und älteren Kinder anpassen
- Gruppenzusammensetzung (Alter und Geschlecht) planen und dabei Formen der inneren Öffnung mit bedenken
- Tages-, Wochen- und Jahresverlauf planen und dabei pädagogisches Arbeiten konzipieren (z. B. innere Differenzierung, Projektarbeit)
- Beteiligung der Kinder planen und Eltern einbeziehen
- Infrastruktur und Vernetzung vor Ort erkunden.

Schärfung des pädagogischen Blicks

Aus der Sicht der jüngeren Kinder scheint es offensichtlich zu sein, warum ältere Spielkameraden attraktive Partner sind – aber was genau sind ihre Motive? Und was macht die jüngeren Kinder für die älteren in Spiel- und

Lernsituationen attraktiv? Wo liegen die Motive der älteren Kinder, die sich jüngeren zuwenden? Durch gezielte Beobachtungen über einen bestimmten Zeitraum (z. B. 1 Woche lang) lassen sich gelungene und weniger gelungene Situationen sammeln, anhand derer pädagogische Fachkräfte erkennen können, was für die Älteren und was für die Jüngeren der Gewinn an der jeweiligen Situation ist und wie dieses Miteinander pädagogisch weiterentwickelt werden kann. Folgende Situationen bieten sich für Beobachtungen an: Miteinander spielen; helfen; Neues lernen, Aufgaben lösen; Körperkontakt; Konflikte austragen.

Wenn Mädchen und Jungen frei wählen können, bevorzugen sie Spielpartner desselben Geschlechts und ähnlichen Alters. In Gruppen mit erweiterter Altersmischung sind nicht immer genügend Spielpartner des bevorzugten Alters und Geschlechts vorhanden. Was auf den ersten Blick als Mangel erscheint, kann sich als Vorteil erweisen, da Jungen und Mädchen unter diesen Bedingungen ganz selbstverständlich ihr Handlungsspektrum und ihre Spielräume erweitern (z. B. indem ältere Jungen sich fürsorglich gegenüber den Jüngsten verhalten oder Mädchen in die Fußballmannschaft aufgenommen werden). Die Öffnung der Gruppen und der Tagesablauf können miteinander so in Einklang gebracht werden, dass in strukturierten und unstrukturierten Situationen deutlich altersunterschiedliche Kinder miteinander umgehen können oder sich im Alter ähnlichere Interaktionspartner suchen.

Raumnutzung und Tagesablauf mit Kindern erarbeiten

Bei Raumnutzung und Tagesablauf sind die unterschiedlichen Bedürfnisse der Kinder verschiedenen Alters zu berücksichtigen. Bei der Suche nach geeigneten Lösungen sind die Kinder mit einzubeziehen, damit sie ihre Bedürfnisse und Wünsche einbringen und zugleich gemeinsam geeignete Lösungen erarbeiten und aushandeln können. In einer Kindertageseinrichtung wurde die Vereinbarkeit der Bedürfnisse jüngerer Kinder nach Mittagsruhe und älterer Kinder nach fester Zeit für die Hausaufgaben z. B. in der Weise ausgehandelt, dass während eines bestimmen Zeitraums diese beiden Kindergruppen im selben Raum nur durch aufgehängte Tücher voneinander getrennt werden. Die Jüngeren verständigen sich mit den Älteren darauf, sich gegenseitig nicht zu stören.

Bildungsarbeit in Projekten

Ein bewährter pädagogischer Ansatz für Gruppen mit erweiterter Altersmischung ist die Projektarbeit, in der sich jüngere und ältere Kinder mit ihren unterschiedlichen Fähigkeiten und Interessen einbringen können und in der kooperativen Auseinandersetzung mit den Aufgabenstellungen gegenseitig voneinander profitieren.

Innere Öffnung – Konzeption der offenen Kindertageseinrichtung

Auch im Zusammenhang mit der erweiterten Altersmischung gewinnt die Frage nach der inneren Öffnung bzw. der Konzeption der offenen Kindertageseinrichtung an Bedeutung und Aktualität (Mitwirkung der Kinder am Bildungs- und Einrichtungsgeschehen (Partizipation) ➙ Kap. 8.1). Öffnungsprozesse ermöglichen eine flexiblere Gestaltung des Angebots, es lassen sich altersgemischte Angebote (z. B. Projekte) und altershomogene Angebote (z. B. Treffen der Schulanfänger) im Wechsel und in Kleingruppen besser realisieren und die Kinder können zwischen verschiedenen Angeboten wählen. Ein breiter gefächertes Angebot in der Einrichtung ermöglicht, auf die unterschiedlichen Bedürfnisse der verschiedenen Altersgruppen gezielter und intensiver einzugehen.

Verwendete Literatur

- Dyroff, Ganni & Hauber (1998). Erfahrungsbericht: Altersmischung gelebt. KiTa aktuell BY 5, S. 99–101.
- Griebel, W., Niesel, R., Reidelhuber, A. & Minsel, B. (2004). Erweiterte Altersmischung in Kita und Schule. Grundlagen und Praxishilfen für Erzieherinnen, Lehrkräfte und Eltern. München: Don Bosco.

6.2.2 Mädchen und Jungen – Geschlechtersensible Erziehung

Leitgedanken

Die Entscheidung, ob ein Kind ein Mädchen oder ein Junge wird, wird von der Natur gefällt. Was es bedeutet, männlich oder weiblich zu sein, ist hingegen weitgehend beeinflusst von der jeweiligen Kultur und Gesellschaft, in der ein Kind aufwächst und den damit verbundenen geschlechterspezifischen Erfahrungen.

Während die Natur vorgibt, welches biologische Geschlecht einem Menschen zugeordnet werden kann, entwickelt das Kind durch die Interaktion mit anderen eine soziale Geschlechtsidentität. Das soziale Geschlecht drückt sich aus in den jeweiligen gesellschaftlichen Bedingungen und Geschlechterrollen, in Männer- und Frauenleitbildern, in männlichen und weiblichen Verhaltensnormen, in Sitten, Gebräuchen und Vereinbarungen. Für die Entwicklung der Geschlechtsidentität sind die Jahre in der Kindertageseinrichtung von besonderer Bedeutung. Kinder setzen sich intensiv damit auseinander, was es ausmacht, ein Junge oder ein Mädchen zu sein und welche Rolle sie als Mädchen bzw. Jungen einnehmen können. Sie sind nicht nur Empfänger der gesellschaftlichen Botschaften, wie sie z. B. durch Medien (etwa Bücher, Zeitschriften, Comics, Fernsehen, Filme, Computerspiele) vermittelt werden, sondern sie sind auch aktive Gestalter ihrer Geschlechtsidentität, indem sie aus den Angeboten ihres Umfeldes auswählen und sich im Spektrum der Möglichkeiten, männlich oder weiblich zu sein, positionieren. Dafür sind die Erfahrungen entscheidend, die Kinder in der Familie und in der Kindertageseinrichtung selber machen können.

Kindertageseinrichtungen sind wichtige Erfahrungsfelder für Interaktionen und Kommunikation in gleich- und gemischtgeschlechtlichen Gruppen sowie in Gruppen, in denen sich Kinder selbst organisiert zusammenfinden, und solchen, die von Frauen, seltener von Männern, moderiert werden.

Bildungs- und Erziehungsziele

Das Kind entwickelt eine eigene Geschlechtsidentität, mit der es sich sicher und wohl fühlt. Es ist in der Lage, einengende Geschlechterstereotypen zu erkennen und traditionelle sowie kulturell geprägte Mädchen- und Jungenrollen kritisch zu hinterfragen und sich durch diese nicht in seinen Interessen, seinem Spielraum und seinen Erfahrungsmöglichkeiten beschränken zu lassen. Das Kind erwirbt ein differenziertes und vielfältiges Bild von den möglichen Rollen von Männern und Frauen. Dazu gehören insbesondere:
- Das andere Geschlecht als gleichwertig und gleichberechtigt anerkennen
- Unterschiede zum anderen Geschlecht wahrnehmen und wertschätzen
- Erkennen, dass „weiblich" und „männlich" keine uniformen Kategorien sind, sondern dass „Weiblichsein" und „Männlichsein" in vielfältigen Variationen möglich ist
- Grundverständnis darüber erwerben, dass im Vergleich der Geschlechter die Gemeinsamkeiten hinsichtlich Begabungen, Fähigkeiten, Interessen und anderen Persönlichkeitsmerkmalen größer als die Unterschiede sind
- Erkennen, dass eigene Interessen und Vorlieben nicht an die Geschlechtszugehörigkeit gebunden sind
- Seine eigenen Interessen und Bedürfnisse über die geschlechterbezogenen Erwartungen und Vorgaben anderer stellen
- Geschlechterbezogene Normen, Werte, Traditionen und Ideologien (z. B. Mädchen interessieren sich weniger für Technik, Jungen spielen nicht mit Puppen) kritisch hinterfragen
- Andere nicht vorrangig aufgrund ihrer Geschlechtszugehörigkeit beurteilen, sondern sie in ihrer individuellen Persönlichkeit wahrnehmen
- Die eigenen geschlechtsstereotypen Erwartungen an sich und andere kritisch hinterfragen
- Mit Widersprüchen zwischen der eigenen Geschlechtsidentität und Erwartungen von anderen umgehen
- Kulturgeprägte andere Vorstellungen über Geschlechteridentitäten erkennen und respektieren und dennoch hinterfragen.

Anregungen und Beispiele zur Umsetzung

Bedeutung der geschlechtersensiblen Erziehung im pädagogischen Alltag

Geschlechtersensible Erziehung ist eine Querschnittsaufgabe, die alle Bildungs- und Erziehungsbereiche betrifft und bei jedem Lernangebot mit zu bedenken ist. Besonders enge Verbindungen bestehen zu den Themenfeldern der interkulturellen Erziehung (→ Kap. 6.2.3).

„Geschlechterbewusste" pädagogische Grundhaltung

Eine „geschlechterbewusste" Grundhaltung beruht auf folgenden Prinzipien:
- Mädchen und Jungen sind gleichwertig und gleichberechtigt. Im Vergleich der Geschlechter sind die Gemeinsamkeiten bei Intelligenz, Begabungen, Fähigkeiten und anderen Persönlichkeitsmerkmalen größer als die Unterschiede. Die Unterschiede zwischen den Geschlechtern werden mit Wertschätzung behandelt. Sie erfordern bildungs- und erziehungszielorientiert geschlechterdifferenzierende Ansätze.
- Das soziale Geschlecht ist kein stabiles Persönlichkeitsmerkmal. Es ist das Ergebnis sozialer Interaktionen und somit flexibel und veränderbar. Beide Geschlechter werden durch Stereotypisierungen und pädagogische Praktiken, die ihnen nicht gerecht werden, benachteiligt. Es besteht die Gefahr, dass Entwicklungspotentiale eingeschränkt werden.

Die Entwicklung dieser Haltung und ihre pädagogische Umsetzung setzen Fachwissen über entwicklungspsychologische Konzepte zur Geschlechtsidentität und über das Konzept der sozialkognitiven Geschlechterentwicklung, das Geschlecht als soziale Kategorie voraus. Eine Auseinandersetzung mit der Geschlechterthematik bei Kindern bedeutet immer auch eine Auseinandersetzung mit sich selbst und damit Selbstreflexion und kollegiale Teamgespräche:
- Auseinandersetzung mit dem eigenen Berufsbild, den damit verbundenen Stereotypen, seinem Wandel von der (Ersatz-)Mütterlichkeit zur pädagogischen Fachkraft in einer Bildungseinrichtung sowie mit den Konsequenzen, die aus der Tatsache entstehen, dass die frühe Kindheit für Mädchen und Jungen vor allem von Frauen begleitet wird
- Hinterfragen geschlechterbezogener Normen und Werte, Traditionen und Ideologien (z. B. „Mädchen interessieren sich weniger für Technik" und „Richtige Jungen müssen raufen"), wobei Rückblicke auf Frauen- und Männerrollen in unserer Gesellschaft zeigen, dass Geschlechterrollen und die Verhältnisse zwischen den Geschlechtern veränderbar sind. In Abhängigkeit von sozialen, wirtschaftlichen und kulturellen Veränderungen werden sie immer wieder neu konstruiert
- Reflexion der Bedeutung des erwachsenen Vorbildes in der Kindertageseinrichtung.

Einbezug von mehr Männern in die pädagogische Arbeit

In der Diskussion um geschlechtergerechte Pädagogik wird immer wieder die Wichtigkeit von männlichen Pädagogen für Jungen und Mädchen betont. Die Forderung nach mehr Männern in Kindertageseinrichtungen muss realistischerweise als Fernziel gesehen werden. Trotz des Mangels an männlichen Erziehern gibt es verschiedene Möglichkeiten, Männer in den Einrichtungsalltag einzubeziehen, z. B. durch eine Elternarbeit, die sich bewusst an Väter wendet (Bildungs- und Erziehungspartnerschaft mit den Eltern → Kap. 8.3.1), die gezielte Suche nach männlichen Praktikanten oder im Rahmen der Kooperation mit fachkundigen Stellen z. B. den Einbezug von Handwerkern und Künstlern. Die Anwesenheit von Männern in Kindertageseinrichtungen bedeutet nicht automatisch, dass Geschlechterstereotypen kein Thema mehr sind. Wenn Männer dort arbeiten oder vorübergehend anwesend sind, wenden sie sich oft bevorzugt den älteren Kindern, vielleicht sogar den älteren Jungen zu, initiieren überwiegend sportliche Aktivitäten und Spiele mit Wettbewerbscharakter, reparieren zerbrochenes Spielzeug oder bringen die Technik auf den neuesten Stand. Möglicherweise erleben Kinder so besonders geschlechterstereotype Verhaltensweisen, nicht nur weil Männer sich „typisch männlich" verhalten, sondern auch weil Frauen dazu neigen, in Gegenwart von Männern ihr Verhalten zu verändern – in Richtung „typisch weiblich". Erfahrungen haben gezeigt, dass Teams, in denen Frauen und Männer zusammenarbeiten, dann eine große pädagogische Bereicherung darstellen können, wenn im Team sorgfältige Reflexionsprozesse (möglichst Supervision) über Geschlechterrollen in der pädagogischen Arbeit stattgefunden haben.

Zusammenarbeit mit den Eltern

Wichtig ist, die Zusammenarbeit mit den Eltern langfristig anzulegen und die Situation von Müttern und Vätern zu berücksichtigen. Mütter und Väter von Töchtern bzw. Söhnen, allein erziehende Eltern sowie Eltern aus anderen Kulturkreisen haben möglicherweise ein unterschiedliches Verständnis der Geschlechterverhältnisse und dementsprechend andere Erziehungsvorstellungen. Gerade bei der geschlechtersensiblen Erziehung gibt es starke kulturell und religiös geprägte Haltungen bei den Eltern und Kindern und dadurch oftmals auch Konflikte in den Kindertageseinrichtungen.

Leitziele geschlechterbewusster Pädagogik

Für pädagogische Fachkräfte stellt sich die Aufgabe, Kinder bei der Entwicklung ihrer individuellen Geschlechtsidentität als Mädchen oder Junge durch die Schaffung eines möglichst breiten Erfahrungsspektrums zu unterstützen. Kindertageseinrichtungen sind koedukative Einrichtungen, aber geschlechterbewusste Pädagogik ist kein fertiges Konzept mit Standardmethoden. Die pädagogische Arbeit soll daher genutzt werden, situationsbezogen geschlechtertypisches Verhalten nicht nur der Kinder, sondern auch der pädagogischen Fachkräfte zu hinterfragen und möglichst auch alternative Verhaltensmuster in gleich- und gemischtgeschlechtlichen Gruppen zu erproben, zu beobachten und zu evaluieren.

Kinder werden in erster Linie als Persönlichkeiten mit individuellen Stärken, Vorlieben und Interessen gesehen und nicht als Mitglieder einer Geschlechtergruppe. Zugleich ist der Blick für die Lebenswelten von Mädchen und Jungen geschärft. Zu beachten ist, dass Verhaltensunterschiede zwischen Jungen und Mädchen in Gruppensituationen, die von Erwachsenen pädagogisch gestaltet und unterstützt werden, weniger deutlich auffallen als in von den Kindern selbst gewählten Spielsituationen. Zu berücksichtigen sind auch die unterschiedlichen Familienformen, die verschiedenen kulturellen Hintergründe und sozialen Unterschiede, mit denen Mädchen und Jungen heute aufwachsen.

Jungen und Mädchen erfahren eine zeitlich und qualitativ gleichwertige Zuwendung und Aufmerksamkeit der pädagogischen Fachkräfte und der Kindergruppe (z. B. Redezeit in Diskussionsrunden). Für Mädchen und Jungen werden gleicher Zugang zu und gleiche Teilhabe an allen Lerninhalten und Lernräumen sichergestellt. In der Kinderliteratur und in Spielen werden die „Hauptrollen" (Personen im Mittelpunkt der Geschichte, Führungspersönlichkeiten) häufiger von Jungen bzw. Männern dargestellt; bei deren Auswahl ist deshalb darauf zu achten, dass nicht der Eindruck entsteht, Jungen seien wichtiger (oder umgekehrt). Die Leistungen von Jungen und Mädchen werden gleichermaßen gewürdigt und der Öffentlichkeit (z. B. den Eltern) zugänglich gemacht.

Gruppenprozesse werden in unterschiedlichen Situationen beobachtet und geschlechterbewusst analysiert. Wenn Jungen und Mädchen wählen können, bevorzugen sie häufig gleichgeschlechtliche Spielpartner und entwickeln in gleichgeschlechtlichen Gruppen unterschiedliche Arten miteinander umzugehen. Daher empfiehlt es sich, Gruppenprozesse pädagogisch so zu gestalten, dass Mädchen und Jungen einerseits Gelegenheit haben, Sicherheit in ihrer gleichgeschlechtlichen Gruppe zu erleben und Neues zu erproben und andererseits in gemischten Spiel- und Lerngruppen die Gelegenheit erhalten, eine von Respekt und Gleichwertigkeit getragene Dialogfähigkeit zwischen den Geschlechtern einzuüben. Situationsabhängig werden daher sowohl koedukative als auch geschlechtertrennende pädagogische Ansätze gewählt, die ausreichende Spiel- und Lernsituationen mit dem eigenen sowie mit dem jeweils anderen Geschlecht schaffen.

Die Handlungs- und Bewältigungsstrategien von Mädchen und Jungen, die sie für die Entwicklung ihrer Geschlechtsidentität einsetzen, werden erkannt und in der pädagogischen Arbeit berücksichtigt. Einschränkungen, die Kinder selber vornehmen (wenn Mädchen z. B. ausschließlich Röcke tragen wollen oder das Interesse der Jungen sich ausschließlich auf Action-Figuren zu beschränken scheint), werden beobachtet und behutsam zur Diskussion gestellt, um zu verstehen und als entwicklungsabhängig zu akzeptieren oder Alternativen zu entwickeln.

Kinder werden frühzeitig dafür sensibilisiert, mögliche Einschränkungen der Handlungsfreiheiten und Entwicklungsmöglichkeiten durch die Einteilung in „weiblich" bzw. „männlich" zu erkennen. Auf den Abbau von Statusunterschieden zwischen Jungen und Mädchen wird geachtet. Alle Kinder werden ermutigt, z. B. in Rollenspielen Merkmale umzusetzen, die Geschlechterrollenstereotypen überwinden (z. B. Männer versorgen und pflegen Säuglinge oder junge Tiere, arbeiten mit schönen Stoffen, Farben oder Düften; Feuerwehrfrauen/Polizistinnen sind im Einsatz).

Die Teilnahmewünsche von Jungen bzw. Mädchen an „typischen" Mädchen- bzw. Jungenaktivitäten werden unterstützt. Für Jungen ist es oft schwerer als für Mädchen, Alternativen zum „typischen" Rollenverhalten zu erproben, ohne sich der Gefahr auszusetzen, von ihrer Peer-Group gehänselt zu werden. Pädagogische Fachkräfte stellen sicher, dass Überschreitungen von Geschlechternormen und -stereotypen zu keiner Diskriminierung oder Ausgrenzung führen.

Sprache ist ein wichtiges Medium, um Stereotypen zu verfestigen, aber auch, um sie aufzubrechen. Wird z. B. ausschließlich die männliche Form benutzt (der Politiker, der Arzt, der Deutsche), wird das „geistige Bild" bei den Zuhörern (und Zuhörerinnen) überwiegend männlich sein. Der bewussten Wahl der weiblichen, der männlichen oder beider sprachlicher Formen kommt in der geschlechterbewussten Erziehung somit eine besondere Bedeutung zu. Wichtig ist auch, mit den Kindern über das Thema „weiblich/männlich" zu sprechen, den Kindern Gelegenheit zu geben, sich über das eigene und das andere Geschlecht auszutauschen. Erzieherinnen und Erzieher gewinnen so Einblicke in Prozesse, wie Kinder Geschlechterkonzepte verstehen und weiterentwickeln, und sie können emotionale Unterstützung und auch sachliche Informationen geben.

Schärfung des pädagogischen Blicks

Ein möglicher Einstieg in ein Teamgespräch wäre: Stellen Sie sich der Reihe nach jeden Jungen in Ihrer Gruppe vor. Schreiben Sie zu jedem Jungen drei Dinge auf, die Ihnen einfallen (Eigenschaften; Auffälligkeiten; Typisches; was Sie mögen – was Sie nicht mögen) und: Welcher Junge fiel Ihnen nicht oder nur schwer ein? Die Eigenschaften werden auf einem Plakat gesammelt und durchdacht:
- Zeigt sich, dass sich die Wahrnehmung von Jungen zunächst auf wildes, aggressives Verhalten richtet oder auf die, die „zu wenig" typisch Junge sind?
- Warum ist das so? Weil pädagogische Fachkräfte mit diesen Seiten Probleme haben? Oder weil sie die anderen Seiten der Jungen weniger wahrnehmen? Was zeichnet die Jungen aus, die nicht sofort ins Gedächtnis kamen?
- Im Austausch darüber können sehr unterschiedliche Erfahrungen, Bewertungen und Reaktionen im Zusammenhang mit Jungen deutlich werden.

Raumgestaltung unter geschlechterspezifischen Aspekten – Mitwirkung der Mädchen und Jungen

Der Ausgangspunkt für einen geschlechterbewussten Umgang mit der Raumgestaltung liegt in der systematischen Beobachtung, wie Mädchen und Jungen Räume und Angebote nutzen.

Leitfragen

Leitfragen zur Beobachtung von Raum- und Angebotsnutzung
(nach van Dieken & Rohrmann)

- Wo halten sich die Mädchen, wo halten sich die Jungen überwiegend auf?
- Wo spielen sie in geschlechtergetrennten, wo in geschlechtergemischten Gruppen?
- Welche Spielbereiche werden jeweils besonders von Mädchen und von Jungen genutzt?
- Welche Angebote werden überhaupt nicht genutzt?
- In welchen Spielbereichen kooperieren die Mädchen und Jungen besonders gut?
- In welchen Räumen und Spielbereichen kommt es auffallend häufig zu Konflikten? Welche Mädchen und Jungen sind jeweils beteiligt?

Wissenschaftliche Praxisforschungen hierzu ergaben: Mädchen und Jungen spielen selten allein. Sie zeigen mehr Gemeinsamkeiten als Unterschiede in ihren spontanen Spielinteressen. Dennoch unterscheiden sich ihre Spielwelten, sie bevorzugen unterschiedliche Spielorte, wobei sich diese Unterschiede in jeder Einrichtung etwas anders darstellen. Von daher ist immer wieder neu zu beobachten, wie Mädchen und Jungen in konkreten Situationen die Möglichkeiten in der Einrichtung für sich nutzen. Will man Räume für Mädchen und Jungen gezielt gestalten, ist es nach einer Phase der Beobachtung sinnvoll, eine Raumplanung gemeinsam mit den Mädchen und Jungen zu erstellen und sie an der Umgestaltung der Räume aktiv zu beteiligen. In der Folgezeit gehen die Kinder achtsamer und bewusster mit den Räumen um.

Praxisbeispiel für ein mögliches Vorgehen

Raumgestaltung unter geschlechtsspezifischen Aspekten

Ein Raum in der Tageseinrichtung, der allen Kindern zur Verfügung steht, soll neu gestaltet werden. Eine Befragung der Mädchen und Jungen über ihre Wünsche und Vorstellungen zur Raumgestaltung kann z. B. ergeben: Die Mädchen wünschen sich eine Kuschelecke mit vielen Kissen, Bilderbüchern und Platz für die Puppen und Stofftiere. Die Jungen wünschen sich eine Sprossenwand, ein Trampolin und Matratzen mit viel Platz zum Toben. Trotz gleichberechtigter Beteiligung der Mädchen und Jungen zeigt dieses Ergebnis deutlich geschlechterstereotyp eingeschränkte Handlungsstrategien der Kinder. Die Umsetzung ihrer Wünsche („So sind sie halt: Jungen bleiben Jungen und Mädchen bleiben Mädchen!") würde zu einer Verstärkung geschlechterstereotypen Verhaltens führen. Sinnvoller ist es, das Befragungsergebnis dahingehend zu reflektieren, ob wegen der bisherigen Erfahrungen mit Raumnutzungen sowie der Trennung in Jungen- und Mädchengruppen in Freispiel-Situationen die Kinder andere Bedürfnisse und Möglichkeiten noch gar nicht erkennen konnten. Erst wenn auch Mädchen z. B. ausreichend Gelegenheit hatten, ihr Bewegungsbedürfnis zu befriedigen (z. B. Projekte zum „bewegten Kindergarten") und Jungen mit Entspannung als wichtiger Ergänzung zur Bewegung befriedigende Erfahrungen gemacht haben (z. B. Projekte zur Erfahrung von Ruhe und Stille), wird sich in den Vorschlägen der Kinder eine Raumnutzung abbilden, die sich vorrangig an ihren Bedürfnissen und weniger an geschlechtsspezifischen Mustern orientiert; sie wird dann wahrscheinlich auch kreative, handwerkliche, musische oder naturwissenschaftlich-experimentelle Aktivitäten berücksichtigen.

Verwendete Literatur

- van Dieken, C. & Rohrmann, T. (2003). Raum und Räume für Mädchen und Jungen. Angebote und Raumnutzung unter geschlechtsspezifischen Aspekten. Kindergarten heute, (1) 26–33.
- Focks, P. (2002). Starke Mädchen, starke Jungs – Leitfaden für eine geschlechtsbewusste Pädagogik. Freiburg: Herder.
- Gilbert, S. (2001). Typisch Mädchen! Typisch Junge! Praxisbuch für eine geschlechtsgerechte Erziehung. Düsseldorf: Walter.
- Hanifl, L. (1998). Mein Frauenbild – mein Männerbild. Selbstreflexion zur geschlechtsspezifischen Erziehung. Unsere Kinder, (4), 87–93.
- Kassis, W. (2003). Wie kommt die Gewalt in die Jungen? Berlin: Haupt.
- KiTa spezial Nr. 2 (2001). Typisch Mädchen – Typisch Jungen?! Geschlechterbewusste Erziehung in Kindertageseinrichtungen.
- Maccoby, E. M. (2000). Psychologie der Geschlechter. Stuttgart: Klett-Cotta.
- Rohrmann, T. & Thoma, P. (1998). Jungen in Kindertagesstätten. Ein Handbuch zur geschlechterbezogenen Pädagogik. Freiburg: Lambertus.
- Walter, M. (2005). Jungen sind anders, Mädchen auch. Den Blick schärfen für eine geschlechtergerechte Erziehung. München: Kösel.

6.2.3 Kinder mit verschiedenem kulturellem Hintergrund – Interkulturelle Erziehung

Leitgedanken

Interkulturelle Erziehung hat eine individuelle und eine gesellschaftliche Dimension. Im Zuge von wachsender internationaler Mobilität und zunehmend mehrsprachigen und multikulturellen Gesellschaften ist interkulturelle Kompetenz in zweifacher Hinsicht ein wichtiges Bildungsziel. Sie eröffnet individuelle Lebens- und Berufschancen. Sie ist eine grundlegende Kompetenz für das konstruktive und friedliche Miteinander von Individuen, Gruppen und Regionen mit unterschiedlichen kulturellen und sprachlichen Traditionen.

Die Entwicklung interkultureller Kompetenz betrifft Kinder und Erwachsene. Interkulturelle Kompetenz ist ein Bildungsziel und eine Entwicklungsaufgabe, die Kinder und Erwachsene (Eltern, pädagogische Fachkräfte), Inländer und Migranten oder ethnische Minderheiten gleichermaßen betrifft. Es handelt sich um einen komplexen Entwicklungsprozess, der auf verschiedenen Ebenen angesiedelt ist: Nicht nur Wertvorstellungen und Erwartungen gehören dazu, auch Gefühle und alltägliche Handlungen sind davon betroffen.

Ein wesentlicher Aspekt von interkultureller Kompetenz ist kulturelle und sprachliche Aufgeschlossenheit und Neugier. Das bedeutet zum einen, dass das Zusammenleben verschiedener Sprachen und Kulturen zur Selbstverständlichkeit wird, zum anderen, dass Erwachsene und Kinder sich für andere Lebensformen interessieren, dass sie versuchen, diese zu verstehen und lernen, konstruktiv auch mit „Fremdheitserlebnissen" umzugehen. Ein weiterer Aspekt von interkultureller Kompetenz ist eine positive Einstellung zu Mehrsprachigkeit: diese wird als Bereicherung und Chance gesehen. Für viele Migrantenkinder ist Mehrsprachigkeit und Multikulturalität zudem eine selbstverständliche Lebensform, sie gehört zur Entwicklung der Identität.

Kulturelles Selbstbewusstsein, kulturelle und sprachliche Aufgeschlossenheit und Neugierde sind eng verbunden mit Akzeptanz und Wertschätzung der eigenen Person.

Bildungs- und Erziehungsziele

Das Kind lernt und erlebt ein selbstverständliches Miteinander verschiedener Sprachen und Kulturen. Es hat Interesse und Freude, andere Kulturen und Sprachen kennen zu lernen, zu verstehen und sich damit auseinander zu setzen. Gleichzeitig beschäftigt sich das Kind mit der eigenen Herkunft und reflektiert die eigenen Einstellungen und Verhaltensmuster. Dies beinhaltet insbesondere folgende Bereiche:

Kulturelle Aufgeschlossenheit und Neugier

- Offenheit für andere Kulturen entwickeln und Distanz gegenüber anderen Kultur- und Sprachgruppen abbauen
- Kulturelle und sprachliche Unterschiede wertschätzen und als Bereicherung und Lernchance wahrnehmen
- Freude am gemeinsamen Entdecken von Gemeinsamkeiten und Unterschieden
- Interesse an der Biografie und Familiengeschichte der anderen Kinder entwickeln
- Kulturspezifische Vorstellungen mit Hilfe neuer Erfahrungen reflektieren.

Zwei- und Mehrsprachigkeit

- Neugier für und Freude an anderen Sprachen entwickeln und Mehrsprachigkeit als Bereicherung verstehen (Sprache und Literacy ➤ Kap. 7.3)
- Bewusstsein entwickeln, dass die Art und Weise etwas auszudrücken kulturell geprägt ist
- Die Fähigkeit erwerben, sich in verschiedenen Sprachen auszudrücken; für Migrantenkinder, die Deutsch als Zweitsprache lernen, bedeutet dies zum einen den Erwerb vielfältiger Kompetenzen in der deutschen Sprache und zum anderen die fortlaufende Weiterentwicklung ihrer Familiensprache
- Fähigkeit zum situationsangemessenen Sprachwechsel sowie umgekehrt, in einer Sprache bleiben zu können, wenn es die Situation erfordert.

„Fremdheitskompetenz"

- Die eigene Sichtweise als eine Perspektive unter vielen verschiedenen Perspektiven sehen und reflektieren lernen
- Bewusstsein vom Zusammenleben verschiedener Kulturen, die in ihren Traditionen und Lebensformen nicht immer gänzlich verstanden werden können; das bedeutet, dass die Grenzen der eigenen Verstehens- und Deutungsprozesse wahrgenommen und akzeptiert werden.

Sensibilität für unterschiedliche Formen von Diskriminierung

- Diskriminierung, Fremdenfeindlichkeit oder Rassismus erkennen und bekämpfen lernen
- Bewusstsein für und aktive Bekämpfung von subtileren Formen der Diskriminierung und Kränkung, z. B. Nichtbeachtung, teils unbewusstes „Übersehen" oder Verallgemeinerungen im Umgang mit sozialen Randgruppen, sprachlichen und ethnischen Minderheiten
- Bewusstsein und aktiver Einsatz für Grundrechte.

Anregungen und Beispiele zur Umsetzung

Bedeutung der interkulturellen Erziehung im pädagogischen Alltag – Querverbindungen

Interkulturelle Bildung und Erziehung hat mittlerweile den Status einer sozial erwünschten Zielvorstellung. Umso wichtiger ist es, genauer zu fragen, wie bestimmte Zielvorstellungen in der Praxis von Kindertageseinrichtungen konkret umgesetzt werden. Interkulturelle Bildung und Erziehung ist ein durchgängiges Prinzip mit praktischen Konsequenzen für den pädagogischen Alltag. Sie spielt in nahezu allen themenbezogenen Bildungs- und Erziehungsbereichen (→ Kap. 7) eine Rolle. Da sie sich in den verschiedenen Bereichen in jeweils fachspezifischer Ausprägung niederschlägt, werden im Folgenden nur die bereichsübergreifenden Leitvorstellungen von interkultureller Erziehung erläutert.

Mehrsprachige Orientierung des Bildungsgeschehens

Inwieweit interkulturelle Bildung und Erziehung im Alltag tatsächlich gelebt wird, lässt sich konkret an der Sprache festmachen. Eine mehrsprachige Orientierung in Bildungseinrichtungen schafft die Grundlage von interkultureller Bildung und Erziehung. Eine Leitfrage lautet: Wie ist die Wertschätzung und Präsenz der Familiensprachen der Kinder im pädagogischen Alltag? Nicht nur für Migrantenkinder ist diese Wertschätzung im pädagogischen Alltag wichtig – auch für Kinder mit deutscher Muttersprache ist sie wesentlicher Bestandteil einer interkulturell orientierten sprachlichen Bildung. Eine weitere Frage ist: Wie ist die Einstellung zu Mehrsprachigkeit? Wird Mehrsprachigkeit aktiv unterstützt, werden Kinder neugierig gemacht auf andere Sprachen? Zweisprachige Fachkräfte können für Kinder ein Vorbild sein für gelebte Bikulturalität und Zweisprachigkeit. Ein Leitfaden zur Umsetzung dieser Zielvorgaben ist im Bildungsbereich „Sprache und Literacy" (→ Kap. 7.3) enthalten. Dort wird auch erläutert, wie sich der frühe Fremdsprachenerwerb als interkulturelle Begegnung gestalten lässt. Einige Beispiele für eine mehrsprachige Orientierung sind:

- Die Wertschätzung und Präsenz der verschiedenen Familiensprachen sind für Besucher, Eltern und Kinder konkret sichtbar: pädagogische Fachkräfte, Kinder und Eltern gestalten ein Poster mit allen Sprachen (und Dialekten), die in der Einrichtung vertreten sind; dieses wird attraktiv aufbereitet und im Eingangsbereich präsentiert; an den Wänden hängen Ankündigungen, Schriftstücke, Begrüßungsformeln in verschiedenen Sprachen und Schriften.
- Die Einrichtung hat einen aktuellen Bestand an mehrsprachigen Bilderbüchern und Tonmaterialien, die regelmäßig ausgeliehen werden (Sprache und Literacy → Kap. 7.3).

- Eltern, ältere Geschwister, Großeltern lesen vor und erzählen in der Einrichtung in ihrer Familiensprache (Sprache und Literacy ➙ Kap. 7.3).
- Kinder lernen Lieder, Singspiele, Fingerspiele, Abzählreime in verschiedenen Sprachen, ein Beispiel hierzu findet sich im Bildungsbereich „Musik" (➙ Kap. 7.9).

Auch in Einrichtungen, in denen keine mehrsprachig aufwachsenden Kinder sind, sollte bei Kindern eine mehrsprachige, interkulturelle Orientierung gefördert werden. Eine Möglichkeit sind z. B. Lieder, Spiellieder und Reime in anderen Sprachen oder zweisprachige Hörspiele. Besonders geeignet als Einstieg sind z. B. Tonmaterialien, bei denen Kinder die anderen Sprachen hören und sich dazu bewegen können oder angeregt werden zu erraten, worum es gehen könnte. Auch Schriftstücke in anderen Sprachen und Schriften (z. B. Arabisch, Japanisch) sind für Kinder interessant.

Enge Zusammenarbeit mit den Familien

Die Wertschätzung der Sprachen und kulturspezifischen Gewohnheiten von Familien aus anderen Sprach- und Kulturkreisen gehört zu den wichtigsten Dimensionen von interkultureller Erziehung. Wesentlich ist die Würdigung der Familiensprachen als Bestandteil der Familienkultur und der Identität und Sprachentwicklung des Kindes. In der Regel kann verunsicherten Eltern der Rat gegeben werden, dass sie mit ihrem Kind die Sprache sprechen, die sie am besten beherrschen und in der sie sich am wohlsten fühlen (nähere Erläuterungen dazu im nachstehend genannten Elternbrief des Staatsinstituts für Frühpädagogik).

Die aktive Einbeziehung der Eltern und anderen Familienangehörigen in den pädagogischen Alltag der Tageseinrichtung ist ein wesentliches Ziel. Für Migranteneltern mit geringen Deutschkenntnissen können der erste Kontakt mit der Einrichtung und der Übergang von der Familie in die Bildungseinrichtung schwer sein. In solchen Situationen ist es wichtig, bei der Vermittlung von Informationen zur Kindertageseinrichtung von Anfang an ergänzend anschauliche Materialien einzusetzen. Bei einem längeren Rundgang durch die Einrichtung können sich neue Eltern zudem ein erstes „Bild machen", wie Kinder hier miteinander leben, spielen und lernen. Dabei bekommen sie auch einen Eindruck davon, wie offen die Einrichtung gegenüber anderen Kulturen ist. Begrüßungsformeln und Mitteilungen am Informationsbrett in den jeweiligen Familiensprachen, fremdsprachige und zweisprachige Kinderbücher in der Leseecke, Bildmaterial oder Gegenstände aus anderen Kulturen können ihnen „sichtbar" vermitteln: Kinder und Eltern aus anderen Kulturen sind bei uns willkommen, Mehrsprachigkeit ist selbstverständlich. Es empfiehlt sich, zweisprachige Migranteneltern, deren Kinder schon seit längerer Zeit die Einrichtung besuchen, für neue Eltern mit wenig Deutschkenntnissen als Vermittler zu gewinnen. Gleichzeitig können neue Migrantenkinder einen Paten bekommen: ein älteres oder erfahrenes Kind hilft ihnen in der ersten Zeit (Kinder verschiedenen Alters ➙ Kap. 6.2.1; Übergang von der Familie in die Tageseinrichtung ➙ Kap. 6.1.1).

Weitere Beispiele für die Einbeziehung von Migranteneltern sind:
- Die Einrichtung ist 14 Tage lang offen für Familienangehörige (z. B. Eltern, Großeltern); sie dürfen kommen und dabei sein, wann immer sie können.
- Eltern bekommen den Elternbrief des Staatsinstituts für Frühpädagogik „Wie lernt mein Kind 2 Sprachen, Deutsch und die Familiensprache?". Diesen Elternbrief gibt es in 15 verschiedenen Sprachen auf der Homepage des IFP (www.ifp-bayern.de). In diesem Brief werden die Themen Sprachentwicklung, Mehrsprachigkeit und Sprachförderung thematisiert. Es empfiehlt sich, diesen Brief beim Elternabend oder im Elterngespräch zu verteilen; begleitend werden Eltern eingeladen, bei einer dialogorientierten Bilderbuchbetrachtung zu hospitieren. Eltern, die etwas Deutsch können, sollten den Brief in ihrer Familiensprache und auf Deutsch bekommen – im Sinne der Wertschätzung von Zweisprachigkeit.
- Bilderbücher in den Familiensprachen der Kinder gehören zum Buchbestand der Einrichtung oder sie werden in der öffentlichen Bücherei ausgeliehen, Eltern werden in die Ausleihe einbezogen.
- Eine Sammlung von Geschichten aus verschiedenen Ländern wird – zusammen mit den Eltern – erstellt und in der Tageseinrichtung allen präsentiert.
- Eine mehrsprachige Theatergruppe mit den pädagogischen Fachkräften, den Kindern und ihren Familienangehörigen und Personen aus der Nachbarschaft wird gegründet.

Tipp

Deutschkurse für Eltern

Besonders zu empfehlen sind Deutschkurse für Eltern, die in den Räumen der Einrichtung abgehalten werden. Dies ist ein Angebot, das erfahrungsgemäß bei Eltern, vor allem bei Müttern, sehr viel „bewegen" kann; die Kontakte zwischen Eltern und Einrichtung werden intensiver und vielfältiger. Als Integrations- und Bildungsangebot für Eltern sind solche Kurse auch für die Kinder wichtig: Sie sehen, wie die Mutter bzw. die Eltern sich um die deutsche Sprache bemühen, sie bekommen „Lernvorbilder". Dieses Angebot darf allerdings von pädagogischen Fachkräften und Eltern nicht missverstanden werden: Es geht dabei nicht darum, Migranteneltern zu animieren, in der Familie mit ihrem Kind Deutsch zu sprechen. Eltern sollten immer wieder darin unterstützt werden, die Familiensprache im Alltag zu pflegen und gleichzeitig Deutsch zu lernen. So sind sie für ihre Kinder ein Vorbild für gelebte Zweisprachigkeit und können ihr Kind bei seiner Entwicklung in verschiedenen sprachlichen Umwelten (Familie, Nachbarschaft, Schule usw.) besser unterstützen.

Kooperation mit fachkundigen Stellen

Neben Aktivitäten in der Einrichtung empfiehlt sich die Kooperation mit anderen interkulturell orientierten sozialen und kulturellen Institutionen vor

Ort, mit Sozialdiensten, mit Informations-, Beratungs- und Betreuungsstellen für Migrantenfamilien (entsprechende Informationen und Adressenlisten gibt es in der Regel beim jeweiligen Ausländerbeirat).

Übersicht und Dokumentation: „Wer ist in meiner Kindergruppe?"

Das Leistungsangebot in Tageseinrichtungen soll sich pädagogisch und organisatorisch an den Bedürfnissen der Kinder und ihrer Familien orientieren (§ 22a Abs. 3 Satz 1 SGB VIII). Wichtig und notwendig für die pädagogischen Fachkräfte ist eine Übersicht der in der Gruppe vertretenen Sprachen und Kulturen. Eine Statistik, die Kinder nur nach ihrer aktuellen Staatsangehörigkeit führt, ist hierfür nicht ausreichend. Ebenso wichtig ist die Kenntnis der individuellen Migrationsbiografien von Familien – auch bei deutschen Kindern aus bilingualen Ehen oder bei Aussiedlerkindern. Ein differenziertes, familiengerechtes interkulturelles Angebot setzt eine übersichtliche Dokumentation der Familiensituation des Kindes im Rahmen des Aufnahmegesprächs voraus.

Leitfragen

Leitfragen für einen Familienfragebogen

- Seit wann sind die Eltern in Deutschland? Seit wann ist das Kind in Deutschland?
- Aus welcher Herkunftskultur stammt die Familie? Wie ist die Religionszugehörigkeit?
- Wie ist der politische Status (z. B. EU-Bürger, Asylbewerber)? Wie ist die Wanderungsgeschichte (z. B. Flucht vor Krieg)?
- Welche Sprache (oder Sprachen) spricht die Mutter/der Vater mit dem Kind? Welche Sprache(n) sprechen die Geschwister untereinander? Was ist die „Familiensprache"?
- Wie sind die sozialen Kontakte der Familie (innerhalb der eigenen ethnischen Gruppe, mit anderen Ethnien, mit deutschen Familien und Kindern)?

Diese Art von systematischer und schriftlich festgehaltener Übersicht ist wichtig für das Team und für die einzelne Fachkraft. Sie hilft Fachkräften, sich einen Überblick über alle Kinder in der Gruppe zu verschaffen und ein differenziertes Angebot zu gestalten.

Kulturell aufgeschlossene pädagogische Grundhaltung

Pädagogische Fachkräfte haben für Kinder eine Vorbildfunktion – Kinder sehen z. B., wie sie mit den Eltern oder mit anderen Sprachen umgehen. Für

pädagogische Fachkräfte in Kindertageseinrichtungen sind folgende Zielsetzungen wichtig:
- Sie sehen Mehrsprachigkeit und Multikulturalität als etwas Selbstverständliches und als Chance – nicht als Ausnahme, Belastung und Risiko. Dann können auch Kinder diese Lebensformen als Chance begreifen und entsprechende interkulturelle und mehrsprachige Kompetenzen entwickeln.
- Sie haben ein Grundwissen über die Entwicklung von Zweisprachigkeit, über religiöse Traditionen und kulturspezifische Erziehungsideale (z. B. unterschiedliche Einstellungen zur frühen Selbstständigkeitserziehung). Dabei ist es wichtig für Fachkräfte, im Auge zu behalten, dass sich in der Migration ganz unterschiedliche „Mischkulturen" entwickeln und dass grundsätzlich Eltern und Kinder die besten Informanten sind: Nur sie wissen, welche kulturspezifischen Traditionen und Gewohnheiten für sie wichtig sind und wie diese im Alltag ihrer Familie gelebt werden.
- Pädagogische Fachkräfte entwickeln ein erweitertes Konzept von kultureller Identität – ein Konzept, das Widersprüche zulässt und sich nicht primär auf „Kulturkonflikte" fixiert. Dies bedeutet u. a. zu akzeptieren, dass es in der Begegnung mit anderen Kulturen auch Lebensformen und Normen gibt, die man selbst nicht ganz verstehen kann. Es bedeutet auch, dass Fachkräfte Kinder, die in unterschiedlich geprägten kulturellen Umwelten leben, bei der Entwicklung entsprechender Kompetenzen unterstützen: mit Widersprüchen leben lernen, mit verschiedenen Erwartungen und Normen konstruktiv und souverän umgehen.
- Sie reflektieren und thematisieren fortlaufend ihre eigenen Einstellungen, Konzepte und Handlungen im Bereich der interkulturellen Erziehung und der Zusammenarbeit mit Eltern (z. B. im kollegialen Gespräch, in Teamsitzungen und Fortbildungen). Wichtig ist ein kritisches Bewusstsein für „gewohnheitsmäßige" und gängige Verallgemeinerungen über bestimmte Sprach- und Kulturgruppen – mit den entsprechenden negativen oder positiven Zuschreibungen – und die Fähigkeit, sich neuen Erfahrungen zu „öffnen". Wesentlich ist immer die Frage: Wie ist die individuelle Situation und Biografie dieses Kindes, dieser Familie?

Vorurteilsbewusste Pädagogik

Viele pädagogische Fachkräfte nehmen an, dass gerade jüngere Kinder eher auf konkrete Situationen und Erfahrungen reagieren und eigentlich noch nicht zu Vorurteilen oder Verallgemeinerungen neigen. Diese Annahme ist nur mit Einschränkungen richtig. Im Vergleich zu älteren Kindern oder Erwachsenen reagieren jüngere Kinder tatsächlich unmittelbar auf die konkrete Situation, bilden aber gleichzeitig verallgemeinernde Konzepte von anderen Kulturen und Rassen. Sie hören und sehen in ihrem Umfeld abwertende und diskriminierende Bilder, Äußerungen und Handlungsmuster, die sie beeinflussen können – auch wenn Eltern und pädagogische Fachkräfte sich bemühen, keine diskriminierenden Einstellungen zu vermitteln. Umso wichtiger ist es für pädagogische Fachkräfte, eine vorurteilsbewusste Pädagogik zu entwickeln, dabei an den Alltagserfahrungen der Kinder anzusetzen und touris-

tische oder folkloristische Formen der „Kultur-Vermittlung" zu vermeiden. Wesentliche Schritte einer vorurteilsbewussten Pädagogik sind:
- Bei jedem Kind die Entwicklung seiner Ich-Identität und seiner Bezugsgruppen-Identität unterstützen
- Thematisieren von Unterschieden und Gemeinsamkeiten. Ein Beispiel hierfür sind sog. „Familienecken": Jedes Kind bringt Fotos von seiner Familie mit; wer zur Familie gehört, bestimmt das Kind. Diese Fotos werden vergrößert und in Sichthöhe der Kinder an den Wänden angebracht. Und man sieht: Es gibt Familien mit heller und mit dunkler Haut, bei manchen sind Großeltern oder Tanten und Cousinen dabei, bei manchen hat ein Kind zwei Väter, bei manchen Familien gehören zwei Hunde und eine Katze oder die Nachbarin dazu usw.
- Den ungezwungenen und einfühlsamen Umgang mit Menschen fördern, die unterschiedlichste Erfahrungshintergründe und Lebensformen haben
- Das kritische Nachdenken über feste Meinungen und Vor-Annahmen fördern (dies lässt sich gut auch bei Streitigkeiten im Alltag von Kindern thematisieren)
- Bei Kindern die Fähigkeit fördern, angesichts von Diskriminierung für sich selbst und für andere einzutreten
- Die Einsicht vermitteln, dass nicht alle deutschen Kinder oder alle türkischen Kinder gleich sind, sondern dass es überall individuelle Unterschiede gibt, dass die Unterschiede innerhalb von Gruppen oft viel größer sind als die Unterschiede zwischen Gruppen.

Es empfiehlt sich, in diesem Bereich viel mit Impulsen zu arbeiten und Belehrungen zu vermeiden. Mit Kindern – und auch mit Erwachsenen – direkt über ihre Vorurteile oder über die Geringschätzung anderer Kulturen zu sprechen ist oft schwierig, manchmal peinlich. Sinnvoller ist in der Regel die indirekte Methode, z. B. die Arbeit mit Geschichten und Bildern, ob als Foto, Film, Theater, Hörspiel oder Text.

Vorurteilsbewusste Pädagogik ist generell wichtig, nicht nur wenn in der Einrichtung Kinder mit Migrationshintergrund sind. Bei ethnisch und sprachlich eher homogenen Kindergruppen empfiehlt sich, neben der Thematisierung von Vorurteilen in Alltagssituationen u. a. der Einsatz von Medien, z. B. Bücher im Stile von „Kinder aus aller Welt", Geschichten über Familien und Kinder, die ihre Heimat verlieren und (vielleicht) eine neue finden, Geschichten über Kulturkonflikte, (Kinder-)Filme mit Darstellungen aus anderen Kulturkreisen.

PROJEKTBEISPIEL AUS DER PRAXIS

Das nachstehende Praxisbeispiel wird nur auszugsweise dargestellt; eine ausführliche Projektbeschreibung findet sich unter: www.ifp-bayern.de/Bildungsplan.

„Gemeinsam geht's besser"

Modelleinrichtung: Evang. Kindergarten St. Johannes –
Konzeption: Marlies Schaumlöffel-Brodte

Wie kamen wir auf dieses Projekt?

Rund 2/3 unserer Kinder sind Kinder mit Migrationshintergrund – 2004 vereinte unser Haus 15 Nationalitäten und 6 Religionen. Obgleich wir als Team von dem harmonischen Miteinander der Kinder in den Gruppen seit jeher fasziniert waren und unsere interkulturelle Situation als etwas Besonderes empfanden, wurde uns eines Tages bewusst, dass wir über die Hintergründe der Kinder nur wenig wussten. Der Wunsch nach „mehr" entstand, wir wollten die Wertschätzung und das Aufeinanderzugehen zwischen den Familien in unserer Einrichtung forcieren. Wir (u. a. Einrichtungsleitung und Träger) entschieden uns daher für eine Fortbildung zum Thema „Gemeinsam geht's besser – Zusammenarbeit zwischen Tageseinrichtung für Kinder, Eltern und Trägern" mit dem Ziel, die aktive interkulturelle Arbeit und ihre Möglichkeiten genauer kennen zu lernen.

Leitfaden für das Projekt

So inspiriert wurde das Projekt „Gemeinsam geht's besser" gestartet. Im Team entwickelten wir Leitfragen, stellten eine Situationsanalyse auf und stiegen dann in die Projektplanung ein – mit dem Leitziel: Nicht für Eltern und Kinder sondern mit Eltern und Kindern planen und umsetzen und somit gemeinsam leben. Ideen wurden gesammelt („Was ist möglich?"), strukturiert und zeitlich geplant. Es wurde geklärt: Wer übernimmt was? Wie werden Eltern aktiv? Welchen Teil übernehmen die Kinder? Wie wird informiert?

Projektplanung mit Eltern

Auf einen Informationselternabend folgen gemeinsame Nachmittage. Um unsere Eltern näher kennen zu lernen („Wo kommt ihr her?"), entschieden wir uns für je einen türkischen, griechisch-italienischen, kroatisch-spanischen, irakisch-hinduistisch-vietnamesischen sowie polnisch-russisch-rumänischen Nachmittag. Ein wichtiges Ziel dieser Nachmittage sollte auch die Erarbeitung eines Fragebogens mit den Eltern für eine Elternbefragung sein: Was bringt ihr mit? Was ist euch wichtig? Erzählt aus eurem Land – könnt ihr euch vorstellen, euer Land den Kindern in der Gruppe vorzustellen? (z. B. Anschauungsmaterial, landestypische Gerichte, kleine Spracheinblicke, Religion einschließlich Bethaltung).

Präsentation der Länder der Familien im Jahresablauf

Jede Gruppe hat einen eigenen Globus und bereist die Länder, aus denen ihre Mitglieder kommen. Bei jeder Landesreise kochen die betreffenden Eltern mit den Kindern ein landesspezifisches Gericht, das am Jahresende in unserem Kinderkochbuch veröffentlicht wird. Jedes Kind bastelt seine Landesfahne mit Foto, alle Fahnen hängen im Eingangsbereich. Ein Jahreslied begleitet uns durch sämtliche Aktivitäten: ‚Wir reichen uns die Hände'. Zu jedem Land dichten wir eine passende Strophe auf den Refrain von: ‚Gott hat alle Kinder lieb', die wir in der betreffenden Zeit gemeinsam lernen, um sie dann am Fest der Kulturen singen zu können. Es gibt Elternabende z. B. zum Thema: ‚Zeig mir deine Kirche'; wir sehen uns gemeinsam mit den Eltern, dem katholischen und dem evangelischen Pfarrer und dem Imam die Kirchen und die Moschee an. Angeboten wird ein Deutschkurs für nicht deutsch sprechende Mütter. Höhepunkt am Jahresende wird ein „Fest der Kulturen" sein und damit eine Verknüpfung aller Nationalitäten auf allen Ebenen.

Gespräche mit den Kindern während des ganzen Projekts

- **Unsere Welt.** Der Globus und die Bedeutung der Farben. Wer lebt auf unserer Erde? Wo ist welches Land? Kennst du den Namen unserer Stadt? Welche Städte kennst du noch in unserem und in Deinem Land?
- **Wir Kinder.** Bedeutung des Nachnamens – Was sagt er aus? Was kann uns miteinander verbinden? Wie sehe ich aus – wie siehst du aus? (Spiegelbildbeschreibung). Was können wir gemeinsam machen? Reporterspiel: Kinder-Interviews in anderen Gruppen.
- **Unsere Herkunftsländer.** Was ist eine Grenze? Warum gibt es Grenzen? Wir begrüßen uns in verschiedenen Sprachen: Wer kommt aus welchem Land? Wie hört sich deine Musik an? Was gibt es bei euch zu essen? Turnen mit Länderfarben. Wöchentlicher ‚Tag der offenen Gruppe': Die Kinder ‚schauen über den Tellerrand' – was machen die anderen?
- **Unsere Religionen.** Zeig mal, wie du betest. Wohin gehst du zum Beten? Wie heißt Gott in deiner Sprache?

Projektdurchführung im Jahresablauf (Auszüge)

Gespräche und Aktionen mit den Kindern	Beteiligung der Eltern
Februar: Russland	
<ul><li>Teamkollegin aus Russland stellt ihr Land den Kindern vor</li><li>Wo ist Russland auf dem Globus?</li><li>Ausmalen der russischen Landkarte</li><li>Welche Tiere leben in Russland?</li><li>Russische Utensilien als Anschauungsmaterial, ein russisches Motiv malen</li><li>Landesfahne am Fenster, das russische Kind setzt seinen Handabdruck daneben</li><li>Krieg in Russland: Wie können wir helfen? Was ist Frieden? Kleidung, Spielzeug, Konserven für russische Familien sammeln und in Paketen an den Malteser Hilfsdienst weitergeben</li></ul>	<ul><li>Kinderküche</li><li>Deutschkurs für nicht deutsch sprechende Mütter (12 Teilnehmerinnen; Kinderbetreuung im Haus)</li></ul>

6.2 Umgang mit individuellen Unterschieden und soziokultureller Vielfalt

Gespräche und Aktionen mit den Kindern	Beteiligung der Eltern
■ Holzpuppe Matrjoschka: klein, kleiner, am kleinsten ■ Russlandquiz	

März: Vietnam

Gespräche und Aktionen mit den Kindern	Beteiligung der Eltern
■ Bilderbuch „Der kleine Elefant" (als Diashow) ■ Lebenssituation der Kinder in Vietnam: Wie können wir ihnen helfen? Jedes Kind spendet einen Euro, Überweisung des Geldbetrags an eine bedürftige Familie in Vietnam über unsere Familie im Haus ■ Reisanbau, Fischfang und Wohnsituation ■ Wer kommt aus Vietnam? ■ Feier vietnamesischer Jahreswechsel: Räucherstäbchen, festliche Kleidung und Essen mit Stäbchen ■ Vietnamesische Musik ■ Fahne am Fenster mit Handabdruck des Kindes ■ Vietnamesisch schminken: Lidstrich ■ Turnen mit Stäbchen	■ Sitten und Bräuche kennen lernen – Eltern bringen Fotos und Video über eine Hochzeit und den Jahreswechsel mit ■ Gestaltung des vietnamesischen Jahreswechsels, mitgebrachte Speisen aus der vietnamesischen Küche ■ Besuch einer vietnamesischen Familie: Video „Drachentanz"

April/Mai: Türkei

Gespräche und Aktionen mit den Kindern	Beteiligung der Eltern
■ Fragen stellen an türkische Praktikantin (trägt Kopftuch) ■ Einrichtung einer türkischen Ecke ■ Wo liegt das Land auf dem Globus? Wie sieht die Fahne aus? ■ Türkische Grundwörter, welche türkischen Namen kennen wir? ■ Weg in die Türkei (Unterschied Pfütze, See und Meer) ■ Moschee und Minarett: Bethaltungen und ihre Bedeutung, türkisches Tischgebet beten, den Ruf des Imams hören, Waschritual vor dem Beten, Warum gibt es von Mohammed und Allah keine bildnerischen Darstellungen? Kurzgeschichten zur islamischen und christlichen Religion: Die Geschichte von Felix und Akdemir, die Geschichte der Familie Küpelis aus Berlin ■ Was ist Henna? Wann werden die Hände gefärbt? Hände verzieren mit Henna	■ Einladung unserer türkischen Eltern zum Samowar-Nachmittag ■ Eltern zeigen uns die Schreibweise türkischer Wörter, und die Kinder die Aussprache ■ Besuch eines türkischen Teppichgeschäfts: Unterschied zwischen Kelim und Teppich; türkische Waren ■ Wir gehen Kebap essen zu einer Mutter ■ Kindercafé mit türkischen Spezialitäten ■ Besuch eines türkischen Lebensmittelgeschäfts (Onkel) ■ Eine Mama erzählt auf Türkisch eine Geschichte ■ Moscheebesuch mit dem Imam und den Eltern

Gespräche und Aktionen mit den Kindern	Beteiligung der Eltern
■ Einladung zum türkischen Kinderfest, Sporthalle Augsburg – singen dort unser Lied ■ Bauchtanz mit bunten Tüchern ■ Kinderküche: Türkisches Frühstück, „Hazir Sigara Böregi" und „Börek".	
Juli: Fest der Kulturen	
■ Lied „Gott hat alle Kinder lieb" mit verschiedensprachigen Strophen ■ Interkulturelle Andacht: Imam, katholischer und evangelischer Pfarrer ■ Biergarten mit internationalen Spezialitäten und Landesfahnen in jedem Essen: Kebapverkauf (Hälfte vom Erlös geht an den Kindergarten), Eisverkauf, Pizza Italiana, Kuchen und Kaffee, Leberkäse und Saftladen ■ Programm: Bauchtanz-Schnupperkurs mit Ramira, orientalische Tücherdisco mit Lichtspielen (Türkei, Syrien), Auftritt der griechischen Kindertanzgruppe eines lokalen Vereins, Ballonsteigen mit der Freiwilligen Feuerwehr Oberhausen ■ Spiele: Bohnentransport mit Stäbchen (Vietnam, Sri Lanka, Indien), Klopf den Nagel (Deutschland), Urlaubsspiel (Italien, Griechenland, Spanien), Geschichten auf dem fliegenden Teppich (Irak), Fahnenpuzzle (Ukraine, Rumänien, Russland) ■ Weitere Angebote: Tombola mit Nietenverlosung, Fotograf Habakuk schießt scharf, Infowand über unser Jahresprojekt mit Fotobestellung, Gästebuch, Fragenquiz zum Länderjahr mit Hauptgewinnen (1. Preis: Ballonfahrt, 2. Preis: Essen für 2 Personen, 3. Preis: Weltkugel-Stempel)	

Tab. 6.1: Projektdurchführung im Jahresablauf

Reflexion und Ausblicke

Seit diesem Projekt erleben wir eine ständig wachsende Teilnahme unserer Migrantenfamilien an unseren Festen und Gottesdiensten. Migranteneltern sind Mitglied im Elternbeirat und vertreten die Interessen der Mirgrantenfamilien, geben Einblicke in ihre Kultur und stoßen auf Interesse und Verständnis bei den deutschen Eltern. Ebenso interessieren sie sich für die deutsche Kultur, hinterfragen und begreifen durch Erleben und Gespräche. Wir planen gemeinsam. Seit 2003 führen wir mit allen Kindern aus 15 Nationen erfolgreich interkulturelle Kinderkonferenzen durch, um ihre Bedürfnisse, Wünsche und Probleme zu erfassen (siehe Praxisbeispiel: Mitwirkung der Kinder am Bildungs- und Einrichtungsgeschehen (Partizipation) ➤ Kap. 8.1).

Verwendete Literatur

■ Ulich, M., Oberhuemer, P. & Soltendieck, M. (2005). Die Welt trifft sich im Kindergarten. Interkulturelle Arbeit und Sprachförderung (2. neu bearb. Aufl.). Weinheim: Beltz.

6.2.4 Kinder mit erhöhtem Entwicklungsrisiko und (drohender) Behinderung

Leitgedanken

Begriffsdefinitionen

Ein Teil der Kinder in Tageseinrichtungen sind in ihrer Entwicklung auffällig, gefährdet oder beeinträchtigt; sie haben einen erhöhten Bedarf an Unterstützung und Förderung. Auch mit Blick auf die aktuelle Gesetzeslage sind bei diesen „Kindern mit besonderen Bedürfnissen" zwei Gruppen zu unterscheiden.

Kinder mit Behinderung und von Behinderung bedrohte Kinder

Dies sind Kinder, die in ihren körperlichen Funktionen, ihrer geistigen Fähigkeit oder ihrer seelischen Gesundheit längerfristig beeinträchtigt sind, die deutlich vom Entwicklungsstand, der für ihr Lebensalter typisch ist, abweichen und an der Teilhabe am Leben in der Gesellschaft beeinträchtigt sind (vgl. § 2 Satz 1 SGB IX). Kinder mit Behinderung und von Behinderung bedrohte Kinder haben einen Anspruch auf Eingliederungshilfe, für deren Gewährung bei Kindern bis zu 6 Jahren in Bayern die Sozialhilfe zuständig ist (§ 10 Abs. 2 Satz 2 SGB VIII, Art. 53 BayKJHG, § 30 SGB IX, § 53 SGB XII).

„Risikokinder"

Unter diesen Begriff fallen Kinder, die mit einem deutlich erhöhten Entwicklungsrisiko aufwachsen, wobei die Ursachen sehr vielfältig sein können. Die Kinder werden in Tageseinrichtungen oft aufgrund von Verhaltensproblemen bzw. Entwicklungsrückständen auffällig und sind z. T. von besonderen Belastungen im sozialen bzw. familiären Umfeld betroffen (z. B. Armut, psychische Erkrankung eines Elternteils); aufgrund ihres erhöhten Entwicklungsrisikos ist ihre Teilhabe am Leben in der Gemeinschaft gefährdet. Risikokinder haben bislang keinen vergleichbar eindeutigen gesetzlichen Hilfeanspruch wie Kinder mit (drohender) Behinderung. Ungeachtet dessen haben auch sie spezifische Bedürfnisse, denen Kindertageseinrichtungen zu entsprechen haben.

Von aussondernden zu integrativen Hilfen

Hilfen für Kinder mit besonderen Bedürfnissen waren lange Zeit mit Aussonderung verknüpft. Vorherrschend war die Ansicht, solche Kinder seien in Sondereinrichtungen besser aufgehoben. In den letzten Jahren hat in der Sichtweise, wie diesen Kindern am besten geholfen werden kann, in der Fachwelt und im öffentlichen Bewusstsein ein tief greifender Wandel stattgefunden. Ausgehend von internationalen Entwicklungen setzte sich die Idee der integrativen Erziehung auch in Deutschland durch. Wesentliche Gründe für diese Neuausrichtung waren und sind folgende Argumente:

- Aussonderung begünstigt Stigmatisierung und soziale Ausgrenzung.
- In Sondergruppen kommt es zu Problemballungen.
- Hilfen in integrativen Einrichtungen sind wirksam und lassen sich durch die Zusammenarbeit mit Fachdiensten auch sicherstellen.
- Kinder mit besonderen Bedürfnissen profitieren vom positiven Vorbild der anderen Kinder.
- Auch unbelastete „normale" Kinder und ihre Eltern ziehen Gewinn aus der gemeinsamen Erziehung; sie machen die entlastende Erfahrung, dass Schwächen und Behinderungen Teil von „Normalität" sind und nicht zu sozialem Ausschluss führen, erlernen einen unbefangene(re)n Umgang mit Problemen.
- Es ist wichtig, Hilfen dezentral und wohnortnah anzubieten (kurze Fahrwege, Einbeziehung der Eltern).

Gesetzlicher Rahmen

Die Forderung nach integrativer Erziehung fand Eingang in mehrere transnationale Abkommen und Deklarationen: UN-Konvention über die Rechte des Kindes (1989), UN-Standards zur Gleichberechtigung Behinderter (1993), Erklärung der Weltkonferenz über die Erziehung von Kindern mit besonderen Bedürfnissen in Salamanca (1994), OECD-Report über inklusive Erziehung Behinderter (1999). In der deutschen Gesetzgebung wurden sie im SGB IX (Rehabilitation und Teilhabe behinderter Menschen) aufgegriffen. § 1 SGB IX betont das Recht von Menschen mit Behinderung auf gleichberechtigte Teilhabe am gesellschaftlichen Leben und auf Vermeidung von Benachteiligungen. Nach §§ 4, 19 SGB IX sind Leistungen für behinderte oder von Behinderung bedrohte Kinder so zu planen und zu gestalten, dass nach Möglichkeit Kinder nicht von ihrem sozialen Umfeld getrennt und gemeinsam mit nicht behinderten Kindern betreut werden. In Ausführung dessen regeln das Bayerische Behindertengleichstellungsgesetz und Art. 11 BayKiBiG für bayerische Kindertageseinrichtungen den grundsätzlichen Auftrag, Kinder mit (drohender) Behinderung nach Möglichkeit gemeinsam mit Kindern ohne Behinderung zu betreuen und zu fördern, um ihnen eine gleichberechtigte Teilhabe am gesellschaftlichen Leben zu ermöglichen.

Umsetzung der gesetzlichen Vorgaben – Kooperation mit anderen Hilfesystemen

Die Umsetzung eines integrativen Konzepts von Bildung, Erziehung und Betreuung für Risikokinder und Kinder mit (drohender) Behinderung macht es notwendig, dass Kindertageseinrichtungen eng mit anderen Hilfesystemen kooperieren, in deren Zuständigkeit schon bisher Hilfen für diese Kinder angeboten werden (Behindertenhilfe, Jugendhilfe, Förderschulbereich). Dabei bringen beide Kooperationspartner, Kindertageseinrichtungen einerseits und spezifische Hilfesysteme andererseits, ihre jeweils besonderen Leistungen und Möglichkeiten in die Zusammenarbeit ein; sie verknüpfen sie zu einem ganzheitlichen Konzept, das im Rahmen der Kindertageseinrichtung zum Tragen kommt.

Leitprinzipien

Leitend für die Bildung, Erziehung und Betreuung von Kindern mit besonderen Bedürfnissen sind heute insbesondere folgende Prinzipien:

- **Prinzip der sozialen Inklusion.** Kinder mit besonderen Bedürfnissen dürfen und sollen an allen Aktivitäten und Angeboten für Kinder, die sich „normal" entwickeln, voll partizipieren.
- **Prinzip des Vorrangs präventiver Maßnahmen.** Hilfen sollen nicht erst dann zur Verfügung gestellt werden, wenn „das Kind in den Brunnen gefallen ist" – es gilt vielmehr darauf hinzuwirken, dass der Eintritt von Behinderungen, chronischen Erkrankungen oder Entwicklungsrisiken vermieden wird (vgl. § 3 SGB IX).

Diese Prinzipien sind maßgeblich für die Planung und Gestaltung des Angebots für Kinder mit besonderen Bedürfnissen in Kindertageseinrichtungen. Sie sind leitend für regionale und überregionale Planungsprozesse sowie für die konkrete Arbeit der Einrichtungen vor Ort.

Ebenen der Hilfe

Bei der Planung und Konzeption von Hilfen ist zu beachten, dass die Problemlagen von Kindern mit besonderen Bedürfnissen sehr unterschiedlich sind. Hilfeangebote in Kindertageseinrichtungen tragen dieser Situation Rechnung durch ein abgestuftes Konzept von Unterstützung. Es wird auf den drei Ebenen Primärprävention, Sekundärprävention und Rehabilitation/Teilhabe wirksam; diese werden in der Tabelle 6.2 dargelegt.

Hilfe-Ebenen		Zielsetzung	Zielgruppe
Ebene I	Primärprävention	Verhindern, dass Entwicklungsprobleme entstehen	Alle Kinder und deren Familien
Ebene II	Sekundärprävention	Frühzeitig eingreifen, wenn Entwicklungsrisiken erkennbar sind	Risikokinder und deren Familien
Ebene III	Rehabilitation – uneingeschränkte Teilhabe	Bei (drohender) Behinderung integrieren und angemessen unterstützen	Kinder mit (drohender) Behinderung und deren Familien

Tab. 6.2: Ebenen der Hilfe

Die Zusammenhänge und Wechselwirkungen zwischen diesen Ebenen sind bei der Suche nach angemessenen Lösungen zu berücksichtigen – sowohl auf der Ebene der Jugendhilfeplanung als auch auf der Ebene der einzelnen Kindertageseinrichtung. Jede Einrichtung soll auf allen drei Ebenen funktionsfähig sein und die hier anstehenden Aufgaben abdecken. Aus dem Vorrang präventiven Handelns ergibt sich, dass vorgelagerte, weniger stark eingreifende Formen der Hilfe grundsätzlich Vorrang haben; hier soll insbesondere effektive Primär- und Sekundärprävention verhindern, dass Ebene III überlastet wird.

Was die Umsetzung des abgestuften Konzeptes der Unterstützung in Kindertageseinrichtungen anbetrifft, so werden die zentralen Gedanken zu Ebene I im Kapitel Widerstandsfähigkeit (Resilienz) (➔ Kap. 5.10) darlegt. Der ressourcen-orientierte Ansatz, auf dem dieser Plan beruht, wirkt insgesamt primärpräventiv; er ist in allen Kapiteln präsent. Die Überlegungen zu den Ebenen II und III werden nachstehend näher ausgeführt.

„Risikokinder" – präventive Hilfen in Kindertageseinrichtungen

Tageseinrichtungen haben die Aufgabe, Risikokindern im Rahmen ihrer Möglichkeiten frühzeitig und effektiv zu helfen – auch um einer weiteren Negativ-Entwicklung vorzubeugen.

In diesem Kontext besteht bei vielen Risikokindern ein zusätzlicher Bedarf nach Diagnostik, Beratung und Förderung, der von Kindertageseinrichtungen allein weder zeitlich noch fachlich abzudecken ist. Kindertageseinrichtungen brauchen aus diesem Grund die personelle und fachliche Unterstützung durch einschlägige Fachdienste. Fachdienste, die spezifische Leistungen für Risikokinder (Diagnostik, Beratung, Förderung, Weitervermittlung) in Kindertageseinrichtungen anbieten, sind z. B. die Heilpädagogischen Fachdienste an Frühförderstellen, die Mobilen Sonderpädagogischen Hilfen an Förderschulen und die Familien- und Erziehungsberatungsstellen.

Bei der Arbeit mit Risikokindern in Kindertageseinrichtungen sind folgende vier Ansatzpunkte besonders zu beachten: Früherkennung, Kooperation, pädagogische Arbeit, sekundärpräventive Programme.

Früherkennung von Entwicklungsrisiken

Pädagogische Fachkräfte in Kindertageseinrichtungen haben die Aufgabe, sich an der Früherkennung von Entwicklungsrisiken zu beteiligen (Beobachtung der Lern- und Entwicklungsprozesse ➔ Kap. 8.4.1):

- Sie informieren sich eingehend über Entwicklungsprobleme und -risiken, kennen die einschlägigen Erfassungsverfahren und sind in der Lage, diese praktisch anzuwenden.
- In der Einrichtung wird ein systematisches „Screening", d. h. eine Durchmusterung auf Entwicklungsauffälligkeiten durchgeführt. Das „Screening" erfolgt abgestuft und umfasst zumindest zwei Stufen (siehe Tab. 6.3).

Stufe 1	Fallidentifikation	Mehrmals pro Jahr wird systematisch reflektiert und festgehalten, welche Kinder in der Entwicklung möglicherweise gefährdet sind.
Stufe 2	Vertiefte Beobachtung	Bei Verdacht auf Vorliegen einer Entwicklungsgefährdung erfolgt eine vertiefte Beobachtung, die breit angelegt ist und sich auf folgende Aspekte bezieht: - Entwicklungsrückstände in den Bereichen: Sprechen und Sprache; kognitive Entwicklung; Wahrnehmung; Motorik - Verhaltensauffälligkeiten - Körperliche Gesundheit - Familiäres und soziales Umfeld Eines der Instrumente, das sich für die vertiefte Beobachtung besonders eignet, ist der BEK (Beobachtungsbogen zur Erfassung von Entwicklungsrückständen und Verhaltensauffälligkeiten bei Kindergartenkindern) entwickelt vom IFP.

Tab. 6.3: Stufen des Screenings

- Die Beobachtungen genügen fachlichen Standards und werden unter Einbeziehung standardisierter Verfahren festgehalten. Im Einzelfall kommen bei der genaueren Abklärung einer Problematik auch normorientierte Verfahren zum Einsatz.
- Beobachtungsergebnisse werden in gemeinsamen Fallgesprächen in der Einrichtung reflektiert und bewertet. Auf der Basis dieser Reflexion wird entschieden, ob ein Problem zunächst nur innerhalb der Einrichtung angegangen werden soll oder ob es im Gespräch mit den Eltern thematisiert werden muss.
- Wenn der Kontakt mit den Eltern gesucht wurde und die Einwilligung der Eltern vorliegt, hilft die Einrichtung ggf. dabei, Kontakt zu einem Fachdienst oder Arzt herzustellen, der die Problematik genauer abklärt.

Ziel von Früherkennungsmaßnahmen durch pädagogische Fachkräfte in Kindertageseinrichtungen ist es nicht, festzustellen oder zu „diagnostizieren", ob eine Störung oder eine Erkrankung vorliegt, sondern zu klären und mit den Eltern abzustimmen, ob ein Kind von dafür zuständigen Experten genauer untersucht werden sollte.

Kooperation mit Fachdiensten

Die pädagogischen Fachkräfte arbeiten eng mit präventiv orientierten therapeutischen Fachdiensten zusammen (Gemeinwesenorientierung – Kooperation und Vernetzung mit anderen Stellen → Kap. 8.3.2). In der Kooperation sind vier größere Aufgabenfelder abzudecken:

- **Früherkennung.** Pädagogische Fachkräfte führen bereits im Vorfeld eine gezielte Beobachtung von Risikokindern durch (siehe oben). Sie unterstützen Fachdienste bei vertiefenden diagnostischen Untersuchungen und informieren sich über deren Ergebnisse.
- **Beratung und Anleitung.** Pädagogische Fachkräfte holen sich Beratung und Anleitung bei Fachdiensten (z. B. Einzelberatung – auch anonym, Vorbereitung schwieriger Elterngespräche, Beratungsgespräche gemeinsam mit Eltern und Erzieherinnen, Anleitung für die Durchführung von Fördermaßnahmen, gemeinsame Fallarbeit im Team).
- **Zusätzliche Fördermaßnahmen für Kinder.** Pädagogische Fachkräfte arbeiten mit Fachdiensten zusammen und unterstützen diese im Rahmen ihrer Möglichkeiten bei spezifischen Fördermaßnahmen (z. B. im Sprachbereich).
- **Weitervermittlung.** Wenn die Probleme auch durch Kooperation zwischen Einrichtung und Fachdienst nicht gelöst werden können, unterstützen Einrichtung und Fachdienst gemeinsam Familien bei der Suche nach anderen, besser geeigneten Hilfeangeboten.

Die Kooperation zwischen Einrichtung und Fachdiensten genügt bestimmten Qualitätskriterien:

- Jede Kindertageseinrichtung soll nach Möglichkeit einen bestimmten Fachdienst als feste erste Anlaufstelle und Hauptkooperationspartner haben. Bevorzugte Kooperationspartner sind interdisziplinär arbeitende und sozialintegrativ orientierte Fachdienste.
- Fachdienste bieten ihre Leistungen vor Ort in der Einrichtung an. Die Kooperation zwischen Kindertageseinrichtung und Fachdienst soll nicht nur anlassbezogen, sondern in einer gewissen Regelmäßigkeit erfolgen. In der Kooperation wird eine Kontinuität von Personen und Arbeitskonzepten angestrebt.
- Die Zusammenarbeit erfolgt auf der Basis von Gleichberechtigung und gemeinsamer Verantwortung. Maßgebliche inhaltliche Qualitätskriterien sind eine tragfähige Vertrauensbeziehung, eine gute fachlich-inhaltliche Zusammenarbeit, d.h. auch die enge Abstimmung von Fördermaßnahmen (z. B. Informationsaustausch, Weiterführung von Fördermaßnahmen im Gruppenalltag, Einbeziehung der Einrichtungskräfte bei Einzelfördermaßnahmen), ein konstruktiver Umgang mit Meinungsunterschieden sowie eine faire Aufteilung von Aufgaben. Die Zusammenarbeit wird regelmäßig reflektiert und gemeinsam weiterentwickelt.

Die Zusammenarbeit mit Fachdiensten und anderen Stellen (z. B. mit dem Jugendamt bei der Aufstellung eines Hilfeplans) beinhaltet eine Fülle verschiedenartiger Kooperationsformen. Da sich eine pauschale Einwilligung von Eltern sozialdatenschutzrechtlich verbietet (vgl. § 67 Abs. 2 SGB X), ist jede Kooperationsform einwilligungsbedürftig. Um Eltern nicht mit vielen Einwilligungserklärungen zu belasten, kann es sinnvoll sein, alle benötigten Einwilligungen in einem Einwilligungsvordruck zusammenzufassen, der alle Kooperationspartner und -formen sowie den gesamten Ablauf des Diagnose- und Hilfeprozesses zugleich in den Blick nimmt. Unabhängig von der formalrechtlichen Einwilligung erfolgen alle erforderlichen Einzelschritte in enger Abstimmung zwischen Eltern, Einrichtung und Fachdienst.

Pädagogische Arbeit mit Risikokindern

Die Situation von Risikokindern hat oft schon einen kritischen Zustand erreicht. Kindertageseinrichtungen tragen der besonderen Situation dieser Kinder und ihrer Familien Rechnung. Pädagogische Fachkräfte machen sich fachlich kundig über einzelne Problemfelder. Sie berücksichtigen in ihrer Arbeit mit den Kindern aktuelle Fachkenntnisse über bestimmte Störungsbilder (z. B. Hyperaktivität). Weil Risikokinder oft schon ein Störungsbewusstsein entwickelt haben und in ihrem Selbstwertgefühl beeinträchtigt sind, werden im Umgang mit ihnen folgende Grundsätze besonders beachtet:

- Dem Kind nicht ständig vermitteln, wie es sein sollte, sondern es so annehmen, wie es ist
- Die Stärken des Kindes zur Kenntnis nehmen, seine liebenswerten Seiten (wieder) sehen (lernen)
- Misserfolge und Schwächen entdramatisieren, Kränkungen aufgreifen, Misstrauen und Misserfolgserwartungen überwinden
- Das Kind bei Überforderung unterstützen, ohne ihm alle Schwierigkeiten abzunehmen
- Aushalten, dass das Kind negative Konsequenzen erfährt, und sich auch davon abgrenzen können
- Das Kind bei der Bewältigung von Schwierigkeiten ermutigen, d. h. nicht nur Leistung loben, sondern bereits den Versuch wahrnehmen und anerkennen, gleichgültig, wie er letztlich ausgeht
- Hilfen nicht aufdrängen, sondern geben, wenn sie gewünscht werden; darauf vertrauen, dass das Kind weiß, wo es unsicher ist, und abwarten, bis es von sich aus Hilfe sucht.

Es werden geeignete Maßnahmen ergriffen, um soziale Ausgrenzung und Zurückweisung von Risikokindern durch andere Kinder zu verhindern und ihre sozialen Beziehungen zu stärken.

Pädagogische Fachkräfte reflektieren vertieft ihre Beziehung zu Risikokindern mit Blick auf eigene Haltungen und Gefühle und suchen verstärkt den Kontakt zu deren Eltern.

Bei Risikokindern wird der Gestaltung von Übergangssituationen (insbesondere dem Übergang zur Schule) besondere Aufmerksamkeit geschenkt (Übergänge der Kinder und Konsistenz im Bildungsverlauf (Transitionen) ➤ Kap. 6.1; Übergang in die Grundschule ➤ Kap. 6.1.3).

Durchführung „sekundärpräventiver" Programme

Die Einrichtungen führen zur Unterstützung von Risikokindern, soweit es solche Ansätze gibt, spezifische sekundärpräventive Interventionsprogramme durch (z. B. Gewaltprävention, Vorbeugung aggressiv-dissozialer Störungen, Prävention von Lese-Rechtschreib-Störungen). Um eine unnötige Stigmatisierung von Risikokindern zu vermeiden, erscheint es sinnvoll, bei solchen Interventionen auch andere Kinder miteinzubeziehen, d. h. gemeinsame Trainingsgruppen zu bilden (Sprache und Literacy ➔ Kap. 7.3; Emotionalität, soziale Beziehungen und Konflikte ➔ Kap. 7.2).

Kinder in Armutslagen

Armut aus Sicht der Kinder. Wenn Kinder in Armut aufwachsen, erleben und erfahren sie ihre Situation in ganz eigener, von Erwachsenen unterscheidbarer Weise. Die Auseinandersetzung mit Kinderarmut erfordert deshalb einen kindzentrierten Blick, der sich auf die gesamte Lebenslage der Kinder, ihre Alltagswirklichkeit, ihre Entwicklungschancen und ihre subjektive Wahrnehmung der Situation konzentriert.

Auswirkungen kindlicher Armut. Familiäre Armut bewirkt nicht immer nachhaltige Beeinträchtigungen der kindlichen Lebenssituation. Sie treten jedoch mit höherer Wahrscheinlichkeit auf, insbesondere dann, wenn zur finanziellen Knappheit gleichzeitige Unterversorgungen in anderen Lebensbereichen (etwa Gesundheit, sozialer Bereich, Wohnsituation) kommen. Die direkten, meist materiellen Armutsfolgen spüren Kinder oft sehr konkret, wenn etwa für kindgerechte Wohnverhältnisse, Familienausflüge, eigene Freizeitaktivitäten, passende Kleidung, ausgewogene Nahrung und soziale Kontakte nicht ausreichend Geld verfügbar ist. Sie nehmen ihre Lage sehr sensibel wahr, auch indem sie sich mit reicheren Kindern vergleichen. Bei den immateriellen Folgen zeigen sich etwa Beeinträchtigungen in der Sprach- und Intelligenzentwicklung der Kinder, im Lern- und Spielverhalten, im Gesundheitsverhalten und im kindlichen Wohlbefinden. Auch Anzeichen körperlicher oder emotionaler Vernachlässigung oder Verhaltensstörungen können Hinweise auf kindliche Armutslagen sein. Eine Problematik dieser Armutsfolgen ist ihre Tendenz zur ‚Unsichtbarkeit'. Gerade im Vorschulalter wird Armut von Eltern und Kindern oft mit großem Aufwand versteckt; zugleich sind die Armutsfolgen oft wenig typisch und damit in der Gefahr der Fehlinterpretation.

Umgang mit Kinderarmut. Damit Armut keine schicksalhafte Bedeutung für das Leben der Kinder bekommt, sind Gefährdungspotentiale frühzeitig zu erkennen und in der pädagogischen Arbeit aufzugreifen. Kindertageseinrichtungen haben zwar einen begrenzten Interventionsrahmen, dennoch können arme Kinder hier niederschwellig eine nachweislich sehr wirksame Form der Unterstützung erhalten. Der Umgang mit Kinderarmut erfordert ein eigenes, passgenaues und übergreifend angelegtes Handlungskonzept, für das insbesondere folgende Aspekte bedeutsam sind:

- **Kinder in Armut:** Um sozialer Isolation entgegenzuwirken, haben die Kinder Gelegenheit zu vielfältigen sozialen Kontakten – sowohl innerhalb der Gruppe als auch in ihrem Lebensumfeld (z. B. Kennen lernen von günstigen Freizeitmöglichkeiten). Sie können erfahren, dass ökonomische Ressourcen nicht über Ansehen und soziale Einbindung in der Gruppe entscheiden und diskriminierendem Verhalten konsequent entgegengewirkt wird. Oft ist die konkrete Förderung vieler Kompetenzen, insbesondere der Sprache, erforderlich. Kinder können z. B. Spiele/Bücher aus der Einrichtung nach Hause ausleihen, wobei den Eltern gleichzeitig Anregungen für die gemeinsame Gestaltung der Lese-/Spielsituation gegeben werden können. Da Armut mit einer Einschränkung von Entscheidungs- und Handlungsmöglichkeiten einhergehen kann, wird den Kindern Raum für viele Entscheidungen und für die Übernahme von Verantwortung gegeben. So erfahren sie ihre Lebenssituation als (mit)gestaltbar. Auch Maßnahmen im Gesundheitsbereich können angezeigt sein, etwa in Form von Informationen (gesunde Lebensmittel), Aktionen (Zubereitung von Frühstück), Exkursionen (Zahnarztpraxis) oder durch Üben gesundheitserhaltender Maßnahmen (Zähneputzen) und Handlungsmöglichkeiten zur Stressbewältigung. Akute Defizite in der Grundversorgung (z. B. Essen) sind, je nach Finanzrahmen der Einrichtung, auszugleichen (Sponsorensuche).
- **Alle Kinder:** Durch zielgerichtete Werteerziehung sind Rücksichtnahme und Solidarität unter den Kindern mit unterschiedlicher sozialer Herkunft zu stärken. Negativen Reaktionen (z. B. Hänseln armer Kinder) wird damit vorgebeugt. Die Kinder werden sensibel für ihre eigene Lebenslage und die anderer. Sie lernen ihren eigenen Wert und den anderer nicht über die Finanzkraft ihrer Familie zu definieren, sondern ihren Blick auf nicht materielle, nicht käufliche Besonderheiten zu lenken (Kind kann gut bauen, ist fröhlich, etc.). Hilfreich sind etwa Diskussionen („Warum ist ein bestimmtes Kind dein Freund?"), Geschichten (z. B. das Kinderbuch „Was ist los mit Marie?") oder Aktionen (,Aufgaben-Rallye', die nur mit Hilfe der Stärken aller Kinder bewältigt werden kann). Das Warenangebot in den Medien begünstigt eine Ausrichtung auf Konsum. Arme Kinder sind so häufig mit nicht erfüllbaren ‚Konsumnormen' konfrontiert. Kinder sollen die Bedeutung von Besitz und Konsum für das persönliche Wohlbefinden in Frage stellen und sie gegenüber anderen Faktoren wie soziale Einbindung, Solidarität oder persönliche Kompetenz relativieren lernen (z. B. Diskussion der Frage: Was ist euch wichtig? Was braucht ihr, um glücklich zu sein?).
- **Interdisziplinäre Vernetzung** mit anderen Stellen ist unverzichtbar, da kindliche Armutslagen sehr komplex sein können. Wichtige Partner sind Kinder- und Jugendtherapeuten, sozialpädagogische Familienhilfe, Erziehungs- und Schuldnerberatung, Frühförderstellen und Schulen. Diese können, z. B. über regelmäßige Beratungsstunden, teils auch in die Einrichtung hereingeholt werden.

Integration von Kindern mit (drohender) Behinderung in Kindertageseinrichtungen

Kinder mit (drohender) Behinderung werden gemeinsam mit Kindern ohne Behinderung in Tageseinrichtungen gebildet, erzogen und betreut. Die gemeinsame Erziehung ist eingebettet in einen allgemeinen Prozess der vollen Einbeziehung („Inklusion") behinderter Kinder und ihrer Familien in alle Bereiche gesellschaftlichen Lebens.

Das BayKiBiG sieht bei Aufnahme von Kindern mit Behinderung einen erhöhten Gewichtungsfaktor von 4,5 vor. Diese höhere Förderung ermöglicht die für eine Integration notwendige Gruppenreduzierung. Zudem kann im Einvernehmen mit der/den betreffenden Gemeinde(n) der Gewichtungsfaktor erhöht werden, um zusätzliches Personal zu fördern. Durch diese Maßnahmen wird in integrativen Kindertageseinrichtungen der Rahmen für die Bildung, Erziehung und Betreuung von Kindern mit (drohender) Behinderung geschaffen. Darüber hinaus haben Kinder mit (drohender) Behinderung in integrativen Kindertageseinrichtungen Anspruch auf behinderungsspezifische Förderung und Unterstützung, z. B. durch therapeutische Fachdienste. Dabei handelt es sich um Maßnahmen der Eingliederungshilfe für Behinderte. Ziel dieser Eingliederungshilfe ist es, entsprechend dem individuellen Bedarf des Kindes eine (drohende) Behinderung oder deren Folgen durch individuelle Förderung zu beseitigen oder zu mildern und das Kind so zu befähigen, seine Ressourcen auszuschöpfen und so weit wie möglich unabhängig von Eingliederungshilfeleistungen zu leben und die gleichberechtigte Teilhabe am gesellschaftlichen Leben weitestgehend zu ermöglichen. Eine integrative Kindertageseinrichtung kann Kinder mit (drohender) Behinderung grundsätzlich nur aufnehmen, wenn diese so, entsprechend ihrem individuellen Bedarf, gefördert werden. Die Kosten für Maßnahmen der Eingliederungshilfe tragen – wie bisher – die zuständigen Träger der Sozialhilfe.

Bei der pädagogischen Arbeit in integrativen Kindertageseinrichtungen sind im Einzelnen folgende Aspekte zu berücksichtigen:

Förderung einer gemeinsamen „Integrationsphilosophie" bei den pädagogischen Fachkräften

Zentral für das Gelingen integrativer Prozesse ist die Grundüberzeugung des pädagogischen Personals, dass Integration notwendig und sinnvoll ist. Wesentlich ist ferner die Wertschätzung einer engen Zusammenarbeit (im Team, mit anderen Berufsgruppen) und einer Erziehungspartnerschaft mit den Eltern. Träger von Kindertageseinrichtungen berücksichtigen solche Grundhaltungen bei der Personalauswahl und fördern gezielt integrationsfreundliche Einstellungen bei ihren pädagogischen Fachkräften, z. B.:

- Durch Hospitationen von Fachkräften und Eltern in integrativen Einrichtungen
- Durch gemeinsame Fortbildungen für Fachkräfte und Eltern zu diesem Thema
- Durch regelmäßige Kontakte zu Kolleginnen und Eltern mit Integrationserfahrung.

Pädagogische Arbeit in integrativen Einrichtungen

Grundlage der pädagogischen Arbeit ist eine Atmosphäre von gegenseitiger Akzeptanz und Zusammengehörigkeit. Unterschiedlichkeit wird nicht als Defizit gesehen, sondern als Chance, voneinander zu lernen und sich gegenseitig zu bereichern. Bei der Gestaltung der pädagogischen Arbeit sind insbesondere folgende Punkte zu beachten:

Zusammensetzung der Gruppe

Vor der Aufnahme von Kindern mit Behinderung soll eine sorgfältige Reflexion der Gruppenzusammensetzung erfolgen. Anzustreben ist eine gewisse Vielfalt der Kinder bezogen auf Geschlecht und Alter; es sind aber auch die Persönlichkeit der Kinder und die Eigenart der jeweiligen Behinderung zu berücksichtigen.

Gestaltung der Lernprozesse

Es gibt ein gemeinsames pädagogisches Angebot für Kinder mit und ohne Behinderung. Alle Kinder nehmen gleichermaßen an pädagogischen Angeboten, Projekten und Aktivitäten teil. Daraus folgt für die Gestaltung von Bildungsprozessen:
- **Individualisierung.** Das pädagogische Vorgehen lässt ausreichend Raum für die Individualisierung von Lernprozessen. Jedes Kind kann sich entsprechend seinen individuellen Voraussetzungen und Neigungen in pädagogische Angebote einbringen und dabei auf seine Art auch Erfolg haben.
- **Orientierung an Stärken und Fähigkeiten.** Kinder mit Behinderung werden, wie die anderen Kinder, dabei unterstützt, Autonomie, Selbstständigkeit, Kompetenz, Zuversicht und Stolz auf die eigene Leistung zu entwickeln. Ausgangspunkt für die pädagogische Arbeit sind die Stärken und Fähigkeiten der Kinder.
- **Pädagogische Ansätze und Methoden.** Anknüpfungspunkte für pädagogisches Handeln sind Initiativen von Kindern, gemeinsame Projekte, Alltagssituationen und Routinen der Einrichtung sowie die Lebenssituation der Familien. Besonderes Gewicht haben kooperative, spielorientierte und ganzheitliche Formen des Lernens.
- **Prozessorientierung.** Die Betonung bei der Gestaltung von Lernprozessen liegt auf dem „Hier und Jetzt". Pädagogisches Ziel ist es, die Engagiertheit von Kindern mit unterschiedlichen Entwicklungsvoraussetzungen bei aktuellen Lernprozessen zu fördern.

- **Räumlichkeiten, Materialien und Ausstattung.** Räumlichkeiten und Ausstattung integrativer Einrichtungen geben den Kindern ein Gefühl von Sicherheit, Geborgenheit und Vorhersagbarkeit bzw. Überschaubarkeit. Die Materialien wecken Neugier, Fantasie und Interesse der Kinder, sie regen ihre Entwicklung an. Räume, Ausstattung und Materialien tragen den spezifischen Bedürfnissen von Kindern mit Behinderung Rechnung und begünstigen gemeinsame Spiel- und Arbeitsprozesse.

Individueller Erziehungsplan

Die Bildungs- und Erziehungsarbeit für Kinder mit Behinderung erfolgt auf der Grundlage eines individuellen Erziehungsplans. Darin werden konkrete Entwicklungsziele und Interventionen beschrieben sowie Erfahrungen und Ergebnisse festgehalten. Der Plan strukturiert und steuert die Arbeit mit den Kindern sowie die Kooperation mit Eltern und Fachdiensten.

Förderung sozialer Integrationsprozesse

Das gemeinsame Lernen und die soziale Interaktion zwischen Kindern mit und ohne Behinderung werden gezielt gefördert:
- Pädagogische Angebote werden so geplant und durchgeführt, dass Kinder mit und ohne Behinderung in Interaktion miteinander treten und voneinander lernen können.
- Mit allen Kindern wird entsprechend ihrem Entwicklungsstand konkretes Wissen über die jeweiligen Behinderungen erarbeitet.
- Bei Kindern ohne Behinderung wird ein Grundverständnis gefördert, wonach Kinder mit Behinderung zwar in manchen Punkten „anders", in den meisten Aspekten aber ihnen selbst doch sehr ähnlich sind.
- Mit Kindern ohne Behinderung wird erarbeitet, wie sie mit Kindern mit Behinderung angemessen umgehen können und was man unternehmen kann, um die Bildung von Vorurteilen und soziale Ausgrenzungen zu vermeiden.
- Mit Kindern mit Behinderung wird erarbeitet, wie sie mit Stereotypisierungen und Diskriminierungen angemessen umgehen können.

Hilfe bei der Bewältigung von Übergängen

Die spezifischen Bedürfnisse von Kindern mit Behinderung erfordern eine besonders sorgfältige Planung und Begleitung bei der Bewältigung von Übergängen, vor allem bei der Eingewöhnung in die Tageseinrichtung, beim Übergang von der Kinderkrippe in den Kindergarten und beim Übergang in die Schule (Übergänge der Kinder und Konsistenz im Bildungsverlauf → Kap. 6.1).

Zusammenarbeit mit den Eltern

Die Kindertageseinrichtungen arbeiten eng und vertrauensvoll mit den Eltern von Kindern mit Behinderung zusammen. Die Unterstützung durch die Einrichtung orientiert sich am Lebensstil, an den Werten und Prioritäten der einzelnen Familie. Die Zusammenarbeit erfolgt partnerschaftlich: Eltern werden als Experten für die Entwicklung und Erziehung ihres Kindes ernst genommen, sie sind gleichberechtigte Partner.

Die pädagogischen Fachkräfte wissen um die spezifischen Probleme von Familien mit behinderten Kindern, sie haben Verständnis dafür und sind in der Lage, hier effektiv Hilfe zu leisten. Im Einzelnen sollten folgende Aspekte bedacht werden:
- Bei Aufnahme des Kindes ist mit den Eltern zu klären, ob bei ihrem Kind bereits eine (drohende) Behinderung festgestellt worden ist, ob ggf. ein entsprechendes Feststellungsverfahren im Gange ist und ob bereits ein Fachdienst mit dem Kind befasst ist. Die Eltern werden um ihre Einwilligung ersucht, dass die Kindertageseinrichtung mit dem Fachdienst regelmäßig zusammenarbeitet.
- Es finden regelmäßige Gespräche mit den Eltern statt, in denen die Entwicklung des Kindes zu Hause und in der Einrichtung systematisch reflektiert wird.
- Alle diagnostischen, erzieherischen und therapeutischen Zielsetzungen und Maßnahmen erfolgen in enger Absprache und Abstimmung mit den Eltern. Eltern erhalten, wenn sie dies wünschen, Einsicht in alle ihr Kind betreffenden Dokumente und Unterlagen.
- Bei der Zusammenarbeit mit den Eltern stimmen sich Taseseinrichtung und Fachdienst ab.
- Die Eltern werden in die Arbeit mit ihrem Kind eingebunden (z. B. Mitarbeit bei Fördermaßnahmen).
- Die Kindertageseinrichtung arbeitet mit den Eltern gezielt an der Erschließung und Nutzung familiärer Ressourcen; sie unterstützt im Rahmen ihrer Möglichkeiten Eltern bei der Bewältigung von spezifischen Belastungen.
- Kontakte und Verständnis der Eltern untereinander werden gezielt gefördert.

Bei manchen Eltern von Kindern ohne Behinderung kann es Vorbehalte und Ängste, bezogen auf die Aufnahme behinderter Kinder, geben. Die pädagogischen Fachkräfte greifen solche Einstellungen und Ängste aktiv auf und wirken hier aufklärend; sie beziehen die Eltern von Kindern ohne Behinderung in die Integrationsarbeit ein (Elternbeirat, Elternaktionen, Informationsveranstaltungen).

Verschränkung von therapeutisch-heilpädagogischer und regelpädagogischer Arbeit

Kinder mit Behinderung erhalten (nach den Verwaltungsvorgaben der Bezirke als überörtlicher Sozialhilfeträger) eine spezifische therapeutische Förderung. Diese Förderung soll – soweit nicht spezifische Gründe dagegen sprechen – nicht isoliert stattfinden, sondern eingebettet sein in das pädagogische Angebot der Kindertageseinrichtung; sie soll an den individuellen Interessen und Vorlieben der Kinder mit Behinderung und an ihren „normalen" Aktivitäten in der Einrichtung anknüpfen.

- Therapeutische Fördermaßnahmen in der Kindertageseinrichtung genügen den einschlägigen fachlichen Standards und sind nach Möglichkeit ganzheitlich anzulegen. Sie regen die Kinder an und unterstützen sie beim Erwerb breiter, auch im Alltag sinnvoll einsetzbarer Fähigkeiten. Erreicht werden kann dies z. B. durch die simultane Förderung verschiedener Entwicklungsbereiche im Rahmen bestimmter Projekte oder durch die Nutzung natürlicher Lerngelegenheiten. So lassen sich z. B. in einer typischen Alltagssituation wie dem gemeinsamen Frühstück (Gesundheit → Kap. 7.11), Selbstständigkeit, kommunikative Fähigkeiten und feinmotorische Fertigkeiten gleichzeitig fördern – eingebettet in einen für alle Kinder sinnvollen sozialen Kontext.

Team- und Zusammenarbeit mit Fachdiensten

Die Anforderungen bei der integrativen Bildung, Erziehung und Betreuung von Kindern mit Behinderung sind vielfältig; sie lassen sich nicht von einer einzelnen Person oder Institution abdecken. Im Sinn einer optimalen Unterstützung der Lern- und Entwicklungsprozesse sind alle Beteiligten aufgefordert, eng miteinander zu kooperieren.

- Leitend für die Zusammenarbeit ist das Modell des „transdisziplinären" Teams. Pädagogische Fachkräfte der Kindertageseinrichtung, Familien und Spezialisten der Fachdienste planen gemeinsam die notwendigen diagnostischen Untersuchungen, das pädagogische Vorgehen in der Gruppe und die therapeutischen Leistungen. Entscheidungen werden für alle transparent vorbereitet und gemeinsam getroffen. Parallele und fragmentierte Angebote werden vermieden.
- Es gibt keine starre Trennung der beruflichen Rollen. Jede Berufsgruppe bringt ihr Wissen und ihre Kenntnisse ein, ist in ihrer Arbeit aber nicht ausschließlich auf ihr spezifisches Tätigkeitsfeld fixiert. Die Grenzen zwischen den Tätigkeitsfeldern sind durchlässig. Angehörige der verschiedenen Berufsgruppen arbeiten zusammen in Richtung auf ein gemeinsames Ziel: Die Fachkräfte lernen voneinander; es gibt ein kontinuierliches Geben und Nehmen. Der Austausch zwischen den Teammitgliedern (im weitesten Sinn) erfolgt regelmäßig und in einer geplanten Form.

Qualifikationen, Qualifizierungsprozesse

Die Arbeit in integrativen Kindertageseinrichtungen stellt besondere Anforderungen an die Qualifikation und die Qualifizierungsbereitschaft der pädagogischen Fachkräfte. Integrativ arbeitende Einrichtungen berücksichtigen dies zum einen bei der Personalauswahl; sie bieten zum anderen ihren pädagogischen Fachkräften Gelegenheit, in Qualifizierungsprozessen einschlägige Qualifikationen zu erwerben und weiterzuentwickeln. Besonderes Gewicht kommt in diesem Zusammenhang einer systematischen Teamentwicklung und einrichtungsinternen Qualifizierungsmaßnahmen zu, bei denen alle Teammitglieder, d. h. auch die verschiedenen in integrativen Kindertageseinrichtungen tätigen Professionen der Fachdienste, in gemeinsame Lernprozesse einbezogen werden.

Öffentlichkeits- und Gemeinwesenarbeit

Integrative Kindertageseinrichtungen berücksichtigen in besonderer Weise das Umfeld, in das sie eingebettet sind: andere Einrichtungen, Wohnumfeld und Gemeinde. Sie vertreten im Kontakt mit diesem Umfeld aktiv die Ziele integrativer Erziehung. Konkrete Ansatzpunkte sind z. B. die Teilnahme an regionalen Arbeitskreisen, die Herstellung und Pflege von guten Arbeitskontakten zu Ärzten, Beratungseinrichtungen, Schulen, Behörden und Gremien, die professionelle Präsentation der eigenen Arbeit in der Öffentlichkeit.

Verwendete Literatur

- Mayr, T. (2003). Berücksichtigung von Kindern mit besonderen Bedürfnissen. In Bundesministerium für Familie, Senioren, Frauen und Jugend (Hrsg.), Auf den Anfang kommt es an (121–137). Weinheim: Beltz.
- Mayr, T. (2003). Früherkennung von Entwicklungsrisiken in Kindertageseinrichtungen. KiTa spezial, (1), 32–38.
- Mayr, T. (1998). BEK – Beobachtungsbogen zur Erfassung von Entwicklungsrückständen und Verhaltensauffälligkeiten bei Kindergartenkindern. München: Staatsinstitut für Frühpädagogik.

Kinder in Armutslagen
- Alt, C., Blanke, K. & Joos, M. (2005). Wege aus der Betreuungskrise? In Alt, C. (Hrsg.) Kinderleben – Aufwachsen zwischen Familie, Freunden und Institutionen, Bd. 2 (123 ff). Wiesbaden: VS.
- AWO Bezirksverband Niederrhein e. V. (Hrsg.) (2003). Kleine Kinder. Große Chancen. Initiativen und Netzwerke zur Armutsprävention bei Kindern und Familien. Essen.
- Bundesregierung (2005). Lebenslagen in Deutschland. Der 2. Armuts- und Reichtumsbericht der Bundesregierung. Köln, Limburg: Bundesanzeiger.
- Butterwegge, C. et al. (2004). Armut und Kindheit. Ein regionaler, nationaler und internationaler Vergleich. (2. Aufl.). Wiesbaden: VS.
- Gemmel, S. (2004). Was ist los mit Marie? Neureichenau: Zweihorn.
- Hock, B. et al. (2000). Frühe Folgen – langfristige Konsequenzen? Armut und Benachteiligung im Vorschulalter. Vierter Zwischenbericht zu einer Studie im Auftrag des Bundesverbandes der AWO. Frankfurt: ISS.
- Strehmel, P. (2005). Weniger gefördert? In C. Alt (Hrsg.): Kinderleben – Aufwachsen zwischen Familie, Freunden und Institutionen. Bd. 1 (217 ff). Wiesbaden: VS.
- TPS Nr. 3 (2005). Arme Kindheit.
- Walper, S. (1999). Auswirkungen von Armut auf die Entwicklung von Kindern. In A. Lepenies et al., Kindliche Entwicklungspotentiale. Materialien zum 10. Kinder- und Jugendbericht. Bd. 1. (291 ff). München: DJI.
- Weiß, H. (Hrsg.) (2000). Frühförderung mit Kindern und Familien in Armutslagen. München, Basel: Reinhardt.

6.2.5 Kinder mit Hochbegabung

Leitgedanken

Hochbegabung ist prinzipiell nicht auf den kognitiven Bereich zu begrenzen (z. B. als IQ von 130 und darüber), sie kann sich z. B. auch im sportlich-motorischen, im künstlerischen oder im musischen Bereich zeigen. Alle Kinder haben einen Anspruch auf individuelle Förderung, daher ist es wichtig, hochbegabte Kinder in der Familie und im Bildungssystem durch angemessene Lernangebote zu stimulieren und herauszufordern. Aber auch die Gesellschaft kann es sich in Zeiten der Globalisierung und des zunehmenden Wettbewerbs nicht erlauben, auf herausragende Leistungsträger in Wirtschaft, Kultur oder Politik zu verzichten.

Hochbegabung tritt sehr selten auf; beispielsweise haben nur 2 % der Menschen einen IQ von 130 und mehr. Daher begegnen pädagogische Fachkräfte in Kindertageseinrichtungen nur gelegentlich hochbegabten Kindern. Dennoch ist es wichtig, dass sie Grundkenntnisse aus dem Bereich der Begabungsforschung besitzen bzw. im Rahmen von Aus- und Fortbildungsmaßnahmen erhalten, um solche Kinder möglichst früh erkennen und sie angemessen unterstützen zu können.

Erkennen von Kindern mit Hochbegabung

In den Lebensjahren bis zur Einschulung ist Hochbegabung nur sehr schwer zu „diagnostizieren". Deshalb ist mit dieser Bezeichnung sehr vorsichtig umzugehen. Zu den Aufgaben der pädagogischen Fachkräfte in Kindertageseinrichtungen zählt es, frühzeitig Anzeichen zu erkennen, die auf eine Hochbegabung schließen lassen, und dies in erster Linie bei älteren Kindern. Erst wenn das jeweilige Kind über einen langen Zeitraum hinweg genau beobachtet worden ist, kann Hochbegabung ernsthaft in Erwägung gezogen werden. Diese Beobachtungen sind den Eltern mitzuteilen, damit sie sich – falls noch nicht erfolgt – von einschlägig qualifizierten Psychologinnen, Psychologen, Ärztinnen, Ärzten, Erziehungsberatungsstellen, Schulpsychologischen Diensten usw. beraten lassen und diesen ihr Kind vorstellen können. Nur ein spezialisierter Fachdienst kann letztlich eine Hochbegabung diagnostizieren.

Was macht die Diagnose „Hochbegabung" in den Lebensjahren bis zur Einschulung so schwierig?
- Bei Kindern zwischen 0 und 6 Jahren verläuft die Entwicklung ungleichmäßig. Zum einen können große Unterschiede zwischen gleichaltrigen

Kindern bestehen. Zum anderen kann ein Kind in einem bestimmten Entwicklungsbereich besonders schnelle Fortschritte gemacht und in anderen Bereichen einen „altersgemäßen" Stand erreicht haben oder scheinbar sogar „zurückgeblieben" sein. So kann eine vermeintliche „Hochbegabung" (oder „Minderbegabung") schon einige Monate später verschwunden sein.

- Bei unter Dreijährigen ist diese ungleichmäßige Entwicklung besonders stark ausgeprägt. Eine Hochbegabung in Bereichen wie Musik, Sport oder Kunst kann sich in diesem Alter noch nicht manifestieren.
- Bei einer besonders intensiven (partiellen) Förderung durch seine Eltern kann ein Kleinkind in einem Entwicklungsbereich als hochbegabt erscheinen, ohne dies wirklich zu sein.
- Es gibt erst wenige verlässliche Testverfahren, die nur von Psychologinnen und Psychologen und anderen Fachleuten richtig eingesetzt werden können, in der Regel bloß für ältere Kleinkinder geeignet sind und sich zumeist nur auf den kognitiven Bereich beziehen. Besondere Talente im sportlichen, musischen, künstlerischen usw. Bereich können in der frühen Kindheit noch nicht „diagnostiziert" werden.

Anzeichen für hochbegabte Kinder können sein:
- Hochbegabte Kinder sind vielfach „Energiebündel", die nicht müde werden, selbstständig ihre Umwelt zu erkunden oder eindringliche Fragen zu stellen. Sie können Informationen rasch aufnehmen und systematisieren, eignen sich schnell (viel) Wissen an, denken unabhängig und produktiv, sind neugierig und von sich aus motiviert, können sich gut und ausdauernd konzentrieren. Häufig haben sie ein großes Selbstvertrauen und ein realistisches Selbstbild.
- Oft sind sie besonders kreativ und zugleich perfektionistisch. Sie engagieren sich stark für eine Sache oder Person und zeigen oft ein großes Einfühlungsvermögen. Hochbegabte Kinder machen in ihrer Entwicklung häufig schnellere Fortschritte als Gleichaltrige.
- Hochbegabte Kinder können bisweilen „schwierige" Kinder sein. Sie werden z. B. leicht ungeduldig, wenn andere Kinder langsamer sind oder wenn sie etwas tun oder wiederholen müssen, was sie schon längst können. Manchmal langweilen sie sich in der Kindertageseinrichtung, weil ihnen sowohl die Angebote als auch die Spielkameraden nicht genügen. Zugleich haben aber manche ein starkes Bedürfnis nach Anerkennung. Ihre Ungeduld, ihr hoher Aktivitätsdrang und die fortwährende Suche nach neuen Anregungen können fälschlicherweise dazu führen, sie als hyperaktiv einzustufen. Einige hochbegabte Kinder bleiben auch in einzelnen Entwicklungsbereichen (z. B. Grob- und Feinmotorik) hinter Gleichaltrigen zurück. Die meisten Hochbegabten sind aber keine „Problemkinder".

Vor diesem Hintergrund haben pädagogische Fachkräfte die Aufmerksamkeit nicht nur auf besondere Talente bei den ihnen anvertrauten Kindern zu richten, sondern auch auf die anderen, soeben skizzierten Charakteristika.

Besonderer Beachtung bedürfen jene Kinder, die nicht auf den ersten Blick als hochbegabt erscheinen – beispielsweise Hochbegabte, die sehr angepasst sind, in sozioökonomisch benachteiligten Familienverhältnissen aufwachsen, Eltern mit einem eher niedrigen Bildungsabschluss haben, aufgrund ihrer Herkunft die deutsche Sprache erst teilweise beherrschen oder auf einem Gebiet besonders begabt sind, das möglicherweise in der jeweiligen Kindertageseinrichtung nicht hoch gewichtet wird (z. B. musikalische Begabung). Andernfalls besteht bei diesen Kindern die Gefahr, dass etwaige Hochbegabung nicht erkannt wird (und die Kinder während der Kindergartenzeit unterfordert sind).

Bildung und Erziehung hochbegabter Kinder

Jede Kindertageseinrichtung kann hochbegabte Kinder angemessen bilden und erziehen. Da rein statistisch gesehen in einer Tageseinrichtung mit 100 Kindern nur zwei im kognitiven Bereich und nicht sehr viel mehr Kinder auf anderen Gebieten hochbegabt sind, sind besondere Bildungsprogramme für sie nicht realisierbar. Eine innere Differenzierung des pädagogischen Angebots ermöglicht eine angemessene Bildung und Erziehung auch dieser Kinder.

- Gerade bei Hochbegabten ist die Integration in eine Regelgruppe wichtig. Auch sie benötigen ganzheitliche Lernprozesse, wie sie in Kindertageseinrichtungen die Regel sind. Hochbegabte Kinder profitieren nicht von „schulorientierten" Bildungsansätzen in Kindertageseinrichtungen, sondern von vielen Gelegenheiten für kooperatives, eigenständiges, selbsttätiges, entdeckendes und spielerisches Lernen, sofern ein entsprechendes Anspruchsniveau gewährleistet wird.
- Vom Engagement der Eltern und Fachkräfte hängt es maßgeblich ab, ob sich z. B. ein musikalisch oder intellektuell hochbegabtes Kind so entwickelt, dass es in diesen Gebieten durch besondere Ideen, Aktivitäten und Leistungen hervorsticht. Sie stehen in der Verantwortung, dem Kind zu ermöglichen, seine Hochbegabung voll zur Entfaltung zu bringen. Zugleich ist es wichtig, etwaigen Verhaltensauffälligkeiten und sozialen Problemen angemessen zu begegnen.
- Im Gespräch mit den Eltern ist abzuklären, welche zusätzlichen Lernangebote hochbegabten Kindern außerhalb der Tageseinrichtung erschlossen werden können (z. B. in der Musikschule, im Sportverein). Ist das Kind den anderen Kindern in seiner gesamten Entwicklung weit voraus (und ist es deshalb generell unterfordert), ist darüber hinaus die Möglichkeit einer vorzeitigen Einschulung mit den Eltern und der Schule abzuklären (Übergang in die Grundschule → Kap. 6.1.3).

Für hochbegabte Kinder gelten somit die gleichen Bildungs- und Erziehungsziele wie für andere Kinder auch. In einem stärkeren Maße als bei anderen Kindern gleichen Alters sind sie jedoch in ihrer Entwicklung durch anspruchsvollere Aufgaben zu stimulieren und herauszufordern, wobei sich die pädagogischen Fachkräfte an den Bedürfnissen, Interessen und Vorlieben der Kinder orientieren.

Wie andere Kinder dürfen Hochbegabte weder über- noch unterfordert werden. Auch sie benötigen eine ganzheitliche Unterstützung bei ihren Lern- und Entwicklungsprozessen, die alle Bildungs- und Entwicklungsbereiche anspricht und auf ihre Individualität Rücksicht nimmt. Hochbegabte sind keine „Wunderkinder", auch sie haben Schwächen. Sie sind wie andere Kinder zu motivieren (z. B. sich besonders anspruchsvolle Aktivitäten zu suchen oder Kompetenzen auf Gebieten zu erwerben, die sie wenig interessieren), und sie sind auf Anerkennung angewiesen. Generell ist zu vermeiden, dass sich diese Kinder durch Nichtbeachtung ihrer Besonderheiten oder durch unüberlegte Forderungen, sich an den „Durchschnitt" anzupassen, zu Außenseitern entwickeln und ungewollt in Isolation geraten. Falls dies dennoch geschieht oder die Kinder Verhaltensauffälligkeiten bzw. psychische Probleme entwickeln, sind ihnen frühzeitig heilpädagogische bzw. therapeutische Angebote zu erschließen. Zugleich empfiehlt sich, ihre Eltern auf einschlägige Selbsthilfegruppen hinzuweisen.

7

7.1 Werteorientierung und Religiosität .. 161

7.2 Emotionalität, soziale Beziehungen und Konflikte 174

7.3 Sprache und Literacy 195

7.4 Informations- und Kommunikationstechnik, Medien 218

7.5 Mathematik 239

7.6 Naturwissenschaften und Technik ... 260

7.7 Umwelt 279

7.8 Ästhetik, Kunst und Kultur 297

7.9 Musik 323

7.10 Bewegung, Rhythmik, Tanz und Sport........................... 342

7.11 Gesundheit 360

Themenbezogene Bildungs- und Erziehungsbereiche

WERTEORIENTIERT UND VERANTWORTUNGSVOLL HANDELNDE KINDER

7.1 Werteorientierung und Religiosität

Leitgedanken

Kinder erfragen unvoreingenommen die Welt und stehen ihr staunend gegenüber. Sie stellen die Grundfragen nach dem Anfang und Ende, nach dem Sinn und Wert ihrer selbst und nach Leben und Tod. In ihrer Konstruktion der Welt und ihrem unermesslichen Wissensdrang sind Kinder kleine Philosophen und Theologen. Die Frage nach Gott kann für sie in diesem Sinne eine zentrale Lebensfrage sein.

Kinder sind darauf angewiesen, vertrauensbildende Grunderfahrungen zu machen, die sie ein Leben lang tragen. Sie brauchen Ausdrucksformen und Deutungsangebote, um das ganze Spektrum möglicher Erfahrungen positiv verarbeiten zu können. Eigene religiöse Erfahrungen und das Miterleben von Gemeinschaft, Festen, Ritualen sowie die Begegnung mit Zeichen und Symbolen können helfen, Eigenes und Fremdes zu erschließen. Ethische und religiöse Bildung und Erziehung unterstützen die Kinder in der Auseinandersetzung mit ihren Fragen und stärkt sie in der Ausbildung einer eigenen Urteils- und Bewertungsfähigkeit.

Ethische und religiöse Bildung und Erziehung haben ihre Grundlage in der Bayerischen Verfassung (Art. 107 Abs. 1 und 2 BV). Art. 131 Abs. 2 BV legt allgemeine Bildungs- und Erziehungsziele fest. Er enthält religiöse Maximen (z. B. Ehrfurcht vor Gott) ebenso wie ethische Maximen (z. B. Achtung der Würde des Menschen, Verantwortungsfreudigkeit, Selbstbeherrschung).

Das Nebeneinander von positiver und negativer Religionsfreiheit, das Recht, sowohl frei über die Zugehörigkeit zu einer Religionsgemeinschaft zu entscheiden als auch Religiosität zu praktizieren und zugleich vor Vereinnahmung geschützt zu sein, sowie die zunehmende interkulturelle Zusammensetzung der Bevölkerung haben zur Folge, dass Kinder heute in einem gesellschaftlichen Umfeld aufwachsen, das durch eine Vielfalt von Religionszugehörigkeiten und religiösen Angeboten sowie durch Menschen ohne religiöses Bekenntnis gekennzeichnet ist. Der Beitrag, den ethische und religiöse Bildung und Erziehung hierbei leisten kann, ist:

Ziele Erzieher

- Stärkung eines grundlegenden Sinn- und Wertesystems, das vom Kind als sinnvoll und hilfreich erfahren wird
- Hilfe bei der Konstruktion eines grundlegenden Verständnisses von Wertigkeit: Sich in einem lebendigen Bezug zu dem, was nicht mehr mess-, wieg- oder zählbar ist, selbst verstehen und positionieren lernen
- Die Entwicklung der Fähigkeit des Umgangs mit Krisen, Brüchen und Übergängen in der Biografie stärken
- Die Kinder in ihrer emotionalen, motivationalen und sozialen Entwicklung begleiten
- Fragen der Motivbildung, der Sinngebung und Sinnerhellung aufgreifen
- Orientierungshilfen anbieten, um sich in einer komplexen, bestaunenswerten, aber auch bedrohten und bedrohlichen Welt zurechtzufinden
- Das Kind in seinem Selbstwertgefühl und seiner Selbstbestimmung unterstützen.

Dabei gilt es, auf alle Fragen des Kindes, insbesondere auf diejenigen, die sich aus eigener Erfahrung religiösen Lebens im Alltag ergeben, mit Wertschätzung, Respekt und Geduld einzugehen. Das Kind erfährt sein Fragen als etwas Positives, das von anderen nicht als störend oder lästig empfunden, sondern vielmehr als Bereicherung interpretiert, angeregt und gefördert wird. Die Freude des Kindes am unbefangenen Fragen und an der Entdeckung von Antwortmöglichkeiten gilt es zu bewahren. Ethische und religiöse Bildung und Erziehung bieten dem Kind ein Fundament, auf dem es seine spezifische Sicht der Welt und des Menschen entfalten kann und das ihm dabei hilft, Antworten auf die Fragen nach Sinn und Deutung auch vor dem Hintergrund vorfindlicher religiöser und weltanschaulicher Traditionen zu finden. Eine Grundhaltung, die Individualität und Verschiedenheit auch in Bezug auf religiös-weltanschauliche Zugehörigkeit als wertvoll erachtet, ermöglicht es, anderen sowie sich selbst mit Achtung zu begegnen. Diese Grundeinstellung ist Voraussetzung für die Entwicklung religiös-weltanschaulicher Identität, sozialer Kompetenzen sowie ethischer Urteilsfähigkeit und prägt in entscheidendem Maße das eigene Selbstkonzept. Dies spiegelt sich auch in der Art und Weise wider, wie pädagogische Fachkräfte und Kinder miteinander umgehen und wie sie ihre Umwelt und Beziehungen gestalten.

Bildungs- und Erziehungsziele

Das Kind erhält die Möglichkeit, in der Begegnung mit lebensnahen Wertesystemen und religiösen Überlieferungen eigene Standpunkte zu finden sowie Wertschätzung und Offenheit gegenüber anderen zu entwickeln.

Ziele Kinder

Mit vorfindlicher Religiosität und unterschiedlichen Religionen umgehen können

- Sich mit den vorfindlichen Formen von Religionen, Religiosität und Glaube auseinander setzen, Unterschiede wahrnehmen und sich der eigenen religiös-weltanschaulichen Identität bewusst werden

- Den verschiedenen Religionen, deren Religiosität und Glauben offen begegnen
- Zentrale Elemente der christlich-abendländischen Kultur kennen lernen sowie andere Kulturkreise im Blick haben
- Grundverständnis über den Stellenwert und die Bedeutung von Religion, Religiosität und Glauben für sich selbst und andere Menschen in ihrem Lebensumfeld erwerben.

Sich in ersten Ansätzen unterschiedlicher Wertigkeiten im eigenen Handeln bewusst sein und Orientierungspunkte für sich entdecken

- Klarheit darüber erwerben, was wichtig ist und worauf man verzichten kann, was Glück ausmacht und was umgekehrt ärgert oder verletzt
- Erfahren, dass Schwächen, Fehler und ebenso eine Kultur des Verzeihens und der Umkehr zum Leben dazugehören
- Ein ausgewogenes Verhältnis zwischen der Wertigkeit der eigenen Person und der Wertigkeit anderer Menschen sowie der Umwelt entwickeln und in diesem Zusammenhang Mitgefühl und Einfühlungsvermögen aufbringen können
- Grundverständnis dafür entwickeln, dass unterschiedliche Handlungsmöglichkeiten hinsichtlich einer bestimmten Entscheidungssituation möglich sind
- Personen aus unterschiedlichen Religionen sowie Figuren aus Erzählungen, die mit bestimmten Werteordnungen verbunden sind, kennen lernen
- Mitverantwortung für die Gestaltung des gemeinsamen Lebensalltags in der Kindertageseinrichtung tragen
- Konflikte aushalten und austragen lernen und bereit sein, gemeinsame Lösungen zu finden, Nachsicht zu üben und die eigenen Fehler zuzugeben
- Auf gewaltsame Auseinandersetzung zugunsten eines verbalen Aushandelns von strittigen Punkten verzichten lernen
- Die Kraft entwickeln, Misslungenes neu anzupacken und mit schwierigen Lebenssituationen umzugehen
- Jeden Menschen als etwas Einzigartiges und Besonderes wahrnehmen und ihm Achtung und Toleranz entgegenbringen
- Sich gegen Ausgrenzung und Diskriminierung der eigenen Person behaupten und anderen dagegen beistehen können
- Unterschiede nicht als bedrohlich, sondern als wertvoll wahrnehmen
- Mit Schwächen, Grenzen und Versagen der eigenen Person sowie anderer Personen umgehen lernen
- Sich selbst bestimmen lernen, anstatt sich von fremdem Aktionismus, Animation und Konsumverhalten bestimmen lassen.

Fähig sein, eigene Sinn- und Bedeutungsfragen zu artikulieren und Antwortversuche zu erproben

- Das Leben nicht nur als Selbstverständlichkeit hinnehmen, sondern als Geschenk erleben
- Eine Grundhaltung des Staunens, Dankens und Bittens entwickeln und dafür Ausdrucksformen entdecken und entwickeln

- Den Unterschied erkennen zwischen einer rein naturwissenschaftlichen Sicht auf Lebens- bzw. Weltphänomene (mit Schwerpunkt auf Ursache-Wirkungs-Zusammenhängen) und einer eher hinter diese Phänomene blickenden Perspektive, die nach Sinn und Bedeutung, nach dem Woher, dem Wohin und dem Wozu fragt
- Selbstbewusstsein entwickeln, sich nicht mit Erklärungen zufrieden zu geben, die ihnen nicht verständlich oder ausreichend sind oder der eigenen Meinung widersprechen, sondern nach weiterführenden Fragen und Antworten suchen
- Sich mit anderen über offene Fragen konstruktiv austauschen und eine Untersuchungsgemeinschaft bilden (sich gegenseitig zuhören, andere aussprechen lassen, die eigene Meinung begründen, auf die Argumente anderer eingehen, eigene Wege finden)
- Antworten auf Sinn- und Bedeutungsfragen auf das eigene Leben beziehen.

Sensibel sein für Sinn stiftende ganzheitliche Erfahrungszusammenhänge

- Rituale kennen lernen, die das Leben strukturieren und ordnen helfen
- Die Wirkung sakraler Räume kennen lernen, die die Erfahrung von Geborgenheit, Gemeinschaft, Ruhe, Konzentration, Perspektivenwechsel und Horizonterweiterung vermitteln
- Religiöse Feste erleben sowie Erzählungen der Bibel, aber auch andere religiöse Schriften, Geschichten, Legenden und liturgische Vollzüge kennen lernen und Zusammenhänge mit dem eigenen Leben entdecken
- Die Symbolkraft von Weisheitserzählungen der Weltkulturen und verschiedenen Formen der darstellenden und bildenden religiösen Kunst wahrnehmen, indem man sich und das eigene Leben darin wieder findet und darin enthaltene Anregungen für die eigene Lebensgestaltung.

Anregungen und Beispiele zur Umsetzung

GRUNDLAGEN

Bedeutung dieses Bereichs im pädagogischen Alltag

Ethische und religiöse Bildung und Erziehung steht, was die Bedeutung für die Entwicklung des Kindes und die Verbindlichkeit zur Umsetzung angeht, in Kindertageseinrichtungen gleichwertig neben den anderen Bildungs- und Erziehungsbereichen. Sie hat einen festen Platz in der Bildungs- und Erziehungsarbeit. Sie ist weder „Anhängsel" und Verlegenheitsangebot in sonst nicht nutzbaren Restzeiten noch „Krönung" der pädagogischen Arbeitsbereiche.

Ihre Umsetzung unterscheidet sich jedoch von Einrichtung zu Einrichtung. Gründe dafür sind: Die Trägerschaften unterscheiden sich voneinander nicht unerheblich, z. B. kommunale Träger, kirchliche Träger, verbandlich organisierte Träger. Die Kinder, die diese Tageseinrichtungen besuchen, sind von ihrer religiösen Beheimatung her verschieden, z. B. christlich, muslimisch. Die Eltern der Kinder haben voneinander abweichende Vorstellungen über die Inhalte von religiöser Bildung und Erziehung. Die Einrichtungsteams setzen sich unterschiedlich zusammen, z. B. kirchlich eingebunden, religiös uninteressiert.

Querverbindungen zu anderen Bereichen

Ethische und religiöse Bildung und Erziehung sucht von sich aus die Vernetzung mit anderen Bildungs- und Erziehungsbereichen und geht auf die Vernetzungsangebote von Seiten derer ein. Dabei behält sie jedoch ihre Eigenart hinsichtlich der Inhalte und Arbeitsformen bei und löst sich nicht in einem der anderen Bereiche auf. Beispiele für Querverbindungen:

- Widerstandsfähigkeit (Resilienz ➙ Kap. 5.10); Übergänge der Kinder und Konsistenz im Bildungsverlauf (➙ Kap. 6.1): Fähigkeit des Umgangs mit Krisen, Brüchen und Übergängen in der Biografie stärken
- Kinder mit verschiedenem kulturellem Hintergrund – Interkulturelle Erziehung (➙ Kap. 6.2.3): Offenheit für andere Kulturen; Interreligiöse Bildung und Erziehung, die die Religionen der Kinder aus anderen Kulturkreisen mit einbezieht
- Emotionalität, soziale Beziehungen und Konflikte (➙ Kap. 7.2): Werthaltungen, die für ein sozial verantwortliches Handeln bedeutsam sind, Strategien zur konstruktiven Konfliktlösung; Sinn stiftende Erfahrungen
- Sprache und Literacy (➙ Kap. 7.2): z. B. biblische Geschichten
- Informations- und Kommunikationstechnik, Medien (➙ Kap. 7.3): Konsumverhalten und Werbung
- Ästhetik, Kunst und Kultur (➙ Kap. 7.8): z. B. Besuch von Kirchen, Kennenlernen von kirchlicher Kunst
- Musik (➙ Kap. 7.9): z. B. religiöse Musik, Orgel in der Kirche
- Umwelt (➙ Kap. 7.7): Werthaltungen, die für ein ökologisch verantwortliches Handeln bedeutsam sind
- Mitwirkung der Kinder am Bildungs- und Einrichtungsgeschehen (Partizipation) (➙ Kap. 8.1): Beachten der Menschenwürde und Menschenrechte, Aushandeln gemeinsamer Werte, Regeln
- Philosophieren mit Kindern (➙ Kap. 8.2.3): Mit Kindern kann man über ethische und religiöse, aber auch über andere Fragen philosophische Gespräche führen; Philosophieren umfasst auch Theologisieren.

Pädagogische Leitlinien

Ethische und religiöse Bildung und Erziehung hat den unterschiedlichen Gegebenheiten in Kindertageseinrichtungen Rechnung zu tragen. Dies geschieht auf dreifache Weise:

- **Bezugspunkt sind die Bedürfnisse und Fähigkeiten der Kinder vor Ort.** Kinder als Mitgestalter ihrer Weltaneignung erschaffen sich ihr eigenes Weltbild in der persönlichen Auseinandersetzung mit vorfindbaren religiösen Traditionen und Wertesystemen, denen sie tagtäglich begegnen können, z. B. gelebte Religiosität eines Freundes und seiner Eltern. Kinder suchen nach Antworten auf die großen Lebensfragen, die sich aus ihrem Alltag (z. B. Wer hat die Erde gemacht? Was kommt nach dem Himmel? Was ist gerecht?) oder aus einschneidenden Lebenserfahrungen (z. B. Tod eines Angehörigen, Geburt eines Geschwisters) ergeben. Kinder brauchen Erfahrungen und dazugehörige Orte, die ihnen ein Grundvertrauen in das Leben vermitteln, sodass sie sich selbst- und verantwortungsbewusst in ihrem Lebensumfeld entwickeln können. Kinder versuchen sich in spielerischer Form in unterschiedlichen Handlungen. Sie wollen dabei unter anderem die Reaktionen von und die Auswirkungen auf andere Menschen beobachten sowie das entdecken, was für sie Bedeutung haben könnte. Sie erleben moralische Streitfragen, in denen sie nach Lösungen suchen.
- **Ethische und religiöse Bildung und Erziehung geschehen in unterschiedlichen Ausprägungen.** Der Umgang mit bestimmten Wertvorstellungen und religiösen Traditionen kann vom bloßen Kennenlernen bis zur persönlichen Identifikation reichen, von der eher distanzierten Kenntnisnahme bis zum persönlichen Vollzug. Inwieweit ethische und religiöse Bildung und Erziehung sich auf ein bestimmtes Wertesystem bzw. eine bestimmte religiöse Tradition einlässt, hängt auch davon ab, welchen ethischen und religiösen Traditionen sich das pädagogische Personal verpflichtet weiß, aus welchen die Kinder stammen, welchen sich die Eltern verpflichtet wissen. Bei aller Unterschiedlichkeit der Wertvorstellungen und religiösen Traditionen gelten die Bestimmungen des Grundgesetzes und der Bayerischen Verfassung. Sie verpflichten auf die im christlich-abendländischen Traditionszusammenhang entstandenen Grund- und Menschenrechte. Unabhängig von unterschiedlichen Ausprägungen gilt der Grundsatz: Ethische Bildung und Erziehung sowie religiöse Bildung und Erziehung bilden eine untrennbare Einheit. Religionen beinhalten grundlegende Sinndeutungen menschlichen Lebens und Zusammenlebens. Daraus ergeben sich fundamentale Wertsetzungen für das konkrete Handeln und dessen ethische Reflexion. Ethik thematisiert das Problem des rechten und angemessenen Handelns, indem darüber reflektiert wird, von welchen Grundwerten aus eine Handlung beurteilt werden kann. Religionen können dazu durch ihre Sinndeutungen des Weltganzen wichtige Anstöße geben. Religionen und Ethik sind daher wechselseitig aufeinander angewiesen.
- **Ethische und religiöse Bildung und Erziehung verstehen sich als ein auszuhandelnder Bereich.** Das Angebot ethischer und religiöser Bildung und Erziehung wird im Team, mit den Eltern und mit dem Träger besprochen. Ziele, Inhalte und Methoden werden dabei offen gelegt und zur Diskussion gestellt. Ein besonderes Augenmerk wird dabei auf die Bedeutung dieses Bildungs- und Erziehungsbereichs für die aktuellen Entwicklungsaufgaben des Kindes gelegt.

Geeignete Lernumgebung

Ethische und religiöse Bildung und Erziehung wird für Kinder sichtbar durch einschlägige Bilderbücher, die für sie jederzeit zugänglich sind, aber auch durch religiöse Symbole, die die Religionen der Kinder in der Einrichtung kennzeichnen. Rückzugsmöglichkeiten, z. B. ein Raum der Stille, ermöglichen Ruhe und Konzentration. Der Bezug zu gelebter Religiosität, z. B. in der Pfarrgemeinde oder im Kloster zeigt die Lebendigkeit und die Lebensrelevanz von Religion, das Angebot von selbst verantworteten Handlungsmöglichkeiten und der freie Umgang auch mit hochwertigem Material fordern die Entwicklung von Wertorientierungen.

Die Atmosphäre

Für Kinder bedeutsam ist eine Atmosphäre, die das christlich-abendländische sowie humanistische Welt- und Menschenbild hervorhebt und zugleich den anderen, kulturellen und religiösen Hintergründen, die die Familien und Kinder einbringen, mit Offenheit und Wertschätzung begegnet. Wesentlich ist, dass die verschiedenen Kulturen bzw. Religionen für Kinder kontinuierlich erfahrbar sind. Mit ihren Werthaltungen und weltanschaulichen bzw. religiösen Überzeugungen sind pädagogische Fachkräfte Vorbilder für die Kinder. Wenn Kinder erfahren, dass Werthaltungen und Überzeugungen in unterschiedlichen Kontexten jeweils neu realisiert werden müssen und so auch immer wieder zu hinterfragen sind, dann stärkt dies ihre moralische Urteilskraft und geistige Beweglichkeit.

Enge Zusammenarbeit mit den Familien

Jede Kindertageseinrichtung hat die Rechte der Eltern bei der Bestimmung der religiösen Bildung und Erziehung des Kindes zu beachten (vgl. § 9 Nr. 1 SGB VIII), unbeschadet der Möglichkeit der Träger, ein eigenständiges religiöses bzw. weltanschauliches Profil für die jeweilige Einrichtung zu entwickeln und umzusetzen. Die Religionszugehörigkeit des Kindes ist eine wichtige Abfrage während des Verfahrens um seine Aufnahme. Eltern sind Partner bei der Aushandlung der ethischen und religiösen Angebote für ihr Kind in der Einrichtung. Durch diese Aushandlungsprozesse wird den Eltern darüber hinaus eine Chance zur eigenen Auseinandersetzung mit und zur Neupositionierung in einem Feld kulturellen Lebens geboten, das für die eigene Lebensgestaltung bedeutsam sein kann.

Gemeinwesenorientierung – Kooperation mit fachkundigen Stellen

Religiöse Bildung und Erziehung wird für Kinder lebendig und direkt erfahrbar u. a. auch durch Besuche einer Kirche, Moschee, Synagoge oder eines Tempels sowie durch Kontakte zu Vertretern der verschiedenen Religionen (z. B. zum katholischen und evangelischen Pfarrer, Imam) und zu den entsprechenden Gemeinschaften gelebten Glaubens (z. B. zur Pfarrei).

AKTIVITÄTEN

Die pädagogischen Umsetzungsmöglichkeiten dieses Bildungsbereichs im Rahmen seiner Zieldimensionen sind höchst vielfältig:

Mit vorfindlicher Religiosität und unterschiedlichen Religionen umgehen können

- Mitbringen von „heiligen" Gegenständen aus den Familien (z. B. Rosenkranz, Buddha-Figur, Namen-Gottes-Schnur)
- Eltern, pädagogische Fachkräfte, Gäste erzählen von ihrer Religion
- Einrichtung einer Meditations- und Gebetsecke
- Beschäftigung mit zentralen Symbolen der Religionen (Kreuz, Davidstern, Halbmond), die von Mitgliedern der Kindertageseinrichtung repräsentiert sind
- „Gemälde-Galerie" Religion: Kinder malen ihre Erfahrungen mit Religion und Glauben, Zeichnungen von Gottesbildern (Ästhetik, Kunst und Kultur ➜ Kap. 7.8)
- Suche nach Spuren von Religion, Glauben und Religiosität in der näheren Umgebung
- Interreligiöses Gebet um Frieden und Gerechtigkeit mit Vertretern unterschiedlicher Religionen als Ausdruck gemeinschaftlicher Anliegen
- Fotos von Gottesdiensten bei Familienfeiern (z. B. eigene Taufe der Kinder)
- Gebete aus den in der Kindertageseinrichtung repräsentierten Religionen, die zur aktuellen Lebenssituation der Kinder passen und diese zum Ausdruck bringen (Kinder mit verschiedenem kulturellem Hintergrund – Interkulturelle Erziehung ➜ Kap. 6.2.3).

In ersten Ansätzen sich unterschiedlicher Wertigkeiten im eigenen Handeln bewusst sein und Orientierungspunkte entdecken

- Kinderkonferenz (Mitwirkung der Kinder am Bildungs- und Einrichtungsgeschehen (Partizipation) ➜ Kap. 8.1)
- Helden- und Heldinnen-Figuren in Märchen und Geschichten (Widerstandsfähigkeit (Resilienz) ➜ Kap. 5.10)
- Dilemma-Geschichten, d. h. Geschichten mit offenem Ausgang, die die Kinder in Entscheidungssituationen führen und dazu ermutigen, eigene unterschiedliche Handlungsmodelle zu entwerfen
- Übernahme von Diensten in der Kindertageseinrichtung durch die Kinder (Mitwirkung der Kinder am Bildungs- und Einrichtungsgeschehen (Partizipation) ➜ Kap. 8.1)
- Bewusster Umgang mit Essen, mit Natur (Gesundheit ➜ Kap. 7.11; Umwelt ➜ Kap. 7.7)
- Lebensbedingungen von Kindern in anderen Teilen der Erde
- Solidaritätsaktionen für mittellose Kinder im näheren Lebensumfeld
- Empathie-Übungen (Übungen zur Förderung der Fähigkeit, sich in andere Personen hineinzuversetzen)
- Spiele zum Einüben von Regeln und Frustrationstoleranz, Versöhnungsfeiern

- Beschäftigung mit Heiligen der Religionen, ethisch-moralischen Überzeugungen und Taten der Religionsstifter.

Fähig sein, eigene Sinn- und Bedeutungsfragen zu artikulieren und Antwortversuche zu erproben

- Philosophieren mit Kindern (Philosophieren mit Kindern ➔ Kap. 8.2.4)
- Einüben von Gesprächsregeln (Mitwirkung der Kinder am Bildungs- und Einrichtungsgeschehen (Partizipation) ➔ Kap. 8.1)
- „Frageminuten": Fest vereinbarte Zeiteinheit, in der Fragen thematisiert werden können, die sich im Laufe eines Tages ergeben haben
- Erfahrungen des Werdens und Vergehens von Leben in der Natur (Umwelt ➔ Kap. 7.7)
- Schöpfungsgeschichten der Religionen: Offene Geschichten (Kinder führen teilweise erzählte Geschichten in der eigenen Fantasie weiter) oder Bilderbücher zum Thema Sterben und Tod.

Sensibel sein für ganzheitliche Erfahrungszusammenhänge

- Besuch von Kirche, Moschee, Synagoge, Tempel
- Meditation (Gesundheit ➔ Kap. 7.11)
- Mandala malen
- Den Festkreis der eigenen Religion sowie Festkreise anderer Religionen kennen lernen; gemeinsame Erstellung eines Festkreis-Kalenders
- Bewusster Tagesbeginn- und -abschluss mit Besinnung, Gebet
- Segensfeiern als Ausdruck des Sich-gegenseitig-Gutes-Wünschens
- Geschichten aus den heiligen Schriften der Religionen, in denen Gott als Wegbegleiter, Beschützer und Hoffnungsstifter zugänglich wird
- Gestaltung kleinerer (liturgischer) Feiern anlässlich einschneidender Lebenserfahrungen von Kindern (z. B. Eintritt in eine Kindertageseinrichtung)
- Bildbetrachtungen mit dem Schwerpunkt vertieften emotionalen Erlebens des Dargestellten (Ästhetik, Kunst und Kultur ➔ Kap. 7.8).

Biblische Geschichten

Die für Kinder angemessene Weise, mit biblischen Überlieferungen bekannt zu werden, ist das Erzählen biblischer Geschichten. Dabei stehen nicht Kenntnisse über historische Zusammenhänge im Vordergrund, nicht das Wissen um damalige Geschehensabläufe und Ereignisse. Kinder finden Zugang zu diesen Geschichten, indem ihnen in den Erzählungen Lebenserfahrungen begegnen, die auch für sie selbst wichtig sind. Sie hören in vielerlei Facetten von grundlegenden Wertvorstellungen, die für den christlichen Glauben bestimmend sind und die ihnen eine wichtige Orientierung auch in ihren eigenen Vorstellungen vom Leben sein können. Beim Erzählen kommt es darauf an, diesen Wertvorstellungen viel Raum zu geben. Es gilt so zu erzählen, dass Kinder in ihrer Identifikation mit den Hauptpersonen der erzählten Geschichte die für das Leben wichtigen Erfahrungen gleichsam selbst machen und dadurch bereichert werden. Im Einzelnen geht es um folgende Aspekte:

- Erfahrung, wie Menschen, die in ihrem Glauben, d. h. in ihrer Gottesbeziehung sicher gebunden sind, zuversichtlich Herausforderungen annehmen, mit Krisen und Zweifeln umgehen, neue Beziehungen knüpfen können: Biblische Geschichten erzählen davon, wie Menschen in Neuland aufgebrochen sind (Abraham und Sara 1. Mose 12), in kritischen Situationen ihr Vertrauen nicht verloren haben (Sturmstillung, Mk 4), Mut bekommen haben, sich auf schwierige Wege einzulassen (Maria und Josef, Lk 1).
- Wertschätzung der eigenen Person, die einem durch bedeutsame andere in Worten und Gesten zuerkannt wird: Auch in vielen Geschichten der Bibel kommt zum Ausdruck, dass jeder Mensch in einzigartiger Weise Gottes Geschöpf und mit vielerlei Gaben und Fähigkeiten ausgestattet ist. Diese Sichtweise rückt die individuellen Fähigkeiten in den Vordergrund und nicht die Defizite. Menschen, die sich als klein, unscheinbar, minderwertig erleben und sich durch entsprechende Signale aus ihrer Umwelt darin bestätigt fühlen, erfahren in der Gottesbeziehung eine ermutigende, motivierende Aufwertung ihrer Person, durch die sie sich selbst in einem neuen und anderen Licht zu sehen lernen. Biblische Geschichten erzählen, wie Kleine als die Großen erscheinen (David und Goliath, 1. Sam 17; Jesus segnet die Kinder, Mk 10), wie Menschen besondere Beachtung finden und auch genießen (Gleichnis vom verlorenen Sohn, Lk 15).
- Erfahrungen vom Wert der eigenen Person haben sich in besonderer Weise an wahrgenommenen eigenen Grenzen zu bewähren. Positive Selbsteinschätzung kommt angesichts eigener Versäumnisse und Fehler ins Wanken. Nicht bewältigte Aufgaben und Herausforderungen beeinträchtigen das positive Bild von sich selbst. Kinder brauchen Anregungen, sich auch trotz Erfahrungen des Scheiterns selbst akzeptieren und konstruktiv mit den eigenen Grenzen umgehen, sich neue Herausforderungen zutrauen zu können. In biblischen Geschichten geht es oft darum, dass Menschen vom Glauben her Zuspruch und Zuwendung erfahren, die ihnen helfen, zu eigenen Versäumnissen stehen und Neues beginnen zu können. Menschen trauen sich nach selbst verschuldetem Streit wieder auf den anderen zuzugehen (Jakob und Esau, 1. Mose 33), erleben mit, wie Bezugspersonen einen Strich unter missliche Resultate setzen (Verlorener Sohn, Lk 15), und nach dem Misslingen eine neue Aufgabe stellen (erneute Berufung des Petrus, Joh 21).
- Was Leben in besonderer Weise wertvoll macht, sind Zukunftsperspektiven mit vielen Optionen, unter denen das Leben gelingen kann. Menschen brauchen Bilder der Hoffnung, dass die Zukunft lebenswert ist. Christlicher Glaube ist reich an solchen Bildern des Friedens, der Gerechtigkeit und der bewahrten Schöpfung Gottes mit Lebensrecht für alle Lebewesen. Entgegen konkreter Erfahrungen der Zerstörung der Lebenswelt zeigen die entsprechenden biblischen Geschichten, wie Menschen ohne Zukunftshoffnung in ihrer Begegnung mit Jesus neue Lebensperspektiven und Freude am Leben gewinnen (Heilungsgeschichten Jesu), wie begrabene Hoffnungen neu aufblühen (Geschichten von Jesu Auferstehung), wie sich Kleinmut in Begeisterung verwandelt (Pfingstgeschichte, Apg 2).
- Der in den biblischen Geschichten lebendig und anschaulich verdeutlichte Wert des menschlichen Lebens ist auch Verpflichtung. Die erfahrene Wertschätzung – mit der Folge, sich selbst lieben zu können – führt zur Aufga-

be, sie auch an andere weiterzugeben, d. h. den Nächsten zu lieben. Die Erfahrungen zeigen, dass eine nur appellative Erziehung wenig bewirkt. Gefragt sind viel mehr konkrete Beispiele, in denen die Wendung von der Selbstliebe zur Nächstenliebe anschaulich nachvollzogen werden kann. Auch hier bieten biblische Geschichten Anregungen: Zachäus, der andere betrogen hat, erlebt Freundschaft mit Jesus und denkt darüber nach, wie er seine Beziehung zu den anderen neu gestalten kann (Lk 19), Abraham ist sich bewusst, was ihm Gott alles geschenkt hat und kann seinem Neffen Lot in der Wahl des Weidegrunds für die Schafherden den Vortritt lassen (1. Mose 13). Jesus veranschaulicht den Zusammenhang von Selbstliebe und Nächstenliebe am Gleichnis vom barmherzigen Samariter (Lk 10).

Geschichten erzählen heißt, schon bei der Auswahl zu bedenken, welche Kompetenzen der Kinder gestärkt werden sollen. Beim Erzählen gilt es, die Kinder zunächst in einen Erzählverlauf mit hineinzunehmen, in dem ihnen die jeweilige Facette des Werts menschlichen Lebens anschaulich begegnet. Das Wort, das einem weiterhilft, kann man sich nicht selbst sagen – es wird einem zugesprochen. Das gilt auch für Geschichten. In diesem Sinne sind biblische Erzählungen Zuspruch, den die Kinder genießen, indem sie sich mit Personen der Geschichte identifizieren. Eine entspannte Atmosphäre hilft den Kindern, im aktiven Zuhören mit ihren eigenen Empfindungen, Vorstellungen und inneren Bildern die erzählte Geschichte zu ihrer eigenen werden zu lassen. Deshalb ist es auch wichtig, den Zeitpunkt und Ort des Geschichtenerzählens bewusst auszuwählen, denn Kinder brauchen klare Strukturen und verlässliche Rituale. Weil Kinder in ihrer eigenen Fantasie die Geschichte mitkonstruieren, werden sie auch mit ihren Vermutungen und Erwartungen das Erzählen begleiten. Bei Problemgeschichten kann gemeinsam nach einer Lösung gesucht werden, bevor dann die der Geschichte erzählt wird. Gemeinsames Geschichtenerzählen fördert die Beziehungen, das Wahrnehmen der anderen mit deren Ideen und Vorschlägen. Nach dem Erzählen ist ein Gespräch zu den Eindrücken der Kinder sinnvoll – nicht in einem nachträglichen Zerlegen der Geschichte in ihre Einzelteile, sondern in Anregungen, eigene Empfindungen und Gedanken zur Sprache zu bringen. „Was hat Dir an der Geschichte am besten gefallen? Hast du selbst auch Angst und Freude gespürt?" Solche Auseinandersetzung mit der Geschichte lädt auch ein, der Kreativität der Kinder Freiraum zu geben: Indem sie ein Bild zur Geschichte malen, gemeinsam eine gehörte Geschichte in Bewegung zu Musik umsetzen, in selbst erzeugten Tönen und Klängen nachempfinden. All das unterstützt die Kraft der Geschichten, Orientierung anzubieten, Mut zum Leben zu machen, Vertrauen in sich selbst und in die umgebende Welt zu stärken.

Umgang mit dem Thema „Sterben und Tod"

Dieses Thema steht stellvertretend für die Auseinandersetzung mit „Grundfragen" des Lebens mit Kindern. Ein offener Umgang mit dem Thema „Sterben und Tod" als Bestandteil des Lebens ist entscheidend, wenn es darum geht, Kinder bei der Bewältigung von Verlusten und Krisen zu unterstützen. Im pädagogischen Alltag bieten sich zahlreiche Gelegenheiten, um einen konstruktiven Umgang mit diesem schwierigen Thema zu vermitteln.

Praxisbeispiele

Fund eines toten Tieres in der Natur

Dies beschäftigt die Kinder immer sehr. Sie haben das Bedürfnis, ausführlich darüber zu sprechen, stellen Fragen, die nicht immer unbedingt eine Antwort benötigen. Ein bedeutsamer Aspekt zeigt sich dabei in einer aktiven Verarbeitung: Durch das gemeinsame Begraben des Tieres erhalten die Kinder das Gefühl, dass sie selbst etwas zur Bewältigung des Ereignisses beitragen können. Ein solch aktives Bewältigungsverhalten wirkt sich positiv auf die kindliche Selbstwirksamkeit aus. (Modelleinrichtung: Städtische Kinderkrippe in München, Felicitas-Füss-Straße: E. Prokop, D. Bördner)

Besuch des Friedhofs

„Vor dem Friedhof versammelten sich alle Kinder zu einem Gespräch, damit wir ihnen unser Vorhaben und auch das richtige Verhalten auf diesem besprechen können. Gespannt, aber auch ruhig und andächtig machten wir uns auf die Suche nach dem Grab der ehemaligen Kindergartenleiterin. Nachdem wir es gefunden hatten, fanden sich die Kinder in einem Halbkreis um dieses zusammen. Wir suchten ihren Namen auf dem Grabstein, sangen religiöse Lieder und sprachen ein Gebet. Anschließend suchten wir einen Platz für unseren Grabschmuck und zündeten ein Grablicht an. Ab diesem Zeitpunkt spürten wir ein sehr starkes Interesse der Kinder. Sie stellten unendlich viele Fragen und wollten wissen, wer hier noch alles beerdigt ist. Sie erzählten von eigenen Erlebnissen mit Unfall, jung und alt, Krankheit usw. Nach über einer Stunde verließen wir mit den Kindern den Friedhof und machten uns mit einer Vielzahl positiver Eindrücke und Erlebnisse zurück auf den Weg in den Kindergarten." (Städtischer Kindergarten Donauwörth: G. Gietinger, C. Dollinger). Das Beispiel verdeutlicht, dass Kinder mit dem Thema ganz offen umgehen und darüber sprechen können, was sich förderlich auf die Bewältigung zukünftiger Verlustereignisse auswirken kann. Sie haben sich mit dem Thema auseinander gesetzt und erfahren, dass Tod etwas ganz Natürliches ist und zum Leben dazugehört.

Beide Beispiele zeigen, dass eine Thematisierung von Verlusten für Kinder sehr wichtig ist. Welche pädagogischen Aspekte stehen dabei nun im Vordergrund? Durch den bewussten Umgang mit Sterben und Tod entsteht eine Vertrauen spendende Atmosphäre, in der die Kinder offen darüber sprechen können, wie sie die schwierige Situation erleben. Sie lernen dadurch, ihre Gefühle von Trauer, Angst oder auch Wut auszudrücken, sich den „Kummer von der Seele zu reden". Dies stellt eine besonders positive Bewältigungsstrategie dar, die dann auch in anderen schwierigen Situationen angewendet werden kann. Pädagogische Fachkräfte sollten in solchen Situationen keinesfalls die negativen Gefühle der Kinder ignorieren und hoffen, dass sie von alleine wieder „verschwinden" werden. Negative Gefühle lösen sich vielmehr dadurch auf, indem die Kinder mit Personen darüber sprechen können, von denen sie sich verstanden fühlen. Es ist sinnvoll, schon auf schwächer ausgeprägte Emotionen einzugehen, bevor sie sich zu einer echten Krise auswachsen. So ergibt sich auch die Gelegenheit, in der Familie Fertigkeiten wie Zuhören und Problembewältigung zu üben, solange der Einsatz niedrig ist."

Besuch einer Kirche

In Vorgesprächen erzählen die Kinder von ihren eigenen Beobachtungen und Erlebnissen in Kirchen. Das weckt die Neugierde auf bestimmte Gegenstände, die es genauer anzusehen gilt.

- Wichtig sind Personen, die Kinder mit der Kirche in besonderer Weise in Verbindung bringen: der Pfarrer bzw. die Pfarrerin, Mesner, Gemeindemitarbeiter. Sie können die Kinder begrüßen, sich von ihnen befragen lassen, ihnen manches zeigen.
- Die Frage nach den Personen führt weiter zu der Frage, ob Gott in der Kirche wohnt. Im Alter von 4 Jahren können Kinder schon ganz gut artikulieren, dass die Kirche kein Wohnort Gottes ist, sondern ein Raum, in dem vieles an Gott erinnert. Solche Gespräche führen zu Wahrnehmungsaufgaben, die gemeinsam entwickelt werden: Was erinnert in der Kirche an Gott und an Geschichten aus der Bibel? Was tun Menschen in der Kirche? Was erzählen uns die Gegenstände davon? Was ist anders als in den Räumen, in denen wir uns sonst aufhalten? Welche Orte in der Kirche gefallen mir gut, welche weniger?
- Der Kirchenbesuch beginnt mit dem Wahrnehmen des Äußeren: Wir sehen den Turm, dicke Mauern, ein großes Eingangstor, besondere Fenster. Das macht neugierig auf das, was sich dahinter verbirgt. Wie können wir den Kirchenraum mit möglichst allen Sinnen wahrnehmen? Gibt es besondere Gerüche? Welche Wege bietet uns der Raum an? Welche Geräusche nehmen wir wahr? Mauerwerk und Steinfiguren können ertastet, eine Säule durch „Umarmen" ausgemessen werden.
- Verschiedene Orte in der Kirche erzählen besondere Geschichten: der Taufstein, an dem manche Kinder getauft wurden (Gibt es Erinnerungsfotos?); der Altar, an dem gebetet wird und die Großen das Abendmahl bzw. die Eucharistie feiern; die Kanzel, von der gepredigt wird; bestimmte Figuren und Bilder, die von der Geschichte der Kirche erzählen, von früheren Zeiten, von Menschen, die hier gewirkt haben, vom Namen bzw. Namenspatron der Kirche. Aufmerksames Wahrnehmen mit allen Sinnen, Spüren der besonderen Atmosphäre schließt nicht aus, dass Einzelheiten genauer untersucht werden: Die Höhe der Kirche kann mit einem an einer langen Schnur befestigten Luftballon vermessen werden; Stufen können gezählt, Zeichen im Mauerwerk abgemalt werden. Besondere Anziehungskraft übt die Orgel aus. Dieses Instrument fasziniert die Kinder, sowohl im Blick auf die Größe und Vielfalt der Pfeifen als auch die Vielfalt der erzeugten Klänge, ebenso der Spieltisch mit Manualen und Pedalen und den vielen Registerzügen oder -knöpfen. Manche Einzelheiten lassen wir uns durch Experten erklären, z. B. Inschriften, Bilder, die Kreuze auf dem Mauerwerk. Kinder können selbst Fragen vorbereiten. Besonders reizvoll ist es, Räume zu erkunden, die sonst unzugänglich sind: der Glockenturm, die Sakristei, das Kellergewölbe, der Dachboden.

- Zu einem Kirchenbesuch passt es gut, selbst etwas von dem zu tun, was mit dem gottesdienstlichen Feiern in der Kirche zusammenhängt: mit Blumen den Altar schmücken, Kerzen anzünden, eine Geschichte aus der Bibel von der Kanzel hören, zu Orgelklängen ein Lied singen, ein Gebet sprechen und dabei an andere Menschen denken, die uns wichtig sind, den Segen zugesprochen bekommen.

Im Nachgespräch in der Einrichtung kommen die Eindrücke noch einmal zu Wort, werden die Ergebnisse der gezielten Beobachtungen vorgestellt und Bilder dazu gemalt.

Verwendete Literatur

- Beer, P. (2005). Wozu brauchen Erzieherinnen Religion? München: Don Bosco.
- Harz, F. (2005) Religion für Kinder und Erwachsene. Eine Einführung in die Welt des Glaubens aus pädagogischer Sicht. Seelze-Velber: Kallmeyer.
- Harz, F. (2001). Ist Allah auch der liebe Gott? Interreligiöse Erziehung in der Kindertagesstätte. München: Don Bosco.

7.2 Emotionalität, soziale Beziehungen und Konflikte

Leitgedanken

Emotionale und soziale Kompetenzen sind Voraussetzungen, dass ein Kind lernt, sich in die soziale Gemeinschaft zu integrieren. Sie sind mit sprachlichen und kognitiven Kompetenzen eng verknüpft. Soziales Verständnis setzt voraus, dass sich ein Kind kognitiv in andere einfühlen, hineinversetzen und deren Perspektive (wie Bedürfnisse, Wünsche, Gefühle) erkennen kann. Dies ermöglicht, das Verhalten anderer zu verstehen und damit auch Reaktionen anderer auf das eigene Verhalten vorherzusagen. Unter allen sozialen Kompetenzen gilt die Perspektivenübernahme als der Schlüssel zu sozialem Handeln. Soziale Verantwortung (wie Einfühlungsvermögen, Rücksichtnahme, Mitgefühl) in Abgrenzung zu Eigenverantwortung entwickelt sich nur in der

Begegnung mit anderen – die erwachsenen Bezugspersonen des Kindes spielen hierbei eine wesentliche und unverzichtbare Rolle.

Entwicklung der eigenen Emotionalität, Erwerb sozialer Kompetenzen und Gestaltung bzw. Kommunikation sozialer Beziehungen hängen eng miteinander zusammen. Emotionale und soziale Kompetenzentwicklung wird vom kulturellen und familiären Umfeld stark beeinflusst. Emotionale und soziale Bildung und Erziehung hilft dem Kind, seine angelegten Kompetenzen weiterzuentwickeln und auszudifferenzieren. In ihrer Komplexität umfasst sie insbesondere die folgenden, einander durchdringenden Dimensionen:

Positive Beziehungen

Kinder sind von Geburt an kontakt- und kommunikationsfähig. Bereits als Säugling können sie an mehrere Personen gebunden sein (Übergang von der Familie in die Tageseinrichtung → Kap. 6.2.1). Seitens der Bezugsperson sind emotionale Wärme, Zuwendung, Einfühlsamkeit und Verlässlichkeit unter Beachtung der Autonomie des Kindes wesentliche Kriterien, dass Bindungs- und Beziehungsprozesse gelingen. Zunehmend wichtig für das Kind werden positive, tragfähige Beziehungen zu mehreren Bezugspersonen, in denen es Sicherheit und Anerkennung erfährt und die es ermutigen, die Welt zu erforschen und sich Neuem zuzuwenden. Gleiches gilt für Aufbau und Gestaltung von Beziehungen zu anderen Kindern, die vom Kind ein umfangreiches Verhaltensrepertoire verlangen, das sich mit der Zeit erweitert und verändert. Kinder mit sicheren Bindungen verhalten sich sozialer, sind offener, selbstständiger und leistungsfähiger, bitten in schwierigen Situationen andere um Hilfe, zeigen mehr Ausdauer beim Problemlösen, haben ein hohes Selbstwertgefühl, ein positives Selbstbild und sind weniger aggressiv.

Umgang mit Gefühlen

Jedes Kind bringt bei der Geburt sein Temperament und seine Gefühle mit. Der direkteste Gefühlsausdruck findet über Körpersprache statt. Wie Kinder ihre Gefühle ausbilden, ausdifferenzieren, handhaben, anerkennen ist Ausdruck von Lernen und Kultur und damit interkulturell vielfältig und individuell unterschiedlich. Von Geburt an sind sie herausgefordert, zu lernen, wie sie ihre Gefühle, ihr Temperament steuern und auf die Gefühle anderer reagieren. Hierbei werden sie stark von den Gefühlen ihrer Bezugspersonen beeinflusst, auf deren Gefühlsentwicklung sie selbst früh Einfluss nehmen, zunächst spontan, später auch gezielt; so wird es allmählich zum Mitgestalter ihrer Beziehungen. Ein sicherer, balancierter Bindungsstil begünstigt bei Kleinstkindern Emotionsregulation und Zeigen von Gefühlen. Ab zwei Jahren zeigen Kinder erste Ansätze von Empathie und Hilfsbereitschaft. In Bildungsprozessen hat das Thema „Gefühle" heute hohen Stellenwert. Sie unterstützen Kinder gezielt im Umgang mit starken Gefühlen. Gespräche mit Kindern sind entscheidend dafür, was sie über Gefühle lernen, wie sie darüber sprechen und mit belastenden Situationen umgehen. Über Gefühle nachdenken (meta-emotionale Ebene), hilft Kindern, sie besser kontrollieren und regulieren zu können. Kinder, die früh gelernt haben, die eigenen Gefühle zu erkennen und das emotionale Erleben anderer zu verstehen, können mit sich und anderen besser umgehen, sind sozial kompetenter.

Bewältigung von Verlust und Trauer

Verlusterfahrungen überwältigen die meisten Kinder und lösen Traurigkeit aus. Wenn sie eine nahe stehende Person verlieren, dann schreiben sie sich die Ursachen für diesen Verlust häufig selbst zu, d. h. machen sich selbst dafür verantwortlich. Wenn Kinder frühzeitig Gelegenheit erhalten, sich konstruktive Bewältigungsstrategien anzueignen, dann lernen sie mit Verlust und Trauer kompetent umzugehen.

Konfliktmanagement – konstruktives Konfliktlöseverhalten

Konflikte gehören zum Alltag. Sie sind Ausdruck widerstreitender Bedürfnisse und Interessen und damit Bestandteil menschlicher Kommunikation. Häufig wird das komplexe Konfliktgeschehen mit Aggression und Gewalt gleichgesetzt und dadurch auf das auffällige Verhalten einer Person reduziert. In den Streit unter Kindern greifen Erwachsene oft sofort regelnd ein. Sie nehmen viel zu wenig wahr, dass Kinder viele ihrer unauffälligen Konflikte untereinander selbst lösen. Positiv bewältigte Konflikte machen Kinder stark, aus ihnen gehen viele Lernerfahrungen hervor. Kindern früh zu helfen, konstruktive Konfliktlösestrategien einzuüben, ist heute ein wichtiges Bildungsziel. Es setzt voraus, Konflikten im Bildungsgeschehen Raum zu geben und sie als bereichernde Chance zur Entwicklung und Verbesserung schwieriger Situationen zu verstehen. Sich konstruktiv streiten und auseinander setzen können – dies gehört zu einer lebendigen Erziehung und zum demokratischen Miteinander (Mitwirkung der Kinder am Bildungs- und Einrichtungsgeschehen (Partizipation) → Kap. 8.1). Konflikte zu lösen kann Spaß machen.

Bildungs- und Erziehungsziele

Das Kind lernt, kompetent und verantwortungsvoll mit eigenen Gefühlen und den Gefühlen anderer Menschen umzugehen. Es entwickelt sich, ausgehend von einem Gefühl der Sicherheit und des Vertrauens in andere, zu einem selbstbewussten, autonomen Menschen, ist kontakt- und kooperationsfähig und kann konstruktiv mit Konflikten umgehen. Es lernt, belastende Situationen effektiv zu bewältigen. Dies umfasst insbesondere folgende Aspekte:

Emotionales Verständnis von sich selbst

- Sich der eigenen Gefühle bewusst werden, sie akzeptieren, sie gegenüber anderen beschreiben und über sie nachdenken können
- Wissen, dass man verschiedene Gefühle gleichzeitig erleben kann und dass diese Gefühle auch widersprüchlich sein können

- Eigene Gefühlszustände mit Worten benennen und beschreiben, darüber sprechen und anderen erzählen können, wie man sich fühlt
- Unangenehme Gefühle zulassen, belastende Situationen aktiv und wirksam bewältigen
- Erkennen, dass sich das innerliche Erleben von Gefühlen und der Ausdruck von Gefühlen nach außen unterscheiden können
- Lernen, wie Ausdruck und Kommunikation von Gefühlen auf andere wirken und Beziehungen beeinflussen.

Gefühle, Stimmungen und Befindlichkeiten anderer Menschen

- Ausdruck und Verhalten anderer Menschen zutreffend interpretieren
- Ursachen für Gefühle kennen
- Gefühlsrelevante Situationen erkennen und entschlüsseln
- Lernen, dass andere Menschen eigene innere Zustände (Gedanken, Wünsche, Gefühle) haben.

Verständnis für und Rücksichtnahme auf andere

- Eigene Bedürfnisse und Wünsche steuern und zurückstellen
- Grenzen und Regeln berücksichtigen
- Sich in die Situation anderer einfühlen, hilfsbereit sein
- Meinungen anderer respektieren.

Kontakt-, Beziehungs- und Konfliktfähigkeit

- Kontakt zu anderen Kindern aufnehmen und gestalten: auf andere zugehen, sich ihnen mitteilen
- Mit Blick auf gemeinsame Ziele zusammenarbeiten, kooperativ sein
- Konflikte konstruktiv aushandeln, Kompromisse schließen, teamfähig sein
- Tiefer gehende Beziehungen und Freundschaften mit anderen Kindern eingehen.

Eigene Interessen, Bedürfnisse und Standpunkte

- Eigene Wünsche, Bedürfnisse, Meinungen zum Ausdruck bringen und selbstbewusst vertreten
- Sich nicht damit abfinden, wenn man sich ungerecht behandelt fühlt oder glaubt, dass anderen Unrecht widerfährt
- Grenzen setzen, sich nicht unter Druck setzen lassen.

Anregungen und Beispiele zur Umsetzung

GRUNDLAGEN

Bedeutung des Bereichs im pädagogischen Alltag

Emotionale und soziale Bildung und Erziehung ist seit jeher ein Kernbereich der Elementarpädagogik. Tageseinrichtungen können Kindern optimale Voraussetzungen dafür bieten, soziale Beziehungen aufzubauen, Freundschaften zu schließen, konstruktives Konfliktverhalten einzuüben, den Ausdruck ihrer Gefühle zu erlernen, das Aufstellen sozialer Regeln zu erproben und damit ein positives Selbstbild zu entwickeln. In Einrichtungen mit einem hohen Anteil sozial benachteiligter Kinder ist dieser Bereich besonders zu betonen.

Querverbindungen zu anderen Bereichen

In sozialen Lernaktivitäten bringen sich alle beteiligten Kinder und Erwachsenen auch mit ihren Emotionen ein, lösen durch kooperatives Zusammenwirken im Team die anstehenden Aufgaben und Probleme. Kinder können nur dann wirksam lernen, wenn emotionales, soziales, sinnliches und kognitives Lernen Hand in Hand gehen. Nur durch emotionale Ansprache lässt sich Interesse und Neugier wecken. Positive Emotionen erleichtern Kindern das Lernen in allen Bereichen, sie lernen am besten, wenn sie mit Freude lernen.

Perspektivenwechsel im Umgang mit Konflikten

Im pädagogischen Alltag werden Konflikte unter Kindern häufig erst wahrgenommen, wenn es laut oder handgreiflich und damit für alle unangenehm wird. Den unauffälligen Konflikten von Kindern in Tageseinrichtungen mehr Beachtung zu schenken ermöglicht, den Blick zu verändern, d. h. den Umgang mit Konflikten als produktives Lernfeld und notwendigen kommunikativen Austausch zu begreifen.

Vielfalt der Aushandlungsprozesse wahrnehmen

In der Beobachtung ihrer Aushandlungsprozesse lässt sich verfolgen, wie Kinder mit schwierigen Situationen umgehen, wie einfühlsam Kinder mitunter anderen Grenzen aufzeigen, und man kann erfahren, um was es den Kindern bei ihren Aushandlungen geht und wie sie versuchen, eine ausgleichende Lösung zu finden. Typisch für Konflikte unter Kindern ist, dass sie „blitzschnell" passieren.

Anforderungen, die Konflikte an Kinder stellen

Aushandlungsprozesse fordern die Kinder heraus, mit anderen zu kooperieren, eigene Interessen darzustellen, zu vertreten und aufrechtzuerhalten, auf Freundschaftsbeziehungen Rücksicht zu nehmen und Lösungen zu finden, die die eigenen Interessen wahren und die der anderen Kinder berücksichtigen. Stets geht es um Beziehung und Inhalt zugleich; Beziehungslernen erhält hohes Gewicht bei Konflikten, an denen drei Kinder beteiligt sind. Konflikte verlangen Kindern das gesamte Wissen und Können ab, das sie im sozialen Umgang aufbringen können. Grundkompetenzen für konstruktive Konfliktlösung sind: Hohe Aufmerksamkeit, um Konfliktsituationen richtig einzuschätzen; Kommunikations- und Ausdrucksfähigkeit; Perspektivenübernahme (z. B. ist in Konfliktsituationen gut zu beobachten, wie Kinder ihr Handeln am Handeln der anderen orientieren und sich damit wechselseitig beeinflussen); Selbstregulation (z. B. richtige Worte finden, sich angemessen verhalten); Empathie, Rücksichtnahme und Mitgefühl; ethisches Wissen, um die Situation auch danach zu bewerten, was angemessen ist und was nicht (z. B. soziale Regeln der Gemeinschaft, gesellschaftliche Werte); Problemlösefähigkeiten und Kreativität; Ambiguitäts- und Frustrationstoleranz (mehrdeutige Konfliktsituationen aushalten, etwaige Niederlagen hinnehmen) und Selbstbewusstsein. Im Austragen von Konflikten entwickeln Kinder ein Konzept von sich selbst. Erfolgreiche Lösungen konfliktreicher Situationen haben positiven Einfluss auf ihre gesamte soziale und emotionale Entwicklung.

Alterstypische Konfliktlösestrategien

Kinder haben viele Verständigungsformen bei Konflikten. Mädchen und Jungen mögen körperliche Rangeleien, das Kräftemessen und den Vergleich. Über Körperkontakt lernen sie sich selbst und andere kennen, ihre eigenen Grenzen auszutesten („Hat ja gar nicht weh getan.") und anderen Kindern deren Grenzen zu zeigen („Das will ich nicht."). Zu betonen ist: Körperliche Rangeleien sind an sich kein Zeichen von Gewalt, umgekehrt ist kommunikativer Austausch kein Garant für Gewaltvermeidung. Daher ist genaues Beobachten wichtig.

Aushandlungsprozesse, die misslingen

Auch wenn die allermeisten Alltagskonflikte unter Kindern im positiven Sinne verlaufen, gibt es Kinder, die z. B. zu massiven Mitteln greifen. Auch diese Kinder haben dafür nachvollziehbare Gründe, denn jede Handlung hat ihren Sinn, jede Störung enthält eine Botschaft und ein Beziehungsangebot. Bei Kindern, die in Konfliktsituationen stets Negativerfahrungen erleben, weil die anderen immer schneller, stärker und durchsetzungsfähiger sind, besteht die Gefahr, ein negatives Selbstbild zu entwickeln. Manche Kinder ziehen sich in sich selbst zurück.

Grenzüberschreitungen

Kinder stehen vor der Entwicklungsaufgabe, Grenzen erst kennen zu lernen, mit Grenzen zu experimentieren.

Geeignete Lernumgebung

Neuere Forschungsbefunde zeigen auf: Es sind nicht große Gruppen oder Raumenge allein, die zu mehr Streit unter Kindern führen. Im Alltag gibt es immer wieder Situationen, in denen Kinder auf engem Raum harmonisch und ungestört miteinander spielen. Umgekehrt sind Großraum-Situationen kein Garant für weniger Streit. Je größer die Spielbereiche, desto höher sind die Anforderungen an die Konfliktlösefähigkeiten der Kinder. Zu Lernumgebungen, die das Konfliktniveau absenken, gehören insbesondere attraktives Material (z. B. für Rollenspiel, Bauen, Werken), ausreichend Bewegungsräume (z. B. Bewegungsraum, Freigelände), räumliche Rückzugsmöglichkeiten (z. B. Snoozelen, Rückzugsnischen) sowie freie Raumwahl. Dieser Zuwachs an Handlungs- und Entscheidungsspielräumen für die Kinder lässt sich z. B. durch innere Öffnung erreichen. Sind in einem Raum zwei Spielbereiche untergebracht, bei denen sich die Kinder gegenseitig regelmäßig stören (z. B. Bauecke neben Puppenecke), kann z. B. Raumteilung helfen, sodass zwei kleine Spielbereiche entstehen (z. B. flexibel einsetzbare Paravents, Vorhänge, Regale, Podeste als Raumteiler).

Die Atmosphäre

Eine Atmosphäre der wechselseitigen Anerkennung ist für Kinder optimal, sich sozial und emotional positiv zu entwickeln. Jeder Mensch kann andere in ihren Eigenheiten leichter anerkennen, wenn er selbst Anerkennung genießt. Wechselseitige Anerkennung beruht auf emotionaler Zuwendung, Vertrauen und Sicherheit, aber auch auf Zuerkennung von Rechten und persönlicher Freiheiten. Eine Beziehungsgestaltung, die auf Partizipation gründet, stärkt Kinder in ihren sozialen Kompetenzen, ermutigt sie, sich einzubringen und Aushandlung zu lernen. Mit Kindern partnerschaftlich umgehen bedeutet neben verständigem Zuhören auch, ihre non-verbalen Signale wahrzunehmen, darauf feinfühlig und angemessen zu reagieren, klare Orientierungen zu geben und auf Abwertung zu verzichten. Kinder brauchen für ihre sozialen Aushandlungs- und Lernprozesse Zeit und Bezugspersonen, die ihnen Zutrauen, Wohlwollen und Geduld entgegenbringen, den richtigen Zeitpunkt für Unterstützung abwarten, ihre Grenzüberschreitungen als Dialogangebot bewerten und mit Grenzensetzung reflektiert und wertschätzend umgehen. Auch störende Kinder sind bedingungslos anzunehmen, ihnen ist eine stabile Beziehung zu bieten. Gerade sie brauchen eine einfühlsame Bezugsperson, der es gelingt, ihre Gefühle wahrzunehmen, die ihnen hilft, ihren Gefühlsinhalten Ausdruck zu verleihen. Als Einzelperson wie als Team sind pädagogische Fachkräfte ein Modell für pro-soziale Umgangs- und konstruktive Konfliktformen. Es kommt nicht darauf an, keine Fehler zu machen, sondern darauf, sie immer wieder zu erkennen und zu korrigieren. Auch Erwachsene sind in sozialen Dingen Lernende – gemeinsam mit den Kindern.

Enge Zusammenarbeit mit den Familien

Die Familie ist für Kinder ein zentraler Ort sozialen Lernens, sie ist das primäre und zugleich existenzsichernde soziale System für das Kind. Eine enge Zusammenarbeit mit Eltern ist daher wichtig, ebenso ein angemessenes Beratungs- und Bildungsangebot für Eltern, die in Erziehungsfragen unsicher sind (z. B. Eltern-Kind-Bindung feinfühlig gestalten, Eltern-Kind-Konflikte konstruktiv lösen, Grenzen wertschätzend setzen). Durch regelmäßigen Dialog mit Eltern lassen sich Veränderungen gemeinsam angehen.

Tipp

Elternabend – „Konflikte mit Kindern konstruktiv lösen"
(nach Dörfler & Klein)

Ein guter Weg ist, Eltern nicht nur die (bisher im Team erzielten) Denkergebnisse zu präsentieren, sondern auch die dahinterstehenden Prozesse und Schwierigkeiten auf dem Weg dorthin, z. B. die eigenen Gefühle, wie man damit umgegangen ist, wie sie sich verändert haben; Fragen, die gestellt und abgewogen wurden; die verschiedenen Sichtweisen, die es dazu im Team gegeben hat; was bereits ausprobiert und wieder verworfen wurde; was noch unternommen wurde, um zu der heutigen Haltung zu gelangen. Offenheit wirkt auf Eltern entlastend und begegnet ihnen nicht besserwisserisch. Sie lädt Eltern ein, mitzugehen und mitzudenken – sie ermutigt, sich einzubringen.

Gemeinwesenorientierung – Kooperation mit fachkundigen Stellen

Die Zusammenarbeit mit Fachdiensten ist notwendig, um Kindern zu helfen, die im Aufbau von Beziehungen und Lösen von Konflikten größere Schwierigkeiten haben.

SOZIALE EINBINDUNG DER KINDER IN DIE EINRICHTUNG

Für gelingende soziale Einbindungsprozesse entscheidend sind die Gestaltung der Übergangs- und Eingewöhnungsphase sowie der Einrichtungs- und Gruppenatmosphäre.

Aufbau und Pflege einer sicheren Bindung zu jedem Kind durch eine erwachsene Bezugsperson

Nur Erwachsene können dem Kind vermitteln, dass es erwünscht ist und nicht allein gelassen wird. Für Bindungsaufbau, Wohlbefinden und Lernerfolg sind ein liebevoller, einfühlsamer, verantwortlicher und verlässlicher Umgang Voraussetzung. Einfühlsam heißt, die aktuelle Situation und Stimmung des Kindes erfassen, ihm in Belastungssituationen das zu geben, wonach es verlangt, nämlich Zuwendung, Wärme und Geborgenheit sowie Trost. Hohes Interesse und Engagement für die Lernaktivitäten des Kindes ist auch Grundlage für mehr Sozialkompetenz und mehr positive Interaktionen mit anderen Kindern.

Gruppenzugehörigkeit

Die Gruppenzugehörigkeit ist für jedes Kind ein wichtiges Moment der Beheimatung. Innovative Wege der Gruppenbildung können z. B. sein:
- Nach der Elternhospitationsphase wird gemeinsam mit dem Kind und seinen Eltern entschieden, welche Bezugsgruppe für das Kind die beste ist. Dies setzt beim Team die Bereitschaft zu möglicherweise ungleichen Gruppengrößen voraus.
- Das Konzept der offenen Kindertageseinrichtung ist ein dynamisches Modell. Es verzichtet nicht auf Stammgruppen, lebt jedoch von der ständigen Weiterentwicklung auch der sozialen Beziehungen. Kinder können sich in einer nach diesem Konzept geöffneten Einrichtung ihre erwachsene Hauptbezugsperson auch selbst aussuchen. Dies kann für Kinder wichtig sein, die zu Hause nicht die Zuwendung und Wärme erfahren, die sie brauchen (Widerstandsfähigkeit (Resilienz) ↛ Kap. 5.10; Mitwirkung der Kinder am Bildungs- und Einrichtungsgeschehen (Partizipation) ↛ Kap. 8.1).

Erleichterung des sozialen Anschlusses durch Patenkinder

Übergang von der Familie in die Tageseinrichtung (↛ Kap. 6.1.1); Kinder verschiedenen Alters (↛ Kap. 6.2.1); Mitwirkung der Kinder am Bildungs- und Einrichtungsgeschehen (Partizipation) (↛ Kap. 8.1)

Freundschaften unter Kindern

Die Tageseinrichtung ist für Kinder ein zentrales Erfahrungsfeld für das Schließen von Freundschaften mit anderen Kindern, von Nähe und Vertrautheit, aber auch von Neid und Eifersucht. Mit zunehmender innerer Öffnung von Kindertageseinrichtungen verändern sich auch die Beziehungen der Kinder untereinander. Die Kinder sind nicht mehr auf die Kinder ihrer Gruppe beschränkt, sondern entscheiden, mit wem sie wann wo spielen. Damit erweitert sich der Kreis an Kindern, mit denen sie Freundschaften schließen können. Wenn zum eigenen Geburtstag nicht mehr automatisch alle Kinder der Gruppe eingeladen sind, sondern das Kind entscheiden darf, welche Kinder aus der Einrichtung es einladen möchte, dann ergeben sich hieraus viele Lernprozesse für das Kind.

ENTWICKLUNG EINER KONFLIKT-, STREIT- UND GEFÜHLSKULTUR IN DER EINRICHTUNG

Kindertageseinrichtungen sind nicht nur ein Ort des friedlichen Spielens und Lernens. Sie sind auch ein Ort der Auseinandersetzung, wo Kinder lernen, mit Konflikten und starken Gefühlen konstruktiv umzugehen. Wichtig ist, im Alltag eine Kultur des Streitens, Aushandelns und Schlichtens einzuführen. Dazu zählen partizipatorische Rahmenstrukturen, die Gefühlen und Konflikten Raum geben, und soziale Regeln, die helfen, aktuelle Konfliktsituationen konstruktiv zu lösen. Einrichtungen, die das „Handeln mit Kindern" in den Mittelpunkt stellen, bieten optimale Bedingungen für soziales Lernen (Mitwirkung der Kinder am Bildungs- und Einrichtungsgeschehen (Partizipation) ➤ Kap. 8.1). Wenn Erwachsene und Kinder gemeinsam planen und entscheiden, kommt es immer wieder zu Konflikten. Beteiligung scheut Konflikte nicht, sondern greift sie auf und sucht nach Lösungen, die alle mittragen können. Dies nimmt Druck und erweitert soziale und kommunikative Kompetenzen. Es stärkt Kinder, wenn sie sich einbringen können und ihre Ideen auch folgenreich für die Erwachsenen sind. In sozialen Aushandlungsprozessen erleben sie die Grenzen ihrer Sichtweisen und entdecken, dass andere Situationen und Dinge anders sehen. Sie bekommen aber auch Rückmeldung zu ihren Ideen, erleben, dass sich andere darauf beziehen und sich ihnen anschließen. Wer sich in diesem Sinne als wertvoll für andere erlebt, entwickelt ein positives Selbstbild. Im Konfliktfall können mit sich zufriedene Kinder gelassener und kompetenter reagieren, es wird für sie einfacher, konstruktiv zu streiten, sie können eher auf gegenseitige Vorwürfe und Beleidigungen verzichten, um sich durchzusetzen.

Soziale Regeln sinnvoll und möglichst mit Kindern aufstellen

Regeln helfen, sich zu orientieren, sind aber kein Garant für ein geregeltes Miteinander. Regeln gibt es, wo befürchtet wird, dass etwas nicht von alleine geschieht. In Kindertageseinrichtungen wird unterschieden zwischen moralischen Regeln, die sich als Grundprinzipien des sozialen Zusammenlebens verstehen und das Wohlergehen des Einzelnen in der Gemeinschaft sicherstellen (z. B. „Keiner darf einen anderen absichtlich verletzen."), und konventionellen Regeln, die aufgrund der äußeren Gegebenheiten aufgestellt werden (z. B. „Vor dem Mittagessen wird aufgeräumt" – weil der Gruppenraum zugleich Essraum ist; Regeln für Funktionsbereiche). Bedeutsame Aspekte für das sinnvolle Aufstellen von Regeln sind:

- Wirkungsvoller als negativ formulierte Anweisungen (z. B. „Wir schlagen uns nicht. Man darf andere nicht verletzen.") sind positiv formulierte Regelungen, die beschreiben, was man tun und nicht lassen soll (z. B. „Sag es laut, wenn du nicht mehr magst."). Pädagogische Fachkräfte können Kinder darin unterstützen, solche Regeln selbst zu finden, indem sie fragen: „Was wollt ihr tun, wenn …". Streitregeln sind wichtig unter der Bedingung, dass sie Streit generell zulassen und regeln, wie man sich konstruktiv streitet (z. B. „Wir versuchen, niemanden zu verletzen.", „Wir bemühen uns, einander zuzuhören.").

- Regeln, die Erwachsene aufstellen, können Konflikte unter Kindern auslösen. Am deutlichsten zeigt sich dies bei Regeln, die die Zahl der Kinder in Funktionsbereichen begrenzen (z. B. „Es dürfen nicht mehr als 3 Kinder gleichzeitig in die Bauecke."). Streit ist vorprogrammiert, wenn Funktionsbereiche bereits „besetzt" sind und andere Kinder hinzukommen. Ohne diese Regel hätten Kinder die Chance, dass sich z. B. auch 5 statt 3 Kinder den Raum miteinander teilen und klären, wie sie damit klarkommen.
- Im Freispiel stellen Kinder ihre eigenen Regeln auf. Untereinander sind sie täglich gefordert, Dinge neu auszuhandeln: Wer darf wo mitspielen, wer übernimmt welche Rolle im Rollenspiel, wer ist wann an der Reihe … In schwierigen Situationen greifen sie auf Regeln zurück, die sie von den Erwachsenen her kennen. Sie spielen mit eigenen Regeln, in dem sie sie ausprobieren, verwerfen, variieren und wieder neu ausprobieren Auch bestehende Einrichtungsregeln erfinden sie neu, daraus entstehen Regeln, auf die Erwachsene nie kommen würden.
- Regelverletzungen von Kindern sind ein Dialogangebot. Sie können signalisieren, dass Regeln zu eng sind, nicht verstanden, nicht deutlich genug ausgesprochen oder einfach nur vergessen worden sind. Erwachsene stehen in diesen Situationen stets aufs Neue vor der Entscheidung, ob sie den Weg des erneuten Anweisens oder des gegenseitigen Aushandelns wählen. Häufig erweist sich der Dialog mit Kindern als wirksamer und nachhaltiger, er kann zu weniger und dafür zu sinnvolleren Regeln führen.

 ## Praxisbeispiele

„Im Gruppenraum wird nicht getobt." (nach Völkel)

Einige Jungen toben laut und impulsiv durch den Gruppenraum, um ihre Kräfte auszuprobieren. Dabei stoßen sie mehrmals an den Tisch, an dem zwei Mädchen sitzen und Perlen auffädeln. Die Perlen kullern durch den ganzen Raum – den lauten Protest der beiden Mädchen scheinen die tobenden Jungen kaum wahrzunehmen.

Kommentierung. Anstatt nur mit den tobenden Jungen zu schimpfen und sie zu ermahnen, im Gruppenraum nicht zu toben, könnten die Kinder angeregt werden, zu überlegen, wie es ihnen ergehen würde, wenn jemand ihre aktuelle Arbeit zerstört. Durch diesen Impuls kann es Kindern gelingen, Einsicht in die Bedürfnisse, Wünsche und Gefühle anderer zu nehmen. In der konkreten Situation können sie Folgen wahrnehmen, die ihr Verhalten für das Wohlergehen anderer hat. Gemeinsam kann im Weiteren überlegt werden, welche Regelungen getroffen werden könnten, damit sowohl die ruhig tätigen Kinder als auch die bewegungsbedürftigen Kinder zu ihrem Recht kommen. Wenn Kinder sich in ihren Bedürfnissen anerkannt fühlen, fällt es ihnen leichter, die Bedürfnisse anderer zu berücksichtigen.

„Vor dem Mittagessen wird aufgeräumt." – „Immer nur drei Kinder dürfen gleichzeitig in die Bauecke." (nach Völkel)

Gemeinsam mit Kindern lässt sich überlegen, warum es diese Regeln gibt und ob andere Regeln besser wären. Durch solche Gespräche können Lösungen gefunden werden, die bisher bestehende Regeln verändern: Vielleicht wird die Kinderanzahl in der Bauecke nicht mehr begrenzt, sondern situationsbedingt davon abhängig gemacht, wer mit wem und was in der Bauecke spielen kann und wie sehr Spielgruppen einander stören oder gut miteinander spielen. Vielleicht kann ausnahmsweise beim Essen an einem Tisch etwas näher zusammengerückt werden, damit das Bauwerk auf dem zweiten Tisch den Kindern auch noch nach dem Mittagessen zur Verfügung steht.

Leitfragen

Regeln sollen nicht starr, sondern flexibel sein
(nach Völkel)

- Welche Regeln gibt es für die Kinder in der Gruppe?
- Haben die Regeln einen moralischen Hintergrund oder sind sie aus organisatorischen Gründen aufgestellt worden?
- Kennen und verstehen die Kinder den Hintergrund der Regeln?
- In welchem Umfang und in welcher Form sind die Kinder am Aufstellen von Regeln bisher beteiligt? Wird in der Gruppe über Regeln verhandelt?
- Verändern sich Regeln in der Gruppe überhaupt? Verändern sie sich oft oder sind sie beständig?
- Welche Regeln werden von Kindern sehr häufig verletzt?

Konfliktsituationen in der Einrichtung konstruktiv lösen

Auch wenn Kinder ihre Konflikte oft selbst lösen, sich konstruktiv streiten können sie deshalb noch nicht. Einfühlungsvermögen und Freude an konstruktiven Konfliktlösungen lernen sie vor allem dadurch, dass sie einfühlsamen und konfliktfreudigen Erwachsenen begegnen, die sie in ihren Konflikten begleiten und nicht allein lassen, aber auch nicht sofort eingreifen.

Aufmerksam beobachten, wie Kinder ihren Konflikt lösen, und abwarten

Kinder registrieren die Aufmerksamkeit des Erwachsenen, der nicht sofort eingreift, und erleben dies zugleich als Unterstützung. Sie fühlen sich in ihrer Auseinandersetzung ernst genommen und tun sich leichter bei der Lösungssuche. Wichtig sind hierbei ein reflektierter Umgang des Erwachsenen mit der eigenen Körperhaltung, Mimik und Gestik sowie eine für Kinder spürbare Haltung, die ihnen signalisiert: „Ich bin neugierig und interessiert, wie ihr euren Konflikt löst. Ich traue euch etwas zu, probiert es aus, im Notfall bin ich für euch da und gebe euch die Unterstützung, die ihr braucht." Kinder brauchen regelmäßig erst dann Unterstützung, wenn sie diese einfordern oder ihnen heftige Gefühle den Blick auf Lösungswege verstellen.

Praxisbeispiel

Kinder lösen einen Konflikt (nach Dittrich)

Zwei befreundete Kinderpaare – je ein Mädchen und ein Junge – haben den ganzen Morgen im Bewegungsraum gespielt und ruhen sich jetzt auf einer Schaumstoffrolle aus, die vor der Tür liegt. Das jüngste Mädchen (Laura – 3,5 J.), fordert das ältere Mädchen (Alma – 4 J.) auf, ihr den Platz an der Tür zu überlassen – sie erhält ein „Nein". Laura befindet sich nun in einem Konflikt und versucht, eine Einigung zu erreichen. Sie bietet Alma an, wenn nicht heute, so doch morgen ihr den Platz zu überlassen. Sie erhält erneut ein „Nein". Nun reagiert Laura wütend und schlägt Alma, die davon unbeeindruckt ist – sie weiß um ihren sicheren Platz in der Gruppe. Da schaltet sich der ältere Junge (Michi – 4,5 J.) ein und beginnt ein Gespräch darüber, wer in der Einrichtung schon zum Schwimmen gehen darf. Alle bringen sich ein und reden durcheinander. Laura, von Michi befragt, schaut ihn an und nickt, um gleich danach den Kopf wieder zu schütteln. Aufgeregt erzählt sie, dass sie bald schwimmen gehen wird, worauf Michi erklärt: „Die Jüngeren gehen noch nicht schwimmen, die Älteren aber schon." Er erläutert ihr eine gängige Einrichtungsregel, von der Laura weiß, dass sie sie zu akzeptieren hat – weiterhin ist sie in ihrem Konflikt gefangen. Michi bietet ihr nun seinen Platz auf der Rolle an, auf seine Freundschaft achtend, die ihm wichtig ist. Die Kinder haben nun den Konflikt gelöst, alle vier können mit der Lösung leben. Alma hat eine Bestätigung ihrer Haltung erfahren, Laura hat einen Platz in der Gruppe. Die Frage, die sie in ihrer Auseinandersetzung geklärt haben, ist die nach der Zugehörigkeit zur Spiel- und Freundschaftsgruppe und dem Platz, den sie jeweils dort einnehmen können.

Kommentierung. Hätte hier ein Erwachsener zu Konfliktbeginn mit dem Hinweis eingegriffen „Hier wird nicht gehauen." und das jüngere Mädchen zu einer Entschuldigung gedrängt, wäre es zu dieser gemeinsam gefundenen Konfliktlösung wohl nicht gekommen. Das jüngere Mädchen hätte sich der Anweisung gefügt – ohne Einsicht in den eigentlichen Konflikt der beiden Mädchen zu gewinnen. Auf die Lösung der Kinder wäre ein Erwachsener nicht gekommen, weil sie seinem Wertemuster nicht entspricht. Er hätte vielleicht darauf hingewiesen, dass die Ältere nicht so auf ihren Platz bestehen soll und die Jüngere ermahnt, zu reden und nicht zu hauen. Damit wäre aber das Problem der Kinder untereinander nicht behoben.

Niederschwellige Intervention – Kinder in der Konfliktbearbeitung unterstützen

Bereits bei Kindern unter drei Jahren treten Konfliktsituationen auf. Es ist sinnvoll, diese aufzugreifen und die Kinder zu unterstützen, effektives Konfliktverhalten aufzubauen.

Praxisbeispiel

Konfliktbearbeitung in der Krippe

Rieke (1,5 Jahre alt, seit 1 Jahr in der Gruppe) sitzt auf einem Teppich. Yunis (8 Monate alt, erst seit 4 Wochen in der Gruppe) robbt und greift sich ein Papier, das auf dem Boden liegt. Rieke sagt „Nein" zu ihm und nimmt es ihm weg. Yunis schaut sie kurz an und robbt weiter. Er greift sich einen Weichball und befühlt ihn für eine kurze Zeit. Rieke war in der Zwischenzeit weggegangen; kommt jetzt wieder, sagt „Nein" und nimmt den Ball weg. Yunis robbt jetzt in Richtung der Erzieherin und macht deutlich, dass er auf den Arm genommen werden möchte. Die Erzieherin nimmt ihn auf den Schoß und Yunis bekommt Sicherheit, Trost und Verständnis. Rieke beobachtet die Situation und lässt Yunis bei den Erzieherinnen sitzen – ohne einen weiteren Kommentar. Die Erzieherin signalisiert Rieke, dass ihr Verhalten nicht in Ordnung war und sagt zu ihr, dass sie sich gleich um sie kümmern wird, sobald Yunis wieder spielt. Nachdem Yunis getröstet war und weiterspielte, erklärte die Erzieherin Rieke, dass sie ihre Gefühle zwar verstehen könne, dass sie sich jedoch in dieser Situation falsch verhalten habe.

Kommentierung. Rieke war gegenüber dem neuen Kind in der Gruppe eifersüchtig. Durch ihr Verhalten versuchte sie, die Aufmerksamkeit der Erzieherinnen auf sich zu lenken. Diese reagierten darauf bewusst nicht, um Rieke nicht zu signalisieren, dass sie über so ein Verhalten mehr Zuwendung erhält. Die Erzieherin zeigte hingegen Yunis, dass es in Ordnung ist, wenn er nach einer negativen Erfahrung Trost bei einem Erwachsenen sucht. Yunis lernt dadurch, um Hilfe zu bitten, falls er diese benötigt. Da Rieke die Situation beobachtet, erfährt auch sie, dass der „Schwächere" von den Erzieherinnen Unterstützung erhält, wenn er diese benötigt (Modelllernen). Bereits kurze Handlungssequenzen erweisen sich als Gelegenheit, effektives Konfliktverhalten zu erlernen. Ein voreiliges Eingreifen der Erziehungsperson hätte sich ungünstig ausgewirkt.

Praxisbeispiel

Konfliktbearbeitung im Kindergarten (nach Hansen, Knaur, Friedrich)

Christine kommt schimpfend zur Erzieherin gelaufen. Paul würde ihr immer die Dose mit den Perlen wegnehmen, obwohl sie gerade eine Kette auffädeln wollte. Paul folgt ihr auf dem Fuße. Er sei Pirat und das sei seine Schatztruhe; Christine habe sie aus seinem Versteck geklaut.

Kommentierung. Wenig sinnvoll wäre es, in die Richterrolle zu schlüpfen, um mit den Kindern den Hergang zu rekonstruieren und die Entscheidung zu fällen, wer das erste Anrecht auf die Dose hat. Die sofortige Annahme des Vorschlags von Christine, dass sie ja die Frau des Piraten sein und aus den Perlen wertvolle Ketten herstellen könnte, würde die Konfliktsituation eher entspannen, die Kinder jedoch um die Erfahrung einer gemeinsamen Konfliktlösung bringen. Wichtig ist, dass die Kinder für ihre Auseinandersetzung inhaltlich selbst verantwortlich bleiben und bei ihrer Lösungssuche angemessene Unterstützung erhalten. Im Fallbeispiel wäre es für die Kinder zunächst hilfreich, bei Paul nachzufragen: „Woran hätte es Christine denn bemerken können, dass du die Perlen als Piratenschatz versteckt hattest?"

Tipp

Mediation mit Kindern – „Was soll ich für dich tun?"

Mediation ist ein klar strukturiertes Verfahren, Konfliktparteien dabei zu helfen, wieder miteinander zu kommunizieren und eine eigene Konfliktlösung zu finden, die beide zufrieden stellt. Es fokussiert auf das Reden über den Konflikt. Mediatorinnen und Mediatoren als unbeteiligte Dritte sind verantwortlich für Verfahren und Gesprächsführung, nicht für Inhalt und Lösung. Sie sollen nicht den Konflikt beurteilen, sondern seine Lösung moderieren.

Grundhaltung und Gesprächstechnik dieses Verfahrens lässt sich mit Kindern ab 3 Jahren gut umsetzen. Die pädagogische Fachkraft versucht gemeinsam mit den Kindern, ihre Konfliktsituation zu entschlüsseln und sie zu ordnen. Sie hilft ihnen, ihre Sichtweisen zur Sprache zu bringen, ihren Gefühlen Worte zu verleihen, ihre Interessen zu „übersetzen" – durch Fragen und fragend-klärendes Spiegeln, das die Antworten der Kinder mit eigenen Worten wiederholt. Es wird darüber geredet, welche Lösung die Kinder sehen und welche von allen akzeptiert werden kann (Ideen u. a. nach Dörfler & Klein, Hansen, Knaur & Friedrich):

- „Was soll ich für dich tun?" Diese Eingangsfrage ruft bei Kindern erstaunliche Antworten hervor.
- „Was wolltest du? Und du?" Beiden Kindern die Gelegenheit geben, sich gegenseitig ihre Sichtweisen der Dinge, der Konfliktsituation darzustellen; Gemeinsamkeiten und Unterschiede feststellen
  Tipp: Zwei Karten, auf denen ein Mund und ein Ohr abgebildet sind, helfen Kindern, ihre jeweilige Sprecher- oder Zuhörerrolle einzunehmen. Wer zuerst die Mundkarte zieht, beginnt.
- „Habt ihr eine Idee, was ihr jetzt machen könnt? Was wünscht ihr euch?" Gemeinsame Lösungssuche, fragend, spiegelnd, zusammenfassend und Impulse gebend.

> **Tipp**
>
> > **Tipp:** Möglichst viele Ideen sammeln, Mediatorin kann behutsam Ideen beisteuern.
> > - „Welche der Ideen gefällt euch am besten? Welche Idee könnte klappen?" – Kinder wählen die interessantesten Lösungsideen aus
> >   **Tipp:** Win-Win-Lösung besser als Kompromisslösung, bei der jeder etwas bekommt statt verliert; die für alle gleichermaßen optimal ist.
> > - Wenn die Kinder sich einen Richterspruch wünschen
> >   **Tipp:** Nicht sofort entscheiden, sondern besser sich einen Zeitpuffer verschaffen.
> > - Abschluss: Rituale bzw. symbolische Handlungen (z. B. Abklatschen der Hände, Streit- und Friedenstücher, kleine Versammlung, spezieller Ort, wo Frieden geschlossen wird)
> >
> > Die Kinder erzielen hohe Lerngewinne durch das Vorbild der Mediatorin und ihr eigenes Handeln (z. B. konstruktive Form der Gesprächsführung wie aktives Zuhören, Kommunikationstechniken, effektive Konfliktlösungsstrategie, Empathie, Perspektivenübernahme, Selbstregulation, Selbstwirksamkeit). Konflikte mit Kindern gemeinsam zu bearbeiten schafft die besten Aussichten auf eine erfolgreiche Lösung und die Entwicklung positiver Wertestrukturen für sozial verantwortliches Handeln.

Hochschwellige Intervention: Kindern wertschätzend Grenzen setzen

„Ich möchte, dass ihr aufhört"

Die Grenze für hochschwellige Interventionen liegt bei jedem Erwachsenen woanders. Häufig genannte Beispiele sind: Kinder tun einander weh, verletzen sich, entziehen sich, mischen sich in Konflikte anderer ein; persönliche Gefühle sind angesprochen. Wesentliche Aspekte beim Grenzensetzen sind:

Wirkungskraft. Wirkungsvolle Interventionen setzen Klarheit darüber voraus, worauf sich der Eingriff bezieht. Maßgeblich hierfür ist die Unterscheidung, worum es in der jeweiligen Situation geht und worum nicht.

Klarheit. Es muss für Kinder erkennbar sein, dass der Erwachsene der „Bestimmer" in dieser Sache ist. Dies drückt sich aus in Tonfall, Körperhaltung und Mimik, die zueinander passen.

Sache bewerten, nicht die Person. Dies ist für einen wertschätzenden Umgang mit Anweisung unerlässlich. Zu vermeiden sind Schuldzuweisungen und moralische Vorwürfe („Schäm dich!", „Das macht man nicht!"), sie treffen allein die Person. Ich-Aussagen („Ich will/möchte …") mit persönlicher Begründung der Grenzziehung sind die beste Form, um mit Klarheit zu intervenieren, ohne zu beschämen. Sie eröffnen Kindern trotz Begrenzung Handlungsspielraum, weil sie nicht die Person angreifen, sondern das, was sie tut. Wer von sich spricht, macht sich selbst angreifbar. Wenn Kindern Grenzen zu eng erscheinen, sind sie nicht nur mit sich konfrontiert. Vielmehr können sie ärgerlich und wütend sein auf den Grenzsetzer oder die Umstände, aber ihre persönliche Integrität ist gewahrt. Erwachsene müssen daher Widerstände von Kindern respektieren.

Was heute gilt, muss später nicht mehr gelten. Grenzen sind differenziert einzusetzen, d. h. auf die jeweilige Situation und Person bezogen.

Interventionen, wenn Verletzungen zwischen Kindern geschehen

Eingreifen bei Kindern im vorsprachlichen Alter, bei denen ein Kind weint, weil das andere Kind es zu grob angefasst hat, heißt unterbrechen, um beiden zu zeigen, dass hier die Grenzen sind. Weiteres Nachbearbeiten ist in diesem Alter weder möglich noch nötig.

Bei älteren Kindern ist es von Bedeutung, dass ihnen die pädagogischen Konsequenzen bei Verletzungen bekannt und damit für sie vorhersehbar sind. Sie sind ausschließlich zum Schutz der persönlichen Unversehrtheit zulässig. Wichtig ist eine gemeinsame Linie im Team. Gefragt ist eine Haltung, die versucht, Wahrnehmungsmöglichkeiten, Bedürfnisse oder Nöte des Kindes zu ergründen, die seinem Handeln zugrunde liegen. Mit Wohlwollen und Aufmerksamkeit lassen sich in jeder Situation Vermutungen aufstellen, die auf Schuldvorwürfe verzichten. Eine Verletzung könnte z. B. auch Folge eines Missgeschicks, des Experimentierens mit Grenzen oder Ausdruck von Leid und Not des Kindes sein. Es gibt eine optimale Schrittfolge, die ein grobes Gerüst für pädagogisch sinnvolles Eingreifen bietet (nach Krieger):

- **Sofortmaßnahmen.** Verletzte auf beiden Seiten versorgen (Schutz vor weiteren Verletzungen, Schmerzen lindern); Vorsorge: Eigene Schutzmöglichkeiten erarbeiten („Wie hättest du dich schützen können?"); Sicherheit: „Es gibt Grenzen zum Schutz für alle, die jeder einhalten muss. Wir müssen und werden dafür sorgen und dir dabei helfen, dass du andere nicht mehr verletzt. Lass es uns gemeinsam versuchen."
- **Mit zeitlicher Distanz Vorgeschichte aufarbeiten.** „Warum hast du das gemacht?" – diese Schuldfrage hilft nicht weiter. Verfrüht zu fragen „Was war denn los?" kann bei Kindern den Eindruck erwecken, dass es gute Gründe für Gewaltausübung geben kann. Während im Team etwaige Hintergründe einer raschen Reflexion bedürfen, sind mit unbedingter zeitlicher Distanz vom Geschehen folgende Aufarbeitungsprozesse mit beiden Kindern wichtig: das Erlebte klären („Was hast du gewollt? Was hast du erlebt?"), Handlungsalternativen entwickeln („Wie könntest du künftig deine Interessen behaupten und Gefühle ausdrücken, ohne dabei die Grenzen anderer zu verletzen?"), je nach Alter und Situation Unterstützung, Einsicht und Mitgefühl zu erlangen, etwaige Wiedergutmachung zu leisten.

Den Kontakt wieder herstellen ist sehr wichtig

Wer Grenzen setzt, übertritt Grenzen bei anderen, weist zurecht und engt Handlungsräume ein. Grenzen unterbrechen den Dialog und können, wenn sie gegen den Willen des Kindes eingesetzt werden, auch die Beziehung belasten oder stören. Daher ist das Bemühen um die Wiederherstellung des

Kontakts so wichtig. Im Vordergrund steht nicht das klärende Gespräch, das aufwühlen kann, sondern das spürbare Signal, dass mit Grenzensetzen kein Fallenlassen der Person oder der Beziehung einhergeht. Die durch Intervention entstandene Enge der Beziehung wieder auszuweiten und beiden Seiten Handlungsspielraum zu öffnen – darum geht es. Diesen neuerlichen Schritt zu gehen, dazu sind die Erwachsenen als Erste aufgefordert.

Der Mut zum Fehler – Fehler Kindern gegenüber eingestehen

Fehleinschätzungen Erwachsener sind jederzeit möglich, keiner ist davor gefeit. Kinder können sich – auch bei noch so gutem Willen der Grenzsetzung – immer auch ungerecht oder unangemessen behandelt fühlen. Es kann sinnvoll sein, etwaiges Fehlverhalten nochmals anzusprechen: „Das war gestern keine gute Idee von mir, dass ich dir verboten habe, in die Bauecke zu gehen." In schwereren Fällen, in denen eine Reaktion unangemessen heftig war, kann eine Entschuldigung geboten sein: „Es tut mir leid, dass ich dich gestern festgehalten habe. Ich wusste mir nicht anders zu helfen."

Konfliktmanagement in der Einrichtung

Um Kinder bei ihren Konflikten optimal unterstützen zu können und mehr Sicherheit mit dem schwierigen Thema zu erlangen, sind Teamgespräche wichtig. Wesentlich ist die gemeinsame Bereitschaft, sich Konflikten positiv zu nähern und sie primär als Lernchance für Kinder und Erwachsene zu sehen.

Leitfragen

Leitfragen für Teamreflexionen
(nach Dörfler & Klein)

- Wie verhalten wir uns derzeit in Konfliktsituationen? Wo liegen unsere Stärken, wo unsere Schwächen?
- Wie gehen unsere Kinder in Konfliktsituationen miteinander um? Welche Kompetenzen, welche Erfahrungen setzen sie ein? Welche Sachverhalte greifen sie in ihren Aushandlungen auf? Welche Qualität haben (dabei) die Freundschaftsbeziehungen der Kinder? Zu welchen Lösungen kommen sie? Welche Lösungen sind für die Kinder unterschiedlichen Alters machbar?
- Wann gelingt es ihnen, ohne fremde Hilfe Konflikte zu lösen? Wann brauchen sie Hilfe? Wie zeigen sie uns das? Wie könnte dann eine Unterstützung aussehen, die die Kinder als Experten in eigener Sache ernst nimmt? Welchen Stellenwert haben bei uns Aushandlungen mit den Kindern? Inwieweit werden Kinder auch über die aktuelle Konfliktsituation hinaus an Entscheidungen beteiligt?
- Was können wir tun, um mit Konflikten professioneller umzugehen? Inwieweit lässt der strukturelle Rahmen (Raumgestaltung, Tagesablauf, Regeln, Personalsituation) den Kindern und den pädagogischen Fachkräften Handlungsspielräume? Was muss verändert werden? Inwieweit

Leitfragen

provozieren die Erwachsenen selbst Konflikte unter Kindern und wie könnten wir solche Situationen entschärfen? Wie steht es um unsere Konflikte im Team?
- Wie steht es um das Thema Gefühle in unserer Einrichtung? Wie viel Gefühl braucht das Kind? Wird der Gefühlswelt der Kinder im pädagogischen Alltag ausreichend Rechnung getragen? Wie werden Gefühle in Bildungsprozessen einbezogen? Gibt es eine vorherrschende Gefühlskultur in unserer Einrichtung?

Systematische Beobachtungen der Konfliktlösungsprozesse der Kinder, die aufgezeichnet und im Team weiterreflektiert werden, sind ein guter Weg, dieses Wissen in der Einrichtung zu erschließen. Wichtig ist auch die Reflexion der eigenen Kompetenz.

Spiele, Gespräche und Projekte

Einige Beispiele (v. a. nach Dörfler & Klein):

Rollenspiele

Rollenspiele aller Art legen den Grundstein für das Erlernen von Perspektivenübernahme. So können z. B. „So tun als ob"-Spiele Streitsituationen über Mimik und Gestik simulieren und mögliche Lösungswege aufzeigen.

Kampfspiele

Spaßkampf ist Spiel. Bei Kampfspielen können sich Kinder in vielen Kompetenzen üben, wie z. B.: Selbstkontrolle unter Spannung, Verantwortungsübernahme für sich und andere, eigene Grenzen und die anderer kennen lernen, Grenzüberschreitung kontrollieren, mit starken Gefühlen, Gewinnen und Verlieren umgehen, Macht und Unterlegenheit erfahren, mit Trennung und Wiederannäherung umgehen; sich an Regeln halten. Kampfspiele ermöglichen viele Arten von Körperkontakt und tragen dadurch zum Entstehen von Feingefühl bei. Aus Spaßkämpfen dürfen nicht ungewollt harte Auseinandersetzungen werden. Rituale zu Beginn und zum Ende solcher Spiele sowie Regelabsprachen mit Kindern (z. B. Wenn ein Kind „Stopp" ruft, sofort ablassen.) helfen dabei.

Projekte über Gefühle, Konflikte und andere soziale Themen

Projekte können anregen, über die immer wiederkehrenden Streitereien nachzudenken, aber (auf Anregung der Kinder) auch abstrakte Themen wie „Freundschaft" oder „Wertschätzung" zu bearbeiten oder es Kindern ermöglichen, mit ihren Gefühlen und ihrem Körperausdruck zu experimentieren. Einige Ideen:

- **Lesbarkeit nonverbaler Signale.** Wie gut sich Kinder generell und bei Konflikten untereinander verständigen können, ist maßgeblich davon abhängig, wie gut sie Körpersprache (z. B. Drohgebärden, Blickbewegungen, Körperhaltung, Mimik, Gestik) lesen und ihre Bedeutung verstehen können. Fragen wie „Was mache ich für ein Gesicht, wenn ich traurig, wütend, glücklich bin?" lassen sich mit Kindern vielseitig bearbeiten.
- **Einsatz verbaler Sprache.** Sie hat in der Kommunikation mit anderen viele Nuancen (z. B. Sprachmelodie, Betonung) und wird durch Körpersprache untermauert. Ob man „Bitte hört auf" leise, mit herabhängenden Schultern und Blick auf den Boden oder laut mit aufrechter Körperhaltung ausspricht, darin liegt ein großer Unterschied in der Wahrnehmung durch andere. Verwirrung entsteht, wenn, wie im ersten Fall, Sprache und die sie begleitenden non-verbalen Ausdrucksmittel nicht übereinstimmen. So lernen Kinder Regeln der Gesprächstechnik.
- **Gefühl für die Vielfalt der „Sprachen" bekommen.** Eine so weit verstandene Kommunikationsfähigkeit, die vor allem auch die unbewussten und non-verbalen Kommunikations- und Ausdrucksmittel herausstellt, wirkt sich auf das kognitive Lernen positiv aus.
- **Ausdrucksformen für Gefühle.** Projekte können Kinder anregen und darin unterstützen, für ihre Gefühle eigene Worte sowie bildnerische, musikalische, tänzerische und gestische Ausdrucksformen zu finden. Sie können dadurch lernen, ihren eigenen emotionalen Zustand sowie die Gefühle anderer einzuschätzen und zu verstehen, was sich positiv auf Gefühlsregulation, Impulskontrolle und Sozialkompetenz auswirkt. Wie wirkt Musik auf Gefühl?
- **Über Gefühle reden und nachdenken.** Materialien (Bilderbücher, Märchen, Geschichten, Spiele) können eingesetzt werden, um in einen Dialog mit den Kindern zu treten. Über die „Wahrnehmung von Emotionen" mit Kindern reflektierende Gespräche zu führen ist wichtig auch im Sinne der lernmethodischen Kompetenz. Fragen können sein: Wie kann ich feststellen, dass ich die Emotion des anderen richtig wahrnehme, dass der andere richtig wahrnimmt, was ich fühle? Wenn ich an der Stelle des anderen wäre, wie würde ich mich fühlen? Wenn der andere an meiner Stelle wäre, was ginge in ihm vor?

Strategien zur Bewältigung von Verlust, Krisen und Trauer

Die ersten Erfahrungen im Umgang mit Verlust und Krisen in der Einrichtung machen die Kinder bei ihrer Eingewöhnung. Im pädagogischen Alltag finden sich zahlreiche weitere Verlust- und Krisensituationen. Durch das Aufgreifen solcher Alltagserlebnisse erhalten Kinder Gelegenheit, sich konstruktive Bewältigungsstrategien anzueignen, einzuüben.

 **Praxisbeispiel**

Umgang mit Verlust

Das Ausscheiden einer pädagogischen Fachkraft aus der Einrichtung bzw. ihrem Berufsleben kann eine verlustreiche Erfahrung bedeuten. Die pädagogische Fachkraft gestaltet die Abschiedsphase positiv, wenn sie den Kindern z. B. von ihren Zukunftsplänen erzählt, sie an ihrer (Vor-)Freude teilhaben lässt und sie auf die neue Situation bzw. ihre Nachfolge in kleinen Schritten vorbereitet. Die Kinder können so erfahren, dass ein Verlust sie nicht überwältigen muss, sondern sie den Abschied schrittweise selbst bewältigen können. Sie haben die Möglichkeit, sich an diesen neuen Gedanken zu gewöhnen und können Fragen stellen, um zu verstehen, warum die pädagogische Fachkraft die Einrichtung verlässt. Dies wirkt sich positiv auf realistische Ursachenzuschreibungen auftretender Ereignisse aus: die Kinder machen nicht sich selbst für den Verlust einer nahe stehenden Person verantwortlich, sondern erkennen, dass andere Gründe dazu geführt haben.

Handlungsstrategien, die für den Umgang mit Verlust und Krisen für Kinder wirksam sind:
- Dem Kind Aufmerksamkeit widmen und fürsorglich und unterstützend begegnen
- Den Gefühlen des Kindes Wertschätzung entgegenbringen und eigene Gefühle mit den Kindern teilen
- Dem Kind eine positive Perspektive geben („Wir werden diese schwierige Zeit gemeinsam durchstehen" oder „Momentan sind wir zwar sehr traurig, aber das wird sich auch wieder ändern und dann können wir wieder zusammen lachen")
- Routine in den Lebensalltag der Kinder bringen
- Das Kind an der Krisenbewältigung teilnehmen lassen; so können traumatische Erfahrungen zum Abschluss gebracht werden.

Verwendete Literatur

- van Dieken, C. & Rohrmann, T. (2003). Raum und Räume für Mädchen und Jungen. Angebot und Raumnutzung unter geschlechtsspezifischen Aspekten. Kindergarten heute (1), 26–33.
- Dittrich, G. (2003). Meist steckt was anderes dahinter … Konflikte: Störung oder Bereicherung? TPS (7), 32–34.
- Dörfler, M. & Klein, L. (2003). Konflikte machen Kinder stark. Streitkultur im Kindergarten. Freiburg: Herder.
- Hansen, R., Knauer, R. & Friedrich, B. (2004). Die Kinderstube der Demokratie. Partizipation in Kindertagesstätten. Ministerium für Justiz, Frauen, Jugend und Familie des Landes Schleswig-Holstein (Hrsg.). Bezug: dkhw@dkhw.de
- Klein, L. (2003). Begrenzen ohne zu beschämen. Wie man wertschätzend Grenzen setzen kann. TPS (3), 37–41.
- Krieger, G. (2003). Für Gewalt gibt es keine Rechtfertigung. Das Konzept gewaltbewusste Pädagogik, TPS (3). 48–51.
- Völkel, P. (2003). Wie viel „Eigensinn" verträgt die Gruppe? TPS (3), 42–45.

SPRACH- UND MEDIENKOMPETENTE KINDER

7.3 Sprache und Literacy

Leitgedanken

Sprachkompetenz ist eine Schlüsselqualifikation und sie ist eine wesentliche Voraussetzung für schulischen und beruflichen Erfolg, für eine volle Teilhabe am gesellschaftlich-kulturellen Leben.

Sprache und Kommunikation als Interaktion von Anfang an

Von Anfang an versucht das Kind mit seiner Umwelt zu kommunizieren – mit Gestik, Mimik und Lauten – und es ist für seine Entwicklung von Kommunikation abhängig. Sprache kann sich nur in der Interaktion, im „Wechselgespräch" entfalten. Sprache erwirbt ein Kind nicht nur beim Zuhören, sondern auch – und ganz wesentlich – bei der aktiven Sprachproduktion, beim Sprechen.

Spracherwerb als komplexer, konstruktiver Prozess

Kinder bilden, teils unbewusst, eigenständig Hypothesen und Regeln darüber, „wie Sprache gebaut" ist, sie lernen Sprache nicht nur über Nachahmung. Kinder lernen Sprache in der Beziehung zu Personen, die sich ihnen zuwenden, die ihnen wichtig sind, und im Versuch, die Umwelt zu verstehen und zu strukturieren. Spracherwerb ist gebunden an
- Dialog und persönliche Beziehung
- Interesse
- Handlungen, die für Kinder Sinn ergeben (Sinnkonstruktion).

Dies gilt es, in der Sprachförderung zu berücksichtigen und zu nutzen.

Sprachkompetenz und Bildungschancen

Sprache entwickelt sich während der ganzen Kindheit in vielfältigen Settings – in der Familie, in Alltagssituationen (z. B. beim Einkaufen), in Bildungseinrichtungen. Kinder mit wenig sprachlicher Anregung in der Familie sind in ihrer Sprachentwicklung häufig benachteiligt und sollten in Bildungseinrichtungen besonders vielfältige sprachliche Lernchancen bekommen. Auch Kinder, die Deutsch als Zweitsprache lernen, brauchen in der deutschen Sprache möglichst frühzeitig vielfältige sprachliche Anregungen. Zur Sprachentwicklung von Migrantenkindern gehört nicht nur „Deutsch lernen", sondern auch die Wertschätzung und Förderung der Familiensprachen.

Sprachkompetenz – Ein funktionaler, dynamischer Kompetenzbegriff

Sprachkompetenz ist ein komplexes Phänomen, mit verschiedenen Dimensionen. Gängig ist die Unterteilung in: Artikulation, Wortschatz, Grammatik, Sprachverständnis, kommunikative Kompetenz. Jenseits dieser eher abstrakten und statischen Kategorien gilt es einen funktionalen, dynamischen Kompetenzbegriff zu entwickeln. Dabei wird gefragt, wann, in welchen Kontexten und Situationen, ein Kind sprachlich aktiv wird, wann es eine bestimmte Kompetenz einsetzt und erweitert, wie es sprachlich mit Herausforderungen umgeht. Ein funktionaler Kompetenzbegriff lenkt die Aufmerksamkeit auch stärker auf die kulturelle Dimension von Sprache (z. B. unterschiedliche Arten zu diskutieren oder zu erzählen je nach Kultur).

Zur Entwicklung von Sprachkompetenz gehören:
- **Nonverbale Aspekte von Sprache und Kommunikation.** Kinder lernen in der Kommunikation die Bedeutungen von Gesten und Mimik oder Tonfall zu verstehen und entwickeln gleichzeitig ihre eigene Gestik und Mimik. Ein differenziertes Verständnis von nonverbalen Signalen und die Entwicklung ausdrucksvoller und differenzierter Körpersprache sind Bestandteil von Sprachkompetenz. Entsprechend gehört zu einer sprachanregenden „Atmosphäre" das differenzierte Wahrnehmen und sensible Aufgreifen der nonverbalen Signale von Kindern.
- **Motivation und Fähigkeit zur mündlichen Kommunikation, zum Dialog.** Zur Sprachentwicklung gehören auch: Freude an Kommunikation, das Bedürfnis und die Fähigkeit die eigenen Gefühle, Erlebnisse und Gedanken sprachlich mitzuteilen, das Interesse an den Äußerungen anderer, die Fähigkeit zuzuhören, die Freude am lebendigen Geben und Nehmen im Gespräch, am dialogorientierten Verhandeln.
- **Entwicklung von Literacy.** Es gibt hierfür leider keinen entsprechenden deutschen Begriff (in Fachkreisen wird es gelegentlich mit „Literalität" übersetzt). Bezogen auf die frühe Kindheit sind damit vor allem vielfältige Erfahrungen rund um Buch-, Erzähl-, Reim- und Schriftkultur gemeint. In der Begegnung mit (Bilder)Büchern, Geschichten, Märchen, Fingerspielen oder Reimen entwickeln Kinder literacybezogene Kompetenzen, die ganz wesentlich zur Sprachentwicklung gehören. Diese Erfahrungen sind nicht nur für die Sprachentwicklung in der frühen Kindheit wesentlich, sondern auch längerfristig. Sie fördern z. B. sprachliche Abstraktionsfähigkeit, Lesekompetenz und Lesefreude, schriftsprachliche Kompetenzen. Dabei ist die Erziehung zu „phonologischer Bewusstheit" ein Teilaspekt von Literacy-Erziehung. Mit Laut- und Sprachspielen, Reim- oder Silbenspielen entwickeln Kinder eine kreative Lust an der Sprache, ein Bewusstsein für Sprachrhythmus und für die lautliche Gestalt der Sprache.

- **Zwei- und Mehrsprachigkeit.** Die Entwicklung von Zwei- und Mehrsprachigkeit gehört wesentlich zur sprachlichen Bildung. Dabei gilt es, die spezifischen Entwicklungsprofile, Kompetenzen und Bedürfnisse von mehrsprachig aufwachsenden Kindern wahrzunehmen und zu nutzen – sowohl mit Blick auf die betroffenen Kinder und Familien als auch mit Blick auf einsprachige deutsche Kinder. Wertschätzung und Förderung von Mehrsprachigkeit und „Deutsch lernen" sind kein Widerspruch, sondern Zielsetzungen, die sich gegenseitig ergänzen.

Bildungs- und Erziehungsziele

Das Kind erwirbt Freude am Sprechen und am Dialog. Es lernt, aktiv zuzuhören, seine Gedanken und Gefühle sprachlich differenziert mitzuteilen. Es entwickelt literacybezogene Kompetenzen, Interesse an Sprache und Sprachen, ein sprachliches (auch mehrsprachiges) Selbstbewusstsein, mehrsprachige Kompetenzen. Dies umfasst insbesondere folgende Bereiche:

Motivation und Fähigkeit, sich sprachlich mitzuteilen und mit anderen auszutauschen

- Entwicklung und Ausdifferenzierung vielfältiger nonverbaler Ausdrucksformen (z. B. Körpersprache, Mimik, Intonation)
- Sprechfreude
- Fähigkeit und Motivation, Gefühle und Bedürfnisse auch sprachlich auszudrücken
- Aktiv zuhören können
- Interesse am Dialog, Dialogfähigkeit (z. B. zuhören, auf die Äußerungen von anderen eingehen und diese aufgreifen, Gesprächszeiten von anderen respektieren)
- Sprachbezogene Verhandlungs- und Konfliktlösungsstrategien entwickeln.

Literacybezogene Interessen und Kompetenzen

- Verständnis und Gebrauch von nichtsituativ gebundener Sprache, d. h. von sprachlichen Mitteilungen, die sich nicht auf die unmittelbare Situation beziehen oder auf etwas, das beiden Gesprächspartnern vertraut ist (Kinder erzählen z. B. vom Urlaub)
- Sprachliche Abstraktionsfähigkeit entwickeln (Begriffsbildung)
- Textverständnis entwickeln (längeren Erzählungen folgen, den Sinn eines Textes verstehen und diskutieren können; den Bezug zwischen Texten und den eigenen Erfahrungen herstellen; verschiedene Textsorten und Medien vergleichen können)
- Zusammenhänge und Abfolgen mittels Sprache herstellen (z. B. eine Geschichte zusammenhängend erzählen können, eine Gebrauchsanweisung formulieren)
- Freude am Geschichten erzählen/diktieren

- Entwicklung von Interessen und Kompetenzen rund um Bücher und Buchkultur, Schreiben und Schriftkultur („Literaturkompetenz", Interesse an Büchern und Geschichten, Lesefreude, Interesse an Schrift)
- Freude und Interesse an Laut- und Wortspielen, Reimen und Gedichten; Entwicklung eines differenzierten phonologischen Bewusstseins
- Bewusstsein für Sprache als „Sprache" entwickeln (z. B. Umschreibung; aus dem Zusammenhang die Bedeutung eines Wortes erschließen; Sprachen vergleichen)
- Kenntnis verschiedener Sprachstile und Textsorten erwerben (z. B. Alltagsgespräch, Märchen, Sachinformation, Höflichkeitsregeln)
- Einsatz verschiedener Sprachstile, verschiedener „Register" – je nach Situation und Gesprächspartner.

Zwei- und Mehrsprachigkeit

- Neugierde auf fremde Sprachen entwickeln und Mehrsprachigkeit als Bereicherung und Lebensform ansehen
- Entwicklung von Zwei- und Mehrsprachigkeit, aktive Bemühung um Mehrsprachigkeit
- Flexible, situationsangemessene Nutzung verschiedener Sprachen und Sprachstile
- Entwicklung einer sprachlich-kulturellen (auch mehrsprachigen) Identität.

Anregungen und Beispiele zur Umsetzung

GRUNDLAGEN

Bedeutung des Bereichs im pädagogischen Alltag

Sprachförderung ist ein durchgängiges Prinzip im pädagogischen Alltag. Kinder erwerben sprachliche Kompetenz nicht als isolierte Kompetenz, sondern stets im Kontext von Kommunikation, von sinnvollen Handlungen und Themen, die sie interessieren. Sprachförderungskonzepte benötigen langfristige Perspektiven und Strategien. Kurzfristige Programme, die schnelle Erfolge versprechen, können meist keine längerfristigen Veränderungen bewirken. Wesentliche Elemente effizienter Sprachförderung werden nachstehend dargelegt.

Querverbindungen zu anderen Bereichen

Ein Bildungsverständnis, bei dem Kinder ihre Bildungsprozesse, deren Planung und Durchführung, aktiv mitgestalten (Mitwirkung der Kinder am Bildungs- und Einrichtungsgeschehen (Partizipation) ➤ Kap. 8.1), betont den partnerschaftlichen Dialog zwischen Kindern und Erwachsenen. Eine lebendige und differenzierte Gesprächskultur unter Kindern, zwischen Kindern und Erwachsenen ist Bestandteil des gesamten Bildungsgeschehens. Das bedeutet, dass der Dialog und damit die Sprachförderung wesentliche Elemente unterschiedlicher Kompetenz- und Bildungsbereiche dieses Plans sind. Einige Beispiele dazu:

- Lernmethodische Kompetenz – Lernen, wie man lernt (➤ Kap. 5.9): Beim Erwerb von lernmethodischer Kompetenz steht das gemeinsame, verbale Reflektieren der Denkweisen und Lernprozesse der Kinder im Mittelpunkt.
- Kinder mit verschiedenem kulturellem Hintergrund – Interkulturelle Erziehung (➤ Kap. 6.2.3): Die Wertschätzung und Förderung von Zwei- und Mehrsprachigkeit sind von grundlegender Bedeutung sowohl für Migrantenkinder als auch für Kinder ohne Migrationshintergrund, sie sind eine wesentliche Voraussetzung für die Entwicklung von interkultureller Kompetenz.
- Emotionalität, soziale Beziehungen und Konflikte (➤ Kap. 7.2): Kinder lernen ihre positiven und negativen Gefühle sprachlich auszudrücken, und sie entwickeln sprachbezogene Verhandlungs- und Konfliktlösungsstrategien. Diese sprachintensiven Lernprozesse gehören zur Entwicklung der sozialen Kompetenz und sind ein wesentlicher Beitrag zur Gewaltprävention.
- Mathematik (➤ Kap. 7.5), Ästhetik, Kunst und Kultur (➤ Kap. 7.8), Musik (➤ Kap. 7.9): Zu diesen Bildungsbereichen hat Sprache sehr enge Querverbindungen, die in den genannten Kapiteln jeweils dargelegt werden.
- Mitwirkung der Kinder am Bildungs- und Einrichtungsgeschehen (Partizipation) (➤ Kap. 8.1): Beteiligungsgremien (z. B. Kinderkonferenzen), in denen Kinder ihre verschiedenen Interessen einbringen und Dinge gemeinsam aushandeln, tragen maßgeblich dazu bei, die Sprachkompetenz der Kinder zu erweitern.
- Philosophieren mit Kindern (➤ Kap. 8.2.4): Philosophieren mit Kindern geht über die Sprache.

Systematische Entwicklungsbegleitung – Prozessorientierte Beobachtung von Sprache und Literacy

Eine wichtige Grundlage für eine differenzierte Sprachförderung ist die systematische Begleitung der Entwicklung von Sprache und Literacy. Von Anfang an soll die Sprachentwicklung gezielt und regelmäßig beobachtet werden – und nicht erst bei Verdacht auf eine Sprachstörung oder kurz vor der Einschulung. Für die systematische Beobachtung der Sprachentwicklung von Migrantenkindern wurde der Beobachtungsbogen *Sismik* (*S*prachverhalten und das *I*nteresse an *S*prache bei *Mi*grantenkindern in *K*indertageseinrichtungen) am Staatsinstitut für Frühpädagogik entwickelt. Schwerpunkt ist die Entwicklung des Kindes in der deutschen Sprache (wobei die Familiensprache ebenfalls ansatzweise berücksichtigt wird). Ein ähnlich strukturierter Bogen für deutschsprachig aufwachsende Kinder wird im Jahr 2006 erscheinen. Beide Verfahren sensibilisieren pädagogische Fachkräfte für ungünstige Entwicklungen. Sie sind jedoch nicht speziell für eine Diagnostik von Sprachstörungen geeignet. Bei Verdacht auf eine Sprachstörung sollten Fachdienste für eine genauere Abklärung kontaktiert werden.

Das Beobachtungsverfahren *Sismik* – wesentliche Merkmale

Altersspanne des Verfahrens – 3½ bis zum Schuleintritt

Sismik deckt die Alters- und Entwicklungsspanne von ca. dreieinhalb Jahren bis zum Schuleintritt ab. So können pädagogische Fachkräfte bereits relativ früh beginnen, die Sprachentwicklung von Migrantenkindern systematisch festzuhalten und dies bis zum Schuleintritt fortführen. Damit können sie gut dokumentierte Aussagen über die Lernfortschritte von Kindern und über deren sprachbezogene Schulfähigkeit machen.

Mehrdimensionales Konzept von Sprachentwicklung

Mit *Sismik* werden verschiedene entwicklungs- und schulrelevante Bereiche von Sprache erfasst:
- Sprachkompetenz im engeren Sinne (Artikulation, Grammatik)
- Entwicklung von Literacy (Kompetenzen und Interessen rund um Buch-, Erzähl-, Reim- und Schriftkultur)
- Sprachliche Motivation und Interessen des Kindes
- Umgang des Kindes mit der Familiensprache, Sprachpraxis in der Familie.

Beobachtung des Sprachverhaltens in konkreten, sprachrelevanten pädagogischen Situationen – Konkreter Bezug zur Sprachförderung

Um die sprachlichen Bildungschancen von Kindern in Kindertageseinrichtungen zu erfassen, sollte das Sprachverhalten des Kindes möglichst konkret, in spezifischen sprachrelevanten Situationen erfasst werden (z. B. im Einzelgespräch, im Gruppengespräch, bei einer Bilderbuchbetrachtung, beim Vorlesen) – dies ist ein Prinzip von *Sismik*. Damit wird Beobachtung eng verknüpft mit pädagogischen Aktivitäten. Die pädagogische Fachkraft bekommt durch die Beobachtung mit *Sismik* im Unterschied zu den meisten Testverfahren gezielte Anhaltspunkte für eine pädagogische Förderung in der Einrichtung. Diese Förderhinweise sind zum einen auf der Ebene des einzelnen Kindes angesiedelt, sie betreffen aber auch die Sprachförderpraxis insgesamt.

Bearbeitung des Bogens im Team – Teamentwicklung

Sismik ist in einzelne Teile untergliedert, die jeweils verschiedene Aspekte von Sprache erfassen. Damit kann der Bogen gut arbeitsteilig im

Team bearbeitet werden; darüber hinaus können für bestimmte Fragestellungen auch jeweils nur einzelne Teile bearbeitet werden. Einheitliche Beobachtungsraster fördern im Team den professionellen Austausch über Kinder (Beobachtung der Lern- und Entwicklungsprozesse des Kindes ↳ Kap. 8.4.1).

Wissenschaftliche Fundierung des Verfahrens

Die am IFP entwickelten Sprachbeobachtungsverfahren sind empirisch fundiert und genügen den einschlägigen wissenschaftlichen Standards.

Geeignete Lernumgebung

Nachfolgende Ausführungen zu Buch- und Schriftkultur machen deutlich: Wesentlich für die Entwicklung von sprachlicher Bildung sind nicht nur sprachintensive pädagogische Angebote, sondern auch – und ganz wesentlich – eine literacyfördernde räumliche Gestaltung und ein qualitativ hochwertiges, ansprechendes Angebot an Materialien. Dazu gehören u. a. die ansprechende Gestaltung einer Kinderbibliothek bzw. von Leseecken und „Schreibecken". Zu einer sprachförderlichen Ausstattung gehören mehrsprachige Materialien (z. B. zweisprachige oder fremdsprachige Bilderbücher und Hörspiele) – vor allem in den Familiensprachen der Kinder. Damit wird die Wertschätzung anderer Sprachen und Kulturen für Kinder und Familien sichtbar und greifbar.

Die Atmosphäre

Sprache ist Bestandteil von Kommunikation und alltäglichen Handlungen. Sprachförderung bedeutet zunächst, eine Atmosphäre zu schaffen, in der Kinder Wertschätzung erfahren und in der sie angstfrei und unbeschwert sprechen, zuhören und ihre Sprache weiterentwickeln können – im Kontakt mit anderen Kindern und im Kontakt mit Erwachsenen. Zu einer sprachfördernden Atmosphäre gehören auch nonverbale Aspekte von Kommunikation (Augenkontakt, Mimik, Gestik, Körperhaltung, Stimmlage, Ton, Satzmelodie), wobei nicht nur die nonverbalen Signale und Ausdrucksformen von Kindern, sondern auch die eigene Körpersprache der pädagogischen Fachkräfte differenziert wahrzunehmen und zu reflektieren sind (z. B. Videoaufzeichnung, kollegiale Beobachtung).

Enge Zusammenarbeit mit den Familien

Die Familie ist für die Sprachentwicklung des Kindes wesentlich. Für pädagogische Fachkräfte wichtig sind:
- Eine Haltung des Interesses und der Wertschätzung gegenüber den Sprachen und Sprachgewohnheiten in der Familie des Kindes

- Die fortlaufende Information der Eltern über die Sprachentwicklung ihres Kindes und über das Sprachförderungskonzept der Einrichtung; Nutzung von Beobachtungsunterlagen zur Sprachentwicklung im Elterngespräch
- Eine aktive Einbeziehung der Familie in Prozesse und Aktivitäten der sprachlichen Bildung, der Literacy-Erziehung (Näheres dazu im Abschnitt „Literacy").

Gemeinwesenorientierung – Kooperation mit fachkundigen Stellen

Wichtige Kooperationspartner bei der sprachlichen Bildung sind Bibliotheken. Bibliotheken in kommunaler Trägerschaft bieten Kindertageseinrichtungen z. B. auf Anfrage verschiedene Serviceleistungen (Beratung, Buchausleihe, Zusammenstellung von Bücherkisten zu bestimmten Themen usw.). Auch die Kooperation mit anderen kulturellen Institutionen und Künstlern vor Ort (Kindertheater und mobile Theatergruppen, Kinderkino, Kinderbuchautoren usw.) ist für Kinder sehr anregend. Fachdienste und soziale Dienste sind auch für den Bereich Sprache sehr wichtige Kooperationspartner – sowohl mit Blick auf die Kinder als auch mit Blick auf die Familien. Die Familie mit ihrer spezifischen Kommunikationskultur und Sprachpraxis ist für die Entwicklung von Sprache und Literacy von besonderer Bedeutung.

AKTIVITÄTEN

Das Gespräch

Kinder lernen die Sprache am besten im persönlichen Kontakt mit einer ihnen zugewandten Bezugsperson. Sie lernen Sprache in der Beziehung zu Personen, die ihnen wichtig sind, und im Versuch, die Umwelt zu verstehen. Sprachförderung im Elementarbereich muss diese Einbettung von Sprache in persönliche Beziehungen und Kommunikation und in Handlungen, die für Kinder Sinn ergeben, berücksichtigen und nutzen. Das Gespräch gehört zu den wichtigsten und elementarsten Formen der Sprachförderung, und zwar für alle Altersgruppen. Besonders zu berücksichtigen dabei sind:

Gesprächsverhalten der pädagogischen Fachkräfte

Ein Kind braucht vielfältige sprachliche Anregungen im Dialog, in Situationen, die sein Interesse wecken. Dabei ist es wichtig, dass es sich um authentische Dialoge handelt. Eine wesentliche Dimension von sprachlicher Anregung ist das Gesprächsverhalten von pädagogischen Bezugspersonen – ein Aspekt von Sprachförderung, der sehr subtil und nur schwer zu fassen ist.

Leitfragen

Leitfragen für die Reflexion des Gesprächsverhaltens

Die Leitfragen eignen sich für die Selbstreflexion und die kollegiale Beobachtung:
- Wird das Kind als Gesprächspartner ernst genommen (aktives Zuhören, neugierig sein auf die Mitteilung des Kindes, offenes Fragen)? Oder: Wird das Kind vor allem als lernbedürftiges Wesen gesehen, das die Sprache lernen muss (belehren, verbessern, geschlossene Fragen, „abfragen")? Gelingt es, das Kind in ein Gespräch „zu verwickeln"?
- Ist die Sprechweise der Bezugsperson authentisch und natürlich? Oder: Hat sie oft einen nicht authentischen und „didaktisierenden" Sprech- und Kommunikationsstil?
- Wird im Alltag das Prinzip der einfühlsamen Erweiterung („Expansion") kindlicher Äußerungen zugrunde gelegt, d. h., werden die kindlichen Äußerungen aufgegriffen und angereichert bzw. weitergeführt? Bei „inkorrekten" Formulierungen von Kindern bedeutet dies z. B.: Wenn ein Kind sagt „Mag die Auto", dann sollte die Fachkraft nicht einfach das Korrekte wiederholen „Magst du das Auto?", sondern nachfragen: „Magst du das kleine Auto oder das große Auto? Welches Auto gefällt dir besser?"

Die pädagogische Fachkraft ist für Kinder ein Sprachvorbild und zwar in mehrfacher Hinsicht: in ihrem Sprachgebrauch, in ihrer Haltung gegenüber sprachlicher Kommunikation und Sprache sowie in ihrer Einstellung gegenüber Dialekten und anderen Sprachen. Dabei reagieren Kinder nicht nur auf die Art, wie Fachkräfte mit ihnen sprechen, sie beobachten gleichzeitig, wie pädagogische Fachkräfte miteinander oder mit Eltern sprechen – auch das wirkt sich auf das Sprachverhalten der Kinder aus.

Sprachvorbild für Kinder zu sein bedeutet für pädagogische Fachkräfte: Sie bemühen sich um die sprachliche Begleitung alltäglicher Handlungen, um deutliches, einfühlsames und variationsreiches Sprechen. Die Sprache darf nicht allzu „kindlich" und vereinfacht sein. Wichtig bei Gesprächen mit Kindern ist, sich nicht allzu knapp auf das unmittelbar Anstehende und Praktische zu beschränken, sondern auch viele erklärende und erzählende Elemente einzubauen.

Tipp

Spontan denkt man als Bezugsperson leicht: „Das mache ich doch alles". Um das genauer zu erfahren, ist es sinnvoll, wenn man ein paar Gespräche mit Kindern aufnimmt und sich diese anschließend anhört. So bekommt man als Bezugsperson ein ganz konkretes und differenziertes Feedback zu seinem Gesprächsverhalten.

Raum und Zeit für Gespräche im pädagogischen Alltag

Gespräche brauchen Raum und Zeit.

Leitfragen

Leitfragen für die Reflexion der äußeren Bedingungen von Gesprächen

- Wird der Tagesablauf so organisiert, dass die Erzieherinnen Zeit für Einzelgespräche und Kleingruppengespräche mit Kindern haben?
- Wie werden Gespräche vor dauernden Unterbrechungen „geschützt"? Gibt es klare Regeln dazu?
- Werden Gespräche, Verhandlungen zwischen Kindern angeregt?
- Gibt es genug Rückzugsmöglichkeiten für ein ruhiges Gespräch?
- Ist der Geräuschpegel oft sehr hoch?
- Werden sprachintensive Rollenspiele und szenische Spiele angeregt?
- Gibt es regelmäßige Gesprächs- und Diskussionsrunden?

Literacy-Erziehung

Der Bereich der Literacy-Erziehung muss im Elementarbereich stärker als bisher einen Schwerpunkt bilden. Frühe Literacy-Erziehung steht für vielfältige Erfahrungen und Lernchancen rund um Buch-, Erzähl-, Reim- und Schriftkultur, Erfahrungen, die für die Sprachentwicklung, spätere Lesekompetenz und Bildungschancen von Kindern von großer Bedeutung sind. In Einrichtungen mit einem hohen Anteil von sprachlich und sozial benachteiligten Kindern soll mit Blick auf mehr Chancen für die Kinder dieser Bereich besonders betont werden. Eine bewusste Literacy-Erziehung muss stets die Eltern und die Familiensprachen der Kinder mit einbeziehen. Zur Literacy-Erziehung in Kindertageseinrichtungen gehören:

Bilder- und Sachbücher, Märchen und Erzählungen

Die Bilderbuch-Betrachtung, das Erzählen und Vorlesen sind die Kernelemente von Literacy-Erziehung. Diesen Aktivitäten ist bereits bei unter 3-Jährigen ein hoher Stellenwert einzuräumen. Sie sollten nach Möglichkeit täglich angeboten werden.

- Die **Bilderbuch-Betrachtung** soll dialogorientiert sein, in der Kleingruppe oder auch als Einzelfördermaßnahme angeboten werden. Wichtig ist die Aktivierung des Kindes in der Weise, dass es allmählich selbst zum Erzähler der Geschichte wird und auch die Freiheit hat, eigene Kommentare und Erfahrungen beizusteuern. Das Bilderbuch bietet vielfältige Möglichkeiten zur Wiederholung – ein Grundprinzip von Sprachförderung. Bilderbücher und Geschichten sind eine Chance für Wiederholungen und auch Pausen, die nicht so leicht belehrend-korrigierend wirken, sie erscheinen eher natürlich, als Teil des gemeinsamen „Lesens" und Entdeckens. Beispiele: Kind und Vorleserin blättern immer wieder zurück, denn „ich weiß ja gar nicht mehr, was da los war…"; ein „Lieblingsbilderbuch" wird immer wieder vorgelesen; es gibt eine CD (oder Tonkassette) zu dem Bilderbuch, diese wird nach Hause ausgeliehen; das Bilderbuch gibt es als zweisprachiges Bilderbuch, auch dies wird nach Hause ausgeliehen; die Bilderbuchgeschichte wird erzählt und gespielt – mit viel Gestik, Dramatik und refrainartigen Wiederholungen (unter Einbeziehung der Kinder); es werden Bilderbücher vorgelesen, die zu einer Serie gehören, sie bieten gleichbleibende Identifikationsfiguren an und regen Kinder an, sich noch ein Bilderbuch anzuschauen.

- **Erzählen und Vorlesen** fördern das intensive Zuhören, die Fantasie und die Konzentration auf eine rein sprachlich vermittelte Botschaft. Im Alltag von Kindertageseinrichtungen bezieht sich das Gesagte meist auf etwas Konkretes aus der Umgebung. Es ist wichtig, dass Kinder allmählich lernen, sich von dieser unmittelbaren, situationsgebundenen Sprachform zu lösen. Beim Erzählen und Vorlesen wird die Welt, von der erzählt wird, über Sprache vergegenwärtigt, und so lernen Kinder allmählich die „erzählte Welt" zu verstehen und sich diese vorzustellen; und sie lernen selbst von Fernem zu erzählen und sprachlich zu abstrahieren. Nicht nur das Hören oder Erzählen von Geschichten fördert die Sprachentwicklung, auch das Kinderdiktat ist eine besondere Lernchance. Wenn Kinder ihre Erlebnisse und Geschichten diktieren und diese schriftlich festgehalten werden, erleben sie, wie sich mündliche Sprache in Schriftsprache umwandelt und sie fühlen sich als „Autoren" geehrt.

- **Aktivitäten rund um das Buch** sind eine wesentliche Dimension von Literacy-Erziehung. Dazu gehören z. B.: Die Leseecke (oder „Bibliotheksraum") ist klar abgegrenzt und attraktiv gestaltet, sie wird zusammen mit den Kindern immer wieder neu gestaltet; es gibt einen kleinen Tisch mit Tonträgern und Kopfhörern; die Bücher sind für Kinder zugänglich; möglichst viele Gattungen sind vertreten: Bilderbücher, Sachbücher, Märchenbücher, Bücher mit längeren Geschichten, die in mehreren Sitzungen den (älteren) Kindern als Folge vorgelesen werden; Lexika; Zeitschriften; ein oder zwei ganz große Bücher (fast so groß wie die Kinder); es gibt Bücher und Tonmaterialien (Hörspiele, Lieder, Märchen) in anderen Sprachen, vor allem in den Sprachen, die in der Kindergruppe vertreten sind; die Bücher werden gemeinsam mit den Kindern repariert; die Kinder können täglich Bilderbücher nach Hause ausleihen – diese Ausleihe wird mit Aktivitäten in der Einrichtung verknüpft; die Bücher mit den Geschichten der Kinder sind auch Teil der Bibliothek; es gibt häufig Bilderbuchausstellungen (bei mehrsprachigen Kindergruppen in verschiedenen Sprachen) und Besuche in Bibliotheken (Stadtbücherei usw.) sowie Lesungen von zeitgenössischen Kinderbuchautoren. Bibliotheken sind wichtige Kooperationspartner bei der sprachlichen Bildung, sie können z. B. die pädagogischen Fachkräfte, die Kinder und auch die Eltern beraten oder der Kindertageseinrichtung Materialien zur Verfügung stellen (z. B. Bücherkisten zu bestimmten Themen). Regelmäßige Besuche in der Bibliothek regen Kinder an zu Erkundungen in der Welt der Bücher und anderer Medien.

Laut- und Sprachspiele, Reime und Gedichte

Laut- und Sprachspiele sind wesentlicher Bestandteil einer anregungsreichen sprachlichen Umwelt. Dazu gehören z. B.
- Lieder (auch Spiellieder, Schlaflieder, Trostlieder)
- Fingerspiele
- Reime, Gedichte
- Das Spiel mit Lautmalerei und Nonsensreimen, Wort- und Silbenspiele
- Zungenbrecher
- Zaubersprüche
- Witze
- Sprichwörter.

So entwickeln Kinder eine kreative Lust an der Sprache, ein Bewusstsein für Sprachrhythmus und für die lautliche Gestalt der Sprache.

Rollenspiele, szenisches Spiel, Theater

Soziale (sprachbetonte) Rollenspiele, Handpuppenspiel, Theater spielen, Theaterbesuche, szenische Lesungen – all diese Aktivitäten sind regelmäßig und oft anzubieten; sie regen die Sprachentwicklung und das Interesse an Sprache und Literatur an.

Spielerische und „entdeckende" Erfahrungen mit Schreiben und Schrift

Vielfältige Begegnungen der Kinder mit Schrift und Schriftkultur gehören auch im Elementarbereich zur sprachlichen Bildung. Es gilt, das Interesse an Schrift und Schreiben zu wecken oder zu verstärken, und zwar im Sinne eines entdeckenden, spielerischen Zugangs. Für sozial benachteiligte Kinder, die zu Hause wenig Kontakt mit Schrift und Büchern haben, sind diese Lernchancen von besonderer Bedeutung. Beispiele für entsprechende Aktivitäten, Raumgestaltung und Materialien werden in der Tabelle 7.1 aufgelistet.

Schrift und Schreiben	Beispiele
Aktivitäten	- Schilder auf der Straße oder kurze Werbespots entziffern - Stets wechselnde Plakate in der Einrichtung erkennen - Anweisungen beim Computerspiel „entziffern" - Schriftzeichen aus anderen Kulturen kennen lernen - Den eigenen Namen schreiben - Plakate herstellen (mit Schrift und Bild) - Briefe an Freunde schicken - Rollenspiele, szenisches Spiel mit „Schreibszenen" (z. B. Büro, Restaurant mit Speisekarte – Aufnehmen der Bestellungen, Post, Schule).
Raumgestaltung und Materialien	- Kinder haben eine „Schreibecke" - Kinder sammeln ihre „Lieblingsbuchstaben" in Schachteln

Schrift und Schreiben	Beispiele
Raumgestaltung und Materialien	▪ Buchstaben, attraktiv aufbereitet, sind für Kinder zugänglich ▪ An den Wänden des Gruppenraums sind stets wechselnde Logos und Hinweisschilder ▪ Es gibt Schriftstücke und Plakate, auch in den Familiensprachen der Kinder

Tab. 7.1: Literacyfördernde Aktivitäten und Materialien

Literacyfördernde Lernumgebung

Obige Ausführungen machen deutlich: Zur Literacy-Erziehung gehören nicht nur spezifische Angebote wie Bilderbuchbetrachtung, Vorlesen oder Erzählen, sondern auch die Integration von literacyfördernden Ritualen im Alltag und eine entsprechende räumliche Gestaltung (z. B. regelmäßige Bilderbuchausleihe nach Hause, einladende Ausstattung und Gestaltung von Leseecken bzw. Kinderbibliotheken und Schreibecken, Buchstaben mit denen Kinder hantieren können, Schreibblöcke für Kinder, mehrsprachige Schriftstücke an der Wand). Kinder sollen dabei angeregt werden, selbstständig, selbstverständlich und gestaltend mit Buch und Schrift umzugehen.

Einbeziehung der Eltern in die Literacy-Erziehung

Die Einbeziehung der Eltern ist für die Sprachentwicklung des Kindes sehr förderlich. Zudem ergeben sich dabei vielfältige Möglichkeiten, den Kontakt und Austausch zwischen Familie und Einrichtung konkret und kreativ zu gestalten. Beispiele sind:
- Familienangehörige kommen regelmäßig zum Vorlesen in die Einrichtung.
- Erzählungen der Kinder werden schriftlich festgehalten und ihnen als Büchlein nach Hause mitgegeben.
- Es gibt ein „Geschichtenfest" mit (mehrsprachigen) Beiträgen von Eltern und Kindern.
- Eine Eltern-Kind-Theatergruppe wird gegründet.
- Regelmäßige Ausleihe nach Hause – es gibt neben deutschsprachigen Büchern und anderen Medien auch Materialien in den Familiensprachen der mehrsprachig aufwachsenden Kinder (z. B. zwei- und auch nur fremdsprachige Bilderbücher, Tonkassetten, CD's).

Wertschätzung und Förderung von Zwei- und Mehrsprachigkeit

Kindertageseinrichtungen benötigen ein Sprachförderungskonzept, das mehrsprachiges Aufwachsen nicht als Risiko und Ausnahmefall, sondern als Chance und Normalfall betrachtet. Erst dann können auch Kinder eine positive Haltung zur Mehrsprachigkeit entwickeln. Welche Einstellungen Kinder zu ihren Familien- und anderen Sprachen entwickeln, ist keine Frage des Fremdsprachenunterrichts, sie gehört in den Alltag von Kindern in Tageseinrichtungen.

Die Familiensprachen der Kinder in der Tageseinrichtung

Bisher sind die Familiensprachen der Kinder meist nur informell unter Kindern gegenwärtig, nicht aber im pädagogischen Angebot. Eine „öffentliche", für die Kindergruppe konkret erfahrbare Wertschätzung von Mehrsprachigkeit durch die Bezugspersonen ist eine wesentliche Aufgabe sprachlicher Bildung. Dazu gehört auch die aktive Einbeziehung von Eltern und Familienangehörigen. Gegenüber den Eltern und Kindern muss die Wertschätzung der Familiensprachen deutlich werden – dies betrifft nicht nur Hochsprachen oder Amtssprachen, sondern auch die jeweiligen Dialekte.

Leitfragen

Leitfragen für die Reflexion des Stellenwerts der Familiensprachen im pädagogischen Alltag

- Gibt es originalsprachige Materialien in den Familiensprachen der Kinder bzw. mehrsprachige Materialien? Gibt es z. B. entsprechende Tonkassetten mit Liedern und Erzählungen, Videokassetten, Bilderbücher, Computerspiele? Wie oft und wie werden diese angeboten? Sind sie für Kinder zugänglich? Werden diese Materialien von Kindern regelmäßig nach Hause ausgeliehen? Werden Kinder und Eltern gebeten, entsprechende Materialien von zu Hause mitzubringen?
- Wie werden zweisprachige Fachkräfte eingesetzt? Werden die zweisprachigen Fachkräfte ins Gesamtteam integriert? Fördern sie nur die Kinder derselben Sprachgruppe oder wird auch die sprachliche Neugierde, das Sprachbewusstsein insgesamt mit den fremdsprachigen Fachkräften gefördert?
- Was wissen pädagogische Fachkräfte über Zweitspracherwerb und über das zwei- und mehrsprachige Aufwachsen von Kindern? Welche Grundkenntnisse sind vorhanden (z. B. über sog. Standardabweichungen von Kindern, die sie beim Zweitspracherwerb durchlaufen, sinnvolle Formen des „Feedbacks" bei sog. Fehlern, natürliche Formen der Sprachmischung und des Sprachwechsels oder auch der tatsächlich fehlenden Trennungsfähigkeit)?
- Werden Migranteneltern oder sonstige zwei- und mehrsprachige Angehörige in die Gestaltung des pädagogischen Angebots der Einrichtung aktiv einbezogen? Werden Eltern, Geschwister oder Freunde aus der jeweiligen Sprachgruppe gebeten, in der Einrichtung ein pädagogisches Angebot mitzugestalten (z. B. vom Lied über eine Erzählung bis hin zum mehrsprachigen Theaterstück)? Wie häufig passiert so etwas? Werden auch Dialekte respektiert und einbezogen?

All diese Aktivitäten sind so zu gestalten, dass sie für Migrantenkinder eine Wertschätzung ihrer Familiensprache und -kultur bedeuten und gleichzeitig für alle Kinder Lernchancen eröffnen in Sinne einer Förderung von kultureller Aufgeschlossenheit, sprachlicher Neugierde und Sprachbewusstsein.

Zweisprachige Erziehung der Kinder

Eine konsequente zweisprachige Erziehung für Kinder ist eine besondere Chance. Diese erfordert allerdings bestimmte Rahmenbedingungen. Voraussetzung ist u. a. der Einsatz zwei- bzw. mehrsprachiger Kräfte und ein auf zwei Sprachen ausgerichtetes pädagogisches Konzept, das auf die Gleichberechtigung und gleichmäßige Gewichtung beider Sprachen achtet.

„Englisch im Kindergarten": authentische und interkulturelle Begegnungen

Ein fremdsprachiges Angebot in der frühen Kindheit – das kann Englisch, Französisch, Spanisch oder irgendeine andere Sprache sein – ist für Kinder meist anregend und interessant. Die frühe Begegnung mit anderen Sprachen ist ein erster wichtiger Schritt auf dem Weg zur Mehrsprachigkeit. Dabei gilt es festzuhalten, dass ein wöchentliches Angebot von einer, höchstens zwei Stunden kein fundiertes Konzept für den Erwerb einer „Zweitsprache" ist, dies kann ein solches Angebot nicht leisten. Bei einer frühen Begegnung mit einer Fremdsprache sollten wir den Blick nicht nur auf das „Englisch lernen" richten, es geht auch um eine Förderung von Sprachbewusstsein, von Lust auf Sprache – Kinder können hier eine unbeschwerte Haltung und Neugierde gegenüber fremden Sprachen und dem Sprach-Lernen einüben.

Die Begegnung mit einer Fremdsprache ist so zu gestalten, dass sie die kindliche Neugierde und Lust an der Sprache anregt.

- Da gerade bei jungen Kindern die Fähigkeit zur Lautbildung besonders ausgebildet ist, sollten Fremdsprachen möglichst von Personen vermittelt werden, die diese Sprache weitgehend akzentfrei sprechen, oder auf der Grundlage originalsprachiger Materialien (z. B. Tonkassetten mit Dialogen und Liedern).
- Beim Einsatz fremdsprachiger Materialien (z. B. Tonkassetten) durch deutschsprachige Erzieherinnen sollte den Kindern Respekt vor der Originalsprache vermittelt werden. Eine deutsche Erzieherin, die nicht fließend Englisch spricht, sollte beim Vorspielen einer englischsprachigen Tonkassette den Kindern deutlich machen, dass nun auch sie eine Lernende ist und nicht eine Lehrende und Wissende – eine Lernende, die z. B. genau hinhört, um die korrekte Aussprache zu lernen.
- Langfristigere Lernmotivation und Sprachentwicklung sind bei Kindern in der Regel an authentische Sprechanlässe gebunden: Wenn Kinder das Gefühl haben, dass sie die Sprache für die Kommunikation brauchen, dass sie „was bringt", um mit einem anderen Kind oder Erwachsenen (z. B. der ausländischen Erzieherin) zu sprechen oder zu spielen, dann werden sie diese viel schneller lernen. Mit einer deutschen Erzieherin Englisch zu sprechen ist für ein Kind auf Dauer widersinnig. So ist es sinnvoller, zusätzlich englischsprachige Fachkräfte bzw. Eltern für diese Aktivitäten einzusetzen.
- Wenn sich eine Tageseinrichtung für ein fremdsprachiges Angebot entscheidet, dann soll diese Chance allen Kindern angeboten werden – dem öffentlichen Bildungsauftrag von Tageseinrichtungen entsprechend.

Kindergruppen mit hohem Anteil von sprachlich und sozial benachteiligten Kindern sowie nicht deutsch sprechenden Migrantenkindern

Für diese Kindergruppen gelten grundsätzlich die oben dargelegten Prinzipien von Sprachförderung. Wichtig ist aber eine systematische Akzentuierung folgender Aspekte von Sprachförderung:

- Eine stärkere Betonung von Kleingruppenarbeit (3 bis 5 Kinder) möglichst täglich
- Mehr Einzelförderung
- Intensivere und systematischere Literacy-Erziehung – unter Einbeziehung von Eltern und anderen Familienangehörigen (vgl. Abschnitt über Literacy-Erziehung)
- Enge Zusammenarbeit mit der Familie – mit dem Bewusstsein, dass, je nach sozialer und sprachlicher Situation in der Familie, verschiedenartige Angebote und Kontaktformen sinnvoll sein können
- Eine stärkere Öffnung der Tageseinrichtung für semiprofessionelle und ehrenamtliche Kräfte. Mit dieser Erweiterung des Personenkreises bekommen Kinder mehr Gelegenheit zur intensiven sprachlichen Interaktion mit erwachsenen Bezugspersonen (z. B. Vorlese-Paten, mehrsprachige Bezugspersonen). Dabei ist es wichtig, dass die pädagogischen Fachkräfte eng mit diesen zusätzlichen Bezugspersonen kooperieren und sie pädagogisch und organisatorisch einbinden
- Stärkere Kooperation mit Fach- und Sozialdiensten, mit Informations-, Beratungs- und Betreuungsstellen für Migrantenkinder und ihre Familien.

Vorkurs für Kinder mit Migrationshintergrund – Kooperation zwischen Grundschule und Kindergarten

Der Bayerische Ministerrat hat zur Errichtung von Vorkursen Folgendes beschlossen:

Schulpflichtige Kinder mit Migrationshintergrund sollen künftig von der Einschulung zurückgestellt und zum Besuch eines Kindergartens mit integrierter Sprachförderung (Vorkurs) verpflichtet werden, wenn ihre Deutschkenntnisse nicht ausreichen, dem Unterricht zu folgen. Vorkurse sind eine spezielle Form der Sprachförderung für Kinder mit entsprechendem Bedarf. Sie erstrecken sich vom September des Jahres vor der Einschulung bis zum darauf folgenden Juli und werden zu gleichen Teilen von pädagogischen Fachkräften der Tageseinrichtung und Lehrkräften der Grundschule gehalten.

- Grundlage für die Einrichtung von Vorkursen ist, dass die Erzieherinnen einen solchen besonderen Sprachförderbedarf zuverlässig feststellen. Zukünftig sollen deshalb die pädagogischen Fachkräfte spätestens im Februar/März des vorletzten Kindergartenjahres (bzw. bei Aufnahme des Kindes, wenn es erst zu einem späteren Zeitpunkt aufgenommen wird) den Sprachstand von Kindern, deren Eltern beide nicht deutschsprachiger Herkunft sind, anhand des zweiten Teils des Bogens „Sprachverhalten und Interesse an Sprache bei Migrantenkindern in Kindertageseinrichtungen (Sismik) – Sprachliche Kompetenz im engeren Sinn (deutsch)" erheben.

- Der Anteil des Vorkurses, der in die Verantwortung des Kindergartens fällt, wird in die reguläre Kindergartenarbeit integriert. Die Herausnahme von einigen Kindern aus der Gruppe für eine gewisse Zeit, um mit ihnen in besonderer Weise pädagogisch zu arbeiten, entspricht dem Prinzip der inneren Differenzierung.
- Die inhaltliche Gestaltung der Vorkurse erfolgt in gegenseitiger Absprache von Erzieherinnen und Grundschullehrkräften. Empfohlen wird eine Umsetzung auf der Grundlage der Handreichung „Lernszenarien – Ein neuer Weg, der Lust auf Schule macht. Teil 1: Vorkurs, Deutsch lernen vor Schulbeginn", herausgegeben vom Staatsinstitut für Schulpädagogik und Bildungsforschung und mit Beiträgen u. a. des Staatsinstituts für Frühpädagogik.

PROJEKTBEISPIEL AUS DER PRAXIS

„Die Geschichte der Malerei – Von der Höhlenmalerei zu den ‚Blauen Reitern'"

Modelleinrichtung: Kath. Kindergarten St. Wolfgang in Schwaigen-Grafenaschau bei Murnau – Konzeption: Bärbel Merthan

Entstehung des Projekts – Themenfindung und Themenübersicht

Während eines Angebots im Bereich „Bildnerische und darstellende Kunst" zu einem vorösterlichen Thema wurde durch die spontane Frage eines Jungen: „Haben die Menschen vor uns auch schon gemalt?" das Interesse aller Kinder an der Geschichte der Malerei geweckt. Die intensive Auseinandersetzung mit dem Buch „Wie entstand die Malerei – Über Farben, Pinsel und Flächen: Ein Blick in die Werkstätten der Maler" (Meyers Jugendbibliothek), Gespräche mit den Kindern im Alter von 2 bis 6 Jahren und die Überprüfung des Themas auf seine Eignung als Projekt für den Kindergartenbereich, führten zur Entscheidung, das Projekt durchzuführen. Die inhaltliche Strukturierung des Projekts orientierte sich am Aufbau des Buches, das somit auch den roten Faden vorgab. Durch die Fokussierung auf den Aspekt „Geschichte" und nicht auf den Aspekt „Malerei" lag der Themenschwerpunkt auf „Sprache und Literacy". Das Buch führte die Kinder durch die verschiedenen Kunstepochen von der Steinzeit bis in die Gegenwart:

- Steinzeit: Tiere auf der Höhlenwand
- Das alte Ägypten: Papyrus – das erste Papier der Welt
- Das antike Griechenland: die griechischen Vasen
- Das europäische Mittelalter – Malen auf Holzbrettern

- Das alte China: mit Tusche auf Seide
- Italienische Fresken: Wände voller Bildergeschichten
- Mit Leinöl auf Leinwand: wie geht das?
- Mit Papier und Stiften: die Kunst des Zeichnens
- Wasser und Wasserfarben: Aquarelltechniken
- Leuchtende Farben aus der Tube: Impressionismus
- In der modernen Künstlerwerkstatt: Drucktechniken des 20. Jahrhunderts
- Kunstwerke werden gerettet: die Arbeit eines Restaurators
- Die bemalte Welt: Malen auf Rinde, Glas, Leder …
- Murnau: „Die Blauen Reiter"

Die abschließende Auseinandersetzung mit der Künstlergruppe der „Blauen Reiter", stellte den Bezug zur Lebenswelt der Kinder wieder her. In deren Lebensraum kann eine Vielzahl von Zeugnissen der Existenz dieser Künstler aufgefunden werden.

Einen zweiten roten Faden durch dieses Projekt bildete eine Serie von jeweils vierzeiligen Gedichten zu jeder Kunstepoche, die die Gruppenleiterin vorab verfasste. Diese Gedichte erwiesen sich als besonders hilfreich, da die Kinder auf diese Weise die Epochen sicher unterscheiden und Dinge zuordnen konnten. Ein von den Kindern selbst erstelltes Memory aus kopierten Buchseiten ermöglichte den Kindern auch einen visuellen Zugang zu den Themen.

Jeder der sich mit dem Thema „Kunstgeschichte" schon einmal auseinandergesetzt hat, kann sich vorstellen, welch weite Kreise das ziehen kann. Obwohl der Schwerpunkt auf den Bildungsbereich „Sprache und Literacy" gelegt wurde, waren stets alle Bildungs- und Erziehungsbereiche mit einbezogen. Dieses Thema eignet sich gut für bereichsübergreifende Bildungsprozesse mit den Kindern, es ermöglicht ihnen jeden Tag, Neues und Spannendes zu erleben und zu erfahren. Alle Kinder, auch die zweijährigen, waren in das gesamte Projekt eingebunden.

„Sprache und Literacy" als zentraler Bildungsbereich

Zielschwerpunkte

- **Literaturkompetenz – Interesse an Büchern und Geschichten.** Intensive Auseinandersetzung der Kinder mit sehr vielen Bildern und Sachbüchern, führten immer wieder zu Querverbindungen, besonders zu Naturwissenschaften, Musik, Sport und Religion.
- **Sprachfreude und Interesse am Dialog.** Durch Erzählungen, Bücher, Erfahrungen im Umgang mit Maltechniken und Material ergaben sich zahlreiche Gesprächsanlässe über Menschen, Kulturen und Länder. So führte z. B. beim Thema Ägypten und Nil der Begriff „Wasser" bei den Kleineren und der Begriff „Papyrus" bei den Größeren zu mannigfaltigen Gruppen- und Einzelgesprächen unter den Kindern, aber auch mit den pädagogischen Fachkräften und Eltern. Mitbringsel wie z. B. eine Statue (Diskuswerfer) dienten als Gesprächsimpulse – hier über Sportarten im antiken Griechenland.

- **Interesse an Schrift und Zeichen.** Hieroglyphen und chinesische Schriftzeichen wurden nachgemalt und benannt. Ein besonderer Höhepunkt war die Präsentation einer Gutenberg-Bibel innerhalb des Themenschwerpunktes: „Gutenberg und die Druckkunst".
- **Sprachliche Abstraktion und Gestaltung.** Hierbei ging es um freies Nacherzählen, z. B. der Geschichte „Zeus und die Götter des Olymp", des Bilderbuchs von J. Catterton („Kunstraub"), das Beschreiben von Vorgängen (z. B. Mischen und Legen eines Farbkreises) und das Erklären der Funktion einer Nähmaschine, während der Fertigung selbst bemalter Seidensäckchen beim Thema „China".
- **Dialogfähigkeit.** Gespräche innerhalb des Themas „Antikes Griechenland" über Demokratie, Redner, Redezeiten und Abstimmungen führten z. B. zur Übertragung der erarbeiteten Gesprächsregeln in den Kindergartenalltag.
- **Kontinuierliche Ausdifferenzierung von Lautbildung, Wortschatz und Satzbau.** Aus dem Gestaltungsbereich lernten die Kinder genaue Benennungen z. B. von Malerwerkzeugen, Techniken, Namen großer Meister und Kunstepochen. Hinzu kamen Begriffe, die sich aus der näheren Beschäftigung mit den Kunstepochen ergaben, z. B. „Altes Ägypten": Papyrusrollen, Hieroglyphen, Pyramiden.
- **Vielfalt nonverbaler Ausdrucksformen.** Beim Thema „China und Seidenherstellung" wurde u. a. im pantomimischen Spiel die Entwicklung der Seidenspinnerraupe dargestellt.
- **Neugier auf fremde Sprachen.** Durch die vielfältigen Impulse während des Projekts wurde das Interesse der Kinder an Sprache geweckt, so z. B. durch das Musikwerk „Carmina Burana" von Carl Orff und den häufigen Kontakt mit lateinischen Begriffen wie z. B. „aqua".
- **Freude an Lautspielen.** Die Kinder übertrugen ihr Wissen über die Bewegungen und Laute eines Urelefanten auf die eines Mammuts. Mit Lautspielereien wie beim Lied „Drei Chinesen mit dem Kontrabass" oder dem Zungenbrecher „Zwischen zwei Zwetschgenzweigen …" übten sie schwierige Konsonantenverbindungen ein.

Projektangebote (beispielhaft für die Epochen Steinzeit, Antike, China)

Bücher	- Thiel, H. P. & Seidel, I.: Wie entstand die Malerei. Über Farben, Pinsel und Flächen: Ein Blick in die Werkstätten der Maler. Mannheim: Mayers Lexikonverlag, 1994 - Taylor, T. & Aston, M.: Atlas Archäologie. Die faszinierende Welt unserer Vorfahren. Köln: Paletti, 2004 - Robbin, I.: Von der Höhle bis zum Wolkenkratzer. Was ist was? Bd. 23, Nürnberg: Tessloff, 1998
Geschichten	- Selbst erdachte Geschichten, um ein Bild von den Menschen, der Umgebung und dem Leben in der Steinzeit zu vermitteln - Geschichte der Wiederentdeckung der Höhlenmalerei dank eines Hundes

Gespräche	■ Dein Papa und der Steinzeitmann im Vergleich ■ Leben in einer Höhle ■ Nahrungsbeschaffung – Jagen, Sammeln ■ Das Feuer – die guten Eigenschaften des Feuers ■ Die Kleidung und die Werkzeuge der Steinzeitmenschen ■ Tiere, die gejagt wurden: Pferde, Mammut, Wisent
Gedicht	■ „In der Höhle haust der Steinzeitmann, er malt sich seine Wände an. Mit Kohle und Farben zeichnete er manches Tier, Mammuts, Wisent und Pferde, Ihr seht es hier!"
Rollenspiel	■ „Wir sind Steinzeitmenschen"

Tab. 7.2: Projektangebote – Steinzeit: Tiere auf der Höhlenwand

Bücher	■ Thiel, H. P. & Seidel, I.: Wie entstand die Malerei. Über Farben, Pinsel und Flächen: Ein Blick in die Werkstätten der Maler. Mannheim: Mayers Lexikonverlag, 1994 ■ Künzel, E. & Klaucke, P.: Das alte Rom. Was ist was? Bd. 55. Nürnberg: Tessloff, 2000 ■ Fink, G.: Die alten Griechen. Was ist was? Bd. 64. Nürnberg: Tessloff, 2001 ■ Gilsenbach, R.: Die Bibel. Das alte Testament. Was ist was? Bd. 44. Nürnberg: Tessloff, 2000 ■ Scheffler, U. & Gotzen-Beek, B.: Herders Kinderbibel. Freiburg: Herder, 2001
Geschichten	■ Selbst erfundene Geschichten zur Olympiade und zur Demokratie ■ Mosesgeschichten: „Gott spricht zu Moses"
Gespräche	■ Griechenland ist ein Land in Europa: Wo finden wir es auf der Landkarte und dem Globus? ■ Bildmaterial über Griechenland besprechen ■ Erfahrungsaustausch über Griechenlanderlebnisse (Urlaub, Verwandtschaft …) ■ Der Glaube der Menschen im antiken Griechenland ■ „Wer ist Gott?" – „Die Schöpfung"
Gedicht	■ „In Griechenland wurden Gefäße bemalt, schwarz und rot ein jedes schön strahlt. In sie kamen Öl, Wasser und Wein, die wertvollen Dinge sollten gut aufbewahrt sein."
Rollenspiele	■ „Verkauf antiker Vasen" ■ „Götter im Olymp"
Schreiben	■ Wie die Kinder in der Antike Buchstaben und Wörter auf Tafeln schreiben

Tab. 7.3: Projektangebote – Antike: Die griechischen Vasen

Bücher	■ Thiel, H. P. & Seidel, I.: Wie entstand die Malerei. Über Farben, Pinsel und Flächen: Ein Blick in die Werkstätten der Maler. Mannheim: Mayers Lexikonverlag, 1994 ■ Bildband über Asien
Gespräche	■ Wo liegt China auf dem Globus? ■ Wie sehen Chinesen aus? Wodurch unterscheiden sie sich vom Europäer? ■ Reis, Hauptnahrungsmittel in China: Reis; Der Reisanbau ■ Esskultur in China ■ Die Chinesische Mauer ■ Was wir über Bambus wissen ■ Schriftzeichen und Chinesen beim Schreiben, Pinsel und Tusche ■ Von der Seidenraupe zum Seidenstoff, Magnolienblüte auf Seide gemalt ■ Rollenbilder
Gedicht	■ „Den Seidenfaden hat die Raupe gemacht, der gewebte Stoff ist eine Pracht. Auf Seide malten und schrieben die Chinesen, kannst du ihre Schriftzeichen lesen?"
Schreiben	■ Ein chinesisches Buch betrachten, um die Schriftzeichen zu erleben. Chinesische Schriftzeichen schreiben
Vergleich	■ Die gleiche Geschichte, einmal in Deutsch, einmal in Chinesisch geschrieben.

Tab. 7.4: Projektangebote – China: Mit Tusche auf Seide, chinesische Rollenbilder

Integrierte Bildungsbereiche und Projektangebote

Ästhetik, Kunst und Kultur
- **Steinzeit, China, Antike:** Vom Experimentieren bis zum sicheren Umgang mit Malgründen (z. B. Stein, Holz, Seide, Papyrus) und Farben aller Arten
- **Steinzeit:**
  - Herstellen von Farbpulver (mit Steinen Mineralien mahlen)
  - Malgrund „Stein" erleben und bearbeiten (Malen auf Dachziegel mit Kohle und Farbpulver, auf selbst gesammelten Kieselsteinen)
  - Begegnung mit den Kultur- und Lebensformen der Steinzeit (Wie sah der Alltag aus? Einen Tag wie die Steinzeitmenschen im Wald erleben)
- **China:** Erfahrungen mit Ton und Seide, vom sinnlichen Erfahren bis zum Modellieren bzw. zur Seidenmalerei
- **Antike:** Leben der Götter des Olymps

Werteorientierung und Religiosität
- **China:** Einblick in fremde Religionen
- **Antike:**
  - Ausgehend von der Götterwelt des antiken Griechenlands zum christlichen Glauben (Wir

haben nur einen Gott, was wissen wir von Gott?)
- Die Schöpfungsgeschichte (Geschichten, Lieder und Gebete)
- Moses – Gott spricht zu Moses (Herder, Kinderbibel)
- Bibel, Altes Testament, Thora
- „Die zehn Gebote" (Umsetzung in den Kindergartenalltag)

Naturwissenschaften und Technik
- **Steinzeit, China, Antike:**
  - Experimente mit Farben (z. B. Mischen von Farben)
- **Steinzeit:**
  - Eigenschaften des Feuers
  - Herstellung von steinzeitlichen Faustkeilen und Steinäxten
  - Bau einer „Mammutfalle" im Sandkasten
  - Nahrungskette: Was findest du zum Mittagessen im Wald? (z. B. Beeren, Pilze; giftige Pflanzen und Beeren)
- **China:**
  - Von der Seidenraupe zur Seidenherstellung
  - Funktion einer Nähmaschine beim Schneidern von Seidenduftsäckchen
  - Reisanbau in China

Mathematik
- **Antike:**
  - Zuordnung europäischer Münzen zu den Ländern (der griechische Euro und Münzen der Antike)
  - Münzen für den Kaufladen selbst herstellen (Reibetechnik)
  - Erstes Rechnen beim Kaufladen spielen
- Spiele mit der Rechenmaschine (chinesische Erfindung)

Medien
- **Steinzeit:** Videofilm „Ice Age"

Musik
- **China:** Meditation zu chinesischer Musik
- **Antike:** Kennenlernen alter Musikinstrumente Leier – Lyra

Bewegung
- **China:**
  - Partnerspiele mit Reifen
  - chinesisches Taxi (Rikscha)
  - Drachensteigen zum chinesischen Drachenfest
- **Antike:**
  - Kinderspiele der Antike (Jo-Jo, Murmeln, Wippe)
  - Olympiade wie im antiken Griechenland: Speer- und Diskuswerfen

Gesundheit
- **China:**
  - Gesundes Nahrungsmittel Reis
  - Fremde Esskulturen (chinesisches Essen mit Stäbchen)

Demokratie (Partizipation)
- **Antike:** Gelebte Demokratie nach dem Vorbild des antiken Griechenlands: Wie funktioniert Demokratie (Ursprung, Geschichten, Übungen), „Jede Stimme ist wichtig", Abstimmung aller Kinder: „Wir wollen in den Garten"

Kooperation und Vernetzung
- Einbeziehung der Eltern in das Projekt: z. B. Impulse und Materialsammlung durch Eltern, Multiplikatorenfunktion (Einbeziehung von Müttern in die Projektplanung)

- Kooperation mit Büchereien (Gemeindebücherei, Hochschule Benediktbeuern)
- Museumspädagogin des Freilichtmuseums Glentleiten
- Geschäfte (Künstlerbedarf): Bereitstellung von Materialien
- Sportverein: Ausleihen von Speer und Diskus

Mitwirkung der Kinder an der Projektdurchführung (Partizipation)

Jeden Morgen um 9 Uhr wurde das Freispiel für eine kurze Tagesbesprechung unterbrochen. Die Kinder wurden informiert, welche gemeinsamen Angebote an diesem Tag geplant sind, und erhielten Impulse für das Freispiel (z. B. Vorstellen neuer Bücher zum aktuellen Projektthema, Vorschlag, eine neue Maltechnik weiter auszuprobieren, Bereitstellen anderer Materialien mit Bezug zum Projekt). Es wurde überlegt, welche Angebote im Gruppenraum und welche bei schönem Wetter im Garten stattfinden. Durch gemeinsame Überlegungen und Abstimmung wurde ein Zeitplan für den Tag festgelegt. So wurden jeden Tag 2 Stunden für das Projekt (Angebote für Freispiel, gemeinsame Arbeit) in den Tagesablauf eingebaut.

An den Angeboten nahmen stets alle Kinder interessiert teil, auch im Garten gab es keine Konzentrationsprobleme. Alle Kinder waren stets ihrem Alter und ihren Fähigkeiten nach in das Angebot einbezogen. Die 2- und 3-Jährigen durften sich, wenn für sie das Angebot zu lang war, leise entfernen und etwas anderes spielen (wurde mit allen Kindern grundsätzlich besprochen), doch dies trat fast nie ein. Alle Kinder brachten sich mit viel Freude in das Projekt ein. Jedes Kind fand – auch in diesem fremd anmutenden Thema – seinen Lieblingsbereich unter den Themenschwerpunkten wieder. Im Rahmen der Freispielaktivitäten beschäftigten sich die einen intensiv mit den neuen Buchangeboten und stellten an die Erwachsenen Fragen über Fragen, die natürlich beantwortet wurden. Andere spielten die gewohnten Rollenspiele in antik-griechisch anmutenden Gewändern (Tücher und Schmuck) und verkauften ihre selbst bemalten Vasen. Einige beschäftigten sich intensiv mit dem Speer- und Diskuswerfen, bis es endlich einige Meter weit gelang. Wieder andere erfanden Tanzfiguren zur Carmina Burana. Sie malten mit dem neuen Material oder probierten, chinesische oder ägyptische Schriftzeichen nachzuschreiben. Natürlich wurde auch das Wurzeln des Papyrus genau beobachtet. Im Sandkasten wurde eine Mammutfallgrube mit Spießen nachgebaut.

Am Ende des Tages gab es ein Reflexionsgespräch, bei dem jedes Kind von seinen Tageserlebnissen berichtete. Oft wurden schon Pläne für den nächsten Tag geschmiedet oder es entwickelten sich neue Gesprächsanlässe, sodass die Kinder ihren Eltern beim Abholen von ihren vielen neuen Erlebnissen und Erfahrungen rege berichteten.

Dokumentation und Reflexion

Die Projektarbeit wurde durch Bildmaterial und Übersichtspläne in allen Schritten stets dokumentiert.

Am Ende des Projekts stellte sich in Gesprächen mit den Kindern heraus, dass sie mit ihrem neu erworbenen Wissen und ihren neuen Fähigkeiten sicher umgingen. Der neu erworbene Wortschatz wurde von allen selbstverständlich benutzt. Das Interesse aller Kinder für die Wurzeln unserer Kultur in Form von Kunst, Geschichte und Religion war während des gesamten Projekts erstaunlich hoch. Im intensiven Umgang mit vielfältiger Literatur entwickelten sich immer neue Fragestellungen der Kinder und daraus neue Themenbereiche, die das Projekt bereicherten und in viele unerwartete Bahnen lenkten. Die Faszination der Kinder über die verschiedenen Zeitepochen hat dazu geführt, dieses Projekt in der Weise fortzusetzen, dass nun der Schwerpunkt auf den Bereich „Mathematik" gelegt wird. Sie spüren nun den Fragen nach, auf welche Ursprünge die Zahlen, die verschiedenen Längenmaße und andere Phänomene der Mathematik zurückgehen.

Verwendete Literatur

- Ulich, M. (2004). Lust auf Sprache. Sprachliche Bildung und Deutsch lernen in Kindertageseinrichtungen. Videokassette mit Arbeitsheft. Freiburg: Herder. Bestellbar unter: kundenservice@herder.de
- Ulich, M. (2004). Elternbrief „Wie lernt mein Kind 2 Sprachen, Deutsch und die Familiensprache?" München: Staatsinstitut für Frühpädagogik. www.ifp-bayern.de
- Ulich, M. & Mayr, T. (2003). Beobachtungsbogen Sismik: Sprachverhalten und Interesse an Sprache bei Migrantenkindern in Kindertageseinrichtungen. 10 Bögen mit Begleitheft. Freiburg: Herder.
- Ulich, M., Oberhuemer, P. & Soltendieck, M. (2005). Die Welt trifft sich im Kindergarten. Interkulturelle Arbeit und Sprachförderung (2. neu bearb. Aufl.). Weinheim: Beltz.

7.4 Informations- und Kommunikationstechnik, Medien

Leitgedanken

In der modernen Gesellschaft sind Informations- und Kommunikationstechnik (IuK) und Medien maßgebliche Faktoren des öffentlichen, politischen, kulturellen, wirtschaftlichen und beruflichen Lebens. Sie sind dementsprechend alltäglicher Bestandteil der individuellen Lebensführung.

IuK-Geräte zeichnen sich dadurch aus, dass sie durch Eingabegeräte (Rezeptoren, Sensoren) Information aufnehmen (z. B. Scanner der Supermarktkasse, Lichtschranke im Parkhaus), diese in einer Zentraleinheit weiterverarbeiten und an ein Ausgabegerät ausgeben. Elektronische Medien (z. B. Computer) funktionieren nach demselben Prinzip wie IuK; nur sind deren ausgegebene Signale ungleich komplexer und haben im Grunde nur den Sinn, vom Menschen wahrgenommen und weiterverarbeitet zu werden. Je nachdem, welche Rolle der Mensch bei der Weiterverarbeitung der vom technischen System erzeugten Signale spielt, liegt in dem Ausdruck „Informations- und Kommunikationstechnik" der Akzent entweder mehr auf Information oder mehr auf Kommunikation.

Das Spektrum der Medien ist breit. Materiell wird unterschieden zwischen Druckmedien (z. B. Bücher, Zeitungen, Zeitschriften, Broschüren) und technischen Medien (z. B. Computer, Video, Fernsehen, Hörmedien, Fotoapparat). In Abgrenzung zu „Sprache und Literacy" (➞ Kap. 7.3) konzentriert sich dieses Kapitel auf die technischen bzw. informationstechnischen oder elektronischen Medien. Mit Blick auf die jeweils angesprochenen Sinne wird nach auditiven Medien (Tonmedien, z. B. Radio, Kassettenrekorder, CD-Spieler), visuellen Medien (Bildmedien wie z. B. Fotos, Dias; Druckmedien) und audiovisuellen Medien (Bild-Ton-Medien, z. B. Fernsehen, Video, Computer) unterschieden. Es gibt aber auch haptische Medien wie z. B. die Brailleschrift, die durch den Tastsinn Information übermittelt. Medienkonvergenz bezeichnet die zunehmende Verbindung und Vernetzung der Medien auf technischer Ebene (z. B. Radiohören und Fernsehen im Internet, Bearbeiten digitaler Fotos im PC) bzw. auf inhaltlicher Ebene, was auch kommerzielle Gründe hat (z. B. Kinderbuch, das es auch als Film und PC-Spiel gibt). Medienkonvergenz löst den Begriff Multimedia zunehmend ab.

Kinder kommen von klein auf mit IuK und mit Medien in Berührung, in ihren sozialen Lebensräumen und in unterschiedlichen inhaltlichen und kommunikativen Kontexten. Sie haben zugleich ein hohes Interesse daran.

Medienkompetenz ist heute unabdingbar, um am politischen, kulturellen und sozialen Leben in der Informationsgesellschaft zu partizipieren und es souverän und aktiv mitzugestalten. Medienkompetenz bedeutet bewussten, kritisch-reflexiven, sachgerechten, selbstbestimmten und verantwortlichen Umgang mit Medien.

Alle Medien beinhalten Chancen und Risiken. Es gibt nicht die „guten" und die „schlechten" Medien. Alle Medien bergen Potentiale, die eine souveräne Lebensführung unterstützen, aber auch behindern können. Die gedruckte Information ist nicht per se seriöser als die in Bild und Ton präsentierte, der Umgang mit Computer und Internet ist nicht per se bildender als der mit dem Fernsehen. Es kommt jeweils darauf an, welche Angebote Kinder wählen und welche Optionen sie realisieren. Eine stark medienlastige Kindheit birgt Gefahren und Risiken, wenn Medien z. B. das vorwiegende Betätigungsfeld sind oder von erwachsenen Bezugspersonen als Ersatz für Spiel oder Zuwendung eingesetzt werden.

Der Umgang mit Medien hängt von persönlichen und sozialen Faktoren ab. Alter, Geschlecht, sozialer und kultureller Hintergrund beeinflussen die Vorlieben für mediale Inhalte und Tätigkeiten, die Interessen, die an Medien herangetragen werden, und die Möglichkeiten, sich die Medien selbstbestimmt und aktiv zunutze zu machen. Insbesondere beeinflusst die soziale Herkunft die Chancen und Risiken, die Kindern aus den Medien erwachsen. Die Risiken häufen sich vor allem in sozial benachteiligten Familien.

Mit der Stärkung der Medienkompetenz ist bereits in früher Kindheit zu beginnen. Die pädagogische Befassung mit Medien erstreckt sich prinzipiell auf

Was können Kinder in welchem Alter mit Medien machen?

Medien	1./2. Lebensjahr	3./4. Lebensjahr	5./6. Lebensjahr	7./8. Lebensjahr
Auditiv Hör-/Musikkassetten				
Visuell Bilderbuch, Comic ...				
Foto				
Audiovisuell Fernsehen, Video, DVD ...				
Interaktiv elektron. Spielgeräte				
Computeranwendungen				
Internet				
Medienkonvergenz				

Aufmerksamkeit/Wahrnehmung: Kurzzeitige, auch zufällige Konzentration auf das Medium und primär emotionale Reaktion auf Bilder und Töne

Wünsche/Vorlieben: Bewusste, mit bestimmten Erwartungen verbundene Zuwendung zu dem Medium

Eingeschränkt eigenständiger Umgang: Unter der Voraussetzung altersadäquater Rahmenbedingungen selbstständige Auswahl und Bedienung des Mediums

Eigenständiger Umgang: Selbstbestimmte Auswahl und Handhabung des Mediums mit bewusster Konzentration auf bestimmte Medieninhalte und -tätigkeiten

Aktives Arbeiten mit Medien:
Eigenständige und produktive Nutzung des Mediums als Ausdrucksmittel in inhaltlicher und technischer Hinsicht

Abb. 7.5: Mediennutzung von Kindern. Das Schaubild wurde vom Institut für Medienpädagogik in Forschung und Praxis (JFF) München erstellt. Es basiert auf einer Zusammenschau der Befunde vieler empirischer Studien zur Mediennutzung in der Kindheit, die in den letzten 10 bis 12 Jahren hierzu in Deutschland bundesweit durchgeführt worden sind. Die Konzentration liegt auf technischen Medien, die auditive bzw. visuelle Elemente integrieren bzw. Kommunikation und Interaktivität ermöglichen.

alle Medien und hat entsprechend dem jeweiligen Entwicklungsstand unterschiedliche Schwerpunkte. Bis zum Alter von acht Jahren entdecken Kinder sukzessive einen großen Teil des Medienensembles und ergreifen davon Besitz. Von der sporadischen Aufmerksamkeit für mediale Reizquellen über die Wahrnehmung einzelner Medienangebote und erste Wünsche, sich mit ihnen zu beschäftigen, weiter über die Ausprägung klarer Vorlieben für Inhalte und mediale Tätigkeiten bis hin zum eigenständigen und selbsttätigen Umgang verläuft die Entwicklungslinie.

Medienbildung und -erziehung zielt darauf ab, den Risiken entgegenzuwirken, die Orientierungskompetenz zu stärken, die positiven Potentiale nutzbar zu machen sowie der Ungleichverteilung von medienbezogenen Chancen und Risiken entgegenzuwirken. Die Stärkung von Medienkompetenz geschieht im Wechselspiel von gezielter Unterstützung und selbsttätiger Kompetenzerweiterung. IuK-Medien sind eine Bereicherung der Lernumgebung der Kinder, sie treiben ihre Entwicklung nachhaltig voran. Die Kinder kommen mehr ins Gespräch, ihre Lerngewinne sind hoch.

Erste Anhaltspunkte für die medienpädagogische Arbeit mit Kindern gibt Abb. 7.5. Sie zeigt, was Kinder generell in welchem Alter in Bezug auf Medien wahrnehmen und was sie mit Medien machen können. Darüber hinaus sind die Beobachtung der Kinder und der Dialog mit ihnen über ihre Medienerfahrungen in der Einrichtung wesentlich.

Bildungs- und Erziehungsziele

Im Verlauf seines Heranwachsens lernt das Kind, die Medien und Techniken gesellschaftlicher Kommunikation zu begreifen und zu handhaben, sie selbstbestimmt und kreativ zu gestalten, sie als Mittel kommunikativen Handelns zu nutzen und sie kritisch, in sozialer und ethischer Verantwortung zu reflektieren. Der Erwerb von Medienkompetenz umfasst insbesondere folgende Bereiche:

Sich durch Medien und IuK bilden (Medien als primär informelle Orientierungs-, Wissens- und Kompetenzquellen)

- Medienerlebnisse emotional und verbal verarbeiten (z. B. Relativierung, Distanzierung)
- Wissen über Funktionsweisen zur selbstständigen Mediennutzung erlangen (z. B. Sender auswählen, Software starten)
- Mit Medien bewusst und kontrolliert umgehen und Alternativen zur Mediennutzung kennen lernen (z. B. Mediennutzung zeitlich limitieren, in viele Freizeitaktivitäten einbetten, Risiken und Gefährdungen des Mediengebrauchs in Grundzügen erfassen)
- IuK-Geräte im Lebensalltag entdecken und deren Verwendungs- und Funktionsweisen erfahren (z. B. auch Fußgängerampel, Haushaltsgeräte, Strichcodescanner, Geldautomaten, ferngesteuertes Auto, programmierbares Spielzeug)

- Verständnis der Medien erweitern (z. B. Wissen über Medienformate und Mediengenres)
- Medienbotschaften und -tätigkeiten durchschauen und kritisch reflektieren (z. B. Trennen von Realität, Fiktion und Virtualität, Erkennen von Absichten der Werbung, Reflektieren der Bedeutung von Rollenklischees)
- Hochwertige Medienangebote (z. B. gute Filme, Computerprogramme) kennen lernen und dabei Wert- und Qualitätsbewusstsein entwickeln.

Sich über Medien bzw. IuK bilden (Medien als eigenständiger Bildungsinhalt)

- Medientechnik verstehen (z. B. wissen, wie bewegte Bilder entstehen, wie Fernsehbilder zustande kommen und verbreitet werden)
- Mediensysteme kennen (z. B. öffentlich-rechtlichen und kommerziellen Rundfunk unterscheiden)
- Medienverbünde und Verzahnung von Medien und Merchandising kritisch reflektieren und durchschauen (z. B. Konsumzwang erkennen und bewerten, wenn z. B. Kinderbücher oder Fernsehserien in Videofilmen und Computerspielen sowie Medienmarken und ihre Figuren als Spielzeug oder T-Shirts vermarktet werden).

Sich mit Medien bzw. IuK bilden (Medien als Mittel der Bildung und der kulturellen Mitgestaltung, als gezielt eingesetzte Lernwerkzeuge)

- Medienbezogene Fähigkeiten erwerben (z. B. Computerfunktionen nutzen können)
- Wissen gezielt medienbasiert erweitern (z. B. Lernen mit Computer-Software, Internet als Rechercheinstrument nutzen)
- Medien als Gestaltungs- und Ausdrucksmittel nutzen (z. B. Arbeiten mit Kreativ- und Textprogrammen)
- Medien als Kommunikations- und Interaktionsmittel nutzen (z. B. Interviews durchführen, sich mit anderen über das Internet austauschen)
- Medien aktiv produzieren (z. B. Bilder-, Fotogeschichten, Hörspiele, einfache Videofilme).

Anregungen und Beispiele zur Umsetzung

GRUNDLAGEN

Bedeutung des Bereichs im pädagogischen Alltag

Kinder bei der Entwicklung von Medienkompetenz zu unterstützen ist eine eigenständige Bildungs- und Querschnittsaufgabe, die in allen Bildungs- und

Erziehungsbereichen dieses Plans bedeutsam ist und Beachtung findet. Dass die Kinder Zugang zu IuK-Geräten haben und diese aktiv nutzen, gehört zu einer optimalen Umsetzung dieses Bildungs- und Erziehungsbereichs. Allgemein gilt jedoch, dass Medienerziehung nicht unbedingt auch eine bestimmte Ausstattung mit Medien voraussetzt. Was die Medienausstattung betrifft, sind Kindertageseinrichtungen in der Regel auf Unterstützung – vor allem auf lokaler Ebene – angewiesen. Neben verschiedenen Möglichkeiten der Medienausleihe gewinnen Spenden und Sponsoring durch eine enge Zusammenarbeit mit der regionalen und überregionalen Wirtschaft zunehmend an Bedeutung. Bei diesem Bildungsbereich kommt der Gemeinwesenorientierung (➔ Gemeinwesenorientierung – Kooperation mit fachkundigen Stellen) eine herausragende Bedeutung zu. Unter pädagogischen Gesichtspunkten ist zu beurteilen, was ggf. Spielgeräte leisten können. Viele der nachstehenden Ausführungen treffen ebenso auf die Arbeit mit herkömmlichen technischen Medien zu, die vielerorts inzwischen selbstverständlich ist (z. B. Arbeit mit einem Daumenkino, um die Entstehung bewegter Bilder zu veranschaulichen; Verwendung alltäglicher Gegenstände als Geräuschquellen, um den Hörsinn zu schulen).

Querverbindungen zu anderen Bereichen

Die Druck- und Hörmedien spielen eine zentrale Rolle im Rahmen der Bildungs- und Erziehungsbereiche Sprache und Literacy (➔ Kap. 7.3) sowie Musik (➔ Kap. 7.9). Jedwede Medien, die bestimmte Sachthemen behandeln (z. B. Kinderbücher, Kinderfilme, Computer-Lernprogramme), können in allen anderen Bildungs- und Erziehungsbereichen zum Einsatz kommen. Medienpädagogische Bildungsarbeit spricht regelmäßig viele weitere Kompetenz- sowie Bildungs- und Erziehungsbereiche zugleich an, so insbesondere:

- Lernmethodische Kompetenz (➔ Kap. 5.9): z. B. Mediennutzung für Informationsbeschaffung
- Emotionalität, soziale Beziehungen und Konflikte (➔ Kap. 7.2): z. B. Mediennutzung gemeinsam mit anderen Kindern
- Sprache und Literacy (➔ Kap. 7.3): z. B. Medien als Kommunikationsmittel, über Medien reden
- Mathematik (➔ Kap. 7.5): z. B. Fragen rund um das Thema Zeit für PC-Nutzung, TV-Sendungen, Videoaufzeichnungen
- Naturwissenschaften und Technik (➔ Kap. 7.6): z. B. Umgang mit Medientechnik, Töne erzeugen
- Ästhetik, Kunst und Kultur (➔ Kap. 7.8): z. B. Ausdrucksmöglichkeiten durch Medien, Fotogeschichten
- Bewegung, Rhythmik, Tanz und Sport (➔ Kap. 7.10): z. B. aktive Medienarbeit
- Mitwirkung der Kinder am Bildungs- und Einrichtungsgeschehen (Partizipation) (➔ Kap. 8.1): z. B. Aufstellen von Nutzungsregeln, Beteiligung an der Planung und Gestaltung von Medienprojekten.

Pädagogische Leitlinien

Ausgangspunkt der medienpädagogischen Arbeit in Kindertageseinrichtungen sind die Medienerfahrungen der Kinder und einschlägige Beobachtungen des pädagogischen Personals.

Lebensweltorientierter Einbezug aller Medien in die gesamte pädagogische Arbeit

Medien und IuK-Geräte sind in die Spiel- und Lernumwelt der Kinder einzubeziehen und in die pädagogische Arbeit insgesamt zu integrieren. Beim Einsatz von Medienmaterialien wird auf den Alltagsbezug geachtet, Medienaktivitäten werden mit der Lebenswelt der Kinder verknüpft. Kinder verstehen die Bedeutung von IuK-Geräten am besten, wenn sie sie als nützliches Werkzeug in Alltagshandlungen erfahren; dies kann beispielsweise auch durch den Besuch von Eltern am Arbeitsplatz geschehen. Einbeziehen in die Lernumwelt der Kinder heißt auch, dass echte IuK-Geräte oder Spielgeräte in entsprechende Symbol- oder Rollenspiele Eingang finden. Es ist sinnvoll, den Zugang zum Computer oder zu anderen IuK-Geräten über inhaltliche Bezüge zu regeln, um deren Werkzeugcharakter herauszustellen; die Kinder sind an der Aufstellung von Zugangsregeln zu beteiligen.

Ziel- und Handlungsorientierung, Ganzheitlichkeit und Kontinuität

Grundsätzlich eignen sich alle IuK-Geräte für die elementarpädagogische Arbeit unter der Voraussetzung, dass mit ihrem Einsatz medienpädagogisch begründete Bildungsziele verfolgt werden. Es empfiehlt sich, an deren Aufstellung auch die Kinder zu beteiligen. Für Kinder hilfreich sind handlungsorientierte Vorgehensweisen, die ihren Entwicklungsstand berücksichtigen und ganzheitliches Lernen im Blick haben. Daher sind Sinneswahrnehmung, Bewegung, Spiel und sozialer Austausch zentrale Elemente auch in der medienpädagogischen Arbeit mit jungen Kindern. Medienarbeit findet kontinuierlich statt; dazu gehören auch themenbezogene Projekte, die ihren thematischen Aufhänger auf Medien legen.

Der entwicklungsgemäße Medien- und IuK-Einsatz unterstützt das zielgerichtete und entdeckende Spiel. Gelernt werden beim Umgang mit Medien und IuK nicht nur spezifische Fertigkeiten der technischen Handhabung. Er unterstützt zugleich die Entwicklung einer Reihe von Basiskompetenzen (z. B. Kreativität, Diskussionsfähigkeit, Problemlösefähigkeit, kontrolliertes Eingehen von Risiken, flexibles Denken, lernmethodische Kompetenz). Daneben kann durch den pädagogisch begleiteten Mediengebrauch auch gezielt Wissen erworben werden (z. B. Einsatz entwicklungsangemessener Lernprogramme zur Sprachförderung, zum Verständnis elementarer Mathematik, zum Erwerb von Sachwissen). IuK-Geräte eignen sich als Lernmittel im Elementarbereich auch deswegen so gut, weil sie die Lernmotivation der Kinder positiv beeinflussen. Das große Interesse, das Kinder am Umgang mit IuK zeigen, ist eine Chance, die es zu nutzen gilt. Wenn Kinder lernen, IuK-Geräte (z. B. Fußgängerampel, Kassettenrekorder, ferngesteuertes Auto) und einfache Computerprogramme und -spiele selbstständig zu bedienen und für eigene Zwecke einzusetzen, dann machen sie Erfahrungen von Selbstwirksamkeit, üben Kontrolle aus und erleben sich als kompetent. Sie erfahren, wozu man Medien bzw. IuK gebrauchen kann (z. B. zum Lernen, für das Beschaffen von Information, zur Kommunikation, zur Unterhaltung, zur Befriedigung persönlicher Bedürfnisse nach Orientierung, Identifikation und Vorbildern). Durch pädagogische Begleitung können sie sich über Sinn und Zweck ihres Mediengebrauchs bewusst werden und dadurch lernen, innerlich Abstand zu gewinnen. Die Fähigkeit zur Distanzierung und die Erfahrung, den eigenen Mediengebrauch selbst zu kontrollieren, wirken der häufig anzutreffenden Sorge entgegen, dass sich beim Mediengebrauch eine unkontrollierte, passive Konsumhaltung einstellt.

Kommunikation und Kooperation, Moderierung und Beobachtung

Dies sind zentrale Aspekte des Umgangs der Kinder mit elektronischen Medien und IuK-Geräten in Tageseinrichtungen. Der angemessene Umgang mit diesen Medien ist gezielt zu moderieren bzw. aus Sicht der Kinder zu lernen. Wesentlich ist, dass sich Kinder in der Regel nicht allein, sondern gemeinsam mit anderen Kindern und pädagogisch unterstützt von einem Erwachsenen mit elektronischen Medien bzw. IuK beschäftigen. Dies ermöglicht Gespräche zwischen pädagogischen Fachkräften und Kindern und zwischen den Kindern über den richtigen und sinnvollen Gebrauch dieser Geräte. Die Kinder finden z. B. gemeinsam Antworten auf Fragen, treffen in offenen Situationen gemeinsam Entscheidungen, zeigen und helfen sich gegenseitig, wie etwas funktioniert, oder berichten anderen über ihre Entdeckungen zu einem bestimmten Thema. Die gemeinsame Mediennutzung stärkt zugleich ihre soziale Kompetenz und ihre Fähigkeit und Bereitschaft zur Verantwortungsübernahme und demokratischen Teilhabe. Ob die verwendete Technik und die eingesetzten Programme den Bedürfnissen der Kinder entsprechen, bedarf der regelmäßigen Beobachtung und Reflexion. Ob eine Technikanwendung dem Alter, der Persönlichkeit und der kulturellen Herkunft eines Kindes angemessen ist und ob die Umsetzung eines Ziels geschlechtsneutral oder -spezifisch zu erfolgen hat, kann nur aus der jeweiligen Situation heraus beurteilt werden. Wenn die Medienprodukte der Kinder im Gruppenraum oder in der Einrichtung für alle Beteiligten gut sichtbar ausgestellt werden, dann stärkt dies das Selbstvertrauen der Kinder.

Formen der Medienarbeit mit Kindern

Medienbildung unterstützt und stärkt zugleich Kreativität, Kommunikationsfähigkeit, kognitive Kompetenzen und die technischen Fertigkeiten des Kindes. Diese kommen in unterschiedlichem Maß zur Geltung, je nachdem welche Form der Medienbildung betrieben wird. Reproduktive Medienarbeit hat primär die Aufarbeitung von Medienerfahrungen, die Kinder außerhalb der Kindertageseinrichtung machen, zum Ziel. Rezeptive Medienarbeit beschäftigt sich mit den Medienerfahrungen, die die Kinder in der Einrichtung mit fertigen Medienprodukten machen (z. B. Bilderbuchgeschichten, Hörspiele, Videofilme, Computerspiele). In der aktiven Medienarbeit können die Kinder Medien selbst produzieren, sich selbst einbringen und mittels Medien kommunizieren. Sie ermöglicht Kindern, sich vom Konsumenten zum Produzenten hin zu entwickeln. Bereits kleinen Kindern ist es möglich, dass sie mit Unterstützung der Erwachsenen Bilderbücher, Fotos, Interviews, Hörspiele oder auch kurze Filme produzieren. Hierbei können sie zugleich erste Erfahrungen mit dem Verbinden von Medien machen, z. B. Texte mit Digitalfotos kombinieren, Videofilme mit Musik unterlegen, mit Malprogrammen vorgefertigte Bilder mit dem Pinsel oder Stift fertig stellen.

Überschaubarkeit der Medientechnik

Einsatz bzw. Bedienung und Anwendung der Technik sollen übersichtlich und aus sich selbst heraus verständlich sein. So wird es z. B. für Kinder unmittelbar einsichtig, wie die Bilder einer Digitalkamera in den Computer kommen, wenn nach dem Druck auf den Auslöser eine Diskette aus der Kamera herausgenommen und in den Computer gesteckt wird, auf dessen Bildschirm dann die Bilder per Doppelklick sofort angeschaut werden können; leicht für Kinder zu verstehen ist auch das Verschieben von Dateien per Mausklick („drag & drop").

Schutz- und Sicherheitsaspekte

Diese sind beim Einsatz von IuK-Geräten zu beachten (z. B. PC-Nutzungszeit am Stück). Bei der Auswahl der Medieninhalte ist generell darauf zu achten, dass sie gewaltfrei sind und keine Vorurteile bekräftigen. Seit dem 01.04.2003 gilt das neue Jugendschutzgesetz (JuSchG). Beim Einkauf und Einsatz von Videofilmen und Computerspielen ist deshalb darauf zu achten, dass sie nach § 14 JuSchG eine Alterskennzeichnung haben, sofern sie nicht als Informations- oder Lehrprogramm gekennzeichnet sind. Für den Zugang zum Internet kann aus Gründen des Jugendschutzes lizenzierte Filtersoftware verwendet werden.

Medienarbeit mit Kindern unter 3 Jahren

Angesichts der zentralen Bedeutung des kommunikativen Austausches konzentriert sich die medienpädagogische Arbeit in Tageseinrichtungen auf die älteren Kinder. In Ansätzen möglich ist sie aber auch mit jüngeren Kindern, z. B. im Rahmen altersübergreifender Lernangebote. Bereits Kinder unter drei Jahren interessieren sich für alle Formen der Medien. Sie wollen sich mit ihnen beschäftigen und ausprobieren, was man damit machen kann. Kinder davon abzuhalten ist wenig sinnvoll. Stattdessen lässt sich ihre Aufmerksamkeit auf IuK-Geräte in ihrer Lebenswelt richten: im Haushalt (z. B. Telefon/Mobiltelefon, Fernseher, Radio, Kühlschrank, Geschirrspülmaschine, Mikrowellenherd), in der näheren Umgebung (z. B. Straßenlampen, Geldautomaten, Strichcodescanner im Supermarkt) und in der Tageseinrichtung (z. B. Kassettenrekorder, CD-Spieler, Video, Fernseher, Computer). Darüber hinaus können sie einfache Handlungen an diesen Geräten vornehmen. Sie machen erste Kontrollerfahrungen, indem sie z. B. Geräte ein- und ausschalten, auf Knöpfe drücken und sehen, was passiert, oder die Hand auf berührungsempfindliche Bildschirmoberflächen legen. Wichtig ist, dass Kinder bereits in frühester Kindheit vielfältige Alternativen zur Beschäftigung mit Medien kennen lernen, wie etwa Naturerfahrungen und Bewegungsspiele im Freien. Ferner ist ihre Sensibilität für Überforderung und Überreizung bei der Nutzung von Medien zu wecken – auch im Sinne der Suchtprävention.

Geeignete Lernumgebung

Computer (insbesondere Laptop), Internetanschluss, Digital- und Videokamera und Fernseher erweisen sich aufgrund ihrer vielfältigen Einsatzmöglichkeiten nicht nur für die Kinder, sondern vor allem auch für das pädagogische Personal zunehmend als wertvolle, überaus nützliche Arbeitsmittel. Sie sind vor allem bedeutsam für das Sichtbarmachen der Lernaktivitäten in Projekten und anderen Lernangeboten durch Fotografieren und Filmen für die Kinder, aber auch für die Eltern, für die Gestaltung von Elternabenden (z. B. Videofilmvorführung oder Powerpointpräsentation der pädagogischen Arbeit) und für die Beobachtung der Lern- und Entwicklungsprozesse der Kinder (z. B. Beobachtungsnotizen im Gruppenraum direkt in den Laptop eingeben, Lernaktivitäten einzelner Kinder auf Video aufnehmen, videografierte Gruppenprozesse oder Kinderkonferenzen im Team analysieren). Durch EDV und Internet kann die Verwaltungs-, Konzeptions- und Öffentlichkeitsarbeit der Tageseinrichtung stark unterstützt werden (z. B. Verarbeitung der Kinder-, Familien-, Personal- und Einrichtungsdaten, regelmäßige Elterninformation durch Rundbriefe, Entwicklung und Fortschreibung der Konzeption, Internetauftritt). Das Internet ist zudem eine wichtige Quelle für aktuelle Fachinformationen (z. B. www.kindergartenpaedagogik.de; www.kindertagesbetreuung.de; www.ifp-bayern.de/Bildungsplan; www.stmas-bayern.de/Kinderbetreuung).

Die Atmosphäre

Dem notwendigen Erwerb von Medienkompetenz wird am besten gedient in einer Atmosphäre, die allen Medien gegenüber offen ist und in der die Kinder unterschiedliche Medien ausprobieren und mit ihnen etwas gestalten können. Dies bedeutet, davon abzusehen, Medien in „gute" und „schlechte" einzuteilen und die vermeintlich schlechten Medien Kindern vorzuenthalten (z. B. Computerspiele, Fernsehen, Comics). Kinder beim Hineinwachsen in die Medienwelt fachkompetent zu unterstützen, setzt auf Seiten des pädagogischen Personals die Bereitschaft und vielleicht auch den Mut voraus, eingefahrene Wege zu verlassen und sich auf neues, auch für die pädagogischen Fachkräfte mit Lernen verbundenes Terrain zu begeben. Kinder brauchen Erwachsene, die die Mediennutzung der Kinder nicht kritisch kommentieren, sondern im steten Dialog mit ihnen ergründen, was Kinder daran so sehr fasziniert und was sie damit zum Ausdruck bringen wollen.

Enge Zusammenarbeit mit den Familien

Kinder nutzen Medien (z. B. Fernsehen, tragbare oder ans Fernsehgerät anschließbare Videokonsolen, Computerspiele) und IuK zuerst und vor allem im Elternhaus. Die Zusammenarbeit mit den Eltern in Fragen der Medienbildung und -erziehung ist daher dringend geboten. Wichtig ist ein akzeptierendes und unvoreingenommenes Gesprächsklima, das von Bewertungen absieht. Bildungs- und Erziehungspartnerschaft mit den Eltern kann auch dazu führen, dass diese eigene Ressourcen in die medienpädagogische Arbeit der Tageseinrichtung einbringen, aus denen das Einrichtungsteam vielfach Nutzen ziehen kann (z. B. informationstechnisches Fachwissen, technische Fertigkeiten, finanzielle Mittel, Vermittlung von Kontakten, Medienausleihe). Für den medienpädagogischen Austausch mit Eltern sind für Kindertageseinrichtungen viele hilfreiche Materialien und Projekte sowie Elternbroschüren entwickelt worden. Herausgeber vieler dieser Materialien ist die Aktion Jugendschutz (aj), Landesarbeitsstelle Bayern e. V., München (www.bayern.jugendschutz.de), aber auch das Institut für Medienpädagogik in Forschung und Praxis (JFF) in München und die Bayerische Landeszentrale für neue Medien (BLM). Diese Materialien werden nachstehend im Rahmen der Aktivitäten sowie im Internet (www.ifp-bayern.de/Bildungsplan) unter den weiterführenden Literaturangaben zu diesem Plan genannt. Tageseinrichtungen können Eltern auch auf das Projekt „Elterntalk" (www.elterntalk.net) aufmerksam machen. In diesem Projekt der aj Bayern sollen sich Eltern in ihrer gewohnten Umgebung „auf Augenhöhe" mit anderen Eltern über ihre Erfahrungen austauschen. Sie treffen sich in privat gestalteten Gesprächsrunden und besprechen Lösungswege für den Umgang mit Medien in der Familie.

Gemeinwesenorientierung – Kooperation mit fachkundigen Stellen

Im Sinne der Gemeinwesenorientierung kann durch IuK die Information der Elternöffentlichkeit über Profil und Leistungsangebot der Tageseinrichtung erheblich verbessert werden, sei es über die Homepage im Internet oder offline auf Bildträgern. Heute ist jede Tageseinrichtung mit der Frage konfrontiert, ob sie sich als Einrichtung im Internet präsentiert. Da ein professionell gestalteter Internetauftritt teuer ist, steht das Personal vor der Herausforderung, selbst ein Konzept für eine individuelle Homepage zu entwickeln und zu realisieren. Vor dem Hintergrund, dass heute Erzieherinnen mehr denn je gefordert sind, ihre eigene pädagogische Arbeit und ihre Konzeption der Öffentlichkeit vorzustellen (z. B. Elternabende, Elternbriefe, Gemeinderatssitzung), ist die Homepagegestaltung hierfür ein guter Einstieg. Wichtig ist, die eigene Arbeit für Außenstehende interessant und nachvollziehbar darzustellen: Welche Bestandteile unserer Konzeption wollen wir in die Homepage aufnehmen? Wie wollen wir uns optisch und grafisch präsentieren?

Unterstützung in diesem Bildungsbereich erfahren Kindertageseinrichtungen durch eine enge Kooperation mit medienpädagogischen Fachdiensten auf lokaler, aber auch auf regionaler und überregionaler Ebene. Wichtige Kooperationspartner sind die Stadt- und Kreisbildstellen, die kirchlichen Medienstellen und die kommunalen Bibliotheken, die auch Mediotheken sind, sowie einschlägige Einrichtungen und Angebote der Kinder- und Jugendarbeit bzw. des Kinder- und Jugendschutzes (z. B. Medienstellen bzw. Medienzentren,

Aktion Jugendschutz Landesarbeitsstelle) und die zahlreichen Fachinstitutionen, die Empfehlungen für bestimmte Medienarten herausgeben. Lokale Medienfachdienste können für zahlreiche Dienstleistungen herangezogen werden, so insbesondere für die Ausleihe von Mediengeräten aller Art, von Videofilmen, Hörkassetten, Computerspielen; die Benutzung eines Videoschnittplatzes; Empfehlungen für Kindermedien; medienpädagogische Fortbildung (z. B. auch Teamschulungen); Beratung und Unterstützung bei der Planung und Durchführung medienpädagogischer Projekte mit Kindern; die Gewinnung von Referenten für Elternabende, -gesprächskreise; Kinderkino. Für PC-Teamschulungen können auch lokale Computerschulen von Interesse sein. Weitere Kooperationspartner für die Medienarbeit mit Kindern können lokale Kinos und Rundfunksender, Filmemacher, Filmschauspieler und andere Medienschaffende, aber auch Computerfirmen sein. Kinder profitieren viel vom Besuch solcher Stellen oder deren Einbezug in Projekte.

Ferner ist der Kontakt z. B. zu lokalen Firmen, Sparkassen, Banken bzw. zu Spendern und Sponsoren bedeutsam für die Verbesserung der Medienausstattung in Kindertageseinrichtungen, aber auch für Fragen der Wartung und Unterstützung bei technischen Problemen. Für solche Initiativen zum Bildungssponsoring oder zur Bildung einer PublicPrivatePartnership empfehlen sich lokale Bündnisse dergestalt, dass sich mehrere Kindertageseinrichtungen zusammentun oder gar das Jugendamt die Koordinierung für alle Kindertageseinrichtungen vor Ort übernimmt (z. B. Gründung eines Bündnisses „Kindertageseinrichtungen ans Netz", Übernahme von Patenschaften für Kindertageseinrichtungen durch Betriebe in Bezug auf Medienausstattung).

AKTIVITÄTEN

Medienerfahrungen verarbeiten – über Medienvorlieben reden

Kinder erhalten in der Tageseinrichtung regelmäßig Gelegenheit, die Medienerfahrungen, die sie außerhalb der Tageseinrichtung machen, kindgemäß zu verarbeiten. Beispiele für typische Verarbeitungsweisen sind Rollenspiel, Theaterspiel, Verkleidung/Masken, Puppenspiel, Bewegungsspiel, Tanz, musikalische Ausdrucksspiele, Malen/Zeichnen. Wichtig sind auch Gespräche über Medienerfahrungen und -vorlieben mit der Erzieherin und anderen Kindern.

Rollenspiele

Typisch für Kinder ist es, durch das Rollenspiel eigene Medienerlebnisse mitzuteilen und diese zu verarbeiten. Eindrücke auf diese nonverbale Weise zu kommunizieren kommt dem Bewegungs- und Gestaltungsbedürfnis der Kinder sehr entgegen. Nur durch genaue Beobachtung der Kinder lässt sich feststellen, ob sie in medientypischer Weise interagieren und eine erlebte

Mediengeschichte nachspielen oder ob sie eine reale Beziehung zueinander inszenieren. Es ist regelmäßig anzunehmen, dass die Kinder selbst in diesem Augenblick zwischen Fiktion und Realität zu unterscheiden wissen. Handlungsorientierte Medienpädagogik eröffnet Kindern Spielräume, in denen sie nachspielen können, was sie an Medieneindrücken gerade bewegt und beschäftigt. Sie hat daher eine gezielte Unterstützung des Rollenspiels zum Ziel. Sie unterbindet nicht das Nachspielen von Gewaltszenen, sondern versucht Kindern alternativ gewaltfreie Konfliktlösungswege für ihr Spiel aufzuzeigen.

Gespräche über Medienerfahrungen und -vorlieben

Medienerlebnisse bieten häufig Anlass zu Gesprächen über das Gesehene und Gehörte. Sie stiften Gemeinsamkeiten zwischen den Kindern untereinander und zwischen den Kindern und Erwachsenen. Ein wichtiger Anknüpfungspunkt für die medienpädagogische Arbeit sind Gespräche über die Medienvorlieben und -gewohnheiten der Kinder.

IuK-Geräte in der Lebenswelt des Kindes

Kinder entwickeln Interesse an der IuK-Technik, wenn sie in der Tageseinrichtung vielfältige Gelegenheiten erhalten, mit echten IuK-Geräten oder in dieser Funktion verwendeten Spielgeräten zu spielen. Der Einsatz dieser Medien im pädagogischen Alltag regt die Fantasie und Kreativität der Kinder an, eröffnet ihnen vielfältige Möglichkeiten der aktiven Beteiligung.

IuK im Alltag entdecken

Die Kinder berichten, was sie zu Hause, auf Spaziergängen und in der Tageseinrichtung an IuK entdeckt haben (z. B. programmierbare Geschirrspülmaschinen, Waschmaschinen, Mikrowellenherde; Telefonzellen, Ampeln, Geldautomaten; Telefone/Mobiltelefone, CD-Spieler, Videorekorder, Computer). Sie machen sich im Weiteren Gedanken darüber, wofür und in welchem Zusammenhang man diese Geräte braucht. Ihnen wird klar, wie sehr der Alltag von dieser Technik geprägt ist. Sie erhalten die Gelegenheit, technische (Spiel-)Geräte zu zerlegen und wieder zusammenzubauen. Sie spielen Kaufladen und verwenden dabei ein Spielgerät als Strichcodescanner. IuK wird auf diese Weise zu einem wichtigen Thema in der Einrichtung, die Kinder erhalten Einblick in die Verwendungs- und Funktionsweisen dieser Technik.

IuK-Einsatz bei Symbolspielen

Durch den IuK-Einsatz das Symbolverständnis zu erweitern und zu vertiefen, ist ein wichtiges Lernziel. Im Spiel lernt das Kind den Umgang mit Symbolen (z. B. ein beliebiger Gegenstand, dem im Spiel die Funktion eines Telefons zugeschrieben wird), und der IuK-Einsatz erweitert die Welt der Symbole. Das Spiel mit Symbolen führt Kinder zu der Einsicht, dass sie für etwas anderes stehen und mit ihnen etwas dargestellt werden kann. Das Spiel mit Medien stärkt ihre Fähigkeit, zwischen Realität und Virtualität zu unterscheiden.

Diesem Ziel dient auch, ausreichend Gelegenheit für Real- und Symbolerfahrungen zu schaffen und im Gespräch beides aufeinander zu beziehen. Symbolverständnis ist darüber hinaus für den angemessenen Umgang mit Buchstaben, Schrift und Zahlen von zentraler Bedeutung.

Hörmedien und Hörspiel

Ein wichtiges medienpädagogisches Thema ist der Hörsinn. Der Umgang mit Hörmedien und die Produktion von Hörspielen ermöglichen vielfältige Lernprozesse.

Umgang mit Hörmedien durch Kinder unter 3 Jahren

Der Kassettenrekorder lädt Kinder ein, vielfältig zu lernen. Vor dem Hören steht die Technik, d.h. das richtige Einlegen der Kassette, die richtige Taste drücken, den richtigen Drehknopf drehen. Das Hörereignis ist Konzentration und Entspannung zugleich, ein Hörspiel entführt sie aus dem Alltag und bündelt innere Energien. Auch Radiohören ist für sie interessant. Zuhören erfordert Konzentration, das Gedächtnis muss sich fragen: „Das Lied kenn' ich doch?". Das Radio lädt zum Mitsingen ein.

Beispiele für kleinere Projekte und Aktionen mit Kindern über 3 Jahren

- Interviews mit Passanten auf der Straße zu bestimmten Themen machen (z. B. Fragen an Leute stellen, Kinder fühlen sich ernst genommen, wenn sie Antwort erhalten)
- Mit Diktiergerät auf einem Ausflug Geräusche aufnehmen und daraus ein Geräuschespiel machen
- Eigenes Hörspiel produzieren, dem eine fertige oder selbst erfundene Geschichte zugrunde liegt (Wie muss ich das Mikrofon halten? Auf welche Knöpfe muss ich beim Kassettenrekorder drücken, damit er aufnimmt? Wie müssen wir sprechen, um verständlich zu sein?)
- Bei einer Musiksendung im Radio anrufen und sich ein Lied wünschen
- Einen lokalen Radiosender besuchen.

Projektreihe „Hörspiele"

In dieser Projektreihe werden Kinder spielerisch an das Medium Radio herangeführt und für das bewusste (Zu-)Hören sensibilisiert. Es gibt eine Vielzahl von Spielen und Übungen für die Radioarbeit mit Kindern. Das Spektrum reicht von Entspannungsübungen, Spielen mit Geräuschen, Klangrätseln, Reportageübungen bis hin zu Hörspielen im weiteren Sinne. Sie führen ein in die Welt des Hörens, Sprechens, Geräuschemachens und Geschichtenerfindens und bieten Kindern einen spielerischen Zugang zum Medium Radio. Als Methoden für den Projekteinstieg und das Kennenlernen sind solche Übungen ebenso geeignet wie für die Vorbereitung und Herstellung von Audio-Produktionen. Selbst unabhängig von einem Radioprojekt kann damit ein Hörspiel-Nachmittag in der Kindertageseinrichtung oder in der Gruppenstunde gestaltet werden. Eine ausführliche Darstellung der Spiele ist zu finden in Bloech, M., Fiedler, F. & Lutz, K. (Hrsg.) (2005). Junges Radio. Kinder und Jugendliche machen Radio. München.

Fernsehen und Video

Das von Kindern bis zur Einschulung am häufigsten genutzte elektronische Medium ist das Fernsehen. Während das Fernsehen und Videoanschauen zu Hause vor allem der Unterhaltung dient, soll es in Tageseinrichtungen vorzugsweise zu Lernzwecken erfolgen.

Über das Fernsehen reden und es erkunden

- Z. B. mit den Kindern über ihre Fernsehgewohnheiten reden (Welche Sendungen schaut ihr gerne an? Was ist für euch an diesen Sendungen so interessant?)
- Fernsehkanäle gemeinsam kennen lernen (TV-Kanäle erkunden und Fachrichtungen ermitteln wie z. B. Bildungs- und Unterhaltungskanäle)
- Bildercollagen aus den Logos von Fernsehsendern anfertigen.

Mit Kindern Kurzfilme anschauen und sich mit diesen auseinander setzen

Durch das gemeinsame Ansehen von kurzen Fernsehsendungen oder Videofilmen können bestimmte Themen und Geschichten mit Kindern bearbeitet werden, aber auch durch den Besuch lokaler Kinderkinovorführungen. Im Anschluss wird die Filmgeschichte besprochen (z. B. Nacherzählen und Weiterspinnen der Geschichte) bzw. anderweitig nachbearbeitet (z. B. szenisch im Rollenspiel). Die Kinder lernen auf diese Weise, dass man aus verschiedenen Gründen fernsehen bzw. Filme anschauen und sich die dabei verfolgten Ziele bewusst machen kann. Sie lernen sich dadurch auch zu distanzieren.

Projektbeispiele „Wie entsteht und funktioniert das Fernsehen?"

Fragen, die Kinder brennend interessieren und für deren Beantwortung zwei Projekte für Kindergärten entwickelt und bereits vielfach erprobt worden sind:

- **Projekt „Kinder kriechen durch die Röhre"** (Medienstelle Augsburg: www.medienstelle-augsburg.de; www.jff.de/msa). In 7 Einheiten à 45 Minuten lernen die 5- und 6-Jährigen in spielerischer Form den Fernseher als Ort für Aktionen kennen, erfahren wie Fernsehbilder entstehen und wie sie in das Fernsehgerät kommen. Die Kinder erfahren, dass Fernsehen ein gestaltetes und gestaltbares Medium ist. Der Symbolcharakter von Fernsehbil-

dern wird deutlich und es wird die Fähigkeit gefördert, virtuelle und reale Geschehnisse zu unterscheiden.
- **Projekt „Flimmerkiste"** (Aktion Jugendschutz, Landesarbeitsstelle Bayern e. V., München: www.bayern.jugendschutz.de). In 11 Einheiten à 30 Minuten verfolgt dieses Projekt vergleichbare Ziele. Zielgruppe sind ebenfalls die 5- und 6-Jährigen. Das Infoset „Alles auf Empfang" enthält eine Broschüre mit detaillierter Beschreibung des Projektablaufs.

Für die Zusammenarbeit mit Eltern gibt es gerade zum Thema „Fernsehen" eine Fülle von Materialien, die auch für Kindertageseinrichtungen bedeutsam sind:
- **Infoset „Alles auf Empfang – Familie und Fernsehen".** Das Infoset der aj Bayern enthält exemplarische Vorschläge zur medienpädagogischen Zusammenarbeit mit Eltern. Es enthält auch eine Elternbroschüre. Es will einen Beitrag dazu leisten, dass sich die medienpädagogische Arbeit in Familie und Tageseinrichtung nicht widerspricht, sondern ergänzt, dass die Beteiligten miteinander kooperieren. Schwerpunktthema des Infosets ist das Fernsehen (Bezug: Aktion Jugendschutz, Landesarbeitsstelle Bayern e. V., München: www.bayern.jugendschutz.de).
- **Medienpaket „Kinder sehen fern – 5 Bausteine zur Fernsehrezeption von Kindern"** (Videokassette, CD-ROM und Begleitheft). Dieses Paket, konzipiert vom Institut für Medienpädagogik in Forschung und Praxis (JFF) in München, hat die aj Bayern zusammen mit der Bayerischen Landeszentrale für neue Medien (BLM) – mit Förderung des Bundesministeriums für Familie, Senioren, Frauen und Jugend – herausgegeben (KoPäd Verlag München, 2000). Es bezieht sich auf Kinder im Alter von 3–13 Jahren. Es eignet sich für den Einsatz auf Elternabenden zur Fernseherziehung.
- **FLIMMO – Programmberatung für Eltern e. V.** ist ein bundesweiter „Service für alle Erziehenden". Es betrachtet das Fernsehprogramm aus Sicht der Kinder im Alter von 3–13 Jahren; die Grundlage liefern Forschungsergebnisse und regelmäßige Befragungen. Berücksichtigt werden Sendungen, die von ARD, ZDF, RTL, SAT 1, RTL 2, Kabel 1 und SuperRTL von Montag bis Sonntag in der Zeit von 6:00 bis 22:00 Uhr ausgestrahlt werden. Herausgeber ist der Verein Programmberatung für Eltern, dem insbesondere 14 Landesmedienanstalten und das Internationale Zentralinstitut für das Jugend- und Bildungsfernsehen (IZI) beim Bayerischen Rundfunk als Mitglieder angehören. Die Redaktion obliegt dem Institut für Medienpädagogik in Forschung und Praxis (JFF). FLIMMO gibt es online und als Broschüre. Online bietet er im 14-Tage-Rhythmus aktuelle Informationen über alle für Kinder interessante Sendungen (www.flimmo.de). Als Broschüre erscheint er dreimal im Jahr; die Informationen beschränken sich auf jene Sendungen, die regelmäßig, mindestens einmal im Monat, ausgestrahlt werden. Die Broschüre geht u. a. allen Tageseinrichtungen für Kinder ab 3 Jahren kostenlos zu. Für Eltern besteht die Möglichkeit, ein Ansichtsexemplar zu bestellen und den FLIMMO im Abonnement weiterzubeziehen (Bezug: Programmberatung für Eltern e. V., Postfach 80 13 44, 81613 München).

Fotoapparat

Die Digitalkamera ist für Kinder ein geradezu ideales Medium zum spielerischen Experimentieren. Sie lässt sich im Freispiel nutzen (Kinder fotografieren alles, was sie interessiert) oder etwa bei Ausflügen, bei denen Kinder z. B. ihre Elternhäuser oder andere Gebäude fotografieren. Das Betrachten und Bearbeiten digitaler Fotos am PC ist für Kinder faszinierend.

Fotoapparat vielfältig entdecken, z. B. Kennenlernen verschiedener Kameras, deren Unterschiede und Umgangsweisen; Herstellen eines Foto-Memory-Spiels aus den Fotos, die auf einem Ausflug gemacht wurden; mit Kindern spielerisch eine Modenschau veranstalten, mit der Digitalkamera Modefotos machen und sodann einen Modekatalog der Kindertageseinrichtung erstellen.

Projekt „Kinder fotografieren ihre Welt"

In diesem Projekt der Medienstelle Augsburg des JFF entdecken Kinder mit dem Fotoapparat ihre Welt und erstellen aus den Fotos gemeinsame Plakate, die in einer Ausstellung veröffentlicht werden. Ausgehend von Alltagsbildern erfahren die Kinder, wie sie die Fotografie als eigenes Ausdrucksmittel in Besitz nehmen können. In sechs aufeinander aufbauenden Einheiten werden die Kinder in zwei Gruppen spielerisch an das Medium Fotografie herangeführt und erhalten die Möglichkeit, ihre Welt selbst fotografisch zu gestalten und zu präsentieren. Die Kinder lernen dabei, Bilder bewusst anzusehen und wahrzunehmen, sich Gedanken darüber zu machen, und sie erfahren, dass Fotos etwas dokumentieren, Bestehendes abbilden, Zeit festhalten und auch Geschichten erzählen. Eine ausführliche Darstellung des Projekts ist zu finden auf der Website der Medienstelle Augsburg des JFF (www.medienstelle-augsburg.de).

Computer

Die Arbeit mit dem PC (z. B. Ausleihe, Sponsoring) bedeutet für Kinder vielfältige und reichhaltige Lernchancen.

PC-Einführung als neuer Spiel- und Lernbereich

Lern-, Spiel- und Malprogramme. Bei der Auswahl ist darauf zu achten, dass keine ungeeigneten Programme zum Einsatz kommen (z. B. Lernprogramme, bei denen es immer nur eine richtige Antwort gibt oder die großen Wert auf das Üben legen). Es gibt mittlerweile sehr gute Lernsoftware für Kinder bis zur Einschulung. Beim Einsatz von Lernsoftware ist gezielt zu beobachten, ob das Kind den Anforderungen gewachsen ist. Zu reflektieren ist, ob die verwendete Technik und die eingesetzten Programme den Bedürfnissen der Kinder entsprechen. Ob eine Technikanwendung dem Alter, der Persönlichkeit und der kulturellen Herkunft eines Kindes angemessen ist und ob die Umsetzung eines Ziels geschlechtsneutral oder -spezifisch zu erfolgen hat, wird aus der jeweiligen Situation heraus beurteilt.

PC-Nutzungszeit. Die Nutzungszeit soll bei kleinen Kindern grundsätzlich kurz ausfallen, mit zunehmendem Alter kann sie ansteigen. Als Richtwert kann gelten, dass grundsätzlich 20–30 Minuten am Stück nicht überschritten werden sollten. (Hinweis: Zwar unterliegen moderne Computerbildschirme strengen Strahlenschutzvorschriften; gewisse Strahlengefährdungen, die möglicherweise weiterhin bestehen, lassen sich durch kurze Nutzungszeiten zusätzlich reduzieren). Wenn ein oder mehrere Kinder intensiv mit einer PC-Anwendung beschäftigt sind und der vernünftige Abschluss dieser Anwendung mehr Zeit als angegeben erfordert, dann sollte dies grundsätzlich auch erlaubt sein. Im Elementarbereich einen Computer so einzusetzen, dass er für alle Kinder zugänglich ist und zugleich ergonomischen Ansprüchen genügt, ist nur schwer zu realisieren. Dafür sind die Kinder in ihrer körperlichen Entwicklung zu unterschiedlich. Wenn der Computer in andere Aktivitäten integriert ist (z. B. Rollenspiel, Basteln, Malen mit Stift und Pinsel) und auf solche Weise als effektives Werkzeug genutzt wird, dann sind die Nutzungszeiten am Stück ohnehin kurz, denn die Kinder sind viel in Bewegung und profitieren von weiteren Lernaktivitäten.

PC-Führerschein für Kinder. Ziel ist, die Kinder technisch an den PC in der Tageseinrichtung heranzuführen. Sie lernen Begriffe wie Hardware, Software und Maus kennen. Praktische Tätigkeiten am PC und der versierte Umgang mit der Maus stärken zugleich die Feinmotorik. Als Zugangsberechtigung zum PC erhalten sie einen PC-Führerschein.

Begleitendes Elternangebot. Vor Projektbeginn werden die Eltern z. B. in einem Elternbrief über den „Computerstart im Kindergarten" ausführlich informiert. Die Anfangsphase wird für sie anhand von Bild- und Textmaterialien und von den Kindern am PC erstellten Grafiken festgehalten. In der Elternzeitung erscheinen Erfahrungsberichte.

Praxiserfahrungen. Die Kinder kommen am Computer vor allem dann mit anderen Kindern ins Gespräch, wenn es um die Lösung von Problemen geht und sie sich hierbei gegenseitig helfen. Sie schlüpfen damit in die Rolle des Erklärers nach dem Motto „Wie ich das gemacht habe". Sie halten die Regeln für den Umgang mit den Geräten problemlos ein, ihre Selbstständigkeit und Selbstkontrolle werden hierbei stark gefordert. Wenn bei Ablauf der Eieruhr ein Spiel noch nicht zu Ende ist, so fragen die Kinder bei der Fachkraft nach, ob sie es beenden dürfen. Sie erzielen in kurzer Zeit große Lernfortschritte am Computer (z. B. sprachliche, soziale und lernmethodische Kompetenz). Vorgefasste Meinungen bei den Erwachsenen werden durch reale Erfahrungen zunehmend korrigiert, Chancen erkannt.

Sprachlernprogramme als wichtige Hilfestellung für Migrantenkinder. Das Spielen und Lernen mit dem Computer hat besondere Bedeutung für Kinder mit Migrationshintergrund. Praxiserfahrungen zeigen, mit welcher Lust nicht oder kaum deutsch sprechende Kinder am Computer geeignete Sprachlernprogramme spielen. Kein Medium kann ihnen Vergleichbares bieten wie der PC. Das Kind kann einzelne Spielszenen so oft wiederholen, wie es dies möchte, einzelne Passagen immer wieder ansehen und anhören, es kann ganz individuell sein Lerntempo bestimmen. Der Computer wird nie ungeduldig, er lobt und motiviert.

PC-Nutzung in Projekten – Ein Beispiel

Die Kinder spielen das PC-Spiel „Die Wettermaschine" auf der CD „Sammy entdeckt die Wissenschaft (Sammy's Science House)". Sie lernen dabei, dass Temperatur, Luftfeuchtigkeit und Wind Schlüsselfaktoren des Wetters sind. Denn auf der „Wettermaschine" stellen sie – jeweils nach Belieben – diese Faktoren ein und sehen dann, was für ein Wetter dabei herauskommt, „wie das Wetter wird". Sie basteln daraufhin nun selbst einen Windmesser (z. B. herabhängende Stoffstreifen, die im Freien an einer Wand oder einem Baum befestigt werden) und tragen das Ergebnis in einen Kalender ein. Sie skizzieren dazu den Windmesser und erzeugen auf diese Weise Zeichen für die Windstärke, nämlich herabhängende Streifen: kein Wind; leicht angehoben: leichter Wind; horizontal: starker Wind. Die Kinder erwerben naturwissenschaftliche Kenntnisse und übertragen das Gelernte kreativ auf ihre reale Situation. Sie lernen den Gebrauch von Symbolen und erweitern ihre lernmethodische Kompetenz, indem ihnen bewusst wird, dass man mit dem Computer bzw. auf CD an wichtige Informationen gelangen kann (vgl. www.kidsmartearlylearning.org).

Kommunikation durch E-Mail-Kontakte

Medien können auch dazu genutzt werden, Grenzen zu überwinden und Verbindung mit Kindern aus anderen Einrichtungen (z. B. andere Tageseinrichtungen, Grundschulen), Regionen und Ländern aufzunehmen. Vor allem für ältere Kinder kann es eine interessante Aufgabe sein, Erfahrungen auszutauschen, mit anderen z. B. per E-Mail an einem gemeinsamen Projekt zu arbeiten (z. B. „Tiere aus unserer Region") oder auch Kontakte mit Kindern aus der jeweiligen Grundschule zu knüpfen.

Praxisbeispiel

Die 4- bis 6-jährigen Kinder zweier Tageseinrichtungen schreiben und illustrieren gemeinsam eine Geschichte. Sie gehen wie folgt vor: Die Kinder der einen Einrichtung denken sich einen Anfang aus (2–3 Sätze), die pädagogische Fachkraft schickt ihn per E-Mail an die andere Einrichtung. Die pädagogische Fachkraft dort liest den Text vor und die Kinder in der anderen Einrichtung überlegen sich eine Fortsetzung. Die zweite pädagogische Fachkraft schickt die E-Mail mit einem zusätzlichen kurzen Text (2–3 Sätze) wieder zurück zur ersten Einrichtung, damit die Geschichte dort fortgesetzt wird. Dies geht einige Male hin und her. Nachdem die Geschichte abgeschlossen ist, wird sie gemeinsam illustriert. Die pädagogischen Fachkräfte beider Einrichtungen vereinbaren Tag und Uhrzeit, an dem dies geschehen soll. Die Kinder der einen Einrichtung fertigen zu den ersten Sätzen mit einem Malprogramm ein Bild und fügen es in den Text ein (bzw. die Erzieherin fügt ein). Dies geht wieder per E-Mail an die andere Einrichtung, wo zur nächsten Sinneinheit das zweite Bild eingefügt wird. Dies wird so lange fortgesetzt, bis neben jeder kurzen Texteinheit ein Bild steht. Die Kinder stellen sich einer nur kreativ zu lösenden Aufgabe und lernen mit IuK Grenzen zu überwinden, Verbindung mit anderen Kindern aufzunehmen und zu kooperieren (vgl. www.ioe.ac.uk/cdl/datec/exemplars/drawing/drawing.htm).

Medienkonvergenz und Multimedia

Die zahlreichen multimedialen Möglichkeiten des Computers und seine Verbundmöglichkeiten mit anderen Medien gewinnen seit Jahren zunehmend an Bedeutung. Mit Kindern lässt sich auf vielfältige Weise multimedial arbeiten.

Praxisbeispiele

Fotobuch über einen Ausflug

Auf einem Ausflug entstehen viele Fotos. In der Einrichtung werden mit den Fotos folgende Dinge angestellt: Im Computer wird zunächst eine Bilddatei erstellt. Fotos, die mit einer normalen Kamera erstellt worden sind, müssen hierzu eingescannt werden. Auf Wunsch der Kinder können die digitalen Bilddateien bearbeitet werden. Sodann werden die Fotos (am besten mit einem Farbdrucker) ausgedruckt. Zusammen mit den Kindern werden die Fotos nun in die richtige Reihenfolge gebracht für ein Fotobuch. Darin sollen bei jedem Foto auch Kommentare der Kinder stehen. Entsprechend formulieren die Kinder für jedes Bild ein bis zwei Sätze, die von den pädagogischen Fachkräften in eine Worddatei eingegeben werden, ehe sie die jeweiligen Bilder hinzufügen. Schließlich liegt das kommentierte Fotobuch als Worddokument vor. Außer dem Buch werden auch einzelne Seiten daraus ausgedruckt, die den Kindern mit nach Hause gegeben werden. Das Fotobuch wird an einer zentralen Stelle in der Einrichtung präsentiert, die pädagogischen Fachkräfte und die Eltern kommen darüber miteinander ins Gespräch. Die Kinder freuen sich, dass sie ein eigenes Buch drucken können. Sie haben sich mit den pädagogischen Fachkräften eine Aufgabe gestellt und sie gemeinsam gelöst. Sie haben erfahren, dass IuK als Mittel zum Zweck bzw. Werkzeug eingesetzt werden kann (vgl. www.kidsmartearlylearning.org).

Projekt „Wassermusik"

Das Projekt zielt darauf ab, mit Kindern Möglichkeiten der Erarbeitung von Themen mittels Fotoapparat und Kassettenrekorder zu erproben und daraus eine eigene Multimediapräsentation zu erstellen. Ausgehend von Händels Wassermusik machen sich die Kinder auf den Weg, um Töne und Bilder zum Thema Wasser einzufangen. Ausgerüstet mit digitalen Fotokameras, Mikrofon und Kassettenrekorder sammeln sie Töne und Bilder in ihrer unmittelbaren Umgebung. Mit Hilfe einer Autorensoftware komponieren sie die Töne und Bilder am Computer neu und zeigen, wie sie Händel interpretieren. Digitalkamera und Kassettenrekorder eignen sich hervorragend, um mit Kindern zu arbeiten; die Autorensoftware Mediator 7.0 ermöglicht den Kindern, kreativ eigene Seiten am Computer zu erstellen und ihre eigenen Kompositionen erklingen zu lassen. So können sie sich spielerisch mit dem Thema Wasser auseinander setzen und lernen, ihre Umwelt bewusst zu sehen und zu hören. Eine ausführliche Projektdarstellung findet sich in: Anfang, G., Demmler, K., Palme, H.-J. & Zacharias, W. (Hrsg.). (2004). Leitziel Medienbildung. Zwischenbilanz und Perspektiven. München.

Interaktive Online-Hörschule

Der Wüstenfuchs Börni unternimmt mit seinem Flugzeug Reisen in den Wald, ans Meer und auf einen Bauernhof. Dort hört er jeweils typische Geräusche. So kann man z. B. durch Klicken im Wald bestimmte Tiere hören, welche Laute sie von sich geben, und gleichzeitig erfährt man in einem Textfenster etwas über ihre Lebensgewohnheiten (dies kann die Erzieherin vorlesen). Wenn man glaubt, die Geräusche gut zu kennen, kann man sein Wissen testen. In einem „Quiz" wird ein Geräusch vorgespielt und man wählt von vier Tieren eines aus. Oder man hört einen „Klangsalat" aus drei Tierstimmen. Von neun Tieren muss man nun die drei richtigen auswählen. Es gibt auch noch ein „Hör-Memory": Man muss sich die zwei Karten merken, bei denen das gleiche Geräusch zu hören ist. Bei allen Spielen wird die richtige Antwort durch ein Lob oder lustiges Geräusch belohnt. Es macht viel Spaß, im „visuellen" Medium Internet gemeinsam mit anderen das Zuhören zu üben und mit Tönen zu spielen. Die Kinder lernen genau hinzuhören und erwerben nebenbei viel Wissen über ihre Umwelt (vgl. www.br-online.de/wissen-bildung/collegeradio/spezial/beitraege/boerni).

Kinder und Werbung

Kinder sind eine wesentliche Zielgruppe für viele Werbespots (z. B. Spielzeug, Lebensmittel) und kommen als Darsteller in vielen Werbespots vor. Kinder für Werbespots und Verführung zum Konsum frühzeitig zu sensibilisieren ist ein wichtiges Bildungsthema für Kindertageseinrichtungen.

Medienbaukasten „Kinder und Werbung"

Dieser Medienbaukasten, erschienen im KoPäd Verlag, München (www.kopaed-verlag.de), besteht aus verschiedenen Materialien (Handbuch mit zahlreichen Aktionstipps, Handpuppe, Spielbrett, zwei Bilderbücher, eine Liedtafel, diverse „Wunschfernseher", Bastelbögen und Kopiervorlagen), die miteinander kombiniert werden können und einen erlebnisorientierten Zugang zum Thema Werbung ermöglichen. Er gibt pädagogischen Fachkräften Hilfen an die Hand, sich zusammen mit den Kindern, aber auch auf Elternabenden mit dem Thema „Kinder und Werbung" auseinander zu setzen. Vorrangiges Ziel ist, Werbung vorurteilsfrei darzustellen und bei den Kindern die Kompetenz zum Umgang mit Werbung aufzubauen, insbesondere zwischen Werbung und Sendungen zu unterscheiden. Die Kinder sollen auch erkennen, wer Werbung in Auftrag gibt und was damit erreicht werden soll, z. B. indem sie selbst eine Werbekampagne starten.

FRAGENDE UND FORSCHENDE KINDER

7.5 Mathematik

Leitgedanken

Mathematische Bildung erlangt in der heutigen Wissensgesellschaft zentrale Bedeutung. Ohne mathematisches Grundverständnis ist ein Zurechtkommen im Alltag nicht möglich. Mathematisches Denken ist Basis für lebenslanges Lernen sowie Grundlage für Erkenntnisse in fast jeder Wissenschaft, der Technik und der Wirtschaft.

Die Welt, in der Kinder aufwachsen, ist voller Mathematik. Geometrische Formen, Zahlen und Mengen lassen sich überall entdecken. Diese Entdeckungen lösen Wohlempfinden aus, denn Mathematik schärft den Blick für die Welt und ihre Schönheit. Durch mathematische Kategorien lassen sich Dinge klarer erkennen, intensiver wahrnehmen und schneller erfassen; beispielsweise erkennt man Symmetrien (z. B. bei Gegenständen, durch Spiegelungen) oder Muster in Wiederholungsstrukturen (z. B. Stuhlreihe, Bienenwaben, Spinnennetz, Blattstruktur, Architektur, Kunst). Mathematische Methoden helfen, die Dinge in der Welt in ihren Beziehungen zu ordnen und zu strukturieren sowie mathematische Lösungen bei Problemen, die im Alltag auftreten, zu finden. Durch das Auseinandersetzen mit mathematischen Inhalten und Gesetzmäßigkeiten machen bereits Kinder die Erfahrung von Beständigkeit, Verlässlichkeit und Wiederholbarkeit.

Die Fähigkeit, Mathematik zu verstehen und anzuwenden, ist keine naturgegebene Begabung, über die nur wenige Menschen verfügen. Auch mathematisches Talent kann sich (ebenso wie musikalisches Talent) dann am besten entfalten, wenn Kinder frühzeitig Gelegenheit erhalten, mathematische Lernerfahrungen zu sammeln und dabei ihre Neigungen zu erproben. Das Beispiel der frühen musikalischen Bildung zeigt, dass sich in der Breite eine höhere Bereitschaft zu musizieren erzielen lässt, auf deren Grundlage sich dann mehr Talente entfalten. Dieser Effekt darf auch von früher mathematischer Bildung erwartet werden.

Kinder lernen Mathematik in der Auseinandersetzung mit Materialien, in der Interaktion mit anderen und im Kontext bedeutsamer Aktivitäten. Obwohl die Anlagen hierfür prinzipiell vorhanden sind (z. B. logisches Denkvermögen, Grundverständnis über Mengen und Zahlen), lernen sie Mathematik nicht so mühelos und nebenbei wie ihre Muttersprache. Mathematisches Denken ist keine natürliche, sondern eine zu erlernende Art und Weise zu denken. Eine Handlung ist nie an sich mathematischer Natur, vielmehr müssen die daran Beteiligten ihr bewusst einen mathematischen Status verleihen. Wenn also ein Kind geometrische Figuren sortiert oder Zahlenreihen aufsagt, vollzieht es nicht automatisch eine mathematische Leistung; dies ist erst dann der Fall, wenn eine solche Absicht und Vorgehensweise dahinterstehen und die Handlung mathematischen Regeln folgt. Kinder können daher Mathematik nicht frei erfinden, sondern erst im kommunikativen Austausch mit Erwachsenen mathematisches Denken entwickeln. Wenn Erwachsene Handlungen des Kindes, die sich aus bestimmten Alltagssituationen ergeben, als „mathematisch" bewerten und bezeichnen, dann erlangen sie im Verständnis des Kindes eine entsprechende Bedeutung. Solche Bewertungen finden ihre Anfänge in frühester Kindheit. Sie geschehen immer dann, wenn Erwachsene die Aufmerksamkeit des Kindes auf mathematische Aspekte einer Situation lenken (z. B. Regelmäßigkeiten, Ordnungsstrukturen, Rhythmen, Muster, Formen, Zahlen, Mengen, Größen, Gewicht, Zeit und Raum, Messvorgänge, räumliche Wahrnehmung). Solch mathematisch bedeutsame Situationen können Alltagsverrichtungen (z. B. Hilfe beim Einkaufen, Kochen, Tischdecken, Aufräumen) und das kindliche Spiel sein; Sätze wie „Die Puppe liegt auf dem Stuhl", „Verstecke dich hinter der Tür" oder „Erst die Hose anziehen und dann die Schuhe" lenken die kindliche Aufmerksamkeit auf mathematisch bedeutsame Ordnungsaspekte. Mathematisches Denken basiert auf solch frühen Vorläufern und entwickelt sich durch gezielte Interaktionen zu mathematischen Aktivitäten.

Während für viele Erwachsene Mathematik nicht zu ihren Stärken zählt, begegnen junge Kinder ihr unbefangen und offen. Sie haben ein natürliches Interesse an Formen und Zahlen. Zählen, Vergleichen oder Ordnen sind Tätigkeiten, die für sie mit Spaß, Kreativität und vielen Erfolgserlebnissen verbunden sind, wenn sie entdecken, dass Dinge gut zueinander passen und alles so schön aufgeht. Erfahrungen mit früher mathematischer Bildung legen nahe, dass Kinder, Mädchen wie Jungen, weit mehr an Mathematik interessiert sind, als man ihnen bisher zutraute. Bei der Gestaltung mathematischer Lernprozesse sind individuelle Unterschiede bei Lernstrategien und Aneignungsmöglichkeiten zu berücksichtigen, nicht hingegen geschlechtsspezifische Unterschiede allgemein zu unterstellen. Wenn Kinder in vorschulischen Lernprozessen mit allen Sinnen und spielerisch mit mathematischen Inhalten experimentieren können und dabei einen kreativen, freudigen Umgang mit Mathematik entwickeln, so ist dieser von Anfang an positive Bezug für spätere Lernprozesse in der Schule von entscheidender Bedeutung. Auf der Basis heutiger entwicklungspsychologischer Erkenntnisse und Praxiserfahrungen ist eine früh einsetzende mathematische Bildung sinnvoll und wichtig.

Bereits in den ersten Lebensjahren bilden sich aufgrund der Erfahrungen, die Kinder mit mathematischen Inhalten und Zusammenhängen machen, zentrale Fähigkeiten für mathematisches Denken und Lernen heraus; besonders bedeutsam ist die Mengenwahrnehmung. Bei 4- bis 6-jährigen Kindern kann in der Regel von folgenden Voraussetzungen ausgegangen werden: Parallel zur Zählkompetenz entwickeln sie die Einsicht in das Gleichbleiben von Mengen (z. B. 1 Liter Wasser in einem hohen schmalen und in einem niedrigen breiten Gefäß), die Sicherheit bei der Eins-zu-Eins-Zuordnung (z. B. 2 Äpfel zu 2 Bauklötzen zu 2 Stühlen) und Fähigkeiten zur Einordnung und Reihenbildung, da sich diese gegenseitig bedingen. Mit diesen Entwicklungsprozessen zugleich eng verknüpft ist die Einsicht in geometrische Sachverhalte und Beziehungen (z. B. Ordnen aller Dreiecke, Quadrate, Rechtecke usw.). Bei der Verwendung von Vergleichsbegriffen (z. B. höher, schneller, schwerer) beziehen sie sich auf bestimmte Erfahrungsbereiche; diese Begriffe sind zunächst an diese Bereiche gebunden und werden nicht automatisch auf andere Bereiche übertragen. Die meisten Kinder können jedoch dieselben Objekte nach verschiedenen Kriterien vergleichen (z. B. ein Geldstück ist kleiner als ein anderes, aber mehr wert); bei symbolischen Darstellungen können viele Kinder schon zwischen Zeichen und Bezeichnetem unterscheiden. Beim elementaren Rechnen, Zerlegen von Zahlen und Erkennen von Mustern (z. B. Zahlbilder auf Würfel, Fortsetzung von Reihen) sind ihre Strategien an reale Gegenstände oder Bilder gebunden und noch nicht als abstrakte Operationen zu verstehen. Bei Kindern in diesem Alter dominiert noch der direkte, optische Eindruck.

Bildungs- und Erziehungsziele

Das Kind lernt den Umgang mit Formen, Mengen, Zahlen sowie mit Raum und Zeit. Darauf aufbauend erwirbt es mathematisches Wissen und Können und die Fähigkeit, mathematische Probleme und Lösungen sprachlich zu formulieren. Es erfasst mathematische Gesetzmäßigkeiten und verfügt über Handlungsschemata für die Bewältigung mathematischer Probleme im Alltag. Dies beinhaltet insbesondere folgende Bereiche:

Pränumerischer Bereich

- Erfahren verschiedener Raum-Lage-Positionen in Bezug auf den eigenen Körper sowie auf Objekte der Umgebung

- Erfahrungen mit ein- und mehrdimensionaler Geometrie
- Visuelles und räumliches Vorstellungsvermögen, Aufbau mentaler Bilder (z. B. Objekte, die nicht zu sehen sind)
- Körperschema als Grundlage räumlicher Orientierung
- Spielerisches Erfassen geometrischer Formen mit allen Sinnen
- Erkennen geometrischer Formen und Objekte an ihrer äußeren Gestalt, zunehmendes Unterscheiden der Merkmale von Gestalten (z. B. rund, eckig, oval)
- Erkennen und Herstellen von Figuren und Mustern
- Einsicht über das Gleichbleiben von Größen und Mengen
- Grundlegendes Mengenverständnis
- Vergleichen, Klassifizieren und Ordnen von Objekten bzw. Materialien
- Grundlegendes Verständnis von Relationen (z. B. größer/kleiner, schwerer/leichter)
- Nach geometrischen Grundformen (Dreieck, Quadrat, Rechteck, Kreis), Flächen und Körpern (Würfel, Quader, Säule, Kugel) sortieren
- Grundlegende Auffassung von Raum und Zeit.

Numerischer Bereich

- Verständnis für „funktionale Prinzipien", z. B. Eins-zu-Eins-Zuordnung zwischen Objekten und Zahlensymbolen (jedem Objekt wird genau ein Zahlwort zugeordnet), stabile Reihenfolge der Zahlensymbole (für jede Menge steht ein anderes Symbol zur Verfügung)
- Zählkompetenz
- Verständnis von Zahlen als Ausdruck von Menge, Länge, Gewicht, Zeit oder Geld
- Zusammenfassung und Aufgliederung von gegenständlichen Mengen (in dem Sinne, dass z. B. 5 in 2 und 3 Kugeln gegliedert werden kann bzw. 3 und 2 zusammen 5 Kugeln sind)
- Erwerb einer realistischen und lebendigen Größenvorstellung und eines Verständnisses des Messens und Vergleichens hinsichtlich Längen, Zeit, Gewichten, Hohlmaßen sowie Geldbeträgen
- Grundverständnis über Relationen (z. B. wie oft, wie viel, wie viel mehr) und mathematische Rechenoperationen (Addition, Subtraktion, Multiplikation, Division)
- Mathematische Fähigkeiten und Kenntnisse bewusst zur Lösung von bereichsübergreifenden Problemen sowie Alltagsproblemen anwenden.

Sprachlicher und symbolischer Ausdruck mathematischer Inhalte

- Umgang mit Begriffen wie z. B. größer, kleiner
- Gebrauch von Zahlwörtern, Ab- und Auszählen von Objekten (z. B. Gegenstände, Töne)
- Die Funktion der Zahlen als Ziffern zur Codierung und Unterscheidung kennen (z. B. Telefonnummer, Postleitzahl)
- Grundbegriffe der zeitlichen Ordnung kennen (z. B. vorher/nachher, gestern/heute/morgen, Monatsnamen und Tage)
- Die Uhrzeit und das Kalendarium erfahren und wahrnehmen

- Grundbegriffe geometrischer Formen kennen (z. B. Dreieck, Rechteck, Quadrat, Kreis, Würfel, Kugel, Quader, Raute)
- Die Bedeutung verschiedener Repräsentations- und Veranschaulichungsformen kennen lernen (z. B. Modelle, Aufzeichnungen, Landkarten, Ortspläne)
- Mathematische Werkzeuge und ihren Gebrauch kennen lernen (z. B. Messinstrumente, Waage).

Anregungen und Beispiele zur Umsetzung

 GRUNDLAGEN

Bedeutung des Bereichs im pädagogischen Alltag

Für die Entwicklung mathematischer Kompetenzen ist es wichtig, Kindern grundlegende mathematische Erfahrungsbereiche regelmäßig anzubieten (z. B. Zahlen, Zahlwörter, Messvorgänge, Formen, Räume). Entscheidend ist dabei nicht das Ausmaß solcher Angebote, sondern der bewusste Umgang mit mathematischen Inhalten und Zusammenhängen. Dabei ist zu beachten, das vieles, was Kinder im Alltag erleben und verrichten, und vieles, mit dem Kinder spielen und was sie bearbeiten, bereits mathematische Grunderfahrungen beinhaltet, die bisher möglicherweise nicht als solche bewusst wahrgenommen worden sind. Im Einrichtungsalltag sind mathematische Inhalte zudem in vielen herkömmlichen Angeboten enthalten wie z. B. Finger-, Tisch-, Würfel- und viele Kinderspiele, Reime und Abzählverse, Lieder und rhythmische Spielangebote. Darüber hinaus sind gezielte Lernangebote wichtig, in denen Kinder „mathematische" Denk- und Handlungsweisen erproben und einüben können. Solch differenzierte Lernerfahrungen ermöglichen Kindern einen breiten Zugang zur Mathematik.

Querverbindungen zu anderen Bereichen

Mathematik steht in enger Verbindung insbesondere zu folgenden Bereichen:
- Sprache und Literacy (→ Kap. 7.3): Bei mathematischen Lernprozessen ist grundsätzlich zu beachten, dass mathematische Kompetenzen untrennbar mit sprachlichen Kompetenzen verbunden sind. Sprachliche Kompetenzen werden beim Erwerb mathematischer Kompetenzen zugleich mit erworben, da sich der Sprachausdruck allein schon aufgrund des Wissenszuwachses stetig ausdifferenziert. Aber auch schon in Abzählreimen sind mathematische und sprachliche Aspekte zugleich enthalten.

- Naturwissenschaften und Technik (→ Kap. 7.6): Mathematik, Naturwissenschaften und Technik stehen in direktem Zusammenhang. In die Lösung naturwissenschaftlicher und technischer Problemstellungen sind regelmäßig auch mathematische Operationen und Lösungen integriert (z. B. Messen und wiegen, Umgang mit Zahlen und geometrischen Formen).
- Ästhetik, Kunst und Kultur (→ Kap. 7.8): In vielen Kunstwerken können Kinder geometrische Formen entdecken, mit geometrischen Formen und Zahlen können sie selbst fantasievolle Kunstwerke erstellen.
- Musik (→ Kap. 7.9): Musik und Mathematik liegen nahe beieinander, es finden sich viele Analogien, die Verknüpfungen ermöglichen (z. B. Rhythmik: Strukturierung der Musik nach Takteinheiten; Melodik: Entwicklung der Tonhöhe nach Anzahl der Schwingungen). Viele Grundelemente der Musik sind auch mathematisch beschreibbar (z. B. Takt mitzählen) und umgekehrt können mathematische Aspekte musikalisch umgesetzt werden (z. B. Zahlenlieder).
- Bewegung, Rhythmik, Tanz und Sport (→ Kap. 7.10): Bewegung unterstützt mathematische Lernprozesse, indem z. B. geometrische Formen abgegangen oder Zahlenwege beschritten und diese Bewegungsabläufe sprachlich begleitet (z. B. Zählen) werden.

Pädagogische Leitlinien

Pädagogische Fachkräfte unterstützen mathematische Lernprozesse der Kinder auf der Basis ihres persönlichen Verständnisses von Mathematik. Aus heutiger Sicht geht es im Elementarbereich nicht nur um die Entwicklung des Formen- und Zahlenbegriffs und um Erfahrungen mit grundlegenden Operationen im Umgang mit Gegenständen, Mengen und Zahlen (nach Eigenschaften klassifizieren, Dinge aneinander reihen, sortieren und vergleichen, Eins-zu-Eins-Beziehungen herstellen). Vielmehr geht es auch um die Entwicklung typischer mathematischer Denkweisen, wofür bereits Kinder im Vorschulalter das nötige Lernpotential mitbringen. Im Lebensalltag ist mathematisches Denken nicht auf das Ausführen einzelner Rechenoperationen beschränkt, sondern bezieht sich zumeist auf das Lösen komplexerer Probleme mittels konventioneller oder selbst entwickelter mathematischer Techniken. In der Mathematik werden problemlösende Aspekte immer wichtiger.

Im Vordergrund stehen nicht das kognitive Lernen mathematischer Inhalte, sondern spielerische und ganzheitliche Lernerfahrungen in Bezug auf Mathematik, bei denen Kinder grundlegende mathematische Kompetenzen entwickeln. Die Darbietung mathematischer Inhalte muss dem Alter entsprechend und damit praktisch und konkret erfolgen. Die abstrakte und symbolische Welt der Mathematik ist für junge Kinder sinnlich erfahrbar zu gestalten. Spiele sollen sie zur aktiven Auseinandersetzung mit mathematischen Gegenständen und Zusammenhängen anregen.

Kinder sollen mathematische Inhalte stets unverfälscht erfahren. Hohe Aufmerksamkeit ist der Sprache in mathematischen Lernprozessen zu schenken. In der mathematischen Konversation mit den Kindern ist stets darauf zu achten, sich so klar und deutlich wie möglich auszudrücken und mathematische Begriffe korrekt zu verwenden, und auch die Kinder sind zu bitten, dies in ihrer Kommunikation mit anderen zu beachten. Mathematisches Denken steht in engem Zusammenhang mit sprachlichem Ausdruck. Mathematisches Problemlösen entwickelt und verfeinert sich vorrangig durch den sprachlichen Austausch mit anderen Erwachsenen und Kindern; dadurch können mögliche Lösungen für Probleme, die sich während wichtiger Aktivitäten der Kinder ergeben haben, gemeinsam beurteilt werden.

Von zentraler Bedeutung ist das Anknüpfen an die mathematischen Vorerfahrungen der Kinder. Bezüge und Analogien zu vertrauten Alltagserfahrungen sind eine der wichtigsten Hilfsmittel für Kinder, aktuelle Aufgaben zu bewältigen, die eine mathematische Problemlösung erfordern, oder ihr mathematisches Verständnis und Vorstellungsvermögen zu erweitern (➛ Rollenspiel „Ein Schuhgeschäft betreiben" in diesem Kapitel).

Kinder haben oft mehr mathematisches Grundverständnis, als Erwachsene ihnen zutrauen. Hinter ihren aus Erwachsenensicht für falsch erachteten mathematischen Angaben oder Erklärungen verstecken sich oft sehr kreative, eigenwillige und durchaus nachvollziehbare Lösungen. Wann immer Kinder Problemlösungen vorschlagen, sollten pädagogische Fachkräfte versuchen, ihre gedankliche Grundlage herauszufinden. Nachfragen regen Kinder an, ihr Denken nochmals zu reflektieren und Argumente für ihren Lösungsvorschlag vorzutragen. So kann es Erwachsenen zugleich gelingen, Kinder in ihrer Originalität und Kreativität besser zu verstehen und ihre mathematischen Denkweisen nachzuvollziehen. Weitere Konversation kann Kinder ermutigen, andere und bessere Argumente für ihre Lösungen zu finden.

Mathematik beginnt mit Formen, die sich in vielen Alltagsgegenständen entdecken lassen. Genauere Betrachtungen geometrischer Objekte und Beziehungen leisten einen wichtigen Beitrag für die Entwicklung der Fähigkeit, die eigene Umwelt mit mathematischen Kategorien zu erschließen. Ein Kernaspekt der Umwelt ist ihre vorwiegend geometrische Struktur, die ohne die Kompetenz zur Raumvorstellung und zur visuellen Informationsaufnahme und -verarbeitung nur schwer erkannt und durchdrungen werden kann. Diese grundlegenden Fähigkeiten entwickeln sich nicht von selbst, sondern bedürfen der Anregung und Förderung, insbesondere bewusster geometrischer Erfahrungen sowie der wiederholten, abwechslungsreichen Auseinandersetzung. Durch sprachliches Anwenden von Begriffen und gegensätzlichen Begriffspaaren lernen Kinder Objekte kennen (z. B. Eigenschaften).

Kinder finden den Umgang mit Zahlen und das Zählenkönnen höchst attraktiv. Zählenkönnen ist eine grundlegende mathematische Kompetenz. In den Vorschuljahren entwickeln Kinder (unbewusste) Vorstellungen vom Zählen, die auf fünf Prinzipien beruhen: die Eins-Zu-Eins-Zuordnung (jedes gezählte Objekt mit nur einem Zahlwort belegen), das Prinzip der stabilen Ordnung (Objekte in der Reihenfolge der Zahlwörter zählen), das Kardinalsprinzip (das letzte Zahlwort in einer gezählten Reihe gibt die Objektanzahl an), das Abstraktionsprinzip (es können alle Arten von Objekten wie Birnen oder Äpfel zusammengefasst und gezählt werden, man kann alle Bereiche, in denen

Einheiten vorkommen wie Gegenstände, Schritte oder Töne, zählen), das Prinzip der irrelevanten Ordnung (die zu zählenden Objekte können in jeder Reihenfolge angeordnet werden, und man kann bei jedem beliebigen Objekt zu zählen beginnen, solange die anderen Prinzipien des Zählens eingehalten werden). Kinder lernen mit dem Zählen erfinderisch und kreativ umzugehen, wenn ihr Bewusstsein für diese Prinzipien und das Verständnis für deren Bedeutung geschärft wird (→ Projekt „Zahlenland" in diesem Kapitel). Häufig kommt es vor, dass ein Kind eine große Menge zählen möchte, dies aber noch nicht kann. Das Aufteilen der Menge in Gruppen zu fünf oder zehn Einheiten kann ihm bei seiner Problemlösung weiterhelfen. Die Gesamtmenge wird nun in Teilmengen dargestellt, die ein wiederkehrendes und besser überschaubares Muster aus „Fünfer"- oder „Zehner"-Einheiten bilden. Kinder finden im Alltag viele Formen sich wiederholender Muster (z. B. Kalender, geometrische Figuren), die als Beispiel für Problemlösungen dienen können (z. B. Ordnungs- und Eins-zu-Eins-Beziehungen). Pädagogische Fachkräfte sollten bei der Lösung mathematischer Fragestellungen die Aufmerksamkeit der Kinder immer wieder auf diese Beziehungen und Muster richten.

Wenn Kinder vorhandene mathematische Werkzeuge (z. B. Maßband, Waage, einfache Messgeräte, Thermometer) verwenden, gibt man ihnen Hilfsmittel an die Hand, die sie in ihrem mathematischen Handeln unterstützen und bereichern und es ihnen somit ermöglichen, sich an der Lösung mathematischer Aufgaben erfolgreicher zu beteiligen. Wenn Kinder ihre sach- und mathematisch regelgerechten Verwendungsmöglichkeiten lernen, erfahren sie, was es heißt, Mathematik zu betreiben.

Geeignete Lernumgebung

Die Präsenz von geometrischen Formen (z. B. Alltagsgegenstände, spezielle Spielmaterialien), Zahlen (z. B. Zahlenplakate, Zahlenspiele) und mathematischen Werkzeugen (z. B. Maßbänder, Waagen) macht für Kinder die Welt der Mathematik sichtbar und täglich erfahrbar. In Kindertageseinrichtungen kann es z. B. eine Lernwerkstatt geben, in der eine Ecke der Mathematik gewidmet ist.

Die Atmosphäre

Die Art und Weise der frühen mathematischen Lernerfahrungen bestimmt das spätere Verhältnis der Kinder zur Mathematik. Wichtig ist, die ursprüngliche Neugierde und Offenheit, mit der Kinder der Welt der Mathematik begegnen, zu erhalten und das weitere Interesse daran zu wecken. Wichtig ist auch, dass Kinder diese Welt mit guten Gefühlen verbinden und sich ihr gerne und mit Ausdauer zuwenden. Dies gelingt am besten in einer Atmosphäre, die den Kindern vielfältige, spannende und abwechslungsreiche Zugänge für einen freudigen und selbst motivierten Umgang mit Mathematik geben kann.

Enge Zusammenarbeit mit den Familien

Eltern können angeregt und dafür sensibilisiert werden, im Lebensalltag Gelegenheiten zu erkennen und gezielt aufzugreifen, um ihr Kind bei der Entwicklung grundlegender mathematischer Kompetenzen zu unterstützen. Eltern mit einschlägiger Fachkompetenz (z. B. mathematische Ausbildung, Beruf, in dem Mathematik eine zentrale Bedeutung hat) können wichtige Partner für die mathematische Bildungsarbeit mit Kindern sein.

ANSÄTZE

Für den Elementarbereich sind mittlerweile mehrere Ansätze für mathematische Bildung entwickelt worden, die einander ergänzen. Sie werden nachstehend vorgestellt.

Erkundende, experimentierende und operationale Ansätze im Alltag

Im Elementarbereich finden sich traditionell häufig Ansätze, die Kindern spielerische mathematische Erfahrungen mit Mengen, Gegenständen, Zahlen und grundlegenden Operationen ermöglichen. Diese Ansätze sind wichtig, greifen jedoch als ausschließliche Vorgehensweisen zu kurz. Sie erschließen das Lernpotential der Kinder, vor allem das mathematische Denken in komplexeren Zusammenhängen, zu wenig. Oft betonen sie isolierte Rechenvorgänge, die mit den Alltagserfahrungen der Kinder wenig gemein haben, und vermitteln ein verzerrtes Bild über Mathematik, deren Hauptbedeutung im Lebensalltag heute im Lösen von Problemen liegt.

Alltagsbezogene Praxisbeispiele

In der Raumerfahrung und Bewegung werden Dimensionen (wie hoch, schnell, lang, diagonal) auch als geometrische Muster (z. B. in Räumen, Fenstern, Bällen) wieder entdeckt. Im Gruppenraum können Kinder Raum-Lage-Beziehungen erfahren, indem sie gegensätzliche Raum-Lage-Positionen einnehmen: Ein Kind sitzt unter dem Tisch; ein anderes Kind setzt sich auf den Tisch. Ein Kind geht in den Garten, ein anderes Kind bleibt im Gruppenraum. Ein Kind stellt sich hinter den Schrank; ein anderes stellt sich vor den Schrank. Über diese räumlichen Gegensatz-Erfahrungen entwickeln Kinder erste räumliche Vorstellungen. Sie gewinnen dadurch Sicherheit in der Orientierung, lernen ihre räumlichen Bewegungen bewusst wahrzunehmen und zu steuern und erhalten dadurch ein umfassendes Bild von räumlichen Dimensionen und Beziehungen.

Beim Aufräumen werden Spielmaterialien nach bestimmten Eigenschaften sortiert und Vergleiche zwischen den entstandenen Materialbergen angestellt.

Beim Kochen und Backen werden die Zutaten abgewogen, beim **Tischdecken** werden für fünf Kinder Geschirr, Bestecke, Stühle abgezählt, verglichen und ausgeglichen, beim gemeinsamen **Essen** werden die Speisen untereinander aufgeteilt, so wird die Pizza oder der Kuchen z. B. in vier gleiche Teile geteilt oder der Apfel in zwei Hälften. Das Aufteilen eines Kuchens in 8 Stücke ist für Kinder eine sehr anschauliche und verständliche Aufgabe auch im Sinne des sozialen Teilens, bei dem jeder denselben Anteil erhält. Erfolgt dies mit mehreren Kuchen an mehreren Tischen, dann lässt sich die Aufmerksamkeit der Kinder auf die verschiedene Art und Weise, mit der die Kinder die Kuchen aufgeteilt haben (z. B. ungleiche Stücke, ein Stück bleibt übrig), lenken und darüber reden (Gesundheit → Kap. 7.11).

Erfahrungen mit der Zeit zu sammeln, dafür gibt es in Tageseinrichtungen viele Gelegenheiten für Kinder: Den Zeitablauf eines Tages lernen die Kinder über die feste Struktur des Tagesablaufs in der Tageseinrichtung kennen, die sie täglich erleben. Die verschiedenen Tageszeiten prägen sich bei den Kindern ein, wenn sie durch die Erzieherinnen immer wieder benannt und z. B. durch tageszeitspezifische Aktivitäten begleitet werden. Bei einer großen Uhr im Gruppenraum lässt sich der tägliche Zeitablauf durch Betrachtungen der Wanderung der Uhrzeiger mitverfolgen. Der Einsatz von Sanduhren eignet sich, um Kindern ein Zeitgefühl zu vermitteln; die Kinder sollen z. B. ihre Zähne nach dem Essen so lange putzen, bis die Sanduhr abgelaufen ist. Beim täglichen Aufenthalt im Freigelände erkunden die Kinder immer wieder neue Wege; dabei stoßen sie immer wieder auf Orte, die sie bereits kennen. Über diese Gelände-Erkundungen lernen sie Entfernungen und Zeiten einzuschätzen, die sie brauchen, um diese Entfernungen zu überwinden. Sie bekommen ein Gefühl, ob Wege lang oder kurz sind, ob sie viel oder wenig Zeit für den Rückweg in ihre Tageseinrichtung brauchen.

Beim Rollenspiel „Einkaufen gehen" oder **„Kaufladen betreiben"** werden erste Beziehungen zu Geld und zum Geldwert eingeübt (z. B. 1 Euro ist gleich viel wert wie 100 Cent). Es stellt sich die Frage: Was kann ich für 1 Euro einkaufen?

Bei Konstruktionsspielen machen Kinder Erfahrungen mit Maßeinheiten und statischen Beziehungen, in der Bauecke können täglich neue Konstruktionen ausprobiert werden, beim Bau von Hütten und Zelten im Freigelände muss gemessen und exakt konstruiert werden, beim Bau eines Drachens sind genaue Messungen und das „Lesen" eines Bauplans nötig.

Beim Legen von linearen und flächigen **Mustern** mit gleichen oder verschiedenen Materialien, beim Auffädeln von Perlen werden erste geometrische Muster erkannt, Reihen fortgesetzt und selbst erfundene Muster kreiert.

Meine Welt ist voll mit Zahlen, in der Tageseinrichtung sind Zahlen überall präsent: Im Gruppenraum gibt es eine Uhr, einen Steckkalender, nach dem sich Tag, Monat und Jahreszeit täglich feststellen lässt, die Geburtstage der Kinder werden mit ihren Fotos in einem Geburtstagskalender aufgelistet, in der Büroecke stehen Telefone und man kann die eigene Telefonnummer spielerisch anrufen, im Jahreszeitenkalender werden wichtige Termine von Festen und Feiern, aber auch die beste Zeit zum Säen im Garten oder Urlaubszeiten eingemerkt, eine selbst hergestellte Uhr kann den Tages- oder Wochenablauf verdeutlichen.

 Beispiele für „Mathematik-Spiele"

„Das kleine Zahlenbuch" – Materialkasten mit Begleitheft
(für Kinder von 3–6 Jahren)

Dieser Kasten ist so gestaltet, dass bereits Kinder mit geringen Zahlenvorkenntnissen mitspielen und dabei von Kindern, die schon weiter sind, lernen können. Ganz kleine Kinder können vorerst nur zuschauen, wie andere Kinder spielen, und sich dadurch Kenntnisse aneignen, die sie in die Lage versetzen, sich zu einem späteren Zeitpunkt, den sie selbst bestimmen, aktiv zu beteiligen. Der Materialkasten gibt in bildlicher Form Gelegenheiten zum Spielen und Zählen: So sind z. B. lineare und flächige Muster aus roten und blauen Plättchen zu sehen, welche die Kinder sinngemäß fortsetzen sollen. Verwenden können sie dabei Streifen bzw. Quadrate aus Pappe sowie Plättchen, die der Kasten zugleich enthält. Die Kinder können die Muster aber auch frei auf den Tisch legen. Dabei sind die vorgegebenen Muster zugleich als Anregungen für sie gedacht, selbst neue Muster zu erfinden. So kann z. B. ein Kind eine Regel zur Erzeugung eines Musters ausdenken und den Anfang legen, die anderen sollen das Muster erraten; dies wird um so einfacher, je weiter das Muster fortgesetzt wird. Dabei sind die Kinder zugleich angehalten, ihre Regel auch sprachlich auszudrücken; spannend wird dies vor allem dann, wenn die begonnenen Muster sich auf unterschiedliche Weisen fortsetzen lassen, sodass neben der handelnden Darstellung der Muster auch sprachliche Begründungen (Argumente) möglich oder sogar erforderlich sind.

Domino-Staffel – Entwicklung des Formverständnisses
(für Kinder unter 3 Jahren)

Formen ertasten. In einer großen, mit einem Tuch abgedeckten Kiste befinden sich unterschiedliche Gegenstände (z. B. Beißring, Ball, Bauklötze, Tafel). Die Kinder haben die Aufgabe, die Gegenstände durch bloßes Ertasten zu erraten. Im Erfolgsfall bekommen sie den Gegenstand ausgehändigt. Nachdem alle Gegenstände erraten sind, werden sie nochmals näher befühlt und auch an die anderen Kinder zum Kennenlernen weitergereicht. Über das Berühren und Befühlen lernen die Kinder, dass Gegenstände unterschiedliche Formen und Strukturen aufweisen; über das Erraten lernen sie, diese auch zu benennen bzw. verbal zu beschreiben.

Formen sortieren. Die Gegenstände werden nach ihrer Gestalt sortiert (z. B. rund, eckig). Mit diesem Wissen begeben sich die Kinder nun auf die Suche nach weiteren Gegenständen im Gruppenraum, die rund oder eckig sind. Die

Kinder lernen auf diese Weise ihre Umgebung nach Ordnungsmerkmalen zu erfassen und Gegenstände nach diesen Merkmalen zu unterscheiden.

Formen zuordnen. Auf einem Karton werden ein Kreis und ein Rechteck aufgemalt. Aufgabe der Kinder ist es, die Gegenstände der richtigen geometrischen Figur zuzuordnen. Sodann wird mit den Kindern gemeinsam eine Art „Formen-Domino" gespielt; dieses Domino-Spiel können die Kinder nun jederzeit auch ohne Anleitung immer wieder spielen und dadurch eine wachsende Vertrautheit mit den verschiedenen Formen gewinnen.

Problemlösender Ansatz in Alltags- und Spielaktivitäten

In der internationalen Forschung zur frühen mathematischen Bildung kristallisiert sich ein Ansatz heraus, der die Bedeutung der Problemlösung und Schlussfolgerung sowie der Sprache als Basis mathematischen Denkens in den Vordergrund stellt. Er zielt darauf ab, Kinder zu unterstützen, die Stärke ihres logischen Denkvermögens zu erkennen und dabei neue Sichtweisen und ein neues soziales Verständnis von Mathematik zu entwickeln, das es ihnen leichter macht, ihre Erfahrungen und ihr Wissen über Alltagsvorgänge in mathematische Lernprozesse einzubringen. Es ist ein Ansatz, der bei Kindern das problemlösende Verständnis für Mathematik – nah an ihrem Alltag und orientiert an ihren Aktivitäten weckt. Pädagogische Fachkräfte halten Ausschau nach den „richtigen" Momenten oder erkennen entsprechende Bedürfnisse in den aktuellen Aktivitäten der Kinder, d. h. die Kinder stehen vor einem Problem, dessen Lösung mathematische Vorgehensweisen erfordert. Sie geben den Kindern sodann jene angemessene Hilfestellung (Informationen, Anregungen, Werkzeuge, Regeln, Feedback, gemeinsame Reflexion der Lernprozesse), die ihnen eine optimale Teilnahme an ihren Aktivitäten und deren Problemlösung ermöglichen. Die Alltags- und Spielaktivitäten der Kinder (auch in Projekten) sind vielfältig genug, um für das Lösen mathematischer Problemstellungen, die eine Auseinandersetzung mit Zahlen, Raum und Formen sowie mit einzelnen Operationen (z. B. zählen, messen wiegen) erfordern, zahlreiche Möglichkeiten zu finden. Wichtig ist der pädagogische Blick für entsprechende Integrationsmöglichkeiten.

Praxisbeispiele

Freispiel „Größerer Murmeltransport mit Lastwagen" (nach van Oers)

Ein vierjähriger Junge möchte wissen, wie oft er mit seinem Spielzeuglastwagen hin- und herfahren muss, um eine bestimmte Anzahl an Murmeln an das andere Ende des Raumes zu transportieren. Er weiß nicht, wie viele Murmeln sich in der Schachtel befinden, doch er hat herausgefunden, dass er mit seinem Lastwagen sechs Murmeln transportieren kann. Die mathematische Lösung würde darin bestehen, die Murmeln zu zählen und dann durch sechs zu teilen. Der Junge kann diese Rechnung jedoch noch nicht ausführen. Um dieses Problem zu lösen, kommt er von sich aus oder auch auf Anregung auf die Idee, für ihn überschau- und abzählbare Teilmengen zu bilden. Auf dieser Basis gelingt es ihm sodann, die Divisionsaufgabe durchzuführen: Er bildet Gruppen zu je sechs Murmeln und zählt sodann die Anzahl der Gruppen. Ihm gelingt also die Divisionsaufgabe auf konkretem Weg, indem er wiederholt subtrahiert (so würden mathematisch versierte Erwachsene diesen Prozess beschreiben).

Rollenspiel „Ein Schuhgeschäft betreiben" (nach van Oers)

Rollenspiele sind ein guter Aufhänger, in die Kinder alle möglichen sozialen und kulturellen Aktivitäten einbringen können, die ihnen vertraut sind. Sie sind zugleich ein gut geeigneter Kontext, um darin mathematisch bedeutsame Spielsequenzen zu erkennen. Diese lassen sich für problemlösende, mathematische Lernprozesse dergestalt aufgreifen, dass die Kinder viele Vorerfahrungen einbringen und auf die aktuell zu lösende Problemstellung übertragen können (→ Tab. 7.6).

Spiel- und Lernprozesse	Kommentierung
Einbringen mathematischer Vorerfahrungen durch die Kinder	
Eine Gruppe von Vier- bis Sechsjährigen spielt „Schuhgeschäft". Nach einer Weile stehen sie vor dem Problem, dass nicht alle Schuhe auf das Regal passen. Aufgrund eigener Erfahrungen in realen Schuhgeschäften entscheiden sie sich dafür, einen Schuh auf das Regal zu stellen und den anderen in eine Schachtel zu legen. Dann lösen die Kinder das Problem, wie sie den jeweils passenden Schuh aus der Schachtel finden können. Sie bekleben die Schachteln und Schuhe mit Aufklebern und können nun erkennen, welcher Schuh auf dem Regal zu welchem Schuh in der Schachtel gehört.	Die Problemstellung mit der Eins-zu-Eins-Beziehung der Schuhpaare lösten die Kinder auf der Basis ihrer eigenen Vertrautheit mit soziokulturellen Aktivitäten. Sie brachten ihre bisherigen Erfahrungen beim Besuch von Schuhgeschäften ein und übertrugen sie auf die Spielsituation. Dabei haben sie gelernt, welche Besonderheiten Eins-zu-Eins-Beziehungen von identischen Paaren mit sich bringen, welche Bedeutung dem Gebrauch von Codes beikommt, und weshalb es notwendig ist, einheitliche Symbole zu verwenden, um gleiche Paare erfassen zu können.
Einige sechsjährige Kinder erkunden Möglichkeiten, wie man Dinge messen kann. Beim Vergleich ihrer Schuhgrößen entstehen Unstimmigkeiten darüber, wer die größeren Schuhe hat. Ein Junge beobachtet die Szene und bemerkt, dass die Kinder zum Messen die Schuhsohlen aneinander legten und die Schuhe dabei auf dem Tisch abstützten. Ein Schuh war mit der Ferse nicht auf dem Tisch, und damit war die Messung falsch.	Offensichtlich hat dieser Junge aus seinen alltäglichen Erfahrungen bereits gelernt, dass man für den Vergleich von zwei Distanzen eine gemeinsame Ausgangsbasis haben muss. Ihm sind also wichtige Aspekte über die Vorgänge des Vergleichens und des Messens bekannt. Die anderen Kinder profitieren von diesem eingebrachten Wissen.

Spiel- und Lernprozesse	Kommentierung
Einführen eines mathematischen Werkzeugs durch die pädagogische Fachkraft	
Die Kinder beginnen nun, sich Schuhe auszusuchen und sie anzuprobieren und kommen auf das Thema Schuhgröße zu sprechen. Sie vergleichen die Schuhe und fragen nach der exakten Größe: „Welche Größe hast du? Passt dir diese Größe?" Um dieses Problem bearbeiten, d. h. die Schuhgrößen bestimmen zu können, führt die Pädagogin ein „Schuhmessgerät" ins Spiel ein. Die Struktur dieses Hilfsmittels ist den Kindern klar und sie verstehen sofort, wie es anzuwenden ist.	Die Kinder sind nun in der Lage, objektiv ihre Schuhgrößen zu bestimmen oder unterschiedliche Größen zu vergleichen. Darüber hinaus können sie das Hilfsmittel als ein Instrument verwenden, um Schätzungen zu überprüfen oder um über unterschiedliche Schuhtypen zu diskutieren. Die meisten dieser Anwendungsformen hätten sich ohne dieses Hilfsmittel wohl nur schwerlich ergeben.
Mit dem Schuhmessgerät bestimmen die Kinder nun ihre Schuhgrößen. Auf ihre Frage „Welche Schuhgröße hat wohl die Pädagogin?" stellt diese ihren Fuß auf das Gerät. Die Kinder können nun erkennen, welcher Schuh zu groß oder zu klein ist und welcher schließlich passt. Sie vergleichen die Markierungen auf dem Gerät mit den Nummern auf den Schuhen. Diese Vorgänge bereichern die Erfahrungen der Kinder im Umgang mit dem Gerät und der damit zusammenhängenden Aktivität des Messens deutlich.	Die Bedeutung dieses Geschehens für die mathematische Kompetenzentwicklung der Kinder zeigt sich nicht nur darin, dass sie etwas über das Messen gelernt haben, sondern auch darin, dass sie Erfahrungen sammeln konnten im Gebrauch mathematischer Hilfsmittel und über die symbolische Funktion von Messvorgängen (z. B. Schätzen, Vorhersagen, Vergleichen und Ausprobieren).

Tab. 7.6: Spiel- und Lernprozesse am Beispiel „Schuhgeschäft"

Spiel mit der Eisenbahn (nach van Oers)

Einige Kinder haben eine Eisenbahnstrecke gebaut und die Pädagogin bittet sie, davon eine Zeichnung (Repräsentation) zu machen. Die Kinder sind zunächst abgeneigt, doch lassen sie sich motivieren, als die Pädagogin vorschlägt, ihre Zeichnungen einem anderen Kindergarten zu schicken, in dem es das gleiche Eisenbahnsystem gibt. Da die Kinder wissen, dass die anderen ihre Eisenbahnstrecke nicht sehen würden, denken sie sorgfältig über ihre Zeichnungen nach und überlegen, welche Aspekte sie in die Zeichnung aufnehmen wollen und welche ausgelassen werden können. Die Zeichnungen werden somit zu einem „Werkzeug" der Kommunikation und Rekonstruktion für die Eisenbahnstrecke. Zugleich sind diese selbst entwickelten Hilfsmittel Repräsentationen, die zu einem späteren Zeitpunkt als Hilfsmittel entweder für andere oder für eigene Zwecke zur Verfügung stehen (z. B. um die Eisenbahnstrecke später wieder einmal aufzubauen oder um darüber zu diskutieren).

Kommentierung. Wenn Kinder eigene Werkzeuge entwickeln, unternehmen sie erste Schritte einer mathematischen Aktivität, deren Basis das Erstellen symbolischer Repräsentationen ist (Modell oder Aufzeichnung über eine Situation, Konstruktion, Handlung). Repräsentationen veranschaulichen aktuelle Sachverhalte und ermöglichen den sozialen Austausch über mathematische Lösungen und die Angemessenheit der Repräsentation selbst; auch regen sie neue Handlungsweisen an. Kinder erstellen Repräsentationen nicht von sich aus, sondern sind dazu zu ermutigen und dabei zu unterstützen. Ihre Hauptbedeutung liegt nicht im Erstellen, sondern in der Reflexion der eigenen Beziehung zu dem, was dargestellt wird. Diese reflexive Aktivität kann bei Kindern bereits in sehr frühem Alter angeregt werden, indem man z. B. auf ihre Zeichnungen Bezug nimmt. Bei jungen Kindern ist es nicht notwendig, dass Repräsentationen stets einen mathematischen Inhalt aufweisen. Allein die Erfahrung des Repräsentierens und die Aktivitäten hierbei sind wichtige Vorläufer späterer symbolischer Aktivitäten, die mit mathematischem Denken einhergehen. Für dessen Entwicklung ist es wichtig, dass Kinder in mathematische Aufgaben involviert sind und genügend Möglichkeiten haben, eigene Repräsentationen zu erfinden und ihr Denken anderen zu erklären.

Ganzheitliche Ansätze

In diesem Abschnitt geht es um spielerische Lernangebote, in denen Mathematik unter Einbezug emotionaler und sinnlicher (visueller, motorischer und haptischer) Komponenten und durch viele, bereichsübergreifende Zugänge ganzheitlich erlebt und erfahren werden kann. Wichtig ist, dass die Kinder hierbei selbst aktiv sind und im Spiel mathematische Phänomene kennen lernen und selbst erfahren. Die didaktische Kunst besteht darin, mathematische Ereignisse und die Lebenswelt der Kinder miteinander in vielfältiger Weise in Verbindung zu bringen. Zahlen oder geometrische Formen werden mit spannenden Geschichten, eingängigen Liedern, interessanten Bewegungsspielen und Tieren in Verbindung gebracht und mathematische Lernerfahrungen der Kinder mit vielen aktiven Handlungen der Kinder verknüpft.

PROJEKTBEISPIELE

„Geometrische Formen"

Modelleinrichtung: Kindergarten St. Martin in Windach –
Konzeption: Marianne Loy & Katrin Führbringer

Themenfindung

Die Mathematik und insbesondere die Geometrie begegnen uns täglich auf Schritt und Tritt. Der Ball, die Uhr, der Teller, die Tomate – all diese Dinge sind rund, es sind Kreise. Unser Sandkasten, das Buch, die Bilder, der Baustein sind Quadrate und haben vier Ecken. Ein Zelt, ein Pizzastück, eine Käseecke haben drei Ecken und werden deshalb Dreieck genannt. Es gibt aber auch Rechtecke wie die Tafel, das Heft, die Postkarte, der Briefumschlag, sie haben ebenfalls vier Ecken. Ovale finden wir als Ei, Kieselstein, Schwamm, Babyschuh oder Weintraube. Diese Formen begegnen uns in der Kindertageseinrichtung und zu Hause, als Gegenstände und Gebäude, in der Natur, aber auch in Werken berühmter Künstler. Das Entdecken und Wiedererkennen von Formen sowie der spielerische und künstlerische Umgang mit Formen zusammen mit den Kindern war der Einstieg in ein Projekt.

Projektkonzeption

Durch viele Zugänge sollen sich die Kinder mit geometrischen Formen ganzheitlich auseinander setzen. Die Kinder sollen geometrische Formen zunächst in ihrer direkten Umgebung (Tageseinrichtung, Natur) finden und sodann anderswo (z. B. Gebäude, Kunst) wieder erkennen. Formen haben Namen (Kreis, Quadrat, Rechteck, Dreieck) und bestimmte Eigenschaften, die sie unterscheiden helfen. Sie können auch durch Bewegung nachempfunden werden, ihnen lassen sich Klänge und Rhythmen zuordnen. Durch die Anregung der Bilder von W. Kandinsky werden die Kinder selbst zu Künstlern und kreieren eigene Bilder, die den Eltern in einer Vernissage gezeigt werden.

Projektdurchführung

In einer frei erfundenen Geschichte werden den Kindern die Formen namentlich vorgestellt. Diese seien aus der Schule geflohen und befänden sich nun im Kindergarten. In den Räumen werden die Formen gesucht und entdeckt. Auch im Garten und in der näheren Umgebung, in Nachbarhäusern, der Kirche, an Straßenschildern entdecken die Kinder sie wieder. In einem Spiel werden die Formen ertastet und einander zugeordnet. In verschiedenen Größen und Farben werden die Formen ausgeschnitten und ein Gemeinschaftsbild gestaltet. Im Turnraum legen die Kinder z. B. mit Seilen und Reifen die Formen nach, umgehen sie, zeichnen sie in die Luft und empfinden sie in der eigenen Bewegung nach. In Klanggeschichten versuchen wir, die Formen mit verschiedenen Klängen und Rhythmen darzustellen. Auch in Bildern berühmter Künstler finden wir die Formen wieder. Wir betrachten und besprechen Werke von W. Kandinsky und versuchen uns dann selbst als Künstler, indem wir anhand unserer Formen Bilder legen und Bilder zeichnen. In einer Vernissage werden die eigenen Kunstwerke den Eltern im Rahmen des Sommerfestes präsentiert.

„Entdeckungen im Zahlenland" (nach G. Preiß) – „Komm mit ins Zahlenland" (nach G. Friedrich)

Dieses programmatische Spielprojekt weist – im Vergleich zu anderen Programmen für den Elementarbereich – Besonderheiten auf, die seinen Einsatz attraktiv und lohnend machen. Es gibt zwei Projektversionen, die sich im Aufbau entsprechen, sich jedoch insbesondere in spezifischen Akzentsetzungen unterscheiden.

Ganzheitlicher Ansatz – flexibler Einsatz

Ziel des Programms ist, die Kinder mit dem „Zahlenraum von 1 bis 10" bekannt und vertraut zu machen und dabei an ihre Neugierde, Lernfreude und ihren Entdeckergeist anzuknüpfen. Verbunden mit ihrer Lebenswelt schafft es eine höchst anregende Lernumgebung, die Welt der Mathematik anschaulich, vielfältig und eigenaktiv mit Freude zu erkunden. Durch ein entwicklungsgemäßes, ganzheitliches Spielkonzept will es Kinder bei der Entwicklung und Erweiterung ihrer mathematischen und sprachlichen Kompetenzen und Handlungsspielräume unterstützen. Die Zahlen lernen sie mit allen Sinnen und von allen Seiten her kennen, ihre verschiedenen Bedeutungen (z. B. Anzahl-, Ordnungsaspekt). Ihre Verbindungen zu geometrischen Formen und musikalischen Strukturen werden lebensweltbezogen thematisiert. Zudem werden Wahrnehmung, Merkfähigkeit, Motorik und das gesamte Ausdrucksvermögen angeregt. Das Programm versucht, Erkenntnisse aus der Hirnforschung, Entwicklungspsychologie und der elementaren Mathematikdidaktik spielpädagogisch umzusetzen. Die Erkenntnis, dass das Gedächtnis bei Ereignissen besonders leistungsfähig ist und sich Ereignis und Ort gut merken kann, setzt es z. B. in der Weise um, dass jede Zahl einen festen Ort im Raum erhält und die Grundzahlen zu „Zahlenereignissen" werden. Vielgestaltige Spiele, Zahlenlieder, Zahlengeschichten und Abzählreime betten die Zahlen in ereignisreiche, emotional ansprechende Handlungsabläufe ein. Die Begegnung mit Mathematik unter Einbezug musikalischer Elemente und Zahlengeschichten beeinflusst die Sprachentwicklung. Den Betrachtungs- und Denkweisen junger Kinder entsprechend werden die Zahlen in eine fantasievolle Welt projiziert. Dort tun sie in beseelter und personalisierter Weise ihre mathematischen Eigenschaften kund, was für die Kinder eine große Motivation darstellt (z. B. der Zahlenkobold treibt sein Unwesen, die Zahlenfee ist fürs Rechnen zuständig). Mathematik-didaktisch bewegt sich das Projekt in verschiedenen Handlungs- und Erfahrungsfeldern, um der Vielfalt verschiedener Zahlenbedeutungen umfassend gerecht zu werden.

Das Projekt lässt eine Fülle von Spielvarianten und Spielverläufen zu. Dies ermöglicht, auf die Interessen und Fähigkeiten der Kinder gezielt einzugehen und die Spiele auf aktuelle Bedürfnisse und Situationen hin auszurichten. Die Spiele sind altersübergreifend durchführbar und eignen sich auch schon für zwei- bis dreijährige Kinder.

Die vier Erfahrungs- und Handlungsfelder

Das Zahlenhaus. Jede Zahl von der „Eins" bis zur „Zehn" erhält einen festen Ort, an dem sie sich häuslich einrichten kann. Neben einer Hausnummer wird die „Wohnung" mit unterschiedlichen Materialien (z. B. Bilder, Bälle, Bausteine, Pflanzen) „möbliert".

Das Zahlenland. Die Zahlenländer werden von Königinnen und Königen regiert. Im Einerland gibt es Dinge nur einmal, im Zweierland zweimal und in den weiteren Ländern ist die Anzahl der Materialien entsprechend. Am Eingangstor zu den Zahlenländern wacht ein Wächter, der nur solche Dinge und Lebewesen eintreten lässt, die zahlenmäßig in das Land passen (z. B.

Vogel mit zwei Beinen in das Zweierland). Zu den verschiedenen Zahlenländern werden Lieder und Geschichten erfunden, es wird getanzt, ein symbolisches „Wappentier" (Einerland: z. B. Storch, der auf einem Bein steht) wird gesucht, Zahlenrätsel gelöst und Abzählreime erfunden.

Der Zahlengarten. Er dient der geometrischen Darstellung von Zahlen und dem ganzheitlichen Lernen in der Natur. In ihm werden Zusammenhänge zwischen Zahlen, geometrischen Formen und der Natur hergestellt.

Der Zahlenweg. Auf dem Weg von Eins bis Zehn (im Weiteren von 10 bis 20) nähert man sich den Zahlen. Auf Teppichfliesen werden die Zahlen aufgemalt und als Weg gestaltet. Dieser Pfad wird beschritten, auf einzelnen Feldern wird verweilt und man kann z. B. beim Blick nach hinten die letzte Zahl entdecken. Die Zahlen und die Zahlenfolge werden mit dem ganzen Körper erlebt und motorisch erkundet. Die Verbindung von Zählen und Gehen schafft eine spielerische Situation, die den Lernprozess nachhaltig unterstützt.

Ein möglicher Spielverlauf am Beispiel „Besuch im Land der Zahl 4". So oder ähnlich kann der Besuch in einem Zahlenland aussehen: Die Kinder betreten über den Zahlenweg, in dem die wichtigsten Zahlen von 1–10 beheimatet sind, das Zahlenland. Nachdem mit den Kindern erörtert wurde, um welche Zahl es heute geht, richten die Kinder ihre Zahlengärten ein. Die Eins wohnt im Kreis, die Zwei in der Ellipse und die Drei natürlich im Dreieck. In jedem Garten wird ein Zahlenhaus aufgebaut und mit der entsprechenden Anzahl von Gegenständen eingerichtet. Heute befassen wir uns näher mit der Zahl „Vier". Die Kinder wählen das Viereck aus, suchen je vier Dinge (z. B. Bausteine, Murmeln, Bälle) für die Einrichtung des Zahlenhauses und lauschen der frei erfundenen Geschichte über die Vier. „Die Vier ist krank und muss das Bett mit den vier Beinen hüten, doch der Tee aus dem viereckigen Kräutergarten aus vierblättrigen Kleeblättern macht die Vier ganz schell gesund. Vor Freude spielen wir ‚Feuer, Erde, Luft und Wasser' und am Ende bekommt die Vier auch noch das Lied ‚Es war eine Mutter, die hatte vier Kinder' geschenkt. Wir wollen nun das Zahlenland wieder über den Zahlenweg verlassen, doch der freche Kobold hat alle Zahlen durcheinander gebracht. Zuerst müssen die Kinder die Zahlenreihe wieder in Ordnung bringen, um dann rückwärts gehend und rückwärts zählend das Zahlenland zu verlassen.

„Mathematik" als zentraler Bildungsbereich

Damit sich die Kinder den Zahlenraum (hier: das Zahlenland) erschließen können, stehen folgende **Ziele** im Vordergrund:
- Vertrautheit mit Eigenschaften und Verwendungsarten der Zahlen 1–10 (→ Tab. 7.7)
- Überblick über den Zahlenraum von 1–20
- Einfache Beispiele und Vorstellungen zum Rechnen
- Kennenlernen geometrischer Formen (ebene Figuren, Körper im Raum)
- Lösen von Problemen durch Nachdenken und Kombinieren
- Behutsame Einführung in mathematische Fachbegriffe und Symbole.

Ordinaler Aspekt	Zahlen geben den Rangplatz an	Der Wievielte? z. B. Der 2., der Letzte
Kardinaler Aspekt	Anzahl der Elemente einer Menge	Z. B. Wie viele Äpfel? 5 Äpfel
Codierungsaspekt	Zahlen werden als Namen zur Unterscheidung von Objekten benutzt	Z. B. Telefonnummer, Hausnummer
Rechenaspekt	Man rechnet mit Zahlen	Im Kopf, auf Papier oder mit einer Rechenmaschine
Geometrischer Aspekt	Zahlen begegnen uns in geometrischen (ebenen oder räumlichen) Zusammenhängen	Z. B. Dreieck, Siebeneck, Tetraeder Längenmessungen
Operatoraspekt	Zahlen werden in Verbindung mit einer Funktion benützt	Wie oft? z. B. Dreimal, das Zehnfache
Maßzahlaspekt	Zahlen stehen in Verbindung mit einer Größe und geben das Verhältnis zu einer Einheit an	Wie lang? Wie schwer? Wie teuer? z. B. 4 m, 7 kg, 3 Euro
Narrativer Aspekt	Zahlen besitzen eine emotionale und symbolische Bedeutung	Z. B. in Märchen, Erzählungen, Bräuchen (z. B. Glückszahl 7, 13. Fee bringt Unheil)

Tab. 7.7: Verwendungsarten der Zahlen in der Mathematik und weitere Funktionen

Mögliche Spielangebote zu den Zielschwerpunkten

Zahlengarten. Der Zahlengarten der Zahl „5" bewegt sich zwischen dem der „4" und dem der „6" (ordinaler Aspekt). Der Garten selbst ist als regelmäßiges Fünfeck konstruiert (geometrischer Aspekt). Im Garten befindet sich ein Zahlenturm, mit dessen Hilfe Zahlenzerlegungen veranschaulicht bzw. konstruiert werden (z. B. 1+4 oder 2+3).

Zahlenhaus. Die aufsteckbaren Hausnummern vermitteln den Codierungsaspekt. Die Anzahl der Gegenstände (z. B. im 5er-Haus liegen fünf Bauklötze, fünf Bälle, es hat fünf Fenster) gibt die Menge an (kardinaler Aspekt).

Zahlenland. Hier stellen sich Kindern die Fragen: Was gibt es nur einmal? (z. B. den Mond, die Sonne, die Mama) Welche Dinge treten nur paarweise auf? (z. B. die Arme und Beine, Zwillinge) Wie viele Beine haben eine Katze oder ein Vogel? Welchem Zahlenland könnte man ein Fenster (Viereck) zuordnen? Die Geschichten und „Wappentiere" zu den Ländern fördern eine personal-emotionale Beziehung zu den Zahlen.

Zahlenweg. Der Zahlenweg beginnt immer mit der ersten Zahl, und dies ist die Eins. Die Kinder durchgehen den Weg einmal oder auch fünfmal, und durch einen großen Schritt z. B. von der Drei gleich zur Fünf wird erstes spielerisches Rechnen geübt. Man kann den Zahlenweg auch rückwärts gehen. Der Zahlenweg, bei dem die Bewegung als Stützfunktion in mathematische Lernprozesse eingreift, ist eine erfolgreiche Methode, Kindern die Ordnung der Zahlen erfahrbar zu machen. Beim Gehen auf den Zahlen, verbunden mit lautem oder stillem Zählen werden kognitive Leistungen durch Bewegung unterstützt: Wo stehe ich gerade auf dem Zahlenweg? Welche Zahl kommt vor mir und welche direkt hinter mir? Schafft ein Kind dies allein zu beantworten, so hat es ein abstraktes Bild des Zahlenstrahls verinnerlicht. Gerade für den Zahlenweg gibt es eine Fülle von Lernmöglichkeiten.

Integrierte Bildungsbereiche und Projektangebote

Sprache und Literacy. Erfinden, Erzählen und Nacherzählen von Zahlenmärchen; Abzählreime und Zahlenrätsel; Zahlengeschichten umgesetzt in Rollenspiele; Bestimmung und Benennung mathematischer Zeichen und Symbole

Musik. Lieder aus dem vorhandenen Fundus (Liedgut) für die einzelnen Zahlen suchen; neue Texte auf bekannte Melodien komponieren; Zahlen und Rhythmus: Wir klatschen, stampfen und begleiten die Zahlen mit Orff-Instrumenten

Ästhetik, Kunst und Kultur. Im Alltag begegnen wir Zahlen (z. B. Hausnummer, Telefonnummer) und geometrischen Formen (z. B. Spielsachen, Räume). Wo finden wir geometrische Formen in der Architektur und Lebensumwelt? Gestaltung der Zahlenhäuser, Zahlenländer und Zahlengärten; Bildcollagen zu den Wappentieren; Basteln von Kronen und Requisiten für die Königinnen und Könige; Gestaltung von Zahlengärten im Außenbereich

Naturwissenschaften (Schwerpunkt Biologie). Formen von Blättern und Blüten beobachten und bestimmen; sich mit Eigenschaften und Lebensweisen von Tieren befassen

Bewegung. Die Kinder bewegen sich im Rhythmus und gehen Zahlen nach; ein oder mehrere Kinder formen mit ihrem Körper Zahlen; Hüpfspiele mit Zahlen; den Raum in Bewegung erfahren, z. B. diagonal durchgehen, hoch hüpfen.

Simultanes, visuelles und sinnliches Erfassen von Mathematik

Die Kinder können in vielfältiger Weise lernen, Mengen und Zahlen auf einen Blick und ohne Abzählen zu erfassen. Im Alltag ist das Abzählen von Dingen wenig hilfreich. Kindern mit Rechenschwäche geht die wichtige Fähigkeit des visuellen bzw. simultanen Erfassens von Zahlen und Mengen durch bloße Betrachtung ab (z. B. mit einem Blick erkennen, dass die Sechserseite des Würfels eine Gesamtmenge von 6 Augen oder Teilmengen 2x3 oder 3x2 Augen hat, dass ein Stuhl vier Beine und ein Vogel zwei Beine hat). Die Kinder lernen auch, dass nicht nur Mengen, sondern auch geometrische Formen Auskunft über Zahlen geben. Sie erfahren, dass in der Natur Blätter und Pflanzen ungerade Zahlen bevorzugen (Naturbetrachtungen), dass Töne und Zahlen zusammen einen Takt ergeben (Trommelspiele).

Dokumentation und Reflexion

Jedes Kind erstellt sein Zahlenlandbuch, dort finden die Zahlen ihren Platz, werden z. B. von Tieren begleitet, gepresste Blätter und Blüten schmücken die Zahl.

Empirische Evaluation

In der Version von Friedrich wurde das Projekt 2003/04 in 8 Kindergärten in Baden-Württemberg (mit Förderung des Kultusministeriums und der Robert-Bosch-Stiftung) erprobt und wissenschaftlich begleitet. Die 34 Erzieherinnen der Modellkindergärten stimmten mit großer Mehrheit darin überein, dass das Projekt Spaß macht, alltagstauglich, in sich schlüssig und flexibel einsetzbar ist. Bei den Kindern, unter denen sich viele Aussiedlerkinder (bis zu 85 % pro Einrichtung) befanden, von denen die meisten kaum Deutsch sprachen, zeigten sich deutliche Lernfortschritte. Die empirischen Daten belegen, dass die Kinder auch in ihrer Sprachentwicklung sehr profitierten. Diese Erfolge traten innerhalb von 11 Wochen ein, in denen das Projekt einmal in der Woche durchgeführt wurde. Die Messung der Lerneffekte bei den Kindern erfolgte durch Kontrollgruppen in Einrichtungen, die das Projekt nicht durchführten.

Verwendete Literatur

- Gisbert, G. (2004). Lernen lernen. Lernmethodische Kompetenzen von Kindern in Tageseinrichtungen fördern. Weinheim: Beltz.
- Hasemann, K. (2003). Anfangsunterricht in Mathematik. Heidelberg: Spektrum.
- van Oers, B. (2004). Mathematisches Denken bei Vorschulkindern. In W. E. Fthenakis & P. Oberhuemer (Hrsg.), Frühpädagogik international. (S. 313–330). Wiesbaden: VS Verlag für Sozialwissenschaften.

Materialien zum Spielprogramm „Entdeckungen im Zahlenland": Bezug: www.zahlenland.info

- Preiß, G. (2004). Guten Morgen, liebe Zahlen. Eine Einführung in die Entdeckungen im Zahlenland (2. Aufl.). Kirchzarten. *kostenfreies pdf-Dokument*
- Preiß, G. (2004). Leitfaden Zahlenland 1/2. Verlaufspläne für die Lerneinheiten 1 bis 10/11 bis 22 der „Entdeckungen im Zahlenland" (2 Bde). Kirchzarten: Preiß.
- Preiß, G. (2004). Geschichten aus dem Zahlenland 1 bis 5/6 bis 10 (2 Bde). Kirchzarten: Preiß.

Materialien zum Spielprogramm „Komm mit ins Zahlenland":

- Friedrich, G. & Galgóczy, V. (2005). Komm mit ins Zahlenland. Eine spielerische Entdeckung in die Welt der Mathematik (2. überarb. Aufl.). Freiburg: Christopherus.
- Friedrich, G. & Brodihn, A. (2004). So geht's auch – Spaß mit Zahlen und Mathematik im Kindergarten. Kindergarten heute Spot. Freiburg: Herder.
- Schoof, R., Friedrich, G. & Sangl, M. (2005). Hexe Zerolina im Zahlenland. Freiburg: Kerle.

7.6 Naturwissenschaften und Technik

Leitgedanken

Kinder wachsen in einer hoch technisierten Wissensgesellschaft auf. Naturwissenschaften und Technik prägen unser tägliches Leben und üben großen Einfluss auf unsere gesellschaftliche und wirtschaftliche Entwicklung aus. Naturwissenschaftliche Erkenntnisse liefern Grundlagenwissen über Vorgänge der belebten und unbelebten Natur; sie tragen dazu bei, sich ein Bild von der Welt zu machen, sie zu erforschen und ihr einen Sinn zu verleihen. In der Technik werden naturwissenschaftliche Erkenntnisse nutzbar gemacht, um das Leben der Menschen zu erleichtern. Von Geburt an erleben Kinder die Ergebnisse technischer Entwicklungen – vom Auto über diverse Haushalts- und Gebrauchsgegenstände bis hin zum Fernsehen, Handy und Computer. Aber auch beim Spielzeugwarenangebot und im Kinderzimmer hält die fortschreitende Technisierung immer mehr Einzug. Ohne technische Errungenschaften wäre das Leben auf der dicht besiedelten Erde nicht mehr möglich, andererseits sind manche Folgen der Technisierung, z. B. Abwässer, Abgase, Lärmbelästigung, für unser Leben auch problematisch. Technik ist kein isolierter, eigenständiger Bereich, sondern eng mit Wirtschaft, Gesellschaft, Politik, Kultur und Medien verflochten.

Kinder zeigen hohes Interesse an Alltagsphänomenen der belebten und unbelebten Natur und an Technik. Sie sind bestrebt, nachzuforschen und herauszufinden, „warum das so ist" oder „wie etwas funktioniert". Ihr Forschungsinteresse gilt dem Wasser, der Luft, den Wetterphänomenen, dem Feuer bis hin zu fernen Welten, aber auch den Funktions- und Gebrauchsmöglichkeiten technischer Geräte. Gerade junge Kinder sind Meister im Fragen. Ihre Fragen signalisieren ihre Wissbegier über Weltvorgänge und ihre ureigene Motivation, die für sie noch unerklärlichen Dinge in ihrer Umgebung zu verstehen. Sie haben Spaß und Freude am Beobachten, Experimentieren und Forschen.

Kinder bis zur Einschulung sind fähig, sich mit Themen aus Naturwissenschaften und Technik näher auseinander zu setzen. Neuere Forschungsbefunde zeigen, dass bereits Drei- bis Fünfjährige hierfür die entwicklungspsychologischen Voraussetzungen haben. Lange vor Schuleintritt verfügen Kinder über differenzierte Denkstrukturen, die es ihnen ermöglichen, naturwissenschaftliche Zusammenhänge zu verstehen; sie haben Zugang zu Fragestellungen aus der Physik, Chemie oder Biologie und sind in der Lage, grundlegende Wenn-Dann-Beziehungen herzustellen. Ihr Verständnis für naturwissenschaftliche, aber auch technische Fragen scheint daher weitaus größer zu sein als bislang angenommen.

Kinder greifen naturwissenschaftliche und technische Lernangebote begeistert auf. Medienangebote mit entsprechenden Themen (z. B. Sendung mit der Maus, Kinderbücher), üben auf Kinder eine hohe Anziehungskraft aus, ebenso einschlägige Kindermuseen. Frühe naturwissenschaftliche Lernerfahrungen in Kindertageseinrichtungen nehmen im subjektiven Erleben aller Kinder einen besonderen Stellenwert ein und zeigen nachhaltige Wirkungen: So ziehen es die meisten Kinder trotz attraktiver Alternativangebote vor, an naturwissenschaftlichen Angeboten (z. B. Versuchsreihen) teilzunehmen, wobei ihr Interesse bis zum letzten Versuch anhält. Sie nehmen solche Angebote regelmäßig und mit hoher Konzentration, Ausdauer, Faszination und Begeisterung wahr. Kinder machen dabei Fortschritte in ihrer Entwicklung. Ihre Beobachtungsfähigkeiten werden differenzierter und genauer. Durch das Beschreiben ihrer Beobachtungen werden sie in ihrer sprachlichen Ausdrucksfähigkeit gewandter. Sie lernen, Ergebnisse aus ihren bisherigen Lernerfahrungen und Wissensbeständen herzuleiten. Befragt man sie über Versuchsreihen, die in ihrer Tageseinrichtung durchgeführt worden sind, so ist ihre Erinnerungsfähigkeit an die einzelnen Experimente selbst nach einem halben Jahr überraschend hoch. Obwohl bereits sehr kleine Kinder technische Produkte nutzen und hierbei technischen Fragestellungen begegnen, gibt es für sie noch kaum Möglichkeiten, auszuprobieren und mitzuerleben, wie etwas funktioniert. Die komplexe Technik erschwert eine nachvollziehbare Auseinandersetzung mit dem Forschungsgegenstand. Gewährte z. B. das Auseinandernehmen eines Weckers Einblicke in die Mechanik, so ist dies heute bei Digitaluhren nicht mehr möglich. Hinzu kommt, dass die aktive Auseinandersetzung mit Technik in die Arbeitswelt der Erwachsenen gehört, und in diese haben Kinder in der Regel keinen Zutritt.

Die Begeisterung der Kinder ist wach zu halten durch ein attraktives Lernangebot. Zugleich trägt frühe naturwissenschaftlich-technische Bildung wesentlich dazu bei, den persönlichen Bezug der Kinder zu ihrer Umwelt zu festigen und sich in unserer hoch technisierten Welt besser zurecht finden. Diese positiven Lernerfahrungen sind eine wertvolle Basis für das spätere Interesse an diesen Wissensgebieten. Davon profitiert zugleich der Wirtschaftsstandort Deutschland. Naturwissenschaftlich-technische Bildung vermittelt aber auch die Erkenntnis, verantwortungsvoll mit der Umwelt umzugehen.

Die Auseinandersetzung mit Naturwissenschaften und Technik ist für Mädchen und Jungen gleichermaßen von Bedeutung. Die verbreitete Meinung, Bereiche wie Physik, Chemie, Biologie und Technik seien für Jungen eher zugänglich als für Mädchen, erweist sich – gerade in den frühen Lebensjahren – als ein Vorurteil.

Bildungs- und Erziehungsziele

Das Kind erhält vielfältige Zugänge zu naturwissenschaftlichen Themen. Es hat Freude am Beobachten von Phänomenen der belebten und unbelebten Natur, am Erforschen und Experimentieren. Es lernt Gesetzmäßigkeiten und Eigenschaften naturwissenschaftlicher Erscheinungen kennen und setzt sich mit Zusammenhängen in diesen Bereichen auseinander. Es entwickelt ein Grundverständnis dafür, dass es noch nicht alles, was es gerne wissen möchte, verstehen kann, sondern dass man sich mit manchen Dingen lange auseinander setzen muss, bevor man sie begreift. Dies beinhaltet insbesondere folgende Bereiche:

- Eigenschaften verschiedener Stoffe kennen lernen: Dichte und Aggregatzustand (feste Körper, Flüssigkeiten, Gase)
- Energieformen kennen lernen (z. B. mechanische, magnetische und Wärmeenergie)
- Phänomene aus der Welt der Akustik und der Optik erfahren
- Erfahrungen mit physikalischen Gesetzmäßigkeiten sammeln (z. B. Schwerkraft, Mechanik, Optik, Magnetismus, Elektrizität)
- Sich in Zeit und Raum orientieren (z. B. Uhr, Kalender, Himmelsrichtungen)
- Einfache Größen-, Längen-, Gewichts-, Temperatur- und Zeitmessungen durchführen und ein Grundverständnis dafür entwickeln
- Verschiedene Naturmaterialien sammeln, sortieren, ordnen, benennen und beschreiben (z. B. Blätter, Blütenformen, Rinden, Früchte)
- Vorgänge in der Umwelt (z. B. Licht und Schatten, Sonnenstand, Wetter) genau beobachten und daraus Fragen ableiten
- Kurz- und längerfristige Veränderungen in der Natur beobachten, vergleichen und beschreiben und mit ihnen vertraut werden (z. B. Wetterveränderungen, Jahreszeiten, Naturkreisläufe)
- Durch Experimente naturwissenschaftliche Vorgänge bewusst wahrnehmen und sich die Welt erschließen
- Hypothesen aufstellen und diese mit entsprechenden Methoden überprüfen.

Das Kind macht Erfahrungen mit Sachverhalten aus der technischen Umwelt, lernt verschiedene Techniken sowie deren Funktionsweise in unterschiedlichen Formen kennen. Einfache technische Zusammenhänge werden durchschaubar und begreifbar. Zudem erwirbt das Kind einen verantwortungsvollen, sachgerechten und sinnvollen Umgang mit technischen Geräten. Dies beinhaltet insbesondere folgende Bereiche:

- Verschiedene technische Anwendungen, bei denen naturwissenschaftliche Gesetzmäßigkeiten zur Anwendung kommen, systematisch erkunden (z. B. Hebel, Balken, Waage, Magnet, schiefe Ebene, Rad; Fahrzeuge wie Auto, Fahrrad, Bagger)
- Techniken zum Personen- und Lastentransport kennen lernen (z. B. Räder bei Fahrzeugen, Seilwinden bei Seilbahnen)
- Mit unterschiedlichen Materialien bauen und konstruieren
- Den sachgerechten Umgang mit Werkzeugen und Werkbank üben

- Wirkung von Kräften erfahren, z. B. an der Fliehkraft oder Erdanziehung
- Geräte zerlegen und „reparieren" und dabei die Einsicht erlangen, dass ein technisches Gerät repariert werden kann, wenn es nicht mehr funktioniert
- Partnerschaftliche Zusammenarbeit beim Lösen technischer Fragestellungen erfahren
- Wege der Energiegewinnung und Stromversorgung kennen lernen
- Auswirkungen der Technik auf die Umwelt und auf die Lebens- und Berufswelt des Menschen kennen lernen.

Anregungen und Beispiele zur Umsetzung

GRUNDLAGEN

Bedeutung des Bereichs im pädagogischen Alltag

Kindertageseinrichtungen sind aufgerufen, den Forscherdrang und die Neugierde der Kinder aufzugreifen und durch attraktive Lernangebote weiterzuführen. Sie stehen in der Verantwortung, der kindlichen Lust am Fragen mit Ernsthaftigkeit zu begegnen und diesem Themenbereich im elementaren Bildungsgeschehen angemessen Raum zu geben. Die bisher durchweg positiven Erfahrungen, vor allem in der naturwissenschaftlichen Bildungsarbeit mit Kindern, sind ermutigend, innerhalb dieses Bereichs auch den Bereich Technik offensiv aufzugreifen.

Querverbindungen zu anderen Bereichen

Im Rahmen naturwissenschaftlicher und technischer Themenbereiche und Arbeitsweisen lassen sich Querverbindungen und Verknüpfungen zu fast allen anderen themenbezogenen Bildungs- und Erziehungsbereichen herstellen, so insbesondere zu folgenden Bereichen:
- Werteorientierung und Religiosität (➤ Kap. 7.1): z. B. naturwissenschaftliche Phänomene und religiöse Schöpfungsgeschichte
- Emotionalität, soziale Beziehungen und Konflikte (➤ Kap. 7.2): z. B. in Kleingruppen gemeinsam forschen und Lösungswege entwickeln
- Sprache und Literacy (➤ Kap. 7.3): z. B. naturwissenschaftliche und technische Sachbücher, Gespräche, Erklärungen
- Informations- und Kommunikationstechnik, Medien (➤ Kap. 7.4): z. B. technische Handhabung von Mediengeräten vom Diaprojektor über Computer bis zur Medientechnik, Entstehung einer Fernsehsendung
- Mathematik (➤ Kap. 7.5): Mathematische und naturwissenschaftlich-technische Bildung gehen Hand in Hand, wie z. B. Materialien zum Forschen

und Experimentieren abwiegen, messen, mathematische Erfahrungen beim Spiel mit Baumaterialien
- Umwelt (→ Kap. 7.7): z. B. belebte Natur, sich mit den Elementen der Natur auseinander setzen
- Ästhetik, Kunst und Kultur (→ Kap. 7.8): z. B. Schattenspiele bei „Licht und Schatten"; Entdecken der Architektur in der Umgebung, deren Bautechnik und Statik; Einblicke in die technischen Entwicklungen von der Steinzeit bis heute
- Musik (→ Kap. 7.9): z. B. akustische Phänomene erforschen; „Wassermusik" von Händel beim Thema „Wasser"; Selbstbau einfacher Musikinstrumente.

Pädagogische Leitlinien

Kinder für komplexe Wissensgebiete wie Naturwissenschaften und Technik zu begeistern und ihnen kindgerechte Zugänge und Möglichkeiten der Auseinandersetzung zu eröffnen, ist eine höchst anspruchsvolle Aufgabe. Auch wenn bereits erste positive Erfahrungen vorliegen, ist bei der Konzeption, Planung und Durchführung entsprechender Lernangebote noch viel Pionierarbeit zu leisten. Dies gilt besonders für die technische Bildung. Im Vordergrund stehen nicht der Erwerb von Wissen, sondern die Entwicklung von nachhaltigem Interesse an diesen Themen und der Erwerb von lernmethodischer Kompetenz. Als hilfreich erweist sich eine enge Kooperation mit fachkundigen Experten.

Fragen der Kinder aufgreifen

Ein zentraler Ausgangs- und weiterer Bezugspunkt sind die Fragen der Kinder und nicht bestimmte Disziplinen. Die Frageorientierung entspricht der kindlichen Denkweise und sichert ihre Aufmerksamkeit. Kinder, die Phänomene beobachten, leiten aus ihren Beobachtungen Fragen ab. Diese betreffen in der Regel nicht dieselbe naturwissenschaftliche Disziplin. Vielmehr werden innerhalb eines gedanklichen Bogens häufig Aspekte aus den Disziplinen Biologie, Chemie, Physik, Astronomie und Geologie gleichzeitig berührt, häufig aber auch geschichtliche und geografische Aspekte.

Interessen bei Kindern wecken bzw. wach halten

Das Interesse der Kinder an unbekannten Themen lässt sich durch spannende Präsentationen neuer Lernangebote wecken. Dies löst bei Kindern viele Fragen und Umsetzungsideen aus. Themenbereiche und Einzelaspekte, die für die Altersgruppe der 3- bis 6-jährigen Kinder erfahrungsgemäß von Interesse sind, sind in der Tabelle 7.8 beispielhaft zusammengestellt. Viele dieser Bereiche sind auch für Kinder unter 3 Jahren interessant, so z. B. Wasser, das auf Kleinstkinder eine magische Anziehungskraft ausübt. Sinnliche Anregungen wie z. B. Plantschen, Schütten, Anfassen, Kneten, Pusten, Riechen, Luftblasen erzeugen, Spiele mit Kugelbahnen oder Luftballons, die Staunen über Beobachtetes und Aha-Erlebnisse auslösen, verschaffen Kindern unter drei Jahren erste Zugänge zu naturwissenschaftlichen und technischen Vorgängen.

7.6 Naturwissenschaften und Technik

Themenbereich	Einzelaspekte, die für Kinder von Interesse sind
Luft und Gase	■ Luft entdecken ■ Notwendigkeit von Luft ■ Eigenschaften von Luft ■ Luftwiderstand ■ Luftbewegung ■ Luftzusammensetzung ■ Luft als Gas ■ Andere wichtige Gase
Wasser und Flüssigkeiten	■ Wasser als lebenswichtiges Element für Menschen, Tiere und Pflanzen ■ Schwimmfähigkeit von Gegenständen und Lebewesen ■ Wasserwiderstand und Wege, ihn zu überwinden ■ Wasser als Flüssigkeit ■ Grundlegende Eigenschaften von Flüssigkeiten ■ Mischen mit und Lösen in Wasser
Heiß und Kalt	■ Erwärmung und Abkühlung von Gegenständen ■ Wirkungen von Wärme und Kälte ■ Wärmeausbreitung und Wärmeleitung ■ Einfachste Formen der Temperaturmessung
Licht und Schatten	■ Natürliche und künstliche Lichtquellen ■ Lichtdurchlässigkeit und Schattenwirkung ■ Lichtbrechung ■ Lichtreflexion und Spiegelwirkung
Farben	■ Funktion der Farben in der Natur ■ Entstehung von Farben aus Licht ■ Farbspektrum und Farbzusammensetzung ■ Farbmischung und Farbaufspaltung ■ Farblöschung
Schall, Töne und Musik	■ Töne in der Natur ■ Verschiedenste Wege der Tonerzeugung ■ Funktionen und Auswirkung unterschiedlicher Lautstärken ■ Ausbreitung, Weiterleitung und Abschirmung von Schall
Magnetismus	■ Verständnis magnetischer Kraft ■ Magnetische Materialien ■ Nutzen von Magneten ■ Anziehung und Abstoßung von Magneten ■ Stärke der magnetischen Kraft ■ Abschirmung von Magneten ■ Nord-Süd-Orientierung der Erde ■ Handhabung des Kompasses (Nutzen von Landkarten)

Themenbereich	Einzelaspekte, die für Kinder von Interesse sind
Elektrizität	- Statische Ladung - Statische Anziehung und Abstoßung - Stromerzeugung, Stromtransport - Speicherung von Elektrizität – Batterien - Formen, Funktion und Arbeitsweise von Batterien - Stromleiter und Isolatoren - Einfache Stromkreise - Elektrische Schaltungen - Umwandlung von Strom in Licht und Wärme
Kräfte und Technik	- Wirkungen von Kräften (Schwerkraft, Fliehkraft, Reibung) - Konstruktionsmerkmale für Bauwerke - Funktionsweise verschiedener Antriebsformen
Bewegung und Gleichgewicht	- Eigene Bewegungen wahrnehmen und beeinflussen - Energie als Notwendigkeit von Bewegungen - Übertragung von Bewegung - Unmögliche Bewegungen - Schiefe Ebenen - Gleichgewicht erkennen und beeinflussen - Funktion und Nutzen von Waagen
Lebewesen (Menschen, Tiere, Pflanzen)	- Merkmale von Lebewesen (Unterscheidung lebende und nicht lebende Dinge) - Unterschiede der Lebewesen - Geburt, Wachstum, Tod - Gemeinsamkeiten und Individualität verschiedener Menschen - Sinnessysteme der Menschen - Charakteristik der Lebensräume verschiedener Pflanzen und Tiere - Anpassung der Pflanzen und Tiere an ihre Lebensräume - Charakteristik verschiedener Lebensformen - Fortpflanzung von Pflanzen und Tieren - Erste Klassifizierung von Pflanzen und Tieren - Nahrungskette
Unsere Erde	- Jahreszeiten und Wetter - Wasserkreislauf der Erde - Gestalt der Erdoberfläche (Charakteristika der Meere, Inseln, Gebirge, Wüsten, Regenwälder, Polargebiete) - Unterschiedliche Kontinente, Länder und ihr Klima (Menschen, Tiere und Pflanzen, die dort leben) - Unterschiede zwischen festen, flüssigen und gasförmigen Dingen - Natürliche und künstliche Materialien erkennen und verändern

Themenbereich	Einzelaspekte, die für Kinder von Interesse sind
Unsere Erde	■ Bedeutung von Sonne und Mond ■ Tageslauf und Erddrehung ■ Erde als Teil des Sonnensystems

Tab. 7.8: Themenbereiche, die für Kinder im Alter von 3 bis 6 Jahren von Interesse sind

Themen sichtbar machen, Alltagsbezüge bei ihrer didaktischen Aufbereitung herstellen, vielfältige Zugangsweisen ermöglichen, in größere Zusammenhänge einbetten, handelndem Forschen und entdeckendem Lernen zusammen mit anderen Kindern viel Raum geben, dieses durch gezielte Fragen und stimulierende Impulse begleiten und die Lernprozesse beobachten – all das sind zentrale Aufgaben des pädagogischen Personals. Naturwissenschaftlich-technische Themen lassen sich vielseitig kombinieren mit Geschichten, Musikstücken, bildnerischem Gestalten, Bewegungs- und Theaterspielen. Auf diese Weise kann die Ansprache auch jener Kinder gelingen, die sich an diesen Themen zunächst weniger interessiert zeigen. Je nach Fragen und weiteren Ideen der Kinder können geplante Lernangebote viele Wendungen nehmen.

Geeignete Lernumgebung

Im Gruppenraum lässt sich eine naturwissenschaftliche Experimentierecke einrichten oder die Kinderküchenzeile z. B. in ein Experimentierstudio umwandeln. Ausgestattet mit interessanten Materialien wie z. B. Messbecher, Lupen, Mikroskope, Waagen, naturwissenschaftlichen Experimentiermaterialien und Sachbüchern lädt ein solches Studio die Kinder im Freispiel und im Rahmen gezielter Angebote zum Forschen, Experimentieren und Entdecken ein. Zu Forschungen rund um das Thema „Wasser" bietet sich z. B. auch der Sanitärraum an, um ein kleines Labor zu errichten, z. B. mit Wasserwanne, Schläuchen, Plastikflaschen, Schwämmen. Werkräume bzw. -ecken mit Werkbank, Werkzeugen, handwerklichen Materialien animieren die Kinder zum handwerklichen Arbeiten, den sachgerechten Umgang mit Werkzeug zu üben und kaputte Dinge zu reparieren. Bauzimmer bzw. -ecken bieten einen großen Anreiz zum Bauen und Konstruieren, z. B. durch ein vielfältiges Angebot an Baumaterialien, anregenden Fotos und Büchern zum Thema „Bauen, Architektur, Technik". Gegenstände mit geowissenschaftlichem Lernwert wie z. B. Lupen, Magnete, Messgeräte, Globen, Kompasse, Waagen, Thermometer, Landkarten runden das Angebot an Spiel- und Lernmaterialien zu diesem Bildungsbereich ab.

Die Atmosphäre

Eine Atmosphäre, in der Erwachsene der kindlichen Lust am Fragen mit Offenheit und Ernsthaftigkeit begegnen und sie zugleich durch interessante Angebote immer wieder stimulieren, vermittelt Kindern ein Bewusstsein, dass es sich lohnt, neugierig zu sein und viele Fragen zu stellen. Wenn sie bei ihrer Suche nach Lösungen und Erklärungen einfühlsame Impulse und stete Ermunterung erhalten, die sie in ihrer eigenaktiven Forschertätigkeit und in ihrem Erkenntnisdrang durch viele Aha-Erlebnisse voranbringt, dann verstärkt dies ihre Lust und Freude am Lernen. Wenn Erwachsene sie in neue spannende Themen aus der Welt der Naturwissenschaften und Technik einführen und sie anregen und ermutigen, sich mit diesen auseinander zu setzen und sie gemeinsam zu erarbeiten, dann erweitern Kinder ihren Erfahrungs- und Wissenshorizont und ihr Verständnis über Weltvorgänge.

Enge Zusammenarbeit mit den Familien

Erfahrungswerte zeigen: Eltern, die sich bisher nicht an die Themen „Naturwissenschaften" und „Technik" gewagt haben, verfolgen mit großem Interesse die z. B. durch Fotos dokumentierten Aktivitäten in der Kindertageseinrichtung und lassen sich von der Begeisterung ihrer Kinder vielfach anstecken. Dies gilt besonders auch für die Väter, die sich durch diese Themenwahl verstärkt für das Einrichtungsgeschehen interessieren. Interessierte, aber auch um Überforderung der Kinder besorgte Eltern kommen vielfach mit Fragen auf das pädagogische Personal zu. Einige greifen die aktuell behandelten Themen auf und verfolgen zusammen mit ihren Kindern die noch offenen Fragen zu Hause forschend weiter. Die Kinder bringen sodann ihre daheim gewonnenen neuen Erkenntnisse in das Bildungsgeschehen der Tageseinrichtung wieder ein. Auf diese Weise vernetzen sich die Bildungsprozesse von Kindertageseinrichtung und Elternhaus. Mütter und Väter, die in naturwissenschaftlichen und technischen Berufen ausgebildet bzw. tätig sind, sind wichtige Partner für diesen Bildungsbereich, von der Einbeziehung ihrer Erfahrungen und Fachkompetenzen können alle Kinder profitieren.

Gemeinwesenorientierung – Kooperation mit fachkundigen Stellen

Einblicke in die verschiedenen Arbeitswelten der Erwachsenen machen Naturwissenschaften und Technik für Kinder sichtbar und unmittelbar erfahrbar. Ein reger Dialog zwischen Kindertageseinrichtung, Eltern, Wissenschaft und Wirtschaft vor Ort kann hierfür Brücken schlagen und Netzwerke entstehen lassen. Die Angebote zur naturwissenschaftlichen und technischen Bildung lassen sich vielseitig, attraktiv und lebensnah gestalten durch:
- Besichtigung einschlägiger Einrichtungen und Betriebe (z. B. handwerkliche und Fertigungsbetriebe, Wasserwerk, Theaterbühnentechnik, lokale Radiosendestationen, Flughafen)
- Besuch von Museen zu Natur und Technik mit fachkundiger Führung
- Einbezug einschlägiger Experten, die ihre Kompetenzen und Erfahrungen in die Bildungsprozesse der Kinder einbringen (z. B. Chemiker, Physiker, Biologen, Ingenieure), wobei hier Väter und Mütter die nächsten Partner sind
- Kooperation mit benachbarten Schulen, um mit Schulkindern zusammen Projekte und Experimente durchzuführen.

AKTIVITÄTEN

Lernen in Alltags- und Spielsituationen

Alltägliche Verrichtungen im Haushalt wie z. B. Kochen, Backen, Putzen, Waschen, Reparieren bieten eine Fülle von Möglichkeiten, mit Kindern chemische, physikalische, biologische und technische Vorgänge im Kleinen zu beobachten und zu erforschen. Sie können einzelne Naturvorgänge, insbesondere beim Umgang mit Pflanzen und Tieren, bewusst erfahren, wenn diese für sie im pädagogischen Alltag sichtbar gemacht und die Kinder darin aktiv eingebunden werden, z. B. Säen von Samen, Beobachten, Pflegen und Beschreiben des Pflanzenwachstums, Beobachtung und Umgang mit Tieren. Dabei gewonnene Erfahrungen und Erkenntnisse lassen sich bei anhaltendem Interesse der Kinder im Rahmen von Experimenten oder Projekten weiterverfolgen und vertiefen.

Praxisbeispiele

Mit Kindern Kuchen backen

Wenn ein Teil des Teiges mit Backpulver verarbeitet wird und der andere nicht, dann zeigt der fertige Kuchen einen Unterschied. Während die eine Hälfte aufgegangen und in ihrer Konsistenz locker ist, sieht der andere Teil weniger ansprechend aus. Das Geheimnis Backpulver entlockt Kindern viele Fragen, auf deren Grundlage sich anbietet, sich mit dem Thema „Gase" gemeinsam näher zu befassen: Mit Backpulver lässt sich viel anstellen, und dabei gibt es verschiedene Phänomene zu beobachten. Wird es mit unterschiedlichen Stoffen (Wasser, Essig) vermischt, dann beobachten die Kinder bei der Mischung mit Essig eine starke, sichtbare chemische Reaktion. Es bilden sich Bläschen, das Volumen nimmt durch Schaumbildung sichtbar zu. Durch den Mischvorgang entsteht ein Gas: Sein Name ist Kohlendioxid. Um den Vorgang der Gasbildung zu steigern und sichtbarer zu machen, wird das Backpulver nun in eine Flasche gefüllt und erneut mit Essig vermischt. Sodann wird sofort ein Luftballon über den Flaschenhals gestülpt mit dem Ergebnis, dass er durch das aufsteigende Gas aufgeblasen wird. Wichtig ist, durch Messen und Wiegen das richtige Mischverhältnis der Stoffe herauszufinden, um eine möglichst große Gasbildung zu erzeugen. Der mit dem Gas gefüllte Luftballon wird nun verknotet; zugleich wird ein weiterer Luftballon mit Luft aufgeblasen. Beim Vergleich der beiden Ballons stellen die Kinder fest, dass der mit Kohlendioxid gefüllte Ballon schwerer ist als der mit Luft gefüllte. Das Thema „Gase" lässt sich im Weiteren von vielen Seiten her mit den Kindern beleuchten.

Im Werkraum

Mit Hilfe einfacher Materialien wie Konservendosen oder -gläsern, Schnur, Schläuchen lassen sich z. B. ein Telefon oder Musikinstrumente wie Wasserorgel oder Schlauchorchester bauen.

Lernen durch Experimentieren

Experimente und Versuchsreihen zu naturwissenschaftlichen und technischen Aspekten sind ein wichtiger Baustein dieses Bildungsbereichs, greifen jedoch als ausschließliches Angebot zu kurz. Kinder haben viel Spaß an Experimenten, da sie viel sichtbar machen und viele interessante Beobachtungen ermöglichen. Das isolierte Durchführen von Experimenten ist für Kinder durchaus unterhaltsam, als „Lernereignisse" bleiben sie in Erinnerung. Intensivere Zugänge und höhere Lerngewinne erzielen Kinder insbesondere dann, wenn Experimente als eine Aktivität in umfassendere Lernangebote, die ein Thema ganzheitlich und bereichsübergreifend bearbeiten, und damit in größere Zusammenhänge eingebettet sind (z. B. Verbund mit Geschichten und Märchen zum Thema und anschließendes Theaterspiel). Solch umfassendere Lernangebote können Projekte und Jahresthemen (vgl. Projekte „Vom Urknall bis Bethlehem", „Licht und Schatten" in diesem Kapitel), aber auch Arbeitsgemeinschaften bzw. Workshops zum Thema „Naturwissenschaften und Technik" sein. Bei der Planung und Durchführung von Experimenten sind bestimmte Aspekte zu beachten.

Zeitplanung. Experimente zur unbelebten Natur können jederzeit und unabhängig von der Jahreszeit durchgeführt und beliebig oft wiederholt werden, z. B. das Lösen eines Zuckerwürfels in Wasser. Experimente zur belebten Natur hingegen sind häufig an bestimmte Jahreszeiten gebunden, z. B. die Entwicklung einer Tulpe aus einer Zwiebel.

Themenauswahl. Die Auswahl der Themen und Experimente muss altersgerecht sein, damit weder Langeweile durch Unterforderung noch Frustration und Desinteresse durch Überforderung die ursprüngliche Begeisterung der Kinder beeinträchtigen. Ein zentraler Punkt ist, dass die Kinder alle Experimente auch selbst durchführen können und die Hintergründe für Kinder in diesem Alter verständlich sind. Dies verhindert den Eindruck der Zauberei und gewährleistet tiefer gehende Einsichten in naturwissenschaftliche Zusammenhänge. An die Auswahl der Experimente stellt dies die weitere Anforderung, dass sie einfach und ungefährlich sein sowie einen Bezug zum Lebensalltag der Kinder haben müssen.

Materialien. Für die Experimente kommen fast ausschließlich Materialien zum Einsatz, mit denen Kinder ohnehin täglich zu tun haben oder die zu ihrem Alltag gehören, z. B. Gläser, Trinkhalme, Luftballons, Wasser, Sand. Die für die Durchführung der Experimente erforderlichen Materialien sollen leicht verfügbar bzw. erwerbbar sein. Der Umgang mit diesen Materialien muss ungefährlich sein.

Angebotsdauer. Alle Experimente sollen innerhalb eines überschaubaren Zeitraums abgeschlossen sein, um der Konzentrationsspanne der Kinder gerecht zu werden. Als Richtwerte kann man für ein einzelnes Experiment etwa 10 Minuten nennen, wobei diese Werte im Einzelfall am Konzentrationsvermögen, der Tagesform der Kinder und an den bisherigen einschlägigen Lernerfahrungen auszurichten sind. Die Durchführung von Versuchsreihen sollte nach etwa 30 Minuten eine Unterbrechung erfahren.

Durchführung. Die Kinder lernen den Aufbau einer Versuchsanordnung kennen und nehmen die einzelnen Versuchsstadien mit allen Sinnen wahr. Im Anschluss erhalten sie viel Gelegenheit zu selbsttätigen Wiederholungen dieser Versuche. Durch systematisches Beobachten, Vergleichen, Beschreiben und Bewerten lernen die Kinder, naturwissenschaftliche und technische Vorgänge bewusst wahrzunehmen. Wiederholtes und regelmäßiges Durchführen trägt dazu bei, ihre Beobachtungsgabe und ihr Artikulationsvermögen beim Beschreiben der Beobachtungen erheblich zu steigern. Vom Experiment können sie Antworten auf ihre Fragen ableiten und dabei eigene Ideen und Hypothesen erstellen, die sie in Kooperation und im Austausch mit den anderen Kindern und der Fachkraft auf ihre Richtigkeit hin überprüfen. Dieser Erkenntnisgewinn treibt ihre Neugier und Freude an weiteren Experimenten voran.

Begleitende Erklärungen. Die einzelnen Experimente und Versuche sind mit altersgerechten Erklärungen zu begleiten, die je nach Erkenntnisstand der Kinder mehr oder weniger in die Tiefe gehen und die wachsende Fähigkeit der Kinder, Komplexität zu begreifen und Abstraktionen zu verstehen, berücksichtigen. Aufgrund der Altersmischung in den Kindergruppen sind zu den beobachteten Phänomenen häufig unterschiedliche Experimente und Erklärungsebenen zugleich anzubieten, damit die Kinder je nach Entwicklungsstand größtmöglichen Lerngewinn daraus ziehen. Darin liegt die Herausforderung für pädagogische Fachkräfte in Kindertageseinrichtungen.

Ganzheitliches Lernen in Projekten

Projekte sind ein geeigneter Ansatz für intensivere Ausflüge in die Welt der Naturwissenschaften und Technik. Sie ermöglichen zugleich zahlreiche Querverbindungen zu anderen Bildungsbereichen. Alle Themen in Tabelle 7.8 eignen sich als Anknüpfungspunkt für Projekte.

 ### Projektbeispiele aus der Praxis

Nachstehend werden zwei Projektbeispiele aus der Praxis vorgestellt, weitere Projektbeispiele zum Bildungsbereich Naturwissenschaften finden sich in den Kapiteln Lernmethodische Kompetenz – Lernen, wie man lernt (→ Kap. 5.9; Projekte „Das Wetter", „Der Regenwurm" und „Warum sind eigentlich Kerne in den Mandarinen?") und Umwelt (→ Kap. 7.7; Projekt „Natur sinnvoll nutzen – Umwelt schützen").

„Vom Urknall bis Bethlehem" – Naturwissenschaften im Kindergarten

Modelleinrichtung: Kindergarten Bienenkorb in Oberhaching –
Konzeption: Vera Desun

Entstehung des Projekts – Themenfindung

Im Rahmen der Jahresplanung entschied das Team, das komplexe Thema „Entstehung der Erde und der Welt" – in jeder Gruppe eigenständig – mit den Kindern zu bearbeiten.

Konkretisierungsschritte. Erste Überlegungen befassten sich mit der biblischen Schöpfungsgeschichte „Die Erschaffung der Welt in sieben Tagen" und dem musikalischen Werk „Die Schöpfung" von Haydn. Um das Projektvorhaben begreifbarer zu machen, ging man sodann der Bedeutung des Begriffs „Wissenschaft" nach. Recherchen einer Erzieherin in der Gemeindebücherei brachten einen ersten roten Faden. Ein Bildband zum „Urknall-Modell", der eine Computerfotografie der Sonne mit ihrem heißen weißen Kern und ihren Farbabstufungen von gelb bis rot enthielt, brachte die zündende Idee für den Einstieg ins Projekt. Ein Zeitungsartikel „Der große Knall im All", den ein Kind von zu Hause mitbrachte, motivierte nun auch die gesamte Kindergruppe, sich diesem Thema zuzuwenden.

Themenbogen im Überblick. Ausgehend von diesem brodelnden, heißen Feuerball, der Sonne, der ständig heiße Masse ins Weltall schleudert, war es nicht mehr so schwer, sich den Urknall vor Millionen von Jahren vorzustellen. Allmählich entstanden das gesamte Weltall mit Sternen und darin unser Sonnensystem. Unsere Erde war „geboren", zuerst als unbelebter Planet, mit einem heißen Kern, Vulkanen und mächtigen Meeren. Nach und nach belebte sich unsere Erde zur vertrauten Welt mit Wasser, Pflanzen, Tieren und schließlich mit Menschen. Dieser Prozess war nur durch das Vorhandensein von Wasser möglich, und so erforschten die Kinder die Entstehung des Wassers und damit die Entstehung von Leben. Eine Vielfalt von Lebewesen und ganz unterschiedlichen Kulturen entwickelte sich, die Erde wurden bevölkert und die Menschen bauten Städte und Straßen. Handwerk und Industrie wurden zum Leben notwendig, dieser Fortschritt brachte aber auch Probleme wie z. B. Luftverschmutzung mit sich. Im Bewusstsein der Kinder entwickelte sich die Achtung vor dem Leben, die Toleranz auch Fremdem gegenüber, die Wertschätzung aller Lebewesen und das Wissen um die Wichtigkeit ethischer und demokratischer Grundsätze für das Zusammenleben. Nach drei Jahren Projekt schloss sich für die Kinder ein großer Wissens- und Erkenntniskreis. Sie hatten die Welt entstehen lassen und damit erste Schritte in Wissensgebiete wie Physik, Chemie, Mathematik, Technik und Biologie und in viele andere Gebiete unternommen.

„Naturwissenschaften und Technik" als zentraler Bildungsbereich

Zielschwerpunkte

- **Sich einem Bildungsbereich gedanklich nähern**
  - Sammeln von vorhandenem Wissen über die Entstehung der Erde
  - Austausch über die Begrifflichkeit „Was bedeutet Wissenschaft?"

- **Eigene Ideen und Vorstellungen entwickeln, Hypothesen erstellen und von den Theorien großer Forscher und Wissenschaftler hören**
  - Eigene Vorstellungen über die Entstehung der Erde äußern
  - Erklärungsmodelle kreativ entwickeln
  - Erfahren, was große Wissenschaftler dazu sagten
- **Sich von bekannten in unbekannte, fremde Bereiche begeben**
  - Die eigene gemalte Sonne mit wissenschaftlichen Aufnahmen vergleichen
  - Die Sonne als heißen Feuerball mit Reißtechnik gestalten
  - Sich durch den Bau eines Modells der Größe und Mächtigkeit dieses Sterns bewusst werden
- **Die eigene Wahrnehmung zu schulen und Neues entdecken**
  - In Zeitungsartikeln die Sonne als Feuerball wieder zu erkennen
  - Sich in der eigenen Umgebung auf die Suche nach Quellen der Inspiration für eigene Ideen zu machen
- **Wege des Lernen-Lernens beschreiten**
  - Wissensreservoire erkennen und lernen, diese zu nutzen
  - Durch Fragen an die Eltern und andere Erwachsene Wissen erwerben
  - Anhand von Bildbänden und Bildmedien (Dokumentarfilme im Fernsehen, auf Video) Antworten finden
- **Naturgesetze erfahren und deren Bedeutung anhand überschaubarer Experimente verstehen lernen**
  - Wärme – Die Sonne als glühenden Feuertopf nachvollziehen
  - Fliehkraft (Schwungkraft) – Das Herausschleudern von riesigen Brocken beim Urknall
  - Wasser als Ursprung des Entstehens von Leben: Wasser in seinen Aggregatzuständen
- **Durch eigenes Handeln Erfahrungen und Erkenntnisse auf andere Situationen übertragen**
  - Achtung dem Leben gegenüber und bewusster Umgang mit Wasser
  - Bewusstsein von Umweltverschmutzung und aktiver Umweltschutz
- **Erkenntnisse mitteilen und Phänomene exakt benennen, um Sicherheit im eigenen Handeln zu erwerben**
  - Fachbegriffe (Magma, Fliehkraft, Sonnensystem) in den eigenen Wortschatz integrieren
  - Gelerntes anderen Kindern und Eltern mitteilen und durch weitere Experimente festigen.

Projektangebote in verschiedenen Themenbereichen

- **Themenbereich Feuer und Hitze**
  - Wasser erhitzen und das Brodeln des Wassers beobachten
  - Ein Lagerfeuer entfachen und den heißen Funkenflug erleben
  - Die Farbe des Feuers bestimmen: Wo ist sie glühend heiß und weiß? Wo befindet sich der rote Feuerschein?
  - Das Erkalten der Feuerfunken in Bezug auf die Entfernung zum Feuer bestimmen.

- **Themenbereich Fliehkraft**
  - Leichte und schwere Gegenstände in Rotation bringen und ihre Bewegung beobachten
  - Experimente mit der Farbenschleuder durchführen und mit dem Wegschleudern der Feuerbrocken aus der Sonne in Verbindung bringen.

- **Themenbereich Wasser und Leben**
  - Wasser durch das Abkühlen von Dampf gewinnen
  - Kondenswasser an den Fenstern: unterschiedliche Temperaturen treffen aufeinander
  - Kreislauf des Wassers: Wetter in Experimenten nachvollziehen (Verdunstung, Regen)
  - Ohne Wasser kein Leben: Lebewesen im Wasser, Pflanzen brauchen Wasser zum Gedeihen, der Mensch braucht Wasser und besteht zu einem großen Teil aus Wasser
  - Vielfalt der Lebewesen wahrnehmen: verschiedene Wasser- und Landlebewesen.

- **Themenbereich Biologie**
  - Bausteine des Lebens: die Zellen
  - Entwicklung vom Fisch zum Landtier: Kiemenatmung und Lungenatmung
  - Pflanzenwelt früher und heute
  - Regenwurm Rudi sorgt für gesunde Erde.

- **Themenbereich Technik**
  - Menschen bauen Häuser: Hausbau und Statik
  - Erfindung der Glühbirne: Elektrizität, einfacher Stromkreis, von der Parallel- zur Serienschaltung, Verwendung von Batterien und Rotlicht-Wärmelampen.

Integrierte Bildungsbereiche und Projektangebote

Werteorientierung und Religiosität

- Gespräche über die Allmacht der Schöpfung
- Empfindungen des Staunens und der Wertschätzung erleben und ausdrücken.

Emotionalität, soziale Beziehungen und Konflikte

- Das Miteinander beim Entdecken und Erforschen erleben
- Verantwortung für sich, die Menschen und die Umwelt erkennen.

Sprache und Literacy

- Auseinandersetzung mit den Themenbereichen im Stuhlkreis
- Wortschatzerweiterung (Magma, Sonnensystem, Urmeer)
- Verschiedene Bucharten (Bildbände, Bilderbücher, „Wissensbücher") kennen lernen, Wissen durch Bücher, Zeitschriften usw. erwerben

- Eigene Hypothesen erstellen und Informationen über große Wissenschaftler gewinnen
- Vielfalt der Sprachen und Kulturen kennen lernen und sich doch als eine Welt verstehen.

Medien

- Videofilm über die Sonne.

Umwelt

- Aktive Müllvermeidung und Recycling
- Gesunde Lebensweise anhand von Beispielen erarbeiten
- Funktion eines Filters als Schmutzvermeidung kennen lernen
- Regenwürmer und Kompostierung.

Ästhetik, Kunst und Kultur

- Fotografien über das Sonnensystem sammeln
- Mit Reißtechnik die physikalische Sonne gestalten
- Großräumiges Malen auf Plakatwänden
- Mit Papiertechniken (Kleister, Papier knüllen) das Weltall modellhaft entstehen lassen, aus einer Hohlkugel aus Kleisterpapier, in der rotes Krepppapier die Magma darstellt, die Erde „erschaffen".

Musik

- Das Musikstück „Die Schöpfung" von Haydn kennen lernen
- Sich nach der Musik frei bewegen
- Elemente zum Thema „Die Schöpfung" tänzerisch umsetzen (z. B. Tanz der Urzellen, die sich vereinen und zu neuen Lebensformen entwickeln).

Kooperation und Vernetzung

Die Eltern nahmen während des gesamten Projekts regen Anteil. Zu Hause wurden u. a. Artikel und Bildmaterial gesammelt. Ein „Weltallfest" für Väter und Kinder fand großen Anklang. Ein Vater, Physiker am Max-Planck-Institut, gestaltete diesen Tag durch Dias aus seinem Forschungsbereich mit. Auch in der großen Weihnachtsfeier wurde das Thema aufgegriffen. Die Kinder ließen die Eltern an ihrem neu erworbenen Wissen teilhaben. Die Besuche von Bibliotheken waren unumgänglich.

Dokumentation und Reflexion

Aus einem Jahr wurden drei Jahre – ursprünglich war das Projekt als Jahresthema des gesamten Kindergartens geplant. Das große Interesse der Kinder, die sich immer neu ergebenden Fragen und damit die Suche nach Antworten, die Befassung mit Teilprojekten aus Kunst, Kultur und Umwelt, die Faszination der pädagogischen Fachkräfte und Kinder ließen das Projekt sich über drei Jahre ausdehnen. Vor allem die Kleinen, die sich anfangs nur zögerlich an die Experimente und Wissensfragen herantrauten, wuchsen in diesem Zeitraum zu Forschern heran. In diesen drei Jahren wanderten die Kinder gemeinsam mit den pädagogischen Fachkräften durch die naturwissenschaftlichen Welten und erfuhren ihre natürliche Synergie, die Wissensgebiete schlossen fast alle Bildungsbereiche der Kindergartenarbeit mit ein. Alle Projektschritte wurden im Gruppenraum dekorativ dargestellt, damit die Kinder in ihren Freispielphasen ihre Erkenntnisse vertiefen oder interessante Erfahrungen wiederholen konnten.

Projekt „Licht und Schatten"

Modelleinrichtung: Städt. Kindergarten Frundsbergstraße in München – Konzeption: Barbara Pörschmann

Entstehung des Projekts – Themenfindung

Das Team entschied sich ein Jahr lang für eine intensive Auseinandersetzung mit dem Themenschwerpunkt „Naturwissenschaften im Kindergarten". Eine gute Basis hierfür schafften die durch den Jahreskreislauf vorgegebenen Inhalte, Empfindungen und konkreten Beobachtungen. Was läge näher, als sich im Monat Dezember, der dunkelsten Jahreszeit, mit dem Thema „Licht und Schatten" zu beschäftigen. Ausgehend von ihren eigenen Erfahrungen und Gefühlen näherten sich die Kinder dem Thema. Gespräche über die Verbindung „Dunkelheit und Angst" oder „Licht, Helligkeit und Freude" waren hierfür gute Anknüpfungspunkte. Zu Beginn des konkreten Forschens der Kinder wurde das Licht untersucht. Die Frage „Was kann Licht alles?" führte zu einer Reihe naturwissenschaftlicher Experimente: Natürliche Lichtquellen, Entstehung von Schatten, Lichtdurchlässigkeit, Strom waren nur einige der Bereiche, die an Hand von Experimenten erfahren wurden.

„Naturwissenschaften und Technik" als zentraler Bildungsbereich

Zielschwerpunkte

- **Grunderfahrungen mit Licht**
  - Was ist Licht und wozu braucht man Licht?
  - Natürliche Lichtquellen erkennen und künstliche Lichtquellen kennen lernen
  - Funktion des Lichtes erfahren
- **Bedeutungen von Licht**
  - Einsatz verschiedener Lichtquellen (z. B. Rotlicht, um zu heilen; Warnlicht, um zu warnen; Ampel, um zu regeln; Treppenlicht, um zu erkennen)
  - Lichtquellen im Kindergarten finden und klassifizieren
- **Eigenschaften des Lichts**
  - Lichtdurchlässigkeit: Durch welche Dinge dringt Licht und durch welche nicht?
  - Bedeutung des Stromes: Was leitet Strom? Aufbau eines Stromkreises
  - Funktion einer Batterie

- **Bedeutung von Licht und Schatten**
  - Lichtkegel – Schattenspiele und Schattenbilder
  - Befassen mit „Dunkelheit und Angst" sowie „Licht und Freude".

Projektangebote

- **Wozu braucht man Licht?**
  - Sehen im Hellen und im Dunkeln
  - Leben braucht Licht: Pflanzen wachsen dem Licht entgegen
  - Bedeutung von Sonne, Mond und Sternen
  - Licht durch Kerzen, Feuer
  - Verschiedene Lichtschalter kennen lernen.

- **Bedeutung des Einsatzes bestimmter Lichtquellen**
  - In Gesprächen, durch Bücher und konkretes Erleben verschiedene Lichtquellen im Kindergarten und außerhalb der Einrichtung erkennen und deren Funktion besprechen
  - Ausflug, um nach verschiedenen Lichtquellen zu suchen: Straßenlaternen, Autolichter, Ampel, Warnlichter, Reklamelichter.

- **Kennenlernen der Eigenschaften von Licht**
  - Verschiedene Gegenstände vor eine Taschenlampe halten: Durch Papier, Glas, Seidenstoff dringt Licht, durch Holz, Keramik, Metall usw. dringt es nicht. Weißes oder schwarzes Papier lässt unterschiedlich viel Licht durchdringen.
  - Lichtquellen und Lichtkegel: Das Licht breitet sich trichterförmig aus. Je nach Entfernung der Lichtquelle erscheint ein Gegenstand größer oder kleiner.
  - Lichterzeugung durch Strom: Einen Stromkreis bauen und testen, was alles den Strom leitet (Holz, Löffel, Plastik). In Gesprächen und Experimenten die Funktion einer Batterie kennen lernen und sodann erforschen, in welchen Geräten Batterien zu finden sind.

- **Licht und Schatten**
  - Vor dem Diaprojektor Schattenbilder betrachten: Fingerspiele, unterschiedliche Gegenstände, Gesichter im Profil
  - Wann wird der Schatten groß oder klein oder verschwindet ganz? Experimente mit dem Diaprojektor
  - Vielfältige Gespräche über Dunkelheit, Schatten und die Angst: Bilderbuchbetrachtungen über dieses Thema, selbst erfundene Geschichten nachspielen.

Integrierte Bildungsbereiche und Projektangebote

Ein Höhepunkt in diesem Projekt war die Erarbeitung und Aufführung eines Schattentheaters, wodurch viele Bildungsbereiche zugleich angesprochen und miteinander vernetzt wurden.

Emotionalität, soziale Beziehungen und Konflikte

- Ängste abbauen – Im Umgang und Spiel mit Licht und Schatten, durch Gespräche über Ängste und den Umgang mit Angstsituationen
- Schattentheater – Gemeinsame Erarbeitung und Aufführung, Zusammenwirken von Schauspielern und Musizierenden im Theaterstück.

Sprache und Literacy

- Auseinandersetzung mit verschiedenen Themenbereichen im Stuhlkreis
- Fachbegriffe (Lichtdurchlässigkeit, Stromkreis) kennen lernen
- Wissen durch Bilderbücher erweitern und Unterschiede zwischen Bilderbüchern, Anleitungsbüchern usw. erkennen
- Schattentheater – Die Geschichte „Swimmy" von Leo Leoni umarbeiten und durch selbst erfundene „Nebengeschichten" erweitern, die Texte für die Theateraufführung lernen und sprachliche Ausdrucksfähigkeit erweitern.

Medien

- Schattentheater – Herstellen von Diabildern als Kulissen: verschiedene Materialien einrahmen, leere Bilderrahmen mit verschiedenen Mal- und Collagetechniken bearbeiten
- Umgang mit Diaprojektor und Diabildern während der Theaterproben und -aufführungen.

Umwelt

- Bewusster Umgang mit Energie (Stromverbrauch)
- Recycling von Batterien.

Ästhetik, Kunst und Kultur

- Herstellung des Bühnenbildes zum Schattentheater
- Anfertigen von Scherenschnitten und Schattenfiguren als Stabpuppen
- Aufbau des Theaterraumes mit Ausleuchtung
- Aufführung des Schattentheaters.

Musik

- Erarbeitung der musikalischen Untermalung für das Schattentheater
- Begleitung des Theaters mit Orff-Instrumenten (Zuordnung von hellen Tönen zu Licht und dunklen Tönen zu Schatten).

Kooperation und Vernetzung

Die Eltern wurden von Anbeginn des Projekts in die Arbeit miteinbezogen. Fotos vom Projektverlauf und eine Material- und Informationsmappe gaben den Eltern Aufschluss über die aktuellen Projektarbeiten der Kinder. Ein Opa bot sich an, eine Diadokumentation zum Thema „Licht und Schatten" – eingebettet in eine Geschichte „Vom kleinen weißen Kamel" – den Kindern zu präsentieren. Der Elternabend unter dem Motto „Pasta und Physik", an dem mit den Kindern in gemütlicher Runde über die Projekte gesprochen wurde und Eltern die Möglichkeit erhielten, selbst Experimente durchzuführen, erhielt durchweg positive Rückmeldungen.

Dokumentation und Reflexion

Jeder Projektabschnitt wurde mit Fotos dokumentiert, die zu einer Mappe zusammengestellt wurden. Ein Infotisch im Eingangsbereich des Kindergartens präsentierte den aktuellen Projektstand. Die Aushänge informierten nicht nur über die Themenbereiche, sondern auch über die Zielsetzung und Reflexion des Projekts. Videoaufnahmen hielten die Entstehungsgeschichte und die große Aufführung des Schattentheaters fest. Das Projekt fand bei allen Kindern großen Anklang und wird auch noch Monate später im Spiel und in der Auseinandersetzung mit den Naturwissenschaften in Teilen wiederholt und weiterentwickelt. Fachbegriffe wie z. B. Lichtdurchlässigkeit gehören zum selbstverständlichen Wortschatz der Kinder. Zusammenhänge von Naturgesetzen sind als konkretes Wissen abrufbar und werden in Alltagssituationen übertragen.

Verwendete Literatur

- Lück, G. (2003). Handbuch der naturwissenschaftlichen Bildung. Theorie und Praxis für die Arbeit in Kindertageseinrichtungen. Freiburg: Herder.

7.7 Umwelt

Leitgedanken

Ein verantwortungsvoller Umgang mit der Umwelt und den natürlichen Ressourcen gewinnt vor dem Hintergrund globaler ökologischer Veränderungen zunehmend an Bedeutung. Umweltbildung und -erziehung kann einen wesentlichen Beitrag hierzu leisten, denn sie berührt viele Lebensbereiche, von der Naturbegegnung über Gesundheit und Werthaltungen bis hin zum Freizeit- und Konsumverhalten. Dieser Bildungsbereich hat im Lauf der Zeit eine perspektivische Ausweitung erfahren.

Umweltbildung und -erziehung im Elementarbereich nimmt traditionell ihren Ausgang von der Naturbegegnung, von Erlebnissen mit Tieren und Pflanzen. Der Umgang mit Naturmaterialien regt Fantasie und Kreativität in hohem Maße an – ein Potential, das zu nutzen ist. Kindern ist die Begegnung mit der Natur zu ermöglichen, um ihnen darin zugleich vielfältige Gestaltungsmöglichkeiten zu eröffnen.

Umweltbildung und -erziehung hat sich im Zuge der zunehmenden Umweltverschmutzung und der Ausbeutung natürlicher Ressourcen weiterentwickelt. Sie setzt sich nun auch mit dem Selbstverständnis des Menschen in seinem Verhältnis zur Umwelt auseinander: Was verstehe ich unter Umwelt? Welchen Wert messe ich ihr zu? Welche Rolle nehme ich ihr gegenüber ein? Mit der Beantwortung dieser Fragen ist Umweltbildung heute mit der Entwicklung von Werthaltungen verbunden. Kinder wie Erwachsene sind von Umwelteinflüssen unmittelbar betroffen. Sie erleben, wie sich ungünstige Einflüsse auf ihren Alltag auswirken und wie sie das verhindern können: z.B. im Vermeiden „belasteter" Lebensmittel, Schutz vor intensiver Sonnenbestrahlung wegen abnehmender Ozonhülle. Für die Gefährdungen tragen Kinder – wenn überhaupt – nur begrenzt Verantwortung, und sie beschränkt sich dann in der Regel auf ihren unmittelbaren Handlungsbereich, z.B. Abfälle trennen, Wasser schonen. Erwachsene tragen hierfür Verantwortung in zweierlei Hinsicht: Soweit es ihnen möglich ist, bewahren sie die Kinder vor Gesundheitsschäden, die auf Umweltbelastungen zurückzuführen sind. Sie zeigen Kindern, dass es sich lohnt und Spaß machen kann, Umweltschutz zu betreiben. Sie sorgen damit im „Hier und Jetzt" für eine gesunde Umwelt und üben zugleich mit den Kindern zukunftsorientiertes Handeln ein.

Umweltbildung und -erziehung umfasst heute noch eine dritte Dimension: Sie versteht sich nicht mehr nur als „Reparaturbetrieb" entstandener Schäden (nachsorgender Umweltschutz), sondern versucht, nach vorne weisende Szenarien aufzuzeigen, die sich mit den Wechselwirkungen zwischen Ökologie (Umwelt), Ökonomie (Wirtschaft) und Sozialem auseinander setzen. Diese Dimension wurde erstmals in der Agenda 21 (Konferenz der Vereinten Nationen, Rio de Janeiro 1992) unter dem Begriff „Bildung für eine nachhaltige Entwicklung" niedergelegt. Heutige Generationen sollen sich wirtschaftliches Wohlergehen durchaus zum Ziel setzen, dabei jedoch den Aspekten sozialer Gerechtigkeit und ökologischer Verträglichkeit Rechnung tragen, um den nachfolgenden Generationen die natürlichen Lebensgrundlagen zu erhalten. Bereits junge Kinder bringen die Voraussetzungen mit, diesem Ziel im Rahmen entwicklungsangemessener Lernprozesse zu entsprechen.

Bildungs- und Erziehungsziele

Das Kind lernt, die Umwelt mit allen Sinnen zu erfahren und sie als unersetzlich und verletzbar wahrzunehmen. Es entwickelt ein ökologisches Verantwortungsgefühl und ist bemüht, auch in Zusammenarbeit mit anderen, die Umwelt zu schützen und sie auch noch für nachfolgende Generationen zu erhalten. Umweltbildung und -erziehung umfasst insbesondere folgende Bereiche:

Naturbegegnung

- Die Umwelt mit allen Sinnen wahrnehmen
- Einzelne Umwelt- und Naturvorgänge bewusst beobachten, daraus Fragen ableiten, sich mit diesen auseinander setzen und mit der Welt zunehmend vertraut werden (z. B. Säen von Samen, Beobachten, Pflegen und Beschreiben des Pflanzenwachstums, Beobachtung und Umgang mit Tieren)
- Natürliche Lebensbedingungen unterschiedlicher Tiere, möglichst in ihrem natürlichen Lebensraum, kennen lernen
- Vorstellungen über die Artenvielfalt im Pflanzenreich entwickeln
- Die Nutz- und Schutzfunktion des ökologischen Systems Wald erkennen
- Verschiedene Naturmaterialien (z. B. Blätter, Blütenformen, Rinden, Früchte, Holz, Humus) im Detail kennen lernen und deren Verwendung erkunden und erklären
- Werthaltungen sich selbst, anderen und der Natur gegenüber (Fürsorge, Achtsamkeit, Mitempfindung, Verantwortung) entwickeln

Praktischer Umweltschutz und Umweltbewusstsein

- Eigenschaften von Wasser kennen lernen, dessen besondere Bedeutung verstehen, Einsichten in den ökologischen Wasserkreislauf gewinnen und ein Grundverständnis über Trinkwassergewinnung und -einsparung erwerben
- Unterschiedliche Abfallstoffe unterscheiden und ein Grundverständnis über Müllvermeidung, Mülltrennung und Recyclingprozesse gewinnen
- Erste Einsichten über ökologische Zusammenhänge erwerben (z. B. Ökosystem Wald)
- Umweltprobleme erkennen und trotz bestehender Probleme Lösungs- und Handlungsmöglichkeiten erkennen, ausprobieren und dabei Zuversicht und Hoffnung sowie Durchhaltevermögen entwickeln
- Zusammenhänge und gegenseitige Abhängigkeiten erkennen und daraus Verhaltensweisen ableiten (auch in dem Sinne: „Wenn ich als Mensch meine Umwelt verändere, verändere ich letztendlich auch meine Lebensbedingungen.")
- Verantwortung für die Umwelt übernehmen und eigene Entscheidungen treffen können
- Eigeninitiative und Beteiligungsfähigkeiten entwickeln, sich in Kooperation mit anderen für eine gesunde Umwelt engagieren und dabei Denken und Handeln im Sinne der Bildung für eine nachhaltige Entwicklung einüben
- Die Bereitschaft zu umweltbewusstem und -gerechtem Handeln entwickeln.

Anregungen und Beispiele zur Umsetzung

GRUNDLAGEN

Bedeutung des Bereichs im pädagogischen Alltag

Umweltbildung und -erziehung hat mittlerweile – ebenso wie interkulturelle Erziehung – den Status einer gesellschaftlich erwünschten Zielvorstellung. Bildung im Sinne von nachhaltiger Entwicklung kommt heute eine herausragende Bedeutung zu. Umweltbildung findet täglich statt. Im Alltagsgeschehen der Einrichtung lässt sich umweltbezogenes Denken und Handeln jederzeit und in vielfältiger Weise integrieren und einüben. Darüber hinaus sind ökologisch bedeutsame Lernangebote und Projekte wichtig, mit denen sich regelmäßig zugleich andere Bildungs- und Erziehungsbereiche mit abdecken lassen.

Querbindungen zu anderen Bereichen

Umweltbildung und -erziehung ist ein Querschnittsbereich, der sich mit anderen Bereichen überschneidet und diese durchdringt, so z. B.:
- Werteorientierung und Religiosität (➙ Kap. 7.1): Die Entwicklung umwelt- und sozialverträglicher Werthaltungen sowie von Hoffnung und Zuversicht sind Ziele, die Umwelt- und ethische Erziehung einen. Im weiteren Verlauf der kindlichen Entwicklung führen diese Werthaltungen dazu, die Rolle des Menschen der Umwelt gegenüber erkennen zu können: Nutznießer, Ausbeuter oder pflegerisch Handelnder? Es geht darum, Beziehungen entwickeln zu können und sich selbst als Teil einer Umwelt, die für alle da ist, zu verstehen.
- Naturwissenschaften und Technik (➙ Kap. 7.6): „Umweltereignisse beobachten und daraus Fragen ableiten" sowie „Zusammenhänge und gegenseitige Abhängigkeiten erkennen und daraus Verhaltensweisen ableiten" sind gemeinsame Anliegen von Umweltbildung und naturwissenschaftlich-technischer Bildung. Ziel ist, ein Vertrautwerden mit der Welt zu erreichen.
- Ästhetik, Kunst und Kultur (➙ Kap. 7.8): Jeder Sinn – schmecken, riechen, tasten, hören und sehen – und der Sinn für Bewegungsabläufe ist von Geburt des Kindes an durch eine Vielfalt kindgemäßer Anreize aus der Umwelt herauszufordern und zu pflegen. Die Umwelt mit allen Sinnen wahrnehmen ist ein Ziel, das Umwelt- und ästhetische Bildung gemeinsam verfolgen.
- Bewegung, Rhythmik, Tanz und Sport (➙ Kap. 7.10): Umweltpädagogische Lernangebote fordern Kinder regelmäßig zu permanenter Bewegung heraus; dies gilt besonders für Aufenthalte in der Natur, deren regelmäßige Durchführung für die Kinder wichtig ist.
- Gesundheit (➙ Kap. 7.11): Umwelt und Gesundheit stehen in vielfältiger Weise in einem direkten Zusammenhang (z. B. Gesundheitsrisiken durch

Umwelteinflüsse; Risikovorbeugung durch umweltgerechtes Verhalten, Ernährung mit ökologischen Lebensmitteln).
- Mitwirkung der Kinder am Bildungs- und Einrichtungsgeschehen (Partizipation) (→ Kap. 8.1): Besonders mit Blick auf eine Umweltbildung der Kinder im Sinne von nachhaltiger Entwicklung kommt ihrer Beteiligung an umweltpädagogischen Bildungsprozessen und an der umweltfreundlichen Betriebsführung und Einrichtungsgestaltung eine herausragende Bedeutung zu.

Pädagogische Leitlinien

Die pädagogische Umsetzung der Bildungs- und Erziehungsziele erfolgt einrichtungsspezifisch und orientiert sich an der Entwicklung und den Bedürfnissen der Kinder. Wichtig ist, dass zwischen Zielsetzungen und Handlungsweisen ein Zusammenhang erkennbar ist. Nur konsequentes Vorgehen macht das Eintreten für bestimmte Aussagen glaubwürdig, unterstützt das Lernen der Kinder. Für die Auswahl von Inhalten und Methoden heißt das:

Prinzip der Entwicklungsangemessenheit

Kindern unter 3 Jahren ist ein vorwiegend emotionaler Zugang zur Umwelt und ihren Erscheinungsformen (vor allem zur Tier- und Pflanzenwelt) zu eröffnen. Die natürliche Umwelt als Quelle der Freude und Entspannung zu erleben steht im Vordergrund. Zu schaffen sind Gelegenheiten, die Kinder in Staunen versetzen über die Schönheit und Vielfalt von Flora und Fauna, wobei Naturmaterialien die individuelle künstlerische Gestaltungskraft der Kinder in besonderer Weise herausfordern. Sie erhalten ferner Möglichkeiten, Freude bei der Übernahme von Verantwortung für das Gedeihen der Lebewesen zu erfahren und Wissen darüber zu erwerben, das ihrer Entwicklung angemessen ist, indem z. B. Warum-Fragen sehr ernst genommen werden. Bereits die jüngsten Kinder können durch einfaches Ausprobieren auf ihre eigenen Fragen Antworten finden, in dem Sinne „Wenn ich das so mache, dann geschieht wahrscheinlich das". 4- bis 6-jährige Kinder können mit den Denkweisen nachhaltiger Entwicklung vertraut werden, wenn sie Gelegenheiten erhalten, ausgewählte Bereiche innerhalb oder außerhalb der Tageseinrichtung zu erkunden. Sie können sich z. B. auch mit dem Weg des Trinkwassers auseinander setzen und dabei den Wert sauberen Wassers erkennen sowie Möglichkeiten des sparsamen Wasserverbrauchs erkunden. Sie können ihren Blick hierbei auch auf andere Länder richten, wenn Kinder aus anderen Nationen der Gruppe angehören. Ältere Kinder können auch komplexere Zusammenhänge verstehen lernen, z. B. die Verbindungen einer einfachen Nahrungskette spielerisch nachvollziehen. Durch umweltbezogenes Tun und Reden erweitern sie ihre Kenntnisse von der Welt, in der sie leben, und vertiefen ihr Verständnis von Lebenszusammenhängen in dem Sinne: „Was ich als Mensch der Umwelt zumute, wirkt auf mich zurück" bzw. „Wenn ich als Mensch meine Umwelt verändere, verändere ich letztendlich auch meine Lebensbedingungen."

Exemplarisches Lernen

Die Kinder erleben sich und andere in konkreten Handlungssituationen. Sie erleben und begreifen im Kleinen die großen Zusammenhänge. Einzelne Umweltbereiche können dabei als Modell betrachtet werden, aus dem sich Übertragungen auf andere Bereiche ableiten lassen. Wenn Kinder während regelmäßiger Aufenthalte z. B. im Wald erfahren: „Es hat Sinn, auf die dortige Pflanzen- und Tierwelt Rücksicht zu nehmen; es hat Sinn, für mich und andere eine intakte Umwelt zu erhalten", dann können sie diese Erfahrung auch auf andere Orte oder Situationen übertragen.

Mitwirkung der Kinder

Beteiligungsfähigkeit im Sinne von Engagement für die Umwelt entwickeln und dabei Denken und Handeln im Sinne der Bildung für eine nachhaltige Entwicklung einüben, ist zentrales Anliegen der Umweltbildung. Die Teilhabe der Kinder am Geschehen innerhalb und auch außerhalb der Tageseinrichtung kann z. B. durch eine Kinderkonferenz eingeleitet werden, vorausgesetzt es gelingt, auch die Kinder einzubeziehen, die sich sprachlich noch nicht so gut ausdrücken können. Während sich für die jüngeren Kinder die Beteiligung noch auf das nahe Geschehen in der Einrichtung beschränkt, z. B. die Ausstattung einer Ecke mit Naturmaterialien, kann sie sich für die älteren auch auf das nahe Umfeld erstrecken, z. B. durch Einflussnahme auf Spielplätze im öffentlichen Raum. Durch die Mitwirkung an der Betriebsführung oder an Projekten zur Umgestaltung der Einrichtung (handlungsorientierte Beteiligung) lernen die Kinder die verschiedenen Aspekte zur nachhaltigen Entwicklung unmittelbar kennen.

Planung umweltpädagogischer Lernangebote

Lernangebote einschließlich Projekte sind so zu planen und zu gestalten, dass die Kinder, soweit ihnen Aufgaben gestellt werden, diese erkennen und dass an deren Lösung alle, auch die Erwachsenen, mit Interesse und Engagement beteiligt sind. Die Prinzipien der Lernmethodik kommen regelmäßig zur Anwendung, z. B. als regelmäßige Rückblicke auf gemeinsame Erlebnisse, Reflexionen darüber, was erfahren und gelernt worden konnte, Dokumentation durch Fotos, Filme und Aufzeichnungen. Die Kinder erleben in diesem Lernprozess auch die pädagogischen Fachkräfte als Mitlernende. Zugleich ist wichtig, dass Projekte bzw. Experimente und Untersuchungen über einen längeren Zeitraum hinweg andauern. Durchhaltevermögen entwickeln ist ein wichtiges Ziel der Umwelterziehung. Kinder brauchen hierfür Fachkräfte, die sie ermutigen und unterstützen, eine Sache zu Ende zu bringen. Wichtig ist, den Kindern zufrieden stellende Ergebnisse und erkennbare Erfolge ihres Handelns aufzuzeigen; andernfalls besteht die Gefahr der Entmutigung und die Entwicklung einer gleichgültigen Haltung wird begünstigt. Das Bearbeiten von Themen über längere Zeit hinweg bietet Kindern zugleich die Chance, ein Gefühl für natürliche Rhythmen (Tag und Nacht, Jahreszeiten) und für den Zeitbegriff (Tagesstruktur, Wochenverlauf) zu entwickeln.

Umweltprojekte

Der Einsatz für eine gesunde Umwelt befasst sich in der Regel mit dem Erkennen und Lösen von Problemen und der Beantwortung offener Fragen. Die genannten Fähigkeiten können daher besonders gut in Projekten eingeübt werden unter der Voraussetzung, dass die auftretenden Probleme thematisiert werden und es gelingt, Lösungswege gemeinsam mit anderen und selbsttätig zu finden. Umweltprojekte setzen sich ein Ziel, das Kinder und Fachkräfte, unterstützt von Kooperationspartnern, gemeinsam erreichen wollen. Die Ziele betreffen in der Regel Verhaltensänderungen, z. B. Abfälle trennen, oder konkrete Umgestaltungen, z. B. Gartenumbau nach umweltfreundlichen Merkmalen. Inhalte lassen sich auch aus aktuellen Erlebnissen ableiten. Gerade durch die Aufenthalte in der Natur begegnen Kinder auch dem Werden und Vergehen, z. B. Aufzucht eines Kükens, Begräbnis eines toten Vogels, was sie zu existenziellen Fragen über Leben und Tod anregen könnte (Werteorientierung und Religiosität → Kap. 7.1). Die beschriebenen Aktivitäten und Beispiele sind für jüngere und ältere Kinder von Belang – wenn auch auf unterschiedliche Weise. So geht z. B. die Projektarbeit mit Kindern unter 3 Jahren von anderen Ansprüchen aus als die Projektarbeit mit älteren Kindern. Bei sehr kleinen Kindern handelt es sich um zeitlich eingegrenzte und örtlich nahe liegende Projekte, in die sich die Kinder vorwiegend durch ihr Mitmachen einbringen. So sammeln sie z. B. im Rahmen einer Gartenumgestaltung Bruchholz und schichten es in einer abgelegenen Ecke des Gartens aufeinander. Durch das Spielen, Hantieren und Arbeiten mit natürlichen Materialien begreifen sie ihre Umwelt. Ein solches Teilprojekt „Holzhaufen als Schutzzone für Kleinlebewesen" kann in ein langfristiges Projekt eingebettet werden, in dem die älteren Kinder von der Ideensammlung bis zur Fertigstellung mitwirken (vgl. „Beteiligungsprojekte zur umweltfreundlichen Umgestaltung der Einrichtung" in diesem Kapitel).

Beobachtung und Reflexion

Beobachtung und Reflexion betreffen nicht nur die Lernprozesse der Kinder. Kindern in Bezug auf umweltbezogenes Denken und Handeln ein gutes Vorbild zu sein, setzt seitens des pädagogischen Personals zugleich voraus, das eigene Umweltverständnis und die eigenen Werthaltungen regelmäßig zu reflektieren.

Geeignete Lernumgebung

In jeder Kindertageseinrichtung ist auf eine umweltfreundliche Bauweise, Raum- und Gartengestaltung, Sachausstattung und Betriebsführung zu achten. Kindertageseinrichtungen mit einer naturnahen Gestaltung des Außengeländes bieten Kindern gute Lernbedingungen. Die pädagogischen Fachkräfte übernehmen hierbei im Rahmen ihrer Zuständigkeiten und in Absprache mit dem Träger Verantwortung für eine gesunde Umwelt, die den Kindern und ihnen selbst zugute kommt. In diesem Kontext gibt es viele Anknüpfungspunkte für die Beteiligung der Kinder und der Eltern, die ideale Lern- und

Übungsfelder für umweltfreundliches Denken und Handeln eröffnen. Darüber hinaus empfehlen sich Öko-Audits, die – im Rahmen einer Selbst- oder Fremdevaluation – eine Bestandaufnahme über die Umweltfreundlichkeit der Kindertageseinrichtung ermöglichen.

Die Atmosphäre

Bereitschaft zum umweltbewussten und umweltgerechten Handeln entwickelt sich in einer Atmosphäre, in der Kinder aktiv eingebunden sind und Erwachsene als Vorbild erleben, die sich aktiv und mit Freude für den Erhalt einer gesunden Umwelt engagieren. Aus dieser Beobachtung heraus können die Kinder Mut und den Glauben an eine lebenswerte Zukunft schöpfen. Zuversicht und Hoffnung zu entwickeln wird für Kinder besonders bedeutsam, wenn sie Befürchtungen über Umweltbelastungen oder entsprechende Ängste äußern. Gerade dann brauchen sie pädagogische Fachkräfte, die sensibel auf ihre Befürchtungen eingehen, diese nicht tabuisieren und ihnen vermitteln, dass sie gemeinsam Ideen zur Verbesserung entwickeln und entsprechend handeln können.

Enge Zusammenarbeit mit den Familien

Umweltbildung und -erziehung ist mit den Werthaltungen konfrontiert, die den Lebensstil in den Familien der Kinder prägen. Die Zusammenarbeit mit den Eltern setzt voraus, die unterschiedlichen Lebensstile zu respektieren. Den Eltern sind die Werthaltungen, die der umweltpädagogischen Arbeit mit den Kindern und der Betriebsführung der Tageseinrichtung zugrunde liegen, verständlich zu machen. Die Umsetzung der Leitgedanken zur Umweltbildung erfordert, auf die Einstellungen und Haltungen der Familien einfühlsam einzugehen und „Besserwisserei" zu vermeiden. Im Rahmen von Projekten, die die umweltfreundliche Gestaltung der Kindertageseinrichtung betreffen wie z. B. Gestaltung des Freigeländes, des Gartens, erweist sich die Einbindung der Eltern als besonders sinnvoll und hilfreich.

Gemeinwesenorientierung – Kooperation mit fachkundigen Stellen

Wesentlicher Bestandteil von Umweltbildung und -erziehung sind regelmäßige Exkursionen mit den Kindern in die natürliche Umgebung der Kindertageseinrichtung (z. B. Wälder, Wiesen, Bäche). Um Umweltbildung vielseitig und authentisch zu gestalten, empfiehlt sich zudem die Zusammenarbeit mit Fachinstitutionen, insbesondere mit der lokalen Agenda 21, mit Umwelt- und Naturschutzverbänden, Verbraucherschutzverbänden, Umweltstationen, Forstämtern, Abfall- und Energieberatungsstellen. Den pädagogischen Fachkräften eröffnen sich damit viele, derzeit noch zu wenig genutzte Chancen, mit den Kindern gemeinsam Neues zu erkunden sowie eigenes Fachwissen laufend zu aktualisieren. Komplexität und fortschreitende Entwicklung der

Umwelteinflüsse erfordern, dass die pädagogischen Fachkräfte laufend neue Kenntnisse erwerben und sich hierfür Experten und andere seriöse Informationsquellen, z. B. auch das Internet, zunutze machen. Einige der genannten Fachinstitutionen und Bildungsträger bieten Fortbildungen zur Umweltbildung und auch zur Teilhabe an der lokalen Agenda 21 an. Die pädagogischen Fachkräfte können ihre Kenntnisse – im Rahmen solcher Angebote – auch gemeinsam mit den Eltern vertiefen, z. B. bei einer Kräuterwanderung mit einem Experten eines Naturschutzverbands.

AKTIVITÄTEN

Umweltbildung und -erziehung ist ein weites, vielseitig umsetzbares Feld, zumal sich im Rahmen von Projekten eine Vielfalt an ökologisch bedeutsamen Themen bearbeiten lässt. Zugleich lassen sich Umweltaspekte häufig in Projekten zu Themen integrieren, deren inhaltlicher Schwerpunkt in einem anderen Bildungsbereich angesiedelt ist (z. B. Projekt „Papier schöpfen", Ästhetik, Kunst und Kultur → Kap. 7.8). Ungeachtet dessen gibt es bestimmte umweltpädagogische Aktivitäten, die heute gewissermaßen zum Standardrepertoire der elementarpädagogischen Bildungspraxis zählen. Die Gewichtung der nachstehend genannten Aktivitäten wird je nach den Bedingungen vor Ort von Einrichtung zu Einrichtung verschieden sein. So haben Kindertageseinrichtungen in ländlichen Gebieten mehr Möglichkeiten mit Wald- und Naturerkundungen als Einrichtungen in Großstädten.

Umweltfreundliches Handeln in Alltagssituationen – Beteiligung der Kinder an einer umweltbewussten Betriebsführung

Geeigneter Anknüpfungspunkt für umweltbezogene Lernprozesse sind Alltagshandlungen und -situationen.

- **Alltagshandlungen, in denen umweltfreundliche Haltungen zum Tragen kommen.** Dies sind z. B. sensibler Umgang mit Lebewesen, schonender Umgang mit natürlichen Ressourcen und Materialien, Achtsamkeit für Lebensmittel und andere Konsumgüter. Kernfrage hierbei ist: „Wie können bereits Kinder zum Erhalt einer gesunden Umwelt beitragen?" Selbst die Jüngsten nehmen dadurch wahr, dass sie Verantwortung für sich selbst und Mitverantwortung für andere und anderes übernehmen.
- **Bestimmte Alltagssituationen, aus denen sich umweltbezogene Inhalte ableiten lassen.** Dabei handelt es sich weniger um langfristig angelegte Vorhaben, sondern eher um allgemeine Lebenspraxis, die bewusst erlebt und gelebt wird. Dazu zählen Situationen wie Einkäufe (z. B. Auswahl gesunder Lebensmittel, Vermeidung von Verpackungen), Essenszubereitung, Körperpflege, Pflege von Gegenständen (z. B. Auswahl umweltfreundlicher Putz- und Waschmittel), Gartenpflege (z. B. Was nennen wir Unkraut?), Lärmreduzierung oder Energieeinsparung.

Beteiligung der Kinder an einer umweltbewussten Betriebsführung bedeutet in diesem Zusammenhang, dass die Kinder in die betriebsbedingten Alltagsverrichtungen (z. B. Einkaufen, Kochen, Abfälle beseitigen, Saubermachen, Waschen, Gartengestaltung und -pflege) systematisch und regelmäßig einbezogen werden unter Beachtung umweltfreundlicher Verhaltensregeln. Die Kinder praktizieren z. B. selbst sparsamen Energie- und Wasserverbrauch, Abfallvermeidung, Mülltrennung, Kompostierung. Kinder hierbei nicht nur auf der Handlungsebene, sondern auch auf der Entscheidungsebene zu beteiligen, z. B. bei der Entscheidung über neue Anschaffungen, ist für sie mit hohem Lerngewinn verbunden.

Regelmäßige Aufenthalte in der Natur

Waldtage oder gar Waldwochen zählen mittlerweile in den meisten Kindertageseinrichtungen zum festen Bestandteil ihres pädagogischen Angebots. Für die Aufenthalte in der Natur bieten sich in erster Linie Gebiete an, die örtlich nahe liegen, keine gravierenden Gefahren in sich bergen und laut Abkommen mit dem Eigentümer ohne Komplikationen genutzt werden können. Das kann ein nahes Brachland sein, ein Wiesengrundstück, ein Bachlauf oder ein möglichst naturbelassener Park. Es ist dabei sorgfältig zu erkunden, welche Risiken und Gefahren für die Kinder damit verbunden sein könnten. Es geht nicht darum, alle Gefahren zu vermeiden, sondern vielmehr sollen Kinder lernen, dass sie mit bestimmten Gefahren eigenverantwortlich umgehen müssen. So können und sollen z. B. nicht alle giftigen Pflanzen oder Pilze entfernt werden, sondern die Kinder müssen erkennen, dass mit Pflanzen, sichtbaren oder unsichtbaren Spuren von Tieren (Fuchsbandwurm), Abfällen oder anderem mehr, das sie in der Natur vorfinden, Gefahren verbunden sein können.

Abstimmungen

In Absprache mit dem Träger und den Eltern legen die Fachkräfte einen Wochentag fest, der für die nächste Zeit ihr „Waldtag" wird; es kann auch ein „Wiesentag" oder ein „Bachtag" sein. Sie nehmen Kontakt mit dem zuständigen Forstamt auf und bestimmen das Gebiet, in dem sie sich mit den Kindern regelmäßig aufhalten dürfen. Mit den Eltern und den Kindern besprechen sie, welche Kleidung geeignet erscheint und welche Gegenstände sie unbedingt mitnehmen müssen, z. B. Handy, Erste-Hilfe-Tasche, Getränke, Ersatzkleidung. Zudem sollen die Erwachsenen mit Kinderärzten oder anderen Experten über Gefahren sprechen, die Aufenthalte im Wald bergen (z. B. Zecken, Fuchsbandwurm), und darüber, wie man sich im Gefahrenfall verhält.

Waldtage und Reflexionen

Nach mehreren Waldtagen, die vor allem der systematischen Beobachtung der Kinder dienen (Wie verhalten sich die einzelnen Kinder? Was macht ihnen Freude? Wo zeigen sie Unsicherheiten?), halten die pädagogischen Fachkräfte mit den Kindern einen Rückblick und sprechen mit ihnen über ihre Eindrücke und Meinungen (z. B. sollen die Waldtage beibehalten werden?

Falls ja, ist es sinnvoll, Regeln aufzustellen – entweder zum eigenen Schutz oder zum Schutz der Tier- und Pflanzenwelt?). Zu diesen Gesprächen kann der zuständige Förster eingeladen werden. Er kann den Kindern kompetent Antworten auf ihre Fragen über das Ökosystem Wald geben. Die folgenden Waldtage werden zum Spielen und zum Bauen von Kunstwerken genutzt, aber auch zum systematischen Erforschen des Lebensraums Wald.

Feststellungen

Der Wald ist für die Kinder ein Gebiet, in dem sie
- Entspannung und Freude finden
- Zu Bauten und neuartigen Kunstwerken angeregt werden
- Interessantes und Schönes entdecken, das sie zum Teil mit in die Einrichtung nehmen können (für Ausstellungen, kreatives Gestalten, für Kim und andere Spiele, zum Hantieren, Sammeln, Vergleichen und Zuordnen)
- Herausgefordert werden, alle ihre Sinne einzusetzen
- Angeregt werden, Vorgänge in der Natur spontan oder systematisch zu beobachten
- Abhängigkeiten und Zusammenhänge nachvollziehen können (z. B. wo und mit welchen Materialien bauen Ameisen ihre „Burg"?)
- Fürsorglichkeit und Achtsamkeit einüben können
- Erleben, dass sie als Gruppe mehr aufeinander angewiesen sind als im Schonraum des Kindergartens.

Die Feststellungen befassen sich zugleich mit der Überprüfung der Ziele (Sinneswahrnehmung und Kreativität stärken, Beobachtungsfähigkeit und Werthaltungen entwickeln, Zusammenhänge erkennen), die durch die Waldtage in die Praxis umgesetzt worden sind.

Nachspiele und Reflexionen im Gruppenraum

Die Kinder sind anzuregen, sich unter Nutzung verschiedener Wissensquellen mehr Detailwissen über Tiere und Pflanzen des Waldes anzueignen, sich über ihre Erlebnisse auszutauschen, Besonderheiten gestalterisch darzustellen oder sie in Rollenspiele umzusetzen. Die pädagogischen Fachkräfte nutzen unterschiedliche Methoden, um mit den Kindern zu reflektieren und das, was sie Neues gelernt haben, zu benennen oder in anderen Formen kenntlich zu machen (lernmethodisches Vorgehen).

In diesem Zusammenhang erwähnenswert sind Patenprojekte für einen Bach, ein Waldstück oder ein Tier, wie sie in einigen Kindertageseinrichtungen bereits praktiziert werden. Solche Projekte schaffen für Kinder besonders enge Beziehungen zur Natur und zur Übernahme von Verantwortung als „Paten".

Kennenlernen und Erforschen der Elemente der Natur

Die im Elementarbereich traditionell bedeutsamen vier Elemente Wasser, Erde, Luft und Feuer üben auf jedes Kind Faszination aus. Es macht bereits den Jüngsten viel Spaß, die jeweiligen Erscheinungsformen und Eigenschaften näher zu erkunden. Selbstverständlich darf dies für die Kinder mit keiner Gefahr verbunden sein. Jedes Element ist zudem als eine Lebensgrundlage für den Menschen zu verstehen. Im Sinne des Prinzips der inneren Differenzierung ist eine Palette anregender Angebote für die Kinder bereitzuhalten bzw. mit ihnen zu entwickeln.

Bei der Auseinandersetzung mit einem Element ist darauf zu achten, dass folgende handlungsleitende Grundsätze und Ziele verwirklicht werden:
- Alle Beteiligten handeln nach den Prinzipien der Fürsorglichkeit und Achtsamkeit allen Lebewesen gegenüber. ⇢ Werthaltungen entwickeln
- Die Kinder werden ermuntert, Fragen zu stellen oder sich eine Aufgabe vorzunehmen, bei deren Beantwortung sie aktiv mitwirken. Die Fachkräfte ermutigen sie, bei der Sache zu bleiben, bis sie ein Ergebnis haben, das sie selbst zufrieden stellt. Die Kinder wissen, dass es verschiedene Informationsquellen und andere Personen (Kooperationspartner) gibt, die ihnen weiterhelfen können. Sie nehmen die Hilfen auch in Anspruch. Sie erzählen oder zeigen anderen Kindern oder den Erwachsenen, was sie entdeckt haben, ob etwas dabei schwierig war und wie sie damit umgegangen sind. Sie beschreiben ihre Empfindungen bzw. bringen sie über Malarbeiten zum Ausdruck. ⇢ Durchhaltevermögen entwickeln
- Aus den Ergebnissen ziehen sie Rückschlüsse über Lebenszusammenhänge und wechselseitige Abhängigkeiten. Daraus kann sich das Engagement der Kinder für eine Umweltschutzmaßnahme entwickeln (z. B. Erhalt von Bäumen). Spätestens dann sind sie auf Erwachsene angewiesen, die ihnen Wege aufzeigen, sie begleiten und durch eigene Aktivitäten unterstützen. ⇢ Beteiligungsfähigkeit entwickeln
- Die Kinder legen gemeinsam mit der pädagogischen Fachkraft über ihre Unternehmungen und ihre Experimente längerfristig angelegte Beobachtungsreihen an. Sie wählen einige Arbeitsergebnisse für Ausstellungen aus und versehen sie mit Kommentaren („und das haben wir dabei gelernt"). Eine solche Aufbereitung der Ergebnisse lenkt die Aufmerksamkeit auf das eigene Lernen. ⇢ Lernmethodische Kompetenz entwickeln

Welche Inhalte und Methoden für Kinder interessant und anregend sein können, wird am Beispiel des Elements Luft veranschaulicht:
- **Spiele mit der Kraft der Atemluft**
  - Im Freien/im Raum, in der Wärme/in der Kälte – z. B. mit den Kindern erkunden: „Warum wird meine Atemluft in der winterlichen Kälte ein weißer Hauch?"
  - Ziele: Sinnesschulung, Beobachtungsfähigkeit, Zusammenhänge erkennen
- **Atemübungen**
  - Auch im Verbund mit Entspannung oder Meditation – erfahren, dass Atemtechniken Auswirkungen auf das Wohlbefinden haben können
  - Ziele: Sinnesschulung, Beobachtungsfähigkeit, Zusammenhänge erkennen
- **Beobachtungen über bewegte Luft**
  - Wind, Brise, Luftzug, Bö, Sturm – im Freien/im Raum

- Ziele: Sinnesschulung, Beobachtungsfähigkeit, Zusammenhänge erkennen
- **Experimente mit Luft**
  - Ziele: Beobachtungsfähigkeit, Durchhaltevermögen, naturwissenschaftliche Zusammenhänge erkennen
- **Tiere in der Luft**
  - Hier können die Kinder auf Fragen stoßen wie: Warum sehen wir Schmetterlinge nur selten? Was brauchen sie, damit sie in unserem Garten leben können? Was können/wollen wir dazu tun?
  - Ziele: Beobachtungsfähigkeit, Werthaltungen entwickeln, Abhängigkeiten erkennen, Zuversicht entwickeln
- **Wahrnehmen unterschiedlicher Qualitäten der Luft**
  - In Räumen/im Freien – Empfindungen über das eigene Wohlbefinden (evtl. auf Allergien eingehen), Suche nach den Ursachen für Unterschiede (z. B. Luft im Wald, an einer Straßenkreuzung)
  - Ziele: Sinnesschulung, Zusammenhänge erkennen, Probleme erkennen und Lösungsmöglichkeiten finden (z. B. effektives Lüften der Räume)
- **Beobachtungen über den Einfluss von Pflanzen auf die Luftqualität**
  - Erstes „Vorwissen" über Fotosynthese
  - Ziele: Beobachtungsfähigkeit, Zusammenhänge erkennen, Werthaltungen entwickeln (z. B. der Wert eines Baumes).

Projektbeispiel aus der Praxis

„Natur sinnvoll nutzen – Umwelt schützen"

Modelleinrichtung: BRK-Kindergarten St. Barbara in Hemau – Konzeption: Veronika Graf

Entstehung des Projekts – Themenfindung

Das Jahresthema war den vier Elementen Luft, Feuer, Wasser, Erde gewidmet. Jeder dieser Teilbereiche sollte ungefähr zwei Monate lang mit allen Kindern intensiv bearbeitet werden. Die Planungen und Vorüberlegungen im Team gaben wohl den Rahmen vor, ließen aber auch viel Zeit und Raum für die situativ eingebrachten Ideen und Fragen der Kinder. Viel Zeit und eine intensive Auseinandersetzung nahm der Bereich Wasser in allen Teilbereichen in Anspruch.

Themen im Vorfeld – Erlebniswelt Wasser. Die Kinder experimentierten mit Wasser, beobachteten, lernten die Eigenschaften von Wasser kennen und konnten feststellen, dass ihnen im täglichen Leben Wasser begegnet. **Wasserkreislauf und Wetter.** Zu dieser Jahreszeit lag noch Schnee, der aber durch den einsetzenden Regen schmolz. Dies war der Einstieg in den Themenbereich Wasserkreislauf und Wetter. Anhand von Experimenten zu den Aggregatzuständen des Wassers und durch verschiedene Sachbücher versuchten die Kinder Antworten auf ihre Fragen zu erhalten.

Hauptthema – Lebensraum Wasser – Umwelt schützen. Die Gespräche mit den Kindern befassten sich mit dem Lebensraum von Tieren und Pflanzen im Wasser, vor allem aber mit der Wichtigkeit des Wassers für das Leben. Ein Kind berichtete von einem verschmutzten Weiher ganz in der Nähe des Kindergartens. Fragen und Gedanken der Kinder lagen nun im Raum: „Wenn das Wasser so dreckig ist, ist das für die Fische so, als würde jemand Müll in unser Haus kippen? Wenn wir das dreckige Wasser trinken, werden wir dann krank?" All diese Fragen wollten beantwortet werden. Doch zuerst entschlossen sich die Kinder zu handeln. Mit Kescher und Eimer zogen sie zum Weiher, um ihn vom Unrat zu befreien. Dies war der Einstieg in ein umfassendes Umweltprojekt. Die Kinder waren sensibilisiert für den umweltbewussten Umgang mit Wasser als lebenswichtiger Ressource und die Ursachen sowie Auswirkungen von Wasserverschmutzung.

„Umwelt" als zentraler Bildungsbereich

Zielschwerpunkte

- **Den Kindern Zeit und Raum zu geben, eigene Erfahrungen zu machen**
  - Wasserverbrauch bei täglichen Verrichtungen einschätzen lernen
  - Durch Beobachtungen der Umwelt Risiken erkennen
  - Lösungen für den Alltag finden
- **Altersgemäßes Bewusstsein zur Wichtigkeit von Umweltschutz entwickeln**
- **Erfahren, dass sich durch gemeinsame solidarische Aktionen Veränderungen bewirken lassen**
  - Bei Ausflügen und Exkursionen Natur erleben
  - Durch gemeinsames aktives Handeln Veränderungen bewirken
  - Eigenes Verhalten und das von zu Hause kritisch reflektieren
- **Naturwissenschaftliche Hintergründe erschließen für das bessere Verständnis des Umweltschutzes**
  - Experiment zur Säuberung von Wasser kennen lernen
  - Eigenschaften des Wassers experimentell erforschen
  - Lebenswelten von Pflanzen, Tieren und Menschen kennen lernen
  - Technologien zum Umweltschutz, speziell zur Wasseraufbereitung erforschen
  - Zusammenhänge von Zyklen – Wasserkreislauf erfahren
- **Den schonenden Umgang mit natürlichen Ressourcen exemplarisch lernen**
  - Bereiche suchen und erkennen, wo sparsamer Umgang mit Ressourcen möglich ist
  - Eigene Kontrollsysteme zur Regulierung erarbeiten.

Projektangebote

- **Woher kommt unser Wasser**
  - Sauberes Wasser aus dem Wasserhahn
  - Wasserkreislauf anhand von Experimenten erleben
  - Zusammenhang Wasserkreislauf und Wetter

- **Lebensraum Wasser**
  - Alle Lebewesen und Pflanzen brauchen Wasser
  - Lebewesen und Pflanzen, die im Wasser leben
  - Lebensraum Teich mit seinen Bewohnern
- **Wasserverschmutzung**
  - Wie wird schmutziges Wasser wieder sauber? Bau einer Kläranlage mit Wasserfilter und Reinigung eines verschmutzten Teiches mit Eimern und Kescher
  - Angesätes Gras mit unterschiedlichen Flüssigkeiten gießen (reines Wasser, Salzwasser, Essig und Öl) und das Wachstum beobachten
  - Zusammenhänge verschmutztes Wasser und eigene Gesundheit
- **Wasserverbrauch**
  - Sauberes Wasser ist Luxus
  - Wo verbrauchen wir Wasser: Blumen gießen, Hände waschen, Klospülung, Trinken
  - Wo können wir Wasser einsparen? Wie lange reicht ein großer Behälter Wasser für den täglichen Wasserverbrauch?

Integrierte Bildungsbereiche und Projektangebote

Emotionalität, soziale Beziehungen und Konflikte

- Gemeinsame Übernahme von Verantwortung der Umwelt gegenüber
- Erkenntnis, dass nur gemeinsam aktiv die Natur geschützt werden kann
- Bewusstsein, dass jeder täglich seinen Beitrag zum Umweltschutz leisten kann
- Sich als Teil einer Gemeinschaft erleben und gemeinsam Ziele anstreben

Sprache und Literacy

- Gespräche zu den verschiedenen Themen der Umwelterziehung
- Auseinandersetzung mit diesem Themenbereich anhand von Sachbüchern: Besuch einer Bibliothek, eigene Fragen durch Recherchearbeiten lösen
- Exakter Sprachgebrauch bei naturwissenschaftlichen Experimenten

Naturwissenschaften und Technik

- Aggregatzustände des Wassers durch Experimente erforschen, dabei Eigenschaften (Farbe, Geschmack, Vorkommen) kennen lernen und Tragfähigkeit des Wassers erfahren
- Tiere und Pflanzen im Wasser, Pflanzenwachstum unter verschiedenen Bedingungen
- Wasserkreislauf durch Experimente nachvollziehen
- Bau einer kleinen Kläranlage mit Filtersystem

Ästhetik, Kunst und Kultur

- Wasserkreislauf bildnerisch darstellen

Musik

- Wassermusik von Händel

Gesundheit

- Zusammenhang Umweltschutz und Gesundheit, Wasserverschmutzung und Krankheiten
- Auswirkungen von Wasserverschmutzung auf den Lebenskreislauf.

Kooperation und Vernetzung

Von Anfang an war das Umweltthema ein Wechselspiel von Kindergarten und Elternhaus. Durch die eigenen Erfahrungen und Erlebnisse der Kinder in Bezug auf Umweltverantwortung und Umweltschutz wurden auch die Eltern in die Mitverantwortung genommen. Bewusster Umgang mit Wasser, schützenswerte Natur waren Gesprächsthemen auch zu Hause. Die Kinder verhielten sich im Elternhaus genauso diszipliniert, wenn es darum ging Wasser zu sparen oder auf Verschmutzungen im benachbarten Teich zu achten.

Dokumentation und Reflexion

Das Teilprojekt „Natur sinnvoll nützen – Umwelt schützen" war auch noch nach seiner Beendigung immer wieder Thema in der Gruppe. Es ist so allumfassend, dass die Fragen der Kinder immer wieder Anlass zu neuen Untersuchungen sind. Die Kinder waren sehr interessiert bei der Sache und fanden die Themen spannend. Interessant war auch zu beobachten, wie sie versuchten, ihre Fragen selbstständig zu lösen und mit Eigeninitiative zu Lösungen kamen. Das gemeinsame Anliegen und die Verantwortung verstärkten die Kooperation der Kinder untereinander. Dieses Projekt ist damit nicht zu Ende – es wird fortgeführt, indem nun die noch verbleibenden drei Elemente an der Reihe sind.

Beteiligungsprojekte zur umweltfreundlichen (Um-)Gestaltung der Einrichtung

Beschlüsse von Träger, Einrichtungsteam und Elternbeirat, die Einrichtung nach umweltfreundlichen Kriterien umzugestalten, eröffnen den Kindern überaus effektive und nachhaltige Lernmöglichkeiten. Sie lernen nicht anhand simulierter Aufgaben, sondern bringen sich und ihre Interessen in eine reale Situation ein und sammeln Erfahrungen durch konkretes Handeln. Sie erleben gleichzeitig, dass sie mit ihren Meinungen und Interessen das Geschehen in der Einrichtung mitbestimmen können. Sie bereichern damit ihre Erfahrungen, die sie mit der Teilhabe an demokratischen Prozessen gemacht haben. Die Umgestaltung kann zeitlich und räumlich gesehen in kleinen Projekten erfolgen (z. B. Gestaltung einer Ecke mit Naturmaterialien, mit Gegenständen zum Erforschen der Elemente) oder in großen Projekten, die sich über Wochen oder gar Monate erstrecken und mit Inhalten befassen wie z. B.:

- Gartengestaltung (naturnah, sinnesanregend, Bewegungsanreize bietend)
- Energie- und Wassereinsparung
- Gesunde Ernährung unter Bevorzugung ökologischer, saisonaler und regionaler Produkte
- Lärmvermeidung bzw. -eindämmung
- Abfallvermeidung und -trennung
- Reflexion des Konsumverhaltens.

Bei solchen Großprojekten kommen in der Regel alle genannten Bildungs- und Erziehungsziele zum Tragen. Das nachstehende Beispiel veranschaulicht den möglichen Verlauf solcher Projekte – es ist im Sinne der Entwicklung lernmethodischer Kompetenz aufbereitet.

Projektbeispiel

„Umgestaltung des Gartens"

Inhalt des Projekts (Projektbeginn)

Das Projekt beginnt mit einer Bestandsaufnahme und einer Ideensammlung, aus denen die Beteiligten eine inhaltliche Zielsetzung formulieren. Fragen, mit denen sich die Kinder und Erwachsenen hierbei auseinander setzen, können sein:

- Wer benutzt den Garten?
- Was stört uns (und evtl. andere Nutzer) an der Gestaltung? Was gefällt uns so, dass wir nicht darauf verzichten wollen?
- Welche Lebewesen finden wir bereits jetzt darin vor? Worauf sind diese Lebewesen angewiesen? Welche wollen wir ansiedeln?
- Wie bewerten wir das Lebensrecht von Kleintieren in unserem Garten? Auf welche Nischen sind sie angewiesen und welche wollen wir berücksichtigen?
- Was wünschen sich die Jüngsten in unserer Gruppe, die Ältesten, die Mädchen und die Jungen (Perspektivenwechsel)?
- Was ist den Fachkräften wichtig? Und was den Eltern (Bildungsziele)?
- Welche neuen Geräte wünschen wir uns? Auf welches Grundmaterial legen wir dabei besonderen Wert (z. B. Holzart)? Was kostet das alles?
- Welche Position bezieht der Träger?
- Wie finden wir Experten, die wir fragen können?

Die Kinder erkennen: Es gibt verschiedene Sichtweisen. Sie erleben, wie sich aus der Wunschliste realisierbare Vorhaben herausschälen. Wichtig ist, dass sie erkennen: Nicht nur ich passe meinen Wunsch an die Realität an, das gilt auch für die anderen, aber jede Teilgruppe (die Kleinen, Mittleren und Großen/Mädchen und Jungen) ist dabei gleichberechtigt.

Struktur des Themas (weiterer Projektverlauf)

Im weiteren Verlauf erkennen die Kinder, dass das Projekt inhaltlich in einer bestimmten Art und Weise aufgebaut wird (Struktur). Nach Einigung über das Vorhaben folgt die gemeinsame Planung der einzelnen Arbeitsschritte. Die Fragen dazu können z. B. lauten:
- Wen können oder müssen wir als Kooperationspartner gewinnen, wen in der Planungsphase als Ratgeber und wen in der Umbauphase als aktive Helfer?
- Welche Umbauten erfordern welche Arbeiten und Kosten? Welche Leistung müssen wir „einkaufen", welche können wir selbst erbringen?
- Wo und wie können wir Sponsoren oder Spender ausfindig machen? Wo können wir Gelder einnehmen, um sie dann für die Umgestaltung zu verwenden?
- Welcher Zeitrahmen steht uns zur Verfügung?
- Wann wird was gearbeitet? Wer ist daran beteiligt?
- Wie sieht es mit der Pflege der neuen Anlagen aus?
- Wie möchten wir den Abschluss des Projektes gestalten?

Die Kinder erfahren: Beim Realisieren ist Arbeitsteilung erforderlich. Einiges können nur die Erwachsenen unter sich regeln, aber an vielen Dingen können auch sie selbst mitarbeiten. Einige Arbeiten eignen sich besser für die Großen, andere eher für die Kleinen. Alle Arbeitsgänge werden dokumentiert. In bestimmten Abständen halten die Beteiligten Rückschau auf das bereits Geleistete und planen die nächsten Arbeitsschritte.

Lernprozess (letzte Projektphase)

Sie dient der Gesamtreflexion, differenziert nach Personengruppen: Team, Eltern und Träger, Kinder. Die Kinder werden mit verschiedenen Methoden und Hilfsmitteln zur kritischen Rückschau angeregt, einige Beispiele:
- Betrachten von Fotos und Malarbeiten (Arbeitsphasen der Umgestaltung)
- Austausch über wichtige Erfahrungen bei Abwicklung der Arbeitsschritte („So haben wir diese Schwierigkeit überwunden."), die auf Wandzeitungen festgehalten wurden
- Erzählen von Anekdoten und anderen Erlebnissen
- Mitarbeit zur Erstellung einer Dokumentation für die Öffentlichkeit
- Dialogorientierte Betrachtung von Bilderbüchern oder CDs, die sich mit dem Thema befassen
- Aussagen oder Nachfragen der Kinder während der Nutzung der neuen Anlagen
- Beteiligung und Erklärungen bei Rundgängen für Besucher (auch Eltern): „Die Stöcke, Äste, Rindenstücke lassen wir hier liegen, weil dort Käfer, Spinnen, Asseln und andere Tiere leben. Vielleicht baut sich ein Igel dort seinen Winterschlafplatz. Die Tiere brauchen das alte Holz, weil ..."

Für den Lerngewinn der Kinder sind Reflexionsphasen außerordentlich wichtig. Durch Beschreiben der individuellen Lernerfahrungen und das Nachdenken darüber können sie nachvollziehen, was und wie sie gelernt haben (lernmethodische Kompetenz).

Verwendete Literatur

- Reidelhuber, A. (2000). Umweltbildung. Ein Projektbuch für die sozialpädagogische Praxis mit Kindern von 3–10 Jahren. Staatsinstitut für Frühpädagogik (Hrsg.). Freiburg: Lambertus.
- Reidelhuber, A. (1997). Umweltbildung im Kindergarten, Gemeinsam geht es am besten. Bayerisches Staatsministerium für Arbeit und Sozialordnung, Familie und Frauen (Hrsg.). München: StMAS. Bezug: IFP.

KÜNSTLERISCH AKTIVE KINDER

7.8 Ästhetik, Kunst und Kultur

Leitgedanken

Ästhetik, Kunst und Kultur durchdringen sich gegenseitig. Ästhetische Bildung und Erziehung hat immer auch mit Kunst und Kultur zu tun. Angeregt durch die Auseinandersetzung mit Kunst und Kultur entfalten Kinder ihr kreatives, künstlerisches Potential und ihr Urteilsvermögen und lernen nicht nur eigene, sondern auch fremde Kulturerzeugnisse und ungewohnte künstlerische Ausdrucksformen anerkennen und schätzen. Kreativität ist die Fähigkeit, im Denken neue, auch unerwartete und überraschende Wege zu gehen. Sie kommt allen Menschen zu. Die Kreativität von Kindern stärken heißt auch, ihnen die Entfaltung ihrer Persönlichkeit zu ermöglichen.

Kinder erkunden und erschließen ihre Umwelt von Geburt an mit allen Sinnen und machen dabei erste ästhetische Erfahrungen („aisthanomai", altgriechisch: ich nehme wahr mit allen Sinnen, ich beurteile; „aisthesis": die sinnliche Wahrnehmung und Erkenntnis betreffend). Diese werden verstärkt durch aufmerksame und zugewandte Bezugspersonen. Lautmalereien, Gestik, Mimik und Hantieren mit Gegenständen bereichern und intensivieren die Sinneseindrücke der Kinder. Aus vielschichtigen Kommunikationsprozessen entwickelt sich ästhetisches Lernen. Lernen durch die Sinne ist in der frühen Kindheit die Grundlage von Bildung. Werden die sinnlichen Aspekte im Wechselspiel von Kind und Bezugspersonen nicht gebührend berücksichtigt, besteht die Gefahr, dass die angeborene Sensibilität und damit die Fähigkeit, durch die Sinne zu lernen, verkümmern.

Erste künstlerisch-ästhetische Erfahrungen führen vom Greifen zum Begreifen. Dinge werden in die Hand genommen, erfühlt und in ihren Eigenschaften untersucht, Farben und Formen werden wahrgenommen, verarbeitet und emotional besetzt. Mit fortschreitender Entwicklung erkennen Kinder ihre Vorlieben und Stärken in einzelnen Bereichen und werden sich ihrer erworbenen Fähigkeiten und Möglichkeiten zunehmend bewusst.

Zu Beginn der bildnerischen Ausdrucksentwicklung stehen die Urformen des Kritzelns, denen Gestaltungsformen folgen. Das Erfahren des gestalterischen Prozesses und das Erzielen wahrnehmbarer Ergebnisse fördert die Freude am eigenen Gestalten. Durch vielseitige Anreize lernt das Kind spielerisch-kreativ mit seiner Fantasie umzugehen und sie in verschiedenen Bereichen einzusetzen. Es entwickelt in unterstützender und wertschätzender Umgebung künstlerische Kompetenzen. Diese Erfahrungen sind wichtig für die Persönlichkeits- und Intelligenzentwicklung des Kindes.

Kinder zeigen uns mit ihren bildlichen Äußerungen ihre Sicht der Welt und der Beziehungen in ihr; sie teilen sich uns Erwachsenen mit. Wir Erwachsenen sind aufgefordert, die Bild- und Formensprache entziffern und „lesen" zu lernen. Dieses bildhafte Sich-Äußern ist zugleich die Basis für die Weiterentwicklung kommunikativer, gestalterischer und handwerklicher Fähigkeiten.

Kinder wachsen in diese Welt hinein und interpretieren sie in „künstlerischer Freiheit". Sie formulieren ihre Empfindungen und Kenntnisse originär, d. h. ohne Bezugnahme zu etablierten Darstellungs- und Kunstformen. Nur in diesem Sinn sprechen wir vom „Kind als Künstler" und bezeichnen seine Werke als „Kunstwerke".

Kinder denken in Bildern. Sie leben in bildhaften Vorstellungen und ihr Denken ist anschaulich. Noch im Erwachsenenalter vermögen wir unsere geistigen Fähigkeiten durch bildhaftes, vernetztes und komplexes Denken zu steigern. Fantasievoll beseelen Kinder ihre Umgebung und erweitern ihre Vorstellungen und die Flexibilität ihres Denkens durch die bewusste Auseinandersetzung mit den vielfältigen Erscheinungsformen der Welt, ihren Farben, Formen, Gerüchen, haptischen Eindrücken usw. Dies ist Basis für das Entdecken und Erfinden von Neuem und somit für jeden kreativen Prozess.

Bildungs- und Erziehungsziele

Im Dialog mit seiner Umwelt lernt das Kind, diese mit allen Sinnen bewusst wahrzunehmen, sie bildnerisch zu gestalten und spielend in verschiedene Rollen zu schlüpfen. Es entdeckt und erfährt dabei eine Vielfalt an Möglichkeiten und Darstellungsformen als Mittel und Weg, seine Eindrücke zu ordnen, seine Wahrnehmung zu strukturieren und Gefühle und Gedanken auszudrücken. Neugier, Lust und Freude am eigenen schöpferischen Tun sind Motor der kindlichen Persönlichkeitsentwicklung.

Bildnerisches und darstellendes Gestalten

- Wertschätzung, Anerkennung, Spaß, Freude und Gestaltungslust erleben als Voraussetzung für kreatives, fantasievolles Spielen, Arbeiten und Lernen
- Eigene Gestaltungs- und Ausdruckswege entdecken (z. B. zeichnend, malend, bildnerisch-plastisch, mimisch, gestisch, sprachlich) und dabei Vielfalt und Beweglichkeit im Denken und Handeln entfalten
- Erkennen, dass Gefühle, Gedanken und Ideen auf unterschiedliche Weise gestaltet und dargestellt werden können.
- Künstlerisches Gestalten und szenisches Darstellen als Gemeinschaftsprozess mit anderen erfahren, sich begeistern für die eigenen Fähigkeiten und Fertigkeiten, staunen über Ideen anderer, sich von diesen befruchten lassen und sie weiterentwickeln
- Grundverständnis von Farben und Formen und den Umgang mit ihnen erwerben (z. B. Farben zu mischen und damit neue zu kreieren)
- Ausdruckskraft von Farben und deren Wirkung auf Stimmung und Gefühle wahrnehmen
- Vielfalt kreativer Materialien, Werkzeuge, Techniken (z. B. Maltechniken) und Prinzipien (z. B. Harmonie und Spannung) zur gestalterischen Formgebung kennen lernen, damit neugierig experimentieren und Erfahrungen sammeln
- Verschiedene natürliche und künstliche Stoffe in ihren Eigenheiten und Nutzungsmöglichkeiten im Vergleich erfahren (z. B. Naturmaterialien entdecken, erforschen, Neues daraus entwickeln, erfinden, bauen und Unterschiede zu industriell gefertigten Spielmaterialien feststellen)
- Einen spielerischen Umgang mit Elementen des Theaters erproben
- In verschiedene Rollen schlüpfen und die Perspektive der anderen übernehmen
- Eigene Theaterspiele (z. B. Sketche, dazugehörige Kostüme, Bühnenbilder, Musik) erfinden, gestalten und aufführen
- Theaterstücke verschiedener Autoren kennen lernen
- Fertigkeiten und Kompetenzen erfahren und erweitern durch das Herstellen von und Spielen mit einfachen Spielfiguren (z. B. Schatten- und Schwarzlichtfiguren, Finger-, Hand-, Stab- und Sprechpuppen)
- Eigene Ausdrucksformen reflektieren und darüber kommunizieren.

Wahrnehmungsfähigkeit entwickeln und Kultur erleben

- Umwelt und Kultur bewusst mit allen Sinnen wahrnehmen
- Mit anderen über Kunstwerke und Darstellungsformen aus eigenen und fremden Kulturkreisen kommunizieren
- Gestaltungs- und Ausdruckswege anderer entdecken und diese wertschätzen
- Sich mit historischer und zeitgenössischer sowie mit Kunst aus anderen Kulturkreisen auseinander setzen
- Kunst als Möglichkeit begreifen, einen Zugang zu anderen Kulturen zu finden
- Verschiedene Schriftzeichen kennen lernen und spielerisch erproben

- Grundverständnis darüber entwickeln, dass „Schönheit" genau wie „Hässlichkeit" nur eine mögliche Form der subjektiven Wahrnehmung ist und dass diese in entscheidendem Maße vom sozialen, familiären und kulturellen Umfeld geprägt ist.

Anregungen und Beispiele zur Umsetzung

 GRUNDLAGEN

Bedeutung des Bereichs im pädagogischen Alltag

Ästhetische Bildung ist vor allem die Bildung von sinnlicher Wahrnehmung und Kreativität. Im Elementarbereich nimmt sie eine zentrale Stelle ein. Im Kindesalter sind ästhetische Bildung und Persönlichkeitsentwicklung eng verknüpft, Frühpädagogik und Kunst werden daher als zwei auf das Engste miteinander verwobene Bereiche gesehen. Ästhetische Bildung stellt die Erfahrungen mit allen Sinnen in den Mittelpunkt und zielt darauf ab, differenzierte Wahrnehmungsfähigkeit und das Handwerkszeug des kreativen und schöpferischen Kindes zu stärken und zu schärfen. Kinder, die nicht frühzeitig sinnliches Wahrnehmen und kreatives Gestalten als Zugriff auf die Welt bewusst und selbsttätig erleben, sind der Gefahr des Verkümmerns ihrer Sinne ausgesetzt und bleiben in ihrem kreativen Potential eingeschränkt. Ästhetische Bildung durchdringt den pädagogischen Alltag. Im kreativ-gestalterischen Bereich bieten Kindertageseinrichtungen genügend Zeit, Raum, Möglichkeiten und Anreize, wo Kinder ihre Vorlieben, Begabungen und Interessen entdecken und vertiefen können.

Querverbindungen zu anderen Bereichen

Ästhetische Bildung durchdringt nahezu jeden im vorliegenden Orientierungsplan beschriebenen Bildungsbereich. Sie erfasst alle Ausdrucksformen des Kindes (Sprache, Mimik und Gestik, Singen und Musizieren, Bewegen und Tanzen). Kreative und fantasievolle Lösungsstrategien sind auch in Bereichen wie Mathematik, Naturwissenschaften und Technik gefragt. Ästhetische Lernprozesse überschneiden sich z. B. mit den Bereichen:
- Sprache und Literacy (→ Kap. 7.3): Wenn Kinder sich untereinander über ihre Sinneseindrücke oder ihre „Kunstwerke" austauschen, wird ihre sprachliche Ausdrucksfähigkeit gestärkt. Wenn Kinder gestalterisch mit Schriftzeichen und Schrift umgehen, Bildergeschichten erfinden, selbst Bilderbücher gestalten und Theater spielen, dann verbinden sich sprachliche und gestalterische Ausdrucksformen.

- Informations- und Kommunikationstechnik, Medien (→ Kap. 7.4): Die Bilderwelt der Medien und darin enthaltene Botschaften beeinflussen die Kinder und regen zur Auseinandersetzung mit ihnen z. B. im Rollenspiel, durch gemalte, gezeichnete, geformte, in der Bauecke konstruierte, an der Werkbank gefertigte oder im Sand gebaute Objekte an.
- Musik (→ Kap. 7.9): Töne und Musik in Bilder und Farbkompositionen, grafische Zeichen umsetzen oder Klangbilder und Klanggeschichten erfinden und gestalten.
- Bewegung, Rhythmik, Tanz und Sport (→ Kap. 7.10): Bewegungsfantasien lassen sich in gestalterische Bewegungsabläufe übersetzen. Bewegungsspuren werden sichtbar.

Je nach Thema lassen sich viele weitere Bildungsbereiche einflechten.

Beobachtung der kreativen Lern- und Entwicklungsprozesse der Kinder

Wer mit kleinen Kindern arbeitet, kann täglich erleben und beobachten, wie sie sich mit unermüdlichem Forscherdrang und großer Neugier die Welt aneignen. Sie lernen unentwegt und bilden sich, indem sie im alltäglichen, schöpferischen Tun handelnd begreifen – wenn sie nicht darin behindert werden. Kinder, die hierbei schon einschränkende Erfahrungen gemacht haben, brauchen besondere Zuwendung, Ermutigung und Impulse zum Selbsttätigwerden. Wertschätzung und Vertrauen in die Sinnhaftigkeit ihres Tuns machen Mut und stellen die Grundmotivation wieder her.

Kinder erzählen viel mit ihren Zeichnungen und Bildern. Kinder, die frei und spontan zeichnen und malen, setzen sich mit ihrer Lebenswelt, mit ihren Erlebnissen und Erfahrungen auseinander. Sie wollen anderen ihre Weltsicht zeigen, ihre Gedanken, Anschauungen und Ideen, ihre Träume, Gefühle und Wünsche, Sorgen und Nöte ebenso wie ihre Entwicklungsschritte. Erwachsene sind sich dessen oft nicht bewusst und meinen, dass Kinder sich nur mehr oder weniger sinnvoll „beschäftigen", wenn sie zeichnen und malen. Sie sehen und bewerten häufig nur das nach ihrem Geschmack schöne oder weniger gelungene Bild, das nette Rankwerk, die Verzierung, die kräftigen oder zarten Farben, den schwungvollen oder zaghaften Strich, die Farbigkeit oder Eintönigkeit eines gemalten Objekts. Lediglich das äußere Erscheinungsbild wird subjektiv beurteilt.

Bildsprache ist eine existentielle Sprache – dies zeigt sich nicht nur bei Kindern, die in ihrer Ausdrucksfähigkeit verarmt sind und sich nicht mehr trauen, sich bildlich zu äußern. In Bildern spiegeln sich das Leben der Kinder und ihre Sicht von der Welt und den Dingen in ihr in all seinen Facetten. Der Wunsch, darüber zu erzählen und sich auch jenseits der gesprochenen Sprache mitzuteilen, zu informieren und auch symbolische Zeichen zu setzen, die verstanden werden wollen, ist dahinter zu vermuten. Kinder, die nicht mehr malen und zeichnen wollen und zudem blockiert sind in ihren sonstigen Ausdrucksmöglichkeiten, sind meist in ihrem Selbstvertrauen und Selbstwertgefühl geschwächt. Diese Kinder ziehen sich häufig aus dem Gruppengeschehen zurück, oder sie machen durch unliebsames Verhalten auf sich und ihre Schwierigkeiten aufmerksam. Sie benötigen einfühlsame Ermutigung, Unterstützung und Begleitung, um in kritik- und bewertungsfreier Atmosphäre und ohne Leistungsdruck wieder Lust und Freude am spielerisch-experimentierenden Gestalten zu entwickeln und Zugang zum eigenen Ausdruck zu finden. Bedrückend-Bedrohliches staut sich dann nicht mehr in ihrer Seele, es findet seinen Platz auf dem Papier, im gestalteten Objekt oder im darstellenden Spiel. Furchteinflößendes kann ins Bild gesetzt und aufs Blatt gebannt oder zum anfassbaren Gegenüber werden – sichtbar, veränderbar, beeinflussbar. Hier werden in kreativen Gestaltungsprozessen durch den Einsatz gestalterischer Mittel und Methoden heilende Kräfte wirksam, die ihre präventive Wirkungen im schöpferischen Tun entfalten.

Geeignete Lernumgebung

Die Umgebung, in der sich die Kinder täglich bewegen, nehmen sie sinnlich wahr. Die Architektur der Tageseinrichtung, das Ambiente im Haus, wie Räume gestaltet und Bilder angebracht sind (z. B. gerahmt oder hinter einem Passepartout aufgehängt anstatt mit Reißnägeln an der Wand befestigt), wie Tische gedeckt werden – all dies ist Wahrnehmungsgegenstand und für Kinder mit ästhetischen Empfindungen und Erfahrungen verbunden. Farbliche Abstimmungen, die harmonisierend auf die Befindlichkeit der Kinder wirken, sollten bei der Raumgestaltung beachtet werden. Die mit unzähligen Bastelarbeiten ausstaffierten und überladenen Gruppenräume führen zur Reizüberflutung und überfordern manche Kinder. Überschaubare, klare Raumstrukturen dagegen helfen ihnen bei der Orientierung. Bei der Architektur von Tageseinrichtungen stehen die Belange der Kinder, die die Nutzer des Gebäudes sind, im Mittelpunkt; die Mitwirkung der Kinder an der Gestaltung der Räume ist sinnvoll und notwendig.

Für die ästhetische Bildung optimal ist es, wenn in der Tageseinrichtung ein eigener Raum zum kreativen Gestalten mit frei zugänglichem Materiallager – einer Werkstatt vergleichbar – ausgewiesen ist, in dem die Kinder in Gruppen auch selbstständig arbeiten können. Wichtig ist, dass dort alles seinen Platz und seine Ordnung hat und behält und dass die dort entstehenden Objekte über längere Zeit stehen bleiben können. Kindertageseinrichtungen mit differenziertem Funktionsraumprogramm weisen häufig einen Raum als „Atelier" aus, andere als „Theaterwerkstatt", „Werkraum" und „Bauzimmer" und schaffen damit optimale Bedingungen für kreatives Gestalten und Darstellen. Mit künstlerisch-kreativen Projekten im dreidimensionalen Bereich kann das Freigelände zum Skulpturenpark werden. Wenn Kinder das Gelände teilweise selbst oder gemeinsam mit ihren Eltern und dem Einrichtungsteam umgestalten, z. B. Naturhäuser bauen, kann dort eine ästhetisch-ökologische Erlebniswelt entstehen. In der Tageseinrichtung sollten den Kindern verschiedene Materialien, Werkzeuge sowie Verbindungs- und Bearbeitungsmaterialien jederzeit zur Verfügung stehen, z. B.:

- **Materialien.** Verschiedene Sorten und Größen von Papier und Pappe; Holz (Bretter, Latten, Äste); Verpackungsmaterialien; Kunststoffe, Textilien, Ton, Illustrierte, Zeitungen, Naturmaterialien
- **Farben.** Finger-, Wasser-, Aquarell-, Temperafarben-, Gouache- und Erdfarben (als ungiftig deklarierte Naturpigmente), Beizen
- **Werkzeuge.** Borsten- und Haarpinsel (Rund-, Flachpinsel, verschiedene Größen); Stifte (Farb-, Blei-, Kohle-, Filzstifte); Kreiden (Öl-, Wachskreiden); Malerquaste, Farbroller (verschiedene Größen); Sägen (Fuchsschwanz, Puksägen); Hammer (verschiedene Größen); Zangen (Rund-, Flach-, Beißzangen); Raspeln, Feilen, Seitenschneider, Scheren, Akkubohrmaschine
- **Verbindungs- und Bearbeitungsmaterialien.** Nägel, Schrauben; Kleber und Leim; Schleif- und Schmirgelpapier.

Die Atmosphäre

Das kreative Potential eines Kindes kommt da zum Ausdruck, wo es gewollt wird und erwünscht ist, wo Zeit und Raum für Ideen und Einfälle zur Verfügung stehen, wo Mut gemacht und Zutrauen geschenkt wird, wo die Umgebung mitspielt, wo das emotionale Klima frei von Angst, Abwertung, hoher Erfolgserwartung, Anpassungs- und Leistungsdruck oder mangelndem Interesse ist, wo „ein Fehler kein Fehler, sondern eine momentan nicht brauchbare Lösung ist" (Seitz). Offene, neugierige Erwachsene mit einer wertschätzenden Haltung auch für das Kleine, Unscheinbare und scheinbar Alltägliche helfen Kindern, ihre kreativen Potentiale zu entfalten und etwaige gestalterische Blockaden zu überwinden. Wichtig ist, auch die eigenen, häufig versiegten oder verschütteten „Quellen der Fantasie" wieder zu aktivieren. Der Weg führt bei Kindern und Erwachsenen vom spielerischen Umgehen mit Farben und Formen, Papier und anderen, alltäglich auffindbaren Materialien über das Experimentieren zum schöpferischen Tun. Das handelnde Begreifen bildet die Basis für Erkenntnis und Abstraktion. Kinderbilder und -zeichnungen, die in der Einrichtung Wertschätzung erfahren, werden z. B. in eigens dafür gestalteten Mappen gesammelt, die den Kindern stets zugänglich sind. Regelmäßige Ausstellungen ihrer Werke stärken das Selbstvertrauen und das Selbstwertgefühl der Kinder.

Differenzierte Fachkompetenz der pädagogischen Bezugspersonen im gestalterischen Bereich ist ebenso notwendig wie deren Freude an schöpferischer Arbeit mit Kindern. Dies setzt voraus, die eigenen kreativen Kräfte zu entdecken und weiterzuentwickeln. Diese sind nicht nur im Rahmen der ästhetischen Bildung von Bedeutung, vielmehr ist die gesamte Umsetzung dieses Bildungsplans ein höchst kreativer Prozess – für alle Beteiligten. Je kreativer, kompetenter und experimentierfreudiger pädagogische Fachkräfte sind und je mehr sie sich auf gemeinsame Bildungsprozesse mit den Kindern einlassen, desto leichter und freudiger wird die Zielerreichung gelingen.

Enge Zusammenarbeit mit den Familien

Wesentlich für den Erfolg ästhetischer Bildung im Vorschulbereich ist der enge Kontakt mit den Eltern. Das Miteinbeziehen der Familien erfolgt durch die Information über das Konzept und die darin beschriebenen Bildungsziele und deren gemeinsame Weiterentwicklung. Es reicht nicht, Eltern nur mit den fertigen Produkten ihres Kindes zu begegnen. Viel wichtiger ist es, dass die Eltern selbst durch die Teilhabe an kreativen Prozessen in der Kindertageseinrichtung erleben können, wie die kindlichen Gestaltungsergebnisse entstehen und welche Fragen sich für das Kind hierbei ergeben. Die Fülle der kindlichen Vorstellungswelt zu erleben und das Bewusstsein zu erlangen, dass das Wichtigste der kreative Gestaltungsprozess des Kindes ist und nicht ein perfektes, womöglich überwiegend von Erzieherinnenhand gefertigtes Produkt ihres Kindes – dafür bieten sich vielerlei Möglichkeiten wie z. B. gemeinsame Projekte, Kreativnachmittage gemeinsam mit Kindern, ihren Vätern und Müttern oder entsprechend themenorienterte Elternabende. Auch Projektdokumentationen, Ausstellungen, Vernissagen – als Öffentlichkeitsarbeit – unterstützen dies. Kunstschaffende oder anderweitig mit Kunst und Kultur befasste Eltern sind wichtige Kooperationspartner für die kreative Arbeit mit Kindern.

Tipp

Tipp für einen Elternabend
(nach Fleck-Bangert)

„Beidhändiges Tanzenlassen von Ölkreiden zum Walzertakt" auf großflächigen Papierformaten. Die so entstandenen Kritzelformen eignen sich gut als Einstieg in das Thema „Kindliche Malentwicklung" und holen auch die Erwachsenen dort ab, wo sie sich sicher fühlen. Denn kritzeln können wir ja schließlich alle!

Gemeinwesenorientierung – Kooperation mit fachkundigen Stellen

Ästhetische Bildung wird auch angeregt durch lokale Exkursionen und durch gemeinwesenorientierte Zusammenarbeit mit den am Ort befindlichen kulturellen Einrichtungen und ortsansässigen Kunstschaffenden. Die Kinder erhalten Gelegenheit, die unmittelbare bauliche Umgebung, deren Nutzung und architektonische Eigenschaften kennen zu lernen, das nächstgelegene Museum und Theater sowie Kunstausstellungen und Theateraufführungen zu besuchen, womöglich das Atelier von Künstlern kennen zu lernen oder die Kirche, Moschee oder Synagoge. Wenn Kinder mit Kunstschaffenden vor Ort ins Gespräch kommen, dann erhalten sie direkte Einblicke in deren Leben und Arbeiten, können ihre Ausstellungen besuchen und sich mit ihnen identifizieren. Bei Theaterbesuchen ist es für Kinder interessant, auch hinter die Kulissen zu blicken. Darüber hinaus lassen sich in Kooperation mit Museen,

Galerien, Künstlern und Kunstvereinen gemeinsame Projekte entwickeln und durchführen – innerhalb wie außerhalb der Tageseinrichtung. Solche Aktivitäten im Rahmen der ästhetischen Bildung können zugleich einen wichtigen Beitrag zur Öffentlichkeitsarbeit der Tageseinrichtung leisten.

AKTIVITÄTEN

Flächiges, plastisches und skulpturales Arbeiten

Die Sinne sind Ausgangspunkt ästhetischer Bildung. Sinneseindrücke werden wahrgenommen, geprüft und umgesetzt in flächige, lineare, plastisch-aufbauende (z. B. Ton, Knete) und skulpturale (wegnehmende Technik wie Sägen, Schnitzen) Arbeiten. Sie fordern das Kind heraus, viele seiner Kompetenzen (wie Empfindungsvermögen, Vorstellungskraft, Denk- und Ausdrucksfähigkeit, Kreativität und Fantasie) einzusetzen und zu erweitern. Beim Tätigsein im sozialen Umfeld und beim Umgang mit Gegenständen, Materialien, Spiel- und Werkzeugen lernt es, das Wahrgenommene zunehmend auszudifferenzieren und in Bedeutungszusammenhänge zu bringen. Dies ist die Basis für eigene gestalterische Tätigkeit. Sinnliche Erfahrung heißt reflektieren und die Reflexion im Kontext ästhetischer Lernprozesse zu realisieren. Sie ermöglicht das Lernen und damit, Ursachen, Wirkweisen und Zusammenhänge zu erkennen. Bei gestalterischen Prozessen nimmt dieser Erkenntnisweg seinen Ausgang beim Kind.

Ästhetische Bildung spricht das Kind in seiner Gesamtpersönlichkeit an – ganzheitlich versucht sie, Kopf (Kognition), Herz (Emotion) und Hand (Motorik) zugleich zu erreichen. Durch das Herstellen und Gestalten im Verbund mit ästhetischer Erfahrung und Wissen kommt das Kind unter Einsatz von Werkzeug und Material zu Spuren sichernden Zeichen und Gestaltungen. Auf Papier und ähnlichen Materialien entstehen zweidimensionale, mit Holz, Kunststoff, Kartons etc. meist dreidimensionale Arbeiten. Bedeutung und Wirkung des Gestaltens zeigen sich auch in der menschlichen Fähigkeit, einen Reiz durch mehrere Sinnessysteme gleichzeitig aufzunehmen und zu verarbeiten (z. B. „warme Farben", „runde Bewegungen"). Mit Leichtigkeit überschreitet ein Kind die Grenzen einzelner Sinnessysteme. Es verbindet Ausdrucksarten z. B. unterstützt durch Musik und Rhythmus über Körperbewegungen aller Art bis hin zur tänzerischen Bewegung. Bewegungsabläufe können mit verschiedenen Farben auf großen Formaten ihren Niederschlag finden. Die durch Musik ausgelösten Fantasien, Assoziationen und Bewegungen können auch zum Bau von Masken und zum Herstellen von Kostümen anregen, um in eine bestimmte Rolle zu schlüpfen.

Das Spiel ist weiter Ausgangspunkt ästhetischer Aktivitäten und gestalterischen Tuns in allen Bereichen. Wenn ausgewählte Themen längerfristig angelegt sind, empfiehlt sich das projektorientierte Arbeiten. Das Spiel ist gleichzeitig Methode und Leitziel ästhetischer Bildung. Die Entwicklung freier ästhetischer Spielformen ist die Grundlage für schöpferisches Denken, das die Dinge von allen Seiten und zugleich kontrovers betrachtet.

Kinder brauchen Anreize und Angebote, um ihre Kreativität weiterzuentwickeln, und zugleich Freiraum, sich selbst zu entfalten und eigene Ideen zu erproben und zu verfolgen. Wichtig hierbei ist vor allem der kreative Prozess des Suchens, Findens und Umsetzens von eigenen und im Zusammenwirken mit anderen entwickelten Lösungen. Bei Gestaltungsaufgaben brauchen Kinder Spielraum für den Umgang und für das Experimentieren mit Vorstellungen, Ideen und Materialien. Angebote werden daher so offen konzipiert, dass Kinder individuelle Wege entdecken. Diesem Ziel widerspricht eine starre Planung. Für die pädagogische Fachkraft heißt dies, die Rolle der Mitspielerin und Begleiterin einzunehmen. Das erfolgreiche Gelingen zeigt sich u. a. daran, dass die zu einem Thema entstandenen Arbeiten so vielfältig sind, wie sich Kinder daran beteiligen. Daher dürfen konsequenterweise der „gute Geschmack" und der Schönheitsbegriff der Fachkraft („Das musst du anders machen, dann wird es viel schöner") keine Rolle spielen. Schablonen und Rezepte haben bei gestalterischen Arbeiten keinen Platz. Sie behindern häufig die Entwicklung von Fantasie, Risikobereitschaft, Selbstvertrauen, Identitätsbildung, Toleranz und Sozialkompetenz. Wenn alle Kinder konzentriert – sich gegenseitig bestärkend und ggf. unterstützend – an einer Aufgabe arbeiten und die Fachkräfte bei der Ausführung ihrer Ideen nicht mehr benötigen, werden ihre sozialen und personalen Kompetenzen gestärkt und ein hohes Maß an Zufriedenheit erreicht.

Entscheidend für kreatives Arbeiten mit Kindern ist die Balance zwischen unterstützender Einflussnahme und Gewährenlassen. Das Kind wird zum Hauptakteur im Gestaltungsprozess und stimuliert seine natürlichen Motivationskräfte. Kinder gewinnen Selbstvertrauen, wenn sie am Ende dieses Prozesses stolz ein Ergebnis vorweisen können oder sich – auch bei Misserfolg – darum bemüht haben und dafür anerkannt werden. Erfolgserlebnisse stärken Kinder, erhöhen die Lust und Freude am gestalterischen Tun und ermutigen zu neuen Versuchen. Damit sie dorthin gelangen, dürfen sie nicht allein gelassen, sondern müssen aufmerksam, einfühlend und wertschätzend auf ihrem Weg in der Ausbildung ihrer eigenen Formsprache begleitet werden. Wenn Kinder Bilder malen, ein Haus bauen, eine Spielfigur fertigen oder sich in einen Zauberer verwandeln wollen und dabei Hindernisse spüren, nicht weiterkommen und aufgeben möchten, sind Erwachsene als unaufdringliche, aber verlässliche Helfer, Vorbild und Wegbereiter gefragt. Wichtig ist, dass sich die Kinder ihre kreativen Ziele selbst stecken und hinter ihnen stehen, die aber auch vor sich sehen und wirklich erreichen können. Paralleles Mit- und Vormachen der Erwachsenen als Vorbilder ist dann legitim, wenn zugleich darauf geachtet wird, Kinder in ihrem individuellen Gestaltungsprozess nicht einzuschränken. Sie haben ein Recht, kreative Lernerfahrungen auch ohne Einflussnahme der Erwachsenen zu machen.

Ästhetische Bildung zeichnet sich durch Methodenvielfalt aus. Gestaltungsaufgaben können sich von der Einzelarbeit hin zur Kleingruppenarbeit an Maltischen und Malwänden oder in einer Atelierecke im Gruppenraum entwickeln. Kinder lassen sich gerne in überschaubaren Situationen von gestalterischen Aufgaben anregen, herausfordern und mitreißen. Dem Denken und Lernen und der Sprach- und Sprechentwicklung im permanenten Austausch der Kinder untereinander kommt dabei eine zentrale Bedeutung zu. Gemeinsame Aktionen in Kleingruppen stärken die Kinder zugleich in ihrer sozialen, emotionalen und kognitiven Kompetenz und befähigen sie, sich in einer Gruppe mit einem Gestaltungsprozess reflektierend auseinander zu setzen. Die Technik der Collage mit ihren unterschiedlichen Variationsmöglichkeiten eignet sich z. B. hierfür ebenso gut wie die vereinfachte, kindgemäße Form des dialogischen Malens. Ferner empfiehlt es sich, spielerisches, freies, aktionsgeladenes Gestalten im Wechsel mit kleinteiligem, ruhigem, meditativem Malen anzuregen.

Kinder an die Vielfalt von Materialien und Techniken heranzuführen ist ein Kernbereich ästhetischer Bildung. Wichtig ist eine differenzierte Materialauswahl, die darauf achtet, kein vorgedachtes, vorgestanztes Bastelmaterial zu verwenden. Sie ermöglicht Kindern Erfahrungen mit natürlichen (z. B. Holz, Leder, Wolle, Stahl, Papier, Leinen, Baumwollstoffe, Blätter, Moos, Rinde) und künstlichen Stoffen (z. B. Kunststoffe, Glas, Keramik), den Umgang mit formbaren (z. B. Gips, Ton, Knetmasse, Sand) und festen (z. B. Holz, Ytong) Materialien. Der Umgang mit diesen und die Verwendung von Werkzeugen zu deren Bearbeitung stärken gestalterische sowie grob- und feinmotorische Kompetenzen. Das Experimentieren mit Mal- und Gestaltungstechniken ist für Kinder eine bedeutsame Erfahrung (z. B. zeichnen mit Feder, Tusche und Tinte, malen mit Wachs- und Wasserfarben, Kleister und Farbe; Nass-, Marmorier-, Spritz-, Puste-, Klapp-, Übermaltechnik; Spachtel-, Murmel-, Faden-, Schwamm-, Kleistertechnik; Wachstropf-, Wachskratztechnik; Spritz-, Sprenkeltechnik mit Kleister; Stempel-, Korkdruck; Papierbatik, Kugelbilder).

Tipp

Warum eigentlich nicht auch mal andere Wege gehen …?
(Ideen nach Fleck-Bangert)

Steine, Blätter, Rinde und Holz lassen sich gut einfärben und bemalen. Holzkohle vom Sommerfest-Lagerfeuer vermalt sich prima, auch mit gewässertem Curry und Sauerkirschsaft, mit Kaffeesud und Teebeuteln lassen sich interessante Bilder zaubern – sie duften sogar. Und wie gut, dass es Farbpulver gibt! Man kann es für die Einrichtung als Pigment (auf ausdrücklich giftfrei deklariertes achten) preiswert kaufen oder z. T. sogar in einem Mörser mit mineralhaltiger, bröckeliger Erde selber herstellen. Ein Versuch lohnt sich. Mit ein bisschen Wasser, etwas Mehl- oder Tapetenkleister oder auch mit einem verquirlten Ei aus dem Supermarkt oder aus dem Hühnerstall (wer hat noch einen zu Hause?) vermischt, lassen sich die Geheimnisse aus der Farbenküche alter Meister ergründen. Selbst hergestellte Farben regen besonders an, eigene „Kunstwerke" experimentell oder in Anlehnung an „Meisterwerke der Kunst" zu kreieren.

Tipp

Selbst gesammelte, schräg angespitzte Federn, Ästchen, Schilfgrasstengel – in Holzbeize getaucht – regen zum Zeichnen und zu ersten Schreibversuchen an. Mutmaßungen über die Schreib- und Malgeräte unserer Vorfahren oder Urvölker anderer Kulturen regen die Neugierde, den Forscherdrang und die Experimentierfreude an. Mandalas, Ornamente und Muster lassen sich draußen im Garten auf Sand, schwarzer Graberde oder auf dem Waldboden mit feinem, erdpigment-gefärbtem Quarzsand schütten. Sie erinnern an indianische oder tibetanische Sandmandala-Rituale, entführen in ferne Länder und regen an zum Erzählen und Nachsinnen über Sitten und Gebräuche früher und heute noch eng mit der Natur verbundener Völkern. In Melkfett eingeriebene, rückstandsfreie Erdpigmente wandern zur Kriegsbemalung auf Stirn, Wangen und Arme.

Eine freie Malwand im Gruppenraum oder eine jederzeit zugängliche Atelierecke – bestückt mit einfachen Staffeleien, aus ein paar Dachlatten zusammengenagelt und geschraubt oder von engagierten Eltern etwas aufwändiger gezimmert – regen an zum freien, großflächigen, spontanen Malen. Hier lässt es sich gut im Stehen experimentieren. Bei schönem Wetter werden die Staffeleien einfach in den Garten transportiert. Baumrinden, Gräser, Blätter oder Mauerwerk, Hauswandstrukturen, Brunnenverzierungen usw. können mit Wachsmal- oder Graphitblöcken bei Ausflügen direkt vor Ort auf Papier gepaust werden. Am Wegesrand gibt es viel zu entdecken, was sich in der Einrichtung weitererforschen lässt. Die gestalterischen, zum Buch gebundenen Ergebnisse finden sicher großes Interesse, auch bei den Eltern.

Ästhetik, Kunst und Kultur in ihrer Vielfalt und ganzheitlich erleben

Eine kleine Sammlung von Umsetzungsmöglichkeiten wird nachstehend beispielhaft aufgezeigt:
- **Farben erkennen und benennen.** Welche Farbe haben deine Augen, dein Kleid, unser Kindergarten, das Bild auf dem Plakat, auf der Kunstpostkarte, die Blumen? Was ist meine Lieblingsfarbe?
- **Mit Farben und Stiften Spuren hinterlassen, um Farbtöne zu vergleichen.** Wir versuchen möglichst viele verschiedene Farbtöne zu malen und zu benennen; wir erfinden über Farben, Formen und Figuren Geschichten, bringen diese zum Tönen oder entwickeln daraus verschiedene Arten von Rollenspielen (z. B. Sketche, Theaterspiele); wir entwickeln Bildergeschichten und erstellen selbst ein Bilderbuch.
- **Mit Werkzeugen und Materialien Erfahrungen sammeln und umgehen lernen** (z. B. Schachteln, Holz, Ton, Kunststoff). Wir planen und realisieren mit den Kindern z. B. eine Ausstellung; wir bauen eine Litfasssäule, das langsamste Rennauto der Welt, einen Elefanten, ein Hotel „Alle Mann",

einen 1001-Füßler, einen dicken langen Fisch, eine Idee, ein Naturhaus, einen Skulpturenpark.
- **Kunst betrachten.** Bilder, Plastiken und Architektur betrachten; Kunstausstellungen besuchen und das Gesehene danach bildnerisch umsetzen oder umgekehrt.
- **Theaterspiele erfinden, gestalten und durchführen.** Theater heißt nicht nur auf der Bühne stehen und auswendig gelernte Texte aufsagen, sondern auch: Sich verkleiden, in eine fremde Rolle schlüpfen und darin für eine gewisse Zeit leben; mit Licht und Schatten spielen; mit Handpuppen sprechen; pantomimisch etwas darstellen, ohne Sprache; Kulissen, Theaterbühne und Requisiten selbst herstellen; Spiel ohne Worte zu einer vorgelesenen Geschichte oder zu einer gehörten Musik; Theater-Workshops für Kinder oder ein Theaterspiel im Rahmen größerer Projekte einbauen.

PROJEKTBEISPIELE AUS DER PRAXIS

„Farbe ist Leben – Experimentieren mit Farbe und Papier"

Modelleinrichtung: Kinderkrippe St. Josef in Kaufbeuren – Konzeption: Annelie Gräser

Entstehung des Projekts – Themenfindung

Die Einrichtungskonzeption sah Projektarbeit bislang nicht vor. In der Auseinandersetzung mit dem Bayerischen Bildungs- und Erziehungsplan wurde jedoch deutlich, dass gewohnte Arbeitsweisen (Wochenplanung, fester Zeitrahmen, feste Angebote) ein Vernetzen verschiedener Kompetenz- und Bildungsbereiche kaum möglich machten. Nach einschlägigem Literaturstudium wählte nicht nur die Praktikantin Projektarbeit als Thema für ihre Facharbeit, sondern auch in der Kinderkrippe entschieden wir uns, Projektarbeit einzuführen und umzusetzen. Das Thema für das erste Projekt ergab sich aus Beobachtungen. Deren Reflexion machte den Erzieherinnen bewusst, dass ihre zwei- und dreijährigen Bezugskinder die Grundfarben nur sehr unsicher erkennen und benennen konnten. Bei einer gemeinsamen Betrachtung des Bilderbuchs „Der kleine Bär und die Farben" (von Dena, A. & Desmoinaux, C., Arena-Verlag in Würzburg, 1996) mit den Kindern bestätigte sich dieser Befund. Zur Klärung der Frage, ob die Erarbeitung der Grundfarben mit Zwei- und Dreijährigen entwicklungsangemessen ist, setzten wir uns sodann mit den entwicklungspsychologischen Grundlagen auseinander. Das weitere Vorgehen wurde durch folgende Erkenntnisse geleitet: Sichere Bindung ist Grundvoraussetzung für das Gelingen des Bildungsprozesses. Kinder können von Geburt an Farben unterscheiden. Kinder können ab dem ersten Lebensjahr mit Farben bekannt gemacht werden. Bevor das geschieht, sollten sie ausgiebig Erfahrungen mit Wasser und Papier gesammelt haben. Durch vielfältige Möglichkeiten zum Experimentieren wie manschen, planschen, schmieren, reißen, knüllen, zerfetzen, wickeln werden bereits die Weichen für die gleichmäßige Entwicklung beider Gehirnhälften gestellt. Ab dem zweiten Lebensjahr beginnen Kinder Grundfarben zu benennen. Später kommen weitere Farben und Farbdifferenzierungen dazu.

Nachdem sich die Themenwahl für unsere Altersgruppe als geeignet erwies, entschlossen wir uns, das Projekt anzugehen. Die methodisch-didaktischen Entscheidungen während der Umsetzung basieren auf folgenden Überlegungen: Je anregender die Umgebung für die Sinne des Kindes ist, umso stärker wird es zum Handeln herausgefordert. Die Neugier – der Motor der Entwicklung – wird geweckt. Handeln und Aktivsein tragen ihren Sinn dann in sich, wenn das Kind dem Lernthema mit Freude folgt, mit allen Sinnen Erfahrungen erwirbt und mit Begeisterung den nächsten Lernschritt sucht und findet. Nicht das schöne Bild ist das Ziel, sondern das schöpferische Tun. Wichtiger als alle Ausbildung praktischer Fertigkeiten sind die Freude und Begeisterung am eigenen Tun, das konzentrierte und fantasievolle Arbeiten sowie Wahrnehmung und Ausdruck der Gefühle. Die Farben werden nach der Methode „eine nach der anderen" eingeführt. Anschließend stehen eigenständige Farbexperimente ohne Anleitung im Vordergrund. Von zentraler Bedeutung ist das Prinzip der Freiwilligkeit. Jede Art von Druck durch die Erwachsenen verhindert den Transfer von innen nach außen. Kinder brauchen ausreichend Zeit zum Ausprobieren. Im Umgang mit den Materialien ist ihr individueller Zeitbedarf zu berücksichtigen. Damit sie selbstständig arbeiten und ausprobieren können, sind alle Materialien frei verfügbar anzubieten. Der Arbeitsprozess des Kindes ist von der pädagogischen Fachkraft aktiv zu unterstützen. Um das Selbstvertrauen des Kindes zu stärken, muss sie den Bedürfnissen des Kindes gerecht werden, es bedingungslos wertschätzen, ermutigen und echte Freude an seiner Aktivität zeigen.

Das Projekt wurde gestartet, ohne genau zu wissen, welche Kreise es ziehen sollte und in welchen kreativen Prozess alle (Kinder, Erzieherinnen, Eltern) geraten würden. Stand am Anfang die Idee, mit Farbe und Papier zu experimentieren, so galt es zunehmend, den „Farbgehalt" unserer Lebenswelt zu entdecken. Rot, gelb, grün und blau sind überall zu finden: Erdbeeren, Zitronen, Salat, Holzperlen, Knete, Stoffe, Tapeten, Lieder. Farben kann man sehen, riechen, schmecken, fühlen und auch hören. Farben beeindrucken, lösen Gefühle aus, lassen sich in Bewegung umsetzen. Die Begleitung der Kinder auf einer spannenden „Entdeckungsreise", die alle in den Bann zog, den Kindern ganzheitliche Bildungsaneignung eröffnete und das pädagogische Verhältnis in Richtung Distanz und Dialog veränderte, begann.

„Ästhetik, Kunst und Kultur" als zentraler Bildungsbereich

Zielschwerpunkte

- **Mit verschiedenen Materialien, Techniken als Ausdrucksmöglichkeiten umgehen können.** Verschiedene Papierarten in verschiedenen Formaten und Stärken kennen lernen; mit Wasserfarben und Pinsel, mit Wachsmalstiften und Holzfarben umgehen lernen; Papier bearbeiten können (z. B.

knüllen, reißen, zerschneiden); vielfältige Sinneserfahrungen beim Experimentieren mit den verschiedenen Materialien und Malwerkzeugen
- **Grundverständnis über Farben und die Möglichkeiten, diese zu mischen, erwerben.** Gleiche Farben erzeugen unterschiedliche Farbintensität, je nachdem wie viel Farbe bzw. Wasser mit dem Pinsel aufgenommen und wie stark aufgedrückt wird. Neue Mischergebnisse beobachten: Eine neue Farbe entsteht, wenn jeweils zwei verschiedenfarbige Tinti-Farbtabletten in Wasser aufgelöst werden (z. B. rot und gelb ergibt orange)
- **Eigene Gestaltungs- und Ausdruckswege entdecken.** Freies Experimentieren mit den angebotenen Farben und Materialien (von den Händen und Fingern zu Pinseln und Stiften); mit den vorgegebenen Farben ein Bild nach eigenen Ideen malen; Gestaltungsideen entwickeln: z. B. Holzstifte in Wasser tauchen, ein Bild malen, es zu einer „Trompete" rollen und Musik damit machen
- **Gestaltungswege anderer entdecken und diese wertschätzen.** Die „Trompetenidee" übernehmen und ein „Bilder-Konzert" veranstalten; Ausstellung aller Bilder der Kinder; Ausdruckskraft von Farben und deren Wirkung auf Stimmung und Gefühle erleben: Farben in Verbindung mit Düften wahrnehmen (Fühl- und Duftbuch); Farbklecks „Rot" und mit Rosenduft getränkter Wattebausch = Assoziationen: anregend, impulsiv, heiß, Wut; Farbklecks „Grün" und mit Pfefferminze getränkter Wattebausch = Assoziationen: beruhigend, erfrischend, ausgleichend, natürlich, Wiese; Farbklecks „Blau" und mit Lavendel getränkter Wattebausch = Assoziationen: kühl, beruhigend, Wasser, Himmel; Farbklecks „Gelb" und mit Zitrone getränkter Wattebausch = Assoziationen: erfrischend, fröhlich, mir geht es gut, Sonne.

Projektangebote

- **Angebote mit Papier.** Verschiedene Papierarten anfassen und fühlen: Packpapier, Zeitungspapier, Wellpappe, Seidenpapier, Eierkartons, Kataloge, Tapetenmuster, Tempos, Krepppapier, Computerpapier, Japanpapier; verschiedene Verwendungsmöglichkeiten erproben: Papier zerreißen, zerschneiden, knüllen, falten, rollen, etwas einwickeln; Pappmaché herstellen und damit experimentieren: Kleister durch die Finger gleiten lassen und dabei seine Eigenschaften erfahren (weich, glitschig, schmierig, klebrig); „Papierbrei" aus Papierstücken und Kleister herstellen; Kleister als Klebstoff einsetzen; Papier knüllen, in Kleister tauchen und auf Packpapier aufkleben; Scheren handhaben lernen
- **Angebote mit Farbe.** Durchführen von Farbwochen: Alle Angebote standen unter dem jeweiligen Farbthema; Experimentieren mit den Farben Blau, Grün, Rot und Gelb (jeweils nur mit einer Farbe), aber unterschiedlichen Farbmitteln (Holzstifte, Wachsmalkreide, Kreide, Temperafarbe, Wasserfarben) und Hilfsmitteln (Pinsel, Schwämme, Wasser); Auswahl verschiedenfarbiger Papiere als Untergrund; Suchspiel: „Finde blaue (grüne, gelbe, rote) Gegenstände im Raum und lege sie in einen Sammelkorb"; Erstellen eines Farbdominos; Kneten mit blauer, roter, grüner und gelber Knete.

Integrierte Bildungsbereiche und Projektangebote

Emotionalität, soziale Beziehungen und Konflikte. Aushandeln von Regeln für Freiraum beim Experimentieren: Alle dürfen alles benutzen, aber mit Rücksicht auf den Nachbarn und die Kinder, die mit anderen Tätigkeiten beschäftigt sind; Gartenfest gemeinsam vorbereiten: Zubereitung von „Rot-, Gelb-, Grün-, Blausalaten" und Zitronenlimonade; gemeinsam einen Farbentanz tanzen; „Wir (Kinder, pädagogische Fachkräfte, Eltern) feiern zusammen ein Farbenfest"

Sprache und Literacy. Vielfältige Gespräche während des Umgangs mit Maltechniken und Material; Bilderbuchbetrachtung: „Der kleine Bär und die Farben"; Ratespiel: „Wie heißen die blauen (roten, grünen, gelben) Gegenstände?"

Mathematik. Sortieren nach Farben (Nudeln, Perlen, Bausteine); Auffädeln von Perlen (einfarbig, Farbfolgen)

Naturwissenschaften und Technik. Experimente mit Wasser – Wasserspiele: gefärbtes Wasser (rot, gelb, grün, blau) in unterschiedlich große Behälter schütten; gefärbtes Wasser mit Schöpfkelle und Trichter umfüllen; im Freigelände versickerndes, gefärbtes Wasser beobachten („Aha", das Wasser ist weg, ein farbiger Fleck bleibt"); Spiele mit Aquaplay-Schleuse: Schiffe und Wasserfärbung in der jeweiligen Grundfarbe

Musik. Singen des Liedes: „Grün (rot, gelb, blau) sind alle meine Kleider"; Experimentieren mit Orffinstrumenten (jeder Farbe wird ein Instrument zugeordnet); Liedbegleitung mit dem gewählten Orffinstrumentarium

Bewegung. Bewegungsspiele mit Bällen, Ringen, Tüchern und Kegeln in der jeweils aktuellen Farbe; in der bunten Woche: Bewegungsspiele mit allen Materialien in den vier Grundfarben; Spiele mit dem bunten Schwungtuch; bunter Tüchertanz; im Freigelände: Bewegungsgeräte und Sandformen in den entsprechenden Farben

Gesundheit. Aktivitäten anhand der Anregungen, die dem Ernährungserziehungsprogramm „Die kleine Lok" (derzeit vergriffen) zugrunde liegen: Wir bauen einen Zug. Lok aus Pappkarton; auf den Tischen (Waggons) richten wir ein Buffet mit gesunden Nahrungsmitteln her (Farbe Blau = Obstteller mit blauen Trauben, Zwetschgen, Auberginen; Farbe Rot = Gemüseteller mit Paprika, Tomaten, Obstteller mit Kirschen und Äpfeln; Farbe Gelb = selbst gemachte Zitronenlimonade; Farbe Grün = Gurkensalat, grüne Paprika); in der bunten Woche = Obstsalat, Gemüseteller gemischt; „Wir riechen und schmecken bewusst" – Aufgießen von Tees (rot = Früchtetee, grün = Pfefferminztee, gelb = Zitronentee, blau = Lavendeltee) und sodann den Duft riechen, bewusst schmecken, von der Wirkung der Tees erfahren; „Farbabenteuer beim Baden in der Badewanne": sich selbst oder den Badepartner mit farbiger Malseife einreiben, in farbigem „Tintiwasser" baden und den Farbduft genießen.

Kooperation und Vernetzung

Mit den Kindern besuchten wir einen Maler in dessen Atelier. Dabei erlebten wir das „Spiel" mit Farben und Papier als Beruf(ung) von Erwachsenen. – Die Eltern nahmen regen Anteil am Projektverlauf und wurden angeregt, zu Hause mit ihren Kindern verschiedene Techniken zu wiederholen und weitere Ideen auszuprobieren. Sie beteiligten sich an der Gestaltung des Gartenfestes (z. B. Erstellung der Farbgirlanden) und kleideten ihre Kinder an Freitagen in den entsprechenden Farben.

Dokumentation und Reflexion

Planung und Offenheit. Am Ende des Projekts wurde uns klar, dass Projektarbeit hohe Anforderungen an die Planung der pädagogischen Arbeit stellt. Sehr viel mehr Zeit als bei der bisherigen Arbeitsweise (Wochenplanung, feste Angebote und fester Zeitrahmen) ist einzuplanen, da die Kinder bestimmen, wie lange sie sich mit einer Arbeit auseinander setzen wollen. Das Heraushalten aus dem Geschehen fiel den jüngeren Teamkolleginnen leichter als den älteren. Doch lohnte sich das Üben von Zurückhaltung. Die Kinder gelangten ganz selbstständig zu Erfolgen, was ihr Selbstbewusstsein zunehmend stärkte. Die Dokumentation des Projekts und seiner Ergebnisse fand über Bildmaterial statt.

Beobachtung und Entwicklungsfortschritt. Da kein Druck bestand, etwas Vorgedachtes produzieren zu müssen, konnten wir die einzelnen Kinder intensiv beobachten. Beim Experimentieren mit Papier stellten wir fest, dass der gewährte Freiraum die Kinder oft überforderte und sie intensivere Anleitung und Unterstützung benötigten. Sehr deutlich wurde auch: Freiräume brauchen Grenzen, um Gefahren minimieren zu können. Die zentrale Bedeutung von Lernen durch Wiederholung bei Kindern dieser Altersgruppe trat stark in den Vordergrund beim Umgang mit den weniger geläufigen Farben (Grün und Gelb) und beim Arbeiten mit Wasserfarben und Pinsel. Am Ende konnten die Kinder die Farben Blau, Gelb, Grün, Rot zunehmend sicherer erkennen und bezeichnen. Auch die Benennung der Materialien (wie Holzstifte, Wachsmalkreide, Kreide, Temperafarbe, Wasserfarbe) gelang schon vielen Kindern. Viele Begriffe (wie dick, dünn, rau, glatt, weich, fest, wellig, durchsichtig, undurchsichtig, leicht, schwer, reißen, knüllen, rollen, wickeln) wurden im Umgang mit Papier erfahr- und umsetzbar. Die individuellen Lern- und Entwicklungsfortschritte wurden für jedes Kind in Beobachtungsbögen festgehalten und fortgeschrieben.

„Papier schöpfen – Vom Baum zur Papierherstellung"

Modelleinrichtung: Wald- und Seekindergarten in Lindau e. V. – Konzeption: C. Beck-Grad, I. Kaiser, S. Gröner-Steer

Entstehung des Projekts – Themenfindung

Ausgangspunkt war der tief verschneite Winterwald und das Staunen der Kinder und Erzieherinnen über dessen geheimnisvolle Wirkung. Angeregt zum

Fabulieren und Erzählen erfand jedes Kind seine Geschichte von einem soeben entdeckten verzauberten Wesen. Es entstanden Geschichten von „Steinwesen", „Sonnenengeln" und „Saugknopf Silberschweif Drachen", die alle auch aufgeschrieben wurden. Auf die Frage eines Kindes, wie Märchen, Sagen und Geschichten ursprünglich entstanden sind, wurde in einer kleinen Höhle, um ein Lagerfeuer sitzend, die Sage vom „Bollermännchen im Motzacher Wald" erzählt. Die Kinder fanden heraus, dass dieser Sprachschatz überliefert werden konnte, indem man ihn schriftlich festhielt. Vor diesem Hintergrund entstand die Idee, die erfundenen und niedergeschriebenen „Winterwaldzaubergeschichten" in einem selbst gebundenen Buch zu bewahren. Zur selben Zeit wurde, wie jedes Jahr, im Wald Holz geschlagen. Während des Beobachtens des Holzschlags stellten die Kinder vielseitige Überlegungen darüber an, was mit dem geschlagenen Holz gemacht wird. Neben vielen anderen Verwendungsmöglichkeiten kamen sie auf das Verarbeiten von Holz zu Papier. Der Vorschlag der Kinder, das Papierherstellen selbst auszuprobieren, wurde aufgegriffen mit dem Ziel, den Buchdeckel für ein persönliches „Winterwald-Geschichtenbuch" herzustellen. Beim Überlegen, wie wir dies ohne Gerätschaften und Maschinen verwirklichen könnten, entstand die Idee, Papier so herzustellen, wie es ursprünglich gemacht wurde. So war der Weg vom Holz zum Papier über die Auseinandersetzung mit der Tradition des Papierschöpfens gefunden.

Für die praktische Umsetzung übernahm die Puppe Tsai-Lun den ersten Impuls. Sie stellte den chinesischen Beamten dar, der vor über 2000 Jahren das Papierschöpfen erfunden hat, nachdem er Wespen beim Nestbau beobachtet hatte. Tsai-Lun erzählte die Geschichte des Papiers und auf welchen Wegen es nach Europa kam. Er brachte auch ein Wespennest mit, welches unter der Lupe ausgiebig betrachtet und analysiert wurde. Ergebnis: „Es besteht aus einzelnen Fasern", und Faserbrei ist die Grundmasse zur Papierherstellung. Anschließend begannen die gemeinsamen Überlegungen zur Projektplanung. Als Erstes war zu klären, wo sich Informationen zur Technik des Papierschöpfens einholen lassen, wie die Herstellung von Papier innerhalb des Waldkindergartens umsetzbar ist, welche Arbeitsschritte dazu nötig sind und welches Material gebraucht wird. Als sich herausstellte, dass Papiermühlen früher am Wasser standen, wurde die „Papierwerkstatt" am Bach eingerichtet.

„Ästhetik, Kunst und Kultur" als zentraler Bildungsbereich

Zielschwerpunkte

- **Umwelt und Kultur mit allen Sinnen bewusst wahrnehmen.** Den verschneiten Winterwald auf sich wirken lassen; Geschichten hören, eingebettet in einen sinnlich erfahrbaren Rahmen
- **Sich mit historischer und zeitgenössischer Kunst sowie mit Kunst aus anderen Kulturkreisen auseinander setzen.** Das Papierschöpfen als alte chinesische Kunst kennen und wertschätzen lernen
- **Mit verschiedenen Materialien, Techniken als Ausdrucksmöglichkeiten umgehen können.** Einsatz von Naturmaterialien als Werkzeuge; Experi-

mentieren mit verschiedenen Bearbeitungsmöglichkeiten des Faserbreis; unterschiedliche Schöpftechniken kennen lernen
- **Eigene Gestaltungs- und Ausdruckswege entdecken** (z. B. mimisch, gestisch, plastisch). Ausgestaltung des geschöpften Papiers und der „Bücherschatzkiste"
- **Künstlerisches Gestalten als Gemeinschaftsprozess mit anderen erfahren.** Gemeinsam Ideen entwickeln (z. B. Gewinnung von verschiedenen Farben), Zusammenarbeit (z. B. bei der Einrichtung der Papierwerkstatt am Bach)
- **Erkennen, dass Gefühle, Gedanken und Ideen auf unterschiedliche Weise darstellbar sind.** Sich vom Eindruck des Winterwaldes zum Geschichtenerfinden inspirieren lassen; Art der Papiergestaltung und Gehalt einer Geschichte aufeinander beziehen.

Projektangebote

- **Papierwerkstatt am Bach einrichten.** Geländebesichtigung für die Suche eines günstigen Platzes am Bach anhand der Auswahlkriterien. Er sollte breit und flach genug sein, um allen Kindern genügend Raum zum Arbeiten zu lassen; sonnenbeschienen (zum besseren Trocknen des Papiers) und Möglichkeiten bieten, die Faserbreiwannen gut unter Sträuchern verstecken zu können (Lagerplatz); Aufhängen des Arbeitsplanes (Blätter mit den gezeichneten Arbeitsschritten) auf einer gespannten Leine; Aufstellen der Plastikwannen auf ebenem Grund; Bereitstellen von Rohmaterialien und Arbeitsgeräten wie Schöpfkelle, Siebe, Fleischwolf und Passiermühle
- **Papier herstellen.** Waldarbeiter beim Holzschlag beobachten; Sammeln von Holzmehl; Herstellen eines Faserbreis aus Wasser, Holzmehl und zerkleinertem Zeitungspapier; Verarbeiten von grobem zu feinem Faserbrei (kneten, mit Stöcken zerstampfen, mit den Füßen zerstampfen, durch den Fleischwolf drehen); Schöpfrahmen herstellen (Holzleisten abmessen, mit der Säge zuschneiden, Fliegengitter antackern); Verschiedenes Papier schöpfen (gröberes, feineres, dickeres, dünneres Papier)
- **Papier gestalten.** Gewinnung von Pflanzenfarbe (Saft aus Pflanzen und Gemüse pressen, z. B. grün = Saft aus Löwenzahn, Spinat; rot = Saft aus Roten Beeten); Papier mit Pflanzenfarbe färben und gestalten (Einlegen von z. B. Blüten, Blättern und Gräsern); Papier zwischen dicken Holzplatten pressen und zum Trocknen auslegen
- **Buchdeckel fertigen.** Besonders dickes Papier mit Wäschestärke besprühen (sie wird glatt und leicht glänzend) und als Buchdeckel und -rücken verwenden
- **„Bücherschatzkiste" gestalten.** Wetterfeste Metallkiste mit Gipsmasse bestreichen und in diese Fundstücke aus dem Wald einlegen.

Integrierte Bildungsbereiche und Projektangebote

Werteorientierung und Religiosität. Wertschätzung und Erkennen der Wertigkeit der Ressource Baum (Wald) durch philosophische Gespräche während der verschiedenen Tätigkeiten

Emotionalität, soziale Beziehungen und Konflikte. Den Baum als Lebewesen erkennen und ihn parallel zur eigenen Entwicklung sehen; seinen Lebensbaum (für jedes Kind wird dieser am ersten Geburtstag im Kindergarten gesetzt) aufsuchen, den Stand seines Wachstums begutachten, mit der eigenen Größe vergleichen und das Namensschild erneuern

Sprache und Literacy. Mittels Gedichten bewusst machen, dass wir einen Sprachschatz haben, z. B.: „Sonnengedicht" von Josef Guggenmoos, „Das Samenkorn" von Joachim Ringelnatz; Gespräche: zahlreiche Gesprächsanlässe, z. B. zur Verarbeitung von Holz; Bücher vorlesen und betrachten, z. B.: „Die Geschichte vom Papier"; Geschichten von verzauberten Wesen erfinden, selbst erfundene Geschichten anderen erzählen und zum Aufschreiben Formulierungen finden; den Klang einer fremden Sprache (Chinesisch) kennen lernen (Tsai-Lun begrüßt und verabschiedet die Kinder immer in seiner Muttersprache); Begriffsbildung (z. B. Gegensätze wie dick/dünn, weich/hart, rund/zackig benennen); Erweiterung des Wortschatzes wie z. B. Sprachschatz, Monokultur, Mischwald, Pflanzenfasern, Faserbrei, Papiermühle, Maulbeerbaum, Schöpfwanne, Schöpfrahmen; Sagen hören z. B. vom „Bollermännchen im Motzacher Wald" oder die Sage vom „Erdmännle im Rickenbachtobel"; Einrichten einer ständigen „Bücherschatzkiste" (die themenbezogene Bibliothek wird wie die Materialkiste im Wald mitgeführt)

Mathematik. Abmessen der Holzleisten und Fliegengitter für das Erstellen rechteckiger Schöpfrahmen; Abmessen von Wassermengen (1 Liter, ½ Liter, ¼ Liter, ¾ Liter) beim Anrühren des Faserbreis; „Den Zahlen der Baumstämme auf der Spur": per Messungen die Hypothese überprüfen, dass die Zahl der Länge des Baumes entspricht, Ergebnis: falsche Hypothese, Lösung: Die Zahlen bezeichnen Bezirke

Naturwissenschaften und Technik. Eine Baumschule anlegen – kleine Baumfindlinge verschiedener Baumarten zusammentragen; über die Blätter und Früchte die Baumart bestimmen; Bäume nach Baumarten geordnet einpflanzen; Erkennen aus welchen Baumarten sich der Wald zusammensetzt (Mischwald von Monokultur unterscheiden können); Informationen über das Wachstum eines Baumes (z. B. braucht er Sonne, Regen und Kohlendioxyd zum Wachsen; Entstehung der Jahresringe); Kennenlernen des natürlichen Wasserkreislaufs, Bäume als Lebensraum für Tiere entdecken (Vogelnester, Käfer unter der Rinde, Höhlen); von der weit reichenden Bedeutung des Baumes für die Menschen erfahren (Rohstofflieferant, Sauerstofflieferant, Schutz vor Sonne und Regen, Erholung); „Wir nehmen Dinge unter die Lupe", um Strukturen zu erkennen (Form und Beschaffenheit von Wespenwaben, Pflanzenfasern und selbst geschöpftem Papier)

Umwelt. Holz als begrenzten Rohstoff wertschätzen: sich den Zeitraum des Wachsens eines Baumes an den Jahresringen von gefällten Bäumen bewusst machen und erkennen, dass die Ressource Holz nicht beliebig schnell nachwächst; Altpapier für die Herstellung des Faserbreis verwenden, um die Ressource Wald zu schonen; Aufstellen und Einhalten von Regeln, die zur Erhaltung des Waldes beitragen: „Wir sind Gäste im Wald"; „Kein Baum darf verletzt oder zerstört werden"; „Wir arbeiten nur an und mit toten Bäumen"; Engagement für Umweltschutzmaßnahmen: Waldsäuberungsaktion „Wir sammeln alles, was nicht in den Wald gehört"; Mülltrennung und Recycling „Wir sortieren den Müll und bringen ihn zum Wertstoffhof"; Beteiligung an der „Springkrautaktion" des Bundes Naturschutz in Bayern e. V. „Wir befreien den Wald von Lebensraum zerstörendem Unkraut"

Musik. Geräusche, Töne und Rhythmen erzeugen und Melodien erfinden; mit Holzstücken von unterschiedlicher Größe und Beschaffenheit verschiedene Rhythmen erfinden und mit ihnen improvisieren; eine „Holzblocktrommel" aus geeigneten Holzstücken und Stöcken herstellen und gesungene Lieder rhythmisch begleiten; Melodien mit „Alphörnern" (Holzrohren) erfinden; Lieder, die von Zauberwesen im Wald erzählen, komponieren

Bewegung. Der Wald bietet natürlicherweise vielfältigste Bewegungsmöglichkeiten. Der Weg zum Bach, zur Papiermühle erfordert große Geschicklichkeit und Kraft.

Gesundheit. Bei jedem Wetter draußen an der frischen Luft sein.

Kooperation und Vernetzung

Die Eltern waren bei der Planung und Durchführung des Projekts wesentlich eingebunden. Sie recherchierten die Papierherstellung und den Standort der Papiermühlen in Lindau. Während eines Elternfrühstücks stellten sie gemeinsam mit den Kindern Schöpfrahmen her und schöpften mit ihnen das erste Papier. Um das Schöpfergebnis zu optimieren, experimentierten sie in Teamarbeit mit verschiedenen Verfahrenstechniken.

Kooperation mit fachkundigen Stellen. Büchereien (Einrichtung einer themenbezogenen Bücherkiste über die städtische Bibliothek); Kunst- und Werklehrerin einer ortsansässigen Schule; Förster und Waldarbeiter; Druckerei (Planung eines Besuchs); Bund Naturschutz in Bayern e. V. (Informationen über und Beteiligung an Umweltschutzmaßnahmen).

Mitwirkung der Kinder an der Projektdurchführung (Partizipation)

Von der Bestückung der Materialkiste für die Papierwerkstatt über die Auswahl des Standorts der Papiermühle und das Herstellen der Schöpfrahmen mit den Eltern bis hin zum selbst gestalteten Buchdeckel führten die 19 Kinder des Waldkindergartens das Projekt selbstbestimmt durch. Um der Bedeutung des selbsttätigen Lernens der Kinder Rechnung zu tragen, trafen wir uns täglich mit den Kindern, um die nächsten Arbeitsschritte gemeinsam zu planen und zu besprechen: Erstellen einer Materialliste für das Einrichten der Papierwerkstatt am Bach (Brainstorming: „Was brauchen wir?" z. B.: Eimer, Schöpflöffel zum Wasserschöpfen, Messbecher, Wannen als Arbeitsgefäße, Altpapier, Fleischwolf zur Bearbeitung des Faserbreis), Verteilen der Verantwortlichkeiten („Wer besorgt was?"), einen Arbeitsplan aufzeichnen, der die einzelnen Schritte der Papierherstellung beschreibt (beim Darstellen der einzelnen Arbeitsschritte wurden Symbole, z. B. eine Mühle für das Zerkleinern von Altpapier, verwendet. Diese wurden von den Kindern festgelegt und gezeichnet). Aufgrund der klaren Planung war es den Erzieherinnen möglich, sich innerhalb der Erfahrungs-, Lern- und Kommunikationsprozesse der Kinder zu distanzieren. So konnten sie ihre Aufgaben als beratende, Impuls gebende und Reflexion steuernde Begleiterinnen wahrnehmen. Die Kinder waren herausgefordert, in den durch die intensive Zusammenarbeit häufig notwendig gewordenen Absprache- und Aushandlungsprozessen, Kooperations- und Kommunikationsfähigkeit zu üben.

Dokumentation und Reflexion

Dokumentiert wurde das Projekt in einem Tagebuch und anhand von Fotos. Die Reflexion fand in Gesprächen mit Kindern und Eltern, in Teambesprechungen und Supervisionen statt.

Selbsttätiges Lernen. In diesem Projekt wurde sehr deutlich, wie die Selbsttätigkeit der Kinder innerhalb der Gestaltung der Lernprozesse deren Neugier vorantreibt und sie ermutigt, individuelle Interessen zu leben. So probierten z. B. einige Kinder in Eigenregie, aus Pflanzen Fasern zur Papierherstellung zu gewinnen. Andere engagierten sich als „Literatursucher", um weitere Informationen und Hilfen zu Bearbeitungsmöglichkeiten zu finden. Auch „Forscherteams" bildeten sich, die gemeinsam mit ihren Eltern den Ort der letzten Lindauer Papiermühle aufsuchten.

Problemlösung. Die Kinder waren über viele Wochen in ihr Projekt eingebunden. Eine große Kontinuität und viel Geduld waren vor allem bei der Herstellung des Faserbreis gefragt. Dabei mussten sie immer wieder auch Ideen, was das Zermahlen des Rohmaterials anbelangte, verwerfen (Fleischwolf und Passiermühle eigneten sich nicht) und neue Lösungen finden. Nachdem die Idee, ein Fahrrad als Antrieb für Quirle zu benutzen, doch als zu schwierig erschien, griffen die Kinder auf Steine zurück, die sie dann wie Mahlsteine benutzten. Beim Bearbeiten des Faserbreis mussten sich manche Kinder überwinden diesen kalten schleimigen Brei anzufassen, sodass sie an persönliche Grenzen stießen. Gleichzeitig wirkte diese Arbeit aber offensichtlich auch wieder sehr beruhigend. Vor allem jüngere Kinder konnten beim Zerreißen des Altpapiers lernen, ihre Kraft zu regulieren.

Vielseitige Lerngewinne. Tagtäglich gab es zahlreiche Gelegenheiten, soziale Kompetenzen zu üben, z. B. sich in die Gruppe einbringen, einander zuhören, zurückstehen, sich austauschen, konstruktiv zusammenarbeiten, bei Interessenkonflikten gute Kompromisse finden und das gemeinsame Vorhaben zielstrebig angehen. Der nachvollzogene Weg des Holzes zum Papier machte den Kindern erneut die Wichtigkeit des Waldes für die Menschen deutlich und verstärkte ihre, durch die Zugehörigkeit zum Waldkindergarten ohnehin schon vorhandene, intensive, von Wertschätzung getragene Verbundenheit mit dem Wald. In Gesprächen mit den Eltern zeigte sich, dass auch sie sich durch das Projekt aufgefordert sahen, Papier wieder als wertvolles Produkt zu achten.

„Pinsel, Farben, Staffelei – mit Kunst erlebt man allerlei"

Modelleinrichtung: Katholischer Kindergarten St. Bruno im Steinbachtal Würzburg – Konzeption: Cornelia Bruske

Entstehung des Projekts – Themenfindung

Im Anschluss an die Einführung eines neuen Kindergartenlogos (KleinGanzGroß) entstand bei den Kindern Unzufriedenheit mit den bestehenden Gruppenbezeichnungen (Mäuse, Bären). Im Kinderforum entschieden sie, den Gruppen zukünftig Farben zuzuordnen. Um die Identifikation mit den neuen Gruppennamen wie auch mit dem neuen Logo zu erleichtern, wurde das Malprojekt „Pinsel, Farben, Staffelei – mit Kunst erlebt man allerlei" initiiert. Die Wahl dieses Projektthemas ging zudem konform mit den über die Elternbefragung festgestellten Themenwünschen und dem Angebot zur Mitarbeit einiger „Künstler-Eltern".

„Ästhetik, Kunst und Kultur" als zentraler Bildungsbereich

Zielschwerpunkte

- Umwelt und Kultur mit allen Sinnen wahrnehmen
- Grundverständnis über Farben und die Möglichkeiten, diese zu mischen, erwerben
- Eigene Gestaltungs- und Ausdruckswege entdecken (z. B. mimisch, gestisch, plastisch)
- Mit verschiedenen Materialien, Techniken als Ausdrucksmöglichkeiten umgehen können
- Sich mit historischer und zeitgenössischer Kunst sowie mit Kunst aus anderen Kulturkreisen auseinander setzen
- Mit anderen über Kunstwerke und Darstellungsformen kommunizieren können
- Ausdruckskraft von Farben und deren Wirkung auf Stimmung und Gefühle erleben
- Künstlerisches Gestalten und Darstellen als Gemeinschaftsprozess mit anderen erfahren

Projektangebote

- Durchführung von Farbtagen (einmal wöchentlich bearbeiteten die Kinder in Kleingruppen mit einer Künstlerin eine Farbe des Regenbogens)
- Mit unterschiedlichen Werkzeugen (Pinsel, Schwämme etc.) und Farben auf unterschiedlichen Malgründen (Tapete, Stoff, Fliespapier, Holz, Steine usw.) experimentieren
- Verwendung verschiedener Farbmaterialien (Kohle, verschiedene Stiftarten, Farbtabletten etc.)
- Herstellung von Naturfarben, z. B. „Rot" durch Auskochen von Roten Beten
- Temperafarben mit Wasser anrühren, Farbentwicklung beobachten
- Verschiedenfarbiges Gewürzpulver riechen, schmecken
- Mandalas mit Gewürzpulver malen

- Erstellen von Collagen zu verschiedenen Themen als Gemeinschaftsarbeit
- Spiele: Vergleichen der Kleidungsfarbe mit der Farbe von mitgebrachten Gegenständen, Suchspiel: „Wer entdeckt wo die gesuchten Farben"
- Freies Experimentieren mit eingeführten Materialien im Werkraum
- „Reise in die Geschichte der Malerei": Auf Spurensuche bekannter Maler in Würzburg
- Führung durch die Würzburger Residenz mit Schwerpunkt: „Die Deckengemälde Tiepolos"
- Besuch einer Vernissage mit spezieller Kinderführung (Rätsel, Aufgaben)
- Organisation und Durchführung einer Kindervernissage.

Integrierte Bildungsbereiche

Sprache und Literacy. Sich sprachlich aktiv im Kinderforum einbringen; zahlreiche Gespräche im Rückblick auf den Besuch der Vernissage einer „Künstler-Mutter" (Gesprächsthemen: „Begrüßung der Gäste", „Laudatio", „Musikalische Gestaltung", „Buffet und Getränke", „Kauf von Bildern der Ausstellung"); vielfältige Gespräche im Hinblick auf die Planung der Kindervernissage; Hören und Sammeln von kleinen Geschichten, Reimen und Sprüchen zu den verschiedenen Farben und Lösen von Farbenrätseln; umfangreiches Angebot von themenbezogener Literatur, um selbst forschen oder Gelerntes wiederholen und vertiefen zu können; Begriffsbildung während der Besprechung von Bildern, z. B. oben, unten, rechts, links, neben, mittig

Mathematik. Ab- und Auszählen von gesuchten Farbobjekten (z. B. „Im Garten blühen drei rote Rosen". „Ich habe fünf braune Nüsse mitgebracht. Wie viele braune Dinge hast du?"); Ordnen und Zählen von farbgleichen Gegenständen in Körben „Gestern hatten wir zwei grüne Gegenstände im Korb, heute sind es schon acht"; Erstellen von „Zähllisten" mit Hilfe von Strichen, Punkten und Ziffern; geometrische Formen (Kreis, Quadrat, Rechteck, Dreieck) in Bildern entdecken und sie selbst zur Bildgestaltung einsetzen; Gewürze wiegen, nach Farben sortieren und in unterschiedlich große Gefäße schütten

Naturwissenschaften und Technik. Mischen von Farbe und Wasser: Beobachten was passiert, wenn ein Farbklecks ins Wasserglas fällt; unterschiedliche Saugfähigkeit von Papier ausprobieren; Grundzüge der Farbenlehre entdecken: Entstehung von Komplementärfarben aus Primärfarben nachvollziehen; die färbende Kraft von Pflanzen, Gemüse und Gewürzen kennen lernen

Musik. „Bon jour" – gemeinsamer Morgengruß: Singen eines Liedes in verschiedenen Sprachen, das die „Farben der Welt" aufzählt (aus Binder, D.: Himmelblau, Sonnengelb und Rosenrot. Lieder, Gedichte und Geschichten über Farben. Düsseldorf: Patmos, 2002); Malen nach Musik; den Eindruck von Farben mit Orffinstrumenten ausdrücken; eine „musikalische Farbengeschichte" erfinden

Bewegung. Auf Farbsignale in der Bewegung reagieren, z. B. „Bei Rot stehen, bei Grün gehen"; die „musikalische Farbengeschichte" in der Bewegung und im Tanz „erzählen".

Kooperation und Vernetzung

Die Künstlerin Ines Schwerd (Mutter eines Kindergartenkindes) kam über den gesamten Projektzeitraum 1x wöchentlich in die Einrichtung, um gemeinsam mit den Kindern die Farben zu entdecken und mit ihnen zu experimentieren. Sie lud die Kinder zu einer ihrer eigenen Vernissagen ein, was die Kinder anregte, auch ihre Werke der Öffentlichkeit zu zeigen. Die Idee, eine Kindervernissage zu organisieren, war „geboren". Die Eltern unterstützten das Projekt mit allem, was nötig war. Sie organisierten Materialien, sammelten Farbengeschichten, Lieder und Reime, entwickelten Ideen zur Gestaltung der Kindervernissage, klebten Ankündigungsplakate, übernahmen den Transport der Kinder zu verschiedenen Orten (z. B. zur Kindervernissage im außerhalb gelegenen „Milchhof") und setzten sich als Helfer, Techniker und auch Spender unermüdlich ein. In der Stadtbücherei konnten Bücher über die Malerei kostenlos ausgeliehen werden. Die Museumspädagogin der Residenz Würzburg stimmte die Inhalte der Führung mit den Erzieherinnen auf die konkrete Kindergruppe ab. Die Lehrkräfte der Steinbachtalschule nahmen die Einladung zur Kindervernissage gerne an, kauften Bilder der Kinder, die im Schulgebäude aufgehängt wurden und so nun die enge Verbundenheit zwischen Kindergarten und Schule dokumentieren. Der Träger stellte zusätzlich finanzielle Mittel und Räume zur Verfügung, damit das Projekt und die anschließende Vernissage auch in die Praxis umgesetzt werden konnten. Die Presse kündigte die Kindervernissage an.

Mitwirkung der Kinder an der Projektdurchführung (Partizipation)

Die Kinder konnten während der gesamten Projektlaufzeit im Rahmen des wöchentlich stattfindenden Kinderforums selbst- bzw. mitbestimmen, welche Aktivitäten zum Thema „Farbe" geplant werden sollen. Bei ihrer Durchführung achteten die Erzieherinnen darauf, dass die Kinder selbstständig und selbsttätig, kooperativ und sachorientiert arbeiten konnten. Mit der regelmäßigen Präsentation ihrer Arbeiten im Plenum nahmen die Kinder zu ihren Werken Stellung. Die Ideenvielfalt wurde so für alle deutlich, wodurch die Kinder sich gegenseitig zu immer neuerer Experimentierfreude anregten. Auch entschieden die Kinder im Forum über die Auswahl der Maler, deren Werke sie kennen lernen, und über den Zeitrahmen, in dem sie sich mit diesen beschäftigen wollten. Die in Kleingruppenarbeit organisierten wöchentlichen Maltreffen wurden von der Künstlerin bzw. den Erzieherinnen geleitet. Hier ging es primär darum, ästhetisches Gespür zu wecken und unter professioneller Anleitung verschiedene Techniken kennen zu lernen. Die Kinder waren mit großem Eifer bei der Sache. Angeregt durch die Einladung zur Vernissage der „Künstlermutter" entschieden die Kinder während eines Forums, selbst eine Vernissage mit ihren Werken zu organisieren. Das Forum war auch der Ort, wo sie gemeinsam den Rahmen für ihre Veranstaltung festlegten. Per Mehrheitsbeschluss wurde entschieden, dass jedes Kind ein Bild zum Verkauf spendet. Die Auswahl aus dem persönlichen Bilderfundus oblag dem jeweils spendenden Kind. Abgestimmt wurde auch über den Preis für die Gemälde, über die Getränkeauswahl und deren Verkaufspreis, über das Rahmenprogramm (Liederauswahl, Wahl der vorzuführenden „musikalischen Geschichte"), darüber, wer die Eintrittskasse und die Eröffnungsrede (Beschluss: die „Kindergartenchefin") übernimmt. Die Aufgaben für die Vorbereitung und Durchführung der Kindervernissage waren vielfältig. Um keinen Planungsschritt zu übersehen, wurden alle Anregungen auf ein Diktiergerät aufgesprochen und per „Kindernotiz" (Zeichnung) festgehalten. Die Kinder meisterten die umfassenden Organisationsaufgaben mit großem Engagement. Die Vernissage wurde ein Erfolg und zu einem unvergesslichen Gemeinschaftserlebnis.

Dokumentation und Reflexion

Dokumentiert wurde das Projekt durch Kindergarten-Informationsschreiben (Kigainfo), Protokolle der Kinderkonferenzen, die Fotodokumentation des Malprojekts und die Vernissage. Die Reflexion im Team fand in täglichen Kurz- und wöchentlichen Intensivreflexionen statt. In den wöchentlich stattfindenden Kinderkonferenzen hielten die Kinder Rückblick, stellten ihre Arbeitsergebnisse vor und entwickelten weitergehende Vorhaben.

Das Projekt lief über den Zeitraum September bis Mai. Für alle Beteiligten war das produktive Miteinander eine wertvolle Erfahrung. Kinder, Eltern und Erzieherinnen agierten als Team, das sich für die gemeinsame Sache engagierte. Erzieherinnen, Eltern und Kinder waren zugleich Lehrende und Lernende, die auf dem gemeinsamen Weg in die „Welt der Farben" immer wieder an Wissens- und Informationsgrenzen stießen und Lösungswege suchen mussten. Die Identifikation mit den neuen Gruppennamen und dem neuen Kindergartenlogo ergab sich dabei wie selbstverständlich. „Mäuse" und „Bären" gehörten sehr schnell der Vergangenheit an. Bei der Spurensuche nach bekannten Malern in Würzburg waren die Kinder besonders begeistert von Tiepolos „bunten Bildern aus der ganzen Welt". Während deren Besprechung innerhalb der Führung durch die Residenz knüpfte die Museumspädagogin an Urlaubserlebnisse der Kinder an. Dabei konnten sie ihr Wissen einbringen und erweitern. Die Kindervernissage stieß durch die gezielte Öffentlichkeitsarbeit auf reges Interesse. Angekündigt durch die Presse und Plakate war die einwöchige Ausstellung im alten „Milchhof", einem ehemaligen Fabrikgebäude, sehr gut besucht. Von der Öffentlichkeit entdeckt wurde dabei die Attraktivität des alten „Milchhofs" im Hinblick auf die Entstehung eines neuen Kunstzentrums für Würzburg. Mittlerweile haben schon mehrere Künstler ihre Ateliers dort eingerichtet, und ein Treffpunkt für Kleinkunst entwickelt sich.

Verwendete Literatur

- Beisl, H. (2001). Ästhetische Erziehung – warum, wozu? Der Kindergarten-Ratgeber, (3), 10–13.
- Fleck-Bangert, R. & Köppel, G. (2004). Ästhetische Bildung. Durchblick (2), Fachzeitschrift Bayerischer Landesverband Evang. Tageseinrichtungen und Tagespflege für Kinder e. V., 21–22.
- Fleck-Bangert, R. (2002). Hilfe, ich kann nicht malen. Über das Motivieren und den Umgang mit Blockaden. TPS (9), 34–38.

- Fleck-Bangert, R. (1999). Was Kinderbilder uns erzählen. Kinder setzen Zeichen – Gemaltes sehen und verstehen. München: Kösel.
- Seitz, R. & Beisl, H. (1986). Materialkiste. Anregungen zur Ästhetischen Erziehung im Kindergarten. München: Kösel.

7.9 Musik

Leitgedanken

Kinder handeln von Geburt an musikalisch. Mit Neugier und Faszination begegnen sie der Welt der Musik. Sie haben Freude daran, den Geräuschen, Tönen und Klängen in ihrer Umgebung zu lauschen, diese selbst zu produzieren sowie die Klangeigenschaften von Materialien aktiv zu erforschen. Gehörte Musik setzen Kinder in der Regel spontan in Tanz und Bewegung um. Musik ist Teil ihrer Erlebniswelt.

In frühen Jahren vermögen Kinder Musik frei und mühelos zu lernen – wie eine Sprache. Schon im Mutterleib können sie Töne hören, denn das Ohr ist früh ausgebildet. Säuglinge leben in den ersten Monaten überwiegend in einer Klangwelt, nehmen akustische Reize viel stärker wahr als optische.

Die Vielfalt der Sinneswahrnehmungen durch das „Spiel mit Musik" bietet in den ersten Lebensjahren grundlegende Anregungen. Neben ihrem ästhetischen Selbstwert verfügt sie über weit reichende entwicklungspsychologische Effekte. Der aktive Umgang mit Musik fordert und fördert die gesamte Persönlichkeit des Kindes.

Wohlbefinden

Musik berührt im Innersten. Tempo, Rhythmus und Tonart gehörter Musik beeinflussen Herzschlagfrequenz, Blutdruck, Atmung, Puls und Hormonausschüttung. Sie kann zur Entspannung, Aufmunterung, Lebensfreude und emotionalen Stärke und damit zur Ausgeglichenheit beitragen.

Ausdruck, Fantasie und Kreativität

Musik ist ein ideales Medium für Kinder, sich mitzuteilen, Gefühle und Gedanken zu äußern, aber auch emotionale Belastungen abzureagieren. Musik regt Fantasie und Kreativität an und ermöglicht, eigene musikalische Ideen einzubringen und zu gestalten. Dabei entstehen Verbindungen zu anderen Ausdrucksformen wie bildnerische, tänzerische oder szenische Gestaltung. Oft können sich Kinder durch Musik und Bewegung leichter mitteilen als durch Sprache.

Soziale Kompetenz

Gemeinsames Singen und Musizieren stärken die Kontakt- und Teamfähigkeit und die Bereitschaft, soziale Mitverantwortung zu übernehmen. Musikalische Interaktionen, ganz gleich ob mit der Stimme, auf Instrumenten oder in der Bewegung, sind individueller Ausdruck, Kontaktangebot und wechselseitiger Austausch zugleich. Einander zuhören, aufeinander reagieren, Erfahrungen teilen, Regeln oder gemeinsame Vereinbarungen einhalten, zu einem Gleichklang oder Rhythmus finden, zusammen etwas Neues kreieren – all dies erfordert ein hohes Maß an sozialem Handeln und gegenseitigem Verstehen. Die Fähigkeit, einmal zurückzustehen, einem anderen den Vortritt zu lassen, um dann auch selbst wieder für einige Zeit den dominanten Part zu übernehmen, lässt sich beim gemeinsamen Musizieren gut einüben.

Kulturelle Identität und interkulturelle Kompetenz

Die Begegnung mit Musik aus dem eigenen und aus anderen Kulturkreisen leistet wichtige Beiträge für die Pflege der eigenen Tradition und die interkulturelle Begegnung und Verständigung. Sie stärkt die kulturelle Einbettung des Kindes und seine Identifikation mit der eigenen Kultur insofern, als dass es dessen Musiktradition kennen lernt und an andere weitergeben kann. Gerade auf musikalischem Gebiet wird „Fremdes" begeistert aufgegriffen und zugleich ist die Auseinandersetzung mit diesem Voraussetzung, sich mit dem „Eigenen" zu identifizieren (Kinder mit verschiedenem kulturellem Hintergrund – Interkulturelle Erziehung ➙ Kap. 6.2.3).

Sprachkompetenz

Stimmbildung und Sprachbildung sind miteinander verknüpft. Die Stimme ist das elementare und persönliche Musikinstrument, auf dem Kinder sich von Geburt an in die Welt hineinspielen. Sie sind mit diesem Instrument vertraut und können sich bei entsprechender Anregung immer vielfältiger damit ausdrücken. Was sie erleben, was sie bewegt, findet im Singen und Sprechen seinen Ausdruck (Sprache und Literacy ➙ Kap. 7.3).

Aufmerksames Zuhören

Musik trainiert aktives Zuhören, was für Lernen und Verstehen grundlegend ist und die Entwicklung vielfältig beeinflussen kann (z. B. Sprachkompetenz, Konzentration, soziale Sensibilität, Teamfähigkeit, auditives Gedächtnis, Intelligenz, Erlebnisfähigkeit, Emotionalität). Zuhören können wird im Alltag, neben Sprechen, Lesen und Schreiben, am meisten beansprucht und ist Voraussetzung für die aktive Teilhabe am Kulturleben. Hören hat eine funktionelle, ästhetische und sinnliche Qualität mit sozialer, kultureller und gesundheitlicher Bedeutung.

Kognitive Kompetenzen

Beim Musizieren werden u. a. Gefühlswelt, abstraktes Denken und Verarbeiten von Informationen zusammengeführt. Studien mit Vorschul- und Grundschulkindern weisen positive Effekte auf Gehirnentwicklung, Lernverhalten (Konzentration und Ausdauer) und Intelligenzleistungen (räumliche und zeitliche Vorstellungskraft, abstraktes und vernetztes Denken) nach.

Körperbewusstsein und motorische Kompetenz

Hörimpulse stimulieren Bewegungsimpulse und das Gleichgewichtsorgan im Ohr, das Haltung und Motorik reguliert. Da jeder Muskel über das Rückenmark mit diesem Organ in Verbindung steht, kann Musik das Körperbewusstsein vielfältig anregen und beeinflussen. Musizieren entsteht durch Bewegung des Atem- und Stimmapparats (Sprechen, Singen), der Beine, Arme und Hände (Körperklänge, Klänge mit Materialien und Instrumenten). All diese Bewegungen hängen von der Gesamtspannung des Körpers und der Dosierung und Steuerung der Bewegungsenergie ab. Daher sind Wahrnehmen, Differenzieren, Koordinieren und Synchronisieren dieser Bewegungen Voraussetzung des Musizierens und werden umgekehrt durch das Musizieren angeregt und verfeinert (Bewegung, Rhythmik, Tanz und Sport ➔ Kap. 7.10).

Im Rahmen der musikalischen Bildung und Erziehung sollen die Kinder die Welt der Musik in ihrem Reichtum und ihrer Vielgestaltigkeit erfahren und Gelegenheit erhalten, sich in ihr selbsttätig und gemeinsam zu bewegen. Musikalische Bildung und Erziehung sprechen die gesamte Persönlichkeitsentwicklung des Kindes an. Optimal ist ein Gleichgewicht aus Hören, Singen, sich bewegen, Tanzen, Rhythmus erleben, den eigenen Körper spüren und beherrschen, ein Instrument spielen – und dabei mit anderen kommunizieren. Musik als Feld für Spiel-, Wahrnehmungs- und Gestaltungsprozesse bietet Kindern die Chance, spielend mit allen Sinnen und kognitiven Fähigkeiten zu lernen. Da auf musikalischem Gebiet Spielen mit Lernen eng verbunden sind, öffnet sich gerade hier die Chance, spielend zu lernen und lernend zu spielen.

Bildungs- und Erziehungsziele

Das Kind erfährt Musik als Quelle von Freude und Entspannung sowie als Anregung zur Kreativität in einer Reihe von Tätigkeiten, wie beispielsweise Singen, Musizieren und Musikhören, aber auch Erzählen, Bewegen, Tanzen und Malen. Mit Neugier und mit Experimentierfreude setzt es sich mit den unterschiedlichen musikalischen Facetten wie Tönen, Tempo oder Rhythmus auseinander. Es erlebt Musik als festen Teil seiner Erlebniswelt und als Möglichkeit, seine Gefühle auszudrücken. Dies beinhaltet insbesondere folgende Bereiche:

Gemeinsam Singen und Musizieren und sich durch Musik ausdrücken

- Spielend mit Klängen und Tönen, mit Sprache und Sprachelementen umgehen
- Die eigene Sprech- und Singstimme entdecken
- Erfahren, dass Singen viel Spaß machen kann
- Die eigene Singstimme in Richtung einer schön klingenden Kinderstimme entwickeln
- Kinderlieder und -verse aus dem eigenen und anderen Kulturkreisen kennen lernen
- Ein kleines Repertoire an Liedern singen können
- Verschiedene Musikinstrumente kennen lernen und ihre Klang- und Spielweise, aber auch ihre Bauweise erkunden
- Freude am gemeinsamen Singen und Musizieren entwickeln
- Lieder, Geschichten und gehörte Musikstücke mit elementaren (Orff-)Instrumenten begleiten
- Eigene musikalische Ideen entwickeln und diese klanglich umsetzen
- Musik als Ausdrucksmöglichkeit der eigenen Stimmungen, Gefühle und Ideen erfahren
- Lieder, Geschichten, kleine Spielszenen und Theaterstücke szenisch, vokal und instrumental gestalten.

Musik erleben und bewusst wahrnehmen

- Musik als Möglichkeit zur Entspannung und als Quelle des Trostes und der Aufmunterung erfahren
- Auf akustische und musikalische Reize konzentriert hören, diese differenziert wahrnehmen und orten (Richtungshören) und darauf reagieren
- Beim Zuhören zwischen laut – leise, hoch – tief, schnell – langsam unterscheiden
- Musik mit ungeteilter Aufmerksamkeit zuhören können
- Musikstücke und Tänze verschiedener Genres, Epochen und Kulturen kennen lernen
- Wichtige Komponisten klassischer Musik (z. B. Mozart, Vivaldi) und einige ihrer bekannten Musikwerke kennen lernen
- Eigene musikalische Vorlieben entwickeln
- Eigene Ansprüche an die Qualität von Musik entwickeln
- Musikrhythmen in Tanz und Bewegung umsetzen (Bewegung, Rhythmik, Tanz und Sport ➔ Kap. 7.10)
- Musik bildnerisch und gestalterisch umsetzen
- Erste spielerische Erfahrungen mit dem grafischen Notieren von Musik sammeln
- Erste Begegnung mit der tradierten Notenschrift (z. B. Liederbücher, Orchesterpartitur).

Anregungen und Beispiele zur Umsetzung

GRUNDLAGEN

Bedeutung des Bereichs im pädagogischen Alltag

Aufgrund des hohen Stellenwerts der frühen musikalischen Bildung und Erziehung stehen Kindertageseinrichtungen in der Verantwortung, Musik täglich und vielseitig erlebbar zu machen. Ausgangspunkt ist die natürliche Freude der Kinder an Musik. Elementare Musikerziehung ist – jenseits von „musikalisch", „unmusikalisch" und etwaiger besonderer Begabung – eine Notwendigkeit und Chance für jedes Kind. Grundsätzlich ist jedes Kind offen und bereit, die Welt des Klangs in sich aufzunehmen – und sich auf musikalische Weise auszudrücken. Schon in Krippe und Kindergarten bietet sich hierfür eine Fülle von Möglichkeiten. Das darf allerdings nicht heißen, Musik allein zum Zweck der Intelligenzförderung bzw. Leistungssteigerung zu gebrauchen. Vielmehr sollte sie als das gesehen werden, was sie wirklich ist, sinnvoll und zweckfrei zugleich sowie begabend in vielerlei Hinsicht.

Vergleichsstudien belegen für Einrichtungen, die Musik stärker betonen, folgende Effekte: Die Kinder haben mehr Interesse an Musik, spielen häufiger ein Instrument und zeigen sich häufig konzentrierter, einfühlsamer, erlebnisfähiger, toleranter, kommunikativer, gemeinschaftsfähiger, ausgeglichener und selbstbewusster. Intensive Musikerziehung hat Einfluss auf das Sozialklima. In musikbetonten Einrichtungen sind weniger soziale Ausgrenzung und aggressives Verhalten und mehr Gemeinschaftssinn zu beobachten, soziale Integration gelingt deutlich besser. Musik macht es für Kinder mit Migrationshintergrund, mit Entwicklungsrisiken und Behinderung leichter, sich auszudrücken sowie sprachliche und soziale Barrieren zu überwinden.

Querverbindungen zu anderen Bereichen

Regelmäßige bzw. häufige Querverbindungen im Rahmen des ganzheitlichen Ansatzes, die nachstehend oder in den genannten Kapiteln vielfach aufgezeigt werden, sind insbesondere:
- Kinder mit verschiedenem kulturellem Hintergrund – Interkulturelle Erziehung (➔ Kap. 6.2.3)
- Werteorientierung und Religiosität (➔ Kap. 7.1): z. B. Orgelmusik in der Kirche, religiöse und liturgische Lieder
- Emotionalität, soziale Beziehungen und Konflikte (➔ Kap. 7.2)
- Sprache und Literacy (➔ Kap. 7.3)
- Informations- und Kommunikationstechnik, Medien (➔ Kap. 7.4): z. B. Hör- bzw. Tonmedien, Bild-Ton-Medien sowie Filmmusik
- Mathematik (➔ Kap. 7.5)

- Naturwissenschaften und Technik (→ Kap. 7.6): Querverbindungen bestehen stets beim Themenbereich „Schall, Töne und Musik" (Erkunden akustisch-physikalischer Phänomene), aber auch über musikalische Inhalte bei Themen wie „Jahreszeiten und Wetter" (z. B. „Die vier Jahreszeiten" von A. Vivaldi) oder „Unsere Erde als Teil des Sonnensystems" (z. B. „Die Planeten" von G. Holst)
- Ästhetik, Kunst und Kultur (→ Kap. 7.8)
- Bewegung, Rhythmik, Tanz und Sport (→ Kap. 7.10)
- Gesundheit (→ Kap. 7.11): z. B. Musik und Entspannung.

Pädagogische Leitlinien

Musikpädagogik in Kindertageseinrichtungen beruht auf einem spielerischen, ganzheitlichen und prozessorientierten Ansatz, der nicht auf das musikalische Ergebnis fixiert ist.

Musikalisches Handeln der Kinder versteht sich als aktives Erleben und spielerisches Gestalten, wobei sich die Kinder auf alles beziehen, was Klänge und Töne erzeugt. Musikalische Aspekte lassen sich in allen Spielformen der Kinder entdecken und integrieren. Die musikalischen Qualitäten des kindlichen Spiels sind daher wahrzunehmen, zuzulassen und anzuregen.

Kinder lernen Musik am besten mit allen Sinnen und emotionaler Beteiligung. Das musikalische Spiel der Kinder lässt sich aus verschiedenen Perspektiven gestalten. Auszuwählen sind dabei bevorzugt Methoden, die die Kinder in vielen Sinnen (z. B. Musik anhören, Töne und Klänge fühlen und visualisieren) und auf emotionaler Ebene (Identifikationen, Symbolisierungen) ansprechen sowie Querverbindungen von Musik insbesondere mit Sprache, Bewegung, Rhythmik, Tanz, Theater, Figuren und Farbe einschließen. Ein solch ganzheitlicher Ansatz ermöglicht es zugleich, die Gesamtentwicklung der Kinder beobachtend und pädagogisch zu begleiten.

Kinder gestalten ihre musikalische Bildung aktiv mit. Der pädagogische Blick ist daher auf den Prozess zu richten, bei dem die Kinder als musikalisch Handelnde im Mittelpunkt stehen und auf musikalischem Wege in Kommunikation mit anderen treten, sich selbst und die anderen wahrnehmen lernen, ihre Empfindungen und Ideen zum Ausdruck bringen und sich als Schöpfer von Musik erfahren. Stets einzubeziehen sind die musikalischen Erfahrungen und Kompetenzen der Kinder. Selbst bei einem solch prozessorientierten Ansatz werden Kinder bis zur Einschulung erstaunlich kreative Ergebnisse auf musikalischem Gebiet hervorbringen.

Geeignete Lernumgebung

Eine nicht nur minimalen Ansprüchen genügende Umsetzung dieses Schwerpunkts setzt eine Grundausstattung an Abspielgeräten (z. B. MC-Rekorder, CD-Spieler), musikalischen Tonträgern und Materialien voraus. Tabelle 7.9 zeigt auf, welche „elementaren Instrumente" für das Musizieren der Kinder insbesondere in Betracht zu ziehen sind.

Elementares Orff-Instrumentarium (nach Studio 49)	**Stabspiele:** Glockenspiel, Xylophon, Metallophon, Klangbausteine Stabspiele werden als Kerninstrumentarium betrachtet. - Sie sind für Rhythmus und Melodie und in gewissem Sinne auch für Harmonie zugleich verantwortlich. Kennzeichnend für sie sind die leichte Spieltechnik und die klare, überschaubare Anordnung der Klangstäbe. - Den günstigsten und für die Stimmlage des Kindes besonders geeigneten Tonumfang hat das Alt-Xylophon (c' – a"). Klangbausteine eignen sich hervorragend für Klangspiele in Bewegungs- und Tanzformen zur Selbstbegleitung. **Fell-Instrumente:** Handtrommel, Schellentrommel, große Trommel, Pauke, Bongos **Rhythmus-Instrumente** aus Holz, Metall und anderen Materialien: z. B. Holzblocktrommel, Klanghölzer (Claves), Holzröhrentrommel, Schellenkranz, Glockenkranz, Zimbeln und Triangel in verschiedenen Größen u. a.
Naturton-Instrumente aus aller Welt	Regenrohr, Meerestrommel, Maracas, Guiro, Schüttelrohr, Kastagnetten
Obertonreiche Klang-Instrumente	Klangschalen, Gong, Klangspiele
Selbstbau-Instrumente	z. B. Rasseln, Klappern, Trompete aus Gartenschlauch, Haushaltsgegenstände als Klangerzeuger

Tab. 7.9: Für das Musizieren der Kinder geeignete Instrumente

Für das Begleiten des gemeinsamen Singens von Liedern sollten in jeder Kindertageseinrichtung eine gute Gitarre, aber auch Flöten vorhanden sein. Optimal ist es, wenn es darüber hinaus auch weitere Instrumente gibt (z. B. Klavier, Volksharfe, Zither, Monochord, Geige, Clavinova). Weitere Gruppeninstrumente, die mehrere Kinder gleichzeitig bespielen können (z. B. Tischtrommel, Klangwiege, große Schlitztrommel), sind nicht billig, aber es könnten sich mehre Einrichtungen vor Ort bei ihrer Anschaffung zusammentun, sodass die Instrumente von Einrichtung zu Einrichtung wandern. Vorhandene Instrumente und Materialien sowie räumliche und zeitliche Bedingungen sind so zu organisieren, dass musikalisches Handeln jederzeit und in unterschiedlichen Arrangements stattfinden kann (Einzelkontakt, Groß-, Kleingruppe; spontane oder geplante Aktivität: Freispiel, gelenktes Angebot, Projekt; in der Einrichtung, im Freigelände, auf Exkursionen). Die in der Tageseinrichtung vorhandenen Musikinstrumente sollten den Kindern stets zugänglich sein, um sie zu eigenen Spielversuchen zu animieren und sie in ihre Spiele einzubeziehen. Wenn es die räumlichen Bedingungen zulassen, bieten ein „Klangraum" bzw. „Musikzimmer" den Kindern ideale Voraussetzungen, sich jederzeit musikalisch zu betätigen.

Die Atmosphäre

Wenn Musik ihre vielen positiven Wirkungen auf die Entwicklung der Kinder entfalten soll, dann in einer Atmosphäre, die geprägt ist vom Vertrauen in die Entwicklungsfähigkeit ihrer musikalischen Sensibilität und schöpferischen Kräfte. Hier sollen sich Kinder unbeschwert musikalisch äußern und mitteilen können, sei es mit der Stimme, auf Instrumenten oder durch Bewegung und Tanz. Hier können sich Sprache und vor allem körpersprachliche Ausdrucksweisen entwickeln als Kommunikation (verbal oder nonverbal). Der Körper wird zum „Instrument" der Gefühle, die sich in Mimik, Gestik und Bewegungen mitteilen. Unterstützt wird dies durch ein pädagogisches Angebot, das auf Ausgewogenheit der verschiedenen musikalischen Aktivitäten und Ausdrucksformen achtet. Bei der Gestaltung der musikalischen Beziehung zum Kind steht die „Musikalität" der pädagogischen Fachkraft nicht im Vordergrund, sondern die Gestaltung der musikalischen Handlungsprozesse mit dem Kind.

Enge Zusammenarbeit mit den Familien

Bei einer guten Zusammenarbeit mit Eltern wirkt sich eine stärkere Betonung der musikalischen Bildung und Erziehung in Kindertageseinrichtungen nachweislich auch auf Familien aus. Die Begeisterung für Musik kann sich in der Weise übertragen, dass auch in den Familien mehr gesungen und musiziert wird (z. B. Nachsingen der Lieder, die in der Tageseinrichtung gesungen werden). Zeigt sich bei einzelnen Kindern eine besondere musikalische Begabung, so ist im Gespräch mit den Eltern z. B. der Besuch einer Musikschule anzuregen. Eltern, die ein Instrument spielen oder Musiker sind, können wichtige Partner für die Bildungsarbeit sein (z. B. Vorstellen von Instrumenten in der Tageseinrichtung, Besuch einer Konzertprobe oder eines Konzerts). Die Veranstaltung gemeinsamer Musikabende in der Kindertageseinrichtung empfiehlt sich.

Gemeinwesenorientierung – Kooperation mit fachkundigen Stellen

Eine Zusammenarbeit mit Musikschaffenden und anderen Musikexperten, die regional ansässig sind, bereichert das Bildungsgeschehen in der Tageseinrichtung (z. B. Einbezug in musikalische Projekte) und verschafft Kindern interessante, lebensnahe Einblicke in viele musikalische Betätigungsfelder (z. B. Besuch von Konzertproben, Konzerten, Orgelspiel in der Kirche, Werkstätten). Als Kooperationspartner kommen insbesondere Instrumentenbauer, Orchester-, Kirchen- und Solomusiker sowie Musikbands in Frage.

Besondere Bedeutung kommt der Zusammenarbeit mit der Musikschule zu und der Pflege des regelmäßigen Kontakts. Als Kooperationsmöglichkeiten kommen in Betracht:

- Besuch der Musikschule mit den Kindern (z. B. Musikinstrumente erkunden, Schülerkonzerte besuchen)
- Kooperation des Einrichtungsteams mit Musikpädagoginnen und -pädagogen der Musikschule bzw. qualifizierten Musiklehrkräften, die „Musikalische Früherziehung" unterrichten, auf fachlicher Ebene (z. B. fachlicher Austausch, Teamschulungen durch qualifizierte Musikpädagogen)
- Musikpädagogische Angebote von Musikschulen in Kindertageseinrichtungen. Wird dies erwogen, so sind in konzeptioneller Hinsicht bestimmte Aspekte zu beachten. Die musikpädagogischen Konzeptionen von Kindertageseinrichtungen und Musikschulen unterscheiden sich in mehreren Punkten wesentlich. Während sich die Konzeption in Tageseinrichtungen an alle Kinder richtet und dabei das musikalische Erleben mit allen Sinnen und ein ganzheitlicher Ansatz im Vordergrund stehen, orientiert sich der Lehrplan „Musikalische Früherziehung" an dem besonders musikinteressierten Kind und an dem Leitziel, es auf den späteren Instrumentalunterricht in der Musikschule vorzubereiten. Ein Angebot der Musikschule kann daher das tägliche musikpädagogische Angebot in der Kindertageseinrichtung nicht ersetzen, sondern allenfalls ergänzen. Wird die Musikschule regelmäßig in die pädagogische Arbeit der Tageseinrichtung einbezogen, sollte das Musikschulangebot nicht auf der Grundlage eines schulischen Lehrplans erfolgen, sondern auf die konzeptionellen Grundlagen der Kindertageseinrichtung hin abgestimmt sein und die Teilnahme daran allen Kindern, auch den sozial und ökonomisch benachteiligten, ermöglicht werden (z. B. Gebührenermäßigung durch die Musikschule, Gebührenumlegung auf die Elternbeiträge, Gründung einer Fördervereins).

AKTIVITÄTEN

Singen

Gemeinsames Singen von Liedern

Viel Raum und Zeit sollte dem gemeinsamen Singen, aber auch dem Vorsingen gewidmet sein (z. B. Morgenkreis). Beim Singen in Kindertageseinrichtungen spielen Kinderlieder die zentrale Rolle (z. B. traditionelle und neuere Kinderlieder, Kinderlieder in verschiedenen Sprachen). Da sich Musikalität bei Kindern im frühen Alter nicht davon ableitet, ob sie ein Lied korrekt wiedergeben, liegt der Schwerpunkt auf dem Beobachten dessen, was Kinder beim Singen erfahren, erleben und gemeinsam gestalten. Den Körper als klingendes Instrument erfahren sowie Gehör und Stimme in Einklang bringen sind hierbei wesentlich. Zu beachten ist, dass Lieder stets hoch anzustimmen bzw. instrumental anzuspielen sind. Kinderstimmen sind höher als Erwachsenenstimmen.

Singen und Sprechen

(Sprache und Literacy ➤ Kap. 7.3)

Für Säuglinge besteht darin noch kein Unterschied, erst mit dem Spracherwerb und im Rahmen des verfügbaren Wortschatzes, beginnen sie erste Sprechgesänge zu produzieren. Dichte Vernetzungen zwischen Klang- und Wortsprache ergeben sich vor allem beim Spiel mit Stimmklängen und bei Kinderliedern und -versen. Summen, Spielen mit Tönen sowie Vorsingen und gemeinsames Singen regen bereits Kleinstkinder an, die Möglichkeiten ihrer Stimme zu erproben (z. B. durch spielerisches Nachahmen) und mit den Bezugspersonen in einen Dialog zu treten. Mit der Stimme lässt sich erfinderisch umgehen (z. B. Spiele mit Vokalen und Konsonanten, Atem- und Mundgeräusche, unterschiedliche Sprech- und Singarten, Imitation von Tierstimmen und Instrumenten), man kann mit ihr vielfältig improvisieren (z. B. Töne suchen, hören, finden, singen). Lieder regen zum Sprechen an, ihre Texte sind Anlässe für sprachliches Kommunizieren, Austauschen von Erlebnissen und Ideen in der Gruppe. Sprachspielereien, Fingerspiele, Handmärchen, Zungenbrecher, rhythmische Klatschspiele mit Wortklängen können die eigenen stimmlichen Ausdrucksmöglichkeiten entwickeln und fördern. Es gibt zahlreiche Möglichkeiten, von der Sprache zum Singen zu wechseln (z. B. Rufe, Sprechgesänge, Abzähl- und Schnellsprechverse, Reime, witzige Gedichte).

Singen und Gestalten

Lieder fordern spontan zu rhythmischer Begleitung heraus, und zwar alleine, im Zusammenspiel mit einem anderen Kind oder gemeinsam in der Gruppe. Lieder, aber auch Texte und Geschichten, lassen sich begleiten mit Körperinstrumenten (singen, klatschen, schnipsen, stampfen, patschen) oder mit elementaren Instrumenten. Singen spricht Kinder auch in ihrer Bewegungslust an. Kreis-, Reigen- und Fingerspiellieder sind zugleich Formen des sozialen Austausches durch Musik. Lieder szenisch bzw. kleine Theaterstücke mit Kulissen, Gesang und Tanz gestalten oder Singspiele durchführen (singen, tanzen, musizieren, darstellen) sind weitere Möglichkeiten. Lieder bieten aber auch Gestaltungsmöglichkeiten mit bildnerischen Mitteln (Ästhetik, Kunst und Kultur ➤ Kap. 7.8). Einzelne Strophen oder ganze Liedgeschichten lassen sich in Bildern „erzählen" oder zu fortlaufenden Leporellos zusammenstellen. Dies ermöglicht zudem ein Festhalten und Erinnern des Liedrepertoires. Es bietet sich die Möglichkeit, Schattenspiel, Papiertheater oder Maskenspiel auf einfachste Art einzubeziehen.

Musizieren

Kennenlernen und Erproben von Instrumenten

Um das Interesse an Musikinstrumenten und am Instrumentalspiel zu wecken, sollte Kindern durch eine musikanregende Lernumgebung und begleitende Unterstützung regelmäßig Gelegenheit gegeben werden, ihre Klang- und Spielmöglichkeiten selbsttätig zu erkunden. Bereits im Krippenalter ist das Erkunden und selbstständige Experimentieren mit Klanginstrumenten in vielfältiger Weise möglich (z. B. Klangschalen, Schellen, Holzblocktrommel, Xylophon: Wie fühlt sich das Instrument an? Wie sieht es aus? Wie funktioniert es? Was kann man damit alles machen? Wie fühlen sich erzeugte Klänge an?). Kinder sollten möglichst viele Musikinstrumente kennen lernen und dabei ihre sachgerechte Spielweise durch kompetente Partner erfahren und sie selbst erproben. Für eine Begegnung mit Instrumenten, die in der Einrichtung nicht vorhanden sind, bieten sich insbesondere folgende Möglichkeiten an: Vorstellen eines Instruments durch Familienmitglieder (Eltern, Großeltern, Geschwister oder wenn möglich sogar durch ein Kind); Besuch einer Kirche (Der Kirchenmusiker erklärt und spielt die Orgel.); Besuch der Werkstatt eines Instrumentenbauers; Besuch eines (Kinder-)Konzerts; Besuch der örtlichen Musikschule: So können auch Instrumente wie z. B. Kontrabass, Harfe, Schlagzeug, Flügel den Kindern vorgestellt oder Schülerkonzerte besucht werden. Kontakte mit der Musikschule schaffen Übergänge zum ernsthaften Erlernen und Spielen eines Instruments in Abstimmung mit den Eltern.

Instrumentalspiel

Beim freien, experimentellen Spiel mit elementaren Instrumenten entstehen Klangspiele, und es ergeben sich selbst erfundene Melodien. In einfachen und kurzen Klanggeschichten verbinden sich Sprache (Geschichten) und Klänge (musikalische Begleitung) zu einem neuen Ganzen und bilden eine weitere Gestaltungsebene. Das Begleiten von Liedern, aber auch gespielte Musikstücke mit elementaren (Orff-)Instrumenten zählen im Kindergartenalter zu den zentralen Erfahrungen mit dem zielgerichteten Instrumentalspiel und dem gemeinsamen Musizieren in der Gruppe.

Selbstbau einfacher Instrumente

Neben dem klanglichen Ergebnis spielen hier der kreative Umgang mit Material, handwerkliche Fertigkeiten und die ästhetische Gestaltung eine gleichgewichtige Rolle. Auf diese Weise bekommt das Instrument ein individuelles und unverwechselbares „Gesicht". Je nach räumlichen Gegebenheiten können selbst gebaute Instrumente zu einem Kollektivinstrument kombiniert und gestaltet werden, das zum Betrachten und Spielen einlädt. Für den Bau von Klangerzeugern und Instrumenten lassen sich verschiedenste (Alltags-)Materialien verwenden; in einem „Klangmagazin" überschaubar geordnet (Regal, Abstellkammer) regt solches Material die Fantasie an und fordert musikalische Kreativität geradezu heraus.

Musikhören

Angesichts der akustischen Reize, die allgegenwärtig auf Kinder eindringen, fällt Kindern aufmerksames Hören immer schwerer. Elementare Musikerziehung ermöglicht Lauschen und Horchen. Dies ist oft nur in entspannten Situationen möglich. Hier ergeben sich Querverbindungen zu Stilleübungen (Gesundheit ➜ Kap. 7.11). Diese beziehen neben dem Hörsinn auch alle anderen Sinne mit ein. Ein guter Weg, bei Kindern Interesse und Freude am Musikhören zu wecken und ihr Gehör zu schulen, ist es, sie an die Musik verschiedener Stile, Epochen und Kulturen heranzuführen (z. B. klassische Musik, Volksmusik der Region und anderer Länder, moderne Musik, Jazzmusik). Zugleich ist es wichtig, die Musikstücke, die Kinder gerne hören, zu berücksichtigen (z. B. Kinder bringen ihre Lieblingsmusik mit und tauschen sich über ihre musikalischen Vorlieben mit anderen Kindern gegenseitig aus).

Am Beispiel der „Einführung in die klassische Musik" werden einige wichtige Aspekte zum gezielten Musikhören mit Kindern veranschaulicht: Bereits jüngere Kinder sind fasziniert von klassischer Musik. Sie werden von der Klangvielfalt, der Harmonie und dem klar strukturierten Aufbau in all ihren Sinnen berührt; das bewusste Anhören von Musik fördert ihr räumlich-zeitliches Vorstellungsvermögen. Bei der Auswahl der Musikbeispiele ist darauf zu achten, dass die Freude der Kinder am Hören im Vordergrund steht. Programm-Musik eignet sich deshalb besonders für Kinder. Programm-Musik ist die Kombination von Musik mit nicht musikalischen Inhalten (z. B. Märchen, Jahreszeiten, Schlittenfahrt). Sie ermöglicht es Kindern, während des Hörens Assoziationen herzustellen und auf diese Weise innere Vorstellungen, Bilder und Stimmungen mit Musik zu verbinden. Kinder auch mit zeitgenössischen Kompositionen zu konfrontieren ist sinnvoll und wichtig: Kinder sind – im Gegensatz zu vielen Erwachsenen – zumeist offen und unvoreingenommen gegenüber der Musik des 20. und 21. Jahrhunderts; gerade diese Musik regt ihre Fantasie und Interpretationslust an. Wichtig ist auch, dass die pädagogische Fachkraft vorab einen eigenen Bezug zu dem Musikbeispiel gewinnt, das sie mit den Kindern weitererschließen will. Hier einige Hörbeispiele für Programm-Musik, die sich für Kinder bis zur Einschulung eignen:

- **Kinderklassiker.** Die am meisten gespielte und in der Fachliteratur vorzugsweise zitierte Musik für Kinder sind „Peter und der Wolf" von Prokofjew und „Karneval der Tiere" von Saint-Saëns
- **Weitere Musik für Kinder.** „Bilder einer Ausstellung" von Mussorgski; „Das Kuscheltierkonzert" von Klaus Wüsthoff; „Und der Igel schwimmt doch!" sowie „Kalif Storch" (Klassik-Hörbücher)
- **Opern für Kinder.** „Zauberflöte" von Mozart; „Hänsel und Gretel" von Humperdinck
- **Klassische Werke.** „Die vier Jahreszeiten" von Vivaldi; „Die Moldau" von Smetana; „Eine musikalische Schlittenfahrt", „Kindersinfonie" von L. Mozart; „Kinderszenen" von R. Schumann
- **Zeitgenössische Musik.** „Der Feuervogel" von Strawinsky; „Alpensinfonie" von Strauss; „Der Mond" von Orff; „Orchesterführer für junge Leute" von Britten; Noch lebendiger wird es für Kinder, Komponisten und andere Musikschaffende der Region für die Einführung ihres eigenen Schaffens zu gewinnen.

Als Möglichkeiten der methodischen Umsetzung bieten sich verschiedene Aktivitäten an. Ein besonderes Augenmerk ist darauf zu richten, dass Kinder Musik nicht nur als Kulisse erleben, sondern beim Musikhören auch das aufmerksame Zuhören ohne Ablenkung durch Bewegen, Sprechen und Malen erfahren und lernen.

Musikstücke anhören

Die Spieldauer ausgewählter Ausschnitte aus einem Musikwerk sollte anfänglich nicht länger als 3 bis 4 Minuten betragen, sich aber mit der Häufigkeit solcher Angebote und dem wachsenden Interesse der Kinder steigern. Die Kinder sollen geweckte Assoziationen äußern (z. B. Tiere, Naturerscheinungen, Märchen, Filmmusik), Emotionen wiedergeben und die anderer Kinder erfahren, Geschichten erfinden (z. B. die Frühlingsgeschichte aus den „Vier Jahreszeiten" von Vivaldi aufgreifen und einen Spaziergang durch den blühenden Garten machen), Eigenschaften von Musikstücken unterscheiden (z. B. laut/leise, hoch/tief, langsam/schnell), verschiedene Instrumente an ihrem Klang erkennen und einzelne musikalische Elemente heraushören (z. B. Motiv der Katze aus Peter und der Wolf). Das Interesse an den Komponisten soll geweckt werden.

Musikstücke in Bewegung umsetzen

(Bewegung, Rhythmik, Tanz und Sport ➤ Kap. 7.10)

- Rhythmus nachklatschen
- Musik in Bewegung und Tanz frei gestaltend umsetzen
- Körperbewegungen je nach Tempo, Rhythmus und Dynamik verändern
- Musikteile erkennen, indem jeder Teil eine eigene Bewegungsfigur bekommt
- Körperinstrumente und Materialien dazu einsetzen (z. B. aus der „Alpensinfonie" von Strauss den Hörausschnitt: „Nacht und Sonnenaufgang" aufgreifen und den Sonnenaufgang mit roten und gelben Tüchern darstellen).

Malen nach Musik

(Ästhetik, Kunst und Kultur ➤ Kap. 7.8)

Hören von Musik kann immer auch mit bildnerischen Mitteln seinen Ausdruck finden – als rhythmische Bewegungsspuren, als atmosphärischer Ausdruck oder als Wiedergabe von Musik in Verbindung mit nicht musikalischen Inhalten (z. B. „Die Moldau" von Smetana). Klänge werden visualisiert und in Zeichen, Farben und Formen festgehalten. Klangbilder können entstehen nach dem Hören einer Musik, hier wird der Eindruck und das Erlebnis festgehalten. Andere Klangbilder entstehen während des Hörens. Auch Klanggeschichten können sich auf diese Weise in farbige Spielpläne verwandeln, die sich nachher gemeinsam abspielen lassen.

Musikstücke mit Instrumenten begleiten

Genaues Hören auf Tempo, Rhythmus, Beginn und Ende des Musikstücks bzw. Werkausschnitts, bei dem die Kinder mit Instrumenten mitspielen (z. B. beim Musikstück „Eine musikalische Schlittenfahrt" von L. Mozart mit Schellenbändern).

Grafische Notation des Musikablaufs

Den Ablauf auf einem großen Papier mit selbst erfundenen Zeichen notieren (z. B. spielerische Versuche, beim Musikhören Tonhöhe, Tondauer, Rhythmus und Lautstärke grafisch zu erfassen). So entsteht eine Hörpartitur in Form einer Zeichnung. Bei erneutem Anhören können die Kinder mitzeigen und so den Ablauf genauer mitverfolgen. Dies weckt zugleich das Interesse, echte Noten und Notenbücher (z. B. Liederbücher, Orchesterpartituren) kennen zu lernen.

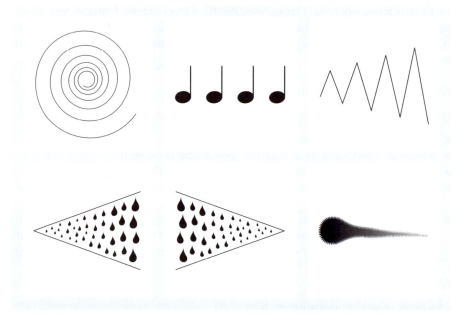

(1) „Wind": auf der Trommel mit Fingern reiben (2) Vier gleich lange Töne hintereinander spielen (3) Immer lauter werden (4) „Regen": von leise zu laut (5) „Regen": von laut zu leise (6) Klingende Instrumente, z. B. Becken

Abb. 7.10: Grafische Notation

Weitere Möglichkeiten

- Musik im Alltag wahrnehmen (z. B. im Elternhaus, an verschiedenen Orten)
- Auditive Wahrnehmungsspiele im Rahmen der Rhythmik (z. B. Richtungshören, auf musikalische Signale reagieren)
- Selbst gestaltete Klanggeschichten auf MC aufnehmen und anhören
- Konzerte besuchen und mit den Musikern ins Gespräch kommen
- Kinderbücher und Bildbände zu musikalischen Themen kennen lernen (z. B. Oper, Konzert, Musikinstrumente).

Begegnung mit Liedern und Tänzen verschiedener Kulturen

Musik und Tanz ist auch in anderen Kulturen selbstverständlicher Bestandteil von Kinderkultur (Kinder mit verschiedenem kulturellem Hintergrund – Interkulturelle Erziehung → Kap. 6.2.3). Beim Hören von Musik und Liedern aus anderen Kulturen, bei Kreis- und Brückenspielen, bei Liedern zum Mitmachen und beim Tanzen zu Musik können Kinder Gemeinsamkeiten und Unterschiede zwischen Kulturen und damit auch „Neues" und „Anderes" entdecken. Kinder lernen fremde Musik- und Sprachwelten kennen, die Neugierde wird geweckt. Die Erfahrung zeigt, dass in Verbindung mit Musik, Singen und Tanzen „Fremdes" spielerisch aufgegriffen wird. Musik und Lieder aus anderen Kulturkreisen sind auch Anlässe für die weitere Kommunikation und den Austausch zwischen Kindern über andere Kulturen. Wenn Migrantenkinder die deutsche Sprache wenig oder gar nicht sprechen, können Musik und Tanz (z. B. einfaches Spiellied, Kreisspiel) zur verbindenden „Sprache" für alle Kinder werden. In einer Atmosphäre, in der sich Kinder unbeschwert äußern können – ob mit der Stimme, auf Instrumenten oder beim Tanz –, kann sich Sprache entwickeln, auch durch nonverbale Kommunikation: Der Körper wird zum „Instrument", teilt sich in Mimik, Gestik und Bewegung mit. So können zum Verständnis der Kinder Brücken aus verschiedenen Kulturen geschlagen, die soziale Integration gefördert und Ausgrenzungen verhindert werden.

Praxisbeispiele

Eltern und Kinder aus anderen Kulturen sammeln Musik, Kinderlieder und -spiele in ihrer Familiensprache und bringen sie in den Kindergarten ein. Eltern bzw. Geschwister werden in die damit verbundenen musikalischen Aktivitäten mit einbezogen. Bücher mit Liedern, Spielen und Tänzen aus anderen Kulturen und Sprachen oder Tonkassetten mit Musik und Liedern, werden im pädagogischen Alltag ein- und auch mit der Unterstützung von Eltern umgesetzt.

Eins von mir – eins von dir. Bir benden – bir senden (Okay, E., 2. Aufl. 2002)

Diese deutsch-türkische Kassette umfasst traditionelle und neue Spiele, Lieder, Reime und Rätsel sowie 2 moderne Kurzerzählungen: eine deutsche, eine türkische. Die türkische Erzählung wird als zweisprachiges Hörspiel präsentiert, dem auch deutsche Kinder folgen können. Deutsche und türkische Kinder erleben, dass ihre beiden Sprachen miteinander verbunden sind, und werden entdecken, dass es in beiden Sprach- und Kulturkreisen ganz ähnliche Spiele, Lieder, Rätsel und Reime gibt. Praxiserfahrungen: Die türkischen Volkslieder mit ihrer orientalischen Melodik lassen die türkischen Kinder aufhorchen. Diese Musik kennen sie von zu Hause und von ihren Festen und Feiern, bei denen Musik und Tanz eine große Rolle spielen. Oft tanzen türkische

Kinder spontan zu diesen Liedern, die deutschen Kinder sind dann erstaunt, dass auch die türkischen Jungen tanzen. Nach einem solchen Erlebnis ist die Neugier der anderen Kinder geweckt – es tauchen viele Fragen auf. Die türkischen Kinder erzählen gerne von ihren Festen und Gebräuchen, von Tänzen und Instrumenten. Ein anderes Mal sind die Kinder aus einer anderen Kultur die Erzähler.

Der Fuchs geht um ... auch anderswo (Ulich, M., Oberhuemer, P. & Reidelhuber, A. (Hrsg.), 6., neu ausgestattete Aufl. 2004)

Dieses multikulturelle Spiel- und Arbeitsbuch enthält eine Sammlung von Kinderspielen, Tanz- und Spielliedern, Volksliedern und -tänzen, jahreszeitlichen Liedern, Familien- und Schulgeschichten aus der Türkei, aus Griechenland, Italien, Spanien, Portugal und den Ländern des ehemaligen Jugoslawien.

Rhythmisch-musikalische Erziehung

In Abgrenzung zur „Rhythmik als ganzheitlicher Ansatz", wie er im Rahmen der Bewegungserziehung dargelegt ist (Bewegung, Rhythmik, Tanz und Sport ➤ Kap. 7.10), erweist sich die Rhythmik im Rahmen der rhythmisch-musikalischen Erziehung als eine Methode zur Musikerziehung, die auf das Kind ganzheitlich wirkt. Bei ihr verschmelzen Musik, Bewegung und Sprache unter Einbezug verschiedener Methoden, Medien und Materialien zu einem komplexen Spiel- und Lernangebot, das die Kinder in ihrer Entwicklung vielschichtig stimuliert und voranbringt (z. B. Fantasie, Kreativität, Konzentration, Sozial-, Sprachkompetenz, Motorik). Ein thematischer und sprachlich begleiteter Rahmen, der die Kinder emotional anspricht (z. B. Tiere, Jahreszeiten, Geschichte), schafft die Basis, mit ihnen anspruchsvolle Spiel- und Lernangebote zu nutzen. Als Medien und Materialien kommen Tonträger, einfache Instrumente (z. B. Trommeln, Klanghölzchen, Xylophon, Rasseln), spezifische Materialien (z. B. Reifen, Seile, Bälle, Bänder, Tücher) sowie Alltags- und Naturmaterialien (z. B. Büchsen, Steine, Pappröhren) zum Einsatz. Die Spielkomplexe lassen sich isoliert durchführen oder als Baustein in größere Projekte integrieren. Die Stärke und das breite Einsatzgebiet dieses Ansatzes liegen in seiner Methodenvielfalt begründet. Jede Pädagogin, die um die Bedeutung von Liedern, Tänzen, Reimen und Wahrnehmungsspielen für Kinder weiß, wird immer wieder rhythmisch-musikalisch arbeiten. Die Kinder haben viel Spaß und können viele Kompetenzen zugleich fortentwickeln. Wichtige methodisch-didaktische Vorgehensweisen sind:

Interaktive, ganzheitliche Spielformen. Fast alle Angebote erfolgen in (Klein-)Gruppen; Lieder und Reime werden in Kombination mit grob- und feinmotorischen Übungen gesungen bzw. gesprochen oder in kreativen Sprach-, Instrumental- und Materialspielen weitergeführt; musikalische Inhalte werden in Bewegung, Tanz, Instrumentalspiel und Gesang sensomotorisch umgesetzt, wie z. B. stimmiges Umsetzen der Schnelligkeit und Lautstärke von Musik in Bewegung, Umschalten von einer Bewegungsform in eine andere, Reagieren auf Klänge und Geräusche in rhythmisch-musikalischen Spielformen (sensorische Integration, Sprachkompetenz, Ausdrucksfähigkeit, Transferleistung, assoziatives und vernetztes Denken). Beispiel: Die Spielleitung erzählt die Geschichte von einer Igelfamilie und bespricht mit den Kindern, was Igel alles machen: Sie rollen sich ein und aus, sie laufen schnell, und wenn sie genug gefressen haben, auch etwas langsamer. Sodann spielt sie auf ihrer Flöte Musik zum Gehen, Laufen, Ein- und Ausrollen der Igel, und die Kinder reagieren mit entsprechenden Bewegungen auf die gespielte Musik. Dies fördert die Hör- und Körperwahrnehmung ebenso wie die Raumwahrnehmung und Bewegungsfantasie.

Abwechslungsreiche Spielformen, bei denen verschiedene Methoden und Modalitäten (z. B. schnell/langsam, Ruhe/Bewegung, alleine/in der Gruppe handeln, mit/ohne Material bzw. Anleitung agieren) so kombiniert werden, dass einzelne Phasen von kurzer Dauer sind und Gegenpole setzen (z. B. auf Aktivitätsphase in Grobmotorik folgt eine Spielform in Feinmotorik). Dies wirkt ausgleichend und ermöglicht den Kindern ein harmonisches Agieren und Reagieren jenseits von Übungsstress; sie zeigen geringere Ermüdungserscheinungen und sind länger aufmerksam und konzentriert dabei. Bei Spielaufgaben, die die Kinder herausfordern, sie mit eigenen Ideen weiterzuentwickeln, agieren sie kreativ und fantasievoll, experimentieren und improvisieren mit Musik und Bewegung, vernetzen gegenseitig ihre Ideen, erfinden daraus wieder neue Lösungswege (Kreativität und Fantasie, Teamfähigkeit, Selbstbewusstsein). Die Angebote werden in Variationen wiederholt, wobei sich neue Varianten primär aus Spielsituationen entwickeln (Sicherheit, Erinnerung, Gedächtnis).

Planung und Offenheit. Die Angebote sind so zu planen, dass sie Gruppenprozesse begleiten und reflektieren. Während der Spielprozesse ist auf zeitliches Gleichgewicht und inhaltliche Abwechslung der Angebote zu achten; variierte Wiederholung schafft Grundlagen für erweiterte Spielausführungen. Aktuelle Stimmungen und Ideen der Kinder sind aufzugreifen, bei Bedarf sind Angebote umzuleiten oder zu verwerfen und neue Impulse zu setzen. Solche Interaktionen zum richtigen Zeitpunkt in der richtigen Methode und Modalität einzusetzen, zeichnen gute Angebote aus. Für Kinder optimal ist eine Spielleitung, die sich gerne in einen Prozess mit Kindern begibt und auf ihre Ideen laufend eingeht.

PROJEKTBEISPIEL AUS DER PRAXIS

„Musikwerkstatt"

Modelleinrichtung: Marga-Müller-Kindergarten in Pullach bei München – Konzeption: Barbara Friedlein

Vorbereitungsarbeiten
- Mit den Kindern einen Themenbereich für die Werkstatt festlegen, wobei als mögliche Themen in Betracht kommen:

- Musikalisches Experimentieren
- Bau von Instrumenten
- Musizieren.
- Mit den Kindern Regeln für die Werkstatt erarbeiten (z. B. wann ist sie zugänglich? Wie lange?)
- Einen geeigneten Ort bzw. Raum finden, an/in dem die Kinder in Ruhe experimentieren und die Instrumente in ihrer ganzen Klangfülle ausprobieren können.
- Je nach Thema Material von den Kindern sammeln lassen oder selbst bereitstellen.
- Je nach situationsbedingter Notwendigkeit Impulse durch die pädagogische Fachkraft setzen.

Querverbindungen zu anderen Bereichen
- **Sprache und Literacy:** begleitende Gespräche mit den Kindern, Kinderverse
- **Naturwissenschaften und Technik:** Erkunden akustisch-physikalischer Phänomene und Gesetzmäßigkeiten
- **Ästhetik, Kunst und Kultur:** Bau und Gestaltung einfacher Instrumente.

Anregungen zu den genannten möglichen Themenbereichen

Musikwerkstatt zum Themenbereich „Musikalisches Experimentieren"

Durch das gemeinsame Experimentieren entdecken und erforschen die Kinder einfache akustisch-physikalische Phänomene und Gesetzmäßigkeiten.
- **Wie entstehen Töne?** Durch Hineinblasen: Blockflöte, Gartenschlauch mit großem Trichter und Trompetenmundstück oder kleinstmöglichem Trichter. Durch Anschlagen: mit Händen (z. B. Handtrommel, Bongos) oder mit verschiedenen Schlägeln (z. B. Pauke, Stabspiele). Durch Zupfen, Schlagen oder Streichen (z. B. Gitarre, Streichpsalter, Geige).
- **Wie verändern sich Töne?** Flaschen oder Gläser verschieden hoch mit Wasser füllen; Saite eines Saiteninstruments spannen oder lockern; Fell einer Rahmentrommel oder Pauke spannen oder lockern; Mit unterschiedlichen Materialien gefüllte Rasseln vergleichen; Anschlagen von Stabspielen oder Trommeln mit verschiedenen Schlägeln (z. B. Holz, Kunststoff wollumwickelt, Filz oder Jazzbesen)
- **Wie entstehen hohe, tiefe, laute und leise Töne?** Kennenlernen von Begriffen wie Resonanzkörper: Was passiert, wenn der Klangbaustein keinen Resonanzkörper hat? Kennenlernen der Gesetzmäßigkeit: „Je größer das Instrument, umso tiefer die Töne, die man auf ihm spielen kann."

Musikwerkstatt zum Themenbereich „Bau von Instrumenten"

Ein Instrument selbst zu bauen ist für Kinder eine spannende, kreative Beschäftigung. Sie kann zugleich zu einem komplexeren Lernprozess ausgestaltet werden, der ihnen hilft, weitergefasste Inhalte zu verstehen.

Bau eines Regenrohrs. In eine Versandrolle mit dem Hammer rundherum sehr viele Nägel schlagen. Das Rohr mit unterschiedlichen Materialien (z. B.

Mais, Reis) füllen und sodann oben und unten mit Lederstücken zukleben. Das Instrument in seinem Aussehen individuell mit schönen Mustern, Wolle, Federn oder Fell gestalten.

Bau eines Monochords. ➤ Abb. 7.11

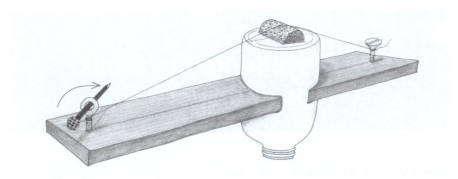

Abb. 7.11: Monochord

Musikwerkstatt zum Themenbereich „Musizieren"

Im gemeinsamen musikalischen Handeln lernen Kinder sich gegenseitig wahrzunehmen, sich aufeinander ab- und einzustimmen, Ziele gemeinsam zu vereinbaren und einfache Regeln im spielerischen Ablauf einzuhalten. Instrumente übernehmen „Rollen" in Klanggeschichten, die die Kinder nachspielen oder gemeinsam erfinden. Instrumente begleiten Lieder und Verse, die die Kinder frei improvisieren oder bei denen die Begleitung vorgegeben ist.

Verwendete Literatur

- Kreusch-Jacob, D. (2002). Musikerziehung – Grundlagen, Inhalte, Methoden (Kindertagesstätte). München: Don Bosco.
- Kreusch-Jacob, D. (2002). Musik macht klug – wie Kinder die Welt der Musik entdecken (Buch und CD). München: Kösel.
- Hirler, S. (2005). Rhythmik – Spiel und Lernen im Kindergarten. Bildung durch ganzheitliche Musikerziehung. Weinheim: Beltz.
- Hirler, S. (2003). Wahrnehmungsförderung durch Rhythmik und Musik (2. überarb. Aufl.). Freiburg: Herder.

STARKE KINDER

7.10 Bewegung, Rhythmik, Tanz und Sport

Leitgedanken

Bewegung zählt zu den grundlegenden Betätigungs- und Ausdrucksformen von Kindern. Kinder haben einen natürlichen Drang und eine Freude daran, sich zu bewegen. Für sie ist Bewegung ein wichtiges Mittel, Wissen über ihre Umwelt zu erwerben, ihre Umwelt zu „begreifen", auf ihre Umwelt einzuwirken, Kenntnisse über sich selbst und ihren Körper zu erwerben, ihre Fähigkeiten kennen zu lernen und mit anderen Personen zu kommunizieren. Motorik ist eng verbunden mit sensorischen und psychischen Prozessen. Zwischen Bewegen, Fühlen und Denken kann nur willkürlich unterschieden werden. Jedes menschliche Verhalten umfasst motorische, emotionale und kognitive Aspekte. Alle Äußerungen des Kindes erfordern motorische Aktivitäten: Nicht nur Mimik und Gestik, auch das Sprechen erfordert ein ausgeprägtes, fein abgestimmtes Zusammenspiel vielfältiger Bewegungen. Entsprechendes gilt für Singen, Tanzen und Musizieren, aber auch für Werken und Basteln. Beim Zeichnen und Malen und beim Schreiben werden Bewegungen festgehalten.

Bewegung gilt zu Recht als wesentlicher Bestandteil der Erziehung des Kindes. Im Vorschulalter ist Bewegung unverzichtbar, um der natürlichen Bewegungsfreude des Kindes Raum zu geben, das Wohlbefinden und die motorischen Fähigkeiten zu stärken sowie eine gesunde Entwicklung zu gewährleisten. Darüber hinaus ist Bewegung für die Entwicklung von Wahrnehmungsleistungen, kognitiven Leistungen und sozialen Verhaltensweisen bedeutsam. Die Verbesserung der motorischen Leistungen des Kindes steigert seine Unabhängigkeit, sein Selbstvertrauen, Selbstbild und sein Ansehen bei Gleichaltrigen.

Bewegung und Gesundheit des Kindes

Bewegung ist für die Gesundheit und das Wohlbefinden des Kindes unerlässlich (Gesundheit → Kap. 7.11). Die Bewegungsbedürfnisse des Kindes zu vernachlässigen heißt, kindliche Entwicklungsprozesse empfindlich zu stören. Wird das Bewegungsbedürfnis der Kinder eingeschränkt, kann dies schwerwiegende Folgen haben, nicht nur für die Gesundheit und die körperliche Leistungsfähigkeit. Bewegungsmangel kann Haltungs- und Organleistungsschwächen begünstigen und negative Auswirkungen auf die körperliche Belastbarkeit, die Ausdauer und die Körperkoordination haben. Besonders bedenklich ist, dass Kinder mit einer verminderten körperlichen Leistungsfähigkeit dazu neigen, Bewegungsspiele und körperliche Herausforderungen zu meiden, sie dadurch – infolge mangelnder Übung – weiter hinter die Leistungen Gleichaltriger zurückfallen und möglicherweise zu Außenseitern werden. Für Kinder ist daher täglich herausfordernde Bewegung dringend nötig. Dies stärkt ihr positives Körperbewusstsein und trägt entscheidend zu ihrer Gesundheit und Leistungsfähigkeit bei. Von angemessener Bewegung hängen die Ausbildung leistungsfähiger Organe und der frühzeitige Aufbau gesundheitsbewussten Verhaltens ab. Angesichts der veränderten Lebensbedingungen, unter denen Kinder heute aufwachsen, sollte Bewegung so oft wie möglich im Freien stattfinden. Vor allem in der freien Natur können Kinder ihren Bewegungsdrang ungehindert ausleben und vielfältige Möglichkeiten (Wiese, Waldboden, Anhöhen, natürliche Hindernisse, Naturmaterialien, Schnee, Wasser etc.) zum Sammeln von Wahrnehmungs- und Bewegungserfahrungen finden.

Bewegung und die gesamte Entwicklung des Kindes

Bewegungserfahrungen sind für die Gesamtentwicklung des Kindes entscheidend. Im frühen Kindesalter sind sie nicht nur für die Gesundheit und die Bewegungsentwicklung entscheidend, sondern auch für die Entwicklung der Wahrnehmung sowie für die kognitive und soziale Entwicklung. Durch Bewegung lernen Kinder eine Menge über ihre Umwelt, über sich selbst, über andere; sie lernen ihre Fähigkeiten und Möglichkeiten kennen und Risiken realistisch einzuschätzen, sie steigern ihre Unabhängigkeit, gewinnen Selbstvertrauen und lernen, mit anderen zu kommunizieren. Ein Kind, das lernt, sich selbstständig ohne Hilfe fortzubewegen, steigert seinen Erlebnisraum und kann neue Erfahrungen machen, die für seine weitere Entwicklung entscheidend sind. Bei Ballspielen und beim Radfahren gewinnt das Kind unbewusst Einsichten in physikalische Gesetzmäßigkeiten, es lernt, mögliche Gefahren und sein Können realistisch einzuschätzen. Auch bei gemeinsamen Bewegungsspielen können die Kinder grundlegende physikalische und mathematische Einsichten gewinnen. Sie können zudem erkennen, dass soziale Regeln notwendig sowie Kooperation, gegenseitige Rücksichtnahme und Hilfe für alle von Vorteil sind. Zusätzlich bieten Bewegungsspiele vielfältige Möglichkeiten, sich mit oder ohne Worte auszudrücken und sich mit anderen auszutauschen. Körperliches Geschick und Selbstsicherheit beeinflussen das Ansehen und die Position in der Gruppe. Die Kinder lernen auch, dass ausreichend Bewegung und Entspannung für die Gesundheit wichtig sowie Sicherheitsvorkehrungen notwendig sind. Die Möglichkeiten zum Abbau von Spannungen und Aggressionen sind ebenfalls vielseitig.

Bewegungserfahrungen haben Einfluss auf die Ausbildung eines positiven Selbstkonzeptes. Ich-Identität kann das Kind nur über die Entwicklung des Körperbewusstseins erlangen. Das Vertrauen in die eigene Person und das

Selbstbild wird wesentlich geprägt von der Körpererfahrung in den ersten Lebensjahren. Das Gefühl, etwas bewirken zu können, wurzelt in der Erfahrung körperlicher Geschicklichkeit und Sicherheit. Dieses Kompetenzgefühl ist grundlegend für den Aufbau von Selbstvertrauen bei Leistungsanforderungen.

Bildungs- und Erziehungsziele

Das Kind hat Freude daran, sich zu bewegen und erlangt zunehmend Sicherheit in seiner Körperbeherrschung. Seine Wahrnehmungsfähigkeiten sowie sein Gleichgewichtssinn werden durch körperliche Aktivitäten gestärkt. Bewegungsförderung im Vorschulalter bezieht sich insbesondere auf folgende Zieldimensionen:

Motorik

- Bewegungserfahrungen sammeln und elementare Bewegungsbedürfnisse befriedigen
- Motorische und koordinative Fähigkeiten und Fertigkeiten erproben und verfeinern (Grob- und Feinmotorik, Kraft, Schnelligkeit, Koordinationsfähigkeit, Reaktion, Raumorientierung, Rhythmus, Gleichgewicht, Differenzierung)
- Konditionelle Fähigkeiten ausbilden (Ausdauer)
- Eigene körperliche Grenzen erkennen und durch Üben erweitern
- Körpergefühl und Körperbewusstsein entwickeln.

Selbstkonzept

- Durch Bewegung einen bewussten Zugang zu sich selbst finden
- Das Selbstwertgefühl durch mehr Bewegungssicherheit steigern
- Seine Leistungsfähigkeit realistisch einschätzen
- Selbstwirksamkeit erfahren durch selbstständiges Lösen von Bewegungsaufgaben.

Motivation

- Bewegungsfreude und Aktivitätsbereitschaft erhalten
- Leistungsverbesserungen innerhalb des eigenen Leistungsfortschritts und nicht nur im Vergleich mit anderen sehen
- Neugier auf neue Bewegungsabläufe und motorische Herausforderungen entwickeln
- Freude am Zusammenspiel in einer Gruppe entwickeln.

Soziale Beziehungen

- Teamgeist und Kooperation bei gemeinsamen Bewegungsaufgaben ausbauen

- Freude an der gemeinsamen Bewegung mit anderen erwerben
- Regeln verstehen und einhalten
- Üben von Rücksichtnahme, Fairness und Verantwortungsbereitschaft
- Bewegung als Interaktions- und Kommunikationsform erleben.

Kognition

- Konzentration z. B. auf bestimmte Bewegungsabläufe
- Fantasie und Kreativität durch Ausprobieren neuer Bewegungsideen
- Problemlösestrategien durch den Umgang mit Bewegungsalternativen entdecken
- Den Zusammenhang zwischen Bewegung, Ernährung und Gesundheit verstehen lernen
- Wissen um den sachgerechten Gebrauch von Spielobjekten und Sportgeräten.

Gesundheit

- Ausgleich von Bewegungsmangel
- Stärkung des Haltungsapparates
- Ausbilden leistungsfähiger Organe
- Steigerung von körperlichem und psychischem Wohlbefinden
- Bewegung als Möglichkeit wahrnehmen, seine Gefühle auszudrücken sowie die Impulskontrolle und die innere Ausgeglichenheit zu stärken.

Anregungen und Beispiele zur Umsetzung

GRUNDLAGEN

Bedeutung dieses Bereichs im pädagogischen Alltag

Kindertageseinrichtungen können das Bewegungsverhalten der Kinder entscheidend beeinflussen, auf die Ausbildung von Grundeinstellungen zum eigenen Körper und auf die Lebensgewohnheiten der Kinder nachhaltig einwirken. Kinder sollen im pädagogischen Tagesangebot ausreichend Gelegenheit erhalten, ihre motorischen Fähigkeiten selbsttätig zu erproben und zu vertiefen. Bedeutsam ist dies um so mehr, da Bewegungserfahrungen nicht austauschbar sind mit Erfahrungen in anderen Bildungsbereichen (z. B. Musizieren, Werken, bildnerisches Gestalten).

Querverbindungen zu anderen Bereichen

Bewegungserziehung lässt sich mit vielen Bildungs- und Erziehungsbereichen dieses Plans verbinden. In jedes Projekt und Lernangebot können Bewegungsthemen eingebaut werden. Bewegung im Verbund mit anderen Aktivitäten unterstützt nachhaltiges Lernen, so z. B. bei mathematischen Bildungsprozessen (Mathematik → Kap. 7.5). Unmittelbare Verbindungen bestehen insbesondere zu Emotionalität, soziale Beziehungen und Konflikte (→ Kap. 7.2), Sprache und Literacy (→ Kap. 7.3), Musik (→ Kap. 7.9) und Gesundheit (→ Kap. 7.11).

Pädagogische Leitlinien

Um die genannten Bildungs- und Erziehungsziele in Kindertageseinrichtungen verwirklichen zu können, ist es notwendig, dass die Bedeutung der Bewegung für die Entwicklung des Kindes anerkannt wird und die Bewegungsbedürfnisse der Kinder ernst genommen werden. Auch in Tageseinrichtungen ist daher Kindern vermehrt Gelegenheit zu vielfältigen Bewegungsaktivitäten einzuräumen. Pädagogische Fachkräfte haben die Aufgabe, die Kinder zu angemessenen körperlichen Aktivitäten anzuregen. Die Inhalte dieser Bewegungszeit sind den kindlichen Bedürfnissen anzupassen. Leitgedanken hierfür sind: Kinder wollen ihre Umwelt erforschen und begreifen, sie streben nach Unabhängigkeit, brauchen dabei aber auch emotionale Sicherheit. Sie erleben Freude und gewinnen Selbstvertrauen, wenn sie ihre Fähigkeiten und Kompetenzen erweitern können. Bei allen Bewegungsangeboten stehen die Eigenaktivität der Kinder und das weitgehend freie und kreative Erproben neuer Bewegungsmöglichkeiten im Vordergrund. Wichtig ist, dass die Übungen, aufbauend auf der natürlichen Bewegungsfreude des Kindes, möglichst in spielerischer Form stattfinden und die Kinder ausreichend Gelegenheit erhalten, ihre motorischen Möglichkeiten selbstständig zu erproben und zu vertiefen.

Psychomotorik und elementare Bewegungserziehung

Bei der Unterstützung der motorischen Entwicklung im Vorschulalter und der Umsetzung der Leitgedanken und Bildungsziele sind Erkenntnisse und Methoden der Psychomotorischen Elementarerziehung besonders wertvoll. Es besteht die Möglichkeit einer Zusatzausbildung in Psychomotorik.

Psychomotorik – Was ist darunter konkret zu verstehen?

Psychomotorik betont den Zusammenhang von Wahrnehmen, Bewegen, Erleben und Handeln. Sie verknüpft Körper-, Material- und Sozialerfahrungen und stimuliert alle Sinne. Ihre Kernfrage lautet nicht: „Wie kann ich die motorische Handlung, den Bewegungsablauf des Kindes verbessern?", sondern: „Wie wirkt die motorische Handlung auf das Kind zurück, auf sein Selbstbild, sein Körperschema, seine Motivation?" Psychomotorische Übungen eignen sich, um Auffälligkeiten im Verhalten des

Kindes auszugleichen sowie Resilienz und Selbstwertgefühl zu stärken. Sie sprechen gehemmte, ängstliche oder antriebsarme Kinder ebenso positiv an wie unruhige, hyperaktive und aggressive Kinder, auch unterschiedlichste Wahrnehmungsstörungen werden positiv beeinflusst. Besonderer Wert wird auf Übungen gelegt in den Bereichen:

- Sinneswahrnehmung (Fühlen, Sehen und Hören werden durch taktile, visuelle und akustische Reize angesprochen)
- Körpererfahrung (Bewegungs- und Lageempfinden, Körperstruktur)
- Großräumige Bewegungserfahrung (Kraftentfaltung, Raumorientierung, Überwinden von Hindernissen)
- Kleinräumige Bewegungs- und Materialerfahrung (Kraftdosierung, Geschicklichkeit, Auge-Hand-Koordination).

Diese werden verstanden als ganzheitliche Spiel- und Bewegungshandlungen, die möglichst in ein Spielthema einzubetten sind. Das Kind als aktiver Mitgestalter hat in der Psychomotorik oberste Priorität. Die Spielthemen gehen immer von den Kindern aus, werden mit ihnen im Dialog erarbeitet. Dies verlangt von der Erzieherin Flexibilität, Toleranz und Empathie ebenso wie geteiltes Interesse und aktive Beteiligung.

Bewegungserziehung beruht auf mehreren Säulen

- Freies Gestalten von Bewegungsspielen, das den Kindern durch ein differenziertes Raumarrangement jederzeit ermöglicht wird (Bewegungsbaustellen)
- Offenes Bewegungsangebot im Sinn einer vorbereiteten Umgebung, die die Kinder im Tagesablauf nach Belieben nutzen können (Bewegungslandschaften bzw. -parcours auch im Außenbereich)
- Festgelegte und angeleitete Bewegungsstunden für Kinder ab 3 Jahren; Kinder unter 3 Jahren brauchen in der Regel keine Anleitung, um sich zu bewegen
- Spezifische Bewegungsangebote (z. B. elementarer Tanz, Rhythmik). Aus diesen Ansätzen können Erzieherinnen Anregungen nutzen, um die Bewegungserfahrungen der Kinder zu unterstützen. Um spezielle Rhythmikangebote durchführen zu können, ist eine Zusatzausbildung unentbehrlich.

Das Bewegungsangebot ist so zu gestalten, dass es zum Erforschen und Experimentieren mit Geräten und Materialien anregt. Im Rahmen methodisch-didaktischer Überlegungen sind folgende Aspekte bedeutsam:

- **Bewegungsräume** sind so zu gestalten, dass sie die Neugier der Kinder wecken, sie zum Erkunden auffordern. Aufgabenstellungen sollen dem Entwicklungsstand der Kinder angemessen sein, d. h., sie weder über- noch unterfordern. Die einzelnen Übungsmöglichkeiten bauen auf der natürlichen Bewegungsfreude des Kindes auf und sind in möglichst spielerischer Form zu gestalten. Dies schließt Lernprozesse mit ein. Selbst hochkomplexe Bewegungsfertigkeiten (z. B. Umgang mit Kleingeräten, grundlegende Spielformen) können sich Kinder in entdeckender Form aneignen. Dies setzt offene Aufgabenstellungen voraus, die die Kinder nicht auf Lösungen im

Voraus festlegen. Die Kinder sind vielmehr selbst aufgefordert herauszufinden, welche verschiedenen Bewegungslösungen es für eine bestimmte Aufgabe gibt. Lange verbale Erklärungen entfallen bei dieser Methode. Bei Auswahl und Anordnung der Bewegungsaufgaben ist zudem darauf zu achten, dass jedes Kind Erfolgserlebnisse haben kann. So kann eine Aufgabe auch in verschiedenen Schwierigkeitsgraden angeboten werden, aus denen das Kind selbst den ihm angemessenen auswählt.

- **Durchführen.** Kinder müssen ausreichend Gelegenheit zum selbstständigen Üben sowie Möglichkeit und Zeit zur Entwicklung und Erprobung eigener Bewegungsideen erhalten. So oft wie möglich und nötig sollte die pädagogische Fachkraft auf das einzelne Kind eingehen, es beraten und ermuntern. Es ist daher darauf zu achten, dass alle Kinder sich an den Übungen beteiligen können. „Wettkämpfe", bei denen es nur einen Sieger gibt, sollten pädagogische Fachkräfte nicht selbst anregen.
- **Beobachten.** Eine wichtige Grundlage für eine differenzierte Bewegungsförderung ist die systematische Beobachtung des Bewegungsverhaltens des Kindes. Sie ermöglicht Einblicke in seine psychische Befindlichkeit, die es unter Umständen sprachlich nicht ausdrücken kann. Bei Verdacht auf Bewegungsauffälligkeiten sollten in Absprache mit den Eltern einschlägige Fachdienste für eine genauere Abklärung und etwaige spezifische Förderung eingebunden werden.
- **Fortschritte anerkennen.** Wesentlich ist, das Bewegungskönnen der Kinder nicht vergleichend zu bewerten, sondern die Verbesserungen innerhalb des Könnens des einzelnen Kindes hervorzuheben. Positive Verstärkung verdienen individuelle Bewegungslösungen, Fortschritte in der Bewegungsqualität und die Anstrengungsleistung. Kritik ist konstruktiv zu leisten, d. h. in Form von Verbesserungsvorschlägen. Tadel und Verbote sind nur dann angebracht, wenn Kinder sich selbst oder andere gefährden.

Geeignete Lernumgebung

Die Einrichtung der Innen- und die Gestaltung der Außenflächen von Kindertageseinrichtungen orientieren sich an den Bewegungs- und Spielbedürfnissen der Kinder und kommen diesen möglichst entgegen. Dabei ist den unterschiedlichen körperlichen Voraussetzungen der Kinder unter und über 3 Jahren Rechnung zu tragen. Die Kinder brauchen ausreichende Bewegungsräume (Spielwiese, Mehrzweckräume) sowie geeignete Klein-, aber auch Großgeräte (Klettergerüste, Turn- und Spielgeräte), die sie zu motorischen Aktivitäten anregen und die sie eigenständig nutzen können. Wo immer möglich, sollte die Umgebung der Tageseinrichtung als Möglichkeit zur Bewegungsförderung genutzt werden. Die Prüfung der Eignung der Raum- und Sachausstattung bezieht sich auf folgende Fragestellungen:

- Stehen den Kindern ausreichend Bewegungsräume in der Einrichtung und in der näheren Umgebung zur Verfügung, die für sie jederzeit zugänglich sind?
  - Bewegungs- bzw. Mehrzweckraum, der täglich frei nutzbar ist, sowie Nebenräume, Flure und Ecken, die zu weiteren Bewegungszonen umgestaltet wurden

- Außenspielgelände, das frei zugänglich und bewegungsattraktiv gestaltet ist
- Umgebung der Tageseinrichtung, die als Bewegungsterrain gesehen und regelmäßig genutzt wird (z. B. Bewegungsmöglichkeiten im Wald, auf Wiesen, im Park und anderen Freigeländen; Besuch von Schwimmbad, Eisbahn oder Rodelberg)
- Sind geeignete Klein- und auch Großgeräte vorhanden, die die Kinder zu selbsttätigen und kreativen Bewegungsaktivitäten herausfordern?
  - Kletter- und Turngeräte
  - Schiefe Ebenen, Treppen, Leitern und attraktive Podeste zum Hochkrabbeln, Hochsteigen und Klettern
  - Weichböden zum Hüpfen, Rollen, Purzeln
  - Schaumstoffelemente, Springseile, Schwungtücher, verschiedene Bälle, Alltagsmaterialien
  - Psychomotorische Geräte (z. B. Pedalos, Rollbretter, Zeitlupenbälle, Sportkreisel)
  - Taue zum Hochziehen, Schaukeln, Hangeln
- Sind die Räume und Materialien so vorbereitet, dass sie die Kinder in einer bewegungsanregenden Atmosphäre zur Nutzung der offenen Bewegungsangebote und zum freien Gestalten von Bewegungsspielen anregen?

Damit Kinder ihre Bewegungsbedürfnisse verwirklichen können, müssen die Verantwortlichen zulassen, dass sie die vorhandenen Bewegungsmöglichkeiten nutzen und die bereitstehenden Freiräume möglichst eigenständig „erobern" können. Befürchtungen, wonach ein vermehrtes Bewegungsangebot in Kindertageseinrichtungen zu einer Zunahme von Unfällen führt, sind unbegründet. Bewegungsgeschickte Kinder sind offensichtlich weniger unfallgefährdet (Gesundheit: Unfallprävention → Kap. 7.11).

Sicherheitsvorkehrungen zur Unfallvermeidung sind unerlässlich. Diese betreffen insbesondere folgende Punkte:
- Vermeiden von Unfallschwerpunkten durch zweckmäßige Gestaltung der Innen- und Außenräume: Trennung von Bewegungszonen, Ruhezonen und Verkehrswegen, Auswahl geeigneter Möbel, Spiel- und Sportgeräte, Zweckmäßige Anordnung von Möbeln, aber auch Spielgeräten, Absicherung bei Absturzgefahren
- Absprachen mit Eltern, die die Wahl geeigneter Kleidung und Schuhe sowie das Tragen von Schmuck, Schlüsselbändern und Brillen betreffen
- Das Vertrautmachen der Kinder mit möglichen Gefahrenquellen und Hinweise darauf
- Sichern beim Klettern oder an Turngeräten (mit Matten) sowie Anbieten von Hilfestellung bei schwierigen Übungen.

Die Atmosphäre

Die natürliche Bewegungsfreude, Neugier, Spontaneität und Kreativität des Kindes zu erhalten setzt eine wertschätzende Atmosphäre voraus, die Vertrauen und Angstfreiheit ermöglicht. Die Entscheidung des Kindes zu achten, ein

Kind niemals zum Mitmachen zu drängen, sondern auf seine Bereitschaft zu warten sind hierfür wesentlich. Offenheit für die Bedürfnisse und Wünsche der Kinder, einfühlsames Steuern der Lernprozesse und Anregung zum selbstständigen Finden von Spielideen gehören zu den Aufgaben der Erzieherin.

Enge Zusammenarbeit mit den Familien

Die Zusammenarbeit mit den Eltern ist unter zwei Aspekten wichtig. Die Eltern sind wichtige Partner, wenn es um die Verbesserung der Lebensbedingungen der Kinder geht. Sie sollen deshalb auf die zentrale Bedeutung der Bewegung für die gesamte Entwicklung im frühen Kindesalter aufmerksam gemacht werden. So können z. B. Elternabende zum Thema „Spiel und Bewegung" bei Eltern ein Bewusstsein dafür schaffen und sie ermutigen, zu Hause geeignete Bewegungsaktivitäten zu ermöglichen und zu unterstützen. Ferner ist eine Mitwirkung der Eltern sinnvoll bei Aktionen wie z. B.: Bewegungsfreundliche Umgestaltung des Außengeländes und der Innenräume; Teilnahme an Spielnachmittagen, an denen die Eltern geeignete Bewegungsbeispiele kennen lernen und mit den Kindern ausprobieren können; Planung und Ausgestaltung gemeinsamer Bewegungs-, Spiel- und Sportfeste in der Tageseinrichtung; Vermitteln von Kontakten und Partnerschaften mit Sportvereinen.

Gemeinwesenorientierung – Kooperation mit fachkundigen Stellen

Um das Bewegungsangebot der Kindertageseinrichtung anzureichern, können sich auch partnerschaftliche Kooperationsmodelle mit Sportvereinen – möglichst unter Einbeziehung der Eltern – empfehlen. Sie eröffnen die Möglichkeit, die Sportstätten des Vereins (z. B. Turn- oder Gymnastikhallen, Lehrschwimmbecken) und ggf. andere Angebote (z. B. Eltern-Kind-Turnen, Schwimmkurse, Kindertanz, Kinderyoga) zu nutzen.

AKTIVITÄTEN UND ANSÄTZE

Offenes Bewegungsangebot – Geräte-Parcours bzw. Bewegungslandschaft

In den Bewegungsräumen der Einrichtung werden Groß- und Kleingeräte dergestalt miteinander kombiniert, dass sich für Kinder attraktive Bewegungsgelegenheiten ergeben, die sie frei nutzen können. Die Kinder üben dabei die Grundformen der Bewegung wie z. B. Laufen, Springen, Rollen, Klettern, Kriechen, Krabbeln. Um die Bewegungslandschaft ihrer Spielidee (z. B. Piratenschiff, Reise durch den Dschungel, Unterwasserexpedition) anpassen zu können, sind die Kinder beim Aufbau zu beteiligen; Psychomotorik stellt gar darauf ab, dass Bewegungslandschaften erst während des Angebots von und mit den Kindern gestaltet werden. Beispielhaft zeigt Tabelle 7.12, wie Geräte für bestimmte Bewegungsaktivitäten der Kinder vorbereitet werden können.

Arrangement von Geräten	Bewegungsaktivitäten
■ Aufeinander gestapelte Autoreifen, Kästen und Matten, Holzpflöcke und Schaumstoffelemente	Steigen, Klettern und Herabspringen
■ Schiefe Ebenen aus einer Bank, die in eine Sprossenwand eingehängt wurde ■ Kletterwand	Hochkriechen, Hochziehen, Steigen und Herabrutschen
■ Kombination aus Minitrampolin, Kasten und Weichbodenmatte	Hinauf- und Hinabspringen
■ Taue mit dickem Endknoten ■ Strickleitern	Hochziehen, Schaukeln, Hangeln
■ Brett, das über einen Kasten oder über einen halben Baumstumpf gelegt wurde ■ Brett, das durch einen an der Decke mit Seilen befestigten Autoschlauch gelegt wurde	Wippen
■ Kriechrohre, mit Matten ausgelegte Kastenzwischenteile ■ Tische, Stühle	Durchkriechen
■ Rollbretter oder LKW-Schläuche, die mit Bändern auf Rollbrettern befestigt wurden ■ Quer gelegte Baumstammteile	Rollen und Fahren
■ Putzlappen, die als Schlittschuhe dienen ■ Mit der Weichseite nach unten gelegte Teppichfliesen, die als Schlitten oder z. B. bei Reiter- und Pferdspielen eingesetzt werden können	Rutschen
■ Bretter, die Getränkekisten miteinander verbinden ■ Umgedrehte Turnbänke	Balancieren
■ Höhlen aus Tischen, Matten und Decken ■ Mit Polstern ausgelegte Hängematten	Entspannen

Tab. 7.12: Vorbereitung der Geräte für die Bewegungsaktivitäten der Kinder

Angeleitete Bewegungsstunde

Für Kinder ab 3 Jahren ist es wichtig, regelmäßig auch inhaltlich und zeitlich geplante Bewegungs- bzw. Turnstunden durchzuführen. Angeleitete Bewegungsangebote erweitern die motorischen Fertigkeiten der Kinder und bieten Gelegenheit, „kleine Sportspiele" einzuführen (z. B. „Ball über die Schnur").

Da Bewegungserziehung nicht primär auf den Erwerb von Bewegungsfertigkeiten zielt, steht die Expertenrolle der pädagogischen Fachkraft nicht im Vordergrund. Vielmehr geht es um ihre Beteiligung als Impulse gebender und unterstützender Mittler zwischen den gestellten und zu lösenden Bewegungsaufgaben. Auch bei angeleiteten Bewegungsstunden achten pädagogische Fachkräfte auf folgende Aspekte:

- „Lernen durch Einsicht", welches entdeckendes, problemlösendes Lernen aktiviert
- „Lernen am Modell" (pädagogische Fachkraft als Vorbild)
- „Lernen durch Verstärkung": Neben Lob und Anerkennung ist insbesondere „innere Verstärkung" (Verstärkung durch Freude an der Bewegung und durch erlebten Erfolg) zu ermöglichen.

Offene Planung

Die Planung der Stunde sollte aus Vorüberlegungen bestehen, wie die „Turnstunde" durch Gerätevorgaben, inhaltliche Schwerpunkte und Impulse strukturiert werden kann. Der Freiraum für eigene Bewegungsideen und -vorschläge der Kinder darf dabei nicht verloren gehen.

Durchführung

Im Vordergrund steht die Integration der situativen Gegebenheiten, d. h. das flexible Eingehen auf die momentanen Interessen der Kinder. Handlungsleitend ist daher nicht die Einteilung der Turnstunde in Einleitung, Hauptteil, Schluss, sondern der Wechsel zwischen Phasen der Anleitung und Übung und Phasen der Eigenaktivität. Des Weiteren ist auf ein ausgewogenes Verhältnis von Bewegung und Ruhe, d. h. von Spannung und Entspannung, zu achten. Am Schluss der angeleiteten Bewegungsstunde steht ein ruhiges Spiel, eine Entspannungsübung oder ein Abschlussritual als Ausklang.

Elementarer Tanz

Tanz gehört wie Bewegung und Spiel zu den elementaren menschlichen Ausdrucksformen. Bereits Kinder unter 2 Jahren setzen das Hören von Musik spontan in Bewegung um. Rhythmische Musik und Kinderlieder fordern sie zum Wippen mit dem Körper, zum Klatschen und Drehen heraus. Elementarer Tanz konzentriert sich auf das individuelle Bewegungsexperiment. Nach dem Rhythmus der Musik experimentieren die Kinder mit verschiedenen Bewegungsarten (gehen, laufen, drehen, sich wiegen, schwingen, hüpfen, stampfen), verfeinern so ihr Ausdrucksvermögen und ihre körperliche Differenzierungsfähigkeit. Eine wichtige Darstellungshilfe für die Kinder sind dabei Vorstellungsanregungen (z. B. fliegen wie ein Vogel). Bewegung in die Musik einzuordnen gelingt auch durch Spiel- und Bewegungslieder, bei denen der Text den Kindern Anregung für Bewegungsideen gibt (Musik → Kap. 7.9).

Während zunächst mit grundlegenden rhythmischen Bewegungserfahrungen gespielt wird, wachsen mit der Variationsbreite des Sich-Bewegen-Könnens die Möglichkeiten zur Bewegungs- und Tanzgestaltung. Anhand eines

Themas können die Kinder spontane Einfälle immer neu gestalten, sodass sich viele Varianten ergeben. Das Betonen von Individualität und Originalität der Bewegungsideen ermutigt die Kinder, immer neue Möglichkeiten zu finden, was kreatives Denken und Handeln auch in anderen Bereichen unterstützt (Ästhetik, Kunst und Kultur ➙ Kap. 7.8). Durch Einbezug von Materialien und Objekten (z. B. Luftballons, Bälle, Seile) lässt sich der Bewegungsausdruck weiterausbauen, variieren und betonen. Neben Musik können dann auch Verse, Reime und Gedichte (Sprache und Literacy ➙ Kap. 7.3) zur Gestaltung herausfordern. Aufgabe der pädagogischen Fachkraft ist es, die Bewegungsideen der Kinder aufzugreifen, sie zu ordnen und zu einer Tanzgestaltung zusammenzufassen. Gebundene Tänze, d. h. fixierte Bewegungsabläufe, sind eher zu meiden, weil die Körperkoordination bei den meisten Kindern unter 6 Jahren noch nicht ausreichend entwickelt ist und die große Bewegungsfantasie der Kinder zu kurz kommt. Eine gute Möglichkeit ist es jedoch, vorgegebene Tanzbeschreibungen zu vereinfachen und mit Gestaltungsvorschlägen der Kinder zu kombinieren.

Beim Spiel mit der Bewegung in der Gruppe oder mit Partnern lernen die Kinder, dass die Qualität einer Lösung sehr davon abhängt, inwieweit sie fähig sind, aufeinander zu achten, aufeinander einzugehen, sich einzuordnen, sich durchzusetzen, sich gegenseitig anzuerkennen (Emotionalität, soziale Beziehungen und Konflikte ➙ Kap. 7.2). Steuert die pädagogische Fachkraft die Phasen der Individualität und Solidarität mit pädagogischem Geschick, so werden Kinder Tanzgestaltungen zunehmend selbstständiger und kreativer entwickeln können.

Rhythmik als ganzheitlicher Ansatz

In der Rhythmik sind Bewegung, Musik, Sprache und Rhythmus – als die Grundkategorien frühen Lernens – aufeinander bezogen. Ausgehend von der Bewegung werden ganzheitliche Lernprozesse im Zusammenspiel von Wahrnehmung (Eindruck), Verarbeitung (inneres Verweilen) und Ausdruck angeregt. Spielerisch vermittelt die pädagogische Fachkraft über sinnliche Reize (Hören, Sehen, Tasten) Eindrücke, die das Interesse der Kinder auf eine bestimmte Bewegungsaufgabe lenken. Bei der Suche nach eigenen Lösungswegen verarbeiten sie das Wahrgenommene und bringen es anschließend über die Bewegung zum Ausdruck. Im kreativen Umgang der Kinder mit Bewegungsmöglichkeiten differenzieren sich deren Bewegungsfähigkeit und damit auch die Bewegungssteuerung. Dies führt zur Erfahrung der Selbststeuerung, die das Kind als Handlungskompetenz erlebt.

Handlungen stehen nie im leeren Raum, sie sind stets auf äußere Gegebenheiten bezogen. Rhythmik ordnet dieses Bezogensein durch Raum-, Zeit- und Krafterfahrungen.
- **Raumerfahrungen.** Der Raum soll für die Kinder als „erfüllter Raum" erfahrbar werden. Hierzu dienen Bewegungsaufgaben, durch die die Kinder den Raum in seinen Richtungen und Ausdehnungen wahrnehmen können. Über das Erleben räumlicher Begriffe hinaus (z. B. rechts/links, oben/un-

ten, gerade/eckig) wird es den Kindern möglich, sich bewusst zum Raum in Beziehung zu setzen.
- **Zeiterfahrungen.** Bewegung ist auch gebunden an Zeit, hat einen Anfang und ein Ende, kann kurz oder lange dauern, schnell oder langsam sein. Mit Hilfe von rhythmischen Übungen wird Kindern diese Bewegungszeit erfahrbar, was gleichzeitig die Entwicklung von Zeitgefühl unterstützt.
- **Krafterfahrungen.** Bewegung steht in einer bestimmten Dynamik, bedarf einer bestimmten Muskelkraft. Rhythmik leitet das Kind an, Kraft angemessen, ökonomisch einzusetzen, d. h. die Bewegung zwischen Spannung und Entspannung zu ordnen, mit geringstem Kraftaufwand höchstmögliche Wirkung zu erreichen. Je mehr dies gelingt, desto präziser wird die Bewegung. Rhythmik geht davon aus, dass die Fähigkeit zur präzisen Bewegung auf die kognitive Ebene gerichtete Aufmerksamkeit unterstützt und somit konzentrationssteigernd wirkt.

Rhythmik ist erlebniszentriertes Lernen in der Gruppe. Die Bewegungsaufgaben können nur kompetent gelöst werden, wenn die Kinder in der Lage sind, flexibel auf die entstehenden Situationen zu reagieren. Gefordert werden Sicheinordnen und Rücksichtnehmen, Sichanpassen, aber auch Sichdurchsetzen.

Um schöpferischen Bewegungsausdruck zu ermöglichen, muss die pädagogische Fachkraft für eine Atmosphäre sorgen, die frei von Zielvorgaben und Leistungsdruck ist. Aus der Beobachtung der Kinder heraus bildet sie Bewegungsaufgaben und achtet darauf, dass neben neuen Aufgaben immer auch Gelerntes vertieft werden kann. Sie unterstützt die selbstständige Suche der Kinder nach Bewegungslösungen.

Die Ziele der Rhythmik lassen sich über zwei methodische Wege erreichen. Musik und Sprache führen die Bewegung: Sie werden als Hilfsmittel eingesetzt, um die Bewegung zu stimulieren, zu ordnen, zu unterbrechen, d. h., akustische Merkmale (z. B. Rhythmus, Tonlage, Tonhöhe, Metrum, Phrase, Melodie) werden einzeln oder in speziellen Verbindungen als Signal genutzt, um die Bewegung zu differenzieren. Die Bewegung selbst wird musikalisiert bzw. versprachlicht: z. B. durch Klatschen des Bewegungsrhythmus, Übertragen des Bewegungsrhythmus auf ein Instrument, Gestalten eines Sprechverses oder Improvisieren eines Liedes nach dem Bewegungsrhythmus.

Unabhängig vom methodischen Weg ist der Rhythmus die bewegungsgestaltende Kraft. Indem die Kinder ihre Bewegungen der Ordnung des Rhythmus anpassen, wird für sie erfahrbar, dass Gestaltungsfreiheit stets auf einen gegebenen Rahmen begrenzt ist. Das Kind lernt sein Können und Wollen zwischen Freiheit und Disziplin einzuordnen.

Material und Raum

Neben den klassischen Spielgeräten wie Ball, Reifen, Seil, Holzkugel, Stab kann fast jeder Gegenstand zum Gerät für die Rhythmikstunde werden (Pappschachteln, Gummiringe, Joghurtbecher, Glöckchen, Federn, Kieselsteine, Muscheln, Blätter, Kastanien usw.). Für die Verwendung von Materialien gilt der Grundsatz: „Weniger ist mehr". Materialien sind lediglich Spielanreiz für das Kind, primäres „Instrument" ist sein Körper. Ideal ist ein Raum, der einfach und klar in seinen Maßen ist und einen angenehmen, nicht zu stark schwingenden Fußboden hat. Das Klavier ist das klassische Musikinstrument für den Rhythmikunterricht. Aber auch andere Instrumente, vor allem Flöten, sind einsetzbar.

PRAXISBEISPIELE

Spielanregungen für Kinder unter 3 Jahren

Je jünger Kinder sind, desto wichtiger ist es, dass sie greifen und krabbeln, Gegenstände und Räume untersuchen, auf Objekte klettern und herumrennen können. Kinder unter 3 Jahren bedürfen in der Regel keiner Anleitung, um sich zu bewegen. Sie brauchen vielmehr geeignete, zweckmäßig ausgestattete Bewegungsräume, Frei- und Spielflächen, Kletter-, Hangel- und Rutschgelegenheiten, Bälle und andere Kleingeräte, die sie eigenständig nutzen können. Für sie ist deshalb eine geeignete Raum- und Sachausstattung besonders wichtig. Im Folgenden sind einige Beispiele für Spielanregungen durch die pädagogische Fachkraft aufgelistet:

Spielanregungen im Gruppenbereich

- Taststraße aus unterschiedlichen Bodenbelägen: Kork, Holz, Fliesen, Teppichboden zur Unterstützung der taktilen Wahrnehmung
- Kartons in unterschiedlichen Größen zum Hineinkriechen, sich verstecken, Tunnelbauen, Häuserbauen
- Hindernisse mit dem Rollbrett umfahren (Matte – bremsen in einer Sackgasse, Tisch – durch ein Tunnel fahren, zwischen zwei Matten hindurch fahren – Straßenverengung)
- Papierspiele: rascheln, zerreißen und Schnipsel anschließend wie Schneeflocken fliegen lassen. Knüllen und eine Schneeballschlacht veranstalten. Sich in Toilettenpapier einwickeln und wieder befreien. In einen Papierberg kriechen, hineinspringen usw.
- Mit bunten Luftballons spielen: z. B. Luftballons mit Handrücken, Handfläche, Fingerspitzen, Fuß hochspielen, sie durch den Raum pusten, von einem zum anderen spielen, sie in ein Tor spielen, über ein Hindernis werfen. Krabbelkinder können beim Strampeln mit Händen und Füßen gegen Luftballons kicken, die an einer Schnur befestigt und zwischen zwei Stühlen aufgehängt sind.
- Bewegungsspiele mit Stühlen (z. B. „Omnibusfahrt": Kinder sitzen hintereinander auf den Stühlen, der „Busfahrer" lenkt scharf um die Kurven, die Kinder legen sich in die Kurven und rufen dabei: „rechts")
- Fußübungen: z. B. Servietten mit den Füßen zerreißen, Fußmalen (mit einem dicken Filzstift auf Tapete malen); „Chinesische Mauer": verschiedene Gegenstände mit den Füßen über eine gespannte Schnur werfen.

- „Kellnerspiele" (z. B. auf einem Tablett einen Gegenstand balancieren. Das Tablett vorsichtig an die anderen Kinder weitergeben)
- „Inselspringen" (Teppichfliesen in den vier Grundfarben als Inseln im Raum (See) verteilen. Beim Überqueren des Sees nur die Inseln mit der eigenen Farbe betreten)
- Fliegerspiele: Das Kind mit der Brust auf den Unterarm legen und seinen Arm mit der Hand umfassen. Die andere Hand fasst durch die Beine und hält den Bauch des Kindes. Das Kind z. B. zu einem selbst erdachten Vers oder Lied auf- und abschweben lassen. Das Kind unter den Achselhöhlen halten und es zwischen den gegrätschten Beinen vor- und zurückschwingen z. B. zum Lied: „Große Uhren gehen tick, tack"
- Kniereiterspiele
- Hopse- und Tobespiele: Erwachsene setzen sich so hin, dass die Kinder über ihren ausgestreckten Beinen federn können; z. B. zum Lied: „Was tun wir denn so gerne hier im Kreis" springen, hopsen, federn, strampeln, wiegen, winken
- Spielerische Babygymnastik: zur Unterstützung des Sitzen-, Stehen- und Laufenlernens.

Spielanregungen im Freien

- Unterschiedliche Bewegungsangebote zum Krabbeln, Kriechen, Gehen, Laufen, Steigen, Balancieren, Ziehen, Schieben, Werfen, Fangen, Hängen, Schwingen, Klettern, Springen.
- Bereitstellen von mobilen Materialien wie Autoreifen und -schläuchen
- Fahrgeräte (Rutschautos, Dreiräder, Trecker)
- Umgang mit Naturmaterialien z. B. spielen mit Herbstlaub: durch das Laub laufen (barfuß besonders kitzelig), große Blätter als Fähnchen und Fächer verwenden, Blätter hochwerfen, pusten, im Wasser als Schiffchen schwimmen lassen
- Experimentieren: z. B. mit beiden Händen oder Füßen auf Spiegelfolie mit gefärbtem (Lebensmittelfarbe) Rasierschaum malen
- Wasserspiele im Plantschbecken (patschen, Wellen durch Pusten erzeugen, mit dem Schneebesen einen Schaumberg schlagen, Papierschiffchen fahren und aufweichen lassen usw.)
- Liegend in einer Tonne gewälzt werden
- Spiele mit dem Schwungtuch.

Angeleitete Bewegungsstunde für Kinder über 3 Jahren

Phase 1: Ein Spiel als Einstieg – z. B. „Zauberwaldspiel"

Einstiegsimpuls. Die pädagogische Fachkraft bespricht mit den Kindern, welche Gestalten es in einem „Zauberwald" geben kann (z. B. Hexen, Feen, Kobolde, Zauberer). Die Kinder suchen sich aus, welche Gestalt sie darstellen wollen und probieren diese im freien Spiel aus.

Impuls durch Bewegungsvorgaben. Die Kinder bekommen die Aufgabe, in ihre Rolle verschiedene Grundbewegungsarten einzubauen (z. B. „Wie geht, springt, läuft, hüpft eine Hexe, ein Wichtel, eine Fee?"). Die Fachkraft hält als Zauberin auf ihrem Zauberstab farbige Tücher hoch und verzaubert dadurch die Kinder in verschiedene Gestalten. Zusammen mit den Kindern werden den 4 Tüchern 4 verschiedene Gestalten zugeordnet (z. B. rotes Tuch für die Hexe, weißes Tuch für die Fee). Wird z. B. das weiße Tuch gezeigt, „schweben" alle kreuz und quer durch den Raum. Die Kinder werden angeregt, auch ihre Stimmen einzusetzen oder Geräusche zu erzeugen; so schwebt die Fee z. B. mit einem lang gezogenen „sch............." durch den Raum.

Impuls durch Kleingerät. Verschiedenfarbige Chiffontücher (für jedes Kind eines) werden in die Raummitte gelegt. Jedes Kind nimmt sich ein Tuch und probiert freie Verwendungsmöglichkeiten aus (z. B. Fahnen, Schleier, Zaubertücher, Verbindungsstücke).

Impuls durch Spielidee. Die Kinder bewegen sich nach eigenen Spielideen. Singt die pädagogische Fachkraft „Im Kuckucksland, im Kuckucksland, da ist die Welt verhext" (FidulaFon 1229 – Kassette FC 15) und ruft den Kindern anschließend die Bezeichnung eines bestimmten Körperteils zu, so berühren sie mit diesem den Boden, sind mit ihm untrennbar verbunden. Sie bleiben solange verzaubert, bis sie durch das Zauberwort „Dideldext" erlöst werden. Erst dann können sie sich wieder frei bewegen. Ganz verrückte Zauberfiguren entstehen, wenn die „Zauberin" die Kinder mit mehreren Körperteilen an den Boden „anwachsen" lässt.

Phase 2: Offenes Angebot Geräte-Parcours „Verrückter Zauberwald"

Ausgewählte Großgeräte werden mit den Kindern zu einem „Zauberwald" aufgebaut:

„**Das Tor zum Zauberwald**" (4 Kästen, 2 Matten, 1 Rollbrett) – 2 Kästen werden als Tor mit einer Matte überdacht. Im Abstand von ca. 3 Metern wird das zweite Tor errichtet. Auf dem Rollbrett gelangt man sitzend oder liegend, je nach Höhe des Tores, in den Zauberwald.

„**Labyrinth**" (Bänke, Autoschläuche, Teppichfliesen, Kästen, Sandsäckchen, Reifen) – „Damit die Kinder nicht weiter in den Zauberwald eindringen können, versucht der Zauberer, sie nicht nur auf einem Labyrinthweg zu verwirren, sondern lässt die ‚Eindringlinge' auch noch von einem Kobold verfolgen." Die Kinder bauen aus den verschiedenen Materialien ein Balancierlabyrinth, in dem sie Fangen spielen.

„**Überwindung des Eisberges**" (Weichbodenmatte, 2 Seile, Sprossenwand, 2 Langbänke, 2 Teppichfliesen) – „Aus Zorn über das Fortkommen der Kinder lässt der Zauberer einen ‚Eisberg' entstehen, den es nun zu erklimmen gilt." Eine Weichbodenmatte wird senkrecht an der Sprossenwand befestigt. Die Seile werden als Kletterhilfe über dem oberen Ende der Matte an einer Sprosse verknotet. Oben angekommen gilt es nun den Gletscher hinabzurutschen. Jeweils eine Bank wird links und rechts neben der Matte schräg in die Sprossenwand eingehängt. Die Kinder können im Sitzen, Hocken und Knien auf einer umgedrehten Teppichfliese herunterrutschen. Die Kinder helfen sich gegenseitig beim Absichern.

„Hängebrücke" (Langbank, 2 Taue, Kasten, Bodenturnmatten, Weichbodenmatte) – „Nun gilt es eine unwegsame Schlucht zu überwinden." Zwei nebeneinander hängende Taue werden fest miteinander verknotet. In die entstandene Schlinge wird ein Ende der Langbank eingehängt, sodass eine „schräge Hängebrücke" entsteht. Darunter liegen Matten als „reißender Fluss" (Absicherung). Hinter dem oberen Ende der „Hängebrücke" steht ein Kasten, von dem aus dann in einen „kleinen See" (Weichbodenmatte) gesprungen werden kann.

„Die Verwünschung in Panzertiere" (mehrere Airex-Matten, je ein Seil) – „Da es allen Kindern gelingt, auch dieses Hindernis zu überwinden, wird es dem Zauberer zu bunt. Er verwandelt sie in Furcht erregende Panzertiere." Die Kinder rollen sich in Airex-Matten ein, die dann mit dem Seil als Gürtel an ihnen befestigt werden. Die Panzertiere bewegen sich kriechend, gehend, rollend durch den Raum.

„Riesengebirge" (große Kästen, langer Bodenturnläufer bzw. Bodenturnmatten) – „Nachdem ein Zwerg die Kinder an das Zauberwort „Dideldext" erinnert hat, verliert der Zauberbann seine Kraft. Doch schon kommt die nächste Herausforderung auf sie zu. Vor ihnen tut sich ein riesiges Gebirge auf." Die Kästen werden mit einer unterschiedlichen Anzahl von Mittelteilen aufgebaut und mit Abstand hintereinander aufgestellt. Mit dem Bodenturnläufer bzw. den Bodenturnmatten werden die „Berge" miteinander verbunden. Wie die Kinder das „Riesengebirge" bezwingen, steht ihnen frei.

Phase 3: Abschluss

Impuls durch Spielidee. Die Kinder gehen paarweise zusammen. Ein Kind spielt den Zauberer, das andere den gefangenen Prinzen bzw. die gefangene Prinzessin. Jeder Gefangene sitzt in einem Reifen (Schloss des Zauberers) und befestigt als Zeichen seiner „Hoheit" ein Chiffontuch an seinem Hosenbund. Die Zauberer stehen jeweils hinter ihrem Gefangenen und halten ihn mit ihrem Zauberstab (Klangstab) in Bann. Auf ein Signal (z. B. Schlag auf Triangel) fallen den Zauberern die Stäbe aus den Händen und die Gefangenen können fliehen. Der Zauberer, der seinen Stab aufgehoben hat, verfolgt seinen Gefangenen und versucht ihm sein „Hoheitszeichen" zu entreißen. Ist dies gelungen, werden die Rollen getauscht.

Impuls durch Entspannungsaufgabe. Mit einem lauten Schlag auf ein hängendes Becken verliert der Zauberwald seine Zauberkraft. Alle sind erlöst und laufen davon. Erst wenn der Klang des hängenden Beckens vollständig verklungen ist, bleiben die Kinder stehen. Erschöpft von den Erlebnissen im Zauberwald suchen die Kinder sich einen Platz zum Ausruhen. Sie schließen die Augen, träumen von ihren Erlebnissen, spüren wie müde und schwer ihre Beine und Füße werden, wie ihr Atem ruhig wird.

Verwendete Literatur

Bewegung
- Austermann, M. & Wohlleben, G. (1992). Zehn kleine Krabbelfinger. Spiel und Spaß mit unseren Kleinsten (Kinder unter 3 Jahre). München: Kösel.
- Krombholz, H. (2005 – im Druck). Bewegungsförderung im Kindergarten. Ein Modellversuch. Schorndorf: Hofmann.
- Krombholz, H. (2004). Sich bewegen heißt seine Umwelt „erobern". In W. E. Fthenakis & M. R. Textor (Hrsg.). (2004). Knaurs Handbuch Familie. Alles, was Eltern wissen müssen. (S. 123–126). München: Knaur. In: www.familienhandbuch.de
- Krombholz, H. (2002). Körperliche, sensorische und motorische Entwicklung im Säuglings- und Kleinkindalter. In: www.familienhandbuch.de
- Krombholz, H. Die motorische Entwicklung im Kindesalter. Empirische Ergebnisse. In: www.familienhandbuch.de
- Zimmer, R. (2001). Handbuch der Bewegungserziehung (11. Aufl.). Freiburg: Herder.

Psychomotorik
- Beudels, W., Lensing-Conrady, R. & Beins, H. J. (2001). ... das ist für mich ein Kinderspiel. Handbuch zur psychomotorischen Praxis (8. Aufl.). Dortmund: borgmann publishing.
- Eggert, D. (1995). Theorie und Praxis der psychomotorischen Förderung (2. Aufl.). Dortmund: Verlag modernes Lernen.
- Zimmer, R. (2002). Handbuch der Psychomotorik. Theorie und Praxis der psychomotorischen Förderung von Kindern. Freiburg: Herder.

Tanz
- Maruhn, H. (1988). Wie fang' ich's an? Methodische Handreichungen der Tanzvermittlung im Elementar- und Primarstufen-Bereich für Kindergärtnerinnen, Erzieherinnen, Sozialpädagogen und Grundschullehrer (2. Aufl.). Boppard/Rhein: Fidula.
- Zimmer, R. (Hrsg.). (1991). Spielformen des Tanzes. Vom Kindertanz bis zum Rock'n Roll (3. Aufl.). Dortmund: Verlag modernes Lernen.
- Zimmer, R., Clausmeyer, I. & Voges, L. (2000). Tanz – Bewegung – Musik. Situationen ganzheitlicher Erziehung im Kindergarten (6. Aufl.). Freiburg: Herder.

Rhythmik
- Feudel, E. (1994). Dynamische Pädagogik. Wolfenbüttel: Kallmeyer.
- Frohne, I. (1981). Das Rhythmische Prinzip. Grundlagen, Formen und Realisationsbeispiele in Therapie und Pädagogik. Bremen: Eres.
- Glathe, B. (1981). Rhythmik für Kinder. Wolfenbüttel: Kallmeyer.
- Hoellering, A. (1990). Rhythmik im Bewußtseinswandel. Rhythmik in der Erziehung Wolfenbüttel: Heckners, (3), S. 104 ff.
- Jacobs, D. (1985). Bewegungsbildung – Menschenbildung. Wolfenbüttel: Kallmeyer.
- Konrad, R. (1995). Erziehungsbereich Rhythmik – Entwurf einer Theorie. Wolfenbüttel: Kallmeyer.
- Röthig, P. (1991). Grundlagen und Perspektiven ästhetischer und rhythmischer Bewegungserziehung. Stuttgart: Klett.
- Schäfer, G. (1992). Rhythmik als interpädagogisches Prinzip. Ansätze zur fachlichen Standortbestimmung und didaktischen Grundlegung. Wolf Dietrich Hörle, Waldkauz-Verlag Musikhaus.
- Siegentholer H. & Zihlmann, H. (1982). Rhythmische Erziehung. Hitzkirch (CH): Comenius.

7.11 Gesundheit

Leitgedanken

Gesundheitsbegriff

Gesundheit ist mehr als nur das Freisein von Krankheit. Nach der Definition der Weltgesundheitsorganisation (WHO) ist sie ein Zustand von körperlichem, seelischem, geistigem und sozialem Wohlbefinden. Mit dieser Ausweitung des Gesundheitsbegriffs rücken an Stelle der Risikofaktoren immer mehr die Bedingungen für Gesundheit bzw. für eine gelingende Entwicklung von Kindern ins Blickfeld. Anstatt danach zu fragen, was die Kinder krank macht, stellt sich vielmehr die Frage danach, was Kinder auch bei bestehenden Belastungen gesund bleiben lässt. Gesundheit wird heute gesehen als „ein positives Konzept, das die Bedeutung sozialer und individueller Ressourcen für die Gesundheit ebenso betont wie die körperlichen Fähigkeiten" (Erste internationale Konferenz zur Gesundheitsförderung am 21. November 1986 in Ottawa). Ein guter Gesundheitszustand ist eine wesentliche Bedingung für soziale, ökonomische und persönliche Entwicklung und ein entscheidender Bestandteil der Lebensqualität (Ottawa-Charta). Die Bedingungen für die Gesundheit sind neben äußeren Faktoren, die kurzfristig nicht veränderbar sind (z. B. Umweltbelastungen), in persönlichem gesundheitsorientiertem Verhalten zu sehen, das zu stärken ist.

Gesundheitsförderung

Gesundheitsförderung ist ein Prozess, der darauf abzielt, Kindern „ein höheres Maß an Selbstbestimmung über ihre Gesundheit zu ermöglichen und sie damit zur Stärkung ihrer Gesundheit zu befähigen" (Ottawa-Charta). Dieses Verständnis geht weit über die gesunde Ernährung oder Kariesprophylaxe hinaus und bezieht die Stärkung der individuellen und sozialen Ressourcen des Kindes und seines positiven Selbstkonzeptes mit ein. Neben gesundheitsspezifischen Kompetenzen sind auch jene Basiskompetenzen bedeutsam, die den angemessenen Umgang mit Mitmenschen, Leistungserwartungen, Stress und Belastung, Misserfolg und Frustration im Alltag betreffen. Nach der WHO-Konzeption zur „Förderung von Lebenskompetenzen" stehen folgende Kompetenzbereiche im Mittelpunkt: Selbstwahrnehmung, Einfühlungsvermögen, Umgang mit Stress und „negativen" Emotionen, Kommunikation, kritischkreatives Denken und Problemlösen. Für Kinder, die seelisch gesund und zufrieden mit sich sind, ist zugleich das Risiko für Suchtverhalten geringer. Moderne Suchtprävention stellt daher auf die Stärkung der Lebenskompetenzen bei Kindern ab.

Gesundheitsförderung beginnt ab der Geburt. Grundlegende Einstellungen und Gewohnheiten für gesundes bzw. ungesundes Verhalten entwickeln sich bereits in den ersten Lebensjahren, besonders den ersten drei – sie bleiben lebenslang erhalten und aktiv. Spätere Gesundheitsprobleme wie Übergewicht, Sucht oder geringe Stressresistenz beginnen im Kleinen.

Übernahme von Eigenverantwortung für Körper und Gesundheit

Einschulungsuntersuchungen zeigen, dass bereits Vorschulkinder übergewichtig sind. Übergewicht ist ein schleichender Prozess, bei dem Veranlagung und Lebensstil zusammenspielen. Manche Eltern nehmen die mehr werdenden Pfunde bei ihrem Kind nicht wahr, viele halten ein paar Pfunde mehr für nicht schlimm, aber schnell kann es zu spät sein. Dicksein beeinträchtigt Wohlbefinden und Leistungsfähigkeit, Übergewicht kann zu Diabetes führen – er ist heute die häufigste Stoffwechselerkrankung bei Kindern. Hauptgründe für Übergewicht sind falsche Ernährung und Bewegungsmangel. Im frühen Kindesalter sind die Chancen noch groß, Übergewicht nachhaltig zu vermeiden. Sich dieser Herausforderung zu stellen, ist heute eine zentrale Aufgabe früher Bildung. Wenn Kinder lernen, was gesunde Ernährung heißt, wie wichtig es ist, sich viel zu bewegen, Verantwortung für seinen Körper und seine Gesundheit zu übernehmen, so schafft dies eine gute Basis. Viele Probleme der heutigen Gesellschaft bis weit ins Gesundheitswesen hinein rühren daher, dass es gerade an dieser Verantwortungsübernahme für sich selbst gemangelt hat.

Positiver und effizienter Umgang mit Stress

Kinder jeden Alters reagieren auf ständige Überforderung, Reizüberflutung und familiäre Probleme genauso wie Erwachsene – mit Stress. Bereits bei Kleinkindern wirkt er sich auf die Gesundheit schädlich aus, sie leiden z. B. an Übelkeit, Bauch- und Kopfschmerzen, Schlafstörungen. Jedes Kind reagiert anders auf Stress, Stressempfinden ist subjektiv. Ein und dasselbe Ereignis kann beim einen Neugier, Interesse und Herausforderung, beim anderen Skepsis, Angst und Überforderung hervorrufen. Stressresistenz ist eine Kompetenz, die Kinder erst erwerben. Säuglinge und Kleinkinder zeigen Bindungsverhalten primär in Belastungssituationen; sie geraten erheblich unter Stress, wenn Beruhigung seitens der Bezugsperson ausbleibt. Die Qualität früher Bindungserfahrungen hat maßgeblichen Einfluss auf spätere Stressresistenz und Gesundheit. Zwar kennen die meisten Kinder stressreiche Situationen, doch die wenigsten wissen, wie sie diese abbauen können. Kinder früh an effiziente Strategien der Stressbewältigung heranzuführen ist heute ein wichtiges Bildungsziel. Wenn sie lernen, mit Stress positiv und kompetent umzugehen, so hilft ihnen das im Umgang mit jeder neuen Veränderung und Belastung. Von dieser Fähigkeit kann ein Kind sein Leben lang zehren – Stress gehört zum Lebensalltag.

Gesundheit und soziale Lage

Sozialstatus der Eltern sowie Gesundheitsverhalten bzw. Krankheitsauffälligkeit der Kinder hängen zusammen. Die gesundheitliche Lage ist besonders prekär bei Kindern aus sozioökonomisch benachteiligten Familien. Zugleich fehlen diesen Familien die Voraussetzungen, das Wissen um ausgewogene Ernährung umsetzen zu können. Sozial benachteiligte Kinder sind daher häufiger ungesund ernährt und übergewichtig sowie körperlich weniger aktiv.

Bildungs- und Erziehungsziele

Das Kind lernt, selbstbestimmt Verantwortung für sein eigenes Wohlergehen, seinen Körper und seine Gesundheit zu übernehmen. Es erwirbt entsprechendes Wissen für ein gesundheitsbewusstes Leben und lernt gesundheitsförderndes Verhalten. Dies umfasst insbesondere folgende Bereiche:

Bewusstsein seiner selbst

- Signale des eigenen Körpers wahrnehmen
- Sich seines Aussehens und der äußerlichen Unterschiede zu anderen bewusst werden und diese wertschätzen
- Eigene Gefühle und deren Auswirkungen auf den Körper wahrnehmen und damit umgehen können.

Ernährung

- Essen als Genuss mit allen Sinnen erleben
- Unterscheiden lernen zwischen Hunger und Appetit auf etwas Bestimmtes
- Anzeichen von Sättigung erkennen und entsprechend darauf reagieren
- Sich eine Esskultur und Tischmanieren aneignen und gemeinsame Mahlzeiten als Pflege sozialer Beziehungen verstehen
- Wissen über kulturelle Besonderheiten bei Essgewohnheiten und Verständnis dafür erlangen
- Sich Wissen über gesunde Ernährung und die Folgen ungesunder Ernährung aneignen
- Grundverständnis erwerben über Produktion, Beschaffung, Zusammenstellung und Verarbeitung von Lebensmitteln
- Erfahrungen mit der Zubereitung von Speisen (Kochen, Backen) sammeln
- Signale des eigenen Körpers als Reaktion auf bestimmte Lebensmittel wahr- und ernst nehmen.

Kenntnisse über Körperpflege und Hygiene

- Grundverständnis erwerben über die Bedeutung von Hygiene und Körperpflege zur Vermeidung von Krankheiten und zur Steigerung des eigenen Wohlbefindens
- Fertigkeiten zur Pflege des eigenen Körpers erwerben
- Erwerb von Techniken der richtigen Zahn- und Mundpflege.

Körper- und Gesundheitsbewusstsein

- Gespür dafür entwickeln, was einem gut tut und der Gesundheit dient
- Sich Ruhe und Schlaf gönnen, wenn man müde und erschöpft ist
- Entspannungstechniken und deren Einsatzmöglichkeiten kennen lernen
- Wirksame Strategien im Umgang mit Stress und negativen Emotionen (wie Angst, Ärger, Frustration) kennen lernen
- Gliedmaßen, Sinnesorgane und innere Organe bezeichnen können
- Grundverständnis für einfache körperliche Zusammenhänge erwerben (z. B. Augen und Sehen, Nahrungsaufnahme und Verdauung, Herz, Lunge und Blutkreislauf, Ermüdung und Schlaf)
- Grundverständnis über Aufbau und Funktion des Gebisses, Zahnwechsel, Paradontitis- und Kariesentstehung erwerben und darüber, dass Ernährung einen wichtigen Beitrag zur Zahngesundheit leistet
- Verantwortung für den eigenen Körper übernehmen.

Sexualität

- Eine positive Geschlechtsidentität entwickeln, um sich wohlzufühlen
- Einen unbefangenen Umgang mit dem eigenen Körper erwerben
- Grundwissen über Sexualität erwerben und darüber sprechen können
- Bewusstsein für eine persönliche Intimsphäre entwickeln
- Angenehme/unangenehme Gefühle unterscheiden und Nein sagen lernen.

Sicherheit und Schutz

- Mögliche Gefahrenquellen erkennen und einschätzen können
- Grundverständnis darüber erlangen, dass bestimmte Handlungen mit Konsequenzen für die Gesundheit verbunden sein können, bei Angst gefahrenträchtige Aktivitäten (z. B. Klettern) abbrechen können
- Grundkenntnisse über sicheres Verhalten im Straßenverkehr entwickeln
- Grundwissen über richtiges Verhalten bei Unfällen und Feuer erwerben
- Um Hilfe bitten und lernen, diese anzunehmen.

Anregungen und Beispiele zur Umsetzung

GRUNDLAGEN

Bedeutung des Bereichs im pädagogischen Alltag

Gesundheitsförderung hat in der elementarpädagogischen Praxis heute einen hohen Stellenwert. Kindertageseinrichtungen sind ein idealer Ort dafür, im Sinne der Primärprävention eine umfassende und chancenreiche Gesundheitsförderung zu leisten, denn sie erreichen fast alle Kinder und haben Zugang zu den Eltern. Gesundheitsförderung erweist sich im pädagogischen Alltag als durchgängiges Prinzip. Ihre Ziele und Inhalte lassen sich weitgehend in die alltäglichen Routinen und Abläufe bewusst und gezielt integrieren. Sie bedarf ergänzender Angebote und Projekte. Kindertageseinrichtungen mit hohem Anteil sozial benachteiligter Kinder stehen in der Verantwortung, Gesundheitsförderung besonders stark zu betonen, mit Blick auf die erhöhten Gesundheits- und Entwicklungsrisiken dieser Kinder. Dies gilt für den Aspekt „Ernährung und Bewegung" ebenso wie für alle anderen Aspekte.

Querverbindungen zu anderen Bereichen

Bedeutsame Querverbindungen sind insbesondere:
- Widerstandsfähigkeit (Resilienz) (➔ Kap. 5.10): Die Stärkung der Kinder im Umgang mit Stress, ihre Heranführung an gesunde Lebensweisen und die Achtung auf das Wohlbefinden der Kinder in der Tageseinrichtung sind zugleich Resilienzstärkungen
- Mädchen und Jungen – Geschlechtersensible Erziehung (➔ Kap. 6.2.2): z. B. Geschlechtsidentität im Rahmen der Sexualität
- Kinder mit verschiedenem kulturellem Hintergrund – Interkulturelle Erziehung (➔ Kap. 6.2.3): z. B. Unterschiede im Aussehen im interkulturellen Vergleich wie Hautfarbe, Haare, Körperbau
- Kinder mit erhöhtem Entwicklungsrisiko und (drohender) Behinderung (➔ Kap. 6.2.4): Entwicklungs- und Gesundheitsrisiken gehen oft Hand in Hand. Kinder mit chronischer Erkrankung oder Behinderung bedürfen einer gesundheitlichen Begleitung auch in der Einrichtung.
- Emotionalität, soziale Beziehungen und Konflikte (➔ Kap. 7.2): Eine sichere Bindung zu jedem Kind beeinflusst seine Stressresistenz und Gesundheit positiv. Der Umgang mit Gefühlen ist ein gemeinsames Ziel. Beziehungs- und Konfliktfähigkeit sind wichtige Faktoren auch für die Gesundheit.
- Mathematik (➔ Kap. 7.5), Naturwissenschaften und Technik (➔ Kap. 7.6): Verbindungen bestehen z. B. bei Themen rund um die Ernährung
- Umwelt (➔ Kap. 7.7): Umwelt und Gesundheit stehen in engen Zusammenhängen (z. B. Gesundheitsgefahren durch die Umwelt, ökologischer Anbau von Nahrungsmitteln)
- Musik (➔ Kap. 7.9): Musik entspannt und tut dem Körper gut
- Bewegung, Rhythmik, Tanz und Sport (➔ Kap. 7.10): Ausreichend Bewegung ist zentraler Bestandteil einer gesunden Lebensführung
- Soziale Netzwerkarbeit bei Gefährdungen des Kindeswohls (➔ Kap. 8.3.3): Kindeswohlgefährdungen sind regelmäßig auch Gesundheitsgefährdungen.

Leitlinien der Gesundheitsförderung

Gesundheitliche Bildung und Erziehung ist vorrangig primäre Präventionsarbeit. Gesundheitsvorsorge und Suchtprävention setzen bereits im frühesten Kindesalter ein und haben immer drei Zielgruppen im Blick: die Kinder, die Eltern und die pädagogischen Fachkräfte.

Gesundheitsvorsorge

Zu ihren Kernbereichen zählen:
- Bewegung (Bewegung, Rhythmik, Tanz und Sport ➛ Kap. 7.10)
- Ernährung
- Körperpflege und Sauberkeit
- Körper und Sexualität
- Ruhe und Rückzug, Erholung und Schlafen
- Ausgleich und Entspannung
- Gesundheit und gesunde Lebensweisen
- Verantwortlicher Umgang mit Krankheit
- Sicherheit in der Einrichtung, sicheres Verhalten im Verkehr, Unfallprävention
- Stressbewältigung.

Neben der Stärkung von Basiskompetenzen (Lebenskompetenzen im Sinne der WHO) ist hier auch der gesundheitsspezifische Kompetenz- und Wissenserwerb bedeutsam.

Suchtprävention

Wirksame Suchtprävention setzt an den Ursachen an, d. h. an den Lebensbedingungen, die ab Geburt zur Suchtentwicklung beitragen können. Suchtprävention im Kindesalter ist sucht(mittel)unspezifisch, sie hat mit Suchtmitteln im eigentlichen Sinn wenig zu tun. Sie befasst sich mit Grundsatzthemen wie Bindung, Spiel, Ernährung und Konsum. Suchtprävention hat insbesondere folgende Grundbedürfnisse (Schutzfaktoren) der Kinder im Blick:
- Psychische Sicherheit
- Anerkennung und Bestätigung
- Freiraum und Beständigkeit
- Realistische Vorbilder
- Ausreichend Bewegung und richtige Ernährung
- Freunde und eine verständnisvolle Umwelt
- Lebensziele.

Deren gezielte Stärkung senkt das Risiko, später süchtig zu werden.

Beobachtung von Wohlbefinden und Gesundheit der Kinder

Das Gelingen der Lern- und Entwicklungsprozesse der Kinder hängt maßgeblich davon ab, wie gut es den Kindern geht, ob sie sich in der Einrichtung wohl fühlen. Der Beobachtung und Dokumentation von Wohlbefinden und seelischer Gesundheit der Kinder kommt daher große Bedeutung zu.

Geeignete Lernumgebung

Auf eine gesundheitsförderliche Bauweise, Raum- und Sachausstattung sowie Betriebsführung ist zu achten. Nachstehende Ausführungen werden im Weiteren vertieft:

Ausreichender Schall- und Lärmschutz ist zum Schutz der Kinder und der Anlieger bei der baulichen Gestaltung und der räumlichen Ausstattung von Tageseinrichtungen sicherzustellen. Die Erzieherinnen sorgen durch ein qualitativ gutes, pädagogisches Angebot dafür, dass der Geräuschpegel in den Gruppenräumen nicht zu hoch ansteigt. Erfahrungen mit Funktionsraumkonzepten zeigen, dass diese den Geräuschpegel in der Einrichtung senken, sodass die Kinder in Funktionsräumen besonders konzentriert an ihren Sachen arbeiten können.

Gesundheitsförderliche Raumausstattung. Notwendig für die Gesundheit der Kinder ist eine Raum- und Gartengestaltung, die viele Bewegungs- und Rückzugsmöglichkeiten zulässt. Sanitärräume, Küche und nach Möglichkeit ein Essraum gehören zum Raumangebot, in Kinderkrippen auch Schlafräume.

Gesundheitsförderliche Betriebsführung. Die Räume der Kindertageseinrichtung, insbesondere Küche und Sanitärräume, sind hygienisch sauber zu halten und entsprechen den Sicherheitsstandards. Hygienepläne werden erstellt und umgesetzt. Für eine ausreichende Belüftung der Räume wird gesorgt. Der Träger erlässt für alle den Kindern zugänglichen Räume und den Außenbereich der Einrichtung ein Rauchverbot für das Personal und alle Personen, die die Einrichtung aufsuchen. Das Fachpersonal ist in Erster Hilfe ausgebildet und kompetent in Sofortmaßnahmen bei Unfällen und Verletzungen. Die Erste-Hilfe-Ausrüstung ist deutlich beschildert und für alle gut zugänglich.

Die Atmosphäre

Für eine gesunde Entwicklung der Kinder optimal ist eine Atmosphäre, die die Balance hält zwischen Freiraum und Selbstbestimmung sowie Schutz, Geborgenheit und Unterstützung. Wenn Kinder in der Einrichtung eine behutsame Eingewöhnung erfahren und eine Kultur erleben, die offen ist im Umgang mit Gefühlen und Spaß an Bewegung und richtiger Ernährung vermittelt, in der sie die Bedeutung von Ruhe und Erholung, Ausgleich und Entspannung immer wieder erleben – dann schafft dies einen optimalen Rahmen, in dem Kinder Gesundheitsbewusstsein entwickeln und gesunde Lebensweisen einüben können. Das pädagogische Personal ist den Kindern ein Vorbild in gesunder Lebensführung.

Enge Zusammenarbeit mit den Familien

Für Erhalt und Förderung der Gesundheit des Kindes ist die Familie wesentlich. Eltern tragen hier große Verantwortung (z. B. die für das Kind wichtigen Impfungen durchführen lassen, die vorsorgenden U-Untersuchungen, auf die ihr Kind Anspruch hat, wahrnehmen, auf gesunde Ernährung und ausreichend Bewegung achten), gleichzeitig nehmen Impfmüdigkeit und das Unterlassen von U-Untersuchungen in besorgniserregender Weise zu. Eine intensive Kooperation mit Eltern im Sinne einer Gesundheitspartnerschaft ist wesentlicher Bestandteil der Gesundheitserziehung in der Tageseinrichtung. Bereits bei der Aufnahme des Kindes nimmt das Thema Gesundheit breiten Raum ein. Eltern brauchen hierüber ausführliche Informationen. Mit ihnen

sind mehrere (vertragliche) Abfragen und Absprachen in Bezug auf das Kind während seines Einrichtungsbesuchs zu treffen, so insbesondere:
- **Bringen und Abholen des Kindes.** Kinder unter 6 Jahren brauchen grundsätzlich eine Begleitung auf den Wegen zwischen Einrichtung und Elternhaus. Als Begleitperson regelmäßig ausgeschlossen sind Geschwister-/ Nachbarskinder unter 13 Jahren; diese dürfen (in Anlehnung an die Kinderarbeitschutzverordnung) nicht mit verantwortungsvollen Tätigkeiten überfordert werden. Besondere Umstände lassen Ausnahmen zu (z. B. kurzer, gefahrloser Weg).
- **Gesetzliche Unfallversicherung des Kindes.** Die Kinder sind auf den Wegen zwischen Elternhaus und Tageseinrichtung sowie während ihres Aufenthalts in der Tageseinrichtung kraft Gesetzes unfallversichert (§ 2 Abs. 1 Nr. 8a, §§ 7, 8 SGB VII). Eltern sind darauf hinzuweisen, dass sie die Einrichtung über Wegeunfälle unverzüglich informieren.
- **Gesundheitliche Betreuung von Kindern mit chronischer Krankheit** (z. B. Allergie, Diabetes, Hämophilie) **oder mit Behinderung.** Spezielle Behandlungsweisen, die das Kind während des Einrichtungsbesuchs benötigt, sind mit den Eltern abzusprechen (z. B. Meiden bestimmter Lebens- und Arzneimittel, Medikamentengabe, Arztbesuch beim Auftreten bestimmter Symptome, Verhalten in Notfällen).
- **Medikamentengabe an Kinder, die nicht chronisch krank sind.** Ein generelles Verbot ist mit dem Wohl des Kindes nicht vereinbar. Eine großzügige Vergabepraxis (z. B. homöopathische Mittel wie Globuli) lässt sich im pädagogischen Alltag nicht realisieren. Träger sind aufgerufen, ihre Regelungen zu reflektieren; ein praktikabler Mittelweg, der dem Kindeswohl ausreichend Rechnung trägt, ist, die Vergabe nur bei ärztlicher Verordnung zuzulassen.
- **Verhalten der Tageseinrichtung in Notfällen** (plötzliche Erkrankung, Unfall des Kindes). Eine Konsultation von Ärzten ist notwendig, wenn Eltern nicht sofort erreichbar sind.
- **Schutzmaßnahmen beim Auftreten übertragbarer Infektionen** (Infektionsschutzgesetz). Eltern sind über ihre Pflichten nach § 34 IfSG schriftlich zu belehren, dass ihr Kind die Einrichtung nicht besuchen darf, wenn ein meldepflichtiger Infektionsfall in der Familie auftritt, und dass sie der Einrichtung gegenüber unverzüglich meldepflichtig sind.
- **Mitnahme von Speisen, Lebensmitteln** (Lebensmittelhygieneverordnung – LMHV). Eltern sind auf ihre Mitwirkungspflicht bei der Einhaltung der LMHV hinzuweisen, wenn sie Speisen und Lebensmittel in die Einrichtung (z. B. Kindergeburtstage, Feste) mitbringen.
- **Vorsorgeuntersuchungen des Gesundheitsamts in der Einrichtung.** Die Teilnahme der Kinder setzt das Einverständnis der Eltern voraus (Ausnahme: Schuleingangsuntersuchung).

Wenn Kindertageseinrichtungen gesunde Ernährung und andere Aspekte der Gesundheitsförderung großschreiben, dann tragen die Kinder ihr neues Wissen in ihre Familien. Zugleich ist Gesundheit ein Thema, das viele Eltern interessiert. Für die positive Kooperation mit den Eltern ist es wichtig, die gerade auch interkulturell unterschiedlichen Vorstellungen und Konzepte der Familien zum Thema „Gesundheit" behutsam und sensibel aufzugreifen. Dies schafft eine gute Grundlage, mit Eltern über angemessene Konzepte im Umgang mit Gesundheit und Krankheit ihres Kindes ins Gespräch zu kommen, sich auszutauschen und gegenseitig zu informieren. Im Zusammenhang mit U-Untersuchungen empfiehlt es sich, in Abstimmung und mit Einwilligung der Eltern verstärkt mit Kinderärzten zu kooperieren, auch in Bezug auf die Weitergabe von Informationen über das Kind. Elternabende zu Gesundheitsthemen zusammen mit anderen Fachstellen durchzuführen bietet sich an (z. B. Kinderkrankheiten behandeln, gesunde Ernährung, wichtige Impfungen, Verhalten in Notfällen). Für Eltern interessantes Infomaterial verschiedener (lokaler) Fachstellen auszulegen empfiehlt sich. Eltern, die in Gesundheitsberufen tätig sind, sind wichtige Kooperationspartner für die gesundheitliche Bildungsarbeit mit den Kindern.

Gemeinwesenorientierung – Kooperation mit fachkundigen Stellen

Die Weitläufigkeit dieses Bildungsbereichs erfordert umfangreiche Fachkenntnisse, die Kindertageseinrichtungen nur teilweise abdecken können. Erfolgreiche Gesundheitsförderung im Kindesalter gilt daher auch als eine Querschnittsaufgabe, die vor Ort ein Zusammenwirken vieler Berufs- und gesellschaftlicher Gruppen erfordert. Wichtige Kooperationspartner für Tageseinrichtungen sind hierbei insbesondere Kinder- und Fachärzte, Verbraucherzentralen, Einrichtungen der Frühförderung, Beratungsstellen, Gesundheits-, Jugend- und Sportämter, Sportvereine, Krankenkassen, der Gemeinde-Unfallversicherungsverband und die Verkehrswachten. Durch die Kooperation mit diesen Experten und Fachdiensten aus dem Gesundheits- und Jugendhilfebereich lassen sich fachliche Ressourcen bündeln im Sinne eines „Lokalen Netzwerkes zur Gesundheitsförderung". Zur eigenen ebenso wie zur Elterninformation ist es sinnvoll, das große Angebot an Informationsmaterialien von (lokalen) Einrichtungen, Diensten und Vereinen zum Thema „Kinder und Gesundheit" gezielt zu nutzen und in Info-Ecken bzw. -Räumen auszulegen (z. B. Materialien über Gesundheitsvorsorge, Unfallverhütung, Ernährungsberatung). In Elternabenden über Gesundheitsthemen empfiehlt sich der Einbezug externer Kräfte fachkundiger Stellen (z. B. Gesundheitsamt, Kinderarzt, Verkehrswacht), um Eltern umfassend und fachkundig Information anzubieten. Beispiele hierzu finden sich nachstehend bei den einzelnen Themenbereichen. Auch für die Bildungsarbeit mit den Kindern empfiehlt es sich, Fachstellen einzubeziehen bzw. sie mit ihnen zu besuchen (z. B. Krankenhaus, Arztpraxis).

AKTIVITÄTEN

Ernährung – ein Thema von höchster Priorität

Ernährung ist ein Kernthema in Kindertageseinrichtungen – mit Blick auf das wachsende Übergewichtsproblem bei Kindern kommt ihm heute zentrale Bedeutung zu. Mahlzeiten sind auch ein kulturelles und soziales Ereignis mit Ritualen und ein wichtiges und vielseitiges Lern- und Erfahrungsfeld für Kinder. „Essen als pädagogisches Angebot" – dieser Aspekt ist heute sehr zu gewichten, um frühzeitig Ernährungsfehlern und ungünstigen Essgewohnheiten entgegenzuwirken. Zugleich ist Ernährung ein wichtiger Anknüpfungspunkt für interkulturelle Erziehung.

Gesundheitsförderliche Ernährung

Durch die Art und Weise der Verköstigung der Kinder in der Tageseinrichtung lässt sich für die Kinder wie für die Eltern der Zusammenhang zwischen Ernährung und Gesundheit vor Augen führen. Zugleich erzählen die Kinder ihren Eltern zu Hause, was gesunde Nahrung ist.

Speiseplanung. Da heute viele Kinder einen großen Teil des Tages in der Einrichtung verbringen, ist ein qualitativ gutes Angebot an Speisen und Getränken eine wichtige Dienstleistung. Bei allen Mahlzeiten ist auf gesunde Ernährung zu achten, sind ernährungswissenschaftliche und hygienische Standards einzuhalten. Dies erfordert eine alters- und bedürfnisorientierte, ausgewogene und abwechslungsreiche Speisen- und Getränkezusammenstellung. Alle zur Versorgung der Kinder benötigten Lebensmittel sind im Hinblick auf Qualität und Inhaltsstoffe kritisch zu beurteilen, Fertigprodukte sollten mit naturbelassenen Lebensmitteln kombiniert werden. Gesunde Getränke (z. B. Wasser, Tee, Saft) stehen bereit, damit sich die Kinder selbst bedienen können.

Besondere Initiativen. Dies sind z. B. Initiativen für Obst und Gemüse; eine kulinarische Woche (z. B. interkulturelle Küche), in die auch Eltern einbezogen sind; Feste und Kindergeburtstage, bei denen sich alle an den Essensvorbereitungen beteiligen

Ernährung als pädagogisches Angebot

Angenehme Atmosphäre. Eine angenehme Atmosphäre entsteht, wenn die Kinder an einem liebevoll und einladend gedeckten Tisch mit appetitlich angerichteten Speisen sitzen und sich in selbst gewählten Tischgemeinschaften mit den Erwachsenen und anderen Kindern unterhalten können. Dabei ist es wichtig, dass Mahlzeiten nur sitzend eingenommen werden und die Kinder die Gelegenheit erhalten, Tisch- und Esskultur einzuüben: sich beim Essen Zeit lassen, langsam und mit Genuss essen und die Speisen lange genug kauen, um sie bewusster zu schmecken. Der Faktor Zeit spielt beim Essen daher eine zentrale Rolle. Soziales Lernen (z. B. Tischdienst vor und nach dem Essen übernehmen) sind weitere wichtige Lernerfahrungen.

Gleitende und gemeinsame Mahlzeiten im Wechsel – Selbstbedienung. Ein Ziel der Ernährungserziehung ist, dass Kinder lernen, ihr Hunger- und Sättigungsgefühl selbst richtig einzuschätzen und zu regulieren. Gleitende Mahlzeiten und Selbstbedienung ermöglichen dies. Wichtig ist, dass Kinder bei jeder Mahlzeit zwischen Getränken und Speisen wählen und sich selbst nur so viel nehmen, wie sie tatsächlich essen wollen (zunächst mit einer kleinen Portion anfangen). Die Kinder erhalten Gelegenheit, in ihrem eigenen Tempo essen zu können. Während gleitende und gemeinsame Mahlzeiten im Wechsel angeboten werden können, gibt es in größeren Kindergärten mittlerweile positive Erfahrungen damit, alle Reglements bezüglich fester Essenszeiten aufzuheben; stattdessen gibt es z. B. gleitendes Frühstück und ein vielfältiges Angebot im „Kinderbistro" – die Kinder entscheiden selbst, wann sie mit wem essen gehen, was, wie viel und wie lange sie essen.

Mitwirkung der Kinder. Ihre Mitwirkung an der Speiseplanung und das gemeinsame Kochen und Backen mit Kindern sind weitere wichtige Lernfelder. In der Einrichtung lernen sie, wie Speisen zubereitet werden. Sie kaufen gemeinsam ein, bereiten das gemeinsame Frühstück, eine Zwischenmahlzeit oder Gerichte mit frischen Zutaten vor, auch solche anderer Kulturen. Sie dürfen dem Küchenpersonal beim Kochen zusehen.

Gespräche mit Kindern über Ernährung. Das Anliegen, durch Ernährungswissen zu gesünderer Ernährung zu führen, lässt sich bereits mit Kindern realisieren. „Was heißt gesunde und ausgewogene Ernährung?" ist eine Frage, die Kinder interessiert. Das Wissen, in welchen Lebensmitteln z. B. überall Zucker versteckt ist (z. B. in Getränken, Süßigkeiten, Fastfood), oder Informationen zum Thema Übergewicht sind für Kinder wesentlich. Mahlzeiten oder gemeinsames Kochen bieten gute Anknüpfungspunkte, um über das Essen zu reden. Zu achten ist auf einen behutsamen und sensiblen Umgang mit übergewichtigen Kindern, sie brauchen Unterstützung, ohne sie dabei zu diskriminieren.

Geeignete Lernumgebung

Für die Ernährungserziehung optimal sind das Vorhandensein einer Küche und der Einsatz weiterer Fachkräfte (z. B. Köche/innen, ausgebildete und angelernte Küchenkräfte). Eigene Ess- bzw. Speiseräume (z. B. Kinderbistro, -restaurant) schaffen eine angenehmen Atmosphäre und tragen zur Tischkultur bei. Essen bekommt dadurch einen höheren Stellenwert.

Konsum und Sucht

Konsum und Sucht hängen insofern zusammen, als bedenkliches Konsumverhalten zu Suchtverhalten führen kann. Für Kinder sind die Aspekte Essgewohnheiten, Spielwaren- und Medienkonsum (Informations- und Kommunikationstechnik, Medien ➙ Kap. 7.4) bedeutsam, aber auch das Thema Rauchen und seine Gefahren. Eltern sind sich oft nicht bewusst, dass Sucht im Kleinen beginnt. Gesprächskreise mit Eltern zu diesem Thema können das nötige Bewusstsein schaffen.

Körperpflege und Sauberkeit

Körperpflege zählt zu den Alltagsroutinen in Kindertageseinrichtungen. Sie ist eine wichtige Voraussetzung für die Gesundheit des Kindes. Kinder sind dabei anfangs auf die Fürsorge und Unterstützung der Erwachsenen angewiesen. Pflegesituationen sind stets auch Lernsituationen. Kinder erwerben durch Zuschauen, Nachmachen und eigenes Tun zunehmend Kompetenzen. Die Erwachsenen sind für sie Vorbild für gesellschaftliche Normen der Körperpflege (z. B. Händewaschen nach Toilettengang, Kleidungswechsel zum Schlafen, Abwaschen von Geschirr und Besteck). Wesentlich sind nichtreglementierte und routinierte Abläufe, in denen Kinder Körperpflege und Hygiene nicht als lästige Nebensache erleben. Die Erfahrung der eigenen Körperlichkeit und der zunehmenden Eigenständigkeit bei der Körperpflege sind Bedingungen dafür, dass Kinder ein positives Selbstbild entwickeln. Die pädagogischen Fachkräfte unterstützen die Kinder, ihre Pflegehandlungen Schritt für Schritt selbstständig auszuführen, damit sie vom „Versorgt-werden" zum „Sich-selbst-versorgen-können" gelangen. Die Utensilien der Körperpflege stehen jedem Kind zur eigenständigen Nutzung zur Verfügung. Die Sanitärausstattung entspricht den hygienischen und sicherheitstechnischen Standards.

Körper und Sexualität

Im Kleinkindalter entdecken Kinder den eigenen Körper und die Unterschiede zwischen Mädchen und Jungen. Für sie besteht keine Trennung zwischen Zärtlichkeit, Sinnlichkeit und Sexualität. Erfahrungen im zärtlichen Kontakt mit Bezugspersonen und mit sich selbst sind auch sexuelle Lernerfahrungen. Sie schaffen ein bestimmtes Körpergefühl und fördern die Beziehungs- und Liebesfähigkeit. Mit der Zeit erlebt sich das Kind zunehmend als Mädchen oder Junge, entwickelt Selbstbewusstsein und wird in all seinen Sinnen angeregt. Wo eine derartige liebevolle und anregende Atmosphäre nicht vorhanden ist, bleiben Lern- und Erfahrungsmöglichkeiten ungenutzt, die Sinnlichkeit des Kindes verkümmert.

Sexualerziehung

Dies ist kein Thema, das in Kindertageseinrichtungen offensiv angegangen wird. Es wird aufgegriffen, wenn Kinderfragen kommen. Eine offene, behutsame Zusammenarbeit mit den Eltern ist hierbei ebenso wichtig, wie Kindern auf ihre Fragen nach Zärtlichkeit, Geburt, Zeugung und Schwangerschaft altersgemäße Antworten (Aufklärung) zu geben. Bei Wickel- und Pflegesituationen entdecken Mädchen und Jungen ihre Körperteile einschließlich der Geschlechtsorgane; bei deren sprachlicher Begleitung ist es bedeutsam, dass Jungen wie Mädchen die korrekten Bezeichnungen für ihre Geschlechtsteile erhalten. Die Kinder erhalten in der Tageseinrichtung Gelegenheit, offen über ihren Körper zu reden. Sie können auch ihre Zärtlichkeitsbedürfnisse angemessen befriedigen.

Prävention von sexuellem Missbrauch

Präventionskonzepte, die für Kindergärten entwickelt worden sind, enthalten mehrere Bausteine, die je nach den Bedingungen vor Ort und den Bedürfnissen der Kinder einsetzbar sind. Grundlage der Präventionsarbeit ist immer die Betonung der eigenen Kompetenz und die Förderung von Selbstbewusst-

sein und Autonomie. Prävention darf Kindern keine Angst machen und sie zu übertriebenem Misstrauen veranlassen. Wichtige Präventionsbausteine sind:
- Körperliche Selbstbestimmung „Mein Körper gehört mir" (Recht, Küsse und Berührungen abzulehnen, gutes Körpergefühl)
- „Nein sagen" (eigene Grenzen erkennen, fremde Grenzen respektieren, Eindeutigkeit, Hilfe holen)
- Umgang mit Gefühlen (eigene Gefühle wahrnehmen und äußern, Gefühle anderer respektieren)
- Gute und schlechte Geheimnisse (Unterschied, Umgang mit schlechten Geheimnissen, Unterschied zwischen Hilfe holen und „petzen")
- Recht des Kindes auf Hilfe und Unterstützung (Helferliste, gegenseitige Unterstützung, Hilfe holen bei schlechten Geheimnissen).

Vor der Präventionsarbeit mit den Kindern erfahren die Eltern die Ziele und Methoden und erhalten Informationen über sexuelle Gewalt und ihre Folgen, Empfehlungen, wie sie ihr Kind davor schützen können, Infomaterial und Hinweise über Kinderbücher. Wichtig ist: Verantwortlich für den Schutz der Kinder sind immer die Erwachsenen, nie die Kinder selbst. Ansprech- und Kooperationspartner für Elternabende und die Präventionsarbeit mit den Kindern sind Erziehungs-, Frauennotruf- und andere Beratungsstellen.

 ## Projektbeispiel aus der Praxis

„Mein Körper gehört mir"

Modelleinrichtung: Evangelischer Kindergarten St. Johannes – Konzeption: Marlies Schaumlöffel-Brodte

Entstehung des Projekts – Themenüberblick

Im Rahmen des Jahresprojekts „Starke Kinder" bot sich an, sich auch mit dem Thema „Mein Körper gehört mir" mit den Kindern intensiver zu befassen. Im Team wurden hierzu folgende Themenblöcke ausgewählt und geplant:
- Wer gesund lebt, wird stark!
- Die Kinder lernen ihren eigenen Körper kennen
- Muss Körperpflege sein? Wie geht das?
- Wie wichtig ist gesunde Ernährung? (Richtiger Umgang mit „falschem Essen", wir bereiten uns selbst unser Frühstück zu)
- Brauchen wir körperliche Bewegung? (Teilnahme an der Kindergarten-Knaxiade der Sparkasse)
- Sind wir gesund? (Das Gesundheitsamt Augsburg und ein Zahnarzt kommen, um die Kinder zu untersuchen)
- Was heißt das eigentlich: Mein Körper gehört mir? (Nein sagen, Selbstbestimmung und „Der böse Fremde")
- Wir bieten mit Pro Familia einen Elternabend an: „Ich habe Angst um dich".

„Den eigenen Körper kennen lernen" – Projektangebote für die Kinder

Durch Anschauungsmaterial erhalten die Kinder die Gelegenheit, in den menschlichen Körper hineinzusehen und dabei die verschiedenen Körperfunktionen kennen zu lernen und zu untersuchen. Sie lernen Körperteile an sich selbst zu benennen und bekommen gründliche Einblicke in die Biologie des Menschen. Ihre dabei entstehenden Fragen werden kindgerecht aufgegriffen und beantwortet. Die Kinder erforschen sich gegenseitig mittels Stethoskop, Lupen und Mikroskop (Haut, Haare, Fingernägel). Sie betrachten und untersuchen lebensgroße Wandplakate mit Darstellungen über den Blutkreislauf, Funktion der Haut, ‚Sinn' der Sinnesorgane, Aufbau der Muskulatur. Sie machen Bekanntschaft mit einem lebensgroßen Skelett und einem Torso, den man zerlegen und wieder zusammenbauen kann – dabei jedoch die Reihenfolge und Lage der Organe beachten muss. Aus Büchern lernen sie, bildliche Vorgänge zu erkennen, zu begreifen und selbst zu erklären. In diesem Zuge erfahren sie die Wichtigkeit der gesunden Ernährung sowie Bewegung an der frischen Luft.

Kooperation mit den Eltern und anderen Stellen

Die Grundschule stellte für das Projekt umfangreiches Anschauungsmaterial zur Verfügung. Um die Eltern in diesen Themenbereich miteinzubeziehen, erhalten die Kinder unterschiedliche „Hausaufgaben", um sie zu Hause mit ihren Eltern zu bearbeiten. Zu diesem Thema bieten wir einen Elternabend mit Pro Familia an. Er soll Aufschluss geben über die Entwicklung der kindlichen Sexualität, bietet viel Raum für Fragen der Eltern, außerdem gibt es genügend Möglichkeiten, sich auszutauschen und geeignete Literatur für Kinder und Eltern einzusehen bzw. zu bestellen.

Mitwirkung der Kinder – Dokumentation

Begleitend zu allen Themenblöcken wurden mit den Kindern gruppeninterne Kinderkonferenzen durchgeführt. Dort konnten sie selbst entscheiden, bei welchen Aktionen sie mitmachen möchten, wann sie vorbereitend tätig werden möchten und welche Standpunkte sie zu bestimmten Fragen beziehen. Alle Protokolle wurden gesammelt und für die Eltern zur Ansicht ausgehängt.

Ruhe und Rückzug bzw. Erholen und Schlafen

In vielen Einrichtungen sind eine Ruhe- und Schlafphase (noch) ein fester Bestandteil des Tagesablaufs, und zugleich sind die Ruhe- und Schlafbedürfnisse der Kinder sehr unterschiedlich. Das Bedürfnis nach Aktivität und Erholung ist sehr individuell und von Tagesrhythmus und Tagesform des Kindes abhängig. Die meisten Kinder ab drei Jahren wollen nicht mehr schlafen, sie haben Angst, etwas zu verpassen. Sie brauchen altersunabhängig die Möglichkeit, sich je nach individuellem Bedürfnis im Tagesverlauf jederzeit zurückziehen zu können, sich zu entspannen, zur Ruhe zu kommen, sich zu erholen und evtl. zu schlafen, um sich ganzheitlich zu erfrischen und neue Kräfte zu sammeln. Rückzugsbereiche und Schlafräume, in denen sich die Kinder, ungestört durch andere Aktivitäten oder Geräusche von außen, ausruhen können, sind angenehm zu gestalten und sollten ausreichend vorhanden sein.

Ausgleich und Entspannung

Ausgleichs- und Entspannungsübungen sind für Kinder jeden Alters bedeutsam. Sie erhöhen das allgemeine Wohlbefinden und unterstützen das Bedürfnis nach Ruhe und Stille. Sie stärken die Wahrnehmungs- und Konzentrationsfähigkeit, die Fähigkeit zur ausgleichenden Regulierung körperlicher Anspannung und andere Fähigkeiten. Sie ermöglichen, negative Spannungen abzubauen (z. B. Frustration, Wut, Aggression), Konzentrationsproblemen zu begegnen; zudem sind sie eine Möglichkeit zur Stressbewältigung. Wichtig ist, dass die Kinder mit der Zeit verschiedene Entspannungstechniken und ihre Einsatzmöglichkeiten kennen lernen. Man unterscheidet
- imaginative Entspannung (z. B. Fantasiereisen)
- sensorische Entspannung (z. B. Babymassagen, progressive Muskelrelaxation) und
- kognitive Entspannung (z. B. Stille-, Atem-, Meditationsübungen, autogenes Training).

Bereits Kinder unter 3 Jahren können Entspannungstechniken einüben.

Projektbeispiel aus der Praxis

„Wir kommen zur Stille" – Meditation mit Kindern von 0 bis 6 Jahren

Modelleinrichtung: Städtische Kinderkrippe Felicitas-Füss-Straße in München – Konzeption: A. Fritsch, E. Prokop, T. Meck

Entstehung des Projekts

Ausgehend von eigenen Erfahrungen und allgemeinen Erkenntnissen über die Wirkung von Entspannungsübungen wurde vor 5 Jahren damit begonnen, auch für die Kinder unserer Einrichtung nach geeigneten Techniken und Möglichkeiten zu suchen. Bestrebungen waren, den oft ungünstigen Umweltbedingungen der kindlichen Lebenswelt entgegenzuwirken, die natürlichen Ruhe- und Stillebedürfnisse, Wahrnehmungen und Fähigkeiten der Kinder aufzugreifen und zu stärken, lebhaften Kindern, die sich nur schwer auf etwas konzentrieren konnten, die Möglichkeit der Ruhe und Entspannung anzubieten. Die Versuche, solche Übungen mit Kindern durchzuführen, waren für das Team ebenso neu und spannend wie für die Kinder. Zu Projektbeginn war die Gruppe altersgemischt (Kinder von 1,5–3 Jahren) und keine feste Gruppe. Vor jedem Angebot wurden die Kinder gefragt, wer Lust hat mitzumachen. Später wurde eine feste Gruppe eingerichtet, an der stets dieselben Kinder teilnahmen, Motivation und Interesse vorausgesetzt. Mögliche Veränderungen und Entwicklungen lassen sich so besser erkennen, man kann individueller darauf eingehen. Erst wenn dem Kind Rahmen, Atmosphäre und die immer wieder ähnliche Situation vertraut sind, können Sicherheit und Vertrauen entstehen. Als Regeln wurden aufgestellt: Bei jedem Angebot entscheidet jedes Kind für sich, wie weit es sich öffnen und darauf einlassen möchte. Es hat jederzeit die Möglichkeit, den Raum zu verlassen. Kein Kind muss bis zum Schluss am Angebot teilnehmen, wenn es nicht will. In der praktischen Umsetzung orientierten wir uns am Alter der Kinder, sodass es ein Angebot für die jüngeren und die älteren Kinder gibt.

Rahmen und Ablauf – mittlerweile ein festes Ritual

Der vertraute Raum, die vertraute Musik (immer die gleiche Entspannungsmusik) und die vertraute Atmosphäre vermitteln den Kindern Sicherheit und Geborgenheit. Decken sind ausgelegt und bilden einen Kreis, der Raum ist abgedunkelt, auf dem Fensterbrett (und je nach Angebot auch in der Mitte des Kreises) stehen Kerzen, die eine warme Atmosphäre schaffen. Wir betreten gemeinsam und leise den vorbereiteten Raum, die Musik läuft bereits, die Schuhe werden ausgezogen und jedes Kind sucht sich seine Decke und seinen Platz, wo es gerne sitzen möchte. Im Rahmen der darauf folgenden Entspannungsübungen stehen Kennenlernen und Bewusstwerdung des eigenen Körpers im Mittelpunkt. Ihre Anleitung orientiert sich an den Bedürfnissen der Kinder (wie Wahrnehmung, Tempo, Bewegungen). Wie lange ein Angebot dauert, ist nicht festgelegt, dies hängt von der Ausdauer und Motivation der Kinder ab. Wichtig ist, zu spüren und zu beobachten, dass die Kinder diese Übungen mit Freude erleben und genießen.

Angebot für die jüngeren Kinder (1–3 Jahre) – einige Sequenzen

Zunächst betrachten wir gemeinsam die Kerze und konzentrieren uns auf die sich bewegende Flamme. Wir bewegen uns mit ihr, ahmen ihre Bewegungen nach – erst im Sitzen: Wir bewegen den Oberkörper vor und zurück und dann im Kreis. Den Atem spüren: Wir strecken uns wie die Flamme zur Decke, heben die Arme und machen zugleich Atemübungen. Rhythmische Bewegungen zur Musik: Wir tanzen wie die Flamme durch den ganzen Raum – mit Rhythmiktüchern. Wir kommen wieder zur Ruhe, legen uns entspannt auf die Decken, konzentrieren uns auf unsere Atmung und atmen ganz bewusst. Wir legen die Hände auf den Bauch, um diese rhythmische Bewegung zu spüren. Es folgt ein Gespräch: Die Flamme kann sich bewegen, die Kerze nur, wenn man sie trägt – Wir können uns bewegen, laufen – Was brauchen wir dafür? Die Füße – Wir nehmen nun ganz bewusst unsere Füße wahr: Wie fühlen sich die verschiedenen Strukturen des Bodens an? – hart, weich, kalt, warm. Die Kinder erhalten Gelegenheit, mit der Bedeutung und Funktion ihrer Füße vertraut zu werden: Die Füße werden nun eingecremt und verwöhnt, damit sie weiterhin Kraft haben, uns zu tragen – das Eincremen nimmt viel Zeit in Anspruch.

Angebot für die älteren Kinder (3–6 Jahre)

Durch einfache Übungen und Gespräche werden sich die Kinder der Bedeutung der Hände, Füße und Sinnesorgane bewusst. Sie erfahren, dass jeder

Körperteil eine Aufgabe übernimmt und wie kostbar der Körper in seiner Ganzheit ist. Sie werden sensibilisiert, nicht nur auf sich zu achten, sondern auch auf andere Rücksicht zu nehmen und ihnen Freiräume zu geben.

Beobachtung und Reflexion

Nach jedem Angebot gibt es ein kurzes Reflexionsgespräch. Immer wieder stellen wir fest, dass wir den einzelnen Kindern viel näher kommen, weil wir ihre Signale intensiver wahrnehmen können. Immer wieder sind wir erstaunt, wie schnell es den Kindern, auch den lebhaften, gelingt, sich nach vorherigen Aktivitäten auf Entspannungsübungen einzulassen. Es gab auch Kinder, die anfangs Probleme damit hatten. Wichtig ist, den Kindern die Zeit und den Raum zu lassen, bis sie das nötige Vertrauen und die Sicherheit gefunden haben. Jedes Mal sind die Kinder von den vielen Kerzen fasziniert. Sie waren mit dem festen Ablauf rasch vertraut, agierten zunehmend selbstständig. Mit der Zeit entwickelten sich ein starkes Zusammengehörigkeitsgefühl und intensives Vertrauensverhältnis in den Gruppen. Während bei den jüngeren Kindern der intensive Kontakt mit ihrem Körper im Vordergrund steht, ist bei den älteren Kindern auch die Gesprächsrunde sehr beliebt. Der Meditationstag ist fester Bestandteil unserer Arbeit mit Kindern geworden.

Gerade die jüngeren Kinder können sich besonders intensiv und offen auf die Übungen einlassen. Das natürliche Bedürfnis, den eigenen Körper zu entdecken, kennen zu lernen und zu berühren, ist für sie (wenn der Erwachsene es zulässt) ein entspannender Genuss. Dieser ist vom Erwachsenen ebenso natürlich und sensibel zu begleiten und zu unterstützen. In der geborgenen, harmonischen Atmosphäre können auch die lebhaften Kinder „sich selbst" entdecken und so ihr Selbstvertrauen stärken. Gut zu beobachten ist das intensive Bedürfnis der Kinder nach Körperkontakt. Konzentriert widmen sie sich dem Eincremen. Sich selbst eincremen und die Haut bewusst fühlen – sie genießen dies unbefangen und sehr ausgiebig. Ist das Vertrauen entsprechend hoch, cremen sich die Kinder auch gegenseitig ein, was untereinander zugelassen, manchmal auch gewünscht wird. In diesem intensiven Kontakt lernen sie viel: auf die Gefühle und Bedürfnisse anderer Rücksicht nehmen, behutsam mit dem Gegenüber und sich selbst umgehen, ihre eigenen Grenzen und die anderer besser einschätzen und damit umgehen. Die Kinder sind untereinander sehr hilfsbereit und verantwortungsbewusst. Die älteren Kinder genießen die Situation der sehr kleinen Gruppe. Sie haben ein hohes Mitteilungsbedürfnis, wenn sie sich in entsprechender Atmosphäre an bestimmte Erlebnisse, Träume, Ängste erinnern und sich öffnen können. In dieser Situation können wir Kinder gut beobachten und ihre Gefühle wahrnehmen. Die Kinder lernen, dem Einzelnen zuzuhören.

Gesundheit und gesunde Lebensweisen

Kinder an gesunde Lebensweisen spielerisch heranführen und ein stärkeres Verantwortungsbewusstsein für die eigene Gesundheit wecken – dies kann nicht früh genug beginnen.

Information und Sensibilisierung der Eltern

Um Eltern auf die Bedeutung von Vorsorgeuntersuchungen und Impfungen bei ihren Kindern hinzuweisen (vgl. § 34 Abs. 10 IfSG), empfehlen sich Informationsveranstaltungen zusammen mit dem Gesundheitsamt. Eltern sind frühzeitig auf die große Bedeutung des Hörvermögens für die Sprach- und Lernentwicklung ihres Kindes hinzuweisen, welches in den U-Untersuchungen kaum eine Rolle spielt. Eltern zu empfehlen, das Hörvermögen im Alltag sorgfältig zu beobachten und ggf. ärztlich prüfen zu lassen, ist auch vor dem Hintergrund wichtig, dass Kinder- und HNO-Ärzte immer wieder eine nicht unbeträchtliche Dunkelziffer hörbeeinträchtigter Kinder beklagen.

Untersuchungen der Kinder durch das Gesundheitsamt

Je nach Kapazitäten führen die Gesundheitsämter in Kindertageseinrichtungen Reihenuntersuchungen auf etwaige Hör-, Seh- und Sprachstörungen der Kinder durch. Zahnärztliche Untersuchungen werden nur mehr an einigen wenigen Orten in Bayern durchgeführt. Die Teilnahme der Kinder bedarf der elterlichen Zustimmung.

Gespräche über „Gesundheit"

Kinder ab 2 bis 3 Jahren sind bereits in der Lage, auf Befragung zu verschiedenen Aspekten ihrer Gesundheit Einschätzungen abzugeben. Bewährt hat sich in der Praxis, solche Befragungen in der Gruppe durchzuführen. Die Kinder bringen dabei ihre Bewertungen bzw. Antworten durch das Hochheben guter oder schlechter Kärtchen (Smileys – Trauergesichter) zum Ausdruck.

Mit Kindern kneippen

Hierzu gibt es bereits gute einschlägige Erfahrungen in Kindergärten. Die fünf Säulen der Kneippschen Lehre lassen sich mit Kindern im Sinne einer ganzheitlichen Gesundheitsförderung gut umsetzen (➔ Tab. 7.13).

5 Säulen der Kneippschen Lehre	Umsetzung mit Kindern
Wasseranwendung (Arm- und Fußbäder)	Erfahrungen mit natürlichen Reizen: z. B. morgendliches Tautreten in der Wiese
Bewegung	Freude an viel Bewegung, körperliche Fitness
Gesunde Ernährung	z. B. Zubereiten von Kräutertees und Schnittlauchbroten, und die Kinder erzählen zu Hause, was gesunde Nahrung ist
Lebenstherapie (seelisches Wohlbefinden)	Entspannungstechniken kennen lernen (z. B. fantastische Entspannungsreisen)
Naturarznei (Kräuter- und Heilpflanzen-Anwendung)	Sich selbst helfen, Naturarznei selbst herstellen (z. B. Salbeitee bei Halsweh)

Tab. 7.13: Kneippen mit Kindern

Projektbeispiel aus der Praxis

„Wir sind in der Wald- und Wiesenapotheke"

Modelleinrichtung: Evangelischer Kindergarten Loderhof in Sulzbach-Rosenberg – Konzeption: Britta Schmalz & Kerstin Pleyer

Entstehung des Projekts – Themenfindung

Seit über einem Jahr beschäftigte sich der Kindergarten mit dem Themenschwerpunkt „Wald". Im vergangenen Jahr verbrachten die Kinder eine ganze Woche im Wald. Dort gab es verschiedene Aktionen wie z. B. Besuch des Försters und Waldführung, Bau von Zelten, und die Kinder lauschten Märchen und Geschichten über den Wald. In diesem Kindergartenjahr wurden Kräuter und Pflanzen gesucht, nach ihren Eigenschaften klassifiziert und ihre Heilwirkung erfahren. Ausgehend von der Erfahrung, dass alltägliche Pflanzen und Kräuter uns mit ihrer Wirkung bei kleinen Erkrankungen helfen können oder unser Gesundsein unterstützen, wurde eine Wald- und Wiesenapotheke mit den Kindern angelegt. Tees, Öle, Salben wurden anhand von Rezepten hergestellt. Auch die Themen gesunde Ernährung, Bewegung, Kneippanwendungen hielten Einzug in den Kindergartenalltag und vermittelten ein grundlegendes Bewusstsein über gesunde Lebensführung.

„Gesundheit" als zentraler Bildungsbereich

Zielschwerpunkte

- Sich mit der Umwelt bewusst auseinander setzen, insbesondere mit dem Wald: Natur mit allen Sinnen erfahren, riechen schmecken, fühlen, Bedeutung der Umwelt erfahren, Natur schonen und schützen, Wald als nützlichen Lebensraum erkennen
- An eine ganzheitliche gesunde Lebensführung heranführen: Freude an der Bewegung in frischer Luft, gesundheitsunterstützende Maßnahmen kennen und anwenden lernen, Heranführung an gesunde Ernährung und diese genussvoll erleben
- Kennenlernen von Heilpflanzen in der direkten Umgebung: Bestimmung von Pflanzen und Kräutern im Wald, Identifizierung und Wirkung der Heilkräuter kennen lernen, Umsetzung des Wissens in konkrete Gesundheitsmaßnahmen
- Bewusstheit zum Einsatz natürlicher Hausmittel wieder herstellen: Heilkräfte aus der Natur nützen, Gesunde Lebensführung selbst aktiv übernehmen, Nutzen aus den Naturerfahrungen ziehen.

Projektangebote

- **Den Wald als Lebensraum entdecken.** Mit allen Sinnen den Wald entdecken (Gerüche, essbare Pflanzen, Töne und Geräusche, Oberflächen wie Rinde wahrnehmen und klassifizieren), Mit Bestimmungsbüchern die „Bewohner" des Waldes benennen lernen, „Den Wald lieben heißt, ihn zu

schützen", Gespräche, Materialien und Experimente zu diesem Thema erarbeiten
- **Gesundheitsunterstützende Maßnahmen kennen lernen.** Kindern Freude an der Bewegung vermitteln – Spaziergänge und Exkursionen im Wald, Kneippanwendungen durchführen (Wasseranwendungen, Arm- und Fußbäder, Kneipp im Winter – barfuss durch den Schnee), Alternative Hausmittel anwenden (Erkennen und Sammeln der Kräuter und Pflanzen, deren Herstellung zu Tees, Sirup und Wickeln erfahren)
- **Hausapotheke herstellen.** Bestimmung der Kräuter anhand ihrer Heilwirkung (z. B. Johanniskrautöl zur Wundheilung, Breitwegerich bei Stichen und Blasen, Lindenblütentee bei Erkältung, Gänseblümchen für den Salat), Kräuter selbst pflanzen und versorgen (Gießplan für alle Kinder, Säen und Ernten)
- **Unterscheiden von Heilpflanzen und Pflanzen, die für uns Menschen schädlich sind.** Durch Aussehen (Erkennungsmerkmale), riechen, fühlen, schmecken die Pflanzen bestimmen
- **Gesunde Ernährung.** Frische Schnittlauchbrote zur Brotzeit, Herstellung und späterer genussvoller Verzehr von selbst gemachten Brennnesselteigtaschen.

Integrierte Bildungsbereiche und Projektangebote

Emotionalität, soziale Beziehungen und Konflikte

- Eigeninitiative fördern, bei kleinen Wehwehchen sich selbst zu helfen
- Gemeinsame Verantwortung der Natur gegenüber
- Sich helfen bei kleinen Verletzungen

Sprache und Literacy

- Bestimmungsbücher für Pflanzen und Kräuter kennen lernen und diese bei Exkursionen einsetzen
- Exakte Benennung der Pflanzen und deren Wirkung wissen
- Erworbenes Wissen über Heilkräuter, Kneippsche Anwendungen und gesunde Ernährung an Eltern weitergeben

Mathematik

- Bedeutung des Geldes erfahren, indem Rezepturen und selbst hergestellte Salben, Tees und Öle verkauft werden

Umwelt

- Bewusstsein, wie nützlich unsere Umwelt ist und wir sie schützen müssen

Bewegung

- Bewegung an frischer Luft erleben
- Den Wald als Bewegungs- und Entdeckungsraum erfahren.

Kooperation und Vernetzung

Die Eltern und Großeltern waren maßgeblich in dieses Projekt eingebunden. Ihre Erfahrung und ihr Wissen über Heilpflanzen und deren Einsatz als bewährte Hausmittel waren gefragt. Alte Rezepturen wurden im Kindergarten hergestellt. Eltern und Großeltern waren auch die Hauptabnehmer der Produkte der Wald- und Wiesenapotheke. Die Kinder trugen ihr erworbenes Wissen über gesunde Ernährung, Gesundheitsunterstützende Maßnahmen wie Kneippanwendungen mit in ihre Familien. Am Elternabend wurden Bärlauchbrote als Imbiss gereicht.

Dokumentation und Reflexion

Das Projekt wurde von den Kindern und den Eltern sehr positiv aufgenommen. Mit Interesse und Hingabe werden die Kräuter gepflegt, die gesunde Ernährung ist fester Bestandteil in der Kindergartengruppe. Wissenserwerb und -gewinn waren für Kinder, Eltern, aber auch für das pädagogische Personal nachhaltig erfahrbar. Durch die Dokumentation d. h. das Erstellen von Rezeptbüchlein bleibt das Interesse an gesundheitsfördernden Maßnahmen bei Kindern und Eltern wach. Ein Auszug dieses Projekts ist im Internet unter www.kindergartenpaedagogik.de/Projekte zu finden.

Verantwortungsvoller Umgang mit Krankheit

Lernangebote für Kinder

Die Kinder sollen Gelegenheit erhalten, über ihre Erfahrungen mit Krankheiten oder Krankenhausaufenthalten zu sprechen. Hierbei können pädagogische Fachkräfte der Kindergruppe verdeutlichen, wie man sich bei Erkrankungen richtig verhält (z. B. „Was tut mir gut, wenn ich krank bin?") und was bei einem Arztbesuch oder im Krankenhaus passiert. Bei Besuchen in einer Arzt- bzw. Zahnarztpraxis oder bei der Besichtigung eines Krankenhauses können die Kinder diese Einrichtungen und die dort üblichen Abläufe kennen lernen. Dies mindert zugleich ihre Angst vor Ärzten.

Verhalten in Krankheitsfällen in der Einrichtung

Die pädagogischen Fachkräfte verfügen über medizinische Grundkenntnisse, damit sie Krankheiten der Kinder frühzeitig erkennen können. Sie wissen, was sie bei plötzlicher Erkrankung eines Kindes tun müssen, wenn Eltern nicht erreichbar sind (z. B. Konsultation eines Arztes). Die Eltern werden unverzüglich informiert, wenn bei ihrem Kind eine Erkrankung auftritt. Der Infektionsschutz ist eine gemeinsame Aufgabe der pädagogischen Fachkräfte und der Eltern. Das Infektionsschutzgesetz erlegt im Infektionsfall beiden Seiten bestimmte Verpflichtungen auf (vgl. § 34 IfSG). Die Leitung benachrichtigt das Gesundheitsamt über meldepflichtige Infektionsfälle in der Tageseinrichtung nach Erhalt der Elternmeldung. Darüber hinaus ist die Elterngemeinschaft über die Infektionsfälle zu informieren, ohne dabei die Namen der betroffenen Personen zu nennen. Bei Bedarf werden weitere Schutzvorkehrungen in Absprache mit dem Gesundheitsamt getroffen (z. B. zeitweilige Schließung der Einrichtung).

Sicherheit in der Einrichtung – sicheres Verhalten im Straßenverkehr – Unfallprävention

Sicherheit und Autonomie des Kindes in der Einrichtung

Die Sicherheit des Kindes ist Grundvoraussetzung für seine Bildung, Erziehung und Betreuung. Sie ist bei allen Aktivitäten zu jeder Zeit und in jeder Situation wichtig, aber zugleich nicht in einem umfassenden Sinne nötig. Eine völlig risikofreie Umgebung für Kinder kann es ohnehin nicht geben. Kalkulierbare Gefahrenstellen sind bewusst zuzulassen, sie stellen für Kinder ein Entwicklungspotenzial dar. Kinder entwickeln ihre Kompetenzen in einer Umgebung, die sie zur Auseinandersetzung mit unbekannten Situationen und Risiken herausfordert. Die Forderung nach größtmöglicher Sicherheit ist daher stets abzuwägen mit dem Bedürfnis der Kinder nach anregungsreicher Umgebung, Freiraum in der Alltagsgestaltung und ihrem Recht, selbstbestimmt aktiv zu sein. Eine sichere Lernumgebung darf nicht durch eine zu starke Reglementierung der Kinder, die ihre Erfahrungsmöglichkeiten beschneidet, erkauft werden. Ihre Gestaltung ist daher ein permanenter Prozess, der sich nicht auf das Einhalten von Sicherheitsstandards begrenzt, sondern stets das Alltagsgeschehen und das Verhalten der Kinder im Auge hat. Die Verantwortung hierfür muss allen pädagogischen Fachkräften täglich bewusst und in ihrem Handeln verankert sein. Dies betrifft den technisch-hauswirtschaftlichen Bereich und die Leitungs- und Verwaltungsarbeit ebenso wie die pädagogische Arbeit. Die Fachkräfte üben ihre Aufsichtspflicht sorgfältig und umsichtig aus, ohne die Kinder mehr als notwendig einzuschränken.

Verkehrserziehung

Sie ist Teil der Sicherheitserziehung und steht in engem Zusammenhang zur Umwelt- und Sozialerziehung. Situationen im Verkehr lassen sich bereits mit Kindern unter 3 Jahren im Spiel einüben und gezielt begleiten (z. B. durch Regeln im Umgang mit Bobbycars und Laufrädern). Herausragende Bedeutung erlangt die Verkehrserziehung in der Arbeit mit Vorschulkindern, sie erfolgt in enger Zusammenarbeit mit der Verkehrswacht. Die frühzeitige und regelmäßige Stärkung und Entwicklung grundlegender Kompetenzen (Wahrnehmung, Motorik, Sensorik) sind wichtige Voraussetzungen für die sichere und unfallfreie Bewältigung des Straßenverkehrs. Diese befähigen das Kind, zunächst noch unter der schützenden Aufsicht der Erwachsenen, aber auch zunehmend selbstständig am Straßenverkehr teilzunehmen. Verkehrserziehung erfordert, dass sie systematisch angelegt ist, planmäßig durchgeführt und durch regelmäßige Übungen ergänzt wird. Jeder neue Lernschritt baut auf den vorangegangenen auf, wobei folgende Aspekte zu beachten sind: das Alter und der Entwicklungsstand des Kindes, die Anforderungen, die an das Kind als Verkehrsteilnehmer gestellt werden, die örtlichen und zeitlichen Gegebenheiten sowie die sinnvolle Abstimmung von altersgemäßer Theorie und praktischer Erfahrung. Allen Erwachsenen kommt hierbei eine hohe Vorbildfunktion zu. Auch das Kennenlernen des konkreten Verkehrsraumes und dessen zunehmend selbstständige und sichere Bewältigung gehört zur Verkehrserziehung. Die Gefahren des Verkehrs sind den Kindern von Beginn an einsichtig zu machen. Die nähere Umgebung der Wohnung, der Weg zum Kindergarten sowie die Vorbereitung auf den sicheren Schulweg sind wichtige Felder für Beobachtung und das Sammeln von Verkehrserfahrungen. Die verkehrserzieherische Arbeit nimmt Eltern mit in die Verantwortung. Die örtlichen Verkehrswachten stellen kostenlos Fachkräfte für die Schulung der Eltern von Kindern im Vorschulalter (Bundesprogramm „Kind und Verkehr" des Deutschen Verkehrssicherheitsrates) zur Verfügung, aber auch für Fortbildungen des pädagogischen Personals (Fortbildungsprogramm „Kindergarten und Sicherheit" der Landesverkehrswacht Bayern e. V., Informationen und Materialien über die Deutsche Verkehrswacht e. V.: www.lernwerkstatt.de /mobil werden & bleiben, 0–6 Jahre).

Unfallprävention

Auch die Unfallprävention ist Teil der Sicherheitserziehung und steht in engem Zusammenhang zur Verkehrs- und Bewegungserziehung. So sind psychomotorische Schwächen und Koordinationsstörungen häufig Ursache von Unfällen in einem breiten Spektrum von Unfallformen wie Spiel-, Sport-, Wege- und Verkehrsunfälle. Eine starke Betonung der Bewegungserziehung im Einrichtungsalltag (Bewegung, Rhythmik, Tanz und Sport ➙ Kap. 7.10) zielt darauf ab, dass solche Probleme gar nicht erst auftreten. Gezielte Bewegungsangebote (z. B. auch die „Move it-Box" der Deutschen Verkehrswacht) helfen auch jenen Kindern, bereits eingetretenen Störungen entgegenzuwirken und dienen damit der Unfallprävention. Aber auch in Stresssituationen sind Kinder verstärkt unfallgefährdet. Für Kinder, die z. B. Übergänge im Bildungsverlauf als stressreich erleben, ist eine einfühlsame Begleitung in dieser Phase zugleich ein wichtiger Beitrag zur Unfallprävention.

Verhalten bei Verletzungen, Unfällen und im Brandfall

Die Fachkräfte wissen aufgrund ihrer Ausbildung in Erster Hilfe, wie sie sich in diesen Situationen zu verhalten haben. Die Ausstattung des Erste-Hilfe-Koffers wird regelmäßig überprüft und evtl. erneuert. Dabei kann mit den Kindern demonstriert werden, wofür die einzelnen Inhalte gebraucht werden. Tageseinrichtungen können altersgemäße Kurse für Kinder zum Ersthelfer (z. B. „Juli lernt 112") und abends ein entsprechendes Angebot für Eltern anbieten (z. B. „Vom Gaffer zum Retter"). Es empfiehlt sich, Erste-Hilfe-Kurse für Eltern, pädagogische Fachkräfte, aber auch für Kinder in Zusammenarbeit mit der örtlichen Verkehrswacht oder anderen Anbietern zu planen und durchzuführen. Bei Verletzungen und Unfällen achtet die pädagogische Fachkraft neben der medizinischen Erstversorgung darauf, das Kind einfühlsam anzusprechen, zu beruhigen und zu trösten. Die Eltern werden umgehend verständigt. Im Anschluss bespricht die pädagogische Fachkraft den Vorfall mit den am Unfallgeschehen beteiligten Kindern, um ihnen bei der Verarbeitung des Erlebten zu helfen. Dabei weist sie auf Möglichkeiten hin, Unfällen und Verletzungen vorzubeugen. Die Einrichtungsleitung ist verpflichtet, Unfälle, die einzelne Kinder erleiden, dem Gemeinde-Unfallversicherungsverband anzuzeigen (§ 193 Abs. 1 SGB VII, § 69 Abs. 1 Nr. 1 SGB X), damit dieser die Kosten für die medizinische Versorgung des Kindes übernimmt (§§ 26, 27 SGB VII). Hierfür steht ein einheitlicher Vordruck für alle Tageseinrichtungen zur Verfügung.

Praxisbeispiel

„Brandschutz in der Kindertageseinrichtung"

Modelleinrichtung: Evang. Kindergarten Abenteuerland Rottenbauer in Würzburg – Konzeption: Sabine Thoma

Jährlich wiederholen wir mit den Kindern das Thema „Brandschutz". Im Foyer zeigt uns die Berufsfeuerwehr die Atemschutzmasken, die Berufskleidung und stellt uns Fragen zum richtigen Verhalten beim Brandfall. Uns ist es jedoch wichtig, dass der richtige Umgang mit Feuer im Kindergartenalltag gelebt wird. So zählt ein Kind am Ende des Morgenkreises bewusst die Anzahl aller Kinder, damit wir im Notfall wissen, wie viele Kinder anwesend sind. Das „Warum" wird Gästen erklärt und wir fragen von Zeit zu Zeit nach. An den Geburtstagen achten die Kinder darauf, ob die Kerzen sicher stehen, ein Wasserbehälter für das Streichholz bereitsteht und beim Kerzeausblasen die Geburtstagskrone abgenommen und das Haar zurückgehalten wird.

Stressmanagement in Kindertageseinrichtungen

Wer sich durch ein äußeres Ereignis überfordert fühlt und nur geringfügig über eigene und soziale Ressourcen sowie effiziente Bewältigungsstrategien verfügt, bei dem tritt sehr schnell das Stressphänomen auf. Der eigenverantwortliche und positive Umgang mit Stressgefühlen ist ein wichtiges Bildungsziel und erlangt besondere Bedeutung bei der Bewältigung von Übergängen der Kinder im Bildungsverlauf. „Stressbewältigung" ist ein Thema, das in Kindertageseinrichtungen bisher kaum eine Rolle gespielt hat – von Entspannungs- und Stilleübungen abgesehen. Stress im pädagogischen Alltag umfasst verschiedene Möglichkeiten der Prävention und Intervention, die sich an die Kinder, die Eltern und das pädagogische Personal richten und zusammen das Konstrukt „Stressmanagement" bilden:

Stressfreie Gestaltung der Einrichtung (Stressprävention)

Die Einrichtungssituation ist für die Kinder so stressfrei wie möglich zu gestalten. Das pädagogische Personal kann dazu beitragen, indem es klare und zugleich sinnvolle Regeln aufstellt, eine vertrauensvolle und tragfähige Beziehung zu den Kindern aufbaut und die Kinder unterstützt, wenn sie untereinander Konflikte austragen oder aktuelle Probleme zu bewältigen haben. Für stressreiche Situationen, die vorhersehbar sind, ist vorgesorgt: Beim Übergangsprozess vom Kindergarten in die Grundschule, der bei Kindern häufig auch stressproduzierend wirkt, lässt sich durch übergangsbegleitende Maßnahmen Überforderung vermeiden.

Hilfestellung für Kinder in akuten Stresssituationen und spannungsreichen Phasen

Pädagogische Fachkräfte können Kindern sowohl direkt als auch indirekt durch Elternarbeit verschiedene Hilfen geben, Stress aktiv zu bewältigen und sie unterstützen, entsprechende Basiskompetenzen zu entwickeln. Die hierfür gebotene Kommunikation zwischen allen Beteiligten (auch der Schule) macht die gemeinsame Gestaltung dieses Lernprozesses deutlich.

Selbstreflexion mit Eltern

Sich erinnern, wie es einem selbst im Alter des Kindes ergangen ist, sich die Situation mit den Augen des Kindes vorstellen: Sorgen des Kindes ernst nehmen, darüber nachdenken, wie Erwachsene selbst auf Stress reagieren. Kinder lernen am Modell und benötigen auch in dieser Hinsicht ein möglichst positives Vorbild.

Einfache Hilfestellungen, die Bezugspersonen dem Kind geben können

- Zuneigung zeigen: Während spannungsreicher Zeiten braucht das Kind Zeichen und Signale, dass es geliebt wird und sich der Zuneigung der Bezugspersonen sicher sein kann.
- Über Sorgen und Reaktionen des Kindes sprechen: Information, Trost und Sicherheit werden dem Kind vermittelt.
- Klare Informationen geben und nichts verheimlichen: Damit kann beängstigenden Fantasien des Kindes vorgebeugt werden.
- Das Kind an Entscheidungen und Problemlösungen angemessen beteiligen: Damit wird das Gefühl von Stärke und Kontrolle über eine Situation gefördert.
- Gute Bücher zum Thema vorlesen: Diese stellen Lösungen vor, zeigen dem Kind, dass es mit einer Schwierigkeit, mit seinen Ängsten nicht alleine ist, und bieten eine Grundlage für das Gespräch mit ihm.
- Mit Farbstiften, Puppen und anderen Materialien Gelegenheit geben, seine Gefühle und Gedanken auszudrücken. Mit Kreativität können Spannungen abgebaut werden.
- Körperliche Betätigung anbieten: Innere Spannungen können auch über Aktivitäten abgebaut werden (z. B. Rennen, Schwimmen, Radfahren).

Negative Spannungen werden durch positive Aktivitäten ausgeglichen. Ausreichende Ruhe und ausgewogene Ernährung während stressreicher Phasen sind ebenfalls wichtig. Wenn Stressreaktionen zu stark sind und weder die Eltern noch die Erzieherinnen dem Kind helfen können, sollten sie professionelle Hilfe suchen.

Kinder an Strategien zur Stressbewältigung gezielt heranführen

Bereits in frühen Jahren ist dies möglich. Kinder erhalten Anregungen und Hilfestellungen, akute und künftige Stress- und Belastungssituationen erfolgreich zu bewältigen. Sie erwerben Kenntnisse darüber, wie Stress entsteht, wie sie Stressbedingungen bzw. -situationen erkennen und eigene Reaktionen wahrnehmen, und wie sie Stresserfahrungen erfolgreich begegnen können. Es folgen Anregungen, Kindern bis zur Einschulung ein positives Stressmanagement nahe zu bringen:

Stresssituationen erkennen – Eigene Stressreaktionen wahrnehmen: „Wann kann man Stress haben?", „Wann habe ich Angst?"

Wahrnehmen und Erkennen der eigenen Gefühle ist die Grundlage für positive Bewältigungsstrategien, denn Gefühle beeinflussen unser Verhalten sehr stark. Ein möglicher Weg (nach Hampel & Petermann, Klein-Heßling & Lohhaus) ist die Methode des Rollenspiels und der Einsatz einer Stresswaage. Die Kinder lernen dabei, dass Probleme Schritt für Schritt gelöst werden können. Den Kindern wird die schwierige Situation eines Kindes anhand einer Geschichte oder eines kurzen Videofilms geschildert. Sie spielen im Rollenspiel die erzählte Situation nach und setzen sich anschließend mit Fragen auseinander: „Was habt ihr beobachtet? Was hat das Kind (in der Geschichte) gegen seinen Stress unternommen? Wie fühlt es sich jetzt? Kennt ihr so etwas auch? Fallen euch andere Möglichkeiten ein, wie die Geschichte weitergehen kann?" Die Kinder lernen dadurch, eine Stresssituation wahrzunehmen, und sehen, dass eine Stressreaktion auch durch effektive Strategien ersetzt werden kann. In Probehandlungen können sie somit neu erlernte Bewältigungsverfahren ausprobieren, einüben und später in ihren Lebensalltag übertragen. Mit Hilfe der „Stresswaage" wird das Erarbeiten der einzelnen Lösungsschritte für die Kinder sichtbar gemacht. Im ersten Schritt sind Stresssituationen zu erkennen und Stressreaktionen wahrzunehmen. Im weiteren Schritt werden günstige Bewältigungsstrategien ausgewählt und sodann überprüft, ob ein Stressabbau erfolgen konnte.

Tipp

Die „Stresswaage" als Bild für Stressmanagement
(nach Hampel & Petermann, Klein-Heßling & Lohhaus)

Für positives Stressmanagement maßgebend ist das ausgewogene Zusammenspiel zwischen einer realistischen Bewertung der Situation und der eigenen Reaktionen sowie der Verfügbarkeit von effektiven Bewältigungsstrategien. Dieses Stressmodell lässt sich mit dem Bild der „Stresswaage" verdeutlichen (z. B. Stresswaage aus Pappe herstellen und im Rollenspiel einsetzen). In der einen Waagschale werden Stresssituationen festgehalten „Wann man Stress haben kann" und in der anderen Waagschale die möglichen Bewältigungsstrategien „Was man gegen Stress tun kann".

Günstige Bewältigungsstrategien (sog. „Stresskiller") kennen lernen und einüben – „Was kann ich gegen Stress tun?"

Kinder sollen möglichst viele Strategien kennen lernen, denn jeder Mensch hat für sich herauszufinden, welche ihm auf Dauer gut tun. Während der eine sich besser über körperliche Betätigung entspannt, kann der andere dies besser durch Gespräche mit Freunden. Im Kindesalter sind folgende Strategien bedeutsam:

Sich über eigenes Stresserleben mitteilen. Wenn Kinder bereits früh vermittelt bekommen, dass sie sich mit Problemen jederzeit an ihre Eltern oder andere Personen aus ihrem vertrauten Umfeld wenden können und diese ihnen helfen, wird ihnen die Einstellung vermittelt, sich in Problemsituationen aktiv um soziale Unterstützung zu bemühen.

Wissen um die Bedeutung von Ruhe- und Stresspausen. Den Kindern ist zu verdeutlichen, wie wichtig es ist, zwischen Phasen der Anspannung und Aktivität Ruhe- und Erholungspausen einzulegen. Dazu zählt die Möglichkeit, sich für eine Weile in vorbereitete Ruhezonen zurückzuziehen, mit Freunden zu spielen, sich körperlich zu betätigen. Für Kinder ist es bedeutsam, in stressfreien Zeiten Kräfte für künftige Stresssituationen zu sammeln. Haben sie sich noch nicht von einer Belastung erholt, bevor sie mit der nächsten Belastung konfrontiert werden, dann sind sie anfälliger gegenüber weiteren Stressoren. Kinder sind darüber entwicklungsangemessen zu informieren; auch die Eltern benötigen Information.

Entspannungsfähigkeit. Kinder können an Entspannungstechniken herangeführt werden. Durch Einsatz entsprechender Übungen während stressreicher Phasen kann eine effektive Bewältigung, außerhalb solcher Phasen Stressprävention erfolgen. Kinder können durch sie eine gewisse Gelassenheit gegenüber scheinbar belastenden Ereignissen entwickeln.

Kognitive Strategien – Stoppen negativer und Aufbau positiver Gedanken. Während sich das ständige Grübeln über eine aktuell schwierige Situation eher negativ auswirkt, können sich bewusst positive Gedanken sowie Gespräche mit anderen positiv auf das Stressmanagement auswirken. Einige Beispiele (nach Hampel & Petermann):
- Bagatellisierung: „Alles halb so schlimm!"
- Ablenkung: „Ich denke an etwas anderes!"
- Situationskontrolle: „Erst einmal einen Plan machen!"
- Reaktionskontrolle: „Ich muss mich erst mal in den Griff kriegen!"
- Entspannung: „Ich entspanne mich erst mal!"
- Positive Selbstinstruktion: „Ich mache mir Mut!"
- Suche nach sozialer Unterstützung: „Ich bitte jemanden um Hilfe!".

Wissen um vorhersehbare Stresssituationen, gegen die man vorbeugen kann – Stressprävention. Kinder können dafür sensibilisiert werden, dass es bestimmte Situationen gibt, die sie immer wieder als stressreich erleben, und dass sie etwas dagegen tun können, um dieses Stresserleben zu verhindern (z. B. ist es gut, morgens etwas früher aufzustehen, um mehr Ruhe für das Frühstück zu haben, bevor es Zeit wird, in den Kindergarten zu gehen).

Tipp

Vier Schritte, die Kindern helfen, mit Stresssituationen konstruktiv umzugehen (nach Hampel & Petermann)
- **Stresssituation.** Ich nehme eine Situation als belastend wahr (z. B. „Streit mit dem besten Freund bzw. der besten Freundin")
- **Stressreaktion.** Ich erkenne meine Reaktionen und Gefühle in dieser Situation (z. B. „Ich fühle mich unwohl, bin nervös")
- **Stresskiller.** Ich setze eine effektive Maßnahme ein, um die Situation zu bewältigen (z. B. „Ich versuche den Konflikt konstruktiv zu lösen. Ich gehe in Gedanken alle Lösungen noch mal durch!")
- **Gute Laune.** Ich finde in meinen ausgeglichenen Zustand zurück (z. B. „Ich bin wieder fröhlich").

Positives Stressmanagement im pädagogischen Alltag

Ist das pädagogische Personal in der Lage, eigene Stresssituationen erfolgreich zu bewältigen, so wirkt sich dies positiv auf die Fachkraft-Kind-Beziehung und die Entwicklung der Kinder aus. Die Kinder können indirekt im Sinne des Modell-Lernens und durch ein positives Erzieherverhalten Bewältigungsstrategien erwerben. Bedeutsame Strategien sind:
- Wahrnehmen der eigenen Gefühle und Aufdecken unrealistischer Einschätzungen
- Bewusste Körperarbeit (z. B. Atem- und Entspannungsübungen)
- Negative Gedanken beenden und durch positive ersetzen (z. B. zu hohe Erwartungen an sich selbst als Erziehungsperson)
- Techniken einer systematischen Verhaltensänderung (z. B. Stärkung der eigenen Fachkompetenzen, Ausprobieren pädagogischer Methoden, die mehr Effizienz versprechen).

Verwendete Literatur

- Bundeszentrale für gesundheitliche Aufklärung (BZgA). (Hrsg.). Körper, Liebe, Doktorspiele. 1. bis 3. Lebensjahr. Ratgeber für Eltern zur kindlichen Sexualentwicklung. Köln.
- Bundeszentrale für gesundheitliche Aufklärung (BZgA). (Hrsg.). Körper, Liebe, Doktorspiele. 4. bis 6. Lebensjahr. Ratgeber für Eltern zur kindlichen Sexualentwicklung. Köln.
- Hampel, P. & Petermann, F. (1998). Anti-Stress-Training für Kinder. Weinheim: Beltz.
- Klein-Heßling, J. & Lohaus, A. (2000). Stresspräventionstraining für Kinder im Grundschulalter. Göttingen: Hogrefe.
- Reichert-Garschhammer, E. (2001). Qualitätsmanagement im Praxisfeld Kindertageseinrichtung (Bayern)/(Bund) – Blickpunkt: Sozialdatenschutz. Staatsinstitut für Frühpädagogik (Hrsg.). Kronach: Carl Link.
- Tietze, W. & Viernickel, S. (Hrsg.) (2002). Pädagogische Qualität in Tageseinrichtungen für Kinder. Ein nationaler Kriterienkatalog. Weinheim: Beltz.

8

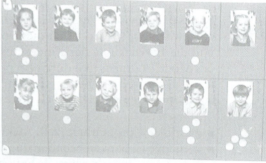

8.1 Mitwirkung der Kinder am Bildungs- und Einrichtungsgeschehen (Partizipation) 389

8.2 Moderierung von Bildungs- und Erziehungsprozessen 415

8.3 Beteiligung und Kooperation 425

8.4 Beobachtung, Evaluation und Weiterentwicklung 452

Schlüsselprozesse für Bildungs- und Erziehungsqualität

8.1 Mitwirkung der Kinder am Bildungs- und Einrichtungsgeschehen (Partizipation)*

Leitgedanken

Kinder haben das Recht, an allen sie betreffenden Entscheidungen entsprechend ihrem Entwicklungsstand beteiligt zu werden. Es ist zugleich ein Recht, sich nicht zu beteiligen. Dieser Freiwilligkeit seitens der Kinder, ihr Recht auszuüben, steht jedoch die Verpflichtung der Erwachsenen gegenüber, Kinder zu beteiligen, ihr Interesse für Beteiligung zu wecken (Art. 12 UN-Kinderrechtskonvention, § 8 Abs. 1 Satz 1 SGB VIII, Art. 10 Abs. 2 BayKiBiG).

„Beteiligung" bedeutet „Partizipation" im Sinne von Mitwirkung, Mitgestaltung und Mitbestimmung. Sie gründet auf Partnerschaft und Dialog. Partizipieren heißt, Planungen und Entscheidungen über alle Angelegenheiten, die das eigene Leben und das der Gemeinschaft betreffen, zu teilen und gemeinsam Lösungen für anstehende Fragen und Probleme zu finden. Sie zeichnet sich aus durch ergebnisoffene Situationen, in denen Willensbildungsprozesse gemeinsam erfolgen und Ergebnisse anders als erwartet ausfallen können. Kinderbeteiligung umfasst Mit- und Selbstbestimmung. In Tageseinrichtungen ist jedem Kind zu ermöglichen, Eigenverantwortung zu übernehmen und eigene Aktivitäten zu gestalten, soweit sich dies mit seinem Wohl und dem der Gemeinschaft vereinbaren lässt. Als (Mit-)Betroffene und „Experten in eigener Sache" werden alle Kinder in bildungs- und einrichtungsbezogene Planungs-, Aushandlungs- und Entscheidungsprozesse regelmäßig mit einbezogen. Es wird ihnen dabei ernsthaft Einflussnahme auf Inhalte und Abläufe zugestanden. Wenn Erwachsene und Kinder gemeinsam planen und entscheiden, kann es zu Konflikten kommen. Konflikte werden im vorliegenden Plan als Chance zur Entwicklung und Verbesserung verstanden. Es werden gemeinsam Lösungen gesucht, die alle mittragen können. Durch Mitsprache

---

* In dieses Kapitel maßgeblich und teils wortwörtlich (allerdings ohne zu zitieren) eingeflossen sind die Erkenntnisse aus dem wissenschaftlich begleiteten Modellvorhaben „Die Kinderstube der Demokratie – Partizipation in Kindertagesstätten". Dieses Vorhaben wurde im Auftrag und mit Förderung des Ministeriums für Frauen, Jugend und Familie des Landes Schleswig Holstein in sieben Modelleinrichtungen durchgeführt, seine Ergebnisse Ende 2004 veröffentlicht. Zusammen mit den Ergebnissen aus der Erprobung des Bayerischen Bildungs- und Erziehungsplans ergeben sich nachstehende Ausführungen.

lernen Kinder Mitverantwortung zu übernehmen, aber auch dadurch, dass ihnen zunehmend Verantwortungsbereiche für andere oder die Gemeinschaft übertragen werden.

Beteiligung ist von klein auf möglich, d. h. mit Kindern jeden Alters und bei allen sie betreffenden Themen. Das Alter spielt für die Beteiligungsform eine Rolle, nicht hingegen für die Beteiligung als solche. Beteiligung durch Dialog ist nicht auf verbalen Austausch beschränkt, Beobachtung und Interaktion sind Teile dieses Dialogs. Je jünger die Kinder sind, desto wichtiger sind die Beachtung der Signale, die sie aussenden, und ihre Körpersprache. Kinder können oft mehr, als ihnen die Erwachsenen zutrauen. Bei angemessener Unterstützung sind sie fähig, ihren Lebensalltag bewusst und gezielt mitzugestalten. Sie können sehr genau sagen, was sie beschäftigt, äußern auf Nachfrage spontan ihre Ideen und Vorstellungen, sind in ihren Äußerungen konkret und handlungsorientiert.

Kinderbeteiligung erweist sich als Kernelement einer zukunftsweisenden Bildungs- und Erziehungspraxis, sie ist der Schlüssel zu Bildung und Demokratie. Sie hat einen breiten Einsatzbereich und einen hohen Wirkungsgrad. Bildungsprozesse, die von Kindern und Erwachsenen partnerschaftlich und gemeinsam gestaltet werden, steigern den Lerngewinn der Kinder auf beeindruckende Weise. Kinder bringen Ideenreichtum und Perspektivenvielfalt ein, wenn sie bei Planungs- und Entscheidungsprozessen unterstützt werden. Lernangebote, die den Interessen und Bedürfnissen der Kinder entsprechen, sind wirkungsvoll und nachhaltig, denn als Co-Produzenten sind die Kinder ernsthaft bei der Sache. Kinder auch an Raumgestaltungsprozessen zu beteiligen, leistet einen wichtigen Beitrag zur Verbesserung kindlicher Lebensräume.

Kinderbeteiligung spielt für die Erweiterung der Sprachkompetenz eine Schlüsselrolle. Damit Kinder viel Gelegenheit und Anregung erhalten, mit anderen ins Gespräch zu kommen, bedarf es einer Kultur des Miteinandersprechens. Partizipative Bildungsprozesse, vor allem Kinderkonferenzen, bieten einen Rahmen, in dem sich eine Gesprächskultur auf optimale Weise entwickeln und entfalten kann. Kinder fangen an zu erzählen, was sie bewegt, wenn sie das offensichtliche Interesse der Erwachsenen und der anderen Kinder spüren. Es sind gerade auch die Migrantenkinder, die von einer solchen Atmosphäre im Hinblick auf Sprachverständnis und Ausdrucksfähigkeit profitieren. Die Aufmerksamkeit der Gruppe ermutigt sie, in den nächsten Sitzungen Äußerungen zu wiederholen und weitere Worte zu finden. Wenn Kinder regelmäßig beteiligt werden, dann erleben sie, dass ihnen zugehört wird und ihre Meinung wichtig ist, sie entwickeln den Mut sich zu äußern und haben zunehmend Freude am Sprechen. Nicht nur in den sprachbezogenen, sondern auch in den handlungsorientierten Beteiligungsformen, die dem gestalterischen Potenzial, der Neugier und dem Bewegungsbedürfnis der Kinder mehr Raum geben, spielt die Sprache eine wichtige Rolle.

Kinderbeteiligung in Tageseinrichtungen führt Kinder ein in die Regeln der Demokratie und ist eine wichtige Gelegenheit für frühe politische Bildung. Demokratisches Verhalten hat in unserer Gesellschaft hohen Stellenwert, Demokratie lebt vom Engagement ihrer Bürger. Wenn Kinder in viele Prozesse aktiv einbezogen werden, dann erweitern sie ihre demokratische Kompetenz. Die geschützte Öffentlichkeit der Tageseinrichtung ist dafür ein ideales Erfahrungs- und Übungsfeld. Wenn in Beteiligungsprojekten Themen aufgegriffen werden, die ins Gemeinwesen führen, dann werden Tageseinrichtungen auch öffentlich mehr wahrgenommen. Es entstehen wertvolle Kontakte zu anderen Institutionen, zur Kommunalverwaltung und Kommunalpolitik, aber auch zu Medien, die über solche Projekte berichten. Für Kinder wird Politik dadurch konkret erfahrbar.

Partizipative Bildungsprozesse verklammern und verknüpfen alle Kompetenz- und Bildungsbereiche, sie fordern und stärken die Kinder in ihrer gesamten Persönlichkeit. Partizipation zielt auf Mündigkeit, die Fähigkeit zur Selbst- und Mitbestimmung, die Kinder nur selbsttätig erwerben können. Durch Anerkennung ihrer unterschiedlichen Vorerfahrungen und Ausdrucksweisen ermutigen Erwachsene die Kinder, eigene Wege zu gehen, sich an gemeinschaftlichen Gestaltungsprozessen zu beteiligen sowie Vertrauen in die eigene Beteiligungskompetenz zu setzen. Dieser Vertrauensvorschuss ist wesentlich.

Beteiligung erhöht die Identifikation der Kinder mit ihrer Einrichtung, stärkt das Gemeinschaftsgefühl und erleichtert daher soziale Integrationsprozesse. Mitentscheidung ist untrennbar verbunden mit sozialer Mitverantwortung (Emotionalität, soziale Beziehungen und Konflikte ➔ Kap. 7.2).

Damit die Beteiligung kleiner Kinder gelingen kann, müssen auch die Erwachsenen bereit und kompetent sein, sich zu beteiligen. Entscheidungsspielräume, in denen Kinder Beteiligung erfahren und einüben können, werden stets von den Erwachsenen eingeräumt.

Kinderbeteiligung verändert die Erwachsenen-Kind-Beziehung und stellt das Handeln mit den Kindern in den Mittelpunkt. Zu sehr sind viele Erwachsene noch daran gewöhnt, für Kinder zu denken und zu entscheiden, ihnen Verantwortung abzunehmen. Es gilt den Mittelweg zu finden, der die Erwachsenen nicht aus ihrer Verantwortung für Kinder entlässt. Wesentlich ist, dass Erwachsene ihre Interessen einbringen und klare Standpunkte formulieren, ohne dabei die Kinder zu bevormunden.

Bildungs- und Erziehungsziele

Das Kind beteiligt sich an Entscheidungen, die sein Leben in der Einrichtung betreffen. Es entwickelt Bereitschaft zur entwicklungsangemessenen Übernahme von Verantwortung, gestaltet seine Lebens- und sozialen Nahräume aktiv mit. Es erlangt die Überzeugung, Einfluss nehmen zu können, und erwirbt mit der Zeit Fähigkeiten und die Bereitschaft zur demokratischen Teilhabe. Dies umfasst insbesondere folgende Kompetenzen:

Soziale Kompetenzen

- Die eigenen Sichtweisen (Gefühle, Bedürfnisse, Interessen, Wünsche, Kritik, Meinungen) erkennen, äußern, begründen und vertreten
- Die Sichtweisen anderer wahrnehmen und respektieren
- Die eigenen Interessen mit anderen Interessen in Einklang bringen
- Zwischenmenschliche Konflikte über eine faire Auseinandersetzung austragen und einer Lösung zuführen, Fähigkeiten und Techniken erwerben, die für eine konstruktive Gesprächs- und Streitkultur und ein gutes Konfliktmanagement erforderlich sind.

Fähigkeit und Bereitschaft zur demokratischen Teilhabe

- Grundverständnis darüber erwerben, dass man anstehende Aufgaben und Entscheidungen gemeinsam lösen bzw. treffen kann
- Gesprächs- und Abstimmungsregeln sowie Gesprächsdisziplin (Stillsitzen, Zuhören, Ausredenlassen) kennen und anwenden
- Eigenen Standpunkt bzw. eigene Meinung einbringen und überdenken
- Andere Ansichten anhören und respektieren
- Bei unterschiedlichen Interessen und Meinungen aufeinander zugehen, Kompromisse eingehen und gemeinsam Lösungen aushandeln, die auf Interessenausgleich abzielen
- Sich damit abfinden und es aushalten, wenn die eigenen Meinungen und Interessen nicht zum Zuge kommen (Frustrationstoleranz), sich der Mehrheitsentscheidung fügen
- Erfahren, dass man auf seine Umgebung einwirken, etwas erreichen und selbst etwas bewirken kann und dies hinterher dann auch verantworten muss; nach und nach bewusste Entscheidungen treffen lernen
- Sicherheit im Umgang mit demokratischen Aushandlungsprozessen erlangen
- Einsicht gewinnen in Regeln und Strukturen von Mehrheitsentscheidungen und Minderheitenschutz
- Grundverständnis dafür entwickeln, dass Kinder Rechte haben, und dafür eintreten
- Bedeutung von Regeln für das Zusammenleben und deren Veränderbarkeit erfahren
- Erste Erfahrungen in der Begegnung mit Verwaltung und Politik.

Fähigkeit und Bereitschaft zur Verantwortungsübernahme

- Verantwortung für sich und andere übernehmen, für andere ein Vorbild sein
- Sich zuständig fühlen für die eigenen Belange und die der Gemeinschaft.

Anregungen und Beispiele zur Umsetzung

▰▰▰ GRUNDLAGEN

Bedeutung der Partizipation im pädagogischen Alltag

Kindertageseinrichtungen stehen in der Verantwortung, der Kinderbeteiligung als „gelebter Alltagsdemokratie" einen hohen Stellenwert und festen Platz einzuräumen. Um sich zu beteiligen, sind Kinder und Erwachsene herausgefordert, ihre eigenen Interessen wahrzunehmen, auszudrücken und in gemeinsame Entscheidungsprozesse einbringen zu können – hier sind Kinder, aber auch viele Erwachsene erst einmal Lernende. Partizipation heißt nicht, dass nur die Themen der Kinder aufgegriffen werden. Vielmehr fordert der Bildungsplan das pädagogische Personal heraus, bei Kindern das Interesse für neue Themen zu wecken. Eine Bildungspraxis, die die Entfaltung der Lernpotentiale der Kinder optimal unterstützt, legt das Hauptgewicht auf partizipative Bildungsprozesse mit Alltags- und Lebensweltbezug und weniger auf vorgefertigte Programme, gleich wie wirksam sie auch sein mögen. Programme bergen stets die Gefahr, Kindern Themen „überzustülpen". Dieser Gefahr können pädagogische Fachkräfte zwar verantwortungsvoll begegnen, sie aber nie ganz beseitigen.

Tipp

Verantwortungsvoller Einsatz elementarpädagogischer Programme

Programme sind Hilfsmittel für pädagogische Fachkräfte. Sie zeigen einen hypothetischen Lernpfad auf, der auf den jeweiligen Programminhalten und auf den entwicklungspsychologisch angenommenen Fähigkeiten der Kinder basiert. Durch diesen Lernpfad wird eine provisorische Kurzzeitserie von Lernaktivitäten vorgezeichnet. Der aktuellen Entscheidung der Pädagogin unterliegt es, welche Aktivitäten sie mit den Kindern unternimmt. Diese Aktivitäten sind auf der Basis aktueller Informationen über den gegenwärtigen Entwicklungsverlauf der Kinder zu überprüfen und ihm anzupassen. Wichtig ist, die Kinder sorgfältig zu beobachten und die angebotenen Spielaktivitäten in enger Verbindung sowohl mit den Interessen und Fähigkeiten der Kinder als auch mit den Programminhalten zu organisieren. Beim Einsatz primärpräventiver Programme sind Qualitätsaspekte zu beachten. Wesentlich ist, dass sie sich unmittelbar an alle Kinder, aber auch an die Eltern richten und folgenden fachlichen Standards genügen:
- Sie haben klare Ziele.
- Sie sind für die jeweiligen Zielgruppen leicht zugänglich.

> **Tipp**
>
> - Sie finden hohe Akzeptanz bei den Adressaten.
> - Sie sind theoretisch begründet.
> - Sie sind im Hinblick auf ihre Wirksamkeit empirisch überprüft.
> - Sie erzielen stabile Wirkungen.
> - Sie finden kontinuierlich und langfristig statt. Es wird, soweit möglich und nötig, mit Experten zusammengearbeitet, die eine besondere Fachkunde in diesem Bereich haben.

Entwicklung einer umfassenden „Partizipationskultur" in der Einrichtung

Strukturelle Verankerung von Partizipation

Nur eine strukturelle Verankerung kann gewährleisten, dass Kinder – unabhängig von anderen Personen – ihre Beteiligungsrechte regelmäßig wahrnehmen können. Erst diese lässt Beteiligung als Recht der Kinder sichtbar werden. Sie umfasst Partizipation als institutionell verankertes Recht (Mitbestimmungsgremien), als Bestandteil der Einrichtungskonzeption und eine partizipatorische Gestaltung der pädagogischen Praxis.

Partizipation auf allen Beziehungsebenen

Partizipation der Kinder erfordert zugleich die Partizipation der Eltern (Bildungs- und Erziehungspartnerschaft mit den Eltern ➔ Kap. 8.3.1) und des Teams, aber auch Partizipation zwischen Träger und Team. Die Erwachsenen und ihre Umgangsformen sind stets Vorbild und Anregung für die Kinder.

Partizipationskultur als steter Prozess der Team- und Organisationsentwicklung

Partizipation im Team

Beteiligungsprozesse anzustoßen ist ein Prozess der Team- und Organisationsentwicklung. Diesen zu initiieren und zu managen ist Aufgabe der Einrichtungsleitung, ebenso wie die konsequente Umsetzung der gemeinsam gefassten Beschlüsse. Partizipation im Team ist die Basis für Partizipation der Kinder. Sie setzt voraus, im Team das eigene pädagogische Selbstverständnis und die Gestaltung der pädagogischen Arbeit regelmäßig zu reflektieren. Leitung und Träger tragen die Verantwortung, den strukturellen Rahmen für reflexive Teamprozesse zu schaffen und das Konzept durch sorgfältiges Personalmanagement zu sichern.

Reflexion des eigenen Kinderbildes – Kompetenzorientierte Sicht auf Kinder

Partizipation beginnt mit der Reflexion des eigenen Kinderbildes: Was können Kinder im allgemeinen und was noch nicht? Was traue ich Kindern zu? Was können und wissen unsere Kinder eigentlich schon alles? An welchen Ressourcen und Kompetenzen unserer Kinder kann ich ansetzen? Kinderbeteiligung bietet die Chance, den notwendigen Perspektivenwechsel im Umgang mit Kindern zu vollziehen.

Reflexion der Erwachsenenrolle in der Beziehung zum Kind – Bildung als Dialog

Kinderbeteiligung trifft den Kern der Pädagogik, nämlich die Gestaltung der Beziehung zwischen Menschen mit verschiedener Lebenserfahrung und ungleich verteilter Macht und Verantwortung: Welche Rolle habe ich in der pädagogischen Beziehung zum Kind? Wie trage ich dem Recht der Kinder auf Teilhabe Rechnung? Was passiert, wenn ich Kindern mehr Freiheit und Mitentscheidungsmöglichkeiten zugestehe? Bildung als Dialog beginnt auf Seiten der Erwachsenen damit, die Themen der Kinder ausfindig zu machen. Dies setzt voraus, die Kinder systematisch zu beobachten und die Beobachtungen zu interpretieren. Vermuten Erwachsene, ein Bildungsthema der Kinder erkannt zu haben, müssen sie sich mit den Kindern darüber verständigen, ob sie es richtig verstanden haben. Sie können den Kindern antworten, indem sie Lernräume und Lernangebote gestalten, in direkter Interaktion mit ihnen handeln oder sich verbal-kommunikativ äußern. Aber erst die Reaktion der Kinder auf diese Antworten kann Gewissheit verschaffen, ob sie das Thema richtig erkannt haben.

Dialogische Grundhaltung

Die Bereitschaft und Fähigkeit, in einen offenen Dialog mit Kindern einzutreten und dabei auch selbst zu lernen, wurzelt in einer dialogischen Grundhaltung, die mit zunehmender Methodenkompetenz wächst. Sie bedeutet, davon überzeugt zu sein, dass jedes Kind etwas zu sagen hat, interessiert und neugierig auf die Beiträge der Kinder zu sein, ihnen fragend und nicht wissend zu begegnen und ihre Beiträge ernst zu nehmen. Zuhören können ist eine Kunst, von der sich Kinder inspirieren lassen, die sie zum Sprechen anregt.

Leitfragen

Leitfragen für eine partnerschaftliche Dialogführung

- Was sind die Themen der Kinder? Wie finde ich sie heraus? Was sind meine Themen, Positionen und Ziele? Welche möchte ich den Kindern vorstellen und wie kann ich ihr Interesse daran wecken?
- Beobachte ich die Kinder regelmäßig? Habe ich einen geschärften Blick?

Leitfragen

- Kann ich aktiv zuhören? Lasse ich die Kinder ausreden, auch wenn sie scheinbar abschweifen? Halte ich Blickkontakt?
- Nehme ich die Äußerungen der Kinder wahr? Inwieweit berücksichtige ich nicht nur die verbalen, sondern auch die nonverbalen Ausdrucksweisen der Kinder?
- Wie viel Zeit lasse ich mir, die Kinder zu verstehen? Wie vergewissere ich mich, ob ich die Kinder richtig verstanden habe, bevor ich dies meine?
- Habe ich die nötige Geduld, meinen Wissensvorsprung zurück- und eigene Bewertungen in der Schwebe zu halten? Kann ich mein Vorwissen den Kindern ohne Besserwissen bereitstellen?
- Kann ich eigene Unsicherheiten den Kindern gegenüber offen eingestehen? („Das weiß ich nicht, aber wir können gemeinsam versuchen, es herauszufinden.")
- Nehme ich die Anliegen der Kinder ernst, stelle ich weitere Fragen und versuche mit ihnen gemeinsame Lösungen zu finden?

Methoden- und Moderationskompetenzen

Wichtige Methodenkompetenzen sind:
- Kindern ihre Entscheidungsspielräume bekannt geben
- Ihre Entscheidungsprozesse durch ein größtmögliches Maß an Information unterstützen und absichern
- Das für die Entscheidung nötige Wissen altersangemessen bereitstellen, d.h. abstrakte Zusammenhänge möglichst konkret, mit allen Sinnen begreifbar und direkt an der Erfahrungswelt der Kinder anknüpfend
- Kinder bei ihrer Meinungsbildung unterstützen
- Offene Fragen stellen
- Kindergespräche moderieren.

Von zentraler Bedeutung sind Moderationskompetenzen (→ Kap. 8.3.2).

Kindergespräche moderieren

„Moderieren" bedeutet, den Meinungs- und Willensbildungsprozess einer Gruppe zu ermöglichen und zu erleichtern, ohne inhaltlich einzugreifen und zu steuern. „Moderatoren" sind methodische Helfer, die ihre eigenen Meinungen, Ziele und Wertungen zurückstellen können. Erwachsene können Kinder schon früh darin unterstützen, Gesprächskompetenzen zu üben. Ihre Moderationsaufgaben bestehen darin, Kindern bei der Entwicklung von Gesprächsregeln behilflich zu sein, darauf zu achten, dass alle zu Wort kommen können, keiner ausgelacht oder verspottet wird, das Gesprächsziel im Auge zu behalten, aber zurückhaltend zu sein mit Bewertungen und damit für einzelne Kinder Position zu beziehen. Kinder brauchen Erwachsene, die ihnen mit ihrem Erfahrungsschatz zur Verfügung stehen und diesen einbringen. Diese Doppelrolle verlangt, den steten Rollenwechsel von der Gesprächsleitung zur

Gesprächsbeteiligung bewusst wahrzunehmen und den Kindern gegenüber offen zu legen („Ihr habt jetzt gesagt, wie ihr das seht. Nun will ich auch sagen, wie ich das sehe. Und dann könnt ihr wieder sagen, wie ihr das findet.").

Beteiligungsverfahren moderieren (Projekte, Gremien)

Zu schaffen ist eine Dialogsituation, in der Kinder ihre Ideen entwickeln können, und zugleich ist der Gesamtprozess so zu gestalten, dass die großen Zusammenhänge für alle transparent sind und vereinbarte Ziele erreichbar bleiben. Auszubalancieren sind:

- **Planung und Beteiligung/Offenheit.** Eine partizipative Bildungspraxis ist gleichsam herausgefordert, Bildungsangebote methodisch zu planen und ergebnisoffene Dialogverfahren zu gestalten. Die Beteiligung der Kinder kann dazu führen, dass sich Planungen wieder verändern oder gar zu verwerfen sind.
- **Prozess- und Ergebnisorientierung.** Ob in Projekten der Prozess oder das Ergebnis mehr im Vordergrund steht, hängt vom Thema und Stellenwert der zu erzielenden Ergebnisse ab. Für den Grad der Ergebnisorientierung eines Projekts ist nicht das Ausmaß der Partizipationsmöglichkeiten der Kinder entscheidend, sondern die Bedeutung der jeweiligen Projektziele, deren Verfolgung den Erwachsenen wichtig erscheint (z. B. Entwicklung eines Kinderortsplans: Ergebnisorientierung überwiegt, wenn am Ende ein gedruckter Plan vorliegen soll; Prozessorientierung überwiegt, wenn den Kindern eine bessere Orientierung im Umfeld der Einrichtung ermöglicht werden soll).

Ängste im Team ernst nehmen – in kleinen, gemeinsamen Schritten zum Ziel

Statt mit zu hohen Ansprüchen zu starten, ist es besser, dass jeder im Team die Frage ehrlich beantwortet: „Wie weit bin ich zunächst bereit, mich auf die anstehenden Veränderungen einzulassen?" Wichtig ist, sich selbst Zeit zu lassen und sich nicht zu überfordern. Unterschiedliche Beteiligungsformen verlangen unterschiedliche Bereitschaftsgrade, sich auf Kinderbeteiligung einzulassen. Von der gemeinsamen Gestaltung des Außengeländes sind die einzelnen pädagogischen Kräfte als Personen weniger stark betroffen als von der des Gruppenraums, der ihr Arbeitsplatz ist. Bei einem zeitlich begrenzten Beteiligungsprojekt stellt sich die Frage der Mitspracherechte weniger grundsätzlich als die Einführung institutionalisierter Beteiligungsformen. Kinderkonferenzen in der Gruppe setzen die Erwachsenen weniger der kollegialen Kontrolle aus als Kinderparlamente in der Einrichtung.

Leitfragen

Leitfragen beim Einstieg in die Kinderbeteiligung für das Team

- Was trauen wir uns zu?
- Welche inhaltlichen Bereiche der Mitentscheidung wollen wir vorerst ausklammern und erst zu einem späteren Zeitpunkt erneut diskutieren?

Wichtig ist, Entscheidungen über Inhalt und Grenzen der Kinderbeteiligung im Team im Konsens zu treffen und Ängste ernst zu nehmen. Die kleinen, gemeinsam gangbaren Schritte können die Entwicklung einer Partizipationskultur besser voranbringen als große Schritte, die nicht alle mitgehen würden. Anfangsschwierigkeiten lassen sich überwinden, wenn sie im Team reflektiert werden (z. B. auch Videoaufzeichnungen).

ELEMENTE EINER UMFASSENDEN KINDERBETEILIGUNG

Partizipative Elemente im Alltag

Gestaltung der pädagogischen Beziehung. Wie gut es den Erwachsenen gelingt, den Kindern in ihren Beziehungen Partizipationsmöglichkeiten zu eröffnen, hängt davon ab, inwieweit sie mit Kindern in einen offenen Dialog eintreten, ihnen Eigenverantwortung zugestehen und sie bei der Entwicklung notwendiger Gesprächs-, Konflikt- und Beteiligungskompetenzen unterstützen.

Alltagsgespräche. Innerhalb von Gesprächssituationen zwischen Erwachsenen und Kindern, die auf ernst gemeinte Dialoge ausgerichtet sind, können mit den Kindern die im Alltag anliegenden Themen und individuellen Probleme besprochen, Erfahrungen ausgetauscht, Konflikte bearbeitet oder gemeinsame Aktivitäten geplant und entschieden werden (z. B. direkter Dialog mit einzelnen Kindern, Anbahnung und Moderation des Dialogs unter Kindern, Gespräche mit der Kindergruppe).

Stuhlkreis am Morgen. Bei dieser in Tageseinrichtungen gängigen Beteiligungsform sitzen die Kinder einer Gruppe mit ihren pädagogischen Fachkräften zusammen. Sie erhalten Gelegenheit, von ihren Erlebnissen zu erzählen, ihre Gefühle zu schildern und ihre Wünsche zu äußern sowie neue Dinge von den anderen zu erfahren. Auf Initiative der Erwachsenen werden überschaubare Zeitabschnitte reflektiert, künftige Aktivitäten geplant, Gruppenregeln entwickelt und Stimmungslagen in der Gruppe aufgegriffen. Sprache, Artikulation, freie Rede mit Mimik und Gestik werden eingeübt.

Tägliche Reflexionen mit Kindern. Da die Themen für den Tag regelmäßig feststehen, erweisen sich kurze Reflexionsphasen mit den Kindern als sinnvolle Strategie, um etwaige Veränderungen herbeiführen zu können. So kann vorausschauend geplant werden. Wenn mit den Kindern im Morgenkreis eine Vorschau „Was mache ich heute?" und zu Mittag ein Rückblick „Was habe ich gemacht? Was hat mir gefallen? Was hat mir nicht gefallen?" durchgeführt worden, dann lernen sie ihren Alltag zu planen.

Kinderbefragungen über ein bestimmtes Thema (z. B. Ausflug, Projekt).

Wunsch- und Mecker-Kasten. Kinder können ihre Wünsche und Anregungen, Beschwerden und Beanstandungen oder auch Fragen in Bildern, Zeichnungen oder Symbolen zum Ausdruck bringen und diese „Botschaften" an das pädagogische Personal sodann in einen auf kindgerechter Höhe angebrachten Kasten werfen.

Beteiligungsprojekte als Experimentierfeld – Von Bildungsthemen über die Innen- und Außenraumgestaltung hin zum Gemeinwesen

Projekte, die auf Beteiligung gründen, schaffen einen Rahmen für Bildungsprozesse, in denen sich nahezu alle Kompetenz- und viele Bildungsbereiche dieses Plans zugleich realisieren und miteinander vernetzen lassen. Zugleich werden in Kindertageseinrichtungen viele Dinge geplant und entschieden, die nicht unmittelbar die interne Bildungsarbeit betreffen. Außer Beteiligungsprojekten zu Bildungsthemen, von denen dieser Plan viele Praxisbeispiele enthält, sind weitere Möglichkeiten:

Beteiligungsprojekte zur Innen- und Außenraumgestaltung

In Tageseinrichtungen bietet sich immer wieder die Gelegenheit, Innenräume (z. B. Umwandlung der Gruppen- in Funktionsräume) und Außenanlagen (z. B. Garten, Spielplatz) neu- bzw. umzugestalten. Solche Vorhaben sind ideal, Kinder, auch jüngere, bei der Gestaltung ihres Lebensraums aktiv zu beteiligen und sie zu dessen Mitgestaltern werden zu lassen – auch dann, wenn externe Planungspartner einbezogen sind. Kinder können in allen Phasen kontinuierlich oder punktuell eingebunden sein, wobei ihnen auch jenseits von Sprache über kreativ-gestalterische Elemente Beteiligung ermöglicht werden kann: in der Planungsphase (z. B. Ideensammlung über Malwettbewerb, Modellbau, Kinderumfragen), Entscheidungsphase (z. B. Erörtern der Pläne in der Kinderkonferenz, Punkte vergeben) und Realisierungsphase (z. B. Wände bunt bemalen, Möbel umstellen, Garten neu bepflanzen). Beispiele hierzu enthält der Plan: Mädchen und Jungen – Geschlechtersensible Erziehung ➤ Kap. 6.2.2 (Beteiligung der Mädchen und Jungen an der Raumgestaltung); Umwelt ➤ Kap. 7.7 (Projekt zur Gartenneugestaltung).

Beteiligungsprojekte mit Gemeinwesenbezug

Partizipation in Kindertageseinrichtungen erfordert auch die Öffnung zum Gemeinwesen. Für Kinder bedeutsame Themen können z. B. sein: Bewertung der Kinderspielräume oder der Verkehrswege in der Kommune aus Kindersicht, Aufstellen eines Ortsplans für Kinder, Beteiligung an Veranstaltungen im kommunalen Raum, auch schon in der Planungsphase. Bei all diesen Themen können Kinder ihr „Expertentum in eigener Sache" einbringen, das Umfeld der Tageseinrichtung erschließen und lernen, sich im kommunalen Raum besser zurechtzufinden. Kinder werden in der Gemeinde präsenter, die Berücksichtigung ihrer Sichtweisen trägt zur qualitativen Verbesserung sie betreffender kommunaler Entscheidungen bei. Für die Kinder können politische Strukturen stärker erfahrbar werden, wenn sie die handelnden Personen in unmittelbaren Kontakten erleben oder gar ihre Vorstellungen in politischen Kommunalgremien präsentieren (z. B. Bürgermeister, Ausschussmitglieder, Stadtbaurätin).

Kindern Verantwortungsbereiche für andere übertragen

Kinder brauchen viel Gelegenheit, sich zuständig zu fühlen. In Kindertageseinrichtungen gibt es viele Möglichkeiten, Verantwortung zu übernehmen – für einen Raum, für jüngere Kinder (Paten), für Tiere. Je mehr Verantwortungsbereiche Kindern übertragen werden, umso eher sind sie später bereit, sich für andere einzusetzen. Bewährte Beispiele aus der Praxis sind:

Peer-to-Peer-Ansätze

Diese Ansätze, insbesondere in Form der Peer-Education, setzen auf die Multiplikatorenwirkung, die von Gleichaltrigen ausgeht, d. h. Kinder lernen viel von anderen Kindern (Kinder verschiedenen Alters → Kap. 6.2.1). Zugleich lernen ältere Kinder hierbei, Verantwortung für andere, z. B. jüngere Kinder zu übernehmen, für die sie Unterstützer („Tutoren") sowie Vorbilder in Einstellungen und Verhaltensweisen sind. Peer-to-Peer-Ansätze lassen sich bereits mit 5- bis 6-jährigen Kindern realisieren. Dieser Plan enthält Peer-to-Peer-Ansätze vor allem bei der Begleitung von Kindern bei Übergängen im Bildungsverlauf.

- **Übergang in eine Tageseinrichtung – Übernahme von Patenschaften für neue Kinder.** Indem die Kinder in der Gruppe darüber reden, wie es ihnen in der Anfangsphase selbst ergangen ist, werden sie für die Situation der neuen Kinder sensibilisiert. Auf die Frage, wer bereit ist, eine Patenschaft für ein neues Kind zu übernehmen, melden sich interessierte Kinder. Durch diese Aufgabe lernt das ältere Kind, Mitverantwortung für ein anderes Kind zu übernehmen; es wird in seiner Selbstständigkeit gestärkt und erfährt positive Wertschätzung auch in der Gruppe. Das neue Kind wird auf der Gleichaltrigenebene in die neue Umgebung eingeführt; es hat sofort einen Ansprechpartner und vertrauten Begleiter (Übergang von der Familie in die Tageseinrichtung → Kap. 6.1.1; Emotionalität, soziale Beziehungen und Konflikte → Kap. 7.2).
- **Übergang in die Grundschule – Übernahme von Patenschaften für angehende Schulanfänger durch Schulkinder** (Übergang in die Grundschule → Kap. 6.1.3).

Dienstleistungen für die Gruppe

In Tageseinrichtungen fallen tagtäglich viele Dienste an (z. B. Tischdecken, Blumengießen, Kalenderdienst, Abfallentsorgung). Soweit Kinder eingebunden werden, kleinere Dienste zu übernehmen, die sie nicht überfordern, lernen sie, wie wichtig es für die Kindergemeinschaft ist, die übertragene Aufgabe kontinuierlich, verlässlich, verantwortungsvoll und pflichtbewusst zu erfüllen. Sie erfahren bewusst die Bedeutung und den Gewinn einer klaren Aufgabenorganisation und Arbeitsteilung.

Sorge für Regeleinhaltung in Angebotszonen

Angebotszonen (Funktionsecken, -räume) sind je nach Themen- bzw. Bildungsbereich mit spezifischen Materialien ausgestattet. Kinder, die sich dort bestimmten Aufgaben widmen, haben sich an gewisse Regeln zu halten, die in der Gruppe vorab besprochen wurden und in den Zonen zumeist bildlich dargestellt sind (z. B. Sicherheits- und Verhaltensregeln beim Umgang mit Materialien, Ampelsystem mit Punkten). In wechselnder Folge können mehrere Kinder bestimmt werden, die als „Aufsicht" das Einhalten dieser Regeln überwachen. Dieser Aufgabenbereich fordert von den Kindern ein hohes Maß an Sachkunde, Sozialkompetenz, Durchsetzungsvermögen und Disziplin.

Mit Kindern Regeln und Grenzen setzen

Einrichtungsregeln offen zu thematisieren und gemeinsam mit den Kindern auszuhandeln stärkt den Zusammenhalt in der Gemeinschaft und die Identifikation mit diesen Regeln. Regeln sind immer wieder aufs Neue – unter Einbezug der neuen Kinder im neuen Jahr – auf den Prüfstand zu stellen. Auch aus demokratiepädagogischen Erwägungen heraus sollten Regeln und Grenzen für Kinder stets hinterfragbar bleiben – Überschreitungen sind oft als Hinweis auf eine unbefriedigende Situation und als Dialogangebot zu verstehen. Für die Entwicklung demokratischer Kompetenzen ist es hilfreicher, sich mit Kindern über Sinn und Unsinn einer Grenze auseinander zu setzen, als deren unbedingte Einhaltung durchzusetzen. Wenn sie erleben, dass Regeln nicht nur zu beachten sind, sondern auch aufgehoben und verschoben werden können, dann machen sie dabei elementare Demokratieerfahrungen. Gerade das aktive Aushandeln von Regeln und die Bereitschaft der Erwachsenen, Regeln zu diskutieren, führen dazu, dass Regeln für Kinder wichtiger und bedeutsamer werden (Emotionalität, soziale Beziehungen und Konflikte ➔ Kap. 7.2; Gesundheit ➔ Kap. 7.11).

Die Kindertageseinrichtung als demokratisch verfasste Gemeinschaft – Die Kinderkonferenz als Basis der pädagogischen Arbeit

Bei Kindertageseinrichtungen bzw. Kindergruppen, die sich als „Modell einer demokratisch verfassten Gemeinschaft" begreifen, zeigt sich der Zusammenhang zwischen politischer Bildung und pädagogischem Handeln. Am Modell einer solchen Gemeinschaft lernen die Kinder die Bedingungen des friedlichen, gerechten, geregelten und verantworteten Zusammenlebens und alle Schwierigkeiten, die dies bereitet. Die Einrichtung bzw. Gruppe spiegelt im Kleinen das große Gemeinwesen wider, die Kinder können darin demokratische Einstellungen und Handlungskompetenzen erfahren und einüben. Partizipation wird für Kinder erst dann konkret erfahrbar, wenn sie sich in Gremien selbst vertreten können; dort wird ihnen schnell bewusst, dass Mitspracherechte mit der Übernahme von Verantwortung verbunden sind. Wenn sich Kindertageseinrichtungen eine „Verfassung" geben, in der Gremien und

Mitspracherechte detailliert geregelt sind, und diese Gremien für alle Beteiligten selbstverständlich und regelmäßig im Alltag zusammentreten, dann hat institutionalisierte Kinderbeteiligung ein hohes Maß an Verbindlichkeit erreicht. Tab. 8.1 zeigt mögliche Beteiligungsformen und ihre Gremien.

Offene Beteiligungsformen	Die jeweils betroffenen Kinder vertreten sich selbst	■ Kinderkonferenzen (Stammgruppenebene) ■ Kinderparlament als Vollversammlung (Einrichtungsebene)
Repräsentative Beteiligungsformen	Einige Kinder vertreten alle Kinder	■ Kinderräte ■ Kinderparlament als repräsentatives Gremium (z. B. nur Kinder, die nächstes Jahr in die Schule kommen, aus allen Gruppen; gewählte Kinderräte der Gruppen)

Tab. 8.1: Formen und Gremien für die Kinderbeteiligung

Kinderkonferenzen, als offene, flexible Beteiligungsform, die sich oft aus dem Stuhlkreis heraus entwickeln: Mittlerweile gibt es in der Praxis zunehmend Kinderkonferenzen, die regelmäßig (1–2mal pro Woche), aber auch spontan stattfinden, deren Sitzungen die pädagogischen Fachkräfte moderieren, aber auch die Kinder (→ Praxisbeispiel „Kinderkonferenzen mit Kindern aus 15 Nationen" in diesem Kapitel). Um spontane Zusammenkünfte zu ermöglichen, sind geeignete räumliche Voraussetzungen zu schaffen (einladende Ecken, wo man sich jederzeit kurzfristig treffen, zu einer Gesprächsrunde versammeln kann, z. B. Teppich, separate Lichtquelle, mobile Schaumstoffpolster).

Kinderrat, in den Delegierte der Kindergruppen gewählt werden (v. a. ältere, kompetentere Kinder, die sich als verantwortungsvolle Repräsentanten weiterqualifizieren): z. B. Abhalten regelmäßiger Sprechstunden für die Kinder ihrer Gruppe, um aktuelle Probleme, neue Ideen zu erfahren; alle 2 Wochen „Kinder-Dienstbesprechung", an der auch Delegierte des Teams, die Einrichtungsleitung und evtl. eine Elternvertretung teilnehmen und an deren Beschlüsse auch die Erwachsenen gebunden sind; Vorstellen der Sitzungsergebnisse in der Gruppe. Sehr positive Erfahrungen: Mit dem Vertrauen der Erwachsenen in die Kinder wächst die Bereitschaft, ihnen mehr Einflussmöglichkeiten auf das Einrichtungsgeschehen einzuräumen (z. B. die Unzufriedenheit der Kinder mit den angebotenen Teesorten führt zum Beschluss, einen Teehändler für eine Teeprobe in die Einrichtung einzuladen; in der Folge: Spielwarenhändler unterbreiten ihre Angebote dem Kinderrat).

Kinderparlament, an dem z. B. alle Einrichtungskinder, die im nächsten Jahr in die Schule kommen, teilnehmen: Wöchentliche Sitzung durch 2 gewählte vorsitzende Kinder; zwei pädagogische Fachkräfte begleiten das Parlament, strukturieren die Sitzungen, führen Protokoll und unterstützen bei Bedarf; Vorstellen der Sitzungsergebnisse in Vollversammlung am nächsten Tag; jedes Kind soll im Rahmen der einjährigen Amtszeit einmal im Vorstand sein. Erfahrungen: Kompetenzerweiterung für jedes Kind (z. B. eigene Interessen benennen, sich mit anderen darüber austauschen, Ergebnisse vor vielen Zuhörern präsentieren).

Die Planungsverantwortung für die Einführung solcher Gremien liegt zunächst bei den Erwachsenen. Erst wenn die Kinder eine Weile in Gremien tätig waren, erlangen sie das nötige Wissen, an der Weiterentwicklung ihrer Abläufe und Strukturen mitzuwirken. Wichtig ist, die erste Kinderkonferenz detailliert vorzubereiten und die gemachten Erfahrungen im Team zu reflektieren. Ein guter Weg hierfür sind Videoaufzeichnungen der Konferenzen. Mit der Zeit können sich Kinderkonferenzen zur Basis der pädagogischen Arbeit entwickeln.

Innere Öffnung – Das Konzept der offenen Kindertageseinrichtung

Wenn sich eine Einrichtung für das Konzept der inneren Öffnung entscheidet, dann kommt dies auch in der Konzeption zum Ausdruck.

Das „Konzept der offenen Kindertageseinrichtung" ist in pädagogischer wie struktureller Hinsicht ein Partizipationskonzept. Die Arbeit mit den Kindern geschieht nicht mehr überwiegend in Stammgruppen, sondern vermehrt oder überwiegend offen und in Kleingruppen. Dies ermöglicht Kindern zu lernen, selbst zu bestimmen, mit wem (Spielpartner) sie wo (Spielort) was (Spielart) wie lange (Spieldauer) spielen. Kinder erhalten jene Freiheit, die sie brauchen, um etwas zu entscheiden, zu erforschen, auszuprobieren. Offene Arbeit gesteht Kindern ein sehr hohes Maß an Selbstbestimmungsrechten im Alltag zu, ihre Entscheidungsspielräume werden bewusst erweitert. Diese Selbstbestimmung wird unterstützt u. a. durch ein großflächiges, vielfältiges und gezieltes Spiel- und Lernangebot, offene Gruppen, die Entscheidungsfreiheit bieten und eigenes Tempo erlauben und durch Spielmaterialien aus der realen Erlebniswelt. Einen Orientierungsrahmen bieten die Stammgruppenbildung, eine klare Raum- und Zeitstruktur sowie das Einhalten von Regeln. Erfahrungen zeigen, dass es schon 3-jährige Kinder schaffen, unter den Angeboten auszuwählen und zu entscheiden, in welchem Lernangebot und Funktionsbereich sie aktiv werden wollen. Kinder brauchen täglich interessante Angebote und Anregungen, aus denen sie auswählen können, damit sie ihre Kompetenzen erweitern können. Erfahrungsfelder und Lernangebote (z. B. Projekte, Workshops) vorzubereiten, durch die Kinder neugierig werden und eigene Ideen entwickeln können, ist wesentlicher Teil der täglichen offenen Bildungs- und Erziehungsarbeit.

Offene Arbeit heißt Arbeitsteilung und Teamarbeit auf Einrichtungsebene, ohne Stammgruppenbildung aufzugeben. Offene Arbeit gibt es in vielen Ausprägungen, ein wichtiger Faktor dabei ist die Größe der Einrichtung. Die Bildungsbereiche werden im Team entsprechend den jeweiligen Interessen und Neigungen der pädagogischen Fachkräfte aufgeteilt. Es finden täglich mehrere Angebote statt, unter denen die Kinder frei wählen können. Offene Arbeit durch ein differenziertes Raumprogramm zu flankieren, ist ein guter Weg. Anstelle multifunktionaler Gruppenräume gibt es dann Funktionsräume, die bestimmten Bildungsbereichen gewidmet sind. In die Raumplanung und -gestaltung sind die Kinder aktiv einbezogen; zugleich gibt es für sie Räume, die sie selbstständig gestalten und laufend verändern können. Der Personaleinsatz in den Funktionsräumen während der Freispielphasen erfolgt nach dem Rotationsprinzip, im Mittelpunkt stehen Beobachtung und bei Bedarf Unterstützung der Kinder. Alle pädagogischen Fachkräfte arbeiten mit allen Kindern. Zugleich hat jedes Kind weiterhin seine Stammgruppe und Bezugspersonen, die in der Eingewöhnungsphase und bei bestimmten Anlässen (z. B. Morgenkreis, Feiern, Kinderkonferenz) bedeutsam sind. Offene Arbeit ermöglicht den Einrichtungsleitungen, sich mehr den Leitungs- und Managementaufgaben zu widmen. Neben der Organisationsentwicklung kommt der Teamentwicklung zentrale Bedeutung zu, denn offene Arbeit erfordert viel Teamarbeit. Der Wechsel von überwiegender Stammgruppenarbeit zu überwiegender offener Arbeit ist ein längerfristiger Prozess. Erfahrungen sind: Die Arbeitsteilung entlastet das Personal, Kinder werden selbstständiger und entscheidungsfreudiger angesichts der größeren Auswahlmöglichkeiten an Lernangeboten.

PROJEKTBEISPIELE AUS DER PRAXIS

Einführung von „Kinderkonferenzen mit Kindern aus 15 Nationen"

Modelleinrichtung: Evang. Kindergarten St. Johannes – Konzeption: Marlies Schaumlöffel-Brodte

Nach erfolgreichem Abschluss des Projekts „Gemeinsam geht's besser", bei dem die Zusammenarbeit mit den Eltern im Vordergrund stand (Kinder mit verschiedenem kulturellem Hintergrund – Interkulturelle Erziehung → Kap. 6.2.3), war der nächste Schritt die Einführung von Kinderkonferenzen. Wesentliche Bildungsziele hierbei waren die Äußerung der eigenen Meinung, der Umgang mit anderen Meinungen und die Konsequenzen daraus. Die Umsetzung von Kinderkonferenzen (Kiko) im Kindergartenalltag in den multikulturellen, alters- und geschlechtergemischten Gruppen war insofern eine Herausforderung, als zu diesem Zeitpunkt Kinder aus 15 Nationen den Kindergarten besuchten. Was als ein Projekt begann, ist mittlerweile fester Bestandteil der pädagogischen Arbeit.

Reflexions- und Planungsprozesse im Team

Einstieg – Fragebogen zu „Selbst- und Mitbestimmung in meiner Kindheit"

- Wo und wann durfte ich als Kind mitbestimmen? (Kleidung, Frisur, Weihnachtsbaum, Urlaub, Essen, Einkaufen, Teller leer essen, Haustiere)
- Was durfte ich als Erwachsener mitbestimmen? (Berufswahl, Partnerwahl, Wohnung)
- Wo und wann dürfen meine eigenen Kinder mitbestimmen?

Interne Teamfortbildung zum Thema „Kinderkonferenz"

- Bedeutung der Kiko für uns als Erwachsene
- Wünsche und Bedürfnisse der Kinder kennen lernen und darauf eingehen
- Demokratieprinzip: Sich den Beschlüssen der Mehrheit beugen
- Die Kinder zeigen den Erwachsenen neue Wege auf.

Planungsschritte

- Kinder beobachten und wahrnehmen (Situation des einzelnen Kindes und der Gruppe analysieren: Gruppenphasen, Gruppenrollen beachten, Angebotsmöglichkeiten eingrenzen)
- Vorauswahl treffen und Brainstorming mit den Kindern: Was haben wir zur Auswahl?
- Planung und Durchführung mit Kindern
- Dokumentation, Reflexion und Auswertung.

Vorgehen bei der ersten Konferenz

- Erklären „Was ist eine Kinderkonferenz?"
- Wir sind wichtig, wir können auch Beschlüsse fassen
- Tagesordnung: Welche Themen stehen heute an?
- Gesprächsleitung zunächst selbst in der Hand haben, später an Kinder abgeben
- Teilkonferenz, um bestimmte Konflikte zu besprechen und zu lösen
- Regelmäßigkeit ist wichtig – feste Tage, feste Uhrzeiten und fester Ablauf
- Festhalten durch Schrift, Bild und Symbol
- Mitgestalten und Mitplanen
- Gemeinsam Gesprächsregeln aufstellen.

Mögliche Themen

- Planung neuer Themen – wer kann uns dabei helfen? (sich öffnen – Menschen von außen hereinholen, Eltern integrieren)
- Wochenthemen, Freispiel
- Reflexion – Wochenrückschau, Ausflüge, Exkursionen
- Kochvorhaben, Speiseplanung
- Raum- und Gartengestaltung
- Ämter bzw. Dienste in der Gruppe (Wer macht was? Wer ist verantwortlich? Wer räumt wieder auf?)
- Regeln (in der Gruppe, auf dem Gang, im Hof, beim Turnen)
- Atmosphäre, Konflikte und Lautstärke
- Erzieher- und Kinderkritik
- Personalplanung mit Kindern: Wer soll in welcher Gruppe sein?

Hilfsmittel zum Sammeln von Tagesordnungspunkten ist eine Pinnwand mit Zetteln, auf denen die Themen bildlich dargestellt sind.

Methoden der Gesprächsführung und Regeln

- Aktiv zuhören und nachfragen
- Ausreden lassen und ernst nehmen
- Fragetechnik und Ich-Botschaften setzen
- Echtheit
- Blickkontakt halten
- Zusammenfassen, um Struktur zu bekommen
- Redestab, Gesprächs-, Erzählkugel, Stein oder Hut aufsetzen – dies vermittelt dem Kind als Redner Sicherheit
- Sanduhr zur Begrenzung der Redezeit
- Kindern, die schüchtern sind, Aufgaben geben (z. B. etwas austeilen oder einsammeln lassen) und positiv verstärken
- Kinder, die Vielredner sind, wertschätzend begrenzen (z. B. Kugel rollt im Teller und wenn sie stehen bleibt, ist die Redezeit zu Ende, Sanduhr, Ich-Botschaften setzen)
- Akustisches Signal für Anfang und Ende der Kiko
- Lied.

Treffen von Entscheidungen – Abstimmungsformen

- Stimmsteine setzen
- Klebepunkte anbringen
- Zeichen der Kinder (Garderobenbild) legen
- Perlen in die entsprechende Schale werfen.

Information an die Eltern

- Eine „Kinderkonferenz" mit Eltern
- Eltern informieren, was die Kinder lernen (z. B. Video zeigen).

Erste praktische Erfahrungen

Zu Projektbeginn im Oktober war geplant, dass die Kikos jeden Montag in jeder Gruppe stattfinden. Alsbald wurde klar, dass jede Gruppe den Zeitpunkt ihrer Kiko selbst entscheiden muss. Bei den ersten Konferenzen gaben die Erwachsenen den Kindern die Themen vor und boten ihnen verschiedene Möglichkeiten an. Dies gestaltete jede der drei Stammgruppen anders, ein Beispiel: Die Elefantengruppe stimmte über 3 verschiedene Themen ab, was die Kinder in dieser Woche gerne machen möchten. Die Inhalte der Themen wurden den Kindern vorgestellt, mit Hilfe von 2 Muggelsteinen stimmten sie ab. Nach Weihnachten äußerten die Kinder selbst Ideen zur thematischen Kiko. Wir sammelten Fragen und überlegten, wie wir zu Antworten kommen. Projektthema war „Mein Körper gehört mir" (Gesundheit ➔ Kap. 7.11). Es wurden zwei Möglichkeiten vorgeschlagen, je eine von einem Erwachsenen und einem Kind. Beide Möglichkeiten wurden besprochen, mit Stimmsteinen wurde abgestimmt. Der Vorschlag des Kindes bekam die Mehrheit, und es wurde daraufhin ein Kinder-Eltern-Nachmittag einberufen, um die Eltern in die Beantwortung der anstehenden Fragen einzubeziehen. Ausblick:

Wir möchten die Kikos spontaner einberufen ohne langfristige Planung. Der Wunsch nach einer Kiko soll von den Kindern kommen.

Reflexion und Weiterentwicklung

Vorbereitung der Kinderkonferenzen

Die pädagogische Fachkraft beobachtet die Kinder laufend in den jeweiligen Situationen, ermuntert und unterstützt sie dabei, ihre Anliegen zu artikulieren oder zu malen. Diese notiert sie in regelmäßigen Abständen auf Wunsch der Kinder oder von sich aus auf und bezieht dabei ihre Beobachtungen und Vorüberlegungen ein (z. B. Wie ist die Befindlichkeit und Anwesenheit der Kinder? Geplante oder gewünschte Aktivitäten?). Sie bereitet mit Kindern das Konferenzmaterial vor (1–2 Tage vorher), was auch von den Kindern selbstständig übernommen werden kann (am Tag der Kiko). Wichtig ist, optisches Material anzubieten. Zur Meinungsbildung der Kinder bedient sie sich verschiedener Möglichkeiten, wenn sich im Gespräch mit den Kindern Themenschwerpunkte herauskristallisieren. Sie legt mit den Kindern die Tagesordnung und Themenauswahl fest, unter Berücksichtigung der Interessen oder Betroffenheit der Kinder, wenn sie Themen einbringen will.

Struktureller Ablauf der Kinderkonferenzen

Kinder setzen sich im Kreis zusammen und werden über die Tagesordnung informiert. Über die Reihenfolge der Themen wird abgestimmt, mit den Kindern wurden folgende Gesprächsregeln festgelegt: „Jeden ausreden lassen; jeder hat das Recht etwas zu sagen, ernst genommen und nicht ausgelacht zu werden; warten, bis man an die Reihe kommt; Gesprächsleitung wird festgelegt". Die pädagogische Fachkraft übernimmt vorerst die Moderation, sie achtet auf die Anwendung der Regeln und darauf, dass die Kinder ihre Anliegen formulieren können. Die Kinder werden bei Bedarf begleitet und unterstützt. Nachvollziehbare Ablaufgestaltung ist wichtig. Es gibt keine Rednerfolge, sondern eine Gesprächsform, wo jeder sich beliebig am Gespräch beteiligen kann. Die Fachkraft fasst die bisherigen Inhalte und Möglichkeiten verständlich zusammen und setzt bei Bedarf die erarbeiteten Methoden und Materialien ein. Sie gibt durch gezielte Fragestellung Impulse für weitere Möglichkeiten; es besteht auch die Möglichkeit, von Kleingruppen Lösungsvorschläge ausarbeiten zu lassen. Ein Teil der Kinder ist für eine vorgeschlagene Lösung, einige Kinder sind anderer Meinung. Die pädagogische Fachkraft fragt die Kinder nach einem Kompromiss oder macht eigene Vorschläge. Sie animiert die Kinder, Kompromisse zu finden, indem sie die Situation darlegt, die Vor- und Nachteile aufzählt und durch Fragen zu weiteren Möglichkeiten anregt. Einige Kinder können auch im Gespräch in Kleingruppen mit den Kindern, die anderer Meinung sind, sprechen und einen Kompromiss finden oder sie überzeugen. Die Kinder werden zu eigenständigem Denken angeregt, erfahren demokratische Verhaltensweisen.

Umsetzung der Lösungen: Die Kinder können selbstständig die Lösungen umsetzen. Sie erfahren Möglichkeiten, Abmachungen zu überprüfen. Sie erleben dadurch, dass ihre Entscheidung Konsequenzen hat und damit von den Erwachsenen akzeptiert wird.

Dokumentation der Kinderkonferenzen

Während der Kiko wird von einer pädagogischen Fachkraft Protokoll geführt. Bei der Niederschrift des Protokolls finden bei Bedarf Erklärungen statt. Es wird für die Eltern ausgehängt, die Protokollmappe kann von Eltern eingesehen oder ausgeliehen werden. Die Ergebnisse bzw. die Durchsetzung der Lösungen werden ebenfalls notiert, ausgehängt und in der Mappe abgelegt. Den Kindern wird auf Wunsch das Protokoll vorgelesen und erklärt. Offener und transparenter Informationsfluss. Eltern können die Entscheidungen im Kinderalltag nachvollziehen.

Welche Ergebnisse sind mit dieser Vorgehensweise erreichbar?

Die Kinder fühlen sich mit ihren Anliegen angenommen. Sie beobachten ihre Umgebung genauer, achten auf Verhaltensweisen anderer. Sie übernehmen Verantwortung für ein reibungsloses Zusammenleben. Sie lernen, ihre Meinung äußern zu können und eine Entscheidung der Gemeinschaft zu akzeptieren. Sie üben sich darin, in Zusammenhängen zu denken. Sie lernen zu argumentieren und die eigene Meinung zu vertreten. Sie lernen die Meinungen anderer kennen und mit diesen unter Berücksichtigung demokratischer Spielregeln umzugehen. Sie erwerben Sozial- und Sprachkompetenzen. Sie werden darin bestärkt, sich sachlich mit Problemen auseinander zu setzen. Durch entsprechende Methodenwahl können Kinder mit unterschiedlichem Entwicklungsstand und Alter die Kiko nachvollziehen.

Rahmenbedingungen für Kinderkonferenzen

- Gruppenanalyse erstellen
- Vorkenntnisse über Entwicklung des kindlichen Denkens
- Zeit ohne Zeitdruck
- Personelle Besetzung – mindestens zu zweit, bei einfachen, weniger aufwendigen Kikos auch alleine, dann muss die pädagogische Fachkraft jedoch auch protokollieren
- Alle Kinder sollen beteiligt sein, Teilgruppenkonferenzen sind jedoch auch möglich
- Möglichkeiten der Reflexion im Team Raum geben
- Vom pädagogischen Personal wird große Kreativität in Bezug auf Flexibilität, Spontaneität gefordert, es muss sensibel sein in seiner Wahrnehmung und selbstkritisch handeln können
- Pädagogische Fachkräfte müssen bereit sein, sich selbst zurückzunehmen und Entscheidungen der Kinder zu akzeptieren, auch wenn sie selbst nicht so entschieden hätten
- Kinderkonferenzen müssen regelmäßig stattfinden und aufeinander aufbauen in Bezug auf die Entscheidungskompetenz der Kinder
- Die Beteiligung der Kinder muss durchgehend vorhanden sein
- Die Qualitätssicherung der Kinderkonferenz durch Beobachtungsbögen (Kinder/Erzieherverhalten) empfiehlt sich.

„Architek-Touren mit Kindern" – Kinder erleben Architektur in Amberg

Örtliches Gemeinwesen als Ort für lebensnahes Lernen –
Wir entdecken, erfahren und erkunden verschiedene Gebäude und ihre Nutzungsmöglichkeiten

Modelleinrichtung: Kindergarten St. Michael in Amberg –
Konzeption: Brigitte Netta

Der Kindergarten liegt mitten im „D-Programm", einem Wohngebiet mit vielen Aussiedlerfamilien und ca. 1000 Wohneinheiten, das zwischen 1964 und 1970 am Stadtrand von Amberg in der Oberpfalz entstand. In der Einrichtung werden 104 Kinder zwischen 3 und 7 Jahren täglich zwischen 7.30 und 17.00 Uhr betreut. Die **konzeptionelle Raumaufteilung** in Form von **Funktionsräumen** schafft eine gute Basis für eine breit gefächerte Gestaltung der Lernumgebung. Anstelle von klassischen Gruppen- und Intensivräumen bietet unser Kindergarten verschiedene Funktionsräume: **Lernwerkstatt** (mit Schreibecke, Sachbüchern, Matheecke, Computerbereich), **Atelier** (mit breitem Angebot zum Malen, Gestalten und Werken), **Bauzimmer** (mit viel Platz zum großflächigen Bauen und Konstruieren), **Theaterwerkstatt** (mit vielfältigen Möglichkeiten vom Kaufladen bis zum Theater und dem Büro), **Bistro** (ein gemeinsam mit den Kindern eingerichteter Raum für viel Kommunikation bei der Brotzeit und dem Mittagessen), **Musikzimmer** (mit verschiedensten Instrumenten, die in die Freispielphase miteinbezogen werden), **Traumzimmer** (für das Zurückziehen, Entspannen und Ausruhen) und **Außengelände** (ein naturnah gestalteter Spiel- und Lebensbereich mit Bewegungsbaustelle, Hausgarten, Rückzugsmöglichkeiten – als Antwort auf die mit sehr viel Beton gestaltete Wohnumgebung der Kinder). Allen Bereichen ist jeweils eine pädagogische Fachkraft als Ansprechpartnerin für die Kinder und für die Dokumentation der Beobachtungen zugeordnet. Mit diesem differenzierten Raumprogramm ist unser Haus eine „Lernwerkstatt", in der die Kinder über eigene aktive Tätigkeiten ihren Wissensdurst, ihre Neugier und Lernbereitschaft befriedigen und erweitern können. Die Kinder haben so Platz zu Ruhe und Entspannung, zur Bewegung, zum Forschen, Entdecken und Vertiefen, zum kreativen Gestalten und zum Rollenspiel. Das aktive Einbeziehen der Kinder in die Raumplanung und -gestaltung ist uns dabei besonders wichtig. Darüber hinaus gibt es im Haus und im Außengelände Bereiche, die von den Kindern im Freispiel selbstständig gestaltet und verändert werden können. Durch unsere Begleitung wollen wir den Kindern Möglichkeiten eröffnen, die sie noch nicht kennen und ihre Erfahrungen bei ihren Lernprozessen unterstützen. Ausstattung und Gestaltung der verschiedenen Spielräume und gezielten Lernangebote ist somit wichtiges Element unserer Arbeit. Unsere Räumlichkeiten bieten vielfältige, anregende und an den Kindern orientierte Möglichkeiten zum handelnden Lernen. Unsere Räume sind offen gestaltet, wobei eine klare Tagesstruktur mit sehr viel Projektarbeit in kleineren Gruppen der Orientierung der Kinder entgegenkommt. Auf dieser Basis konnten wir unsere pädagogische Arbeit – insbesondere die Projektarbeit – im Rahmen der Erprobung des Bildungsplans gut weiterentwickeln.

Entstehung des Projekts – Projekteinstieg

Bereits vor der Erprobung des Bildungsplans wurden mit den Kindern vorbereitete „Altstadtwanderungen" durchgeführt. Ziele waren: verschiedene Gebäude per Rundgang erkunden, Hintergrundinformationen geben und Fragen der Kinder beantworten. Ende September 2003 hatten die Schulanfänger in ihrer wöchentlichen Schulkinderkonferenz die Gelegenheit, ihre Ideen und Vorstellungen für die Schulvorbereitungsphase einzubringen. Auf einem Plakat wurden alle Vorschläge gesammelt, so z. B. „in der Lernwerkstatt arbeiten", „im Kindergarten übernachten", „Schultüten basteln" „öfter in die Altstadt gehen und die Gebäude genauer anschauen". Im Zuge der Konkretisierung der letzten Idee wünschten sich die Kinder mehr Information zu den Fragen: „Was wird in den Gebäuden gearbeitet? Warum sind die Häuser so gebaut worden?" Auf Nachfrage, welche Gebäude sie besonders interessieren, kamen viele Vorschläge. Da nicht alle Gebäude allen Kindern bekannt waren, schlugen wir Erwachsenen eine „Fotogruppe" vor, die aus Sicht der Kinder alle interessanten Häuser fotografiert, um sodann in der Konferenz eine Auswahl zu treffen. Spontan meldeten sich 10 Kinder, die sich (nach schriftlicher Information ihrer Eltern) mit zwei pädagogischen Fachkräften zu Fuß in die Innenstadt machten – die Kinder übernahmen die Führung. Eine Stunde lang fotografierten die Kinder mit der Digitalkamera abwechselnd verschiedene Gebäude, von den aus Erwachsenensicht Sehenswürdigkeiten (z. B. Rathaus, Kirchen) bis hin zu den aus der Kinderperspektive interessanten Gebäuden (z. B. Kaufhaus, ein Verwaltungsgebäude, in dem ein Vater arbeitet, eine Druckerei, Stadtbibliothek). Wir Erwachsenen dokumentierten bei jedem Foto den Fotografen und die Anmerkungen der Kinder. Bei der nächsten Schulkinderkonferenz stellten die Kinder der Fotogruppe „ihre" Gebäude vor, und es entstand eine Gebäudeliste. Mit welchem Gebäude sollen die Architek-Touren starten? Ein Mädchen schlug das Ämtergebäude vor, in dem ihr Vater arbeitet: „… da arbeiten nette Leute … und die Kollegin vom Papa gibt mir immer Bonbons." In der Abstimmung mit unseren „Demokratiesteinen" (jedes Kind erhält einen Stein, durch den es seine Stimme abgeben kann – so wird die Entscheidung für die Kinder sichtbar) wurde dieser Vorschlag angenommen.

Die 1. Architek-Tour „Das Jugendamt" – Entwicklung eines Tourenplans

Die Jugendpflegerin erklärte sich auf die telefonische Besuchsanfrage (mit Projektinfo) spontan bereit, die Fragen der Kinder zu beantworten. Für die Teilnahme wurde im Garderobenbereich eine Liste aufgehängt, in die sich die Kinder (mit Unterschrift der Eltern) eintragen konnten. Sie füllte sich in 2 Tagen und die interessierten Kinder trafen sich zur Vorbereitung. Nach dem Sammeln von Fragen zum Ämtergebäude (Jugendamt), die alle schriftlich fixiert wurden, suchten wir in Bildbänden und Prospekten aus der „Amberg-Ecke" in unserer Lernwerkstatt nach weiteren Hintergrundinformationen. Dies regte die Kinder zum Nachdenken über eigene Antworten an. „Warum heißt es Jugendamt – arbeiten die vielleicht nur für Jugendliche?" „Ist es ein altes Gebäude – sicher schon, denn es war schon da seit ich auf der Welt bin."

Auf dem in der Lernwerkstatt aushängenden Stadtplan markierten wir unser Ziel und besprachen den Weg.

Bei der 1. Architek-Tour nahm zunächst das genaue Betrachten des Gebäudes (Materialien, Bauweise, Schilder, Besonderheiten, Größe) und das Geschehen in ihm (z. B. Wer arbeitet hier? Was sind Aufgaben und Funktionen, Arbeitsmaterialien und -geräte?) viel Zeit ein. Sodann beantwortete die Jugendpflegerin als kompetente Gesprächspartnerin die von den Kindern formulierten Fragen, alle Antworten wurden dokumentiert (z. B. „Eigentlich müsste das Jugendamt „Familienamt" heißen, weil die ja für Kinder, Jugendliche und Eltern arbeiten.", „Wann ein Gebäude alt ist und wer sich das Gebäude ausgedacht hat, müssen wir im Baureferat nachfragen, das weiß im Jugendamt keiner so genau."). Nach der Architek-Tour stellten die beteiligten Kinder ihre Eindrücke und die erhaltenen Antworten in der Schulkinderkonferenz vor, die nächsten Architek-Touren wurden geplant. Neben dem Modehaus („Woher bekommen die eigentlich die Kleider?", „Was machen die mit dem Geld aus der Kasse?", „Tun den Verkäuferinnen eigentlich die Füße weh?") „beauftragten" die Kinder die Einrichtungsleitung, für sie einen Termin im Baureferat zu organisieren.

Tourenplan

Ausgehend von der ersten Tour wurden mit den Schulanfängern die folgenden Tourenziele entwickelt: **Bekleidungshaus** (Führung durch den Geschäftsführer)/**Baureferat** (Führung durch die Baureferentin)/**Stadttheater** (Führung durch die Theaterberaterin und einen Techniker)/**Pfarrkirche** St. Georg (Führung durch den Pfarrer)/**Stadtbibliothek** (Führung durch die stellvertretende Bibliotheksleiterin)/**Kloster** (Führung durch einen Pater)/**Stadtmuseum** (Führung durch die Museumsleiterin)/**Druckerei** (Führung durch das Besitzerehepaar)/**Pfarrkirche** St. Martin (Führung durch ein Kirchenverwaltungsmitglied, Altoberbürgermeister)/**Kino** (Führung durch die Besitzer)/**4-Tore-Tour** (Führung durch ein Vereinsmitglied – Gelebte Geschichte)/**Rathaus** (Führung durch den Bürgermeister).

Bildungs- und Erziehungsziele dieses Projekts

Mit diesem Projekt werden bereichsübergreifend verschiedene Bildungs- und Erziehungsziele erfasst. Schwerpunkt ist der Erwerb der Basiskompetenzen und ein breites Zusammenspiel verschiedener Bildungsbereiche, so insbesondere:

Partizipation

- Ideen, Fragen, Wünsche und Bedürfnisse, die die Kinder in das Projekt einbringen
- Aktivitäten gemeinsam planen und Regeln entwickeln
- Sich als aktive Forscher und Entdecker erleben, die ihre Gedanken und Wahrnehmungen schrittweise weiterentwickeln

- Haltungen und Kompetenzen erwerben, die später die Grundlage für soziales und politisches Interesse, Verantwortungsbereitschaft sowie kreative und konstruktive Konfliktlösungsfähigkeiten bilden.

Werteorientierung

- Über das Erleben eines Gebäudes und von Wohn-, Arbeits- und Lebenssituationen soziales und emotionales Denken und Handeln bei Kindern entwickeln und bereichern (Wie lebe und arbeite ich? Wie leben bzw. lebten und arbeiten die anderen?)
- Durch das Vertrautwerden mit der gebauten Umgebung können Kinder das Gefühl entwickeln, beheimatet zu sein, Wurzeln zu haben, Teil einer gewachsenen lebendigen Umgebung zu sein
- Wachsen von Wertschätzung für das eigene Zuhause und Vorbeugen der Gleichgültigkeit, mit der heute viele Jugendliche und Erwachsene ihrer nahen Umgebung gegenüberstehen.

Sprache und Literacy

- Sprachbewusstsein und sprachliches Selbstbewusstsein weiterentwickeln (bei der Planung, im Dialog mit den Gesprächspartnern vor Ort und bei der Reflexion und Präsentation in der Einrichtung)
- Interesse an Sachbüchern und Bildbänden sowie Schrift als Bedeutungsträger wecken, Buchstaben (Schilder, Hinweistafeln) spielerisch entdecken.

Informations- und Kommunikationstechnik, Medien

- Verwendungs- und Funktionsweisen von IuK-Geräten in ihrer Lebenswelt kennen lernen und erfahren, wozu man die Geräte gebrauchen kann (den PC und das Messgerät im Baureferat, die Geräte in der Druckerei, die Zeiterfassung im Modehaus).

Ästhetik, Kunst und Kultur

- Freude wecken an der Architekturbegegnung
- Erfahrensfeld für Kinder, wie sich die Architektur im Laufe der Geschichte weiterentwickelt hat und die Menschen Architektur ihren Bedürfnissen zum Leben und Arbeiten angepasst haben
- Fantasie und Kreativität anregen durch die Betrachtung und Verinnerlichung von Gebäuden
- Sehen und Erleben von Aspekten der Gebäude, die die Kinder sonst kaum wahrnehmen. Erkennen, dass Häuser verschieden sind in Form und Funktion, in ihrer Farbgebung und Ausgestaltung und wie sie in Bezug zur Umgebung stehen
- Sich kulturelles und geschichtliches Wissen aneignen.

Dokumentation und Reflexion

Jede Tour wird dokumentiert. Über alle Fragen und Antworten sowie die sonstigen Beobachtungen der Kinder können sich die Eltern ebenso wie die

Kinder in einer Dokumentationsmappe und durch eine Fotoserie auf unserem „Info-PC" im Garderobenbereich informieren. Darüber hinaus wurde der Projektverlauf in unseren monatlich erscheinenden Elternbriefen allen Eltern kurz geschildert.

Dokumentation der Architek-Tour in das Baureferat (Auszüge)

- Wo ist das Baureferat? Ist es ein altes Haus? Woran erkennt man ein altes Haus?
- Warum gibt es das Baureferat? Warum planen die Häuser?
- Wie schauen die Büros im Baureferat aus? Warum sind manche Büros (wie das von Frau P. im Jugendamt) so klein? Was haben die für Geräte? Was ist ein Sitzungssaal?
- **Wie baut man ein Hochhaus?** Für ein Hochhaus braucht man ein tiefes Fundament (wie bei den Wurzeln eines Baumes), damit es gut und sicher stehen kann. Dann wird eine „Armierung" gebaut: ein Drahtgerüst wird mit dem Fundament verbunden und danach werden erst die Zwischenräume ausgefüllt (Wände).
- **Was macht Frau D., die uns führt, im Baureferat?** Frau D. ist die Leiterin (Chefin) vom Baureferat. Sie leitet große Gruppen von Mitarbeitern (meistens arbeiten im Baureferat Männer). Sie bespricht mit ihnen die Arbeit und was sie machen sollen. Sie ist die Beraterin vom Oberbürgermeister und den Stadträten, damit die alles, was geplant ist, verstehen und die richtigen Entscheidungen treffen können.
- Verdienen die im Baureferat auch Geld? Kostet die Arbeit vom Baureferat was?
- Warum gibt es einen Bauausschuss?
- **Kann man Häuser so bauen wie man will?** Nein, denn die Häuser müssen zum einen in das Gesamtbild passen (dass es nicht ein großes Durcheinander gibt) und dürfen zum anderen niemanden stören oder einschränken (dass er z. B. nicht mehr aus seinem Fenster rausschauen kann). So darf z. B. keiner in die Altstadt zwischen die niedrigen Häuser ein Hochhaus bauen oder bei uns im D-Programm darf man nur Flachdächer auf sein Haus machen.
- Gibt es eine Spielecke im Baureferat? Warum sind Kinderzimmer immer so klein?
- Wie werden die Pläne gemacht? Warum können die Häuser nicht so bunt wie die vom Hundertwasser ausschauen?
- Und was uns sonst noch aufgefallen ist …

Im Projektverlauf bildete sich ein „fester Stamm" von teilnehmenden Kindern heraus. 10 Kinder nahmen fast an jeder Architek-Tour teil, andere Kinder beteiligten sich nur bei besonderen Interessenslagen im Einzelfall. Zum „festen Stamm" gehörten Kinder mit verschiedenem kulturellem und sozioökonomischem Hintergrund, die sich alle aktiv einbrachten. Die beteiligten Schulanfänger beim Kindergartenabschied erhielten eine Kopie der dokumentierten Touren in ihren Ordner.

Die Kinder beteiligten sich sehr engagiert am Architek-Tour-Projekt. Durch ihre Mitsprache ergaben sich teilweise Ziele, die wir Erzieherinnen aus unserer Sicht sicher nicht eingeplant hätten. Für uns ist es sehr erstaunlich, wie offen und mit welcher Wertschätzung die Verantwortlichen auf die Besuchsanfragen reagieren. Vor Ort gibt es großes Erstaunen, dass Kindergartenkinder sich informieren wollen. Alle Gesprächspartner (selbst diejenigen, die anfangs meinten, dass sie wahrscheinlich nicht „kindgemäß" antworten könnten) lassen sich sehr gut auf die Fragen der Kinder ein – und nur selten müssen wir Erzieherinnen Antworten nochmals ergänzen. Auf die Frage an den Pater im Kloster, „Was ist unter deinem Gewand?" zog dieser kurzerhand sein Gewand aus. Im Projektverlauf traten die Kinder in den Gesprächen zunehmend mit mehr Selbstsicherheit auf und formulierten spontan ergänzende Fragen. Bei den Präsentationen in den Schulkinderkonferenzen waren wir beeindruckt, wie frei und selbstbewusst die Kinder ihre Beobachtungen und Eindrücke und die Antworten der Gesprächspartner einbrachten. Es entstanden dabei auch weiterführende Gespräche und Fragen in der großen Runde.

Große Unterstützung fanden wir auch bei den Eltern, die uns bei manchen „Planungsaufträgen" der Kinder Kontakte vermittelten. Sie zeigten auch sehr starkes Interesse am gesamten Projekt, stellten teilweise Bücher oder andere Hintergrundinformationen zur Verfügung. Auch viele Eltern der nicht beteiligten Kinder nutzen die Informationsmöglichkeiten über die Architek-Touren. Aus Gesprächen wissen wir, dass einige Erwachsene durch diese Lektüre einerseits mit ihrem Kind ins Gespräch kommen und andererseits ihr Wissen über die Heimatstadt erweitern.

Verwendete Literatur

- Hansen, R., Knauer, R. & Friedrich, B. (2004). Die Kinderstube der Demokratie. Partizipation in Kindertagesstätten. Ministerium für Justiz, Frauen, Jugend und Familie des Landes Schleswig-Holstein (Hrsg.). Bezug: dkhw@dkhw.de
- Regel, G. & Kühne, T. (2001). Die Arbeit im Offenen Kindergarten. Freiburg: Herder.

8.2 Moderierung von Bildungs- und Erziehungsprozessen

Eine angemessene Gestaltung von Lernprozessen setzt eine elementare Didaktik sowie die Kompetenz voraus, Lernprozesse in der Gruppe professionell zu begleiten und zu stärken. Die Anwendung unterschiedlicher Ansätze trägt zur Optimierung früher Bildungsprozesse in der Tageseinrichtung bei. Im Folgenden werden die wichtigsten Ansätze beschrieben, wie sie in der internationalen Entwicklung von Bildungsplänen bislang Verwendung gefunden haben. Diese Ansätze zur Gestaltung früher Bildungsprozesse stehen nicht isoliert nebeneinander. Sie bedingen sich wechselseitig und durchdringen einander.

8.2.1 Bildungsprozesse mit Kindern kooperativ gestalten (Ko-Konstruktion)

Ko-Konstruktion als pädagogischer Ansatz heißt, dass Lernen durch Zusammenarbeit stattfindet, also von pädagogischen Fachkräften und Kindern gemeinsam konstruiert wird. Der Schlüssel der Ko-Konstruktion ist die soziale Interaktion, sie fördert die geistige, sprachliche und soziale Entwicklung. Das Kind lernt, indem es seine eigenen Ideen und sein Verständnis von der Welt zum Ausdruck bringt, sich mit anderen austauscht und Bedeutungen aushandelt. Der reine Erwerb der Fakten tritt somit in den Hintergrund. Das Kind besitzt demnach eigene Ideen und Theorien, denen es sich lohnt, zuzuhören, die aber auch in Frage gestellt werden können.

Pädagogische Fachkräfte können mit Kindern Wissen ko-konstruieren, indem sie das Erforschen von Bedeutung stärker betonen als den Erwerb von Fakten. Für den Erwerb von Fakten sind Kinder aufgefordert zu beobachten, zuzuhören und sich etwas zu merken. Die Erforschung von Bedeutung dagegen heißt, Bedeutungen zu entdecken, auszudrücken und mit anderen zu teilen, ebenso wie die Ideen anderer anzuerkennen. Ko-Konstruktion wird durch den Einsatz von Gestaltung, Aufzeichnung und Dialog unterstützt. Gestaltung (z. B. Bilder) und Aufzeichnung (z. B. Projektaufzeichnungen, Notizen der Fachkraft, Lerntagebücher) ermöglichen es Kindern, ihre eigenen Ideen auszudrücken, sie mit anderen zu teilen und die Ideen anderer kennen zu lernen. Im Dialog wird mit den Kindern über die Bedeutungen gesprochen und untereinander ausgehandelt, d. h. jeder versucht, die Gestaltungen und Aufzeichnungen der anderen zu begreifen. Pädagogische Fachkräfte sollten dabei auf die Theorien der Kinder, ihre Vermutungen, Widersprüche und Missverständnisse achten und diese diskutieren. So können sie sicherstellen, dass sie die Kinder bei der Erforschung der Bedeutungen unterstützen und nicht die bloße Vermittlung von Fakten fördern.

Aufgaben der Ko-Konstruktion

Ko-Konstruktion erweitert das Verständnis- und Ausdrucksniveau in allen Entwicklungsbereichen des Kindes und erzielt bessere Lerneffekte als selbst entdeckendes Lernen oder die individuelle Konstruktion von Bedeutung. Dieser Prozess ist besonders nachhaltig, wenn pädagogische Fachkräfte die Kinder dazu anregen, durch eine Vielzahl von Medien auszudrücken, wie sie die Welt begreifen. Durch die Ko-Konstruktion von Bedeutung lernen Kinder, dass Ideen ausgetauscht, verwandelt und ausgeweitet werden können, Verständnis bereichert und vertieft sowie die Welt auf viele Arten erklärt werden kann. Der Prozess der Ko-Konstruktion trägt entscheidend dazu bei, dass das Kind Achtung gegenüber individuellen Unterschieden bezüglich Herkunft, Geschlecht oder körperlicher Beeinträchtigung entwickelt, denn es lernt, dass es verschiedene Wege gibt, sich auszudrücken, die Welt wahrzunehmen und zu erleben. Es lernt auch, diese Sichtweisen der anderen zu verstehen, zu respektieren und sie wertzuschätzen.

8.2.2 Bilden einer lernenden Gemeinschaft

Unter einer lernenden Gemeinschaft versteht man eine Anzahl von Einzelpersonen, Gruppen oder Organisationen, die sich durch gemeinsames (lebenslanges) Lernen stetig weiterentwickelt. Im Mittelpunkt einer lernenden Gemeinschaft stehen folgende Leitlinien:
- Der Lernprozess steht im Vordergrund, nicht isolierte Fähigkeiten
- Lernen ist eine soziale Erfahrung mit der Möglichkeit zur kooperativen Problemlösung
- Die Auseinandersetzung erfolgt mit realen Problemen
- Lernen entsteht durch Erklärungen, Analogien und Verallgemeinerungen
- Die Lernenden haben Zugang zu vielfältigen Quellen in einer offenen Lernumgebung
- Pädagogische Fachkräfte stellen möglichst viele Fragen, um die Neugier der Kinder zu wecken und ihren Horizont zu erweitern.

Das Bilden einer lernenden Gemeinschaft ist ein zeitaufwendiger und komplexer Prozess, der vor allem ein Gefühl der Zugehörigkeit und kooperatives Lernen bei den Kindern stärkt. Dieser Prozess beinhaltet insbesondere:

- Ein bewusstes Bekenntnis zur Bildung einer lernenden Gemeinschaft
- Die Entwicklung von Lernprozessen und -materialien, die das demokratische Miteinander und die Kooperation fördern und reale Problemstellungen im Fokus haben
- Den Dialog zur Erforschung von Ideen und Gefühlen innerhalb der Gruppe
- Die Bildung von Lernprozessen, bei denen alle Kinder einbezogen werden
- Die Entwicklung von tiefen, fürsorglichen und bedeutungsvollen Beziehungen
- Regelmäßige Aktivitäten in der Gesamtgruppe
- Das Feiern des gemeinsam Erreichten
- Die Wertschätzung von Forscherdrang.

Aufgaben der lernenden Gemeinschaft

Mit der Bildung einer lernenden Gemeinschaft können pädagogische Fachkräfte die Lernprozesse der Kinder vielfältig unterstützen. Besonders das Gefühl der Zugehörigkeit kann bei Kindern Stress reduzieren und ihr Wohlbefinden, ihre Lernmotivation und ihr pro-soziales Verhalten fördern, ihr Identitätsgefühl stärken, ihre Verhaltensregulation verbessern und ihr aktives Engagement und ihre Mitarbeit erhöhen. Für die Entwicklung eines Zugehörigkeitsgefühls brauchen vor allem sehr kleine Kinder Erwachsene, die auf ihre Interessen eingehen, und Gelegenheiten zu Spielen, bei denen sie die Bedürfnisse, Rechte und Gefühle anderer kennen lernen. Da die Entwicklung von pro-sozialem Verhalten bereits im ersten Jahr beginnt, können auch kleine Kinder in das Bilden einer lernenden Gemeinschaft eingebunden werden. Kinder im Vorschulalter lernen über das Spiel Wesentliches über soziale Beziehungen. Vor allem durch das Rollenspiel kann mit Kindern eine lernende Gemeinschaft gebildet werden, denn durch das Spiel erfahren sie, was es heißt, Teil einer Gruppe zu sein und wie Gruppen entstehen, in denen Austausch und Lernen möglich sind. So lernen sie auch die Prinzipien einer demokratischen Gemeinschaft kennen, indem sie im Spiel Regeln üben, ihre Rechte verteidigen und über Beziehungen verhandeln.

8.2.3 Philosophieren mit Kindern

Philosophie wirft Fragen auf, die hinter dem, was wir für wahr halten, stehen, wobei ethische oder moralische Dimensionen eine besondere Rolle spielen (Werteorientierung und Religiosität ➤ Kap. 7.1). Durch Philosophieren, Nachfragen, Nachdenken, Konzeptbildung und Austausch von Ideen mit anderen werden Kinder zu einer kritisch nachfragenden Gemeinschaft, die nach demokratischen Prinzipien funktioniert. Notwendig für das Gelingen des Philosophierens mit Kindern ist eine positive Gruppenatmosphäre, in der alle Ideen wertgeschätzt werden und genügend Zeit für intensiven Austausch ist.

Weiterhin braucht es anregende Materialien, die das Interesse der Kinder wecken und ihr Verständnis erweitern sowie die Kunst der Fachkräfte, die Diskussion durch offene Fragen anzuregen. Diese sollen die Kinder herausfordern, neue Wege oder Erklärungen selbst zu finden.

Philosophieren erfordert den Gebrauch von Sprache sowie von kognitiven und kommunikativen Fähigkeiten, abstrakt zu denken und Gedanken auszudrücken, sich an Unterhaltungen zu beteiligen und sich konzentrieren zu können. Deshalb eignet sich das Philosophieren am besten für ältere Kinder. Da es aber für Kinder von Geburt an wichtig ist, sich die Welt zu erklären, können auch sehr kleine Kinder in ihrem Entdeckungsdrang unterstützt werden und damit eine Disposition der Neugier entwickeln, die als Basis für späteres Philosophieren verwendet wird. Ab 18 Monaten entwickeln Kinder verstärkt die Fähigkeit, ihre Gefühle durch Sprache auszudrücken, sodass Erwachsene beginnen können, mit ihnen über ihre Gefühle zu reden und sie mit den Bedeutungen von Worten (v. a. denken, glauben, vermuten, wissen und erinnern) vertraut zu machen.

Aufgaben des Philosophierens

Durch das Philosophieren werden die Kreativität, die kognitiven und die sprachlichen Fähigkeiten der Kinder gefördert. Sie lernen, verschiedene Perspektiven zu verstehen und einzunehmen und die Ideen anderer einzubeziehen. Durch das Philosophieren werden Kinder angeregt, Neugier zu Themen zu entwickeln, die ihren Alltag berühren. Im Spiel, in den Geschichten und Bilderbüchern sowie in den Arbeiten und Unterhaltungen der Kinder finden sich vielfältige Anlässe und Fragestellungen, die gemeinsam erörtert werden können. Geeignete Themen sind für Kinder v. a. die Dinge, für die sie sich momentan interessieren.

8.2.4 Kindern zuhören – Kindern Fragen stellen

Kindern ein guter Zuhörer sein und ihnen die richtigen Fragen zu stellen ist wesentlich, damit sich eine offene und unterstützende Gesprächsbasis entwickeln kann.

Kindern zuhören

Zuhören kann dazu beitragen, durch das Verstehen kindlicher Aussagen mehr Verständnis für ein Kind zu entwickeln. Wenn man Kindern zuhört, fühlen sie sich wertgeschätzt und einbezogen. Dies steigert Selbstwertgefühl und Selbstvertrauen. Man unterscheidet das passive Zuhören und das aktive Zuhören.

Passives Zuhören

Vom Zuhörer werden die Aussagen des Kindes kaum kommentiert oder interpretiert. Er hört nur zu und bringt gegebenenfalls seine Aufmerksamkeit zum Ausdruck. Die Methode des passiven Zuhörens eignet sich in den Fällen, in denen Kinder keine Ratschläge oder Anweisungen wollen, wie sie sich in schwierigen Situationen verhalten sollen, sondern häufig nur einen Ansprechpartner brauchen, bei dem sie sich sicher und geborgen fühlen und über ihre Gefühle sprechen können.

Aktives Zuhören

Der Zuhörer hat hier eine aktive Rolle. Er wiederholt die Aussage des Kindes mit eigenen Worten, um dadurch übereinstimmendes Verständnis zu gewährleisten. Sodann teilt er dem Kind seine Gedanken und Gefühle über das Gesagte mit. Wesentlich ist der Vorgang des Überprüfens und sich Vergewisserns, ob man die Aussage des Kindes auch wirklich verstanden hat. Zum aktiven Zuhören gehören daher mehrere Komponenten: Der Versuch des Verstehens, d. h., der Versuch, den verbalen oder nonverbalen Beitrag des Kindes aus der Kindes-Perspektive nachzuvollziehen und das eigene Verständnis dem Kind widerzuspiegeln. Das eigene Antworten, das wieder zur Antwort des Kindes führt, denn erst die Antwort des Kindes zeigt, ob wirklich etwas von dem verstanden wurde, was das Kind meinte.

Das Lernen von sehr kleinen Kindern ist stark von der Qualität ihrer Bindung zur Betreuungsperson abhängig. Zuhören ist ein wichtiger Bestandteil beim Aufbau einer guten Beziehung und ein Zeichen von Fürsorge. Babys werden durch Zuhören ermutigt, durch Laute zu kommunizieren. Kleinkindern, die sich noch mit der Sprache abmühen und sich manchmal mehrdeutig oder unklar ausdrücken, kann durch geduldiges Zuhören und Nachfragen vermittelt werden, dass ihre Mitteilungen bedeutsam sind. Die Sprachfähigkeiten von Vorschulkindern entwickeln sich rasant. Durch Zuhören kann die pädagogische Fachkraft eine Menge über die sozialen, emotionalen und kognitiven Interessen und Bedürfnisse von Vorschulkindern erfahren, und sie bekommt somit wichtige Informationen, wie das Lernen der Kinder in verschiedenen Entwicklungsbereichen unterstützt werden kann.

Kindern Fragen stellen

Die beiden wichtigsten Frageformen sind offene und geschlossene Fragen. Jeder Fragentypus stellt unterschiedliche Anforderungen an die kognitiven und sprachlichen Kompetenzen des Kindes und an sein Bedürfnis, über bereits Bekanntes hinauszugehen:

Geschlossene Fragen

Diese schränken die Möglichkeiten für Antworten ein. Häufig stellen sie die Aufforderung zur Wiedergabe von Fakten dar, wobei die Antwort eindeutig und dem Fragesteller bekannt ist. Sie erfordern häufig nur eine kurze Antwort. Geschlossene Fragen fordern Kinder in der Regel dazu auf, sich an Lerninhalte oder Erfahrungen zu erinnern. Sie können dazu beitragen, dass Kinder sich über ihre im Lernen erworbenen Kenntnisse freuen, dass es möglich und manchmal einfach ist, die richtige Antwort zu finden. Die Forschung zeigt aber auch, dass Kinder häufig die richtige und erwünschte Antwort zu raten versuchen oder schweigen. Bei allzu einfachen Fragen langweilen die Kinder sich hingegen.

Offene Fragen

Diese eröffnen Kindern viele Antwortmöglichkeiten. Sie werden häufig benutzt, um herauszufinden, wie andere denken, wie sie ihre soziale und natürliche Umwelt verstehen. Offene Fragen können Kinder ermutigen, Hypothesen aufzustellen (z. B. über die Funktionsweise der Natur), neue Geschichten zu erfinden (z. B. für das Rollenspiel) oder Ergebnisse bestimmter Ereignisse vorherzusagen. Offene Fragen dringen in die Gedankenprozesse der Kinder ein und fordern sie dazu auf, ihre Theorien, Kenntnisse, Vorstellungen und Gefühle mit Erwachsenen oder anderen Kindern zu teilen. Sie können dazu benützt werden, das Kind für ein Ereignis, eine Person oder ein Objekt zu interessieren und Nachdenken und Verwirrung darüber zu provozieren. Sie fördern zudem die kindlichen Kompetenzen zur Lösung von Problemen. Ein Beispiel: Im Zuge der Beteiligung der Kinder an der Gestaltung des Außengeländes wäre aus der Perspektive der Kinder die Frage „Was wünscht ihr euch auf dem Spielplatz?" eine geschlossene Frage, die Frage „Könnt ihr euch an Orte erinnern, an denen euch das Spielen viel Spaß gemacht hat, vielleicht an einen Abenteuerspielplatz oder in einem Wald?" eine offene Frage.

Die Fragetechnik beeinflusst die kognitive und kommunikative Kompetenzentwicklung der Kinder. Als Leitlinie gilt, dass Fragen umso einfacher, konkreter und auf das Hier und Jetzt fokussiert sein sollten, je kleiner das Kind ist. Durch die Beobachtung der Fragen, die Kinder verschiedenen Alters selbst stellen, können pädagogische Fachkräfte die Komplexität ihrer Fragen an die Kinder anpassen. Der gezielte Einsatz von Fragen dient insbesondere folgenden Zielen:

- Aufmerksamkeit der Kinder auf eine Fragestellung, ein Ereignis oder Phänomen lenken
- Interesse und Neugier für Ereignisse, Informationen oder Gefühle anregen
- Kinder unterstützen, über Informationen, Gefühle oder Ereignisse zu reflektieren
- Kinder aktiv einbinden in ein Lernen durch Diskussionen
- Verständnisprobleme der Kinder identifizieren
- Kinder ermutigen, sich selbst, andere und ihre Umgebung zu hinterfragen
- Kommunikations- und Sprachfertigkeiten der Kinder erweitern
- Kinder ermutigen, sich in die Gefühle anderer Kinder hineinzuversetzen.

8.2.5 Kinder in ihrem Verhalten unterstützen (Verstärkung)

Verstärkung heißt, durch gezielten Einsatz verschiedener Verstärker positives (erwünschtes) Verhalten von Kindern zu verstärken bzw. nicht akzeptables (unerwünschtes) Verhalten zu schwächen. Die effektivsten Verstärker gegenüber Kindern sind Aufmerksamkeit und Bekräftigung von positivem Verhalten. Wer nur ihrem negativen Verhalten Aufmerksamkeit schenkt, stärkt dieses ungewollt in der Weise, dass Kinder negatives Verhalten äußern, wenn sie Zuwendung brauchen. Kinder in ihrem Verhalten in eine positive Richtung zu beeinflussen, basiert auf dem Lernprinzip: „Folgt auf ein bestimmtes Verhalten eine angenehme Reaktion, so steigt die Wahrscheinlichkeit, dass dieses künftig vermehrt auftreten wird".

Positive Verstärkerformen (Belohnung) sind soziale Verstärker (positive Interaktionen wie z. B. verbale Belohnung, zustimmende Gesten, körperliche Nähe, körperlicher Kontakt, Ermutigung), Handlungsverstärker (z. B. dem Kind eine Aktivität erlauben, an der es Freude hat; mit dem Kind eine Aktivität vornehmen, die es gerne hat, wie z. B. Geschichte vorlesen, gemeinsames Spiel, Ausflug) und materielle Verstärker (z. B. Gutscheine, die ein Kind für Dinge oder Handlungen einlösen kann, die es sich wünscht). Belohnungen wirken am besten, wenn sie unmittelbar nach dem gezeigten Verhalten gegeben werden, ein Kind eine angebotene Belohnung auch wertschätzt und weiß, warum es belohnt wurde, Belohnungen variierend eingesetzt werden und nicht zu oft oder zu unregelmäßig erfolgen. Belohnungen sollten daher in Abhängigkeit vom Alter, den Fähigkeiten und Interessen von Kindern variiert werden. Es sollten nur jene Fertigkeiten verstärkt werden, die für das Alter und den jeweiligen Entwicklungsstand eines Kindes wichtig sind, und nur solche Belohnungen ausgewählt werden, die den entwicklungsgemäßen Fähigkeiten und Interessen eines Kindes entsprechen. Materielle Verstärker sind Schritt für Schritt durch soziale Verstärker abzulösen.

Ein reflektierter Einsatz von Belohnung setzt voraus, im Team Zielvorgaben zu entwickeln, welches Verhalten der Kinder regelmäßig bekräftigt werden sollte (z. B. verantwortungsvolles Verhalten, aktives, initiatives Verhalten, Selbstkontrolle in gefühlsstarken Situationen) und eine darauf ausgerichtete Beobachtung der Kinder.

Aufgaben von Verstärkung

Mit Verstärkung kann die Aufmerksamkeit von Kindern auf eine bestimmte Tätigkeit oder Erfahrung gelenkt oder gesteigert werden, insbesondere, wenn sie bereits ein erstes Interesse an einer Aufgabe mitbringen. Sie kann auch angewendet werden, um soziales Lernen anzuregen, um positive Verhaltensweisen (z. B. das gemeinsame Benutzen eines Spielzeugs) zu stärken oder nicht akzeptables Verhalten (z. B. Schlagen anderer Kinder) zu verhindern. Verstärkung ist vor allem nützlich, um das Verhalten eines Kindes in bestimmten Situationen positiv zu beeinflussen.

8.2.6 Kindern Hilfestellung geben (Scaffolding)

Scaffolding bezeichnet eine vorübergehende Hilfestellung zur Weiterentwicklung von einem Kompetenzniveau zum nächsten, sodass die Kompetenz schließlich unabhängig und ohne Hilfestellung ausgeführt werden kann. Die Hilfestellung wird immer in der „Zone der nächsten Entwicklung" angeboten, d. h. die pädagogischen Fachkräfte unterstützen die Kinder darin, über das, was sie bereits wissen oder können, hinauszugehen. Ein Unterstützungssystem, bei dem Erwachsene ihre Bemühungen in der Interaktion sensibel und fortlaufend an die Kinder und an ihre sich wandelnden Fähigkeiten anpassen, erreicht ihre zunehmende Teilhaberschaft. Durch gezielte, behutsame Hinweise, Fragen, Ermutigung, Anerkennung und allmählichen Rückzug hilft es Kindern, zunehmend Verantwortung für die Problemlösung zu übernehmen.

Aufgaben von Hilfestellung

Aufgaben und Probleme, die Kinder noch nicht allein, aber unter der Leitung und in der Zusammenarbeit mit einem kompetenten, erfahrenen Partner selbstständig und erfolgreich ausführen und lösen, helfen ihnen, diejenigen Kompetenzen auszubilden, die sich gerade in der Entwicklung befinden. Durch Hilfestellung wird das Kind beim Lernen aktiv und gezielt unterstützt. Hilfestellung kann die Kompetenzen und das Wissen eines Kindes in allen Entwicklungsbereichen stärken und erweitern. Im Vordergrund stehen die Stärkung der Problemlösefähigkeit und Selbstregulation, es geht aber auch um die Erweiterung von Wissen sowie die Verfeinerung kognitiver und sprachlicher Kompetenzen. Um beurteilen zu können, wann Kinder bereit sind, sich weiterzuentwickeln, ist ein Wissen des Entwicklungsstandes in den verschiedenen Bereichen essenziell. Genaue Beobachtung, aktive Teilnahme am Spielen und Lernen der Kinder, steter Dialog und aktives Zuhören helfen dabei herauszufinden, was ein Kind bereits kann, weiß und versteht, was ihm leicht oder schwer fällt, was es herausfordern würde und so die nächste Fähigkeitsstufe darstellt.

8.2.7 Problemlösendes Verhalten der Kinder stärken

Problemlösen stellt die Grundlage für das Lernen von Kindern dar. Durch individuelles und gemeinsames Lösen von Problemstellungen aus ihrer eigenen Erfahrung lernen Kinder die Welt zu erforschen. Sieben Schritte können beim Problemlösen benannt werden:
- Auf ein Problem aufmerksam werden
- Daten über das Problem sammeln
- Mögliche Lösungen formulieren

- Lösungen in der Praxis testen
- Daten über die Tests erheben
- Das Geschehene zusammenfassen
- Auf der Basis des Gelernten einen neuen Handlungsplan formulieren.

Aufgaben von Problemlösen

Das Beherrschen von Problemlöse-Techniken beeinflusst die Aneignung von Wissen (z. B. Mathematik, Naturwissenschaften oder Künste) und stärkt die emotionale, soziale, physische, ästhetische und moralische Entwicklung von Kindern. Die Fähigkeit, Probleme zu lösen, hat insbesondere positiven Einfluss auf
- Die Entwicklung von Initiative und Kreativität
- Das Selbstvertrauen in die eigenen Fähigkeiten
- Die Stärkung von Resilienz
- Die Fähigkeit, Verantwortung bei Konfliktlösungen zu übernehmen
- Das mathematische Denken
- Die Entwicklung von Führungsqualitäten.

8.2.8 Projekt- und Aufgabenanalyse mit Kindern

Mit der Projekt- und Aufgabenanalyse werden die optimalen Lernbedingungen für die verschiedenen Aufgaben herausgefunden. Sie beinhaltet eine systematische Untersuchung der Anforderungen einer bestimmten Aufgabe bzw. eines bestimmten Projektthemas. Dies umfasst zum einen das Herausarbeiten der Schritte, aus denen eine Aufgabe besteht und in welcher Reihenfolge diese Schritte abzuarbeiten sind, zum anderen eine Analyse der vorhandenen Fähigkeiten eines Kindes, bezogen auf die gegebene Aufgabe.

Aufgaben von Projekt- und Aufgabenanalyse

Aufgabenanalyse hilft dem Kind, schon früh Zusammenhänge zu verstehen und Kompetenzen zur Selbsthilfe zu erlernen. Lernen wird dadurch quer durch alle Entwicklungsbereiche gestärkt. Das Kind lernt, wesentliche Schritte einer Aufgabe zu verstehen.

8.2.9 Weitere Moderationsmethoden und -techniken

Ergänzend dazu sind auch zahlreiche Methoden und Techniken geeignet, die Moderation von Lernprozessen zu unterstützen. Diese werden im Folgenden nur kurz tabellarisch (→ Tab. 8.2) beschrieben.

Ansatz	Beschreibung	Ziele
Demonstrieren	Zeigen, wie etwas benutzt oder wie eine spezielle Aufgabe ausgeführt wird	Kind erlernt neue oder erinnert sich an vergessene Fertigkeiten
Beschreiben	Schlüsseleigenschaften von Dingen präzise und genau beschreiben	Kind lernt zunehmend feinere Unterschiede wahrzunehmen, neue Eigenschaften zu bemerken und diese zu formulieren
Ermutigen, loben, helfen	Bei einer schwierigen Aufgabe unterstützen	Kindliche Ausdauer fördern, neue Fertigkeiten und Fähigkeiten vermitteln
Erleichtern	Bewusstes Augenmerk auf Programmerstellung, Materialauswahl und Interaktion	Lernprozess entspricht kindlichen Interessen und fördert sein Lernen
Feedback	Kann verbal durch Bemerkungen oder nonverbal durch Gesten gegeben werden	Kind erhält Erkenntnisse über den Verlauf seines Lernfortschritts und seiner Vorgehensweise, erweitert so seine Lernstrategien
Gruppenbildung	Gezielte Bildung von Kindergruppen	Bestmögliche Erleichterung des Lernens, mehr Gelegenheit zur Interaktion
Modellverhalten	Beispielhaftes Verhalten im richtigen Kontext	Kind lernt durch Nachahmung: z. B. Förderung prosozialen Verhaltens, kindliches Interesse am Lesen und Schreiben wird geweckt und unterstützt
Positionieren von Personen	Nähe des Kindes suchen oder Seite an Seite mit ihm spielen	Aufmerksamkeit des Kindes gewinnen, seine Konzentration erhöhen, seine Lernerfahrung bereichern
Sich in Erinnerung rufen	Wiederholung von Information, offene Fragen, Aufforderung zum Malen von Ereignissen	Ideen und Konzepte des Kindes festigen, Konzentration, Gedächtnis und Ideenaustausch fördern
Singen	Lieder über Tiere, über die Kinder selbst oder ihre Freunde singen	Mit einfachen musikalischen Konzepten wie Melodie und Rhythmus vertraut machen, Zuhörfähigkeit und Spracherwerb fördern

Ansatz	Beschreibung	Ziele
Vorschläge machen	Positive Vorschläge machen, die Kinder nicht befolgen müssen	Kind entdeckt Neues, indem es eine neue Methode ausprobiert oder ein Problem anders angeht
Erklären und anleiten	Ideen, Meinungen, Konzepte und Begründungen erklären oder sie anleiten, wie man etwas macht	Auf selbst entdeckendes Lernen verzichten, wenn es der Sicherheit dient (Straßenverkehr) oder es zu starken Frustrationen führen würde
Üben, Wiederholen und Übertragen	Gelerntes in verschiedenen sinnvollen Zusammenhängen anwenden	Bereits Gelerntes verfestigen, weiterentwickeln und/oder automatisieren

Tab. 8.2: Methoden und Techniken zur Moderation von Bildungsprozessen

8.3 Beteiligung und Kooperation

8.3.1 Bildungs- und Erziehungspartnerschaft mit den Eltern

Leitgedanken

Bildung und Erziehung fangen in der Familie an. Die Familie ist der erste, umfassendste, am längsten und stärksten wirkende, einzig private Bildungsort von Kindern und in den ersten Lebensjahren der wichtigste. Die Familie steuert und beeinflusst alle Bildungsprozesse direkt durch das, was Kinder in ihr lernen (z. B. Sprachfertigkeiten, Lernmotivation, Neugier, Leistungsbereitschaft, Interessen, Werte, Selbstkontrolle, Selbstbewusstsein, soziale Fertigkeiten) und indirekt dadurch, dass sie auf die Nutzung einer Kindertageseinrichtung, die Schulauswahl, die Schullaufbahn und den Bildungserfolg entscheidenden Einfluss hat. Wie Bildungseinrichtungen genutzt werden, wie Kinder darin zurechtkommen und von deren Bildungsleistungen profitieren, hängt maßgeblich von den Ressourcen der Familie und deren Stärkung ab.

Eltern tragen die Hauptverantwortung für die Bildung und Erziehung ihres Kindes. Sie sind die „natürlichen" Erzieher. Pflege und Erziehung des Kindes sind das natürliche Recht der Eltern und die zuvörderst ihnen obliegende Pflicht (Art. 6 Abs. 2 GG). Eltern sind vorrangige Bezugspersonen, wobei die damit verbundenen Gefühle das Modell-Lernen bzw. die Nachahmung fördern.

Kindertageseinrichtung und Eltern begegnen sich als gleichberechtigte Partner in gemeinsamer Verantwortung für das Kind. Eltern sind in ihrer Elternkompetenz wertzuschätzen, ernst zu nehmen und zu unterstützen. Sie kennen ihr Kind länger und aus unterschiedlicheren Situationen als Erzieherinnen, und Kinder können sich in ihrer Familie ganz anders verhalten als in der Einrichtung. Teilhabe und Mitwirkung der Eltern an den Bildungs- und Erziehungsprozessen ihres Kindes in der Tageseinrichtung sind daher wesentlich. Zugleich sind Kindertageseinrichtungen kraft Gesetzes verpflichtet, bei der Wahrnehmung ihrer Bildungs- und Erziehungsaufgaben eine enge Kooperation mit den Eltern zu suchen und sie an Entscheidungen in wesentlichen Angelegenheiten der Tageseinrichtung zu beteiligen (vgl. Art. 14 BayKiBiG, § 22a Abs. 2 SGB VIII).

Anzustreben ist eine Erziehungspartnerschaft, bei der sich Familie und Kindertageseinrichtung füreinander öffnen, ihre Erziehungsvorstellungen austauschen und zum Wohl der ihnen anvertrauten Kinder kooperieren. Sie erkennen die Bedeutung der jeweils anderen Lebenswelt für das Kind an und teilen ihre gemeinsame Verantwortung für die Erziehung des Kindes. Bei einer partnerschaftlichen Zusammenarbeit von Fachkräften und Eltern findet das Kind ideale Entwicklungsbedingungen vor: Es erlebt, dass Familie und Tageseinrichtung eine positive Einstellung zueinander haben und (viel) voneinander wissen, dass beide Seiten gleichermaßen an seinem Wohl interessiert sind, sich ergänzen und einander wechselseitig bereichern.

Diese Erziehungspartnerschaft ist auszubauen zu einer Bildungspartnerschaft. Wie die Erziehung soll auch die Bildung zur gemeinsamen Aufgabe werden, die von beiden Seiten verantwortet wird. Wenn Eltern eingeladen werden, ihr Wissen, ihre Kompetenzen oder ihre Interessen in die Kindertageseinrichtung einzubringen, erweitert sich das Bildungsangebot. Wenn Eltern mit Kindern diskutieren, in Kleingruppen oder Einzelgesprächen, bringen sie andere Sichtweisen und Bildungsperspektiven ein. Wenn Eltern Lerninhalte zu Hause aufgreifen und vertiefen, wird sich dies auf die Entwicklung des Kindes positiv und nachhaltig auswirken.

Kindertageseinrichtungen stehen heute vor der Herausforderung, Eltern in ihrer Kompetenz zu unterstützen und zu stärken. Dass Familien mehr denn je Unterstützung von außen brauchen, um den neuen Herausforderungen einer gelingenden Eltern- und Partnerschaft gewachsen zu sein, legen die Befunde der Familienforschung nahe. Kindertageseinrichtungen bekommen den wachsenden Bedarf an Elternberatung und Familienbildung täglich zu spüren. Sie stehen vor der Aufgabe, Eltern und Familien durch ein angemessenes Beratungs- und Bildungsangebot nachhaltig zu unterstützen sowie Formen der Familienselbsthilfe zu initiieren.

Ziele der Bildungs- und Erziehungspartnerschaft

Bildungs- und Erziehungspartnerschaft umfassen die nachstehend genannten Zieldimensionen und Ziele, wobei Fachkräfte und Eltern gemeinsam für die Umsetzung verantwortlich sind.

Begleitung von Übergängen

(Übergänge der Kinder und Konsistenz im Bildungsverlauf (Transitionen) → Kap. 6.1)

- Eingehen auf den großen Bedarf von Eltern an Information, Beratung, Kooperation usw. während des Übergangs von der Familie in die Kindertageseinrichtung bzw. von einer Kindertageseinrichtung in eine andere
- Angebote für Familien vor der Aufnahme des Kindes in die Tageseinrichtung. Diese haben entweder einen eher elternbildenden Charakter (z. B. Veranstaltungen zu Themen wie „Was eine Kindertageseinrichtung leistet", „Die Bedeutung von Übergängen im Leben eines Kindes") oder führen das Kind an das Gruppenleben heran (z. B. Eltern-Kind-Gruppen, Schnuppertage)
- Gemeinsame Gestaltung der Eingewöhnungszeit durch Fachkräfte und Eltern, sodass beide Seiten relevante Informationen leicht austauschen können, die besonderen Bedürfnisse des jeweiligen Kindes Berücksichtigung finden, die Eltern den Alltag in der Kindertageseinrichtung erleben können und eine Vertrauensbeziehung zwischen Fachkräften, Eltern und Kindern entstehen kann
- Beim Wechsel von einer Kindertageseinrichtung in eine andere (z. B. von dem Kindergarten in den Hort) Beratung der Eltern hinsichtlich der Auswahl einer Folgeeinrichtung; der Übergang ist von beiden Einrichtungen gemeinsam mit den Eltern zu gestalten
- Eingehen auf das Interesse der Eltern an der Frage, ob ihr Kind „schulfähig" ist, um sie über den anstehenden Übergang in die Schule zu informieren und ihnen Hilfestellung zu geben (Übergang in die Grundschule → Kap. 6.1.3).

Information und Austausch

- Häufige Elterngespräche über Entwicklung, Verhalten und (besondere) Bedürfnisse des Kindes in Familie und Tageseinrichtung

- Regelmäßige Information der Eltern über die pädagogische Arbeit in der Kindertageseinrichtung und die ihr zugrunde liegende Konzeption, über den verwendeten pädagogischen Ansatz und besondere Förderangebote
- Erfassen von Wünschen, Bedürfnissen, Einschätzungen und Rückmeldungen der Eltern durch eine regelmäßige Befragung (z. B. Öffnungszeiten, Angebote für Eltern, größere Projekte mit den Kindern)
- Gesprächsaustausch mit den Eltern über Erziehungsziele und -stile, die in Familie und Kindertageseinrichtung vertreten bzw. praktiziert werden
- Konstruktive Äußerung von Kritik und angemessener Umgang mit Beschwerden („Beschwerde-Kultur" in der Tageseinrichtung)
- Verstärkte Einbindung von Vätern, da bisher überwiegend Mütter in Tageseinrichtungen präsent sind.

Stärkung der Erziehungskompetenz

- Vermitteln der Einsicht, dass Eltern bei der Erziehung und Bildung von Kindern bis sechs Jahren die entscheidende Rolle spielen, dass im Kleinkindalter Spielen und Lernen sowohl in der Familie als auch in der Kindertageseinrichtung zusammengehören und dass die Eltern in Konsultation mit den Fachkräften ihren Beitrag zur Entwicklung des jeweiligen Kindes optimieren können; Stärkung der Bereitschaft zur Übernahme von Erziehungsverantwortung
- Bereitstellen der professionellen Kompetenz von Fachkräften in Erziehungsfragen für die Eltern
- Elternbildung durch Gespräche über die kindliche Entwicklung und Erziehung sowie über ein entwicklungsförderndes Verhalten seitens der Eltern; Informationen über altersgemäße Beschäftigungsmöglichkeiten, Spiele, Bücher, Bildungsangebote etc.
- Sensibilisieren der Eltern für die große Bedeutung der Qualität ihrer Partnerschaft und des Familienlebens für eine positive Entwicklung ihres Kindes.

Beratung, Vermittlung von Fachdiensten

(Kinder mit erhöhtem Entwicklungsrisiko und (drohender) Behinderung → Kap. 6.2.5; Soziale Netzwerkarbeit bei Gefährdungen des Kindeswohls → Kap. 8.3.3)

- Präventivorientierte Gespräche bei ersten Anzeichen von Auffälligkeiten
- Beratungsgespräche mit den Eltern bei Erziehungsschwierigkeiten, bei Verhaltensauffälligkeiten, Entwicklungsverzögerungen und (drohenden) Behinderungen des Kindes sowie – in begrenztem Rahmen – bei allgemeinen Familienproblemen und -belastungen
- Bei Bedarf einer längeren Beratung, bei Notwendigkeit besonderer therapeutischer Maßnahmen für das Kind, bei Ehe- und Familienproblemen etc. Information der Eltern über einschlägige Fachdienste und Motivierung zur Nutzung von deren Hilfs- und Beratungsangeboten; eventuell Vermittlung von Fachdiensten.

Mitarbeit

- Ermöglichen des aktiven Miterlebens des Alltags in der Kindertageseinrichtung und des Kennenlernens der pädagogischen Arbeit durch Hospitationen, bei denen einzelne Eltern mit Kindern spielen und an Gruppenaktivitäten teilnehmen
- Anbieten von Aktivitäten für Eltern und Kinder (z. B. Spielnachmittage, bei denen Eltern etwas gemeinsam mit ihren Kindern tun und durch die auch der Erziehungsalltag in der Familie bereichert wird)
- Einbinden interessierter Eltern in die pädagogische Arbeit (mit Anleitung durch die Fachkräfte und in deren Verantwortung); diese können z. B. kleine Gruppen von Kindern am Computer anleiten, mit ihnen werken oder mit ihnen in einer Fremdsprache sprechen
- Mitarbeit von Eltern bei Festen und Feiern, bei der Gestaltung der Außenanlagen, der Reparatur von Spielsachen und vergleichbaren Aufgaben.

Beteiligung, Mitverantwortung und Mitbestimmung

- Abstimmen von Erziehungszielen auf der individuellen Ebene unter Berücksichtigung der einzigartigen Bedürfnisse des jeweiligen Kindes sowie auf der Gruppenebene durch Gespräche zwischen den Gruppenerzieherinnen und den jeweiligen Eltern
- Einbinden von interessierten Eltern in die Konzepterstellung, die Jahres- bzw. Rahmenplanung, die Projektarbeit oder die Öffentlichkeitsarbeit, wobei die pädagogische Kompetenz der Fachkräfte ausschlaggebend bleibt
- Motivieren von Eltern, sich zusammen mit Fachkräften für eine Verbesserung der Lebensbedingungen für Kinder und Familien zu engagieren (§ 1 Abs. 3 Nr. 4 SGB VIII)
- Beteiligung der Elternschaft auf der institutionellen Ebene an wesentlichen Angelegenheiten der Kindertageseinrichtung im gesetzlich vorgegebenen Rahmen (vgl. § 22a Abs. 2 Satz 2 SGB VIII)
- Motivieren der Elternvertreter, Elterninteressen auszuloten, sich als Sprachrohr der Eltern einzubringen und Verbesserungen des Leistungsangebots zu unterbreiten.

Ausbau von Kindertageseinrichtungen zu Familienzentren

- Fördern des Gesprächs- und Erfahrungsaustausches zwischen Eltern sowie von Beziehungen und gemeinsamen Aktivitäten von Familien durch die Entwicklung der Tageseinrichtung zu einem „Kommunikationszentrum", in dem wechselseitige Unterstützung und Vernetzung möglich sind (Nachbarschafts-/Familienselbsthilfe)
- Einbinden von sozial benachteiligten Familien und Migrantenfamilien in die Kindertageseinrichtung durch gezielte Ansprache und besondere Angebote (Kinder mit verschiedenem kulturellem Hintergrund – Interkulturelle Erziehung ➤ Kap. 6.2.3)
- Angebote für Großeltern und andere Familienmitglieder, um die Kindertageseinrichtung zu einem Ort der Begegnung zwischen den Generationen zu machen

- Integration von familienrelevanten Angeboten anderer Institutionen in die Kindertageseinrichtung (z. B. von Familienbildungsstätten oder Erziehungsberatungsstellen), sofern dies vom Träger gewünscht wird
- Förderung des bürgerschaftlichen Engagements, um die sozialen Netze von Familien zu stärken, Zeit- und Wissensressourcen zu erschließen und die Fachkräfte zu entlasten.

Anregungen und Beispiele zur Umsetzung

Grundlagen für eine gelingende Partnerschaft mit Eltern

Bedeutung im Einrichtungsgeschehen

Die Bildungs- und Erziehungspartnerschaft mit Eltern nimmt – neben der Bildungs- und Erziehungsarbeit mit Kindern – heute einen hohen Stellenwert im Alltag der Kindertageseinrichtungen ein. Ihre Bedeutung ist in den letzten Jahren stetig gewachsen. In ihrer praktischen Umsetzung erfordert sie eine Ausweitung und Intensivierung der Zusammenarbeit mit Eltern sowie die Sicherstellung von Angeboten der Elternberatung und Familienbildung.

Qualitätsentwicklung und -sicherung für die Kooperation mit Eltern

Die praktische Ausgestaltung der Partnerschaft ist abhängig von den lokalen Bedingungen (z. B. Auswahl und Gewichtung der Angebotsformen). So muss z. B. eine Kinderkrippe bzw. eine Kindertageseinrichtung in einem sozialen Brennpunkt andere Angebote machen als ein Kindergarten bzw. eine Einrichtung in einem Neubauviertel mit gut verdienenden Familien. Auch ist beispielsweise zu berücksichtigen, wie hoch der jeweilige Prozentsatz von Migrantenfamilien, Alleinerziehenden oder berufstätigen Müttern ist und inwieweit sich die pädagogischen Fachkräfte relevante Kompetenzen in der Aus- und Fortbildung aneignen konnten. Jede Kindertageseinrichtung hat daher ein vielfältiges, individuelles Angebot für Eltern zusammenzustellen, was eine Situations- und Bedarfsanalyse und eine genaue Planung voraussetzen.

Die Eltern sind an der Planung und Gestaltung des familienunterstützenden Angebots zu beteiligen. Die Dimensionen der Bildungs- und Erziehungspartnerschaft und die darauf aufbauenden Angebotsmöglichkeiten werden den Eltern im Rahmen des Aufnahmegesprächs und des Einführungselternabends vorgestellt. Die Gestaltung der Kooperation orientiert sich an den Bildungsbedürfnissen des Kindes. Den Eltern wird ermöglicht, selbst zu entscheiden, auf welchen der definierten Kooperationsebenen sie ihre Mitwirkung besonders entfalten möchten.

Voraussetzungen für eine gute Kooperation sind seitens der pädagogischen Fachkräfte die Reflexion der eigenen Grundhaltung Eltern gegenüber, Wertschätzung ihrer Kompetenzen und Anerkennung eines Familienbildes, das den unterschiedlichen Lebensentwürfen von Familien entspricht. Um Angebote und Handlungskonzepte bedürfnisgerecht und zielgruppenorientiert zu gestalten, sind die unterschiedlichen Interessen und Bedürfnisse von Eltern gründlich zu analysieren. Zugleich ist abzuwägen und auszuhandeln, inwieweit Eltern mit ihren spezifischen Kompetenzen in die pädagogische Arbeit eingebunden werden. Zur Verantwortung der Träger gehört es, dem pädagogischen Personal ein ausreichendes Zeitbudget und entsprechende Fortbildungsmöglichkeiten für die gute Kooperationsqualität mit Eltern zu gewähren. Die Qualität der Kooperation mit Eltern ist durch geeignete Verfahren regelmäßig zu überprüfen, sodass eventuell notwendige Maßnahmen eingeleitet werden können (z. B. regelmäßige Elternbefragungen, Beschwerdemanagement, Familienbildungsangebote, Einbindung von Beraterinnen und Beratern) oder die Qualifikation der Fachkräfte verbessert werden kann (z. B. durch Fortbildung, Fachberatung oder Supervision).

Formen der Partnerschaft mit Eltern

Zum Erreichen der genannten Ziele sind viele Formen der Erziehungs- und Bildungspartnerschaft entwickelt worden (→ Tab. 8.3), zwischen denen pädagogische Fachkräfte wählen können. Hervorzuheben sind jene Kooperationsformen, die sich durch offene Kommunikation zwischen Eltern sowie zwischen Eltern und pädagogischen Fachkräften, durch partnerschaftliche Kooperation, aktive Mitwirkung der Eltern und einen unmittelbaren, inhaltlichen Bezug zur Arbeit in der Kindergruppe auszeichnen. Unentbehrlich ist eine auf Gegenseitigkeit beruhende Grundhaltung, die die gemeinsame Verantwortung für das Wohl des Kindes und die Unterstützung seiner Entwicklung als Handlungsmaxime versteht. Wichtig ist zudem, dass sich in der Praxis die Zusammenarbeit von Eltern, pädagogischen Fachkräften und Träger auf allen Ebenen der vorgenannten Zieldimensionen vollzieht (→ Tab. 8.3).

Zieldimension	Mögliche Formen der Bildungs- und Erziehungspartnerschaft
Begleitung von Übergängen	▪ Informationsmappen, Konzeption, relevante Broschüren/Bücher ▪ Relevante elternbildende Angebote vor der Aufnahme eines Kindes bzw. vor und während der Übergangsphase ▪ Eltern-Kind-Gruppen, andere Angebote für Familien vor Aufnahme des Kindes in eine Regelgruppe ▪ Schnuppertage, Vorbesuche in der Gruppe ▪ Einführungselternabend; eventuell weitere Informationsveranstaltungen für „neue" Eltern ▪ Einzelgespräche

Zieldimension	Mögliche Formen der Bildungs- und Erziehungspartnerschaft
Information und Austausch	▪ Anmeldegespräch; Tür-und-Angel-Gespräche; Termingespräche; Elternsprechstunde ▪ (Gruppen-)Elternabende ▪ Schriftliche Konzeption des Kindergartens; Homepage ▪ Elternbriefe/-zeitschrift ▪ Aushang: Wochenplan, Projektplan, Vorschau/Rückblick auf Aktivitäten in der Gruppe, Projektauswertung ▪ Videoaufnahmen, (Foto-)Dokumentation
Stärkung der Erziehungskompetenz	▪ Familienbildende Angebote (auch durch Kurse wie „Starke Eltern – Starke Kinder" des Dt. Kinderschutzbundes); themenspezifische Gesprächskreise; Elterngruppen (z. B. mit Erziehungsberaterin) ▪ Einzelgespräche ▪ Auslegen von elternbildenden Materialien im Eingangsbereich/Elterncafé; Elternbibliothek mit Erziehungsratgebern; Hinweis auf Websites (z. B. www.familienhandbuch.de) und Veranstaltungen; Buch- und Spielausstellung
Beratung, Vermittlung von Fachdiensten	▪ Beratungsgespräche ▪ Vermittlung von Hilfen durch psychosoziale Dienste ▪ Beratungsführer für Eltern ▪ Auslegen von Ehe- und Erziehungsratgebern, von Broschüren über Leistungen/Hilfen für Familien
Mitarbeit	▪ Hospitation ▪ Bastel-/Spielnachmittage ▪ Mitwirkung von Eltern bei Gruppenaktivitäten, Beschäftigungen und Spielen; Einbeziehung der Eltern in die Planung und Durchführung von Projekten; Eltern-Workshops (Eltern machen besondere Angebote; z. B. ein Pizzabäcker „Pizzabacken mit Kindern"); Mitgestaltung von Festen ▪ Organisation eines Elterncafés oder Elternstammtisches; Leitung einer Elterngruppe; Angebote von Eltern für Eltern ▪ Spielplatzgestaltung, Gartenarbeit, Renovieren/Reparieren ▪ Mitarbeit an Kita-Zeitschrift, Homepage usw.
Beteiligung, Mitverantwortung und Mitbestimmung	▪ Mitwirkung im Elternbeirat ▪ Beteiligung an Grundsatzfragen der Kindertageseinrichtung ▪ Mitwirkung bei der Fortschreibung von Konzeptionen, Jahres- und Rahmenplänen; gemeinsame Planung von Veranstaltungen und besonderen Aktivitäten; Besprechung der pädagogischen Arbeit; Arbeitskreis „Qualitätssicherung"; Beteiligung an der Gestaltung von Spielecken usw.

Zieldimension	Mögliche Formen der Bildungs- und Erziehungspartnerschaft
Beteiligung, Mitverantwortung und Mitbestimmung	▪ Elternbefragung, Gesprächsforen ▪ Beschwerdemanagement ▪ Eltern als Fürsprecher der Kindertageseinrichtung in der Kommune/auf Landesebene
Ausbau von Kindertageseinrichtungen zu Familienzentren	▪ Elternstammtisch, Elterncafé ▪ Bazare, Märkte etc. ▪ Mittagstisch für Eltern/Nachbarn ▪ Freizeitangebote für Familien (z. B. Wanderungen, Ausflüge) ▪ Elterngruppen (mit/ohne Kinderbetreuung) ▪ Angebote von Familienbildungsstätten, Erziehungsberatungsstellen, des Allgemeinen Sozialdienstes ▪ Spezielle Angebote für besondere Gruppen von Eltern (z. B. Alleinerziehende, Migrantinnen und Migranten) ▪ Elternselbsthilfe (z. B. wechselseitige Kinderbetreuung) ▪ Babysitterdienst

Tab. 8.3: Formen der Zusammenarbeit

Auf einige Formen der Partnerschaft wird im Folgenden beispielhaft näher eingegangen.

Elterngespräche

Kernpunkt der Erziehungs- und Bildungspartnerschaft sind regelmäßige Gespräche über die Entwicklung und das Verhalten des Kindes. Sie sollten mindestens zweimal jährlich stattfinden. Hier ist auch ein Austausch über Erziehungsziele und -stile zwischen pädagogischen Fachkräften und Eltern möglich, können Erziehungsvorstellungen miteinander abgestimmt werden. Je jünger das Kind ist, desto mehr Elterngespräche sollten im Verlauf eines Jahres stattfinden, um den in den ersten Lebensjahren beschleunigten Entwicklungsverlauf gemeinsam zu reflektieren. Weitere bedeutsame Phasen bzw. Anlässe für Elterngespräche sind:

▪ Die Eingewöhnungszeit, um ein Vertrauensverhältnis aufzubauen und den Eltern die Gelegenheit zu geben, den erhöhten Gesprächsbedarf in der Anfangsphase zu befriedigen (Übergang von der Familie in die Tageseinrichtung ➔ Kap. 6.1.1)
▪ Die Zeit vor dem Übergang in die Schule bzw. in eine andere Kindertageseinrichtung (Übergang in die nachfolgende Tageseinrichtung ➔ Kap. 6.1.2; Übergang in die Grundschule ➔ Kap. 6.1.3)
▪ Das Wahrnehmen von Anzeichen, die bei einzelnen Kindern auf Entwicklungsrisiken schließen lassen und nach Auffassung des Einrichtungsteams oder der Eltern der weiteren Abklärung durch einen Fachdienst bedürfen (Kinder mit erhöhtem Entwicklungsrisiko und (drohender) Behinderung

→ Kap. 6.2.5; Soziale Netzwerkarbeit bei Gefährdungen des Kindeswohls
→ Kap. 8.3.3).

Gesprächsdaten sind überwiegend anvertraute Sozialdaten (§ 65 SGB VIII), wobei Vertrauensperson nur jene pädagogische Fachkraft ist, die das Zwiegespräch mit den Eltern geführt hat. Die interne Weitergabe wichtiger Gesprächsdaten im Kollegenkreis (z. B. Ablage des Gesprächsprotokolls in der Betreuungsakte) bedarf der elterlichen Einwilligung (§ 65 Abs. 1 Satz 1 Nr. 1 und Abs. 2 SGB VIII).

Mitverantwortung und Mitbestimmung der Eltern bei konzeptionellen Entscheidungen

Zusätzlich zum Austausch über die Entwicklung des Kindes ist es wichtig, Mütter und Väter in die pädagogisch-konzeptionellen Entwicklungen der Kindertageseinrichtung einzubeziehen. Elternbeteiligung bei konzeptionellen Fragen verlangt zunächst eine frühzeitige und umfassende Elterninformation über die pädagogische Arbeit. Diese beginnt mit der Aushändigung der Einrichtungskonzeption beim Anmeldegespräch und setzt sich in regelmäßigen Gesprächen über pädagogische Aktivitäten sowie auf Elternabenden fort.

- Eltern in weitergehende konzeptionelle Diskussionen erfolgreich einzubeziehen kann gelingen, wenn ihnen eingangs die zur Diskussion anstehenden pädagogischen Standpunkte und bisherigen Reflexionsprozesse im Team klar und deutlich präsentiert werden. Im Rahmen einer professionellen Moderation können sich sodann alle Eltern in konzeptionelle Entwicklungsprozesse einbringen; selbst Sprachbarrieren müssen kein unüberwindliches Hindernis sein. Als ein guter Einstieg in konzeptionelle Diskussionen erweisen sich auch Rückblicke in die eigene Kindheit.
- Vor diesem Hintergrund können Fachkräfte und Eltern auch den Bayerischen Bildungs- und Erziehungsplan gemeinsam erörtern und dessen Umsetzung planen. Im Zuge dessen dürfte es zumeist notwendig sein, die Konzeption der Kindertageseinrichtung zu überarbeiten und – falls bereits Qualitätsmanagement betrieben wird – die bisherigen Qualitätskriterien zu überprüfen. Dies kann gemeinsam geschehen, zumal Kindertageseinrichtungen im Gegensatz zu Schulen nur einen von den Eltern übertragenen Erziehungs- und Bildungsauftrag haben; die Eltern sollten deshalb an der konzeptionellen Ausrichtung der pädagogischen Arbeit sowie des Angebots für Eltern beteiligt werden. Die Fachkompetenz der pädagogischen Fachkräfte ist zu achten; die Verabschiedung der Konzeption liegt in der Verantwortung des Trägers.

Gemeinsames pädagogisches Handeln

Die Bildungspartnerschaft zeigt sich auch im gemeinsamen pädagogischen Handeln. So können z. B. bei Elternveranstaltungen bzw. in einer Arbeitsgruppe aus pädagogischen Fachkräften und (interessierten) Eltern Wochen- und Monatspläne besprochen werden. Hierbei können beide Seiten ihre Vorstellungen und Ideen einbringen: Es lässt sich abklären, inwieweit sich Eltern an den geplanten Aktivitäten in der Kindertageseinrichtung beteiligen können und wollen. Es kann diskutiert werden, wie Eltern zu Hause die aktuellen Themen aufgreifen, ergänzen und vertiefen können. So können Eltern z. B. zum Thema passende Bilderbücher aus der Stadtbibliothek ausleihen und mit den Kindern anschauen, mit ihnen über neue Begriffe sprechen oder mit ihnen bestimmte Aktivitäten (z. B. Experiment, Bastelarbeit, Interview) durchführen. Auf diese Weise werden die Lernerfahrungen des Kindes verstärkt und ausgeweitet, wird die Bildung in der Familie intensiviert.

Auch durch Aushänge oder Elternbriefe können Eltern über Aktivitäten informiert werden, die sie zu Hause durchführen können und die das pädagogische Angebot in der Kindertageseinrichtung ergänzen.

Die Projektarbeit bietet viele Ansatzpunkte, neben den Kindern auch die Eltern in bildende Aktivitäten einzubinden: Eltern und Fachkräfte können Projektthemen vorschlagen und Projekte gemeinsam planen, wobei bestimmte Aktivitäten von einzelnen Eltern übernommen werden, z. B. Bücher, Materialien und Werkzeuge besorgen; Besuchstermine bei Handwerksbetrieben, Firmen oder kulturellen Einrichtungen vereinbaren. Interessierte Eltern können im Verlauf eines Projekts auch in der Tageseinrichtung tätig werden, indem sie z. B. Kleingruppen bei bestimmten Aktivitäten anleiten, sich als Interviewpartner zur Verfügung stellen oder bestimmte Kompetenzen einbringen. Eltern können z. B. bei Projekten wie „Berufe" die Kindergruppe zu sich an ihren Arbeitsplatz einladen. Schließlich können Projekte gemeinsam evaluiert werden.

Verstärkte Einbindung von Vätern

(Mädchen und Jungen – Geschlechtersensible Erziehung → Kap. 6.2.2)

Die Elterngespräche beim Aufnahmeverfahren und alle Elterngespräche, die die Entwicklung und Förderung des jeweiligen Kindes betreffen, sollten möglichst mit beiden Elternteilen geführt werden. Wenn ein Vater in die Kindertageseinrichtung kommt (z. B. beim Bringen oder Abholen seines Kindes), kann diese Gelegenheit genutzt werden, um ihn anzusprechen, mit ihm kurz über sein Kind zu reden oder ihn direkt zur Hospitation oder zur Teilnahme an Elternveranstaltungen einzuladen. Dieses aktive Auf-Väter-Zugehen ist oft sehr erfolgreich. Väter sind gezielt anzuwerben, an Projekten und anderen Aktivitäten der Kindergruppe mitzuwirken. Auch spezielle Angebote nur für Väter und Kinder wie z. B. ein Samstagvormittag/-nachmittag mit Spiel- und Bastelaktivitäten, ein Projekt „Werken mit Holz" (Väter stellen das Werkzeug zur Verfügung und leiten die Kinder an), ein gemeinsamer Ausflug, ein Turnier, eine Aktion „Vater-Kind-Kochen", ein „Vatertagscafé" oder ein Abendessen an einem Werktag sind Möglichkeiten, Väter aktiv einzubinden. Ferner können Veranstaltungen nur für Väter, wie ein Gesprächskreis oder ein „Väterabend", angeboten werden.

Das rechtliche Verhältnis zwischen Eltern und Kindertageseinrichtung

Das Bildungs- und Erziehungsrecht der Tageseinrichtung in Bezug auf das einzelne Kind ist ein Recht, dass ihr nicht (wie bei der Schule) verfassungsrechtlich eingeräumt ist, sondern von den Eltern übertragen wird (vgl. § 1 Abs. 1, 2 SGB VIII). Die Bildungs- und Erziehungspartnerschaft mit Eltern ist mit dem Übertragen der Erziehungsverantwortung für das Kind auf das Einrichtungsteam und dem Gestalten des Leistungsverhältnisses, das viel Spielraum für individuelle Abfragen (Informationen über das Kind und seine Familienverhältnisse) und Absprachen (sorgerechtliche Bestimmungen und Vollmachten, datenschutzrechtliche Einwilligungen) enthält, auf eine gleichberechtigte Beziehung hin angelegt. Die Beziehung zwischen Eltern und Tageseinrichtung vertraglich zu regeln, erweist sich heute als die optimale Lösung. Dabei verpflichten sich beide Seiten, in ihrer Verantwortung für das Kind in vielfältiger Weise zusammenzuarbeiten.

Elterninformationen und elternbezogene Öffentlichkeitsarbeit über das Geschehen in der Tageseinrichtung durch Druckerzeugnisse (z. B. Einrichtungskonzeption, Jahresberichte, Chroniken, Elternbriefe), Fotowände, Film- und Internetpräsentationen oder durch Pressearbeit werden immer wichtiger. Soweit hierbei Fotos und Filme verbreitet werden, auf denen Kinder, Eltern und Fachkräfte zu sehen sind, ist das Recht am eigenen Bild zu beachten. Danach dürfen Bilder grundsätzlich nur mit Einwilligung der abgebildeten Personen öffentlich verbreitet und zur Schau gestellt werden (vgl. § 22 Kunsturhebergesetz). Diese Rechtslage haben auch Eltern zu beachten, wenn sie Foto- und Filmaufnahmen in Tageseinrichtungen erstellen; dies sollte ohnehin nur auf Festen und Ausflügen gestattet sein.

Verwendete Literatur

- Reichert-Garschhammer, E. (2004). Weitere Entwicklung zur Handreichung „Qualitätsmanagement im Praxisfeld Kindertageseinrichtung – Blickpunkt: Sozialdatenschutz". KiTa Recht (1), 26–29.
- Reichert-Garschhammer, E. (2001). Qualitätsmanagement im Praxisfeld Kindertageseinrichtung (Bayern)/(Bund) – Blickpunkt: Sozialdatenschutz. Staatsinstitut für Frühpädagogik (Hrsg.). Kronach: Carl Link.
- Reichert-Garschhammer, E. (2001). Qualitätsmanagement im Praxisfeld Kindertageseinrichtung (Bayern) – Blickpunkt: Sozialdatenschutz. Bayerisches Staatsministerium für Arbeit und Sozialordnung, Familie und Frauen & Staatsinstitut für Frühpädagogik (Hrsg.). Bezug: IFP.
- Textor, M. R. (2000). Kooperation mit den Eltern. Erziehungspartnerschaft von Familie und Kindertagesstätte. München: Don Bosco.
- Textor, M. R. & Blank, B. (2004). Elternmitarbeit: Auf dem Wege zur Bildungs- und Erziehungspartnerschaft. München: Bayerisches Staatsministerium für Arbeit und Sozialordnung, Familie und Frauen. www.stmas.bayern.de/kinderbetreuung/tagesstaetten/elternmitarbeit.pdf

8.3.2 Gemeinwesenorientierung – Kooperation und Vernetzung mit anderen Stellen

Öffnung hin zum Gemeinwesen

Kindheit spielt sich heute vielfach in isolierten und „kindgemäß" gestalteten Erfahrungsräumen ab. Die Gefahr dabei ist, dass Kinder immer weniger Natur- oder andere Primärerfahrungen machen, dass sie die Welt immer häufiger als undurchschaubar und unverständlich erleben. Für pädagogische Fachkräfte in Tageseinrichtungen wird es daher immer wichtiger, mit den Kindern viele Lebensfelder (z. B. Gemeinde, Natur, Arbeitswelt, Landwirtschaft, Religion, Politik) zu erschließen, in die die Kinder früher hineinwuchsen bzw. die sie selbstständig und unmittelbar erkunden konnten. Die Gemeinwesenorientierung der Tageseinrichtung garantiert eine lebensweltnahe Bildung und Erziehung des Kindes.

Die Öffnung hin zu dem natürlichen, sozialen und kulturellen Umfeld, die auch im Rahmen von Projekten erfolgen kann, soll den Kindern Folgendes ermöglichen:
- Naturerfahrungen in Wald und Flur, auf dem Bauernhof, durch Gartenarbeit, beim Halten von Tieren, beim Anlegen von Sammlungen usw. (Umwelt ➙ Kap. 7.7; Naturwissenschaften und Technik ➙ Kap. 7.6)
- Entdecken der Umgebung der Kindertageseinrichtung, z. B. der Bauwerke, Grünanlagen, Parks, Waldstücke, Friedhöfe und landwirtschaftlich genutzten Flächen, von Geschäften, Bank und Post. Oft gibt es für Spaziergänge aktuelle Anlässe wie eine neue Baustelle, Sturmschäden im Wald, Aussaat oder Ernte, das Aufstellen eines Maibaums oder den Einkauf von Materialien. Ferner kann mit Nachbarn und anderen Menschen Kontakt aufgenommen werden
- Kennenlernen der Arbeitswelt durch Besuche von Geschäften, Handwerksbetrieben, Fabriken, Arztpraxen, Behörden und kommunalen Einrichtungen wie dem Rathaus, dem Klärwerk, der Feuerwehr oder dem Bauhof. Auch können Eltern an ihrem Arbeitsplatz besucht werden. Wirtschaftliche Abläufe sollten in der Kindertageseinrichtung reflektiert und nachgespielt werden (Naturwissenschaften und Technik ➙ Kap. 7.6; Mitwirkung der Kinder am Bildungs- und Einrichtungsgeschehen (Partizipation) ➙ Kap. 8.1)
- Erkunden kultureller Einrichtungen wie Theater, (Kinder-)Museen, Kunstausstellungen, Kunst- und Musikschulen, Orchestern, Zeitungsredaktionen, Kirchen, Büchereien sowie entsprechende Aktivitäten in der Einrichtung (Sprache und Literacy ➙ Kap. 7.3; Ästhetik, Kunst und Kultur ➙ Kap. 7.8; Musik ➙ Kap. 7.9)
- Kennenlernen von sozialen Einrichtungen wie Krankenhäusern, Altenheimen, Seniorenclubs und Behinderteneinrichtungen. (Individuelle) Gespräche mit Senioren bzw. Behinderten sollten gesucht werden; gemeinsame Aktivitäten sind sinnvoll (Gesundheit ➙ Kap. 7.11)

- Kontakte zu Menschen anderer Kulturen durch Aktivitäten mit Eltern ausländischer Kinder, durch Treffen mit Freundschaftsvereinen, Tätigkeiten im Rahmen von Gemeinde- und Städtepartnerschaften (Kinder mit verschiedenem kulturellem Hintergrund ➤ Kap. 6.2.3)
- Einblick in die Geschichte durch Gespräche mit Zeitzeugen, Sammeln alter Bilder und Gegenstände, Besuche im Heimatmuseum, durch Beschäftigung mit früheren Zeiten in Projekten wie „Leben in der Steinzeit"
- Einbindung von Ehrenamtlichen, Senioren, Nachbarn usw. in die Kindertageseinrichtung im Sinne eines bürgerschaftlichen Engagements. Auf diese Weise werden neue Wissens- und Zeitressourcen erschlossen, die sozialen Kompetenzen der Kinder gestärkt, die Fachkräfte entlastet und unterstützt.

Bei Exkursionen und Besuchen ist es wichtig, dass die Kinder mitplanen und mitbestimmen können (Mitwirkung der Kinder am Bildungs- und Einrichtungsgeschehen (Partizipation) ➤ Kap. 8.1), dass ihnen Raum für Entdeckerfreude, Neugier und Kontaktbereitschaft gegeben wird, dass sie selbsttätig und eigenverantwortlich handeln können. So sollten die Kinder bei Erkundungen im Umfeld der Tageseinrichtung genau beobachtet werden: Was interessiert sie? Wo verweilen sie? Wonach fragen sie? Mit wem wollen sie sprechen? Auch ist es wichtig, Ausflüge mit den Kindern vor- und vor allem nachzubereiten (z. B. im Gespräch, durch Malen und Werkarbeiten): Ein fortwährender Wechsel zwischen Beobachten, Erfahren und Erleben im Umfeld auf der einen und dem Reflektieren und Verarbeiten des Neuen in der Einrichtung auf der anderen Seite ist besonders entwicklungsfördernd. Daher sollten Erkundungsgänge und Exkursionen so weit wie möglich in Projekte eingebunden werden.

Für kostenpflichtige Exkursionen sollten geeignete Regelungen, insbesondere auch für Kinder aus einkommensschwachen Familien getroffen werden.

Kooperation und Vernetzung mit anderen Stellen

Kooperation und Vernetzung mit anderen Stellen zählen heute zu den Kernaufgaben von Kindertageseinrichtungen. Sie ermöglichen eine Nutzung und Bündelung der lokalen Ressourcen vor Ort.
- Generell sollten sich (benachbarte) Kindertageseinrichtungen vernetzen – Kinderkrippen mit Kinderkrippen, Kindergärten mit Kindergärten, Kinderhorte mit Kinderhorten, Krippen mit Kindergärten und Kindergärten mit Horten –, um z. B. Konzeptionen auszutauschen, voneinander zu lernen, einander kollegial zu beraten und zu besprechen, wie Kindern Übergänge erleichtert werden können (Übergang in die nachfolgende Tageseinrichtung ➤ Kap. 6.1.2).
- Eine Vernetzung von Kindertageseinrichtungen mit kulturellen, sozialen und medizinischen Einrichtungen und Diensten, mit der Gemeinde und ihren Ämtern, mit den Pfarr- und Kirchengemeinden ist generell sinnvoll, da es immer wieder (dienstliche) Kontakte gibt und diese Institutionen einen Beitrag z. B. zur Planung und Durchführung von Projekten leisten können.

- Kindertageseinrichtungen arbeiten mit dem Jugendamt zusammen, um fachliche Beratung zu erhalten, im Rahmen der Rechtsaufsicht und im Kontext der Jugendhilfeplanung und bei Kindeswohlgefährdungsfällen in der Einrichtung (Soziale Netzwerkarbeit bei Gefährdungen des Kindeswohls → Kap. 8.3.3). Bei Bedarf werden besondere Angebote (z. B. Maßnahmen zur Medienerziehung, Suchtprävention) genutzt.
- Kindertageseinrichtungen haben in Fällen von deutlich erhöhtem Förderbedarf des Kindes und familiären Problemen die Aufgabe, Hilfsangebote von Einrichtungen der Jugend- und Familienhilfe sowie anderer psychosozialer Fachdienste zu vermitteln. Durch eine intensive Zusammenarbeit insbesondere mit Frühförder-, Erziehungs- und Familienberatungsstellen, dem Jugendamt und dem Allgemeinen Sozialdienst sollen eine bessere Prävention, eine frühzeitige Intervention bei Entwicklungsrisiken oder anderen Problemen sowie die Erschließung von Ressourcen und Beratungsangeboten für Familien erreicht werden. Fachdienste, die mit der spezifischen Förderung von Kindern mit Entwicklungsrisiken oder Behinderung befasst sind, sollen möglichst in der Tageseinrichtung tätig sein (Kinder mit erhöhtem Entwicklungsrisiko und (drohender) Behinderung → Kap. 6.2.4; Kinder mit Hochbegabung → Kap. 6.2.5; Soziale Netzwerkarbeit bei Gefährdungen des Kindeswohls → Kap. 8.3.3).
- Eine Kooperation mit Arztpraxen und dem Gesundheitsamt sowie vielen anderen Stellen im Gesundheits- und Sportbereich ist im Rahmen der gesundheitlichen Bildung und Erziehung geboten. Sie bezieht sich auf den Infektions- und Impfschutz und auf Vorsorgeuntersuchungen, aber auch auf die Gesundheitsprävention (Gesundheit → Kap. 7.11).
- Kindertageseinrichtungen kooperieren mit Fachberatung (soweit vorhanden). Sie arbeiten mit den Ausbildungsstätten zusammen, soweit sie Praktikantinnen und Praktikanten begleiten oder um Einfluss auf die Ausbildung zu nehmen.
- Zentrale Bedeutung kommt der Kooperation mit der Grundschule zu. Die künftigen Schulkinder und ihre Familien sind auf den Übergang in die Schule vorzubereiten. Der Übergang ist mit allen davon Betroffenen gemeinsam zu gestalten (Übergang in die Grundschule → Kap. 6.1.3).

Zum Tätigwerden externer Anbieter in Kindertageseinrichtungen

Im Rahmen des Bayerischen Kindergartengesetzes wurde Externen das Tätigwerden in Kindertageseinrichtungen grundsätzlich nur außerhalb der Kernzeiten gestattet. Mit dem Inkrafttreten des Bayerischen Kinderbildungs- und – betreuungsgesetzes (BayKiBiG) haben sich diese rechtlichen Grundlagen geändert und die Träger an Gestaltungsfreiheit gewonnen. Externe können nunmehr generell – auch innerhalb der Kernzeiten – zur Umsetzung der Bildungs- und Erziehungsziele eingesetzt werden, sofern Folgendes Beachtung findet:
- Der Anstellungsschlüssel wird eingehalten. Der Mindestanstellungsschlüssel ist durch die Ausführungsverordnung zum BayKiBiG auf 1:12,5 festgesetzt (vgl. § 17). Einzustellen in den Anstellungsschlüssel

sind ausschließlich die Arbeitsstunden des pädagogischen Personals; die von Externen erbrachten Arbeitsstunden finden im Anstellungsschlüssel keine Berücksichtigung, wenn sie nicht die Kriterien des § 16 BayKiBiGV erfüllen.
- Den Bildungs- und Erziehungszielen wird in ihrer Gesamtheit entsprochen. Grundsätzlich muss das Angebot allen Kindern in der Einrichtung zugänglich sein. Ist das Angebot nicht allen Kindern zugänglich, ist ein entsprechender Ausgleich durch das pädagogische Personal der Kindertageseinrichtung zu schaffen. Es ist daher nicht möglich, einen Bildungsbereich ausschließlich durch Externe abzudecken, sofern deren Angebot nicht von allen Kindern der Einrichtung in Anspruch genommen werden kann.
- Das zusätzliche Angebot erfolgt unter der Aufsicht und pädagogischen Leitung der Kindertageseinrichtung: Aus der Aufsicht und pädagogischen Leitung der Kindertageseinrichtung über das Angebot des Externen folgt nicht, dass jedes Kind an dem betreffenden Angebot teilnehmen muss. Es handelt sich vielmehr um einen Anwendungsfall des Prinzips der inneren Differenzierung des pädagogischen Angebots, wonach nicht die Gruppe als solche, sondern nur einige Kinder individuell aufgrund ihrer spezifischen Bedürfnisse und Interessen pädagogisch gefördert werden.

Ein wichtiges Ziel bei der Vernetzung ist, das Wohl der Kinder und ihrer Familien sicherzustellen. Kinder mit erhöhtem Entwicklungsrisiko und (drohender) Behinderung und deren Eltern sowie Familien mit besonderen Belastungen sollen frühzeitig geeignete Hilfe erhalten (Kinder mit erhöhtem Entwicklungsrisiko und (drohender) Behinderung → Kap. 6.2.5; Soziale Netzwerkarbeit bei Gefährdungen des Kindeswohls → Kap. 8.3.3). Das bedeutet:
- Pädagogische Fachkräfte sollten wissen, für welche Problemlagen welche Einrichtungen der Jugendhilfe bzw. Familienhilfe oder welche anderen psychosozialen Fachdienste zuständig sind und wie sie Kinder bzw. Familien an diese Einrichtungen weitervermitteln können. Diese Informationen können sie direkt beim Jugendamt einholen oder sich durch Beratungsführer, auf z. B. von Jugendämtern organisierten Veranstaltungen oder in Arbeitskreisen aneignen.
- Durch Informations- und Erfahrungsaustausch sollen pädagogische Fachkräfte und Mitarbeiter psychosozialer Dienste die Lebens- und Arbeitswelt der jeweils anderen Seite kennen lernen. Sind sie über die Arbeitsweise, Probleme, Bedürfnisse und Wünsche der anderen informiert, können sie diese bei einer Zusammenarbeit berücksichtigen.
- Lernen sich die Fachkräfte der Kindertageseinrichtung und Fachkräfte von Jugendhilfeeinrichtungen bzw. psychosozialen Diensten persönlich kennen, ist in der Regel mehr Vertrauen gegeben, fällt es leichter, bei Problemen Kontakt aufzunehmen oder Hilfsbedürftige zu überweisen.

- Die Kenntnisse von Eltern über Hilfsangebote sollen indirekt durch die Weitergabe entsprechender Informationen erweitert werden. Beratungsangebote und andere Hilfen sollten von Eltern als alltägliche Dienstleistungen wahrgenommen werden.
- Schwellenängste bei Eltern werden reduziert, wenn Fachkräfte über psychosoziale Dienste aufklären und ihnen persönlich bekannte Ansprechpartner benennen können.
- Fachkräfte der Kindertageseinrichtung und Fachkräfte von Jugendhilfeeinrichtungen bzw. psychosozialen Diensten kooperieren im Einzelfall auf der Grundlage der von den Eltern erteilten Einwilligung oder auch im Rahmen anonymisierter Fallbesprechungen. Sie tauschen ihre Beobachtungen aus, definieren gemeinsam die Probleme des Kindes bzw. der Eltern, wählen geeignete Maßnahmen aus, planen sie und führen sie durch.
- Pädagogische Fachkräfte sollten das Angebot mobiler Dienste – sofern vorhanden – nutzen. Diese Dienste sollen direkt in die Kindertageseinrichtung kommen, um Maßnahmen der Früherkennung und spezifischen Förderung bei Kindern zu erbringen sowie um Fachkräfte und Eltern zu beraten.
- Pädagogische Fachkräfte können in Problemsituationen auch für sich selbst Hilfe durch Jugendhilfeeinrichtungen bzw. psychosoziale Dienste erfahren. Die benötigte Unterstützung kann fallbezogen (beim Umgang mit einem bestimmten Kind bzw. einer Familie), allgemein (z. B. eine heilpädagogische Weiterqualifizierung), einrichtungsbezogen (z. B. eine Teamfortbildung) oder persönlich (z. B. Einzelsupervision) sein.

Kindertageseinrichtungen sollen sich anhand von sozialraumorientierten Konzepten zu „Nachbarschaftszentren" bzw. „Begegnungsstätten" weiterentwickeln, in denen es – soweit räumlich möglich – z. B. Eltern-Kind-Gruppen, Spielgruppen, Kurse zur Geburtsvorbereitung, Angebote der Familienbildung, Erziehungsberatung, Babysittervermittlung und Kleider- oder Spielzeugbörse geben kann. Solche und ähnliche Angebote werden von den jeweiligen Einrichtungen der Jugend- bzw. Familienhilfe direkt in der Tageseinrichtung erbracht; deren Fachkräfte übernehmen eine koordinierende Funktion. Die Arbeit mit Kindern und Familien nimmt damit einen präventiven und flexiblen Charakter an; angemessene und problemorientierte Hilfen werden bereitgestellt. Außerdem können durch die Einbindung von Ehrenamtlichen, Senioren, Nachbarn usw. im Sinne eines bürgerschaftlichen Engagements soziale Netze (z. B. von Alleinerziehenden oder neu zugezogenen Familien) gefördert werden.

Die Zusammenarbeit mit anderen Stellen, die sich auf die Unterstützung einzelner Kinder bezieht, ist grundsätzlich nur mit Einwilligung der Eltern zulässig, wenn anonymisierte Fallbesprechungen nicht ausreichen (§ 65 Abs. 1 Satz 1 Nr. 1 SGB VIII). Die Daten, die hierbei über das Kind ausgetauscht werden, sind der Tageseinrichtung überwiegend im Rahmen persönlicher und erzieherischer Hilfe anvertraut. Dies gilt insbesondere für jene Daten, die ab der Aufnahme durch gezielte Beobachtungen des Kindes (Beobachtung der Lern- und Entwicklungsprozesse der Kinder ➙ Kap. 8.4.1) und Einzelgespräche mit den Eltern (Bildungs- und Erziehungspartnerschaft mit den Eltern ➙ Kap. 8.3.1) bekannt geworden sind. Einwilligungen lassen sich nicht aus dem Stegreif einholen. Sie bedürfen sorgfältiger Planung und Vorbereitung, weil das Sozialdatenschutzrecht an sie viele Vorgaben knüpft (§ 67b Abs. 2 SGB X), so insbesondere:

- Die Eltern sind darauf hinzuweisen, mit wem die Tageseinrichtung warum (Aufgabe) und wie (Art und Weise der Kooperation) zu kooperieren beabsichtigt, welche Daten hierbei über das Kind ausgetauscht werden und welche Folgen für das Kind zu erwarten sind, wenn die Eltern nicht einwilligen. Verboten sind pauschale bzw. unbestimmte Einwilligungen, bei denen die Eltern über die Tragweite ihrer Entscheidung nicht informiert werden. Die Einwilligung einschließlich der Hinweise bedürfen der Schriftform (§ 67b Abs. 2 Satz 3 SGB X). Es empfehlen sich Einwilligungsvordrucke für alle Kooperationsbeziehungen, die Tageseinrichtungen typischerweise im Sinne des Bayerischen Bildungs- und Erziehungsplans pflegen.
- Einwilligungsvordrucke sind auf das nötige Mindestmaß zu beschränken und, soweit möglich, in umfassendere Vordrucke zu integrieren (vgl. § 67b Abs. 2 Satz 4 SGB X), um Eltern nicht mit Vordrucken zu überhäufen und Verfahren einfach zu gestalten (Regelungs- und Verfahrensökonomie). Einwilligungen in Kooperationsbeziehungen, die längerfristig angelegt sind bzw. viele verschiedene, einwilligungsbedürftige Kooperationsformen umfassen (z. B. Zusammenarbeit mit Fachdiensten bei der Früherkennung und Frühförderung einzelner Kinder mit Entwicklungsrisiko oder Behinderung), lassen sich in einem Vordruck bündeln. Die meisten Einwilligungen können bereits bei Aufnahme des Kindes in die Tageseinrichtung eingeholt werden. Einwilligungen, die erst nach der Aufnahme zum Tragen kommen, sind zum jeweils geeigneten Zeitpunkt durch gesonderten Vordruck einzuholen (Einschulung, Erkennen von Entwicklungsrisiken).
- Einwilligungen einzuholen steht nicht im Belieben der pädagogischen Fachkräfte. Bei fachlich gebotener Kooperation darf der Datenschutz nicht als Blockadeinstrument missbraucht werden. Daher sind pädagogische Fachkräfte angehalten, all ihre Kräfte aufzubringen, Eltern von der Sinnhaftigkeit ihrer Einwilligung für ihr Kind zu überzeugen. Dies stellt hohe Anforderungen an die Gesprächsführung.

Hinweis. Eine tabellarische Zusammenfassung aller Ausführungen im Teil 2 zur „Gemeinwesenorientierung – Kooperation mit fachkundigen Stellen" in den einzelnen Bildungsbereichen, wie sie im Erprobungsentwurf enthalten war, wird unter www.ifp-bayern.de/Bildungsplan veröffentlicht.

Verwendete Literatur

- Reichert-Garschhammer, E. (2004). Die elterliche Zustimmung zur Kooperationspraxis von Kindertageseinrichtung und Grundschule. www.ifp-bayern.de/Bildungsplan/Materialien
- Reichert-Garschhammer, E. (2001). Qualitätsmanagement im Praxisfeld Kindertageseinrichtung (Bayern) / Bayern) – Blickpunkt: Sozialdatenschutz. Staatsinstitut für Frühpädagogik (Hrsg.). Kronach: Carl Link.
- Reichert-Garschhammer, E. (2001). Qualitätsmanagement im Praxisfeld Kindertageseinrichtung (Bayern) – Blickpunkt: Sozialdatenschutz. Bayerisches Staatsministerium für Arbeit und Sozialordnung, Familie und Frauen & Staatsinstitut für Frühpädagogik (Hrsg.). Bezug: IFP.

- Textor, M.R. & Winterhalter-Salvatore, D. (1999). Hilfen für Kinder, Erzieher/innen und Eltern. Vernetzung von Kindertageseinrichtungen mit psychosozialen Diensten. München: Bayerisches Staatsministerium für Arbeit und Sozialordnung, Familie und Frauen. www.stmas.bayern.de/kinderbetreuung/tagesstaetten/hilfen-kee.pdf

8.3.3 Soziale Netzwerkarbeit bei Gefährdungen des Kindeswohls

Zu den Aufgaben von Kindertageseinrichtungen zählt auch die Sorge um jene Kinder, deren Wohlergehen und Entwicklung gefährdet sind, und ihr Schutz vor weiteren Gefährdungen (§ 8a Abs. 2 SGB VIII). Wohlergehen und Wohlbefinden des Kindes sind maßgebliche Voraussetzungen dafür, dass kindliche Lern- und Entwicklungsprozesse gelingen. Gefährdungssituationen für das Kindeswohl, die weitere Hilfe (zur Selbsthilfe) bzw. Abhilfe erfordern, sind insbesondere bei folgenden Konstellationen anzunehmen:

- Es liegen hinreichend konkrete Anhaltspunkte vor, die auf Gefährdungssituationen des Kindes in der Familie oder im weiteren sozialen Nahraum schließen lassen. Dazu zählen insbesondere Vernachlässigung, körperliche Misshandlung und sexuelle Ausbeutung des Kindes, aber auch Familiensituationen, die das Wohl des Kindes indirekt gefährden (z. B. Erleben von Gewalt in der Familie, Suchtprobleme, psychische Erkrankung eines Elternteils).
- Bei einem Kind werden in der Tageseinrichtung hinreichend klare Anzeichen schwerwiegender Entwicklungsprobleme oder einer Behinderung festgestellt. Es steht zu befürchten, dass das Wohl des Kindes ernsthaft gefährdet ist, wenn weitere diagnostische und erzieherische Hilfen ausbleiben. Eltern lehnen trotz mehrfachem Angebot jedwede weitere Hilfe für ihr Kind ab (Kinder mit erhöhtem Entwicklungsrisiko und (drohender) Behinderung ➞ Kap. 6.2.5).
- Die Kindertageseinrichtung selbst kann Ort bzw. Auslöser von Kindeswohlgefährdungen bzw. -beeinträchtigungen sein. Dies ist insbesondere der Fall, wenn gesetzliche Mindeststandards und Vorgaben bei der Personal-, Sach- oder Raumausstattung unterschritten oder missachtet werden, wenn sich das Personal in einer das Kindeswohl gefährdenden Weise verhält.

Kindeswohlgefährdungen als komplexes, multiprofessionelles Aufgabengebiet

Erkennen und Abwenden akuter Kindeswohlgefährdungen ist ein komplexes Aufgabengebiet, mit dem viele verschiedene Stellen befasst sind, so insbesondere Kindertageseinrichtungen, Schulen, Ärzte, einschlägige Fachdienste (z. B. Erziehungsberatungsstellen, Frühförderstellen), Jugendämter, aber auch Polizei und Gerichte. Je nach Ausbildungs- und Erfahrungshintergrund des dort beschäftigten Fachpersonals nehmen diese Stellen teils gleiche, teils verschiedene Aufgaben wahr. Viele Aufgaben können nur Fachkräfte wahrnehmen, die dafür besonders qualifiziert sind (z. B. diagnostische Abklärung erkannter Gefährdungsanzeichen, Entscheidungsfindung über Hilfebedarf und geeignete Hilfeart, Erbringen spezifischer Hilfen). Um den betroffenen Kindern und deren Familien in optimaler Weise helfen zu können, sind spezielle Fachkenntnisse und methodisches Erfahrungswissen unentbehrlich. Erforderlich ist daher, dass diese Stellen zusammenarbeiten, um mit vereinten Kräften den betroffenen Kindern und Familien Unterstützung, Hilfestellung und Schutz zu geben. Das vorrangige Ziel aller helfenden Instanzen ist es, zum Wohl des Kindes mit den Eltern gemeinsam eine einvernehmliche, die Gefährdung abwendende Lösung herbeizuführen (Bildungs- und Erziehungspartnerschaft mit den Eltern ➔ Kap. 8.3.1). Die vorrangige Erziehungsverantwortung von Eltern bezieht sich auch auf die Abwendung von Gefährdungen von ihrem Kind, ungeachtet dessen, ob sie hierzu durch eigenes Verhalten (z. B. Vernachlässigung) beigetragen haben.

Vor diesem Hintergrund werden die Möglichkeiten und Grenzen des pädagogischen Personals in Kindertageseinrichtungen (wie auch von Lehrkräften in Schulen) in diesem schwierigen Aufgabenfeld deutlich. Die Rolle als Kontakt- und Vertrauensperson, ihr Erfahrungsschatz mit Kindern und ihre in der Regel enge Beziehung zu den Eltern eröffnen viele Chancen zur frühzeitigen Hilfe. In der Ausbildung wird es jedoch nicht dafür qualifiziert, akute Kindeswohlgefährdungen zu erkennen, zu diagnostizieren und über die notwendigen und geeigneten Hilfen zu entscheiden und diese zu erbringen. Seine Möglichkeiten der Unterstützung bestehen somit in folgenden Tätigkeiten:
- Offene und wertschätzende Ansprache besonderer Bedürfnisse des Kindes (z. B. Behinderung, Entwicklungsprobleme) bereits im Aufnahmeverfahren, die Eltern die Angst nimmt, deswegen keinen Platz für ihr Kind zu bekommen
- Frühzeitig erste Gefährdungsanzeichen erkennen
- Den betroffenen Kindern und ihren Familien den Zugang zu weiterführenden Diagnose- und Unterstützungsangeboten ermöglichen und erleichtern
- Für alle Beteiligten (Eltern, Kind, Fachdienst, Jugendamt) als Ansprech- und Kooperationspartner zur Verfügung stehen.

Lokale Sicherstellung fachkundiger Ansprechpartner und eines Hilfenetzwerks

Damit sich das Unterstützungspotential von Kindertageseinrichtungen entfalten kann, ist es notwendig, Beratung und Unterstützung durch fachkundige Ansprechpartner vor Ort bereitzustellen und ein tragfähiges Hilfenetzwerk aufzubauen. Wer im Ernstfall zu Rate zu ziehen ist, muss im Vorfeld entschieden werden, nicht erst in der akuten Notsituation. Dem Jugendamt kommt hierbei die Koordinierungsfunktion zu. Im Rahmen seiner örtlichen Planungs- und Gewährleistungsverantwortung trägt es dafür Sorge, dass für das Aufgabengebiet Kindeswohlgefährdung qualifizierte Fachdienste bzw. Fachkräfte rechtzeitig und ausreichend zur Verfügung stehen. Den Kindertageseinrichtungen seines Zuständigkeitsbereichs stellt es vor Ort Ansprechpartner zur Seite, die sie in Gefährdungsfällen zu Rate ziehen können, die in

Eilfällen Sofortberatung leisten. Dies können insbesondere Erziehungsberatungsstellen oder spezielle Beratungsdienste sein, aber auch einschlägig qualifizierte Fachkräfte des Jugendamtes oder Allgemeinen Sozialdienstes (ASD). Je nach Gefährdungssachverhalt können mehrere Ansprechpartner benannt werden; angesichts ihrer „Clearing-Funktion", diffuse Sachverhalte zu erhellen, sollten es nicht mehr als zwei Partner sein. Kindertageseinrichtungen brauchen Unterstützung vor allem bei folgenden Punkten:

- Präventionsangebote für Kinder und Familien
- Bewerten und Deuten erkannter Gefährdungsanzeichen
- Vorbereitung von Gesprächen mit Eltern
- Teilnahme an Hilfekonferenzen in der Tageseinrichtung mit Einwilligung der Eltern
- Beratung etwaiger Interventionen gegen den Elternwillen zum Schutz des Kindes
- Interessenabwägung für die Entscheidung, einen akuten, nicht anders abwendbaren Gefährdungsfall dem Jugendamt namentlich bekannt zu geben
- Management von Familienkrisensituationen.

Beratende Unterstützung erfolgt in Form anonymisierter Fallbesprechungen, solange dies ohne Wissen bzw. ohne Einwilligung der Eltern geschieht. Um den Kindern und Familien zu helfen, darf der Kontakt mit den Eltern nicht verloren gehen.

Es gibt keine „glatten Fälle" der akuten Kindeswohlgefährdung. Es sind immer individuelle Situationen mit einer langen Vorgeschichte, die eine ebenso individuelle Vorgehensweise und Entscheidung erfordern. Kommunikation und Kooperation zwischen Kindertageseinrichtungen und Fachdiensten sind die wichtigste Voraussetzung, dass Hilfeleistung für betroffene Kinder und Familien angemessen erfolgen kann. Das entsprechende Vorgehen und die gebotenen Entscheidungen sind gemeinsam zu entwickeln, wobei dies lange Zeit im Rahmen einer anonymisierten Fallbehandlung geschieht. Auf diesen Hilfeprozessen im Vorfeld bauen die Hilfen zur Erziehung (§§ 27 ff SGB VIII) auf, die in der Regel die bedeutsamsten Maßnahmen in Gefährdungsfällen sind; diese werden durch das Jugendamt auf der Grundlage eines Hilfeplanverfahrens bewilligt, an dem die Eltern mitwirken und in das auch die Kindertageseinrichtung einbezogen werden kann. Im Vorfeld bereits eingetretener akuter Gefährdungssituationen gibt es Grenzbereiche, in denen gemeinsam unter Hinzuziehung eines Fachdienstes (in der Regel die Erziehungsberatungsstelle) gehandelt werden muss, die intensive Beratungsgespräche mit den Eltern erfordern.

Sozialer Nahraum des Kindes als Ort von Kindeswohlgefährdungen

Präventionsarbeit in Kindertageseinrichtungen

Zur Vorbeugung von Gefährdungsfällen können Kindertageseinrichtungen vielfältige Angebote für Familien und Kinder machen (z. B. Hilfen für Kinder bei Entwicklungsrisiken, Gewaltprävention). Sie können zum einen Infomaterialien für Eltern auslegen, Notruftelefonnummern am Schwarzen Brett aushängen und Elternabende zusammen mit fachkundigen Stellen anbieten. Zur Präventionsarbeit mit Kindern, Konflikte gewaltfrei zu lösen und sich gegen sexuelle Missbrauchsgefahren zu schützen, wird auf die Ausführungen in den einschlägigen Bildungsbereichen verwiesen (Emotionalität, soziale Beziehungen und Konflikte ➙ Kap. 7.2; Gesundheit ➙ Kap. 7.11).

Erkennen von Gefährdungsanzeichen in der Einrichtung

Anzeichen, die auf eine Gefährdung des Kindeswohls hindeuten, können jederzeit wahrgenommen werden, auch in Bring- und Abholzeiten (z. B. Elternteil, das sein Kind immer wieder im alkoholisierten Zustand abholt). Wenn eine pädagogische Fachkraft bei einzelnen Kindern solche Anzeichen erstmals beobachtet, dann empfiehlt es sich, weitere Kolleginnen in den Beobachtungsprozess mit einzubeziehen, um die Beobachtungen sodann gemeinsam im Team zu reflektieren. Es ist jederzeit möglich, den lokalen Ansprechpartner für Gefährdungsfälle in diese Reflexion im Rahmen einer anonymisierten Fallbesprechung einzubeziehen.

Leitfragen

Leitfragen für das Erkennen von Gefährdungsanzeichen

- Wie sind die beobachteten Anzeichen zu bewerten? Bleiben erkannte Störungsbilder in der Entwicklung des Kindes stabil, wenn weitere Hilfen ausbleiben, oder verschwinden sie erfahrungsgemäß wieder von selbst? Legen die Beobachtungen eine Behinderung des Kindes nahe? Reichen die Hinweise aus, auf eine Gefährdungssituation in der Familie zu schließen? Sind weitere Erkenntnisse zur Beurteilung dieser Fragen erforderlich? Wie und durch wen können diese nötigenfalls erlangt werden? (Wer über den Ansprechpartner hinaus in Einzelfall kontaktiert werden kann – dafür sollte sich jede Kindertageseinrichtung eine Liste mit den psychosozialen Diensten vor Ort zusammenstellen.)
- Ist es zum Wohl des Kindes und mit Einwilligung der Eltern angezeigt, andere Stellen einzubeziehen, um den weiteren spezifischen Hilfebedarf abzuklären? Kann damit noch gewartet werden oder muss das Gespräch mit den Eltern sofort gesucht werden? Welche Stelle soll als Erstes in den weiteren Hilfeprozess eingebunden werden?

Vereinzelt kommt es vor, dass ein betroffenes Kind oder ein Elternteil einer pädagogischen Fachkraft z. B. Gewalt- oder Suchtprobleme in der Familie im Zwiegespräch anvertraut. Hier sollte das Gespräch zunächst mit der Einrichtungsleitung gesucht werden, um das weitere Vorgehen zu besprechen. Diese interne Datenweitergabe ist angesichts der Gefährdungssituation auch dann zulässig und geboten, wenn die betroffene Person hierzu keine Einwilligung erteilt (vgl. § 65 Abs. 1 Satz 1 Nr. 3 SGB VIII, § 203 Abs. 1, § 34 StGB). Im Weiteren kann die Inanspruchnahme von fachkundiger Beratung im Rahmen einer anonymisierten Fallbesprechung mit dem vor Ort zur Verfügung stehenden Ansprechpartner angezeigt sein.

Eltern gegenüber mit Wertschätzung Probleme ansprechen und Hilfe anbieten

Das weitere Vorgehen hängt vom Ergebnis der Beratungen (Team, Ansprechpartner) ab. Falls zum Wohl des Kindes der Einbezug eines Fachdienstes notwendig ist, um weitere diagnostische Abklärungen vornehmen und spezifischen Hilfebedarf klären zu können, sind eingehende Gespräche mit den Eltern zu führen. Diese stellen hohe Anforderungen an die Gesprächsführung. Diese Gespräche zusammen mit dem lokalen Ansprechpartner für Gefährdungsfälle (im Rahmen einer anonymisierten Fallbesprechung) vorzubereiten, ist jederzeit möglich und sinnvoll. Es empfiehlt sich vor allem für das Erstgespräch.

Leitfragen

Leitfragen für eine wertschätzende Gesprächsführung

- Wie sollte das Gespräch strukturiert werden? Was ist bei der Gesprächsführung zu beachten?
- Wie kann ich Eltern gegenüber Probleme ansprechen, ohne Verletzungen hervorzurufen, ohne sogleich Abwehr und Blockade, Rückzug oder gar Fluchtverhalten durch Wechsel der Kindertageseinrichtung zu erzeugen? Wie kann es gelingen, eine offene, wertschätzende und vertrauensvolle Gesprächsatmosphäre herzustellen? Wie schaffe ich es, Vertrauen auch dann zu gewinnen, wenn die Gefährdungsursachen in der Familie zu suchen sind? Wie treffe ich die Wellenlänge der Eltern?
- Wie schaffe ich es, Eltern zu motivieren und zu überzeugen, weitere Hilfen für sich und ihr Kind in Anspruch zu nehmen und die dafür erforderliche Einwilligung zu erteilen? Welche Argumente kann ich anführen, um Eltern von einer Helferkonferenz in der Tageseinrichtung zu überzeugen?

Zu Ziel, Inhalt und Ablauf dieser Gespräche mit den Eltern ist generell zu bemerken:
- Wenn es gelingt, zu den Eltern von Anfang an ein gutes Vertrauensverhältnis aufzubauen und mit ihnen regelmäßig im Dialog zu sein (Bildungs- und

Erziehungspartnerschaft mit den Eltern (→ Kap. 8.3.1)), erleichtert dies die Ansprache schwieriger Themen und erhöht die Chancen, sie für weitere Hilfen zum Wohl des Kindes zu gewinnen.

- Durch eine behutsame und einfühlsame Gesprächsführung kann selbst in Fällen, in denen Gefährdungssituationen im sozialen Nahraum des Kindes zu vermuten sind, der Zugang zu Eltern gelingen. Gerade der körperlichen Misshandlung von Kindern liegt häufig eine Überforderung von Eltern zugrunde, der Vernachlässigung von Kindern eine Fülle unbewältigter Sorgen und Probleme zumeist auch finanzieller Art, sodass der eigene Problemdruck die Sorge um die Kinder in den Hintergrund treten lässt. Dass schlagende Eltern oft geschlagene Kinder waren, hat die Forschung vielfach belegt. Anknüpfungspunkt für das Gespräch mit den Eltern sind die beim Kind beobachteten Auffälligkeiten und dessen Hilfebedarf.
- Bei allen Gesprächen stehen das Kind und seine Bedürfnisse für eine optimale Entwicklung im Mittelpunkt. Daher zielen all diese Gespräche darauf ab, die Eltern immer wieder zu motivieren und zu überzeugen, zum Wohl ihres Kindes weitere Hilfe in Anspruch zu nehmen und zu diesem Zweck – mit Einwilligung der Eltern – einen oder im Hilfeprozessablauf mehrere Fachdienste einzubinden, die diese Hilfeleistungen (möglichst in der Tageseinrichtung) erbringen. Bei schwieriger gelagerten Fällen besteht die beste Lösung oft darin, im Einvernehmen mit den Eltern eine Gesprächskonferenz in der Tageseinrichtung mit Fachdiensten einzuberufen, um das optimale Vorgehen zu beraten.
- Falls die beobachteten Anzeichen auf eine Behinderung des Kindes schließen lassen, sind Kindertageseinrichtungen in diesen Gesprächen zudem gesetzlich verpflichtet, die Eltern auf ihre gesetzliche Verpflichtung hinzuweisen, ihr Kind einem Arzt oder einem Fachdienst vorzustellen (§ 61 Abs. 2, § 60 SGB IX).
- Wenn Gespräche mit Eltern gelingen, Eltern aufgeschlossen reagieren, sich öffnen und konstruktiv bei der Suche nach Strategien zur Bewältigung der Probleme mitwirken, so bestehen gute Chancen, dass die Familie selbst oder mit fremder Hilfe in der Lage ist, die Gefährdung ihres Kindes abzuwenden.

Gefahrenabwendung, wenn Eltern Unterstützung ablehnen

Wenn Gespräche mit Eltern scheitern, d. h. Eltern Unterstützung ablehnen, so stellt sich das für Fachkräfte in Kindertageseinrichtungen vordergründig als ein Problem dar, das auf der Beziehungs- und Kommunikationsebene zu lösen ist. Daher ist es sinnvoll, sich erneut an den für Gefährdungsfälle zur Verfügung stehenden Ansprechpartner (im Rahmen einer anonymisierten Fallbesprechung) zu wenden (→ Leitfragen).

Als allerletzter Schritt bleibt, das Jugendamt über den Gefährdungsfall in der Einrichtung namentlich zu informieren (Datenübermittlung). Ungeachtet dessen, ob die Daten als anvertraut gelten (wenn sie z. B. durch gezielte fachkundige Beobachtung des Kindes oder im vertraulichen Gespräch mit einem Elternteil gewonnen werden) oder als „normale" Sozialdaten zu werten sind (wenn es sich z. B. um Anzeichen handelt, die für jedermann deutlich erkenn-

Leitfragen

Leitfragen für die Reflexion der Kommunikation mit Eltern

- Was ist „falsch" gelaufen in den bisherigen Gesprächen mit den Eltern? Wie kann ich diese Fehler in den weiteren Gesprächen korrigieren? Welche Argumente können Eltern doch noch zu einem Umdenken bewegen?
- Soll den Eltern ein Gespräch vorgeschlagen werden, bei dem auch der Ansprechpartner für Gefährdungsfälle oder andere Experten zugegen sind?
- Welche weiteren Schritte soll die Kindertageseinrichtung in die Wege leiten, wenn auch die folgenden Gespräche mit den Eltern scheitern?

bar sind und offensichtlich auf eine Vernachlässigung oder körperliche Misshandlung des Kindes hindeuten), wird sich die Datenübermittlungsbefugnis an das Jugendamt in der Regel auf den sog. rechtfertigenden Notstand stützen (§ 65 Abs. 1 Satz 1 Nr. 3 SGB VIII, § 203 Abs. 1, § 34 StGB). Es ist davon auszugehen, dass die Datenübermittlung an das Jugendamt ohne Einwilligung der Eltern die Fortsetzung des Betreuungsverhältnisses zwischen dem Personalteam und den Eltern ernsthaft gefährdet (vgl. § 64 Abs. 2 SGB VIII, § 69 Abs. 1 Nr. 1 SGB X). Die Anwendung des rechtfertigenden Notstands setzt eine sorgfältige Interessenabwägung voraus mit dem Ergebnis, dass der Schutz des Kindes vor weiteren Gefährdungen seines Wohls erheblich überwiegt. In so einem Fall ist die Einbindung des Jugendamtes auch gegen den Willen der Eltern zulässig und geboten. Interessenabwägung heißt, alle Interessen und Umstände, die im Einzelfall bekannt und von Bedeutung sind, zusammenzutragen, zu gewichten und gegeneinander abzuwägen.

Interessen, die hierbei eine Rolle spielen und möglicherweise in einem Konflikt miteinander stehen, sind insbesondere das vorrangige Erziehungsrecht der Eltern und deren Interesse an der Geheimhaltung ihrer Familiendaten gegenüber außenstehenden Dritten sowie der Hilfebedarf und das Schutzinteresse des Kindes vor weiteren Gefährdungen seiner Entwicklung. Zugleich haben Kindertageseinrichtung und Träger das Interesse, das Elternrecht und das Sozialgeheimnis nicht unbefugt zu durchbrechen, aber andererseits die Pflicht, dem Kind in Notsituationen beizustehen und zu helfen.

Umstände, die bei der Suche nach einer sachgerechten Lösung des Interessenkonflikts im Eltern-Kind-Verhältnis bedeutsam sind, sind insbesondere:
- Art, Schwere, Ausmaß und Dauer der beobachteten kindlichen Auffälligkeiten: Bei Entwicklungsproblemen ist vor allem die Prognoseentscheidung zu treffen, ob das Störungsbild stabil bleibt und sich verfestigt, wenn dem nicht durch spezifische Hilfe entgegengewirkt wird.
- Elterliches Verhalten als Ursache der kindlichen Auffälligkeiten (z. B. Vernachlässigung, körperliche Misshandlung des Kindes)

- Risikofaktoren im sozialen Umfeld des Kindes, die die kindliche Auffälligkeit begünstigen bzw. stabilisieren oder die bei kindlichen Gewalterfahrungen für eine Wiederholungsgefahr sprechen (z. B. Suchtprobleme oder psychische Erkrankung eines Elternteils, Gewalt in der Familie)
- Konkretheit des Gefährdungsverdachts, d. h. Offensichtlichkeit bzw. Nachweisbarkeit der einzelnen Verdachtsmomente (z. B. äußere Anzeichen, die eindeutig auf eine Vernachlässigung, Misshandlung, Behinderung des Kindes hinweisen). In Zweifelsfällen kann – vor einer namentlichen Information und Einbindung des Jugendamtes – als milderes Eingriffsmittel in das Elternrecht geboten sein, einen Fachdienst einzuschalten, der das Kind in der Tageseinrichtung gezielt beobachtet bzw. näher untersucht (z. B. um den Verdacht auf eine Behinderung zu erhärten).
- Eilbedürftigkeit der Gefahrenabwehr: Das Zeitmoment ist wichtig für die weitere Überzeugungs- und Motivationsarbeit mit den Eltern. Die Frage, wie lange das Kindeswohl ein Abwarten zulässt, mit den Eltern eine einvernehmliche, kindeswohlgerechte Lösung zu erreichen, ist eine schwierige Gratwanderung.

Verfahren

Beim Verfahren ist darauf zu achten, in diese schwierige Interessenabwägung auch den Ansprechpartner mit einzubeziehen, der die Kindertageseinrichtungen im jeweiligen Fall beratend begleitet hat. Dies erfolgt solange anonymisiert, wie keine „Helferkonferenz" mit Einwilligung der Eltern stattgefunden hat, an der der Ansprechpartner zugegen war. Mit ihm zusammen sollte ein Entscheidungsvorschlag erarbeitet werden, der dann auch mit dem Träger beraten wird. Ergibt die Interessenabwägung, dass zum Schutz des Kindes das Jugendamt über den Gefährdungsfall zu unterrichten ist, sollte den Eltern vorab eine letzte Chance gegeben werden, ihre Ablehnungshaltung noch einmal zu überdenken. Führt auch dieses Gespräch mit den Eltern nicht zum entsprechenden Erfolg, so ist nun – nach Benachrichtigung des Trägers – das Jugendamt über den Gefährdungsfall namentlich zu informieren. Es besteht in diesen Fällen eine namentliche Informationspflicht der Einrichtungsleitung. Kommt sie dieser Pflicht nicht nach, so kann sie wegen unterlassener Hilfeleistung für das gefährdete Kind strafrechtlich belangt werden (§ 323c StGB).

Weiteres Vorgehen nach der Information des Jugendamts

Falls es dem Jugendamt gelingt, die Eltern zu motivieren, in eine Hilfeplanung einzutreten, dann sollte es zugleich darauf hinwirken, dass die Eltern einwilligen, zum Wohl des Kindes auch die Kindertageseinrichtung an diesem Planungsprozess zu beteiligen. Weiterhin bleibt es für Kindertageseinrichtungen bedeutsam, das Kind und seine Familie durch Unterstützung eines bzw. ggf. mehrerer Fachdienste bestmöglich zu begleiten.

Gelingt es auch dem Jugendamt nicht, mit den Eltern eine einvernehmliche, kindeswohlgerechte Lösung herbeizuführen (z. B. Gewährung von Hilfen zur Erziehung), so ist es im Rahmen seines staatlichen Wächteramtes zu Eingriffen in das Elternrecht befugt und verpflichtet, soweit das Kindeswohl dies erfordert (z. B. Inobhutnahme des Kindes, Anrufung des Vormundschaftsgerichts, um erforderliche Hilfen für das Kind auch gegen den Willen der Eltern einzuleiten). Im Falle eines Gerichtsverfahrens kann es sein, dass eine pädagogische Fachkraft der Kindertageseinrichtung in den Zeugenstand gerufen wird.

Sorgfältige Falldokumentation

Wichtig ist, alle Vorgänge bzw. Verfahrenschritte und den Prozess der Interessenabwägung sorgfältig und umfassend zu dokumentieren (z. B. Elterngespräche; Beratungsgespräche mit Ansprechpartner und Träger; Auflistung und Gewichtung aller Umstände, die für die Interessenabwägung bedeutsam sind; Abwägungsvorgang im Team und dessen Ergebnis; namentliche Information des Jugendamtes über den Gefährdungsfall). Diese Dokumente sind wichtige Beweisstücke, falls die Eltern aufsichtliche und gerichtliche Überprüfungen einleiten. Über die Dokumente lassen sich alle Entscheidungs- und Handlungsprozesse auch für Außenstehende Schritt für Schritt nachvollziehen – sie werden transparent gemacht. Sie belegen zugleich die Glaubwürdigkeit der Aussagen, die pädagogische Fachkräfte ggf. als Zeugen tätigen.

Kindertageseinrichtungen als Ort von Kindeswohlgefährdungen – Vorbeugung

Gerade auch mit Blick auf die Qualität von Kindertageseinrichtungen ist der Frage, unter welchen Umständen Tageseinrichtungen das Wohl der Kinder beinträchtigen oder gar gefährden, hohe Aufmerksamkeit zu schenken:

- Einsatz von pädagogischem Personal, das die Eignungskriterien nicht erfüllt
- Kindeswohlgefährdendes Verhalten einzelner pädagogischer Fachkräfte (z. B. vorsätzliche Aufsichtspflichtverletzungen, Missbrauchsfälle)
- Raum- und Sachausstattung, die den Sicherheits- und Hygienestandards nicht entspricht oder Grundbedürfnisse der Kinder (z. B. Bewegungs-, Ruhebedürfnisse) missachtet.

Sinn und Zweck der vorherigen Betriebserlaubnis und späterer aufsichtlicher Einrichtungsbegehungen ist, diesen Gefährdungsmomenten für Kinder vorzubeugen. Der Träger und die Einrichtungsleitung stehen in der Verantwortung, gesetzliche Vorgaben umzusetzen, deren Einhaltung immer wieder zu überwachen und aufgedeckten Gefahrenstellen und Gefährdungsmomenten früh- und rechtzeitig zu begegnen. In diesem Zusammenhang kommt auch dem Elternbeirat und den Eltern eine wichtige Kontrollfunktion zum Wohl der Kinder zu. Dies setzt voraus, Eltern ausreichend Einblicke in die Einrichtung zu geben.

Verwendete Literatur

- Reichert-Garschhammer, E. (2001). Qualitätsmanagement im Praxisfeld Kindertageseinrichtung (Bayern)/(Bund) – Blickpunkt: Sozialdatenschutz. Staatsinstitut für Frühpädagogik (Hrsg.). Kronach: Carl Link.
- Reichert-Garschhammer, E. (2001). Qualitätsmanagement im Praxisfeld Kindertageseinrichtung (Bayern) – Blickpunkt: Sozialdatenschutz. Bayerisches Staatsministerium für Arbeit und Sozialordnung, Familie und Frauen & Staatsinstitut für Frühpädagogik (Hrsg.). Bezug: IFP.

8.4 Beobachtung, Evaluation und Weiterentwicklung

8.4.1 Beobachtung von Lern- und Entwicklungsprozessen

Sinn und Zweck von Beobachtung

Beobachtung von Lern- und Entwicklungsprozessen bildet eine wesentliche Grundlage für pädagogisches Handeln in Kindertageseinrichtungen. Aussagekräftige Beobachtungsergebnisse vermitteln Einblicke in das Lernen und in die Entwicklung von Kindern; sie helfen die Qualität von pädagogischen Angeboten zu sichern und weiterzuentwickeln.

Dabei ist die Beobachtung kein Selbstzweck. Wichtig ist eine enge Verknüpfung von Beobachtung und Beobachtungsergebnissen einerseits und pädagogischer Arbeit andererseits. Im Einzelnen sind folgende konkrete Bezüge zu beachten:

Beobachtungen
- Erleichtern es, die Perspektive des einzelnen Kindes, sein Verhalten und Erleben besser zu verstehen
- Geben Einblick in die Entwicklung und das Lernen des Kindes, informieren über Verlauf und Ergebnis von Entwicklungs- und Bildungsprozessen
- Sind für pädagogische Fachkräfte Basis und Anlass für das Gespräch mit Kindern

- Sollen Kindern helfen, im Austausch mit pädagogischen Bezugspersonen zu eigenständigen, selbst gelenkten Lernern zu werden (Reflexion von Lernfortschritten und -erfahrungen, selbstständiges Setzen von Lernzielen)
- Ermöglichen eine systematische Reflexion der Wirkungen bisheriger pädagogischer Angebote
- Unterstützen eine auf das einzelne Kind bezogene Planung künftiger Angebote
- Sind die Grundlage für regelmäßige Entwicklungsgespräche mit Eltern im Rahmen einer Bildungs- und Erziehungspartnerschaft
- Fördern fachlichen Austausch und kollegiale Zusammenarbeit in der Einrichtung
- Sind hilfreich, um Qualität und Professionalität pädagogischer Arbeit nach außen darzustellen und sichtbar zu machen
- Sind eine Hilfe für den Austausch und die Kooperation mit Fachdiensten und Schulen.

Der Sinn der Beobachtung von Lern- und Entwicklungsprozessen erschließt sich immer aus deren Einbettung in umfassendere Handlungsabläufe. Bezogen auf pädagogische Arbeit im engeren Sinn beinhaltet dieser Handlungsablauf neben der Durchführung und Aufzeichnung von Beobachtungen
- Eine systematische Auswertung und Reflexion von Beobachtungen
- Die Ableitung konkreter pädagogischer Zielsetzungen und Planung
- Die Umsetzung dieser Planungen
- Die (Selbst-)Überprüfung der Ergebnisse pädagogischen Handelns.

Grundsätze

Pädagogische Fachkräfte erfassen, wie sich das einzelne Kind in der Einrichtung entwickelt und wie es auf pädagogische Angebote anspricht. Dabei sind folgende Grundsätze zu beachten:

Beobachtungen
- Werden für jedes Kind durchgeführt
- Erfolgen gezielt und regelmäßig, d. h. nicht nur anlassbezogen (z. B. bei Auffälligkeit eines Kindes oder wenn eine Einschulung bevorsteht)
- Weisen einen Bezug auf zur Einrichtungskonzeption und zu den im Bayerischen Bildungs- und Erziehungsplan aufgeführten Kompetenz- und Bildungsbereichen
- Orientieren sich primär an Kompetenzen und Interessen von Kindern, geben dabei aber Einblick in Stärken und Schwächen
- Sind grundsätzlich auf Teilhabe angelegt, beziehen also die Perspektiven von Kindern und von Eltern ein; Kinder und Eltern sind aktive Teilnehmer am Beobachtungsprozess – und an den sich daraus ergebenden Planungs- und Handlungsschritten
- Werden innerhalb einer Einrichtung nach einem einheitlichen Grundschema durchgeführt.

Es gibt eine klare Trennung zwischen der „regulären Beobachtung für jedes Kind" (Grundbeobachtung) sowie dem Vorgehen und den Verfahren, wenn mit spezifischen Zielsetzungen beobachtet wird, z. B. Früherkennung von Entwicklungsproblemen oder Erfassung der Sprachentwicklung von Migrantenkindern (vgl. hierzu: Kinder mit erhöhtem Entwicklungsrisiko und (drohender) Behinderung ➔ Kap. 6.2.5; Sprache und Literacy ➔ Kap. 7.3).

Methoden

Angesichts der Vielschichtigkeit kindlicher Entwicklungs- und Lernprozesse, der Vielfalt pädagogischer Ansätze und Konzepte und der Unterschiedlichkeit der Zielsetzungen und Nutzungsebenen von Beobachtungen ist klar: Es gibt nicht eine einzelne Methode oder ein bestimmtes Verfahren, das alles abdeckt und das für jede Einrichtung geeignet ist.

Bei der Beobachtung können einrichtungsspezifisch unterschiedliche Akzente gesetzt werden. Es ist Aufgabe der jeweiligen Einrichtung, unter Beachtung der hier angeführten Maßgaben ein Beobachtungskonzept auszuarbeiten, das mit ihrem pädagogischen Konzept und mit dem pädagogischen Handeln der Fachkräfte in der Einrichtung übereinstimmt.

Bei der Beobachtung von Lern- und Entwicklungsprozessen sind für jedes Kind grundsätzlich folgende drei Ebenen zu berücksichtigen:
- „Produkte" bzw. Ergebnisse kindlicher Aktivitäten (z. B. Zeichnungen, Schreibversuche, Klebearbeiten, Fotos von Bauwerken, Diktate oder Erzählungen von Kindern)
- Freie Beobachtungen (z. B. situationsbezogene Verhaltensbeschreibungen, narrative (erzählende) Berichte/Geschichten)
- Strukturierte Formen der Beobachtung, d. h. Bögen mit standardisierten Frage- und Antwortrastern (z. B. Engagiertheit bei verschiedenen Aktivitäten, Entwicklungstabelle von Beller).

Jede dieser drei Ebenen hat spezifische Stärken und Schwächen. Erst aus ihrer Zusammenschau lässt sich ein umfassendes, tragfähiges und aussagekräftiges Bild von der Entwicklung und vom Lernen eines Kindes gewinnen.

Bei der Auswahl konkreter Beobachtungsverfahren ist darauf zu achten, dass die eingesetzten Verfahren – soweit als möglich – einschlägigen Qualitätskriterien genügen (Objektivität, Zuverlässigkeit, Gültigkeit) und dem jeweils aktuellen Forschungsstand Rechnung tragen.

Weil eine systematische Begleitung kindlicher Entwicklung mit gezielten Beobachtungen in Deutschland bislang nicht üblich war, gibt es für deutsche Kindertageseinrichtungen momentan auch nur sehr wenige gut ausgearbeitete und praxistaugliche Beobachtungsverfahren; es werden derzeit aber verschiedene Verfahren ausgearbeitet.

Beachtung des Sozialdatenschutzes im Umgang mit Beobachtungsdaten

Durch die Beobachtung von Lern- und Entwicklungsprozessen kann eine große Menge an Sozialdaten intern erhoben sowie durch anschließende Auswertungen genutzt werden:

- Beobachtungsdaten sind überwiegend Daten, die dem besonderen Vertrauensschutz unterliegen (§ 65 SGB VIII). Eltern vertrauen ihr Kind dem pädagogischen Personal der ausgewählten Tageseinrichtung an. Sie erwarten deshalb zu Recht, dass Beobachtungsergebnisse über Lern- und Entwicklungsprozesse ihres Kindes höchst vertraulich behandelt werden – auch weil Beobachtungen verhältnismäßig tiefe Einblicke in die Person und in die Intimsphäre des Kindes geben. „Vertrauensperson" im Sinn des Gesetzes ist nicht nur jene pädagogische Fachkraft, die das Kind beobachtet und Beobachtungen aufzeichnet, sondern jede pädagogische Fachkraft, die dem Einrichtungsteam angehört. Beobachtung und der Umgang mit Beobachtungsdaten sind Aufgaben, in die alle pädagogischen Fachkräfte eingebunden sind (z. B. Reflexion der Beobachtungen im Team). Aufgrund der gemeinsamen Aufgabenverantwortung ist es zulässig und zugleich notwendig, Beobachtungsdaten zwischen den Fachkräften der Tageseinrichtung auszutauschen und gemeinsam zu reflektieren (vgl. § 64 Abs. 1 SGB VIII).
- An außenstehende Dritte, zu denen neben Fachdiensten, Schulen und anderen Stellen auch der Träger zählt, dürfen anvertraute Beobachtungsdaten über ein Kind grundsätzlich nur mit Einwilligung der Eltern übermittelt werden (§ 65 Abs. 1 Satz 1 Nr. 1 SGB VIII). Jederzeit zulässig sind anonymisierte Fallbesprechungen, in denen Beobachtungen erörtert werden. Wenn Anzeichen für eine Kindeswohlgefährdung beobachtet worden sind, kann als letztes Mittel die Datenübermittlung an das Jugendamt zulässig und geboten sein (Soziale Netzwerkarbeit bei Gefährdungen des Kindeswohls ➔ Kap. 8.3.3).

Als nicht vertraulich gelten hingegen Beobachtungsdaten, die jedermann auch ohne besondere Fachkunde bei entsprechender Gelegenheit gewinnen kann. Fachkräfte in Kindertageseinrichtungen unterliegen insoweit nur dem Sozialgeheimnis. Sie dürfen diese Sozialdaten über das Kind an Dritte übermitteln, wenn die Voraussetzungen der jeweils einschlägigen Übermittlungsbefugnis vorliegen:

- Hierunter fallen Angaben, die Unfälle und (Infektions-)Erkrankungen der Kinder in der Tageseinrichtung betreffen. Ihre Übermittlung (auf der Grundlage einer gesetzlichen Übermittlungsbefugnis) ist insbesondere bedeutsam im Rahmen der Unfallanzeige an den zuständigen Unfallversicherungsträger und im Rahmen der Infektionsmeldung an das Gesundheitsamt (Gesundheit ➔ Kap. 7.11).
- Gleiche Rechtslage gilt für die Übermittlung von Hinweisen, die für jedermann offensichtlich auf eine Kindeswohlgefährdung im sozialen Nahraum schließen lassen, wie z. B. Vernachlässigung oder körperliche Misshandlung des Kindes (Soziale Netzwerkarbeit bei Gefährdungen des Kindeswohls ➔ Kap. 8.3.3).

Verwendete Literatur

- Mayr, T. (2003). Professionalität sichtbar machen. Bildungsprozesse von Kindern beobachten und dokumentieren. Blätter der Wohlfahrtspflege, Nr. 6.
- Mayr, T. & Ulich, M. (2003). Kinder gezielt beobachten – die Engagiertheit von Kindern in Kindertageseinrichtungen. KiTa spezial, (1), 18–23.
- Reichert-Garschhammer, E. (2001). Qualitätsmanagement im Praxisfeld Kindertageseinrichtung (Bayern)/(Bund) – Blickpunkt: Sozialdatenschutz. Staatsinstitut für Frühpädagogik (Hrsg.). Kronach: Carl Link.
- Ulich, M. & Mayr, T. (1999). Kinder gezielt beobachten. (2) Was macht das Beobachten so schwer. KiTa aktuell (BY), 11(1), 4–7.

8.4.2 Innovationsfähigkeit und Bildungsqualität – Qualitätsentwicklung und Qualitätssicherung auf Einrichtungsebene

Die Anforderungen an ein gesellschaftlich verantwortetes System der Elementarbildung und Kindertagesbetreuung unterliegen einem fortlaufenden Wandel. Auf dem Prüfstand steht die Innovationsfähigkeit von Kindertageseinrichtungen. Als „lernende Organisationen" sind sie gefordert, ihr Angebots- und Leistungsprofil kontinuierlich zu überprüfen, zu modifizieren und zu präzisieren. Durch eine systematische Qualitätspolitik können Innovationen wie die Einführung eines neuen Bildungs- und Erziehungsplans möglichst wirkungsvoll in bereits bestehende Arbeitsabläufe integriert werden. Ausgangspunkt ist eine systemische Sicht von Bildungsqualität.

Systemische Qualitätspolitik

Qualitätsmanagement ist ein umfassendes Planungs-, Informations- und Prüfsystem, das auf Qualitätssicherung und Qualitätsentwicklung bzw. -verbesserung zielt. In Kindertageseinrichtungen liegt diese Aufgabe im Verantwortungsbereich sowohl des Einrichtungsträgers als auch der Einrichtungsleitung. Eine verbindliche Klärung der jeweiligen Zuständigkeiten ist Voraussetzung für eine effektive Qualitätspolitik.

Grundlage des Qualitätsmanagements bilden vereinbarte Qualitätsziele, die in ihrer Umsetzung überprüft und weiterentwickelt werden können. Durch regelmäßige Bedarfs- und Bestandsanalysen (Planung), transparente Kommunikationsstrukturen (Information) und vereinbarte Verfahren der Ziel- und Leistungsüberprüfung (Kontrolle) wird die Stabilität der institutionsinternen Arbeitsprozesse gefördert. Ein transparentes Bild der Arbeitsabläufe und Verantwortlichkeiten ermöglicht eine genauere Wahrnehmung der einrichtungsbezogenen Stärken und Schwächen. Es macht den Weg für Innovationen frei.

Qualitätsmanagement: Voraussetzung für die Weiterentwicklung von Bildungsqualität

Erneuerungsstrategien zur Verbesserung von Bildungsqualität in Kindertageseinrichtungen können nur dann gelingen, wenn sie in ein umfassendes Konzept von Qualitätsentwicklung und Qualitätsmanagement eingebunden sind. Voraussetzung dafür ist, dass die Kindertageseinrichtungen über ein entsprechendes Konzept verfügen. Dazu gehören z. B. ausgewählte Evaluationsverfahren, die eine systematische Selbst- und gegebenenfalls Fremdeinschätzung der Bildungsarbeit erlauben. Bei den Leitungskräften schließt dies eine kritische Reflexion des eigenen Leitungs- und Führungsstils ein. Die Einrichtungsleitung sorgt für die Einbindung des gesamten Personalteams in die Qualitätsentwicklungsprozesse. Je nach Größe der Einrichtung kann es sinnvoll sein, diese Leitungsaufgabe an eine/n Qualitätsbeauftragte/n zu delegieren.

Qualitätsmanagement bei Einführung und Umsetzung des Bildungsplans

Mit der Einstellung „Wir sind eine lernende Organisation" ist es Aufgabe eines Qualitätsmanagements, prozessorientierte Veränderungsstrategien gezielt zu planen und zu gestalten. Bei der Einführung eines neuen Bildungs- und Erziehungsplans stehen z. B. folgende Maßnahmen an:

- Analyse bisheriger Bildungspraxis
- Ist-Soll-Vergleich anhand der neuen Vorgaben
- Thematisierung von Veränderungsbereitschaft
- Erstellen eines Stufenplans der Umsetzung
- Formulierung von Zielvereinbarungen für ausgewählte Schritte des Stufenplans: Was soll konkret erreicht werden? Was sind Erfolgskriterien?
- Aufgabenverteilung: Wer ist wofür zuständig?
- Informationspolitik: Welche Informationen werden wie und an wen weitergegeben?
- Kontrolle: Wie sollen Ablauf und Ergebnisse überprüft werden? Wer greift bei einer Zielabweichung lenkend ein?
- Aufzeichnung (Protokolle) der vereinbarten Ziele und Rückmeldeverfahren.

Die Realisierung eines Bildungsprogramms kann nur nachhaltige Wirkung zeigen, wenn das Programm selbst in ein systematisches Qualitätsentwicklungskonzept eingebettet ist.

Anhang

9. Mitglieder der Fachkommission

10. Verzeichnis der Autorinnen, Autoren, Expertinnen und Experten

11. Überblick über die Praxisbeispiele aus den Modelleinrichtungen

12. Modelleinrichtungen

13. Abbildungsverzeichnis

Teil 3

Seite 460

Seite 463

Seite 471

Seite 473

Seite 476

9. Mitglieder der Fachkommission

Bereich Kindertageseinrichtungen		
Forschung	Staatsinstitut für Frühpädagogik, München	Prof. Dr. Dr. Dr. Wassilios Fthenakis, **Leitung der Fachkommission**
		Dr. Horst Beisl
		Dr. Hans Eirich (Koordination FK bis Juli 2003)
		Wilfried Griebel
		Dr. Karlheinz Kaplan
		Dr. Heinz Krombholz
		Dr. Sigrid Lorenz
		Toni Mayr
		Dr. Beate Minsel
		Dr. Bernhard Nagel
		Renate Niesel
		Magdalena Hellfritsch (Koordination FK ab Dez. 2003)
		Pamela Oberhuemer
		Eva Reichert-Garschhammer
		Dr. Martin Textor
		Dr. Michaela Ulich
		Dagmar Winterhalter-Salvatore
	Externe Autoren einzelner Beiträge des Bayerischen Bildungs- und Erziehungsplans	Prof. Dr. Dr. Peter Beer
		Prof. Dr. Frieder Harz
		Prof. Dr. Klaus Hasemann
		Dorothée Kreusch-Jacob
		Prof. Dr. Gisela Lück
		Almut Reidelhuber
	Institut für soziale und kulturelle Arbeit (ISKA), Nürnberg	Günther Krauss

Ministerien	Bayer. Staatsministerium für Arbeit und Sozialordnung, Familie und Frauen, München	MR Hans-Jürgen Dunkl Dr. Hans Eirich (seit 10/2003)
	Hessisches Sozialministerium, Wiesbaden	Cornelia Lange
	Ministerium für Bildung, Frauen und Jugend in Rheinland-Pfalz, Mainz	Xenia Roth
	Sächsisches Staatsministerium in Dresden	MR Arnfried Schlosser
Kommunale Spitzenverbände **Kommunale Träger** **Aufsicht, Fachberatung**	Bayerischer Städtetag, München	Bernd Buckenhofer (bis 7/2003) Julius Forster
	Bayerischer Gemeindetag, München	Gerhard Dix
	Bayerischer Landkreistag, München	Dieter Hertlein
	Landeshauptstadt München, Sozialreferat, Stadtjugendamt, Bereich Kinderkrippen	Angelika Simeth Angelika Berchtold
	Landeshauptstadt München, Schul- und Kultusreferat, Bereich Kindergärten	Dr. Eleonore Hartl-Grötsch Claudia Kleeberg
	Stadt Rosenheim, Jugendamt	Karin Rechmann
	Landkreis Rosenheim, Jugendamt	Veronika Seestaller (seit Dez. 2004)
	Landkreis Miesbach, Amt für Jugend und Familie	Helga Böhme (bis 7/2003)
Spitzenverbände der freien Wohlfahrtspflege **Fachberatung der freien Träger**	Bayer. Landesverband Kath. Tageseinrichtungen für Kinder e.V., München	Gabriele Stengel
	Bayer. Landesverband Ev. Tageseinrichtungen und Tagespflege für Kinder e.V., Nürnberg	Pfarrer Klaus Kuhn (bis 7/2003) Diakon Ludwig Selzam Christiane Münderlein

Spitzenverbände der freien Wohlfahrtspflege **Fachberatung der freien Träger**	Arbeiterwohlfahrt LV Bayern e.V., München	Joachim Feichtl
	Landesgeschäftsstelle des BRK, München	Ulla Obermayer
	Der Paritätische LV Bayern e.V., München	Andreas Görres Lilo Baumann Alice Schalkhaußer
	Kath. Caritasverband der Erzdiözese München und Freising, München	Jutta Lehmann
	Fachberatung evang. Kindertagesstätten, Taufkirchen	Margret Schulke
	Bremische Evangelische Kirche – Landesverband Ev. Tageseinrichtungen für Kinder, Bremen	Ilse Wehrmann
Kindertageseinrichtungen **Fachpersonal Berufsverbände**	Städtische Kindertagesstätte, München	Angelika Nuber
	Städtische Kindertageseinrichtung, München	Monika Dörsch
	AWO Kindertageseinrichtung, Oberasbach (Modelleinrichtung)	Sigrun Hübner-Möbus
	Arbeitsgemeinschaft sozialpädagogischer Berufsverbände und Gewerkschaften in Bayern, München	Hildegard Rieder-Aigner
Modelleinrichtungen (ab Dez. 2004)	Ev. Kindergarten „Gustav-Adolf" in Schweinfurt	Brigitte Grimm
	Janusz Korcak Kindergarten in Augsburg-Haunstetten	Edith Hartmann
	Kinder-Familien-Haus St. Elisabeth in Lappersdorf/Kareth	Bernadette Heiß
Eltern	Arbeitsgemeinschaft der Elternverbände Bayerischer Kindertageseinrichtungen e.V., Ottobrunn	Horst Fleck

Bereich Grundschule und Ausbildung		
Ministerium	Bay. Staatsministerium für Unterricht und Kultus, München	Mdgt. Dr. Helmut Wittmann SRin Anne Blank, Konrektor Dr. Michael Hoderlein-Rein
Forschung	Staatsinstitut für Schulpädagogik und Bildungsforschung, München (Grundschule/Fachakademien für Sozialpädagogik)	Sigrid Binder (bis 7/2003) Claudia Romer (bis 7/2003) Brigit Grasy
Grundschule	Volksschule Garching West	Konrektorin Frauke Schubel
Ausbildungseinrichtungen	Landesarbeitsgemeinschaft der Bayer. Fachakademien, Caritas-Fachakademie für Sozialpädagogik, München	Dr. Margret Langenmayr
Wirtschaft		
	Vereinigung der Bayerischen Wirtschaft e.V., München	Dr. Christof Prechtl

10. Verzeichnis der Autorinnen, Autoren, Expertinnen und Experten

Beiträge	Autorinnen und Autoren	Expertinnen und Experten (Stellungnahmen zu Erprobungsentwurf und Vorfassungen)
Konzeption und Gesamtverantwortung	Prof. Dr. Dr. Dr. Wassilios Fthenakis, **IFP** (Projektleitung, Gesamtverantwortung) Eva Reichert-Garschhammer, **IFP** (Schriftleitung, Gesamtredaktion)	
Teil 1	Prof. Dr. Dr. Dr. Wassilios Fthenakis Eva Reichert-Garschhammer	

Beiträge	Autorinnen und Autoren	Expertinnen und Experten (Stellungnahmen zu Erprobungsentwurf und Vorfassungen)
4. Aufbau	Eva Reichert-Garschhammer, **IFP**	
5., 5.1–5.8 Basiskompetenzen	Dr. Beate Minsel, **IFP**	
5.9 Lernmethodische Kompetenz	**Fortschreibung:** Eva Reichert-Garschhammer, **IFP** (nach Vorlagen von Dr. Kristin Gisbert, ehemals IFP; 2 Beispiele und Beitrag zur Projektaufzeichnung von Elisabeth Brandmayr, ehemals IFP) **Erprobungsentwurf:** Dr. Hans Eirich, Bayer. Sozialministerium, BayStMAS (nach Vorlagen von Dr. Kristin Gisbert, ehemals IFP)	
5.10 Widerstandsfähigkeit	Eva Reichert-Garschhammer, **IFP** (nach Vorlagen von Corina Wustmann, ehemals IFP, Renate Kropp, ehemals IFP, und Toni Mayr, IFP)	
6.1 Übergänge der Kinder und Konsistenz im Bildungsverlauf	Wilfried Griebel, **IFP** Renate Niesel, **IFP** Eva Reichert-Garschhammer, **IFP**	**Übergang in die Grundschule** Prof. Dr. Hans-Günther Roßbach (Universität Bamberg, Lehrstuhl für Elementar- und Familienpädagogik)
6.2.1 Kinder verschiedenen Alters (neu)	Renate Niesel, **IFP** Wilfried Griebel, **IFP**	
6.2.2 Mädchen und Jungen	Renate Niesel, **IFP**	Tim Rohrmann (Dipl.-Psych., Denkte) Melitta Walter (Stadt München)
6.2.3 Kinder mit verschiedenem kulturellem Hintergrund	Dr. Michaela Ulich, **IFP** Eva Reichert-Garschhammer, **IFP** (Redaktion des Praxisbeispiels der Modelleinrichtung)	Maria Dietzel-Papakyriakou (Universität Gesamthochschule Essen, Erziehungswissenschaft)

Beiträge	Autorinnen und Autoren	Expertinnen und Experten (Stellungnahmen zu Erprobungsentwurf und Vorfassungen)
6.2.3 Kinder mit verschiedenem kulturellem Hintergrund		Dr. Alois Müller (Universität Bayreuth, Lehrstuhl für Didaktik der Geografie)
6.2.4 Kinder mit erhöhtem Entwicklungsrisiko und (drohender) Behinderung	Toni Mayr, **IFP** Dr. Sigrid Lorenz, **IFP** (Beitrag zu Kinder in Armutslagen) Dr. Hans Eirich, BayStMAS (Ausführungen zu BayKiBiG) Eva Reichert-Garschhammer, **IFP** (weitere rechtliche Ausführungen)	Dr. Martin Thurmair und Monika Naggl (Arbeitsstelle Frühförderung Bayern) Gudrun Steinack (Arbeitskreis Integrative Kindertageseinrichtungen der LAG „Gemeinsames Lernen Bayern e.V.")
6.2.5 Kinder mit Hochbegabung	Dr. Martin R. Textor, **IFP**	Prof. Dr. E. Elbing (Universität München, LMU, Begabungspsychologische Beratungsstelle) Dorothee Gerhard (Deutsche Gesellschaft für das hochbegabte Kind, Regionalverein München/ Bayern) Sabine Meier (Kindergarten St. Achaz, München)
7.1 Werteorientierung und Religiosität	Prof. Dr. Dr. Peter Beer, Philosophisch-Theologische Hochschule Benediktbeuern Prof. Dr. Frieder Harz, Evangelische Fachhochschule Nürnberg Eva Reichert-Garschhammer, **IFP** (Ergänzungen nach Vorlagen von Elisabeth Brandmayr und Renate Kropp, ehemals IFP: Einsatz von Geschichten, Umgang mit Trauer und Tod)	
7.2 Emotionalität, soziale Beziehungen und Konflikte (neu)	Eva Reichert-Garschhammer, **IFP** Elisabeth Brandmayr, ehemals IFP (Beispiel für Krippe, Beitrag zu Umgang mit Verlust und Krisen)	

Beiträge	Autorinnen und Autoren	Expertinnen und Experten (Stellungnahmen zu Erprobungsentwurf und Vorfassungen)
7.2 Emotionalität, soziale Beziehungen und Konflikte (neu)	Dr. Dagmar Berwanger, **IFP** (Bildungs- und Erziehungsziele)	
7.3 Sprache und Literacy	Dr. Michaela Ulich, **IFP** Dr. Hans Eirich, BayStMAS (Beitrag zu Vorkurs für Migrantenkinder) Magdalena Hellfritsch, Dagmar Winterhalter-Salvatore, **IFP** (Redaktion des Praxisbeispiels der Modelleinrichtung)	
7.4 Informations- und Kommunikationstechnik, Medien	Dr. Hans Eirich, BayStMAS Eva Reichert-Garschhammer, **IFP** Dr. Helga Theunert, Kathrin Demmler, JFF – Institut für Medienpädagogik in Forschung und Praxis, München (Beitrag und Grafik für Fortschreibung)	Irmgard Hainz (Aktion Jugendschutz, Landesarbeitsstelle Bayern, Referat Medienpädagogik)
7.5 Mathematik	Eva Reichert-Garschhammer, **IFP** Prof. Dr. Klaus Hasemann, Universität Hannover, Institut für Didaktik der Mathematik und Informatik (Erstentwurf für Erprobungsentwurf) Dagmar Winterhalter-Salvatore, **IFP** (Beispiele)	
7.6 Naturwissenschaften und Technik	Eva Reichert-Garschhammer, **IFP** Dr. Heike Schettler, Sciencelab München (Teilbeitrag) Prof. Dr. Gisela Lück, Universität Bielefeld, Fakultät für Chemie (Teilbeitrag)	

Beiträge	Autorinnen und Autoren	Expertinnen und Experten (Stellungnahmen zu Erprobungsentwurf und Vorfassungen)
7.6 Naturwissenschaften und Technik	Dagmar Winterhalter-Salvatore, **IFP** (Beispiele, Redaktion der Praxisbeispiele der Modelleinrichtungen)	
7.7 Umwelt	Almut Reidelhuber, ehemals Bay. StMAS Eva Reichert-Garschhammer, **IFP** (Fortschreibung) Dagmar Winterhalter-Salvatore, **IFP** (Redaktion des Praxisbeispiels der Modelleinrichtung)	Klaus Hübner (Landesbund für Vogelschutz, Hilpoltstein, Referat Freizeit und Umweltbildung)
7.8 Ästhetik, Kunst und Kultur	Eva Reichert-Garschhammer, **IFP** (Fortschreibung) Dr. Horst Beisl, **IFP** (Entwurf für die Erprobung) Rose Fleck-Bangert, Dipl.-Päd. Kunsttherapeutin, Autorin, Landesverband ev. Tageseinrichtungen für Kinder u. Tagespflege (Optimierung des fortgeschriebenen Entwurfs) Magdalena Hellfritsch, **IFP** (Redaktion der Praxisbeispiele der Modelleinrichtungen)	Franz-Ferdinand Wörle (Bildhauer, Straussdorf)
7.9 Musik	Eva Reichert-Garschhammer, **IFP** Dorothée Kreusch-Jacob, Musikpädagogin, Pianistin und Autorin (Erstentwurf für Erprobungsentwurf, Stellungnahme zum fortgeschriebenen Entwurf) Barbara Friedlein, Erzieherin, Musikpädagogin, Modelleinrichtung Marga-Müller Kindergarten in Pullach (mehrere Textbeiträge und Grafiken für Fortschreibung; Stellung-	Johannes Beck-Neckermann (Musik- und Bewegungspädagoge, Estenfeld) Prof. Dr. Franz Brandl (Stimmphysiologe und Musikerzieher, München) Prof. Dr. Barbara Busch (Hochschule für Musik, Nürnberg und Augsburg) Prof. Dr. Frauke Heß, Dr. Christian Hoerburger (Gesellschaft für Musikpädagogik, Verband der Musikpädago-

Beiträge	Autorinnen und Autoren	Expertinnen und Experten (Stellungnahmen zu Erprobungsentwurf und Vorfassungen)
7.9 Musik	nahme zum fortgeschriebenen Entwurf) Monika Soltendieck, **IFP** (interkulturelles Musik-Beispiel)	gen, Bundes-GSt., Landesverband Bayern) Sabine Hirler (Rhythmik- und Musikpädagogin, Autorin, Hadamar) Gerhard Merget (Fachakademie für Sozialpädagogik, Aschaffenburg, Koordinator für das Fach Musikerziehung der AG der Bay. Fachakademien) Prof. Dr. Barbara Metzger (Universität Würzburg, Hochschule für Musik) Prof. Anne-Sophie Mutter (München) Dr. Jörg Riedelbauer (Bay. Musikrat) Michael Salb (Hochschule für Musik, Nürnberg) Heinz-Dieter Scheid (Landesmusikbeirat Rheinland-Pfalz) Stephan Schmidt (Musikpädagoge, Dipl.-Psychologe, München) Dr. Ute Welscher (Bertelsmann Stiftung) Prof. Dr. Josef Zilch (Hochschule für Musik und Theater, München)
7.10 Bewegung, Rhythmik, Tanz und Sport	Magdalena Hellfritsch, **IFP** Dr. Heinz Krombholz, **IFP** Christine Hacker, Leitung der Modelleinrichtung St. Nikolaus, Simbach (Beitrag Psychomotorik)	Prof. Dr. Ulrike Ungerer-Röhrich (Universität Bayreuth, Institut für Sportwissenschaft) Prof. Dr. Renate Zimmer (Universität Osnabrück, FB Erziehungswissenschaft, Sport und Sportwissenschaft)

Beiträge	Autorinnen und Autoren	Expertinnen und Experten (Stellungnahmen zu Erprobungsentwurf und Vorfassungen)
7.10 Bewegung, Rhythmik, Tanz und Sport	Dr. Bernhard Nagel, **IFP** (Ergänzungen beim Erprobungsentwurf)	
7.11 Gesundheit	Eva Reichert-Garschhammer, **IFP** Dagmar Winterhalter-Salvatore, **IFP** (Redaktion des Praxisbeispiels der Modelleinrichtung betr. Wald- und Wiesenapotheke) Wilfried Griebel, **IFP**, Elisabeth Brandmayr, ehemals IFP (Beiträge zu Stressmanagement) Ulrike Garschhammer, Frauen-Notruf Burghausen (Beitrag zur Prävention von sexuellem Missbrauch) Rainer Salz, Bayerische Landesverkehrswacht (Beitrag zur Verkehrserziehung) MR Horst Hartwig, Bayerisches Staatsministerium für Unterricht und Kultus (Beitrag zur Unfallprävention) Dr. Dagmar Berwanger, Werner Lachenmaier, **IFP** (Teilbeitrag zur Fortschreibung) Dr. Bernhard Nagel, Dr. Martin Textor, **IFP** (Beitrag zum Erprobungsentwurf)	Prof. Dr. Peter Franzkowiak (Fachhochschule Koblenz, Fachbereich Sozialwesen) MdL Ingeborg Pongratz (Kneipp-Bund, Niederbayern, Oberbayern) Elisabeth Seifert (Aktion Jugendschutz, Landesarbeitsstelle Bayern, Referat für Suchtprävention)
8.1 Mitwirkung der Kinder am Bildungs- und Einrichtungsgeschehen (Partizipation)	Eva Reichert-Garschhammer, **IFP** Dagmar Winterhalter-Salvatore, **IFP** (einige Beispiele zu Partizipation im Alltag, Verantwortungsübernahme)	Prof. Dr. Raingard Knauer (Fachhochschule Kiel, Fachbereich Soziales, Arbeit und Gesundheit) Rüdiger Hansen (IPB – Institut für Partizipation und Bildung, Kiel) Marita Dobrick (Dipl.-Päd. Braunschweig)

Beiträge	Autorinnen und Autoren	Expertinnen und Experten (Stellungnahmen zu Erprobungsentwurf und Vorfassungen)
8.2 Moderierung von Bildungs- und Erziehungsprozessen (neu)	Prof. Dr. Dr. Dr. Wassilios Fthenakis, **IFP** Susanne Kreichauf, ehemals IFP (Redaktionsarbeiten) Eva Reichert-Garschhammer, **IFP** (Redaktionsarbeiten, Ergänzungen nach Vorlagen von Elisabeth Brandmayr, ehemals IFP)	
8.3.1 Bildungs- und Erziehungspartnerschaft	Dr. Martin R. Textor, **IFP** Eva Reichert-Garschhammer, **IFP** (rechtliche und weitere Ausführungen)	Margarita Hense (Kreisjugendamt Paderborn)
8.3.2 Gemeinwesenorientierung – Kooperation und Vernetzung mit anderen Stellen	Dr. Martin R. Textor, **IFP** Dr. Hans Eirich, BayStMAS (Beitrag zu Tätigwerden externer Anbieter) Eva Reichert-Garschhammer, **IFP** (rechtliche Ausführungen)	Dr. Thomas Röbke (Landesnetzwerk Bürgerschaftliches Engagement)
8.3.3 Netzwerkarbeit bei Gefährdungen Kindeswohl	Eva Reichert-Garschhammer, **IFP**	Dr. Thomas Meysen (Deutsches Institut für Jugendhilfe und Familienrecht, Heidelberg)
8.4.1 Beobachtung der Lern- und Entwicklungsprozesse	Toni Mayr, **IFP** Eva Reichert-Garschhammer, **IFP** (rechtliche Ausführungen)	PD Dr. Jutta Kienbaum (Universität Augsburg)
8.4.2 Innovationsfähigkeit und Bildungsqualität (neu)	Pamela Oberhuemer, **IFP**	
Weitere Unterstützung	Dr. Dagmar Berwanger, **IFP** (Systematisieren der Bildungs- und Erziehungsziele in Kap. 6, 7, 8.1)	Prof. Dr. Helmut Zöpfl (LMU München, Lehrstuhl für Schulpädagogik)

Beiträge	Autorinnen und Autoren	Expertinnen und Experten (Stellungnahmen zu Erprobungsentwurf und Vorfassungen)
Weitere Unterstützung	Magdalena Hellfrisch, Dr. Beate Minsel, Dr. Martin R. Textor, Dagmar Winterhalter-Salvatore, **IFP** (Lesung einzelner Kapitel mit Feedback) Hans-Jürgen Dunkl, Dr. Hans Eirich, Dr. Heike Jung, BayStMAS (Planlesung mit Feedback) Ilka Weigand, **IFP** (Koordinierung der Fotos)	Prof. Dr. Joachim Kahlert (LMU München, Lehrstuhl für Grundschulpädagogik und -didaktik)

11. Überblick über die Praxisbeispiele aus den Modelleinrichtungen

Plankapitel	Praxisbeispiele	Modelleinrichtungen
6.1.3 Übergang in die Grundschule	Kooperation Kindertageseinrichtung – Grundschule	079 Kindergarten St. Michael in Amberg
6.2.2 Kinder mit verschiedenem kulturellem Hintergrund	„Gemeinsam geht besser"	044 Ev. Kindergarten St. Johannes in Augsburg
7.1 Werteorientierung und Religiosität	Fund eines toten Tieres in der Natur	020 Städt. Kinderkrippe Felicitas-Füss-Straße in München
7.3 Sprache und Literacy	Geschichte der Malerei	031 Kath. Kindergarten St. Wolfgang in Grafenaschau-Schwaigen
7.5 Mathematik	Geometrische Formen	058 Kindergarten St. Martin in Windach

Plankapitel	Praxisbeispiele	Modelleinrichtungen
7.6 Naturwissenschaften und Technik	„Vom Urknall bis Bethlehem" – Naturwissenschaften im Kindergarten	023 Kindergarten Bienenkorb in Oberhaching
	„Licht und Schatten"	004 Städt. Kindertagesstätte Frundsbergstraße in München
7.7 Umwelt	Natur sinnvoll nutzen – Umwelt schützen	085 BRK Kindergarten St. Barbara in Hemau
7.8 Ästhetik, Kunst und Kultur	Farbe ist Leben – Experimentieren mit Farbe und Papier	062 Kinderkrippe St. Josef in Kaufbeuren
	Papier schöpfen – Vom Baum zur Papierherstellung	065 Wald- und Seekindergarten in Lindau
	„Pinsel, Farben, Staffelei – mit Kunst erlebt man allerlei"	102 Kindergarten St. Bruno in Würzburg
7.9 Musik	Musikwerkstatt	024 Marga-Müller-Kindergarten in Pullach
7.10 Gesundheit	„Mein Körper gehört mir"	044 Ev. Kindergarten St. Johannes in Augsburg
	„Wir kommen zur Stille" – Meditation mit Kindern von 0–6 Jahren	020 Städt. Kinderkrippe Felicitas-Füss-Str. in München
	Wir sind in der Wald- und Wiesenapotheke	080 Ev. Kindergarten Loderhof in Sulzbach-Rosenberg
	Brandschutz in der Kindertageseinrichtung	104 Ev. Kindergarten Abenteuerland in Würzburg
8.1 Mitwirkung der Kinder am Bildungs- und Einrichtungsgeschehen (Partizipation)	Einführung von Kinderkonferenzen mit Kindern aus 15 Nationen	044 Ev. Kindergarten St. Johannes in Augsburg
	Architek-Touren mit Kindern – Kinder erleben die Architektur in Amberg	079 Kindergarten St. Michael in Amberg

12. Modelleinrichtungen

Die 104 Modelleinrichtungen, die im Kindergartenjahr 2003/04 den Bayerischen Bildungs- und Erziehungsplan in seiner Entwurfsfassung erprobt haben, werden nachstehend genannt. Die Ziffer in Klammern ist die Code-Nummer, die jede Modelleinrichtung erhalten hat.

Regierungsbezirk Oberbayern

Städt. Kindertagesstätte, Richard-Wagner-Str. 14, 80333 München (002)
Städt. Kinderkrippe, Geyerstr. 54, 80469 München (003)
Städt. Kindertagesstätte, Frundsbergstr. 43, 80637 München (004)
Städt. Kinderkrippe, Mathunistr. 6, 80686 München (005)
Städt. Kinderkrippe, Adalbertstr. 106, 80798 München (006)
AWO Kinderkrippe, Bad-Soden-Str. 3–5, 80807 München (007)
Milbertshofener Kindervilla, Hanselmannstr. 35, 80809 München (008)
Städt. Kindertagesstätte, Rose-Pichler-Weg 48 II, 80937 München (009)
Städt. Kinderkrippe, Keilberthstr. 12, 80939 München (010)
Städt. Kinderkrippe, Ebenböckstr.13, 81241 München (011)
Städt. Kinderkrippe, Scapinellistr. 15, 81241 München (012)
Städt. Kinderkrippe, Kidlerplatz 5, 81371 München (013)
Städt. Kinderkrippe, Hansastr. 66, 81373 München (014)
Städt. Kooperationseinrichtung, Friedenstr. 44, 81671 München (015)
Städt. Kinderkrippe, Oedkarspitzstr. 13, 81671 München (016)
Kinderkrippe Kindertagesnest, Kurt-Eisner-Str. 16, 81735 München (017)
Kinderkrippe Kindernest, Plettstr. 45, 81735 München (018)
Städt. Kindertagesstätte, Max-Kolmsperger-Str. 2, 81735 München (019)
Städt. Kinderkrippe, Felicitas-Füss-Straße 14, 81827 München (020)
AWO Kinderkrippe Riem, Elisabeth-Dane-Str. 37, 81829 München (021)
Kindergarten Bienenkorb, Pfarrweg 7, 82041 Oberhaching (023)
Marga-Müller-Kindergarten, Wolfratshauser Str. 30, 82049 Pullach (024)
Ev. Kindergarten „Regenbogen", Zacherlweg 12, 82054 Arget-Sauerlach (025)
AWO Kiga Sternschnuppe, An der F.-W.-Raiffeisen-Str. 6, 82054 Sauerlach (026)
Fröbel Kindergarten, Hauptstr. 56a, 82229 Seefeld-Hechendorf (027)
Kindergarten Eching, Gartenstr. 6, 82279 Eching (028)
Maria Kempter Kindergarten, Kempterstr. 1a, 82319 Starnberg (029)
Kindernest in der Bärenmühle, Obere Stadt 106, 82362 Weilheim (030)
Kath. Kindergarten St. Wolfgang, Aschauer Str. 26, 82445 Grafenaschau-Schwaigen (031)
Integrationskindergarten Pusteblume, Erlbachweg 4, 83109 Großkarolinenfeld (032)
Kindergarten an der Frühlingstrasse, Frühlingstr. 6, 83607 Holzkirchen (034)
Ev. Kindergarten „Hollerbusch", Haidstr. 5, 83607 Holzkirchen (035)

Eltern-Kind Spielkreis e. V., J.-B.-Zimmermannstr. 6, 83629 Weyarn (036)
Gemeindekindergarten Falianhaus, Fürstenstr. 38, 83700 Rottach-Egern (037)
Caritas-Kindergarten, Miesbacher Str. 19, 83737 Irschenberg (038)
Kindergarten Sonnenschein, Freiherr von Hallbergplatz 2, 85399 Hallbergmoos (041)
Die Arche, ev. Kindergarten, Böhmerwaldstr. 86, 85560 Ebersberg (042)
Kooperationseinrichtung Telezwerge, Gutenbergstr. 3, 85774 Unterföhring (043)
BRK Integrativer Kindergarten Taka-Tuka-Land, Georg-Mendl-Str. 1a, 86529 Schrobenhausen (051)
Kindergarten St. Gabriel, Am Kirchsteig 5, 86911 Diessen (054)
Kindergarten Greifenberg, Karwendelstr. 10, 86926 Greifenberg (055)
Kindergarten St. Michael, Stadtteil Erpfting, Bronner Weg 5, 86899 Landsberg (053)
BRK Kindergarten Hofstetten, Schulstr. 4, 86928 Hofstetten (056)
BRK Kindergarten Thaining, Weiherweg 19, 86943 Thaining (057)
Kath. Kindergarten St. Martin, Maria am Wege 4, 86949 Windach (058)
Therese-Peter-Kindergarten, Kampfgartenweg 20, 86971 Peiting (059)

Regierungsbezirk Schwaben

Ev. Kindergarten St. Johannes, Branderstr. 6, 86154 Augsburg (044)
Städt. Kindertagesstätte, Eichlerstr. 3, 86154 Augsburg (045)
Städt. Kindertagesstätte, Hermann-Köhl-Str. 2, 86159 Augsburg (046)
Städt. Kindertagesstätte, Mittenwalder Str. 27, 86163 Augsburg (047)
Janusz-Korczak-Kindergarten, Brahmsstr. 33, 86179 Augsburg-Haunstetten (048)
AWO Kindergarten Rappelkiste, Füssener Str. 121, 86343 Königsbrunn (049)
Kindergarten St. Michael, Donauwörther Str.44, 86343 Königsbrunn (050)
Integrativer Kindergarten, St.-Elisabeth-Str. 1, 86551 Aichach (052)
Kindertagesstätte im Wiesengrund, Hanebergstr. 38, 87437 Kempten (060)
Kindergarten Hildegardis, Schulstr. 17, 87477 Sulzberg (061)
Kinderkrippe St. Josef, Pfarrgasse 16, 87600 Kaufbeuren (062)
Adalbert-Stifter-Kindergarten, Ratiborer Str. 3, 87616 Marktoberdorf (063)
Kath. Kindergarten St. Ulrich, Hauptstr. 13, 87637 Seeg (064)
Förderverein Wald- und Seekindergarten e. V., Enziswellerstr. 8, 88131 Lindau (065)
Integrative Kindertagesstätte der Petrusgemeinde, Riedstr. 26, 89231 Neu-Ulm (065)
Kindergarten Nord, Falkenstr. 23, 89269 Vöhringen (067)
Ev. Kinderhaus, Ludwig-Heilmeyer-Str. 19, 89312 Günzburg (068)
Städt. Kindergarten Wilhelm-Busch, Wilhelm-Busch-Str. 2, 89335 Ichenhausen (069)

Regierungsbezirk Mittelfranken

Kindertagesstätte Momo, Gostenhofer Hauptstr. 61/63, 90443 Nürnberg (070)
AWO-Kindergarten, „Am Hainberg", Kulmbacher Str. 5, 90522 Oberasbach (071)
Ev. Kindertagesstätte, Gerhard-Hauptmann-Str. 21, 90763 Fürth (072)

Kindertageseinrichtung Grete Schickedanz e. V., Austr. 19, 90763 Fürth (073)
Kindertagesstätte ALEA, Geißäckerstr. 61, 90768 Fürth (074)
AWO Kindergarten Regenbogen, Büchenbacher Anlage 29, 91056 Erlangen (075)
Kindertagesstätte Dietrich Bonhoeffer, Berliner Str. 1, 91550 Dinkelsbühl (076)
Ev. Kindergarten, Föhrenweg 2, 91710 Gunzenhausen (077)
Kinderkrippe Gunzenhausen, Schlesierstr. 17, 91710 Gunzenhausen (078)

Regierungsbezirk Oberpfalz

Kindergarten St. Michael, Robert-Koch-Str. 63, 92224 Amberg (079)
Kindergarten Loderhof, Wichernstr. 13+15, 92237 Sulzbach-Rosenberg (080)
BRK-Uni-Kum Kindergarten, Galgenbergstr. 40, 93053 Regensburg (081)
Kath. Kindergarten Augustinushaus, Universitätsstr. 80, 93053 Regensburg (082)
Kindergarten Regenbogen, Jahnstr. 7, 93083 Obertraubling (083)
Kinder-Familien-Haus St. Elisabeth, Kareth, Bajuwarenstr. 8, 93138 Lappersdorf (084)
BRK-Kindergarten St. Barbara, Beratzhausener Str. 52, 93155 Hemau (085)
Kindergarten St. Paulus, Hauptstr. 18, 93189 Reichenbach (086)

Regierungsbezirk Niederbayern

Kindergarten St. Wolfgang, Ziegeleistr. 13, 84051 Essenbach (039)
Kindergarten St. Nikolaus, Passauer Str. 101, 84359 Simbach/Inn (040)
Städt. Kindergarten Lummerland, Römerstr. 18, 93326 Abensberg (087)
Kindergarten Obernzell, Kaufmannweg 11, 94130 Obernzell (088)
Kindergarten St. Ursula, Burggasse 9, 94315 Straubing (089)
Kiga Regenbogenland, Gärtnerstr. 42, 94405 Landau/Isar (090)
Ev. Kindergarten, Kreppe 7–9, 94496 Ortenburg (091)

Regierungsbezirk Oberfranken

TPZ Hof Montessori-Kinderhaus, Am Lindenbühl 10, 95032 Hof/Saale (092)
Luise-Scheppler-Kinderhaus, Obere Bergstr., 95100 Selb (093)
Ev. Kindertagesstätte Ganghoferstraße, Ganghoferstr. 2, 95213 Münchberg (094)
AWO Haus des Kindes Fantasia, Mangersreuther Str. 43, 95326 Kulmbach (096)
AWO Kinderkrippe Krümelkiste, Frankenleite 110, 95326 Kulmbach (097)
Kindergarten Munckerstraße Elisabeth-Küffner-Haus, Munckerstr. 11, 95444 Bayreuth (098)
Ev. Kindergarten Aichig-Grunau, Frankenwaldstr. 12, 95448 Bayreuth (099)
Waldorfkindergarten Bayreuth e. V., Oberer Bergweg 3, 95448 Bayreuth/Destuben (100)
Kinderhaus der Stadt Coburg, Oberer Bürglaß 2, 96450 Coburg (101)

Regierungsbezirk Unterfranken

Ev. Kindergarten, Dinglerstr. 11, 63739 Aschaffenburg (001)
Kath. Kindergarten, Steinbachtal 2, 97072 Würzburg (102)

Maria Ward Kindergarten, Annastr. 2, 97072 Würzburg (103)
Ev. Kindergarten Abenteuerland Rottenbauer, Unterer Kirchplatz 2a, 97084 Würzburg (104)
Integrativer Kindergarten „Vogelshof", Bukarester Str. 9, 97084 Würzburg (105)
Ev. Kindergarten „Gustav-Adolf", Ludwigstr. 12, 97421 Schweinfurt (106)
KiZ Kinderzentrum Maximilian Kolbe, Feuerbergstr. 61, 97422 Schweinfurt (107)

13. Abbildungsnachweis

Beyer, A., Probst, W. & Steiner, L. (1997). Elemente, Instrumente – Spielbuch 1. Gustav Bosse, Kassel, S. 32: Abb. 7.11 auf S. 341
Fahle, Barbara, Frankfurt/M.: Foto auf S. 52
Fiebig, Jochen, München: Fotos auf S. 4, 7 u., 24, 25 o., 28, 29, 34, 35, 42, 51, 53, 84, 85, 174, 195, 239, 425
Friedlein, Barbara, Marga-Müller-Kindergarten in Pullach: Fotos auf S. 7 o., 11, 12, 14 u., 22 u., 25 u., 46, 117, 160, 161, 260, 279, 297, 323, 388, 389, 415, Abb. 7.10 auf S. 336
Hacker, Christine, Kindergarten St. Nikolaus in Simbach: Fotos auf S. 10, 27, 39, 40 o., 48, 49, 218, 342, 360
Institut für Medienpädagogik in Forschung und Praxis (JFF), München: Abb. 7.5 auf S. 220
Kaiser, Ina, Wald- und Seekindergarten Lindau: Fotos auf S. 14 o., 40 u.
Netta, Brigitte, Kindergarten St. Michael in Amberg: Fotos auf S. 5, 16 o., 37
Perras, Barbara, Kindergarten Loderhof in Sulzbach Rosenberg: Foto auf S. 452
Thoma, Sabine, Ev. Kindergarten Abenteuerland in Würzburg: Fotos auf S. 16 u., 18, 21, 22 o., 43, 44, 54, 69

Das Wachsen begleiten
Übergänge verstehen und gemeinsam gestalten

Übergänge sind Schlüsselsituationen für die individuelle Entwicklung und die Bildungslaufbahn von Kindern. Daher ist wichtig, ihre Transitionskompetenz zu stärken und ihnen die Türen zum jeweils neuen Bildungs- und Lebensabschnitt zu öffnen.

Dieses Werk berücksichtigt gleichermaßen die Themen von Kindern, Eltern und Erzieherinnen bei den Übergängen des Kindes in die Krippe, die Kindertageseinrichtung, die Grundschule und die weiterführende Schule. Hintergrundinformationen werden durch Beispiele und Anregungen ergänzt und erleichtern den - Transfer in die Praxis.

Wilfried Griebel/Renate Niesel
Übergänge verstehen und begleiten
Transitionen in der Bildungslaufbahn von Kindern
232 Seiten, kartoniert
978-3-589-24684-7

Cornelsen Verlag • 14328 Berlin
www.cornelsen.de

Gut beraten – von Anfang an
Eine sichere Basis für die Arbeit mit Kindern

Neugeborene sind keine hilflosen, reflexgesteuerten Wesen, sondern überaus kompetent. Wie ihre Entwicklung bis zum Kindergartenalter verläuft, wird hier thematisiert. Ausgangspunkt bildet dabei die Frage, wie Anlage- und Umweltfaktoren zusammenwirken. Der Bereich Sprachentwicklung wurde in der 2. Auflage ausgebaut, Gliederung und Inhalte sind überarbeitet und noch praxisbezogener.

Auch nach der Kleinkindzeit eignen sich die Kinder wichtige kognitive und soziale Kompetenzen an. Im Band für den Lebensabschnitt vom 4. bis zum 6. Lebensjahr finden sich eine Fülle von leicht verständlichen Informationen zur Kindergarten- und Vorschulzeit. So bekommen Sie einen Überblick über den aktuellen Forschungsstand der Entwicklungs- und pädagogischen Psychologie.

Hartmut Kasten
Entwicklungspsychologische Grundlagen
0–3 Jahre
208 Seiten, kartoniert
978-**3-589-24548-2**
4–6 Jahre
248 Seiten, kartoniert
978-**3-589-24690-8**

Cornelsen Verlag • 14328 Berlin
www.cornelsen.de

Kinder stärken
Widerstandsfähigkeit von Kindern fördern

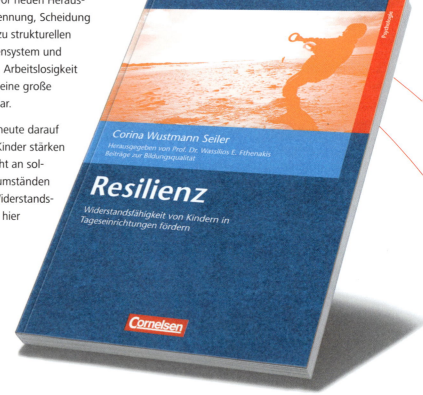

Kinder stehen tagtäglich vor neuen Herausforderungen. Elterliche Trennung, Scheidung und Wiederheirat führen zu strukturellen Veränderungen im Familiensystem und stellen ebenso wie Armut, Arbeitslosigkeit der Eltern oder Migration eine große Belastung für die Kinder dar.

Das Bildungskonzept hat heute darauf zu reagieren und soll die Kinder stärken und fördern, damit sie nicht an solchen belastenden Lebensumständen zerbrechen. Wie Kinder Widerstandsfähigkeit entwickeln, wird hier erläutert.

Corinna Wustmann Seiler
Resilienz
172 Seiten, kartoniert
978-3-589-25404-0

Cornelsen Verlag • 14328 Berlin
www.cornelsen.de